中华经典名著

全本全注全译丛书

彭　华◎译注

华阳国志　下

中華書局

卷八　大同志

【题解】

本卷所说的“大同”，指的是国家统一，特指西晋王朝国家统一。因为相对于此前的三国、此后的东晋十六国而言，这时的中国尚属统一时期。

“大同者，纪汉、晋平蜀之后事也”（《四库全书总目提要》卷六十六）。本卷从“蜀破之明年”的咸熙元年（264）写起，一直写到梁州、益州、宁州“三州没为（李）雄矣”的建兴元年（313）。前后相加，刚好五十年（264—313）。在这五十年中，巴蜀之地的形势发生了较大变化，而危机也随即潜伏其中。具体来说，即由蜀汉时期的紧凑与统一，逐渐走向西晋时期的松散与涣散，最终酿成东晋十六国时期的流民入蜀与生灵涂炭。

这五十年中的巴蜀之地，可谓头绪纷繁而无主线，亦无中心人物可以串联其间事件。大致而言，有三个重要人物影响了这一时期巴蜀之地的发展形势。即：前期的王濬，业绩是治蜀与平吴；后期的赵廞与罗尚：赵廞居心叵测而图谋割据，厚待流民首领李特兄弟以为爪牙，结果引狼入室而落得身首异处；而罗尚入蜀平叛却又举措失当，终究无法掌控大局以致分崩离析，只好委城而遁。

蜀汉灭亡之后，西晋王朝中央政府在巴蜀之地的安排与举措，可谓措置失宜而又连连出错。诚如常璩“撰曰”所说：“自大同后，能言之士无不以西土张旷为忧，求王皇宗，树贤建德。于时莫察，视险若夷，缺垣不防，任非其器，启戎长寇，遂覆三州。”

古者国无大小，必有记事之史[1]，表成著败[2]，以明惩劝[3]。稽之前式[4]，州部宜然。自刘氏祚替而金德当阳[5]，天下文明不及曩世[6]，逮以多故[7]。族祖武平府君、汉嘉杜府君并作《蜀后志》[8]，书其大同[9]，及其丧乱。然逮在李氏[10]，未相条贯，又其始末，有不详。第璩往在蜀[11]，栉沐艰难[12]，备谙诸事[13]，故更叙次，显挺年号[14]。上以彰明德，下以志违乱[15]，庶几万分有益国史之广识焉[16]。

【注释】

①记事之史：指记史事的史官。周代史官有左史、右史之分，分别记言、记事。记事，此指记录君主行为，军国大事。《汉书·艺文志》："左史记言，右史记事，事为《春秋》，言为《尚书》。"

②表成著败：表著成败，即对成败进行记录。

③惩劝：奖惩，赏罚。

④前式：从前的法度和规范。

⑤祚（zuò）：帝祚，即帝位、国运。替：废弃。金德：五德之一。谓以金而德王。古代阴阳学家以五行相生相克和终而复始的循环变化，说明王朝兴替的原因，称为"五德终始"说。依五行相生之序，汉为火德，火生土，故魏为土德；土生金，故晋为金德。《魏书·礼志一》："晋承魏，土生金，故晋为金德。"当阳：古称天子南面向阳而治，亦指帝王登位。

⑥曩（nǎng）世：前代。

⑦多故：多变乱，多患难。

⑧族祖：即族祖父。武平府君：指常宽，字泰恭，蜀郡江原（今四川崇州）人。常璩族祖父。举秀才，为侍御史，除繁令，官至武平太守，有政绩。撰《蜀后志》及《后贤传》，又续陈寿《益部耆旧传》作《梁益篇》。本书卷十一《后贤志》有传。汉嘉杜府君：指杜龚，字敬修，蜀郡（治今四川成都）人。西晋末任汉嘉太守。参看本书卷十一《后贤志》。《蜀后志》：记载蜀汉灭亡后至李特时蜀中史事的图书。已佚。

⑨大同：指国家统一。本处特指西晋王朝国家统一时期。此即李𡌴《重刊华阳国志序》所说“晋太康之混一”。

⑩逮：到。李氏：指成汉。国名。十六国之一。巴氐族人李雄创建。西晋永宁元年（301），入蜀流民因拒晋强迫返乡，推李雄父李特为镇北大将军，攻据广汉（今属四川），建元建初。永兴元年（304），李雄攻占成都，自称成都王，改元建兴。建兴三年（306），李雄称帝，改元晏平，国号“大成”，建都成都（今属四川）。后李特侄李寿自立，改元汉兴，改国号为“汉”，史称“成汉”。统治区域为今四川东部、重庆和云南、贵州一部分。传位至李势时国衰。嘉宁二年（347），亡于东晋。历五主，凡四十四年（304—347）。

⑪第：但，只是。

⑫栉（zhì）沐：“栉风沐雨”的缩写，风梳发，雨洗头。形容饱经风雨，奔波劳苦。语出《庄子·天下》：“昔禹之湮洪水，……沐甚雨，栉疾风。”

⑬谙：熟悉。

⑭显挺年号：清楚明白地标明晋之年号。

⑮志：记载，记录。违乱：不遵守礼法，即违法乱纪。

⑯庶几：或许，也许。表示希望或推测。万分：万分之一。谓极少。

【译文】

古代的时候，国家无论大还是小，一定设有记载史事的史官，对成败进行记录，以便使人明白奖惩的缘由。考察从前的法度和规范，地方的州郡也是这样。自从刘氏的国运被晋朝取代，晋朝奉行的是金德，天下的文明却比不上前代，大概是遇上天下多变乱与患难。本族祖武平太守常宽、汉嘉太守杜龚，都作有《蜀后志》，书写这段大同时期的情况，以及丧乱的历史。但是在写到李特政权的时候，前后不能条理贯通，而且在记载事件的始末时，有的地方又不够详细。我以前居住在蜀地，经历过艰难与困苦，非常熟悉这段时间的历史，因此重新按照先后次序，清楚地标明晋代的年号。这样上可以彰显光明的德政，下可以记录违法乱纪之行，希望这样能够在丰富国史的记载方面能尽万分之一的力量。

魏咸熙元年，蜀破之明年也。以东郡袁邵为益州刺史①，陇西太守安平牵弘为蜀郡②，金城太守天水杨欣为犍为太守③。后主既东迁，内移蜀大臣宗预、廖化及诸葛显等并三万家于东及关中④，复二十年田租⑤。董厥、樊建并为相国参军。冬，分州，置梁州⑥。遣厥、建兼散骑常侍，使蜀慰劳。

【注释】

①袁邵：东郡（治今河南濮阳）人。曹魏、西晋时任益州刺史，官至卫尉。

②牵弘（？—271）：安平观津（今河北武邑）人。牵招之子。为人猛毅，有其父之风。任陇西太守。从邓艾伐蜀有功。魏元帝咸熙中，迁振威护军。入晋，为扬州刺史、凉州刺史，以果烈死于边事。《三国志·魏书》有传。蜀郡：依上文“益州刺史”、下文“犍为太守”例，此处当脱“太守”二字。

③杨欣（？—278）：天水（治今陕西通渭西北）人。曹魏时，为天水太守，曾随邓艾与姜维多次大战，并参与灭蜀之战。入晋后，为凉

州刺史。咸宁四年(278),为鲜卑部帅若罗拔能所杀。

④诸葛显:琅邪阳都(今山东沂南)人。诸葛亮兄诸葛瑾之重孙,随其父诸葛攀在蜀。蜀国灭亡后,于咸熙元年(264)迁移到河东定居。

⑤复:免除(赋税、徭役等)。

⑥梁州:三国魏景元四年(263)分益州置,治所在沔阳(今陕西勉县东旧州铺)。西晋太康三年(282)移治南郑(今陕西汉中市东)。治所屡有迁徙,先后治西城(今安康西北)、苞中(今汉中市西北大钟寺)、城固(今城固东)等县。南朝宋元嘉十一年(434)还治南郑县。按:《三国志·魏书》、《资治通鉴》卷七十八谓分益州置梁州,在景元四年(263)十二月。本书卷八《大同志》谓分益州置梁州,在咸熙元年(264)。

【译文】

魏国咸熙元年,即蜀国破亡的第二年。朝廷任命东郡人袁邵为益州刺史,陇西太守、安平人牵弘为蜀郡太守,金城太守、天水人杨欣为犍为太守。后主已经东迁洛阳,同时内移的还有原蜀国大臣宗预、廖化以及诸葛显等官员,共有三万户人家迁徙到河东和关中地区,朝廷免除他们二十年的田租。董厥、樊建一起担任了相国参军。冬天,朝廷分割益州,设置梁州。派遣董厥、樊建兼任散骑常侍,出使蜀地慰问犒劳百姓。

晋泰始元年春[①],刺史袁邵以治城将被征[②]。故蜀侍郎蜀郡常忌[③],诣相国府陈邵抚恤有方,远国初附,当以渐导化,不宜改易州将,失遐外心[④]。相国听留,辟忌为舍人[⑤]。冬十二月[⑥],晋武帝践祚[⑦]。

【注释】

①泰始元年:265年。泰始,晋武帝司马炎年号(265—274)。

②以治城将被征：因未按晋朝的规定修治城池，而将被征调。征，征调。

③常忌：字茂通，蜀郡江原（今四川崇州）人。常勖从弟。曾任河内县令。

④遐外：边远地区，蛮荒之地。

⑤舍人：官名。本宫内人之意，后世以为亲近左右之官。秦汉有太子舍人，为太子属官；魏晋以后有中书通事舍人，掌传宣诏命、文檄之事。

⑥冬十二月：底本作“冬十月”。据《晋书·武帝纪》及《通鉴》，司马炎称帝当在晋泰始元年冬十二月。

⑦践祚：即位，登基。

【译文】

晋朝泰始元年春天，益州刺史袁邵因未按晋朝的规定修治城池，即将被征调。前蜀国侍郎、蜀郡人常忌，到相国府陈说袁邵安抚地方得法，而今远方的国家刚刚归附，应当逐渐进行引导和教化，不应该轻易地改换州郡的长官，从而失去边远地区的人心。相国听从了常忌的建议，留下袁邵，又征召常忌为舍人。冬天十二月，晋武帝司马炎登基。

二年春，武帝弘纳梁、益[①]，引援方彦[②]，用故黄金督蜀郡柳隐为西河[③]，巴郡文立为济阴太守[④]，常忌河内县令[⑤]。

【注释】

①弘纳：大力接纳。

②引援：举用提拔。方彦：地方的优秀人才。

③黄金：谷名，即今陕西阳县东金水河河谷。柳隐（189—268）：字休然，蜀郡成都（今四川成都）人。数从蜀大将姜维征伐，临事设计，当敌陷阵，勇略冠军。入晋，拜西河太守。以年老去官。卒于家。本书卷十一《后贤志》有传。西河：郡名。西汉元朔四年

（前125）置，治所在平定县（今内蒙古伊金霍洛旗东南境）。其下当脱“太守”二字。

④文立（？—279）：字广休，巴郡临江（今重庆忠县）人。参看本书卷一《巴志》注。济阴：郡名。西汉建元二年（前139）改济阴国置，治所在定陶县（今山东定陶西北）。东汉属兖州。北魏属西兖州，后移治左城（今山东曹县西北）。

⑤河内县令：其上当脱“为”字。按：河内县，隋开皇十六年（596）改野王县置，治所即今河南沁阳。隋时为怀州治，大业初为河内郡治。

【译文】

泰始二年春天，晋武帝大力接纳梁州、益州人士，举用提拔两地的优秀人才，比如任用前蜀黄金谷都督、蜀郡人柳隐为西河太守，巴郡人文立为济阴太守，常忌为河内县令。

四年，故中军士王富有罪逃匿①，密结亡命刑徒，得数百人，自称诸葛都护②，起临邛，转侵江原。江原方略吏李高、阎术缚富送州③，刺史童策斩之④。初，诸葛瞻与邓艾战于绵竹也，时身死失丧⑤，或言生走深逃⑥。瞻亲兵言富貌似瞻，故富假之也⑦。

【注释】

①王富：生平不详，事仅见此。逃匿：逃跑藏匿。

②诸葛都护：因诸葛瞻曾任中都护，王富貌似诸葛瞻，故“自称诸葛都护”。都护，官名。即中都护。三国蜀置，统内外军事，为军事长官。李严、诸葛瞻曾任此职。本书卷七《刘后主志》：“（景耀四年）冬十月，大赦。拜丞相亮子武乡侯瞻中都护、卫将军。”

③方略吏：官名。汉朝设立，为州县佐吏，掌参与谋划，任位特殊。李高、闾术：生平不详，事仅见此。

④童策：生平不详。他书或有作"董荣"者，或许是同一人。《三国志·蜀书·谯周传》裴松之注引《益部耆旧传》："益州刺史董荣图画周像于州学。"

⑤身死失丧：即死而未见其尸。

⑥生走：活着逃跑。

⑦假：冒充。

【译文】

泰始四年，前中军士王富因犯罪而逃跑藏匿，暗中勾结亡命天涯的刑徒，聚集了数百人，王富自称诸葛都护，从临邛起兵，转而侵扰江原。江原的方略吏李高、闾术抓获了王富，并将他捆送至州府，益州刺史童策斩杀了他。起初，诸葛瞻与邓艾在绵竹交战，当时就牺牲了，但未见其尸，有人说诸葛瞻活着逃跑了，藏得很深。诸葛瞻的亲兵说王富的相貌有点像诸葛瞻，所以王富就冒充诸葛瞻。

五年，散骑常侍文立表复假故蜀大臣名勋后五百家不预厮剧[①]，皆依故官号为降[②]。

【注释】

①复：免除（赋税、徭役等）。假：授予，准予。名勋：名士。厮剧：犹厮役，指卑贱、繁重的杂事劳役等。按：文立上表之文字，参看本书卷十一《后贤志》。

②依故官号为降：即按照原先官号的不同，给予高低不同的优待。降，依次递降。

【译文】

泰始五年，散骑常侍文立上表朝廷，请求免除前蜀国大臣、名士的后人五百家的赋税，准予他们不服杂事劳役。朝廷都按照他们原先官号的不同，给予高低不同的优待。

六年[①]，分益州南中建宁、云南、永昌、兴古四郡为宁州。

【注释】

①六年：据《晋书·武帝纪》《资治通鉴》卷七十九等书记载，西晋泰始七年（271）分益州置宁州，与《华阳国志》此处的记载不同。

【译文】

泰始六年，分割益州南中的建宁、云南、永昌、兴古四郡，合并为宁州。

七年，汶山守兵吕匡等杀其督将以叛[①]，族灭之[②]。初，蜀以汶山西五郡北逼阴平、武都，故于险要置守，自汶山、龙鹤、冉駹、白马、匡用五围[③]，皆置修屯牙门[④]。晋初以御夷徼[⑤]，因仍其守。

【注释】

①吕臣：生平不详。

②族灭：谓一人犯罪，整个家族、亲属被诛灭。

③汶山：或以为当作“汶江”（刘琳）。汶江，县名。西汉元鼎六年（前111）置，为汶山郡治。治所在今四川茂县北三里。龙鹤：古又称“龙涸”“龙鹄”“龙格”。围子名，三国蜀汉置，属汶山郡。在今四川松潘。冉駹：当即冉駹聚居之地的汶山县。白马：当即白马羌聚居之地的白马县。白马县，县名。三国蜀汉置，属汶山郡。治所在今四川松潘西北。因白马岭为名。匡用：字当有误。具体地点不详。

④修屯牙门：刘琳认为，修屯即修置军屯之意，牙门即军营。

⑤夷徼：与夷人相邻的边界。

【译文】

泰始七年，汶山守兵吕匡等人杀死督将，发动叛乱，被处以灭族之刑。当初，蜀国因为汶山西五郡的北面逼近阴平、武都，故而在险要之地设置防守设施，在汶山、龙鹤、冉駹、白马、匡用五地建造了围子，都设有军营，修置军屯。晋朝初年，把它们作为与夷人相邻的边界来抵御夷人，仍然利用这些设施进行守卫。

八年，三蜀地生毛如白毫[①]，三夕长七八寸，生数里。

【注释】

①三蜀：地区名。指蜀郡、广汉郡、犍为郡三郡。白毫：白毛。古人认为，地生白毛是不祥之兆。《晋书·五行志中》："武帝泰始八年五月，蜀地雨白毛，此白祥也。时益州刺史皇甫晏伐汶山胡，从事何旅固谏，不从，牙门张弘等因众之怨，诬晏谋逆，害之。京房《易传》曰：'前乐后忧，厥妖天雨羽。'又曰：'邪人进，贤人逃，天雨毛。'其《易妖》曰：'天雨毛羽，贵人出走。'三占皆应。"今人推测，大概是因为地面有硝一类盐碱物质，遇水溶解后，结晶成纤维状，有如白毛（刘琳）。

【译文】

泰始八年，蜀郡、广汉郡、犍为郡三地长出了纤细的白毛。三个晚上，就生长了七八寸高，而且绵延数里之地。

十年[①]，汶山白马胡恣纵[②]，掠诸种。夏，刺史皇甫晏表出讨之[③]。别驾从事王绍等固谏[④]，不从。典学从事蜀郡何旅谏曰[⑤]："昔周宣王六月北伐者，猃狁孔炽，忧及诸夏故也[⑥]。今胡夷相残，戎虏之常，未为大患；而盛夏出军，水潦将降[⑦]，必有疾疫。宜须秋冬，图之未晚。”晏不听，遂西行。军城比入[⑧]，麑入营中，军占以为不祥，晏不悟。胡康水子烧香，言军出必败[⑨]，晏以为沮众，斩之。夏五月，军至都安[⑩]，屯观坂上[⑪]。旅复谏曰：“今所安营地名观坂，自上观下，反上之象，其征不吉。昔汉祖悟柏人以免难[⑫]，岑彭恶彭亡而不去[⑬]，遂陷于祸。宜移营他所。”晏不纳其言。夜，所将中州兵蔡雄、宣班、张仪等以汶山道险[⑭]，心畏胡之强，晏愎谏干时[⑮]，众庶所怨，遂引牙门张弘、督张衡等反[⑯]，杀晏。众夜乱，不知所为。惟兵曹从事犍为杨仓弯弓力战[⑰]，射百余发，且詈雄[⑱]。众击之，矢尽见杀。从事广汉王绍亦赴之死。

【注释】

①十年：《华阳国志》所记有误，当为泰始八年（272）。参看任乃强《华阳国志校补图注》卷八和《资治通鉴》卷七十九。

②白马胡：由北方移居白马氐之地的胡人。参看本书卷三《蜀志》“白马”“白马羌”注。

③皇甫晏（？—272）：籍贯不详。曾任益州刺史。

④王绍：生平不详。固谏：坚决劝阻，坚决反对。

⑤典学从事：（三国蜀）州学教授之拟古官称。何旅：生平不详。

⑥“昔周宣王”几句：周宣王之所以在六月北伐，古人有过解释。《诗经·小雅·六月》：“六月栖栖，戎车既饬。四牡骙骙，载是常服。猃狁孔炽，我是用急。王于出征，以匡王国。”郑玄笺：“记六月者，盛夏出兵，明其急也。”孔颖达疏：“王所以六月简阅出兵者，由猃狁之寇来侵甚炽，我王是用之故，须急行也。王于是出行征伐，以匡正王之国也。”周宣王（？—前782），姬姓，名静，一

作靖。周厉王之子。西周国君。在位期间,不籍千亩(废除籍田的制度),又重整军旅,用尹吉甫击退猃狁进攻,命方叔、召虎等用兵荆楚、淮夷之地,获小胜。其后对西戎作战,迭遭失利,耗费大量人力物力。猃狁,又作"猃狁",古代北方的一个少数民族。孔炽:很猖獗,很嚣张。诸夏,周代分封的中原各诸侯国。泛指中原地区,亦称"中国"。在古书中,"诸夏""中国"往往与"四夷""夷狄"相对。《左传·僖公二十五年》:"德以柔中国,刑以威四夷。"《论语·八佾》:"子曰:'夷狄之有君,不如诸夏之亡也。'"

⑦水潦:大雨,雨水。

⑧军城比入:或作"军城比人",或作"军城比出"。以作"军城比入"为佳。

⑨"胡康水子烧香"二句:任乃强认为:"羌民尚巫法,以烧香迎神附身言休咎,汉民亦颇信之。近世尤有羌巫行术于内地者。康水子盖即当时行术内地之羌巫。"

⑩都安:县名。三国蜀汉置,属汶山郡。治所在今四川都江堰市东南。

⑪观坂:在今四川都江堰市西都江堰。

⑫汉祖悟柏人以免难:《汉书·高帝纪》:"八年(前199)冬,上东击韩信余寇于东垣。还过赵,赵相贯高等耻上不礼其王,阴谋欲弑上。上欲宿,心动,问:'县名何?'曰:'柏人。'上曰:'柏人者,迫于人也。'去弗宿。"东魏改名柏仁县。柏人,县名。战国赵置。后入秦,属邯郸郡。治所在今河北隆尧西北。

⑬岑彭恶彭亡而不去:《后汉书·岑彭传》:"(岑)彭所营地名彭亡,闻而恶之,欲徙,会日暮,蜀刺客诈为亡奴降,夜刺杀彭。"彭亡,即彭亡聚。在今四川眉山彭山区东北。

⑭蔡雄、宣班、张仪:三人生平不详。

⑮愎谏:坚持己见,不听规劝。干时:违背时势。

⑯张弘、张衡:二人生平不详。

⑰兵曹从事：官名。即兵曹从事史。东汉司隶校尉及州部属吏。司隶校尉下属有从事史十二人。其有军事，则置兵曹从事，主兵事，秩百石。杨仓：生平不详。

⑱詈（lì）：骂，责备。

【译文】

泰始十（八）年，汶山郡的白马胡恣意放纵，抢掠其他民族。夏天，益州刺史皇甫晏上表朝廷，请求出兵征讨白马胡。别驾从事王绍等坚决反对，皇甫晏没有听从。典学从事、蜀郡人何旅进谏说："以前周宣王在六月出兵北伐，是因为猃狁势力嚣张、形势危急，担心危及中原的安全。现在胡人和夷人互相残杀，这是少数民族之间经常出现的情况，并未成为国家大的祸患；况且盛夏出军作战，大雨即将来临，一旦形成水灾，必定发生瘟疫。应当等到秋天或者冬天再图谋此事，也为时不晚。"皇甫晏不听劝阻，于是率军西进。大军进入军营时，有一头麂子也闯入军营中，军中占卜者认为这是不祥的征兆，但皇甫晏仍然没有醒悟。胡巫康水子烧香判断吉凶，也说出军必定失败，皇甫晏认为康水子是败坏军心，处死了康水子。夏天五月，大军行至都安，驻扎在观坂上。何旅又进谏说："如今我们安营扎寨的地方名叫'观坂'，这是从上往下看，是反上的卦象，其征兆不吉利。以前汉高祖在柏人县醒悟而免于劫难，岑彭虽然厌恶'彭亡'之名而没有离开，于是遭遇祸难。我们应该移师他处，另外安营扎寨。"皇甫晏没有采纳他的建议。当天晚上，皇甫晏麾下的中州籍兵士蔡雄、宣班、张仪等人，因为汶山道路艰险，内心畏惧胡人的强大，而皇甫晏又刚愎自用、违背时势，众人怨恨在心，于是推举牙门张弘、督张衡等人为首造反，杀掉皇甫晏。军队当夜陷入混乱之中，不知道应该做什么。只有兵曹从事、犍为人杨仓持弓箭奋力作战，射了一百多支箭，而且痛骂蔡雄等人。蔡雄等人一起攻击杨仓，杨仓的箭射完了，随即被杀。从事、广汉人王绍也抵抗而死。

初，晏未出，蜀中传相告曰："井中有人。"学士靳普言[①]："客星入东井[②]。东井，益州之分野[③]，忧刺客入耳。又有猛风，是逆风。其日《观》卦用事[④]，若军西行，护观坂门，人向天井，益可虑也。"故旅勤谏云。卒如其言。弘等遂诬表晏欲率己共反，故杀之，求以免罪。其众抄掠百姓。广汉主簿李毅白太守弘农王濬[⑤]："宜急救益州祸乱，保晏无恶，必为弘等所枉害。"濬从之。而晏主簿蜀郡何攀以母丧在家[⑥]，闻乱，释缞绖诣洛[⑦]，诉晏忠孝，而弘等恶逆[⑧]，事得分明[⑨]。诏书因以濬为益州刺史，加轻车将军[⑩]。濬斩弘等，益州平。

【注释】

①靳普：生平不详。长于天文、星占，以布衣终。

②客星：天空中突然出现的、没有固定轨道和周期而在后来又消失的星星，包括今人所称的新星和彗星等。东井：星宿名。即井宿，二十八宿之一。因在玉井之东，故称。东井是南方七宿之首。属于今日之双子座。

③益州之分野：关于益州的分野，古代有不同说法。本书卷一《巴志》说"其分野：舆鬼、东井"，是其中的说法之一。

④《观》卦用事：《观》卦，《周易》六十四卦之一。卦形是坤下巽上，坤为土，巽为风。以六十四卦进行占验，在汉代有《易》学的京房学派。京房的《易》学得之于焦延寿。焦延寿讲《易》，喜推灾异，以自然灾害解释卦象，推衍人事。《汉书·京房传》概括焦延寿之学："其说长于灾变，分六十卦，更直日用事，以风雨寒温为候，各有占验。房用之尤精。"

⑤李毅（？—306）：字允刚，广汉郡郪（今四川三台）人。参看本书

卷四《南中志》注。王濬（206—285）：字士治，弘农湖县（今河南灵宝）人。恢廓有大志，为羊祜所知。除巴郡太守，两任益州刺史，有惠政。力排众议，主张灭吴。自武帝泰始八年（272）起，大造舟船，密作攻吴准备。咸宁五年（279），奉命率军攻吴。次年，烧断吴人所置横江铁锁，直取建康，吴主孙皓出降。以功封侯，升辅国大将军，累官至抚军大将军。卒谥武。《晋书》有传。

⑥何攀（244—301）：字惠兴，蜀郡郫（今四川成都郫都区）人。参看本书卷二《汉中志》注。

⑦缞绖（cuī dié）：麻布做成的丧服。亦指服丧。

⑧恶逆：奸恶逆乱。

⑨分明：辨明。

⑩轻车将军：杂号将军名。汉武帝初置，掌帅军征伐或驻守。东汉末一度地位较高，在九卿及卫将军之上。三国魏后地位稍降，为将军名号。

【译文】

当初，皇甫晏还没有出兵时，蜀中就流传一句话："井中有人。"学士靳普说："客星侵入东井。东井，是益州的分野，担心有刺客进入。又出现猛烈的大风，却是逆向的风。出兵之日，是《观》卦更直用事之日，如果军队向西行进，驻扎时守护观坂门，使军人向着天井，更加令人担忧。"因此何旅竭力进谏。最终的结果诚如靳普所言。张弘等人于是上表朝廷，诬陷皇甫晏想率领自己一同造反，所以就杀了他，请求朝廷赦免自己的罪行。他们率领的大军抢掠百姓。广汉主簿李毅禀告太守、弘农人王濬："应当紧急发兵，平定益州的祸乱，我可以担保皇甫晏没有干坏事，一定是被张弘等人冤害的。"王濬听从了李毅的建议。而皇甫晏的主簿、蜀郡人何攀因为母亲去世在家服丧，听说大军叛乱，脱下丧服赶到洛阳，诉说皇甫晏尽忠尽孝，而张弘等人奸恶逆乱，事情的真相最终得以辨明。皇帝下达诏书，任命王濬为益州刺史，加封轻车将军。王濬处死了张弘等人，益州之乱得以平息。

咸宁三年春，刺史濬诛犍为民陈瑞[①]。瑞初以鬼道惑民。其道始用酒一斗、鱼一头，不奉他神，贵鲜洁。其死丧、产乳者，不百日不得至道治[②]。其为师者曰“祭酒”。父母、妻子之丧，不得抚殡、入吊及问乳病者。转奢靡，作朱衣、素带、朱帻、进贤冠[③]。瑞自称“天师”，徒众以千百数。濬闻，以为不孝，诛瑞及祭酒袁旌等[④]，焚其传舍[⑤]。益州民有奉瑞道者，见官二千石长吏、巴郡太守犍为唐定等[⑥]，皆免官或除名[⑦]。蜀中山川神祠皆种松柏，濬以为非礼，皆废坏烧除，取其松柏为舟船，惟不毁禹王祠及汉武帝祠[⑧]。又禁民作巫祀。于是蜀无淫祀之俗[⑨]，教化大行，有木连理、嘉禾、黄龙、甘露之祥[⑩]。

【注释】

①陈瑞（？—277）：蜀郡犍为（今四川眉山彭山区）人。西晋初益州天师道首领。效张鲁之法，以天师道发展组织，自称天师。建“传舍”，设“祭酒”，从者达千余人（一说数千人）。咸宁三年（277），为益州刺史王濬所杀。

②道治：犹如县治、教堂，为道门中人举行活动的公共场所。

③朱衣：红色的官服。素带：白绢缝制的大带。束于腰间，一端下垂。古代天子、诸侯、大夫用素带。朱帻：红色的头巾。进贤冠：古时朝见皇帝的一种礼帽。原为儒者所戴，唐时百官皆戴。

④袁旌：生平不详。天师道祭酒。

⑤传舍：古时供行人休息住宿的处所。本处指陈瑞为教徒所设的客舍，与当年张鲁所设“义舍”相似。

⑥唐定：蜀郡犍为（今四川眉山彭山区）人。曾任巴郡太守。

⑦除名：除去名籍，取消原有身份。

⑧禹王祠：在江州（今重庆）涂山。本书卷一《巴志》："（江州县）涂山有禹王祠及涂后祠。"汉武帝祠：在都安县（今四川都江堰市）。《水经·江水注》："江水又历都安县。县有桃关、汉武帝祠。"

⑨淫祀：不合礼制的祭祀。

⑩木连理：不同根的树，其上部枝干连生在一起。旧时视为祥瑞。嘉禾：生长奇异的禾，古人以之为吉祥的征兆。亦泛指生长茁壮的禾稻。黄龙：古代传说中的动物名。谶纬家以为是帝王之瑞征。甘露：甘美的露水。谶纬家以为是帝王之瑞征。

【译文】

咸宁三年春天，刺史王濬诛杀犍为人陈瑞。陈瑞当初用鬼神道术蛊惑百姓。陈瑞的道术，最初使用的祭品是一斗酒、一条鱼，不敬奉其他的神，看重的是祭品的新鲜、干净。如果家中有死人和办丧事者、有生小孩和哺乳者，不到一百天不能进入道治。道门中的师傅叫"祭酒"。在父母、妻子儿女死去的时候，信徒不能亲近死去的人，不能吊唁，也不能慰问产妇和病人。后来逐渐变得奢侈靡费，制作了红衣、白绢带、红色头巾、进贤冠。陈瑞自称"天师"，道徒人数成百上千。王濬听说这些情况之后，认为这是不孝的表现，于是诛杀了陈瑞以及祭酒袁旌等人，并焚烧了教徒的客舍。益州百姓如有信奉陈瑞道术者，比如现任二千石长吏、巴郡太守犍为人唐定等，都被免除官职或者除去名籍。蜀中祭祀山川神祇的神祠都种植了松树、柏树，王濬认为这是不合礼数的做法，下令全部拆除、烧毁，取所种植的松、柏之木建造船只，只是没有毁弃禹王祠和汉武帝祠。王濬又禁止老百姓做巫术道场。于是蜀地再也没有滥祭鬼神的习俗了，文治教化得到大力推行，出现了木连理、嘉禾、黄龙、甘露等祥瑞。

三月，被诏罢屯田兵[①]，大作舟船，为伐吴调[②]。别驾何攀以为佃兵但五六百人[③]，无所辨[④]，宜召诸休兵[⑤]，借诸郡武吏[⑥]，并万余人造作，岁终可成。濬从之。攀又建议："裁船入山，动数百里，艰难。蜀民冢墓多种松柏，宜什四市取[⑦]，入山者少。"濬令攀典舟船器仗[⑧]。冬十月，遣攀使诣洛表可征伐状，因使至襄阳与征南将军羊祜、荆州刺史宗廷论进取计[⑨]。

【注释】

①被诏：接受诏令。屯田兵：军屯士兵，即就地耕种土地的驻屯军人。按：汉朝以后的历代政府，为了取得军饷和税粮，利用戍卒或农民、商人垦殖荒地，是为屯田。屯田有军屯、民屯、商屯之分。

②调：算度，计划。

③佃兵：魏晋时期国家土地上的佃农，按军事编制施行屯田（刘琳）。

④无所辨：意谓不能完成任务。辨，通"办"，成功，办成。

⑤休兵：轮休在家的士兵。

⑥武吏：古书所说"武吏"，多指军职官员。本处所说"武吏"实为兵，由世代为兵的"兵家"充任（刘琳）。《晋书·山涛传》："吴平之后，帝诏天下罢军役，示海内大安，州郡悉去兵，大郡置武吏百人，小郡五十人。"

⑦什四：十分之四。市取：意谓按市场价格收购。

⑧典：主持，主管。器仗：武器总称。

⑨羊祜（221—278）：字叔子，泰山南城（今山东费县西）人。蔡邕外孙。司马师之妻弟。初仕魏为上计吏。累迁中领军，统宿卫，执兵权。入晋，拜尚书左仆射。晋武帝泰始五年（269），迁都督

荆州诸军事。在州垦田地，储军粮，进据险要，做灭吴准备。又与吴将陆抗使命交通，各保分界。屡陈灭吴大计，请出兵灭吴。官至征南大将军，封南城侯。在官清俭。临终，举杜预自代。卒谥成。《晋书》有传。宗廷：或作“宋廷”。字元亮，籍贯不详。

【译文】

三月，接受诏令，罢除屯田的士兵，大力制造战船，为讨伐吴国做准备。别驾何攀认为佃兵只有五六百人，不能完成造船任务，应该召回那些轮休在家的士兵，借用各郡的武吏，聚集上万人造船，到年终即可竣工。王濬采纳了何攀的建议。何攀又建议：“为造船入山采伐树木，动辄有数百里，运输非常艰难。蜀地老百姓的坟墓上大都种植松树和柏树，可以按照市场价格，收购其中的十分之四，这样，入山采伐的数量就小了。”王濬命令何攀掌管舟船和武器制造事务。冬十月，王濬派遣何攀出使洛阳，上表朝廷，说明可以征伐吴国等情况，顺便又出使到襄阳，与征南将军羊祜、荆州刺史宗廷商议进攻吴国的事宜。

四年春，汉中郡吏袭祚等谋杀太守姜宗以叛[①]。宗觉，坚守。祚等烧南郑市及平民屋[②]，族诛。刺史濬当迁大司农，至汉寿，重遣参军李毅诣洛，与何攀并表求伐吴。

【注释】

①郡吏：指郡太守的下属官吏。袭祚：生平不详。疑当作“龚祚”。姜宗：籍贯不详。曾任汉中太守。

②南郑：县名。战国秦置，为汉中郡治。治所在今陕西汉中市东二里。

【译文】

咸宁四年春天，汉中郡吏袭祚等人打算杀死太守姜宗发动叛乱。姜宗察觉了他们的阴谋，因而坚固防守。袭祚等人烧毁了南郑的集市和平民的房屋，后被处以灭族之刑。刺史王濬应当升迁大司农，到汉寿后，再次派遣参军李毅前往洛阳，与何攀一起上表朝廷，请求讨伐吴国。

五年，诏书拜濬龙骧将军，假节，监梁、益二州军事。除何攀郎中、参军事①。以典军从事张任、赵明、李高、徐兆为牙门②，姚显、郄坚为督③。冬当大举。秋，攀使在洛。安东将军王浑表孙皓欲北侵④，请兵。朝议征，却须六年⑤。攀因表可因今取之，策皓必不自送⑥。帝乃许焉。

【注释】

①参军事：官名。亦称“参军”。东汉末车骑将军幕府置为僚属，掌参谋军务。

②典军从事：官名。州分职吏名。晋代置于益州。为将兵之职，与建安中“督军从事”之职相近。掌断狱。牙门：“牙门将”“牙门将军”的省称。参看本书卷二《汉中志》注。张任、赵明、徐兆：三人生平不详。李高：巴西西充国（治今四川阆中）人。有武干。官至金城太守、雁门太守。本书卷十一《后贤志》有传。

③姚显、郄坚：二人生平不详。

④王浑（223—297）：字玄冲，太原郡晋阳（今山西太原）人。初仕魏，为大将军曹爽掾，后依附司马昭，官至散骑常侍。晋武帝时，迁安东将军，都督扬州军事，领兵平吴，以功升征东大将军，封京陵公。累迁司徒，加侍中，录尚书事。卒谥元。《晋书》有传。

⑤却：推迟，延后。须：等待。六年：此当指咸宁六年，也就是下一年。

⑥策：推测，料想。自送：自己前来送死。

【译文】

咸宁五年，皇帝下达诏书，任命王濬为龙骧将军，授予符节，监管梁州、益州的军事。任命何攀为郎中、参军事。任命典军从事张任、赵明、李高、徐兆为牙门将军，姚显、郄坚为督军。冬天，准备大举进攻吴国。秋天，何攀出使洛阳。安东将军王浑上表朝廷，说孙皓打算北上侵扰晋朝，请求出兵还击。朝廷议论可以出征吴国，推迟到下一年进行。何攀趁机上表朝廷，认为现在可以出兵攻打吴国，推测孙皓必定不会自己前来送死。晋武帝才同意了奏请。

冬，十有二月，濬因自成都帅水陆军及梁州三水胡七万人伐吴①。临发，斩牙门将李延，所爱侍将也，以争骑斩，众莫不肃②。至江州，诏书进濬平东将军③，都督二州，巴东监军唐彬及平南军皆受指授④。别遣参军李毅将军由涪陵入取武陵⑤，会巴陵⑥。

【注释】

①三水胡：居住在三水的胡人。三水，县名。西汉置，属安定郡。治所在今宁夏同心县东北下马关镇北红城水古城。东汉末废。按：三水胡有南迁至中原者，甚至有南迁至梁州者。

②肃：儆戒，敬畏。

③平东将军：杂号将军名。三国魏置，掌征伐。魏置平东将军、平西将军、平南将军、平北将军，号称四平将军。权任很重，多持节都督或监某一地区军事，有时亦作为刺史等地方官员兼理军务的加官。

④唐彬（235—294）：字儒宗，鲁国邹（今山东邹城南）人。参看本书卷一《巴志》注。指授：指示，指挥。

⑤涪陵：县名。西汉置，属巴郡。治所即今重庆彭水苗族土家族自治县。笔者按：在张家山汉简《二年律令·金布律》中，已有“涪陵”县名。武陵：县名。西汉置，属汉中郡。治所在今湖北竹山县

西北。笔者按：在张家山汉简《二年律令·金布律》中，已有“武陵”县名。

⑥巴陵：县名。西晋太康元年（280）以下隽县巴丘城置，属长沙郡。治所即今湖南岳阳。

【译文】

冬天十二月，王濬便从成都出发，率领水军、陆军和梁州三水胡兵七万人，讨伐吴国。临出发时，王濬处死了牙门将李延，李延是王濬喜欢的部将，因争夺坐骑被斩杀，众将领没有不敬畏的。到江州时，朝廷下达诏书，进封王濬为平东将军，统管两个州，巴东监军唐彬和平南军都由王濬指挥。朝廷另外派遣参军李毅将军由涪陵进军，攻取武陵，在巴陵与王濬会合。

太康元年春三月，吴平。攀、毅以下功封各有差。以淮南胡罴为益州刺史[①]，濬迁辅国将军。初，濬将征，问靳普：“今行何如？”普对曰：“客星伏南斗中[②]，而太白、岁星在西方[③]。占曰：‘东方之国破。’必如志矣[④]。”普学术[⑤]，不贪荣华，卒于布衣[⑥]。

【注释】

①胡罴：字季象，九江郡寿春（今安徽寿县）人。胡质之子，胡威之弟。有才干，官至益州刺史、安东将军。本书卷十一《后贤志》有传。

②南斗：星名。即斗宿。有星六颗。在北斗星以南，形似斗，故称。

③太白：星名。即金星。又名启明、长庚。岁星：星名。即木星。古人认识到木星约十二年运行一周天，其轨道与黄道相近，因将周天分为十二分，称十二次。木星每年行经一次，即以其所在星次来纪年，故称岁星。

④如志：顺遂意愿，实现志愿。

⑤术：术数，如星占、卜筮、命相、拆字、堪舆、占候等。

⑥布衣：借指平民。古代平民不能衣锦绣，故称。

【译文】

太康元年春天三月，吴国被平定。何攀、李毅以下的将领，都因功受到等级不同的封赏。朝廷任命淮南人胡羆为益州刺史，王濬升迁为辅国将军。当初，王濬即将出征，询问靳普："今日的行动怎么样？"靳普回答说："客星隐伏在南斗之中，而金星、木星又在西方。占辞说：'东方的国家将破亡。'您一定会实现意愿。"靳普学习术数，不贪慕荣华富贵，到死仍是一个平民。

三年，更以益、梁州为轻州①，刺史乘传奏事②。以蜀多羌夷，置西夷府③，以平吴军司张牧为校尉④，持节统兵。州别立治，西夷治蜀⑤，各置长史、司马⑥。

【注释】

①轻州：与"重州"相对，地位不太重要的州。

②传（zhuàn）：驿站所备马车。奏事：向皇帝陈述事情，汇报情况。

③西夷府：即西夷校尉府。西夷校尉为官名。西晋太康三年（282）置，治宁州。宁州并入益州后，以益州刺史兼领。持节，领兵，掌益州少数民族事务。立府，置长史、司马，可举秀才、廉良。

④军司：官名。西晋因避司马师讳改军师置，东晋、南朝、北魏、北齐沿置。为诸军府主要僚属，佐主帅统带军队，负有匡正监察主帅之责，地位很高，常继任主帅。张牧：籍贯不详。曾任西夷校尉。

⑤州别立治，西夷治蜀：原先，益州刺史和蜀郡太守皆治成都少城。张牧由蜀郡太守升为西夷校尉，益州刺史乃别立新治于成都大城，而西夷校尉仍治成都少城，故曰"州别立治，西夷治蜀"。笔者按：

本处关于“州别立治，西夷治蜀”的理解，参考了任乃强的说法。

⑥司马：官名。州郡佐官。三国蜀于益州置前、后、左、右四部司马，非常制。主军务，武职。

【译文】

太康三年，朝廷将梁州、益州变更为不太重要的州，刺史要乘坐传车到京城奏事。因为蜀地羌人、夷人多，朝廷设置了西夷校尉府，任命平吴军司张牧为西夷校尉，持符节统领军队。益州刺史乃别立新治于成都大城而西夷校尉仍治成都少城，各自设立有长史、司马。

五年，罢宁州，诸郡还益州，置南夷校尉[①]，持节如西夷，皆举秀才、廉良[②]。

【注释】

①南夷校尉：官名。西晋太康五年(284)罢宁州置。以李毅为校尉，持节，统兵镇南中，统五十八部夷族都监行事。立府，设有长史、司马、参军等僚佐。可举秀才、廉良，职掌与刺史同。秩四品。东晋初，改称“镇蛮校尉”。《宋书·百官志下》：“南夷校尉，晋武帝置，治宁州。江左改曰镇蛮校尉。四夷中郎校尉，皆有长史、司马、参军。”

②廉良：孝廉与贤良。自汉至隋选拔官吏的两种科目。

【译文】

太康五年，撤销宁州，所辖各郡又改归益州，朝廷设置了南夷校尉，南夷校尉持有符节，一如西夷校尉，都可以举荐秀才、孝廉和贤良。

八年，武帝子成都王颖受封[①]，以蜀郡、广汉、犍为、汶山十万户为王国，易蜀郡太守号为成都内史[②]。

【注释】

①成都王颖：司马颖（279—306），字章度，河内温县（今河南温县）人。晋武帝子。太康末，封成都王，加散骑常侍、车骑将军。后为镇北大将军，镇邺城。永康二年（301），与河间王司马颙等起兵攻入洛阳，杀赵王司马伦，进位大将军，都督中外诸军事、录尚书事。后还镇邺。继与河间王司马颙、长沙王司马乂联合杀司马冏，在邺遥控朝政，事无巨细，皆听其谘决。永安元年（304），为丞相，自立为皇太弟。后被东海王司马越攻败执杀。《晋书》有传。

②成都内史：参看本书卷三《蜀志》："蜀郡，太康初属王国，改号曰成都内史；王改封，乃复旧。"

【译文】

太康八年，晋武帝的儿子成都王司马颖接受分封，朝廷将蜀郡、广汉、犍为、汶山的十万户划入王国，而蜀郡太守则改称为成都内史。

元康六年①，复以梁、益州为重州②。迁益州刺史栗凯为梁州③，加材官将军④；扬烈将军赵廞为益州刺史⑤，加折冲将军⑥。关中氐及马兰羌反⑦，寇天水、略阳、扶风、始平、武都、阴平⑧。发梁州及东羌、镇西讨之⑨，不克。益州遣牙门马玄、尹方救援之⑩，以鹿车运成都米给军粮⑪。

【注释】

①元康六年：296年。元康，西晋惠帝司马衷年号（291—299）。

②重州：与"轻州"相对，地位重要的州。

③栗凯：籍贯不详。曾任益州刺史、梁州刺史，加封材官将军。

④材官将军：官名。汉朝为将军名号，领郡国材官士（预备兵员）出征，师还则省。东晋为材官校尉改称，设司马一员，掌工匠土木之

事，领营兵，隶中领军（领军将军）。

⑤扬烈将军：官名。三国魏明帝时拜占据辽东的公孙渊为之，兼辽东太守。五品。西晋、南朝宋沿置。赵廞（？—301）：字和叔，巴西安汉（今四川南充）人。初为长安令，转任天门太守、武陵太守，后任益州刺史。时逢晋室衰乱之际，遂产生割据巴蜀之意。于是放粮赈济灾民，以收众心，并厚待流民首领李特兄弟以为爪牙。永康元年（300），据成都反晋，自称大都督、大将军、益州牧，建元太平。次年，李特等引军攻成都，赵廞为部下所杀。

⑥折冲将军：武官名号。西汉末年王莽置，掌征伐。为杂号将军中地位较高者。魏、晋、宋为五品。

⑦关中氐：居住在关中的氐人。马兰羌：居住在马兰山（在今陕西白水县西北六十里）一带的羌人。

⑧略阳：郡名。西晋泰始中改广魏郡置，属秦州。治所在临渭县（今甘肃天水东北渭水北岸秦安县境）。北魏移治陇城县（今甘肃秦安东北陇城镇）。扶风：郡名。三国魏改右扶风置，属雍州。治所在槐里县（今陕西兴平东南十里）。西晋泰始三年（267）迁治池阳县（今泾阳西北）。始平：郡名。西晋置，属雍州。治所在槐里县。

⑨东羌：即东羌校尉。官名。也称护东羌校尉，领兵。属官有东羌督、东羌猎将等。晋朝常以将军或西中郎将兼任，有时亦兼秦州刺史。四品。镇西：即镇西将军。官名。东汉末献帝初平三年（192）置。三国魏时，与镇东、镇南、镇北将军合称四镇将军。位在征西将军下，一般不与征西将军并置。

⑩马玄、尹方：生平不详。

⑪鹿车：古代人力推挽的小车。

【译文】

元康六年，朝廷又将梁州、益州作为重要的州。升任益州刺史栗凯为梁州刺史，加封材官将军；任命扬烈将军赵廞为益州刺史，加封折冲将军。关中氐和马兰羌造反，侵袭天水、略阳、扶风、始平、武都、阴平等地。朝廷征发梁州及东羌校尉、镇西将军的兵马进行讨伐，没有取胜。益州派遣牙门马玄、尹方救援他们，并用鹿车运输成都的米到前线作为军粮。

八年，廞至州，虽崇简约，而性实奢泰[①]。略阳、天水六郡民李特及弟庠、阎式、赵肃、何巨、李远等[②]，及氐叟、青叟数万家[③]，以郡土连年军荒，就谷入汉川[④]。诏书不听入蜀，益州敕关禁之。而户曹李苾开关放入蜀[⑤]，布散梁州及三蜀界[⑥]。

【注释】

①奢泰：奢侈。

②略阳、天水六郡：即略阳、天水、扶风、始平、武都、阴平六郡。李特（？—303）：字玄休，巴西郡宕渠（今四川渠县）人。汉末徙居略阳（今甘肃秦安），被称为巴氐人。睿智豁达，骁勇善骑射。少仕州郡。晋惠帝元康中，随流民从关右入蜀就食，依益州刺史赵廞。官府掠杀流民，并限期返回关右，李特等率流民于绵竹起兵反晋。永宁元年（301），攻灭赵廞。聚众二万余，又败益州刺史罗尚，占广汉，围成都。太安元年（302），自称益州牧，都督梁、益二州大将军、大都督。次年（303），取成都少城，改元建初。后为罗尚偷袭，兵败被杀。《晋书》有传。李庠（247—301）：字玄序，巴西郡宕渠（今四川渠县）人。李特之弟。性慷慨，有气节，善骑射，有文武之才。仕郡为督邮、主簿，历中军骑督。洛阳内乱，称病辞官，随流民入蜀。投附益州刺史赵廞，以讨叛羌有功，授威寇将军，封侯。后赵廞忌其才而杀之。《晋书》有传。阎式（？—

309)：天水（治今陕西通渭西北）人。西晋末，任始昌令。后随李特起兵，官至尚书令。尝杂采汉晋职官，为大成政权建立职官制度。晏平四年（309），与太尉李离同为部将罗羕、訇琦所杀。赵肃、何巨：生平不详。李特部将。李远：巴西郡宕渠（今四川渠县）人。李特之兄。

③氐叟：氐族人。居住在今四川西北一带。青叟：即青羌。古代西南地区羌族的一支。服饰尚青色，故称。

④就谷：谓荒年到有收成的地方去找饭吃。

⑤李苾：字叔平，天水（治今陕西通渭西北）人。李毅从弟。随李特起兵，官至犍为太守。

【译文】

元康八年，赵廞到益州上任，他虽然口头宣称崇尚节俭，实则性喜奢侈。当时略阳、天水等六郡的氐民李特和他的弟弟李庠、阎式、赵肃、何巨、李远等，以及氐叟、青叟等几万户人家，因为其地连年战争和饥荒，纷纷进入汉川找饭吃。朝廷下达诏书，不准这些流民进入蜀地，益州下令关闭关卡禁止流民入关。但户曹李苾打开关卡，放流民进入蜀地，入蜀后的流民分散在梁州和三蜀的地界。

汶山兴乐县黄石、北地卢水胡成豚坚、安角、成明石等与广柔、平康文降、刘紫利羌有仇①，遂与蚌蛹羌郅逢等数千骑劫县令②，求助讨紫利。太守杨邠挞杀豚坚③，而降其余类，余类遂叛，杀长吏。冬，西夷校尉西平麴炳表出军④，遣牙门将孙眺为督护⑤，万人征之。战于常安⑥，大为胡所破。

【注释】

①兴乐：县名。西晋太康元年（280）改白马县置，属汶山郡。治所

在今四川松潘西北。黄石:古代少数民族名。胡人的一支。《后汉书·循吏列传·任延》:"(任)延到,选集武略之士千人,明其赏罚,令将杂种胡骑休屠、黄石,屯据要害。"李贤注:"黄石,杂种号也。"北地:郡名。战国秦置,治所在义渠县(今甘肃庆阳西峰区东境)。西汉移治马岭县(今甘肃庆城西北)。东汉又移治富平县(今宁夏吴忠西南)。属凉州。东汉末地入羌胡。卢水胡:古族名。因世居卢水(今青海西宁西),故名。最初见于《后汉书·西羌列传》。已出土的建武六年(30)的居延汉简亦有相同记载。成豚坚、安角、成明石:胡人首领之名。广柔:县名。西汉元鼎六年(前111)置,属汶山郡。治所在今四川汶川西南。平康:县名。三国蜀汉置,属汶山郡。治所在今四川黑水县东北。文降、刘紫利羌:即文降、刘紫利所统领的羌人部落。文降、刘紫利,羌人首领之名。

②蚌蛸(bàng tóng):羌人的一种。原先居住在白兰山(今青海黄河源西北布尔汗布达山)一带,故又称"白兰蛸"或"白兰峒"。参看本书卷三《蜀志》注。

③杨邠(243—311):字岐之,犍为郡武阳(今四川眉山彭山区)人。怀帝永嘉初,累迁汶山太守、衡阳内史。本书卷十一《后贤志》有传。

④麹炳:西平(治今青海西宁)人。曾任西夷校尉。

⑤孙眺:籍贯不详。麹炳部将,曾任牙门将。

⑥常安:三国蜀汉(一说东汉末)置,属巴郡。治所不详。或以为当在四川长寿县(今重庆长寿)境内(任乃强),或以为当在兴乐县(今四川松潘)境内(刘琳)。

【译文】

汶山郡兴乐县的黄石、北地郡卢水胡人成豚坚、安角、成明石等,与广柔、平康羌人文降、刘紫利所部有仇怨,于是和蚌蛸羌人郅逢等带领数千人马劫持了县令，要求帮助讨伐刘紫利等人。太守杨邠鞭挞残杀成豚坚，要求其他人都投降，其他人于是发动叛乱，并杀死了长吏。冬天，西夷校尉、西平人麹炳上表奏请出军，派遣牙门将孙眺担任督护，率领一万人前往征讨。双方交战于常安，孙眺部被胡人打得大败。

九年，炳以败军征还。夏，用江夏太守陈总为代①。胡退散②。

【注释】

①陈总（？—300）：籍贯不详。武帝太康中为扬州刺史嵇绍别驾，后任江夏太守、西夷校尉。元康元年（291），益州刺史赵廞叛乱，杀成都内史耿腾，并遣军迎击西夷校尉陈总。陈总不听主簿赵模苦谏，不做抵抗。军溃，藏匿于草中。赵模著陈总服，格战至死，陈总亦被搜到，随即被杀。

②退散：撤退溃散。

【译文】

元康九年，麹炳因作战失败而撤退。夏天，朝廷安排江夏太守陈总取代麹炳。胡人也撤退而去。

永康元年①，诏征刺史廞为大长秋②；迁成都内史中山耿滕为益州刺史③，折冲将军，因廞所服佩④。初，廞以晋政衰而赵星黄⑤，占曰“星黄者王”，阴怀异计⑥：蜀土四塞，可以自安。乃倾仓赈施流民，以收众心。以李特弟庠卫六郡人，勇壮，厚恤遇之。流民恃此，专为劫盗，蜀民患之。滕数密表：“流民刚戆⑦，而蜀人懦弱，客主不能相饶⑧，宜移还其本土；不者，与东三郡隘地⑨。观其情态，渐不可长⑩，将移秦雍之祸于梁益矣。”又言:“仓库虚竭,无以应锋镝之急[11],必益圣朝西顾之忧[12]。”由是廞恶滕。州被诏书,已遣文武士千余人迎滕。滕以廞未出州,故在郡。廞募庠党罗安、王利等劫滕[13],大败于广汉宣化亭,杀传诏者[14]。滕议欲入州城,功曹陈恂谏曰[15]:“今州郡并治兵,怨构日深,入城必有大祸。不如安住少城[16],檄诸县合村保以备秦氏;陈西夷行至[17],且观其变。不尔,可退住犍为,西渡江原,以防非常。”滕不从。冬十有二月,滕入城[18],登西门[19]。廞遣亲近代茂取滕[20],茂告之而去。廞又遣兵讨滕。滕军败绩,自投少城上。吏左雄负滕子奇依民宋宁藏[21]。廞购千金,宁不出。廞寻败,得免。郡吏皆窜走,惟陈恂面缚诣廞,请滕死丧[22]。廞义而不杀也。恂与户曹掾常敞共备棺冢葬之[23]。

【注释】

①永康元年:300年。永康,西晋惠帝年号(300—301)。

②大长秋:官名。为皇后近侍官。秦称将行。汉景帝时改称大长秋,或用士人,或用宦官担任,东汉多为宦官担任,掌宣达皇后旨意,管理宫中事务。

③耿滕:中山(治今河北定州)人。曾任成都内史、益州刺史,封折冲将军。后为赵廞所杀。参看《晋书·李特载记》。

④因廞所服佩:意谓耿滕承用了赵廞的官服和印绶。服佩,服饰及佩戴的印绶。

⑤赵星:指二十八宿中的昴宿、毕宿。按照分野说,昴、毕是赵国的分野(参看《史记·天官书》《晋书·天文志》),故可称为“赵星”。

⑥异计:不轨的图谋。赵廞姓赵,又家于赵地,故而以为“赵星黄”应验于自己,因此“阴怀异计”。《晋书·李特载记》:“(赵)廞遂

谋叛，潜有刘氏割据之志，乃倾仓廪，振施流人，以收众心。”

⑦刚戆（gàng）：刚直而鲁莽。

⑧客主不能相饶：《晋书·李特载记》谓“客主不能相制”。相饶，相互饶恕，宽容。

⑨东三郡：指魏兴、上庸、新城三郡。

⑩渐不可长：谓刚露头的不好事物不能容许其发展滋长。

⑪锋镝（dí）：刀刃和箭镞。借指兵器或战争。

⑫圣朝：封建时代尊称本朝。亦作为皇帝的代称。本处指晋朝。

⑬罗安、王利：生平不详。李庠下属。

⑭“大败于广汉”二句：《资治通鉴》卷八十三引《华阳国志》作“战于广汉宣化亭，杀传诏”。“大败”二字，概系李垔妄改。

⑮陈恂：颍川许（今河南许昌）人。陈群之孙，陈泰之子。

⑯少城：当时，益州刺史治大城，成都内史（即蜀郡太守）治少城。此即本书卷三《蜀志》所说“州治太城，郡治少城”。

⑰陈西夷：指西夷校尉陈总。

⑱入城：入大城。

⑲西门：大城西门，即少城东门。

⑳亲近：本处指亲信、心腹。代茂：籍贯、生平不详。赵廞亲信。

㉑左雄：籍贯、生平不详。耿滕下属。

㉒丧：尸体。

㉓常敞：籍贯、生平不详。耿滕下属。

【译文】

永康元年，朝廷下诏征调益州刺史赵廞回京担任大长秋；迁成都内史、中山人耿滕为益州刺史，加封折冲将军，承用赵廞的服饰和印绶。起初，赵廞因为晋朝政治衰败而赵地对应的昴宿、毕宿泛黄，占书说“星黄者称王”，于是暗怀图谋天下的阴谋：蜀地四周闭塞，可以自我保全。于是赵廞倾尽粮仓的所有粮食用来赈济流民，以收买民心。赵廞因为李特之弟李庠护卫六郡流民，勇猛强壮，故而对他厚待有加。流民仗恃他的庇护，专门干盗窃抢劫的勾当，蜀地百姓深以为患。耿滕多次秘密上表朝廷："流民刚直鲁莽，而蜀地百姓懦弱，客主之间不能互相宽容，应该让流民迁回本土；不然的话，将流民迁入东三郡（魏兴、上庸、新城）的偏远狭隘之地。观察流民的发展态势，已经不能再容许其发展滋长了，否则将会把秦、雍之地的祸害扩展到梁州、益州。"耿滕又说："蜀中仓库空虚、粮食匮乏，没有办法应付突如其来的战争之急，一定会增加晋朝对西部地区的忧虑。"因此赵廞对耿滕怀恨在心。州里接到朝廷诏书，已经派遣文武官员和军士一千余人前往迎接耿滕。耿滕借口赵廞还没有离开州府，所以就留在郡府。赵廞招募李庠的党羽罗安、王利等人前去劫持耿滕，大败于广汉宣化亭，杀掉传诏书的使者。耿滕与手下商议打算进入州城，功曹陈恂劝谏说："现在州和郡都在厉兵秣马，双方结怨已经越来越深了，我们进入州城必定有大祸来临。我们不如安心驻扎在少城，发檄文通知各县，实行联村自保，以此抵御秦氏流民；西夷校尉陈总即将到来，我们姑且静观其变。实在不行，可以退到犍为，向西渡过江原，以此防范意外的事变。"耿滕没有听从建议。冬天十二月，耿滕进入州城，登上了西门。赵廞派遣亲信代茂刺杀耿滕，但代茂在告诉耿滕后就扬长而去。赵廞又派遣军队进攻耿滕。耿滕的军队被打败，自己从少城跳墙而死。官吏左雄背着耿滕的儿子耿奇，躲藏到百姓宋宁家中。赵廞悬赏千金捉拿，宋宁没有交出他们。不久，赵廞失败了，耿奇得以幸免。郡中官吏都纷纷外逃，只有陈恂反绑双手，前去面见赵廞，请求为耿滕安葬尸体。赵廞认为陈恂讲义气，因而没有杀他。陈恂和户曹掾常敞一起备办棺材、修筑坟墓，安葬了耿滕。

廞又遣军逆陈总[①]。总至江阳，闻廞有异志。主簿赵模进曰[②]："今州郡不协[③]，必生大变，惟当速行。府是兵要[④]，助顺讨逆，莫有动者也。"总更缘道迟留[⑤]，至南安鱼涪津[⑥]，以与廞军遇[⑦]。模白总："散财货，募士卒距战[⑧]，若克州军，则州可得；不克，顺流而退，必无害也。"总不能，更曰："赵益州忿耿侯[⑨]，故杀之，与吾无嫌，何为如此？"模曰："今州起事，必当立威，虽不战，无益也。"言至垂涕。总不听。众弛[⑩]，总逃草中，模衣总服格战[⑪]。廞兵杀模，见非总，乃搜求总，杀之。

【注释】

①逆：迎，迎接。

②赵模：籍贯不详。陈总下属，后为叛军所杀。

③不协：不和。

④府：指西夷校尉府。西夷校尉府在汶山。

⑤更：反而，还是。缘道：沿途。迟留：停留，逗留。

⑥鱼涪津：又作鱼符津。在今四川乐山市北岷江边，为岷江津渡。长数百步，临大江，岸边山岭相连，有道广四五尺。《续汉书·郡国志》犍为郡南安县（今四川乐山）"有鱼涪津"。刘昭注："《蜀都赋》注曰：鱼符津数百步，在县北三十里。"

⑦以：通"已"，已经。

⑧距战：抗击，抵御。距，通"拒"。

⑨赵益州：益州刺史赵廞。耿侯：成都内史耿滕。

⑩众弛：指士兵四散而逃。

⑪格战：格斗，搏斗。

【译文】

赵廞又派遣军队迎接陈总。陈总到达江阳，就听说赵廞怀有二心。主簿赵模进谏说："现在州、郡不和，必定会发生大的变故，我们应当迅速离开这里。西夷校尉府所在地是用兵要地，在其地可以协助朝廷讨伐叛乱，没有谁敢轻易行动。"但陈总沿途逗留，待军队行至南安鱼涪津，已经遭遇赵廞军队。赵模告诉陈总："拿出钱财货物，招募士兵抗击赵军，如果打败了赵军，我们就可以夺取州城；如果不能取胜，我们就顺流而退军，必定不会有祸患。"陈总不愿意改变计划，反而说："赵廞愤恨的是滕耿，所以杀死了滕耿，他和我没有嫌隙，怎么会这样做呢？"赵模说："现在州城举兵叛乱，必定会树立威信，即使我们之间不开战，也不会有什么好处。"说到落泪流涕。但陈总不听从劝谏。士兵四散而逃，陈总逃跑到草丛中，赵模穿上陈总的衣服奋力格斗。赵廞的士兵杀死了赵模，发现他不是陈总，于是四处搜寻陈总，找到后也杀死了他。

廞自称大都督、大将军、益州牧。以武阳令蜀郡杜淑、别驾张粲、巴西张龟、西夷司马龚尼、江原令犍为费远等为左右长史、司马、参军[①]，徙犍为太守李庠为威寇将军[②]，召临邛令涪陵许弇为牙门将[③]。召诸王官[④]，莫敢不往。又以广汉太守张征、汶山太守杨邠、成都令费立为军祭酒[⑤]。时庠与兄特，弟流、骧[⑥]，妹婿李含[⑦]，天水任回、上官晶[⑧]，扶风李攀[⑨]，始平费他[⑩]，氐符成、隗伯、董胜等四千骑在北门[⑪]，廞使庠断北道。庠素东羌良将，晓军陈[⑫]，不用麾志[⑬]，举矛为行伍[⑭]。庠劝称大号汉[⑮]。庠部下放揽[⑯]，廞等忌之，遂于会所斩庠及其兄子弘等十余人。虑特等为变，又命为督将，安慰其军，还特庠丧。其夜，特、流彻众散归绵竹。廞遣故阴平令张衡、升迁费恕就绥纳[⑰]，皆为特所杀。许弇求为巴东监军，杜淑、张粲逆，不许。弇怒，于州阁下手刃杀淑、粲[⑱]，淑、粲左右即亦杀弇[⑲]。二子[⑳]，廞腹心也。

【注释】

①杜淑：蜀郡人。赵廞部下，曾任武阳令。张粲：籍贯不详。赵廞部下，曾任别驾。张龟：巴西（治今四川阆中）人。先后为赵廞、罗尚部下，曾任督护。龚尼：籍贯不详。赵廞部下，曾任西夷校尉府司马。费远：犍为人。赵廞部下，曾任江原令。

②威寇将军：官名。杂号将军名。东汉光武置，掌帅兵征伐。西晋时益州牧赵廞置。北魏沿置。

③许弇：涪陵人。赵廞部下，曾任临邛令、牙门将。后被杜淑、张粲手下所杀。

④王官：指藩王府里的属官。本处特指晋朝藩王成都王的属官。

⑤张征：籍贯不详。赵廞部下，曾任广汉太守。杨邠（243—311）：字岐之，犍为郡武阳（今四川眉山彭山区）人。参看本书卷八《大同志》注。费立（？—312）：字建熙，犍为郡南安（今四川乐山）人。性公允。为王国中尉，出为成都令，有政绩。除梁、益、宁三州都督，兼尚书，封关内侯。本书卷十一《后贤志》有传。军祭酒：即"军师祭酒"。晋朝避司马师讳改。官名。掌参谋军事。东汉末年曹操置，蜀亦置。

⑥流：李流（248—303），字玄通，巴西郡宕渠（今四川渠县）人。巴氐族。李特之弟。少好学，善骑射。兄李庠为赵廞所杀，乃从李特攻赵廞，以功拜奋威将军。西晋惠帝永宁元年（301），与李特起兵于绵竹，攻成都，与益州刺史罗尚相拒。李特死，与侄李雄等收遗众还赤祖，自称益州牧。再击罗尚，围成都，病死。追谥秦文王。《晋书》《魏书》有传。

⑦李含：西晋末益州流民起义军将领。李特妹夫。初为特部曲督，及特称大都督，署为西夷校尉。特及李荡战死，李流统领义军。时含为成都太守，惧于晋军声势，劝流降晋。流将从之，李雄与李骧迭谏，不纳。含子李离自梓潼驰还，劝雄弃叔侄之义而行大事，

于是雄集义军攻城，又得范长生资给军粮，义军复振。

⑧任回、上官晶：天水（治今陕西通渭西北）人。李特部将。

⑨李攀：扶风（今陕西兴平）人。李特部将。

⑩费他：始平（治今陕西兴平）人。李特部将。

⑪符成、隗伯、董胜：氐人。李特部将。

⑫军陈：指军队的阵法或军伍的行列。陈，同“阵”。

⑬麾志：用旌旗为作战标志。麾，古代指挥军队的旗子。

⑭行伍：军队的行列。古代兵制，五人为伍，五伍为行，因以指军队。

⑮庠劝称大号汉：意谓李庠劝赵廞称帝，立国号为汉。大号，国号，帝号。

⑯放搅：放肆扰乱。

⑰张衡：籍贯不详。曾任阴平令。升迁：县名。西晋置，属汶山郡。治所在今四川松潘西北。一说在今四川黑水县。费恕：汶山郡升迁（今四川松潘）人。生平不详。绥纳：安抚招纳。

⑱阁下：谓在屋门之下。

⑲本句底本为“即亦杀弇”，语意不明。据《通鉴》：“淑、粲左右又杀弇。”增补。

⑳二子：指杜淑、张粲二人。

【译文】

赵廞自称大都督、大将军、益州牧。任命武阳令蜀郡杜淑、别驾张粲、巴西张龟、西夷校尉府司马龚尼、江原令犍为费远等为左右长史、司马、参军，改任犍为太守李庠为威寇将军，征召临邛令涪陵许弇为牙门将。召集成都王府的属官，没有人敢不前去报到。又任命广汉太守张征、汶山太守杨邠、成都令费立为军祭酒。当时李庠与其兄李特，其弟李流、李骧，妹婿李含，天水任回、上官晶，扶风李攀，始平费他，氐人符成、隗伯、董胜等四千骑兵抵达州城北门，赵廞派李庠等阻断北边的道路。李庠原本是东羌校尉手下的良将，通晓布阵打仗，而且打仗时不用旌旗，高举长矛指挥队伍。李庠劝赵廞称帝，立国号为汉。李庠的部下放肆扰乱，赵廞等人为此忌恨在心，于是在集会之所斩杀李庠及其兄之子李弘等十余人。赵廞担心李特等人叛变，又任命李特为督将，安慰他们的军队，给李特归还了李庠的尸体。当夜，李特、李流撤退兵马回到绵竹。赵廞派遣原阴平令张衡、升迁费恕前往安抚招纳，二人都被李特杀死。许弇曾经请求担任巴东监军，杜淑、张粲反对，不同意。许弇发怒了，在州阁下亲手用刀杀死了杜淑、张粲，而杜淑、张粲的随从也随即杀死了许弇。杜淑、张粲二人，是赵廞的心腹。

永宁元年春正月①，廞遣万余人断北道，次绵竹，以长史费远为继，前军宿石亭②。特等相合得七百余人③，夜袭之，因放火杀廞军略尽，进攻成都。城中恟惧④，中郎常美与费远、李苾、张征等夜斩关委廞走⑤，文武散尽。廞独与妻子乘小船顺水至广都，为下人朱竺所杀⑥。廞字和叔，本巴西安汉人也。祖世随张鲁内移，家赵⑦。赵王伦器之⑧。历长安令，天门、武陵太守⑨，来临州。长子昺在洛，亦见诛。特、流至成都，杀西夷护军姜发及袭尼、成都令袁洽⑩，因大抄掠。遣牙门王角、李基诣洛表状⑪。

【注释】

①永宁元年：301年。永宁，西晋惠帝年号（301—302）。

②石亭：地名。在今四川广元北石亭江边。石亭江在今四川成都平原东北，为沱江上游支流。

③七百余人：当作“七千余人”。《晋书·李特载记》：“（李）特密收合得七千余人，夜袭（费）远军，（费）远大溃，因放火烧之，死者十八九。进攻成都。”

④恟惧：惊恐。

⑤常美：籍贯不详。赵廞部将。张征：字建兴，犍为郡武阳（今四川眉山彭山区）人。张翼之子。笃志好学，官至广汉太守。斩关：斩断关隘。委：丢弃，抛弃。

⑥朱竺：籍贯不详。

⑦赵：在今河北石家庄。这是赵王司马伦的封国。

⑧赵王伦：司马伦（？—301），字子彝，河内温县（今河南温县）人。司马懿之子。晋武帝时封琅邪郡王，后改封赵王，为安北将军。元康初，迁征西将军，镇关中。入朝为太子太傅，谄事贾后。贾后杀太子司马遹，司马伦废杀贾后，并杀大臣张华、裴頠等。自任大都督、相国，执朝政。永宁元年，篡取帝位。三月，齐王司马冏、河间王司马颙、成都王司马颖等起兵讨之，兵败，被杀。《晋书》有传。

⑨天门：郡名。三国吴永安六年（263）置，属荆州。治所在溇中县（今湖南慈利西三官寺乡）。西晋时治所在澧阳县（今湖南石门）。南朝陈改为石门郡。

⑩姜发：籍贯不详。曾任西夷校尉府护军。袁治：籍贯不详。曾任成都令。

⑪王角、李基：籍贯不详。李特下属，任牙门将。

【译文】

永宁元年春天正月，赵廞派遣一万多人马切断北边道路，驻扎在绵竹，以长史费远作为后续部队，其前锋住在石亭。李特等人聚合士兵七百多人，夜里袭击赵廞，放火将赵廞的军队消灭殆尽，随后进攻成都。城中官民都很惊恐，从事中郎常美和费远、李苾、张征等人连夜砍断关隘，丢下赵廞逃亡而去，赵廞的文武官员都四散而逃。赵廞单独和他的妻子儿女乘坐小船顺流而下，来到广都，被其仆人朱竺杀害。赵廞字和叔，本来是巴西安汉人。祖世跟随张鲁内迁，安家于赵地。赵王司马伦器重他。赵廞历任长安令，天门、武陵太守，后来到了益州。赵廞的长子赵昺在洛阳,也被诛杀。李特、李流到达成都,杀死西夷护军姜发和龚尼、成都令袁洽,于是大肆抢掠。其后派遣牙门将王角、李基到洛阳上表,说明蜀地的实际情况。

初,梁州刺史罗尚闻廞反①,表廞非雄才,又蜀人不愿为乱,必无同者,事终无成,败亡可计日而俟。惠帝因拜尚平西将军,假节,领护西夷校尉、益州刺史,给卫节兵一千,梁州兵二千,又配上庸都尉义歆部千五百人②,合四千五百人。迁梓潼太守乐陵徐俭为蜀郡、扬烈将军③,陇西辛冉为广汉太守④。罗尚又表请牙门将王敦兵⑤,凡七千余人入蜀。

【注释】

①罗尚(? —303):字敬之,一名仲,字敬真,襄阳(今湖北襄阳)人。少孤。晋武帝时为尚书郎,荆州刺史王戎以为参军。武帝咸宁五年(279),随王戎伐吴。惠帝永宁元年(301),赵廞反于蜀。罗尚为平西将军、益州刺史,赴蜀往讨。当时李特率流民起事,杀赵廞。不久罗尚以计袭杀李特。太安二年(303),李特之子李雄与李特之弟李流收余众攻益州,罗尚败,委城而遁,寻卒。《晋书》有传。

②义歆:人名。生平不详。

③乐陵:县名。战国秦置,属济北郡。治所在今山东乐陵东南二十五里花园镇城子后(魏王城)。徐俭:乐陵(今山东乐陵)人。历任梓潼太守、蜀郡太守。

④辛冉:籍贯不详。历任陇西太守、广汉太守。

⑤王敦:籍贯不详。罗尚下属,为牙门将。

【译文】

当初,梁州刺史罗尚听说赵廞反叛朝廷,上表说:赵廞不是一代雄才，而且蜀地百姓都不愿造反作乱，必定没有人响应赵廞，事情最终不会成功，其败亡是有日可待的。晋惠帝于是任命罗尚为平西将军，授以符节，兼任护西夷校尉、益州刺史，调拨给他仪仗队士兵一千人，梁州士兵二千人，又配置上庸都尉义歆部一千五百人，合计四千五百人。朝廷升迁梓潼太守、乐陵徐俭为蜀郡太守、扬烈将军，改任陇西辛冉为广汉太守。罗尚又上表朝廷，请求征调牙门将王敦部士兵，共计七千多人进入蜀地。

特等闻尚来，甚惧，使弟骧奉迎①。特厚进宝物，尚以骧为骑督②。特、流奉牛酒劳尚于绵竹③。王敦说尚曰："特等陇上塞盗劫贼，宜军无后患也，会所杀之。"辛冉本赵王伦所用，非资次④，召当还，欲讨廞以自新⑤，亦言之。尚不纳。又冉谓特曰："故人相逢，不吉当凶⑥。"特自猜惧⑦。

【注释】

①奉迎：迎接。

②骑督：官名。军中统帅骑兵的中级军官。魏晋以来，中央、地方诸军多置。

③牛酒：牛和酒。古代用作馈赠、犒劳、祭祀的物品。劳：慰劳。

④非资次：意谓不是按照资历、次第提拔的。

⑤自新：本处意谓辛冉想通过讨伐赵廞建立功绩，以此改变自己是因关系（赵王司马伦的关照）而提拔这一印象。

⑥"故人相逢"二句：《晋书·李特载记》："冉先与特有旧，因谓特曰：'故人相逢，不吉当凶矣。'"

⑦猜惧：疑惧，猜疑惧怕。

【译文】

李特等人听说罗尚领兵前来，非常害怕，派自己的弟弟李骧前往迎接。李特向罗尚进献很多珍宝财物，罗尚任命李骧为骑督。李特、李流带着牛和酒，到绵竹去慰劳罗尚的军队。王敦劝说罗尚道："李特等人是陇上干打劫营生的盗贼，为了使大军没有后患，应该在相会时杀掉他们。"辛冉本来是赵王司马伦提拔任用的，不是按照资历任职的，按征召应当返回朝廷，但他想通过讨伐赵廞建功以改变别人对自己的印象，于是也这样向罗尚建议。罗尚没有采纳他们的建议。辛冉又对李特说："故人相逢，不是吉应是凶。"李特自己感到疑惧。

三月，尚至州治[①]。汶山羌反于都安之天拭山[②]，遣王敦讨之。杀数千人，大没女弱为生口[③]。敦单马驰，为羌所杀。

【注释】

①州治：州政府所在地。本处特指成都大城。

②都安：县名。三国蜀汉置，属汶山郡。治所在今四川都江堰市东南二十里导江铺。天拭山：未详。刘琳疑为唐以后所称之天国山。其说可从。天国山，亦名大坪山。在今四川都江堰市西南九十里，崇州西北二百余里。

③女弱：女性和弱小者。即妇女和儿童。生口：活口，俘虏。

【译文】

三月，罗尚到达州治。汶山羌人在都安县的天拭山造反，罗尚派遣王敦讨伐他们。汶山羌人杀死当地的几千人，又大量抄掠妇女、儿童作为俘虏。王敦单枪匹马飞驰入阵，被羌人杀死。

御史冯该、张昌摄秦、雍州从事[①]，督移还流民，徙者万余家。而特兄辅素留乡里[②]，托言迎家，即至蜀，因谓特曰："中国乱，不足还。"遣天水阎式累诣尚，求弛领校[③]，权停至秋[④]，并进货赂于尚、该，许之。及秋，又求至冬。辛冉、李苾以为不可，必欲移之。式为别驾杜弢说逼移利害[⑤]。弢亦欲宽进民一年[⑥]。辛冉、李苾以为不可，尚从之。弢致秀才板出[⑦]，还家，知计谋不行故也。时有白虹，头在井里[⑧]，尾在东山，拖太城上。治中从事巴西马休问阎式曰[⑨]："此何祥也？"式曰："占言下有万尸气[⑩]，甚迫于城，非佳应。天孽可违乎[⑪]！平西若能宽进民，灾自消矣。"冉、苾又白尚："流民前厥乱际，多所枉没[⑫]，宜因移，设关以夺取。"秋七月，尚移书梓潼[⑬]，所在抱关[⑭]。八月，关皆城。阎式曰："无寇而城，仇必保之[⑮]，蜀将乱矣！"九月，遣军军绵竹，扬言种麦，实备越逸[⑯]。冉又购特、流首百匹[⑰]。特、骧悉更其购云："能送六郡大姓阎、赵、任、杨、李、上官及氐叟梁、窦、符、隗、董、费等首，百匹。"流民本无还意，大惊骇，趣特[⑱]。

【注释】

①摄：代理。

②辅：指李辅，字玄政，巴西郡宕渠（今四川渠县）人。巴氐族。李特之兄。锐勇有武干。李特为益州牧时，拜李辅为骠骑将军。李辅劝李特据有巴蜀，后为罗尚所败，被杀。参看本书卷九《李特雄期寿势志》。

③弛：延缓。

④权：暂且，姑且。

⑤杜弢（？—315）：字景文，蜀郡成都（今四川成都）人。初以才学著称。怀帝永嘉五年（311），荆湘流民起事，推杜弢为首领，称梁、益二州牧、湘州刺史。攻破郡县，屡败官军。旋降于征南将军

山简，山简以为广汉太守。山简死，复起兵，南破零陵，东进武昌。愍帝建兴三年（315）复降，加巴东监军。晋将仍攻之不已，愤而再起。为陶侃所败，道死。一说不知所终。《晋书》有传。

⑥迸（bèng）民：流民，四散流动之民。迸，奔散，流散。

⑦致：送还。秀才板：指罗尚举荐杜弢为秀才的笏版。板，"版字通，即笏也"（任乃强）。

⑧井里：疑当作"锦里"（刘琳）。在四川成都西南郊南河（锦江）南岸。

⑨马休：巴西（治今四川阆中）人。曾任益州治中从事。

⑩占言：占书说。《晋书·天文志》："凡白虹者，百殃之本，众乱所基。……虹头尾至地，流血之象。"

⑪天孽可违乎：意谓天灾不可违背，无法逃避。天孽，天灾。《尚书·太甲中》："天作孽，犹可违；自作孽，不可逭。"孔传："孽，灾。逭，逃也。言天灾可避，自作灾不可逃。"

⑫枉没：非法侵占。

⑬移书：发送公文。

⑭抱关：闭关，封锁关口。

⑮仇必保之：意谓仇敌必定据城自保。保，自保。

⑯越逸：逃跑，逃窜。

⑰购：悬赏。百匹：指一百匹绢。

⑱趣：趋向，奔向。《晋书·李特载记》："流人既不乐移，咸往归特，骋马属鞬，同声云集，旬月间众过二万。"

【译文】

朝廷任命御史冯该、张昌分别代理秦州、雍州从事，监督迁移流民还乡事务，应当迁徙返乡者有一万多家。而李特之兄李辅一直留居乡里，这时借口迎接家人返乡，就来到蜀地，便对李特说："中原大乱，不能还乡。"李特派遣天水人阎式多次去见罗尚，请求暂缓督导流民还乡，姑且等到秋天再说，并进奉财宝货物给罗尚、冯该，罗尚、冯该同意了李特的请求。到了秋天，李特又请求延迟到冬天。辛冉、李苾认为这样不行，一定要迁移他们回乡。阎式对别驾杜弢说明了强行迁移流民返乡的利害关系。杜弢也想再宽限这些流民一年。辛冉、李苾认为不可以，罗尚听从了辛冉、李苾的建议。杜弢送还了秀才推荐书，回到家里，因为他知道自己的计划不能实现了。这时天上出现白虹，白虹的头部在井里，尾巴在东山，横跨成都大城上空。治中从事、巴西人马休问阎式说："这是什么征兆？"阎式回答说："占书说，白虹的下面有成千上万的尸体气息，而且迫近大城，不是什么好征兆。上天降灾，难道可以违背吗！平西将军如果能宽限流民还乡，灾祸自然就消除了。"辛冉、李苾又告诉罗尚："流民在此前赵廞叛乱时，抢夺了不少财物，应该趁他们迁移的时候，设立关卡，夺回非法侵占的财物。"秋七月，罗尚给梓潼县发送公文，要求流民所经之地封锁关口。八月，在有关隘的地方都筑建了城墙。阎式说："没有敌寇而筑城，仇敌必定据城自保，蜀地行将大乱了！"九月，官府派遣军队驻扎在绵竹，对外宣称说是要种麦子，实际上是防备李特等人逃窜。辛冉又悬赏一百匹绢捉拿李特、李流的首级。李特、李骧知道后，将悬赏改为："有能送来六郡大姓阎、赵、任、杨、李、上官及氐叟梁、窦、符、隗、董、费等人首级者，赏绢一百匹。"流民本来就没有还乡之意，得到消息后，大为惊慌害怕，纷纷奔向李特。

冬十月，特、流乃保赤祖[①]，为二营[②]。特称镇北、益州，流镇东，皆大将军。兄辅骠骑，弟骧骁骑，特长子荡镇军[③]，少子雄前军，李含西夷校尉，含子国、离及任回、上官晶、李攀、费他皆将军。以天水任臧、上官惇、杨褒、杨发、杨珪、王达、麹歆、阴平李远、武都李博、略阳夕斌等参佐，而阎式、何巨、赵肃亦为宾从，其余皆有官号。辛冉遣护军曾元攻之，为特所杀。尚遣督护田佐、牙门刘并助冉，复败。进围广汉[4]。尚复遣犍为太守李苾、长史费远助冉,不能克。冉托罪于绵竹令南郡岐苞[5],斩之,而溃围走德阳[6]。特等得广汉,诈为表奏,称引梁统推举窦融故事以自贵[7]。尚书檄告喻阎式[8],式答曰:"辛冉倾巧[9],杜景狂发[10],曾元小竖[11],田佐血气不治[12],李叔平才经廊庙,无将帅之气[13],讨羸之羌,谓可长尔[14]。式前为节下及杜景文论留徙之宜[15]。人怀桑梓[16],孰不愿之?但往初至,随谷庸赁[17],一室五分[18];复值雨潦,乞须冬熟。而不见听[19],必穷鹿抵虎[20]。但恐绳之太过[21],迸民不肯延颈受刃[22],其忧在后。即听式言,宽使治严[23],不过去九月尽集[24],十月坐进道[25],令达乡里,何有如此也!雅听未察[26],恤彼过言[27]。今辛冉奴亡,叔平长遁,支分势解[28],事渐及己,所谓不瘖曲突远薪[29],而有焦烂之客也[30]。"尚率其民尽渡郫水以南[31],尚阻长围,自都安至犍为七百里捍特[32]。特等保广汉。

【注释】

①赤祖:在今四川绵竹东北。《晋书·李流载记》:西晋太安二年(303),益州刺史罗尚袭杀李特,"(李)流与兄子荡、雄收遗众,还赤祖,流保东营,荡、雄保北营"。

②二营:即北营与东营。《晋书·李特载记》:"物乃分为二营,特居北营,流居东营。"北营即赤祖,东营当在今四川广汉东(刘琳)。

③荡:李荡(?—303),字仲平,巴西郡宕渠(今四川渠县)人。巴氐族。李特长子。李特为益州牧,拜镇军将军。李特与李荡分为二营攻张征,李特为张征所扼,李荡持长矛大呼直前,遂大破之,追杀张征。后为叛将持长矛刺死。事见《晋书·李特李流载

记》,《十六国春秋》亦有传。

④广汉:指郡治雒县城,即今四川广汉。

⑤托罪:嫁罪,转移罪责。

⑥德阳:县名。东汉置,广汉郡属县,在今四川广汉。非今之德阳市(刘琳)。

⑦梁统推举窦融故事:更始二年(24),梁统任酒泉太守。赤眉军攻入长安,梁统与窦融等据境自保,众人推梁统为首领,梁统坚辞不受。于是,众人公推窦融行河西五郡大将军事。梁统,字仲宁,安定乌氏(今宁夏固原)人。性刚毅,好法律。初仕州郡。后从光武帝刘秀讨隗嚣,拜太中大夫,封为成义侯。出为九江太守,封陵乡侯。为政主严刑峻法。《后汉书》有传。窦融(前16—62),字周公,扶风平陵(今陕西咸阳)人。出身贵族。光武即位,遂决策归汉,授凉州牧,从破隗嚣,封安丰侯,历大司空、将作大匠,行卫尉事,备受贵宠,子孙多居高位。卒谥戴侯。《后汉书》有传。

⑧书檄:书简与檄文。泛指文书。告喻:犹晓喻、告诉。

⑨倾巧:谓狡诈。

⑩狂发:狂心勃发,头脑发狂。

⑪小竖:詈词,犹言小子。对人的鄙称。

⑫田佐血气不治:意谓田佐很无能。这是骂人的话。《国语·周语中》:"夫戎、狄,冒没轻儳,贪而不让。其血气不治,若禽兽焉。"

⑬才经廊庙,无将帅之气:意谓有治理国家的才能,但没有将帅的气魄。廊庙,此指朝廷。

⑭"讨羸之羌"二句:意谓讨伐羸乏之羌,或可胜任此事,但不能对付强悍的流民。

⑮节下:对将领的敬称。古代授节予将帅以加重职权,故敬称将领为节下。罗尚官拜"平西将军,假节",故称"节下"。留徙:意谓是留下流民,还是迁徙流民。

⑯桑梓:桑树和梓树,借指故乡。古人常在屋宅旁栽种桑树以养蚕,种梓树以制作器具。后人用“桑梓”比喻故乡家园。

⑰庸赁:谓受雇于人。

⑱一室五分:谓一家人分居在五个地方。

⑲不见听:意谓意见没有被听取。

⑳穷鹿抵虎:穷途末路的鹿抵御老虎。比喻走投无路,被迫奋起反抗。

㉑绳:管束,约束。

㉒延颈受刃:伸长脖子,接受刀砍。意谓任人宰割。

㉓治严:整理行装。汉代避明帝刘庄讳,以“装”与“庄”同声,改“装”为“严”,后沿用。

㉔去九月:已经过去的九月份(刘琳)。

㉕坐:或作“生”,任乃强以为衍文,可从。进道:上路出发。

㉖雅听:即听雅,听到的雅言。雅言,指正确合理的言论。《三国志·蜀书·诸葛亮传》:“陛下亦宜自谋,以谘诹善道,察纳雅言。”

㉗恤:顾念,考虑。过言:错误的言论。

㉘支分势解:指内部分崩离析。

㉙寤:通“悟”,觉悟,认识到。曲突远薪:又作“曲突徙薪”。将直的烟囱改成弯的,将灶旁的柴火搬远点。突,烟囱。本谓预防火灾。后用以比喻事先采取措施,防患于未然。《艺文类聚》卷八十引汉桓谭《新论》:“淳于髡至邻家,见其灶突之直而积薪在傍,谓曰:‘此且有火’,使为曲突而徙薪。邻家不听,后果焚其屋,邻家救火,乃灭。烹羊具酒谢救火者,不肯呼髡。智士讥之曰:‘曲突徙薪无恩泽,焦头烂额为上客。’盖伤其贱本而贵末也。”

㉚焦烂之客:指因救火而受伤的人。焦烂,即“焦头烂额”,烧焦了头,灼伤了额。

㉛郫水:水名。又称郫江,即今四川金堂与简阳之间的沱江河段。

㉜捍:抵御。

【译文】

冬天十月，李特、李流固守赤祖，建立了北营、东营。李特称镇北大将军、益州牧，李流称镇东大将军，都自命为大将军。委任哥哥李辅为骠骑将军，弟弟李骧为骁骑将军，李特长子李荡为镇军将军，小儿子李雄为前军将军，李含为西夷校尉，李含之子李国、李离及任回、上官晶、李攀、费他等都称为将军。任命天水人任臧、上官惇、杨褒、杨发、杨珪、王达、麴歆、阴平人李远、武都人李博、略阳人夕斌等为参佐，而阎式、何巨、赵肃也被任命为宾从，其他的人都有官号。辛冉派遣护军曾元攻打李特流民，被李特杀死。罗尚派遣督护田佐、牙门将刘并援助辛冉，又被打败了。李特进军包围广汉。罗尚又派遣犍为太守李苾、长史费远援助辛冉，还是不能取胜。辛冉嫁罪于绵竹令、南郡人岐苞，斩杀了岐苞，而自己则突围逃往德阳。李特等人夺取了广汉，诈称上表奏事，援引梁统推举窦融行河西五郡大将军事的先例，以此自显尊贵。罗尚发布文书告喻阎式，阎式答复说："辛冉为人狡诈，杜景头脑发狂，曾元一介小子，田佐实在无能，李苾虽有治理国家的才能，但没有将帅的气魄，讨伐羸弱的羌人或可胜任，却不能对付强悍的流民。我此前跟殿下和杜景文讨论过流民的去留事宜。人人都怀念自己的故乡，谁不愿意回乡呢？只是当初流民到来之时，都是哪里有吃的就在哪里为人做工，以致一家人分居在五个地方；又恰逢大雨和水灾，只好等到冬天再迁移。而您没有听取我的意见，一定要驱赶穷途末路的鹿去抵御老虎。只怕管束过于严苛，流民不愿意伸长脖子任人宰割，忧虑还在后边。如果当时听取我的话，给流民宽延时间整理行装，流民不过就在过去的九月份全部集中，十月份就可上路出发，让他们到达故乡了，哪里有现在的问题呢！我的合理的话您没有觉察，反而顾虑我的言论过了头。如今辛冉已经败逃，李苾也逃得没有踪影，内部分崩离析，祸事逐渐殃及自身，正如俗话所说：'不懂得将直的烟囱改成弯的、将灶旁的柴火搬远点的道理，结果就会有被烧得焦头烂额的人。'"罗尚率领军民全部渡河到郫水以南，并筑起一道长长的防御线，从都安到犍为长达七百里，以抵御李特。李特等人据守广汉。

太安元年春[①]，尚牙门夏匡攻李特于立石[②]，失利。征西遣督护衙博西征讨特[③]，博次梓潼。晋复拜前广汉太守张征广汉太守，据德阳[④]。尚遣督护巴西张龟督四十牙门，军繁城[⑤]。博方遣参军蒙绍诱特降[⑥]，尚贻博书曰："昔年得李流笺，降心款款[⑦]；由时威帖[⑧]，得还为寇。闻特委诚于下吏[⑨]，而流、骧七八千人来寇日至。奸凶之态，诡谲不测[⑩]，不可不重以持之也。"博不从，故为特所破于阳沔[⑪]。梓潼太守张演委仓库走巴西[⑫]，巴西郡丞毛植、五官襄班举郡降特[⑬]。衙博才兼文武，征西大将军河间王深器之。初为阴平太守，为从事巴郡毛扶所免[⑭]，怨梁州人。及西征，征西许以梁州。阳沔之役，寇尚未至，闻鹤鸣便退[⑮]。博欲委罪梁州[⑯]，托以自不供给[⑰]。梁州治中表之[⑱]，博以是得罪。晋乃更用许雄为梁州刺史[⑲]。

【注释】

①太安元年：302年。太安，晋惠帝司马衷年号（302—303）。

②夏匡：籍贯不详。罗尚部将，为牙门将。立石：地名。当在今四川广汉市境内（刘琳）。

③征西：指征西大将军、河间王司马颙。司马颙（？—306），字文载，河内温县（今河南温县）人。晋宗室。司马懿弟司马孚之孙。初袭父爵，咸宁三年（277）受封河间王。少有清名，轻财爱士。惠帝元康初，为北中郎将，监邺城，后任平西将军，镇关中。"八王之乱"中，参与讨伐赵王司马伦；又与成都王司马颖合谋攻

打齐王司马冏、长沙王司马乂，使混战规模不断扩大。永兴元年(304)，遣部下张方劫惠帝至长安，与东海王司马越争权，败后，为南阳王司马模所杀。《晋书》有传。衙博：籍贯不详。西晋太安中为阴平太守，后官督护。

④德阳：县名。东汉置，属广汉郡。治所在今四川江油东北雁门坝一带。东汉末徙治今四川遂宁东南十八里龙凤场，改旧县为德阳亭。东晋属遂宁郡。

⑤繁城：县名。在今四川成都新都区西北新繁镇。

⑥蒙绍：籍贯不详。衙博部将，为参军。

⑦款款：忠诚恳切。

⑧威帖：意谓收敛兵威而表示顺从。威，兵威。帖，安定，顺从。

⑨委诚：投诚，归顺。下吏：属吏。本处指的是衙博。

⑩诡谲不测：做事变幻多端而不可预测。诡谲，怪诞，变幻多端。

⑪阳沔：地名。即今四川梓潼东北七十里。一说在梓潼北。

⑫张演：籍贯不详。曾任梓潼太守。委：放弃。

⑬毛植：籍贯不详。曾任巴西郡丞。五官：即五官掾。汉朝郡国属吏，地位仅次于功曹，祭祀居诸吏之首，无固定职掌，凡功曹及诸曹员吏出缺即代理其职务。襄班：或作"襄珍"。籍贯不详。曾任巴西郡五官掾。

⑭从事：官名。即"部郡国从事"。东汉置，为司隶校尉及州部属吏。由州自己任命，掌督促文书，察举非法等。秩百石。后世多沿置，或称部郡从事。毛扶：巴郡人。曾任梁州部从事。

⑮闻鹤鸣便退：意谓听闻风声鹤唳，便以为草木皆兵，于是闻风而逃。东晋时，秦主苻坚率众南侵，号称百万，列阵淝水，谢玄等率精兵八千渡水击之。秦兵大败，苻坚众人奔溃，自相蹈藉，投水死者不可胜计，淝水为之不流。余众弃甲宵遁，闻风声鹤唳，皆以为追兵已至。事见《晋书·谢玄传》。

⑯委罪：推脱罪责，把罪责推卸给别人。

⑰托：托言，借口。

⑱治中：官名。“治中从事”“治中从事史”省称。汉置。汉朝为州之佐吏。秩百石，主选署及文书案卷，有书佐。魏晋之世，治中身份虽低，职权极重。

⑲许雄：籍贯不详。曾任梁州刺史。

【译文】

太安元年春天，罗尚的牙门将夏匡在立石向李特发起进攻，但失败了。征西大将军司马颙派遣督护衙博西进征讨李特，衙博驻扎在梓潼。晋朝又任命前广汉太守张征为广汉太守，据守德阳。罗尚派遣督护、巴西人张龟督领四十个牙门，驻军于繁城。衙博正派遣参军蒙绍前往诱降李特，罗尚致信衙博说：“往年收到李流的书信，诚恳表达投降的心意；当时他们收敛兵威而表示顺从，不料又再次做了流寇。我听说李特向你表达了投诚之意，但李流、李骧带来的流寇七八千人却一天天逼近。他们怀有狡诈之心，做事变化多端不可预测，不可不慎重对待这件事啊。”衙博没有听从意见，因此在阳沔被李特打败。梓潼太守张演放弃仓库逃往巴西，巴西郡丞毛植、五官掾襄班率领全郡投降李特。衙博文武兼备，征西大将军、河间王司马颙很器重他。衙博起初担任阴平太守，被梁州部从事、巴郡毛扶上奏免官，于是怨恨梁州人。等到西征之时，征西大将军司马颙将梁州刺史之位许诺给衙博。阳沔之役时，敌寇还没有到来，衙博便闻风而退军。衙博想把罪责推卸给梁州官员，借口自己需要的物资供应不上。梁州治中从事上表朝廷说明实情，衙博因此而获罪。晋朝于是改任许雄为梁州刺史。

八月，特破德阳，流次成都北土[①]，李骧在毗桥[②]。尚遣将张兴伪降于骧[③]，觇士众[④]，还，以告尚。尚遣叟兵袭骧[⑤]，破之。流、骧并众攻尚军，尚军失利，丧其器甲。梁州刺史许雄数遣军讨特,特备险[⑥],不得进。征西乃遣监军刘沈将西征[⑦],以中国有事,不果。而南夷校尉李毅遣叟兵助尚,军数挫,特势日盛。

【注释】

①北土:底本作“北上”。刘琳据文意改作“北土”。

②毗桥:在今四川成都新都区南十里毗河上,为通成都之要道。

③张兴:籍贯不详。罗尚部将。

④觇(chān):暗中侦察,窥视。

⑤叟兵:东汉、三国时叟人(汉代至六朝对今甘肃、四川、云南一些地方少数民族的泛称)被征募为兵者,作战英勇,称“叟兵”。

⑥备险:依仗地形险峻。

⑦监军:即监梁州、益州诸军事。刘沈(? —304):字道真,燕国蓟县(今属天津)人。家世为北方名族。少仕州郡,转领本邑大中正,有政声。齐王司马冏辅政,引为左长史,迁侍中。奉诏统益州刺史罗尚、梁州刺史许雄等入蜀镇压李流起事。行至长安,被河间王司马颙留为军司,领雍州刺史。不久,长沙王司马乂称诏发兵攻司马颙。次年率众渡渭,其前锋战至司马颙帐下,兵败被执,为司马颙所杀。《晋书》有传。

【译文】

八月,李特攻破德阳,李流驻扎在成都城北,李骧驻扎在毗桥。罗尚派遣部将张兴假装投降李骧,以暗中侦察李骧兵马的情况,回来之后,张兴向罗尚报告了所侦察的情况。罗尚派遣叟兵袭击李骧,打垮了李骧。李流、李骧合并人马进攻罗尚军队,罗尚的军队失败,丧失了武器盔甲。梁州刺史许雄多次派遣军队讨伐李特,李特依仗地势险峻,许雄的军队不能前进。征西大将军于是派遣监军刘沈带领军队西征,但因中原出现变故，西征没有进行。南夷校尉李毅派遣叟兵援助罗尚，但罗尚大军多次受挫战败，李特的势力一天天强大起来。

二年春正月朔，特攻尚水上军[①]。特从盎底渡、党徒从赤水渡入郫及水西南[②]。缘江守军皆散走，太守徐俭逼降[③]。尚保太城，特营少城，而流军江西之检上[④]。蜀民先已结村保[⑤]，特分人就主之。雄书谏特收质任[⑥]，无得分散猛锐[⑦]；流亦谏之。特怒曰："大事以定，但当安民，何缘疑动而劫害不止[⑧]？"尚从事蜀郡任叡说尚曰[⑨]："侵暴百姓[⑩]，又分人众，散在诸村，怠忼无备[⑪]，殆天亡特之秋也。可告诸村，密克战日[⑫]，内外击之，破特必矣。"尚从之，夜缒出叡[⑬]，使宣旨告诸村，期二月十日同时讨特[⑭]。手书隐语曰[⑮]："在彼扬水[⑯]。"叡先诣特降，究观虚实[⑰]。特问城中，叡曰："米谷已欲尽，但有货帛耳。"因求省家[⑱]，特与启信[⑲]。诸村悉从叡。叡还报尚。如期出军讨特，诸村亦起，大杀特众。特众破退。追及于繁之官桑[⑳]，斩特及兄辅、李远等[㉑]。李流敛余众还赤祖。尚乘胜，但施游军征荡[㉒]。传特首洛阳[㉓]，焚其尸。李雄以李离为梓潼太守[㉔]。众还赤祖，推流为大将军、大都督、益州牧。而荆州刺史宋岱水军三万助尚[㉕]，次垫江，前锋建平太守孙阜破特德阳守将蹇硕、太守任臧[㉖]，径至涪。

【注释】

①水上军：即罗尚所统率的、驻扎在郫水上的晋军。

②盎底渡、赤水渡：当在四川成都北府河及油子河上（刘琳）。

③徐俭：乐陵（今山东乐陵）人。时任蜀郡太守。逼降：被迫投降。

④江西：指郫江以西，包括今四川郫都、双流、温江、崇州等地（刘琳）。检上：当在检江（今走马河）上（刘琳）。

⑤村保：四周有防御性墙垣的村寨。保，同“堡”。

⑥质任：人质和任子（作为人质的儿子）。本处指人质。

⑦猛锐：勇猛而富有锐气的人。本处指精兵。

⑧疑动：使其心生疑虑而骚动。

⑨任叡：古书或作“任明”（《晋书·李特载记》），或作“任锐”（《晋书·罗尚传》）。蜀郡人。罗尚部将，为益州兵曹从事。

⑩侵暴：侵犯暴掠。

⑪怠忨（wán）无备：指军队松懈、麻痹而没有防备。怠，懈怠，松懈。忨，苟安，苟且偷安。

⑫密克：暗中确定，暗中约定。

⑬缒（zhuì）：用绳索拴住人或物从上往下放。

⑭期：约期，约定日期。

⑮隐语：指不直说本意而借别的词语来暗示的话。本处实指暗号。

⑯在彼扬水：典出《诗经·王风·扬之水》：“扬之水，白石粼粼。我闻有命，不敢以告人。”扬之水，郑玄笺：“激扬之水，激流湍疾。”

⑰究观：仔细观察。

⑱省家：返家省视，回家探亲。

⑲启信：凭信，通行证。

⑳官桑：当在今四川新都或彭州境（刘琳）。

㉑李远：阴平（今甘肃文县）人。非李特之兄（刘琳）。

㉒游军：流动作战的军队。

㉓传（zhuàn）：传车，古代驿站的专用车辆。本处用作动词，指用车装载和运输。

㉔李离（？—309）：巴西郡宕渠（今四川渠县）人。巴氐族。李含之子，李特妹婿。初为梓潼太守。李雄即成都王位，李离为太尉。

后为叛将罗羕、訇琦所杀。

㉕宋岱：字处宗，沛国（治今安徽淮北）人。或作“宗岱”。历任襄阳太守、荆州刺史。精《周易》，善清谈。

㉖孙阜：籍贯不详。曾任建平太守。蹇硕：籍贯不详。李特部将。

【译文】

太安二年春天正月初一，李特攻打罗尚的水军。李特率众从盘底渡河，其余党羽从赤水渡河，进入郫城和郫水西南面。沿江一带的晋朝守军都四散而逃，太守徐俭被迫投降。罗尚的军队保卫着太城，李特的人马守护着少城，而李流的人马驻扎在郫江以西的检江之上。蜀地百姓此前已经联合起来修筑墙垣保护村子，李特分派人员前往村寨主持其事。李雄致信劝谏李特注意收聚人员，而不要分散精兵；李流也劝阻李特。李特发怒说：“现在大事已定，我们只应当安抚百姓，为什么要使其心生疑虑而不停止劫难和祸乱呢？”罗尚的兵曹从事、蜀郡人任叡劝说罗尚：“李特等人侵犯暴掠百姓，又把他的军队分散在各个村落，松懈、麻痹而没有防备，这大概是上天所赐灭亡李特的时机。可以通告各个村落，暗中约定开战的日期，届时内外夹击，打败李特是必然的事情。”罗尚听从了任叡的建议，夜里用绳索拴住任叡，把他放出城去，派他到各个村子宣告罗尚的旨意，约定二月十日同时讨伐李特。任叡亲手写下暗号：“在彼扬水。”任叡先到李特营帐假装投降，以便仔细观察虚实。李特询问城中的情况，任叡说：“大米和稻谷都快吃光了，只有钱币和绢帛。”于是任叡请求回家探亲，李特发给任叡通行证。各个村子都服从任叡。任叡回来向罗尚做了汇报。罗尚按照约定的日期出兵攻打李特，各个村子也发起进攻，杀了李特的很多人。李特率众破阵而退。晋军在繁地的官桑追上了李特，斩杀了李特及其兄李辅、李远等人。李流收集残余部队，回到老营赤祖。罗尚虽然乘胜追击，但只派了一些散兵攻打。晋军把李特的首级运送到洛阳，而在蜀地焚烧了李特的尸体。李雄任命李离为梓潼太守。众人回到赤祖后，推举李流为大将军、大都督、益州牧。而荆州刺史宋岱又派遣三万水军援助罗尚，驻扎在垫江，前锋、建平太守孙阜打败了李特的德阳守将骞硕、太守任臧，直接进攻到涪城。

三月，尚遣督护张龟、何冲、左汜等军繁城；而绵竹降，涪陵民药绅、杜阿应尚[①]。尚又遣督护常深军毗桥，为流、骧御。荡、雄攻绅。深破骧，杀李攀，弟恭复为主[②]。左汜、黄訚逼攻北营[③]，营中氐、羌因符成、隗伯、石定叛，应汜、訚，攻荡、雄。荡母罗擐甲略陈[④]，伯手刃罗，伤目，壮气益烈。又时成、伯战于内，汜、訚攻其外，自晨至日中，营垂欲破。会流破深，荡、雄破绅还，适与汜、訚会，大破之，成、伯将其党突出诣尚[⑤]。荡策马追退军，为叟长矛所摏死[⑥]。罗、雄秘不发丧，以安众心。

【注释】

①药绅：一作“乐绅”。

②恭：李恭，扶风（今陕西兴平）人。李攀之弟。李雄部将。

③黄訚：籍贯不详。为李流部下，任牙门将。《晋书·李流载记》作“黄訇”。

④擐（huàn）甲：穿上甲胄。略陈：巡视阵地。陈，同“阵”。

⑤将：率领，统率。

⑥“荡策马”二句：《资治通鉴》卷八十五：“（李）流等乘胜进抵成都，（罗）尚复闭城自守。（李）荡驰马逐北，中矛而死。”策马，驱马。摏（chōng），撞击，刺。

【译文】

三月，罗尚派遣督护张龟、何冲、左汜等驻扎在繁城；而绵竹的李特军队投降，涪陵百姓药绅、杜阿也出动人马响应罗尚。罗尚又派遣督护常深驻扎在毗桥，抵御李流、李骧。李荡、李雄攻打药绅。常深打败李骧，杀死李攀，李攀之弟李恭又继任为统帅。左汜、黄訚攻打北营，营中的氐人、羌人随着符成、隗伯、石定等反叛，响应左汜、黄訚，转而攻打李荡、李雄。李荡的母亲罗氏穿上甲胄巡视阵地，隗伯提刀砍击罗氏，砍伤了她的眼睛，罗氏豪气益发壮烈。这时符成、隗伯在流民营垒内部作战，左汜、黄訚从流民营垒外部向内攻打，从早晨打到中午，营垒即将被攻破。恰逢李流打败了常深，李荡、李雄打败药绅回营，正好与左汜、黄訚遭遇，大败左汜、黄訚，符成、隗伯率领他们的党羽突出包围投奔罗尚。李荡骑马追赶败退的军队，被叟兵的长矛刺中而死。罗氏、李雄秘不发丧，以便安定军心。

流以特、荡死，而岱、阜并至，恐惧。李含劝流降，流从之。雄与骧谏之，不纳，遣子世及含子胡质于阜。李离闻父、舅将降，自梓潼还，欲谏不及。雄与离谋袭阜，曰："若功成事济，当为人主，要三年一更①。"雄曰："与君计虽定，老子不从②，若何？"离曰："当制之。若不可，便行大事③。虽君叔④，势不得已；老父在君⑤，夫复何言？"雄乃说六郡人士，激以尚之自侵，惧以共残蜀民之祸，陈袭阜可富贵之利⑥。得以破阜，阜军死者甚众。而岱病亡，荆州军退，转攻尚。流惭其短，军事任雄⑦。雄数破尚军，尚保太城⑧。

【注释】

①要：约定。三年一更：意谓三年轮换做一回国君。更，改变，轮换。

②老子：对老年人的泛称。本处指李流、李含。

③行大事：指杀掉李流、李含。

④君叔：以叔叔为国君。本处指李流。李流为李雄之叔。

⑤老父在君：意谓我的父亲任凭你处置。

⑥利：底本作“秋”，刘琳据文意改为“利”，可从。

⑦任：听凭，任凭。

⑧尚：刘琳据文意补，可从。

【译文】

李流因为李特、李荡相继战死，而宋岱、孙阜又一起到达，非常害怕。李含劝李流投降，李流听从了。李雄和李骧劝阻此事，李流没有采纳，他派遣儿子李世和李含之子李胡到孙阜处做人质。李离听说父亲、舅舅即将投降，从梓潼返回老营，想劝阻但已经来不及了。李雄和李离合谋偷袭孙阜，李离说：“如果大功告成、事情办成，应当做皇帝，我们约定三年轮流做一回皇帝。”李雄说：“我和你虽然定下了计策，而李流、李含不听从，怎么办呢？”李离说：“应当控制住他们。如果不同意，就杀掉他们。即使是叔叔做国君，形势的发展也由不得他们；我的父亲任凭你处置，还有什么可说呢？”李雄于是劝说六郡的流民，用罗尚侵犯杀害众人的事情激励大家，用蜀地百姓将被共同残害的担心以恐吓大家，又陈述偷袭孙阜可享富贵的好处以蛊惑大家。他们最终打败了孙阜，孙阜的军队战死者很多。而宋岱病死，荆州军队退回原地，流民大军转而进攻罗尚。李流惭愧自己因智谋短浅，行军作战之事任凭李雄处置。李雄多次打败罗尚军队，罗尚保住了太城。

夏四月，尚杀隐士刘敞[①]，故州牧刘璋曾孙也。隐居白鹿山[②]，高尚皓首[③]，未尝屈志[④]，亦不预世事[⑤]。尚信袄言杀之[⑥]。杀之日，雷震人，大雨，城中出水。

【注释】

①刘敞（？—303）：刘璋曾孙。隐居白鹿山。后为罗尚所杀。

②白鹿山：山名。在今四川彭州西北六十里白鹿、通济、思文三乡交

界处。《元和郡县志》卷三十一："白鹿山，在（九陇）县西北六十一里。"

③皓首：白头，白发。意谓年老。

④屈志：屈服，折节。谓曲意迁就（世俗）。

⑤预：干预。

⑥袄（yāo）言：怪诞不经的邪说。袄，古人称反常怪异的事物。

【译文】

夏天四月，罗尚杀死隐士刘敞，刘敞是前益州牧刘璋的曾孙。隐居在白鹿山，志行高洁一直到老，不曾曲意迁就世俗，也不干预世事。罗尚听信邪说杀了刘敞。罗尚杀刘敞的那一天，天上雷霆震人，大雨倾盆，城中涌出水来。

五月，李流降于孙阜，遣子为质。李雄以为不可[1]，乃举兵与李离袭阜。阜军败绩。宋岱病卒垫江，州军退。雄逼攻尚[2]，尚保太城中[3]。

【注释】

①李雄以为：四字原缺。刘琳据上下文补，可从。

②逼攻：犹强攻。

③按：本段文字与上文所记事重复，行文风格亦与前后文不类，疑非《华阳国志》原文。《资治通鉴》亦载此事于五月，疑是李厔见此文无五月事，遂约《通鉴》之文补于此，而不察上文已有此事（刘琳）。

【译文】

五月，李流投降孙阜，派遣儿子作为人质。李雄认为这样不行，于是与李离发兵袭击孙阜。孙阜军队战败。宋岱病死于垫江，荆州军队退回原地。李雄强攻罗尚，罗尚保据于太城之中。

六月，雄从帛羊颓渡[①]，攻杀汶山太守陈旹[②]，据郫城[③]。秋七月朔，雄入郫城，流尽移营据之[④]。三蜀民流迸[⑤]，南入东下[⑥]，野无烟火，卤掠无处[⑦]，亦寻饥饿；唯涪陵民千余家在江西[⑧]，依青城山处士范贤自守[⑨]。平西参军涪陵徐舆求为汶山太守[⑩]，抚帅江西民，与官掎角讨雄[⑪]。尚不许。舆怨之，求使江西，因叛，降雄。雄以为安西将军，说贤给其军粮，雄得以振。

【注释】

①帛羊颓：当在今四川成都郫都区东北郫江边。

②陈旹：底本作"陈图"，误。旹，古"时"字。

③据：当作"趋"（任乃强），趋向，进逼。

④营：指在广汉的北营、东营。

⑤流迸：流离，奔走。

⑥南入东下：向南进入宁州，向东进入荆州。《资治通鉴》卷八十五："秋，七月，李流徙屯郫。蜀民皆保险结坞，或南入宁州，或东下荆州。城邑皆空，野无烟火，流虏掠无所得，士众饥乏。"

⑦卤掠：掳掠。卤，通"虏"。

⑧江西：刘琳认为指大江（今金马河）以西。任乃强认为指岷江正流羊摩江以西。

⑨处士：本指有才德而隐居不仕的人，后亦泛指未做过官的士人。范贤（？—318）：本名长生，一名延久，涪陵丹兴（今重庆黔江）人。为天师道首领。出身土著豪族，率千余家移居青城山。李特、李雄起事时，长生曾资助粮草，深受信重。西晋惠帝永兴元年（304），李雄称成都王，任长生为丞相，尊称"范贤"。光熙元年（306），李雄称帝，封西山侯，尊为"四时八节天地太师"。成汉玉

衡八年(318)卒,年近百岁。著有《周易注》十卷,已佚。参看《晋书·李雄载记》《十六国春秋》。

⑩徐舆:本涪陵(今重庆彭水)人,后迁居蜀地。罗尚部将,为平西参军。后叛降李雄。

⑪掎(jǐ)角:分兵牵制或夹击敌人。

【译文】

六月,李雄从帛羊颓渡河,进攻并杀死了汶山太守陈昔,进逼郫城。秋天七月初一,李雄进入郫城,李流将全营迁入郫城。三蜀的老百姓流散逃命,有的南入宁州,有的东下荆州,田野上没有做饭的烟火,无处掳掠,也很快陷入饥饿之中;只有涪陵的一千多家百姓居住在大江以西,依靠青城山的处士范贤组织武装自守。平西参军、涪陵徐舆请求担任汶山太守,以安抚、统治江西的百姓,和官军成掎角之势以讨伐李雄。罗尚没有答应请求。徐舆为此怨恨在心,便请求出使江西,趁机反叛,投降李雄。李雄任命徐舆为安西将军,游说范贤供应流民武装军粮,李雄因此得到重振。

九月,流病死,雄复称大将军、都督、州牧。尚数攻郫,雄使武都朴泰谲尚曰[①]:"李骧与雄以饥饿孤危,日斗争相咎。骧欲将民江西食谷。若潜军来,我为内应,可得也。"尚以为然,大与金宝。泰曰:"今事故未立效[②],后取不晚也。"又求遣人自随觇伺[③],尚从之。泰要发火[④],遣隗伯诸军攻郫。骧使道设伏,泰以长梯上伯军。伯军见火起,皆争缘梯[⑤]。雄因放兵击之,大破尚军。雄径追退军,夜至城下,称万岁,曰:"已得郫城矣!"入少城,尚乃觉,保太城。骧别攻犍为,断尚运道,获太守武陵龚恢[⑥]。恢往为天水西县令,任回为吏。回问曰:"识故吏不?"恢曰:"识汝耳。"郡吏星散[7],惟功曹杨涣侍卫,回谓曰:“卿义人也[8],吾力恐不能救,龚君不能免也,卿宜早去。”涣曰:“背主求生[9],何如守义而死!”遂并见杀。以李溥为犍为太守[10]。雄生获伯[11],知其伤,死创也[12]。伯女为梁双妻,为己用,故不杀。

【注释】

①谲(jué):欺骗。

②立效:立功。

③觇伺:窥察侦伺。

④要:约定。

⑤缘:爬,登。

⑥龚恢:武陵(治今湖南溆浦)人。历任天水西县令、犍为太守。

⑦星散:四散,分散。

⑧义人:言行符合正义或道德标准的人。

⑨背主:背叛主人。

⑩李溥:籍贯不详。在龚恢被杀之后,被李雄任命为犍为太守。

⑪生获:活捉。

⑫死创:致命伤。

【译文】

九月,李流病死,李雄又自称大将军、都督、州牧。罗尚多次进攻郫城,李雄派武都人朴泰欺骗罗尚说:“李骧和李雄因为陷于饥饿、孤军困守而天天争吵,互相责怪。李骧想带领流民到河西寻找粮食。如果您暗中派遣军队前来,我就做你们的内应,这样可以打败他们。”罗尚相信了他,于是送了许多金银财宝给朴泰。朴泰说:“现在事情还没有成功,等立功后再取,也为时不晚。”朴泰又请求罗尚派人随同自己窥察侦伺,罗尚听从了他的意见。朴泰和罗尚约定以发火为信号,罗尚派遣隗伯所属各部队攻打郫城。李骧派人在半道设下埋伏,朴泰准备了长梯便于隗伯军队登城。隗伯的军队见城中火起，都争相爬上长梯。李雄趁机发兵进攻，大败罗尚的军队。李雄径直追击败退的军队，当晚赶至城下，口称“万岁”，说：“我们已经夺取郫城了！”李雄的军队进入少城时，罗尚才察觉，只好退保太城。李骧又派遣另外的军队攻打犍为，切断罗尚的运粮通道，抓获犍为太守、武陵人龚恢。龚恢以前担任过天水郡西县令，任回是他的属吏。任回问龚恢说：“您认识以前的属吏吗？”龚恢说：“认识你啊。”犍为郡的官吏四散而去，只有功曹杨涣还在龚恢身边侍卫，任回对他说：“阁下是讲义气的人，我的力量恐怕不能解救龚君，龚君也不能免罪，阁下应该早点离去。”杨涣说：“背叛主人去谋求生路，还不如坚守道义而死！”于是这两个人都被杀死了。李雄任命李溥为犍为太守。李雄活捉了隗伯，知道他受了伤，而且是致命伤。隗伯的女儿是梁双的妻子，而梁双正在为自己效力，所以没有杀隗伯。

闰十二月，尚粮运不继，而被攻急，夜退，由牛鞞水东下[①]，留牙门张罗持城[②]。终夜，比雄觉，去以远。仓卒失节钺，罗持从后，得之，并获资应[③]。雄得成都。

【注释】

①牛鞞水：指今四川简阳一段之沱江。

②张罗：字景治，河南梁（今河南汝州）人。罗尚部将，为牙门将，后任折冲将军、巴郡太守、行三府事。事见本书卷八《大同志》、卷九《李特雄期寿势志》。持城：《资治通鉴》卷八十五作“守城”。

③资应：物资供应。

【译文】

闰十二月，罗尚因粮食运输供应不上，又被李雄军队急攻，便趁晚上撤退，由牛鞞水路乘船东下，只留下牙门将张罗守卫城池。一夜之后，等李雄发觉时，罗尚已经离开很远了。罗尚在匆忙之间丢失了节、钺等行使权力的物件,张罗带着这些东西从后面追上来,罗尚才重新得到了节、钺,并且获得物资供应。李雄占领了成都。

梁州刺史许雄以讨贼不进,槛车征诣诏狱①。惟护军与汉国太守杜孟治、都战帅赵汶、荆州太守梓潼守汉中②。

【注释】

①诏狱:关押钦犯的牢狱。

②护军:统兵武职。魏晋南北朝置。常随征伐目的置诸杂号,如讨蜀护军、征西护军、镇蛮护军等,职如将军,而地位稍逊同号将军,资历稍浅之统帅常授此。按:“护军”下有缺文(为姓名)。任乃强补“张殷”。汉国:汉中。本书卷二《汉中志》:“太康中,晋武帝孙汉王迪受封,更曰汉国。”杜孟治:籍贯不详。曾任汉中太守。《晋书·张光传》作“杜正冲”。都战帅:官名。晋置,征伐时所设,地位在牙门将之上。赵汶:生平不详。太守梓潼:下有缺文,疑当作“太守梓潼□□”。或疑此人即下文所云“梓潼荆子”之父(刘琳)。

【译文】

梁州刺史许雄因为讨伐流民不力,被皇帝下诏用槛车押送至京投入牢狱。只有护军某某和汉国太守杜孟治、都战帅赵汶、荆州太守梓潼人某某守护汉中。

永兴元年春正月,尚至江阳。军司辛宝诣洛表状①,诏书权统巴东、巴郡、涪陵三郡,供其军赋②。冬,尚移屯巴郡,遣军掠蜀中,斩雄从祖冉③,获骧妻昝、子寿兄弟④。十二月,雄太尉李离伐汉中,杀战帅赵汶⑤。

【注释】

①辛宝:籍贯不详。罗尚部将,任军司。

②军赋:旧时以军事需要征发的赋役。

③冉:李冉(？—304),略阳临渭(今甘肃秦安)人。李雄从祖。

④寿:李寿(300—343),字武考,巴西郡宕渠(今四川渠县)人。李特弟李骧之子。参看本书卷四《南中志》注。

⑤战帅:据上文,当作"都战帅"。

【译文】

永兴元年春天正月,罗尚到达江阳。派遣军司辛宝到洛阳上表奏明情况,朝廷下达诏书,令罗尚代理统辖巴东、巴郡、涪陵三郡,以三郡赋役供其军需。冬天,罗尚移师驻扎于巴郡,并派遣军队抢掠蜀中,斩杀李雄的堂祖李冉,抓到了李骧的妻子昝氏、儿子李寿兄弟。十二月,李雄的太尉李离讨伐汉中,杀死了都战帅赵汶。

永嘉元年春,尚施置关戍①,至汉安、僰道②。时益州民流移在荆、湘州及越嶲、牂柯③,尚表置郡县④,就民所在,又施置诸村参军⑤。

【注释】

①关戍:边界上的关隘、城堡。

②汉安:县名。东汉置,属犍为郡。治所在今四川内江市西二里。建安十八年(213)属江阳郡。僰道:县名。战国秦置,属蜀郡。治所在今四川宜宾。

③湘州:州名。西晋永嘉元年(307)分荆、广两州置。治所在临湘县(今湖南长沙)。以州治"以西临湘水为名"(《太平寰宇记》卷一百一十四潭州引郭仲产《湘州记》)。

④表:底本为"书",顾广圻认为"书"当作"施",刘琳认为改为

“表”更合适。

⑤施置诸村参军:“盖于巴蜀民之诸村堡置参军以统之”(刘琳)。

【译文】

永嘉元年春天,罗尚设置关隘,一直延伸到汉安、僰道一带。当时益州的百姓流亡到荆州、湘州以及越嶲、牂柯等地,罗尚上表朝廷,建议在流民所在地设置郡县,又在各个村堡设置参军统管。

三月,关中流民邓定、訇氏等掠汉中[①],据冬辰势以叛[②]。巴西太守张燕帅牙门武肇、汉国郡丞宣定遣兵围之[③],氐求救于李雄。夏五月,雄遣李离、李云、李璜、李凤入汉中救定[④]。杜孟治闻离至,命燕释围保州城[⑤]。初,燕攻定,定众饥饿,伪降,送金一器与燕,燕纳之。居七日,氐至,定还冬辰势;燕进围之,不听孟治言。离至,先攻肇营,营破;次攻定,又破之。燕惧战,将百骑走,离等大破州军。牙门蔡松退告孟治曰[⑥]:“州军已破,贼众,不可待也。”孟治怖。护军欲城守,谓孟治曰:“贼来虽众,客气之常[⑦]。李区区有东南之逼[⑧],必不分宿兵于外[⑨],不过迎拔定、氐耳。”孟治曰:“不然。雄冒称帝王,纵横天下,以遣重众[⑩],必取汉中。虽有牢城,士民破胆,不可与待寇也。”乃开门退走。护军北还。孟治入大桑谷[⑪],民数千家,车数千两[⑫],一夜行才数十里。而梓潼荆子以父与孟治有隙[⑬],合子弟追之,及于谷口。孟治弃子走,荆子获之[⑭],及吏民千余家。惟汉国功曹毋建荷担杖曰[⑮]:“吾虽不肖[⑯],一国大夫[⑰],国亡不能存,终不属贼也。”饿死谷中。积十余日,离等引还。汉中民句方、白落率吏民还守南郑。

【注释】

①邓定:或疑即“登定”(刘琳)。《通志》卷二十五《氏族略》:“登氏:后汉有左冯翊登道,又将作大匠登豹,《蜀录》有关中流人始平登定。望出始平,南阳。”訇(hōng)氏:人名。姓訇名氏。

②冬辰势:地名。在成固(今陕西城固东)。《晋书·张光传》:“先是,秦州人邓定等二千余家,饥饿流入汉中,保于成固,渐为抄盗,梁州刺史张殷遣巴西太守张燕讨之。”

③张燕:籍贯不详。曾任巴西太守。武肇:籍贯不详。张燕部将,为牙门将。宣定:籍贯不详。曾任汉中郡丞。

④李云:巴西郡宕渠(今四川渠县)人。李雄堂弟。时任司徒。李璜:巴西郡宕渠人。李雄堂弟。时任司空。李凤(?—318):籍贯不详。后任平寇将军、梁州刺史。

⑤州城:梁州之城。梁州治所在南郑(今陕西汉中东二里)。

⑥蔡松:籍贯不详。杜孟治部将,为牙门将。

⑦“贼来虽众”二句:意谓客军(外来兵马)初来,气势汹汹,这是常情。客气,与“主气”(主军的气势)相对,指客军的气势。常,常态,常情。

⑧区区:同“拘拘”,拘束不伸貌。东南之逼:指罗尚。

⑨宿兵:老兵。

⑩重众:重兵。

⑪大桑谷:具体地点不详。或当在今陕西洋县以东(刘琳)。《晋书·张光传》:“太守杜正冲东奔魏兴,殷亦弃官而遁。”

⑫两:同“辆”。

⑬梓潼荆子:梓潼(今属四川)人。姓荆,名字不详。“荆子”下当有脱文。有隙:有嫌隙,有怨恨。

⑭获之:俘获杜孟治之子。

⑮毋建:《十六国春秋》卷七十七作“毌丘建”。担杖:扁担。

⑯不肖：谦辞。

⑰一国大夫：毋建为汉国功曹，相当于古代诸侯国的大夫。

【译文】

三月，关中流民邓定、訇氏等人抢掠汉中，占据冬辰势发动叛乱。巴西太守张燕率领牙门将武肇、汉国郡丞宣定等派遣军队包围叛军，訇氏向李雄求救。夏天五月，李雄派遣李离、李云、李璜、李凤入汉中解救邓定等人。杜孟治听说李离的人马到来，命令张燕等人撤除包围，回军保卫州城。起初，张燕攻打邓定，邓定的士兵陷入饥饿之境，假装投降，派人送了一个金器给张燕，张燕接受了。过了七天，訇氏到来，邓定便回到冬辰势；张燕不听杜孟治的劝阻，进军围攻他们。李离的队伍到来之后，先进攻武肇的营垒，攻破了营垒；接着进攻宣定的营垒，又攻破了营垒。张燕害怕战斗，率领一百多骑兵逃跑了，李离等大败州府官军。牙门将蔡松回来告诉杜孟治说："州府官军已经被打败了，流民的人马多，我们不能再待下去了。"杜孟治感到恐惧。护军想继续守城，对杜孟治说："流民反贼虽然人马多，但这是客军气势的常态。李雄政权拘谨自守，又有罗尚在东南压迫他们，他们一定不会分老兵向外进军，只不过呼应一下邓定、訇氏而已。"杜孟治说："不是这样。李雄假冒帝王称号，是想夺取天下，他已经派重兵，必定会夺取汉中。我们即使有牢固的城池防守，但士兵和百姓都吓破了胆，是不能与贼寇对抗的。"于是打开城门退兵而去。护军也回到北边去了。杜孟治的队伍进入大桑谷，同行的百姓有好几千家，车子也有好几千辆，一夜只能行走数十里路。而梓潼人荆子因为父亲与杜孟治有怨恨，纠合宗族子弟追赶杜孟治一行，在谷口追赶上了。杜孟治抛弃儿子逃亡，荆子俘获了杜孟治之子，以及同行的官民一千余家。只有汉国功曹毋建挑着扁担说："我虽然不成才，好歹是一国的大夫，国家破亡，我也不能独存，终究不能归属反贼。"毋建后来饿死在山谷中。过了十多日，李离等人率军退回蜀地。汉中民句方、白落率领官吏和百姓回去守卫南郑。

二年，诏书录尚讨特功，加散骑常侍，都督二州[1]，进爵夷陵侯。长子宇以佩奉车都尉，拜次子延寿骑都尉[2]。梁州以为雄所破坏，晋更以皇甫商为梁州[3]。商不能之官[4]，更用顺阳内史江夏张光为刺史[5]，治新城[6]。汉中民逼李凤寇掠，东走荆沔[7]。

【注释】

①二州：指梁州、益州。

②骑都尉：官名。汉置，掌领骑兵，位次将军，与校尉同级，无固定人数。其后，三国、魏、晋皆置，为亲近武官，侍从宿卫。

③皇甫商（？—303）：安定朝那（今宁夏固原东南）人。少恃豪族，欲结交陇西李含，李含不纳，因结怨。惠帝时为梁州刺史，依附赵王司马伦。司马伦败，辗转依附于河间王司马颙、齐王司马冏、长沙王司马乂之间。所在恃宠作祸，挑斗诸王争夺权力。后为河间王所杀。

④之官：上任，前往任所。

⑤张光（259—313）：字景武，江夏钟武（今河南信阳）人。少为郡吏。伐吴有功，迁江夏西部都尉。氐羌反叛，张光以百人固守，擢新平太守。惠帝太安二年（303），雍州刺史刘沈奉长沙王司马乂命与河间王司马颙战，不用张光之谋，兵败，张光为司马颙所擒，司马颙用为右卫司马、顺阳太守。以功迁材官将军、梁州刺史，镇汉中。建兴初被王如流民军余部及氐王杨茂搜围攻，婴城固守，愤疾而卒，时年五十五。《晋书》有传。

⑥新城：郡名。三国魏黄初元年（220）改房陵郡置，属荆州。治所在房陵县（今湖北房县）。本处指新城郡治所房陵县。

⑦荆沔：沔水（汉水）自梁州流入荆州（今湖北境），这一带便称

荆沔。

【译文】

永嘉二年，朝廷下达诏书，记录罗尚讨伐李特之功，加官散骑常侍，都督梁州与益州，晋升爵位为夷陵侯。罗尚的长子罗宇被任命为奉车都尉，次子罗延寿被任命为骑都尉。因为梁州的行政机构已经被李雄破坏，晋朝另外任命皇甫商为梁州刺史。因皇甫商不能到任，朝廷转而任用顺阳内史、江夏张光为梁州刺史，治所在新城。汉中百姓迫于李凤的抢掠骚扰，向东逃往荆沔一带。

三年冬，天水訇琦、张金苟、略阳罗羕杀雄太尉李离[①]，降尚。雄太傅骧、李云、李璜攻羕，为所破，杀云、璜，雄从弟也，为司徒、司空。十有二月，琦等送离母子于尚，尚斩之，分其室[②]。

【注释】

①张金苟：疑当作“张锜”。因訇琦、罗羕等均为单名，此处误分“锜”字为“金苟”二字。

②分其室：瓜分了他们的家产（妻女、奴婢、财产等）。

【译文】

永嘉三年冬天，天水人訇琦、张金苟、略阳人罗羕杀死李雄的太尉李离，投降罗尚。李雄的太傅李骧、李云、李璜进攻罗羕，但被罗羕打败，李云、李璜也被杀死，他们是李雄的堂弟，分别担任司徒、司空。十二月，訇琦等人送李离的母亲和儿子给罗尚，罗尚杀了他们，并瓜分了他们的家产。

四年，天水文石杀雄太宰李国[①]，以巴西降尚，梓潼、巴西还属。初，巴西谯登诣镇南请兵[2]，镇南无兵[3]，表为扬烈将军、梓潼内史，义募三巴、蜀、汉民为兵，克复州郡[4]。先征宕渠，杀雄巴西太守马脱，进住涪。折冲将军张罗进据犍为之合水[5]。巴蜀为语曰："谯登治涪城，文石在巴西，张罗守合水，巴氐那得前[6]！"

【注释】

①文石：本书卷九《李特雄期寿势志》《晋书·李雄载记》作"文硕"。石、硕古音同，可通用。

②谯登（？—311）：字顺明（一作慎明），巴西西充国（治今四川阆中）人。谯周之孙。少以义烈闻。郡命功曹，州辟主簿，为阴平太守。父为李雄所杀，募兵欲复仇。进据涪城，为李骧所围，粮尽援绝，固守不退。城破被俘，不屈而死。本书卷十一《后贤志》有传。

③镇南：指镇南大将军刘弘（236—306），字和季，沛国相（今安徽淮北市西北）人。镇北将军刘靖之子。初仕为太子门大夫，累迁宁朔将军，监幽州军事，领乌丸校尉，封宣城公。太安中，为荆州刺史，率陶侃等镇压张昌起义，迁侍中、镇南大将军。后依附东海王司马越，进授车骑将军。死于任上。《晋书》有传。

④克复：收复。

⑤合水：在今四川眉山彭山区东北府河注入岷江处。

⑥巴氐：指李特、李雄等领导的流民队伍。那得：怎得，怎能。

【译文】

永嘉四年，天水人文石杀死李雄的太宰李国，率领巴西郡投降罗尚，梓潼、巴西重新归属罗尚管辖。当初，巴西谯登到镇南将军刘弘处请求救兵，但镇南将军手中没有兵马，刘弘上表朝廷任命谯登为扬烈将军、梓潼内史，让他以此名义招募三巴、蜀地、汉中百姓为士兵，以便收复州郡。

谯登先征伐宕渠，杀死李雄的巴西太守马脱，然后进驻涪城。折冲将军张罗进攻并占据了犍为的合水一带。巴蜀大地流传着这样的话语：“谯登进驻涪城，文石驻扎巴西，张罗守护合水，巴氐怎能前来！”

秋七月，尚薨于巴郡。尚字敬之，一名仲，字敬真，襄阳人也。历尚书丞、郎，武陵、汝南太守，徙梁州，临州[①]。诏书除长沙太守皮素为益州刺史[②]，兼西夷校尉、扬烈将军，领义募人及平西军[③]，当进治三关[④]。时李骧急攻谯登，素次巴东，敕平西将张顺、杨显救登。尚子宇恚恨登，粮运不给，素至涪，欲治执事[⑤]，执事怀惧。冬，十有二月，素至巴郡，降人天水赵攀、阎兰等夜杀素[⑥]。素字泰混，下邳人也。建平都尉暴重杀宇及攀[⑦]，巴郡乱，不果救登[⑧]。三府官属上巴东监军、冠军将军南阳韩松为刺史、校尉[⑨]，治巴东。

【注释】

①临州：临益州，谓自梁州刺史来作益州刺史（刘琳）。

②皮素：字泰混，下邳（今江苏睢宁）人。历任长沙太守、益州刺史，兼西夷校尉、扬烈将军。参见本书卷八《大同志》。

③义募人：招募的志愿兵。

④三关：即上文所说巴西、涪城、合水。

⑤执事：各部门的专职官吏、主管人员。本处指主管粮运的官员。

⑥夜杀素：据《资治通鉴》卷八十七记载，“十二月，（皮）素至巴郡，罗宇使人夜杀素”。

⑦暴重：籍贯不详。曾任建平都尉。

⑧不果：没有成为事实，终于没有实行。

⑨三府：即平西将军、益州刺史、西夷校尉，皆罗尚原领，各开府署、

置官署（刘琳）。韩松：字公治，南阳人。韩暨之孙。历任巴东监军、冠军将军、益州刺史、西夷校尉。刺史：指益州刺史。校尉：指西夷校尉。

【译文】

秋天七月，罗尚在巴郡去世。罗尚字敬之，一名仲，字敬真，是襄阳人。历任尚书丞、郎，武陵、汝南太守，转任梁州刺史，又任益州刺史。朝廷下达诏书，任命长沙太守皮素为益州刺史，兼任西夷校尉、扬烈将军，管理招募的志愿兵和平西军，应当治理巴西、涪城、合水三关。当时李骧紧急进攻谯登，皮素驻扎在巴东，下令平西将张顺、杨显前往援救谯登。罗尚之子罗宇怨恨谯登，谯登的粮食供给跟不上，皮素到涪城，打算惩治主管粮运的官员，主粮官心怀恐惧。冬天十二月，皮素到达巴郡，投降者、天水赵攀、阎兰等在夜里杀死了皮素。皮素字泰混，是下邳人。建平都尉暴重杀死了罗宇和赵攀，巴郡大乱，无人前往援救谯登。三府官属上表朝廷，推举巴东监军、冠军将军、南阳韩松为益州刺史、西夷校尉，治所设在巴东郡。

五年春正月，李骧破涪城，获登。巴西、梓潼复为雄有。荆、湘有乱，氐符成、隗文作乱宜都[①]，西上巴东。雄众攻僰道，走犍为太守魏纪[②]，杀江阳太守姚袭[③]。

【注释】

①隗文：即隗伯。宜都：郡名。东汉建安十四年（209）刘备改临江郡置，属荆州。治所在夷陵县（今湖北宜昌东南长江北岸）。

②魏纪：建宁（治今云南曲靖）人。曾任犍为太守。后被李雄俘虏。

③姚袭：籍贯不详。曾任江阳太守。

【译文】

永嘉五年春天正月，李骧攻下涪城，俘获谯登。巴西、梓潼又为李雄所有。荆、湘有乱，氐人符成、隗文在宜都作乱，并西上进入巴东郡。李雄的兵马攻打僰道，赶跑犍为太守魏纪，杀死江阳太守姚袭。

二月，氐隗文等反于巴东。暴重讨之，未下。重杀刺史韩松。松字公治，南阳人，魏大司徒暨孙也[①]。自领三府事。

【注释】

①暨：韩暨（？—238），字公至，南阳堵阳（今河南方城）人。初为刘表属官，任宜城长。先后封宜城亭侯、南乡亭侯。居官称职，任监冶谒者七年，器用充实，又制作水排鼓风冶铸，提高效率三倍，加司金都尉。诏封司徒。谥曰恭侯。《三国志·魏书》有传。

【译文】

二月，氐人隗文等在巴东造反。暴重出兵征讨，但久攻不下。暴重杀死了益州刺史韩松。韩松字公治，南阳人，是魏国大司徒韩暨的孙子。暴重亲自管理三府事务。

三月，三府文武与巴东太守、吏共囚重及妻子于宜都，杀之；共表巴郡太守张罗行三府事[①]。罗治枳。自讨隗文于宫圻[②]，破降之。旬月复叛，劫巴郡太守黄龛[③]，托以为主。龛穷急，欲自杀，主簿杨预谏曰[④]："文之宿恶[⑤]，江川所知，拘劫明府[⑥]，谁不危心[⑦]？虚假之名，孰当信之？可使张将军知其丹诚[⑧]，何遽如此[⑨]？"龛曰："贼已断道，何缘得令景治知之？"预乃作龛书，遣弟逃氐诣罗。罗曰："子宣宣诚[⑩]，吾自明之耳。"隗文闻，怒，囚龛执预[⑪]，问遣信状[⑫]。龛曰："不遣也。"文乃考预一日夜[⑬]，预不言。文欲杀龛，预死杖下，文义之，赦龛。罗遣军讨之，破还。罗自讨之，败绩，身死。

罗字景治，河南梁人也。文驱略吏民西上降雄[14]，巴中无复余种矣[15]。雄将任回获犍为太守魏纪。三府文武共表平西司马王异行三府事[16]，又领巴郡太守。梁州刺史张光复治汉中。

【注释】

①行三府事：亦称“行某州事”或“行某府事”，还有“行某戍事”或“行某州军事”等。这是魏晋南北朝的官职制度，指以他官代行某官职权。

②官圻：巴东地名。具体地点待考。

③黄龛：巴西（治今四川阆中）人。曾任巴郡太守。后被李雄俘虏。

④杨预：籍贯不详。黄龛下属，为主簿。

⑤宿恶：大罪恶。

⑥拘劫：拘留劫持。

⑦危心：谓心存戒惧。

⑧丹诚：赤诚的心。

⑨何遽：表示反问，如何，怎么。

⑩子宣：当为黄龛之字。宣诚：表达忠诚。

⑪执：逮捕。

⑫信：信使，使者。

⑬考：拷问，刑讯。

⑭驱略：驱赶抢劫。

⑮巴中无复余种：意谓巴中没有了氐人的后代。余种，犹言绝后代。

⑯王异：字彦明，蜀郡成都（今四川成都）人。历任平西将军、西夷校尉、益州刺史。

【译文】

三月，三府的文武官员和巴东太守、官吏联手，将暴重及其妻子、儿女囚禁于宜都，处死了他们；并一起上表朝廷，举荐巴郡太守张罗代行三府事务。张罗的治所设在枳。亲自出马，在宫圻讨伐隗文，隗文兵败投降。但隗文在不到一个月的时间又发动叛乱，劫持了巴郡太守黄龛，推他为主君。黄龛非常着急，打算自杀，主簿杨预劝阻他说："隗文罪大恶极，沿江一带的老百姓都知道，他劫持和拘禁太守殿下，哪一个不心存戒惧？这种虚假的名头，谁又会相信呢？可以设法让张罗将军知道您对朝廷的赤胆忠心，怎么用得着这样呢？"黄龛说："反贼已经把道路截断了，有什么办法能让张罗知道呢？"杨预于是代黄龛写了一封书信，派遣自己的弟弟潜逃出去，把书信送给张罗。张罗说："黄龛表达了忠诚，我自然明白他的忠心。"隗文听说后怒了，囚禁了黄龛，逮捕了杨预，审问派人送信的情况。黄龛说："我没有派人送信。"隗文于是拷问杨预一天一夜，杨预就是不说。隗文打算杀掉黄龛，杨预已经死于乱棒之下，隗文认为杨预很讲义气，就赦免了黄龛。张罗派遣军队讨伐隗文，军队得胜而归。张罗又亲自前往征讨隗文，吃了败仗，自己也死于战场。张罗字景治，是河南梁人。隗文率领官民西进投降李雄，巴中再也没有氐人的后代。李雄的部将任回抓获了犍为太守魏纪。三府的文武官员一起上表朝廷，举荐平西司马王异管理三府事务，又兼任巴郡太守。梁州刺史张光又以汉中作为州府治所。

六年，龙骧将军、江阳太守张启与广汉罗琦共杀异[①]。异字彦明，蜀人也。启复行三府事，罗琦行巴郡太守。启病亡。启字进明，犍为人，蜀车骑将军张翼孙也。三府文武复共表涪陵太守义阳向沈行西夷校尉[②]，率吏民南入涪陵。

【注释】

①张启：字进明，犍为郡武阳（今四川眉山彭山区）人。车骑将军张翼之孙。曾任龙骧将军、江阳太守。罗琦：广汉人。曾代理巴郡

太守。

②向沈：义阳（今河南信阳）人。曾任涪陵太守，代理西夷校尉。

【译文】

永嘉六年，龙骧将军、江阳太守张启与广汉罗琦一起杀掉王异。王异字彦明，是蜀人。张启又代理三府事务，罗琦代理巴郡太守。这一年，张启病死。张启字进明，是犍为人，是原蜀国车骑将军张翼的孙子。三府的文武官员又一起上表朝廷，举荐涪陵太守、义阳人向沈代理西夷校尉，率领官吏百姓向南进入涪陵。

建兴元年春，沈卒。涪陵多疫疠①。蜀郡太守江阳程融、宜都太守犍为杨芬、西夷司马巴郡常歆、都安令蜀郡常仓弘等②，共推汶山太守涪陵兰维为西夷校尉③。时中原既乱，江东有事，救援无所顾望。融等共率吏民北出枳，欲下巴东，遂为雄将李恭、费黑所破获④。

【注释】

①疫疠：瘟疫。

②程融：江阳（今四川泸州）人。曾任蜀郡太守。杨芬：犍为人。曾任宜都太守。常歆：巴郡人。曾任西夷司马。常仓弘："常"，衍文。仓弘，蜀郡人。曾任都安令。

③兰维：涪陵人。曾任汶山太守、西夷校尉。

④李恭：扶风（今陕西兴平）人。李攀之弟。李雄部将。费黑：李雄部将，为征南将军。

【译文】

建兴元年春天，向沈去世。涪陵多地流行瘟疫。蜀郡太守江阳程融、宜都太守犍为杨芬、西夷司马巴郡常歆、都安令蜀郡仓弘等，一起推荐汶山太守涪陵兰维为西夷校尉。这时中原已经大乱，江东也有战事，救援是没有指望的。程融等人一起率领官民向北走出枳县，打算东下巴东，结果被李雄的部将李恭、费黑俘获。

五月，梁州刺史张光讨王如党涪陵李运、巴西王建于盘蛇便作山[①]，疑其欲叛也。运、建走保枸山[②]，光遣军攻破，杀之。建女婿杨虎保黄金山以叛[③]，讨之。虎夜弃营还趋厄水[④]，去州城四十里住[⑤]。光遣其子孟苌讨之[⑥]，迭有胜负[⑦]。光求助于武都氐王杨茂搜[⑧]，虎亦求救于茂搜。初，茂搜子难敌遣养子适贾梁州[⑨]，私买良人子一人[⑩]，光怒，鞭杀之。难敌以是怨光，曰："使君初来，大荒之后，兵民之命，仰我氐活，氐有小罪，不能贯也[⑪]？"阴谋讨光。会光、虎求救。秋八月，茂搜遣难敌将骑入汉中，外言助光，内实应虎。至州城下，光以牛酒飨劳[⑫]，遣与孟苌共讨虎。孟苌自处前，难敌继后。与虎战久，难敌从后击孟苌，大破，生禽孟苌，杀之。

【注释】

①王如：京兆新丰（今陕西西安临潼区）人。初为州武吏。西晋末率流民攻下襄城，自号大将军，领司、雍二州牧。与石勒结为兄弟，大掠沔汉，进逼襄阳。后归王敦，被杀。《晋书》有传。盘蛇便作山：当在城固县境，即今陕西城固、洋县境（刘琳）。

②保枸山：当在城固县境，即今陕西城固、洋县境（刘琳）。

③黄金山：在今陕西洋县东，金水镇北（刘琳）。

④厄水：即厄水戍，在今陕西汉中或南郑县境。《读史方舆纪要》卷五十六汉中府南郑县："厄水戍在府境。晋建兴初，梁州贼杨虎击刺史张光，屯于厄水。盖其地临水为险云。"

⑤州城：即南郑，在今陕西汉中东二里。

⑥孟苌：张孟苌，江夏钟武（今河南信阳）人。张光之子。与叛军交战时阵亡。

⑦迭：交替，轮流。

⑧杨茂搜（？—317）：西晋时略阳清水氐王。参看本书卷二《汉中志》注。

⑨贾（gǔ）：做生意，做买卖。

⑩私买：《资治通鉴》卷八十八作"私卖"。良人子：即良家子，旧指出身清白人家的子女。按照当时的法律，禁止买卖良家子为奴婢。

⑪贳（shì）：赦免，宽恕。

⑫飨（xiǎng）劳：以酒食慰劳，犒劳。

【译文】

五月，梁州刺史张光于盘蛇便作山讨伐王如的党羽涪陵人李运、巴西人王建，因为怀疑他们要发动叛乱。李运、王建逃往保构山负隅顽抗，张光派遣军队攻破山寨，杀死了他们。王建的女婿杨虎依托黄金山发动叛乱，张光又派兵讨伐他。杨虎连夜放弃营寨，返回厄水戍，在距离州城四十里的地方驻扎下来。张光派遣儿子张孟苌前往讨伐，双方互有胜负。张光向武都氐王杨茂搜请求援助，杨虎也向杨茂搜请求援助。当初，杨茂搜的儿子杨难敌派他的养子到梁州去做买卖，私卖了一名良家子，张光发怒，将他鞭打而死。杨难敌因此怨恨张光，说："使君初来乍到，又碰上大荒之年，士兵、百姓的生命，都靠我们这些氐人养活，氐人有一些小罪，难道不能赦免吗？"杨难敌暗中谋划讨伐张光。这时恰逢张光、杨虎同时求救。秋天八月，杨茂搜派遣杨难敌率领骑兵进入汉中，表面上宣称说是帮助张光，而实际上是支持杨虎。杨难敌到达州城之下时，张光以宰牛煮酒犒劳杨难敌的人马，又派遣他与张孟苌共同讨伐杨虎。张孟苌在前面，杨难敌的队伍在后面。张孟苌与杨虎交战了很久，杨难敌从后面攻击张孟苌，结果大败张孟苌，活捉了他，并将其杀死。

九月，光恚死，州人共推始平太守胡子序领州[①]。冬十月，虎与氐急攻州城，子序不能守，委城退走。氐、虎得州城，发光冢[②]，焚其尸丧[③]。难敌得光鼓吹妓乐[④]，自号刺史。虎领吏民入蜀。汉中民张咸等讨难敌，难敌退还，咸复入蜀。于是三州没为雄矣[⑤]。

【注释】

①胡子序：籍贯不详。曾任始平太守，曾兼理梁州事务。

②发：挖掘。

③尸丧：尸体，遗体。

④鼓吹：演奏乐曲的乐队。妓乐：歌舞女乐。

⑤三州：指梁州、益州、宁州。按：至咸和八年（333），成汉始占有宁州大部。本处说“三州没为雄”，是总提三州之没，非谓至建兴元年（313）李雄已经全有三州（刘琳）。

【译文】

九月，张光气愤而死，州里人共同推举始平太守胡子序兼管梁州事务。冬天十月，杨虎和氐人猛烈进攻州城，胡子序守不住，弃城逃跑。氐人、杨虎夺取了州城，他们挖掘开张光的坟墓，焚烧了张光的尸体。杨难敌接收了张光的鼓吹乐队和歌舞艺人，并自称刺史。杨虎带领官吏和百姓进入蜀地。汉中百姓张咸等人讨伐杨难敌，杨难敌撤退回营，后又全部进入蜀地。当时梁、益、宁三州都沦为李雄的地盘。

蜀自太康至于太安[①]，频怪异。成都北乡有人尝见女子僻入草中[②]，往视，物如人，有身形头目口，无手足，能动摇，不能言。广汉有马生角，长大各半寸；又有驴，无皮毛，袒肉，饮食数日死。繁、什邡、郫、江原生草，高七八尺，茎叶赤，子青如牛角。内史耿滕以为朱草[3]，表美于成都王。元康三年正月中，欻一夜，有火光[4]，地仍震[5]。童谣曰："郫城坚，盎底穿，郫中细子李特细[6]。"又曰："江桥头，阙下市[7]，成都北门十八子[8]。"及尚在巴郡也，又曰："巴郡葛[9]，当下美[10]。"皮素之西上也，又曰："有客有客，来侵门陌[11]，其气欲索[12]。"

【注释】

①太康：晋武帝司马炎年号（280—289）。太安：晋惠帝司马衷年号（302—303）。

②僻：躲藏。

③朱草：一种红色的草。古人以为祥瑞之物。

④欻（xū）一夜，有火光：任乃强认为这是陨星。欻，忽然。

⑤仍：频繁。笔者按："元康三年正月中"，即公元293年1月25日至2月22日。一般认为，《华阳国志·大同志》所说"欻一夜，有火光，地仍震"，记录的确实是一次地震。同治《成都县志》引此条作"有火光入地，地仍震"。如此看来，这次地震可能就是由陨星坠落而引发的。

⑥"童谣曰"几句：指的是李特自盎底渡入郫城事。但后句文义不明，而且"细"字亦不叶韵，疑有误（刘琳）。细子，小子。

⑦阙下市：指成都市桥南的州市。

⑧十八子：指李姓。李字拆开则为十、八、子三字，故称。本处指的是李势。《魏书·賨李势传》："建国十年，司马聃将桓温伐之，势降於温。先是频有怪异……童谣曰：'江桥头，阙下市，成都北门十八子。'"

⑨葛：葛布。按：指以葛为原料制成的布、衣、带等。这是对罗尚的嘲讽，嘲讽罗尚是"葛"而不是"罗"（丝织品）。

⑩当下美：意谓眼下似美而实不经用（刘琳）。

⑪门陌：门外的大路。

⑫索：空，尽。

【译文】

蜀地从太康到太安年间，频繁出现奇异反常的现象。在成都北乡，有人曾经看见一个女子躲进草丛中，走近一看，有个东西像人，有人的身体、头脑、眼睛、嘴巴，但没有手脚，能动，但不能说话。广汉有一匹马，头上长出两只角，长度和大小各有半寸；又有一头驴，浑身没有皮和毛，裸露出肌肉，吃了几天东西后就死了。繁、什邡、郫、江原等地生长出一种草，高达七八尺，茎干和叶子是红色的，结的籽是青色的，形状像牛角。内史耿滕认为是朱草，上表给成都王，称赞这是祥瑞。元康三年正月的一天，忽然整整一夜都有火光，接着发生了地震。童谣说："郫城坚，盘底穿，郫中细子李特细。"又说："江桥头，阙下市，成都北门十八子。"等罗尚在巴郡的时候，童谣又说："巴郡葛，当下美。"皮素西上的时候，童谣又说："有客有客，来侵门陌，其气欲索。"

武平府君云[①]："谯周言：'已没三十年后，当有异人入蜀，蜀由之亡。'"[②]蜀亡之岁，去周三十三年[③]。又曰："宋岱不死，则孙阜不反[④]，帀三旬之间[⑤]，流、雄之首悬于辕门[⑥]。"愚以为宋岱方进，阜见得质，反更摧败；设岱生在，无所保据矣[⑦]。杜弢自湘中与柳监军书曰[⑧]："前诸人不能宽李特一年，又不以徐士权为汶山太守[⑨]，而屯故如此[⑩]。所谓'失之毫厘，差以万里'[⑪]。"斯言有似。然必以不杜渐为恨者[⑫]：流民初西，当承诏书闭关不入；其次易代赵廞，选宜内遣[⑬]；平西绵竹之会，听王敦之计[⑭]，少可以宁。毫厘之觉[⑮]，非彼之谓也[⑯]。

【注释】

①武平府君：指常宽。字泰恭，蜀郡江原（今四川崇州）人。常璩族祖父。参看本书卷八《大同志》注。

②"谯周言"几句：《魏书·賨李势传》："谯周云：'我死后三十年，当有异人入蜀，由之而亡。'"

③三十三年：谯周死于太始六年（270），至太安元年（302）李特自称大将军、大都督、益州牧，前后刚好三十三年。若取整数，中间刚好间隔三十二年。《魏书·賨李势传》："蜀亡之岁，去周亡三十二年。"

④孙阜不反：指孙阜不会返回荆州。反，同"返"，返回。

⑤帀（zā）：遍及，满。

⑥辕门：领兵将帅的营门。

⑦保据：占据。

⑧柳监军：柳纯，字伟叔，蜀郡成都（今四川成都）人。有名德干器，举秀才，历任巴郡、宜都、建平太守，西夷、长水校尉，巴东监军。本书卷十一《后贤志》有传。

⑨徐士权：徐舆，本涪陵（今重庆彭水）人，后迁居蜀地。

⑩屯：屯如，困难貌。《周易·屯》："六二，屯如邅如。"孔颖达疏："屯是屯难，邅是邅迴，如是语辞也。"故：多事。

⑪"失之毫厘"二句：只稍微差一点儿，就会造成很大差误。《大戴礼记·保傅》："《周易》曰：'正其本，万物理。失之毫厘，差之千里。'故君子慎始也。"

⑫杜渐：指防微杜渐，即在错误或坏事刚萌发时，就加以制止，不使其发展。恨：遗憾。

⑬易代赵廞，选宜内遣：意谓取代赵廞的人选应由朝内派出，不当委任耿滕（刘琳）。

⑭听王敦之计：即听从王敦的计策，在会面时杀死李特等人。

⑮觉：同“较”，相差，比较。

⑯彼：指杜弢。

【译文】

武平府君常宽说：“谯周预言：‘在我死三十年之后，一定有异人进入蜀地，蜀由此而亡。’”蜀亡的那一年，距离谯周的预言三十三年。常宽又说：“如果宋岱不死，那么孙阜就不会返回荆州，这样在三十天内，李流、李雄的头颅就会悬挂在辕门上。”我以为宋岱正在进军之时，孙阜见到了李流的人质，反而被李流打败；假使宋岱还活着，也没有地盘可以占据。杜弢自湘中给柳纯写信说：“以前的那些人不能宽限李特一年时间返乡，又不同意徐士权担任汶山太守的请求，从而导致蜀地如此艰难多事。这就是所谓‘失之毫厘，差以万里’。”后来的情势仿佛一如此话所言。但是一定要说因为没有防微杜渐而遗憾，其节点在于：起初流民西行之时，应当尊奉诏书旨意，闭塞关口不让流民进入；其次取代赵廞的人选应由朝廷内派出，不当委任耿滕；当平西将军与李特在绵竹会面之时，如果听从王敦的计策，杀死李特等人，也稍稍可以使蜀地安宁一些。毫厘的差池，不只是杜弢所说的那些。

撰曰：先王规方万国[①]，必兼亲尊贤能而任宗盟者[②]，盖内藩王室、外御叛侮[③]。故元牧有连率之职[④]，奉贡无失职之愆[⑤]。爰及汉氏，部州必卿佐之才，郡守皆台鼎之望[⑥]。是以王尊、王襄著名前世[⑦]，第五伦、蔡茂径登三司[⑧]。斯作远之准格[⑨]，不凌之令范也[⑩]。自大同后，能言之士无不以西土张旷为忧[⑪]，求王皇宗，树贤建德。于时莫察，视险若夷[⑫]，缺垣不防，任非其器，启戎长寇，遂覆三州。《诗》所谓“四国无正，不用其良”也[⑬]。

【注释】

①规方:规划。《国语·周语中》:“昔我先王之有天下也,规方千里以为甸服。”韦昭注:“规,规画而有之也。”

②宗盟:宗室同盟。

③内藩王室、外御叛侮:指西周实行分封、拱卫王室。《左传·僖公二十四年》:“昔周公吊二叔之不咸,故封建亲戚,以蕃屏周。……兄弟阋于墙,外御其侮。”

④元牧:诸侯之长,地方长官,即古书所说的方伯。连率:连帅,古代十国诸侯之长。《礼记·王制》:“千里之外设方伯。五国以为属,属有长;十国以为连,连有帅。”

⑤奉贡:纳贡。愆(qiān):过失。

⑥台鼎:古称三公为台鼎,如星之有三台、鼎之有三足。语本蔡邕《太尉汝南李公碑》:“天垂三台,地建五岳,降生我哲,应鼎之足。”

⑦王尊:字子赣,涿郡高阳(今河北高阳东)人。汉元帝、成帝时,历任虢县令、安定太守、益州刺史、东平相、司隶校尉等。以廉洁奉公,诛恶不畏豪强,致多次被诬免官。《汉书》有传。王襄:西汉人。宣帝时,为益州刺史。

⑧第五伦、蔡茂径登三司:第五伦自蜀郡太守任司空,蔡茂自广汉太守任司徒。第五伦,字伯鱼,京兆长陵(今陕西咸阳)人。蔡茂(前24—47),字子礼,河内怀(今河南武陟)人。三司,也称“三公”。东汉称太尉、司空、司徒为“三司”。

⑨准格:标准,准则。

⑩凌:超过,超越。令范:良好的典范。

⑪张旷:荒凉而空旷。

⑫视险若夷:把危险看作平安。夷,平坦,平安。

⑬“四国无正”二句:语出《诗经·小雅·十月之交》:“日月告凶,不用其行。四国无政,不用其良。”郑笺:“四方之国无政治者,由

天子不用善人也。”

【译文】

撰述者说：先王规划万国，一定要兼顾亲者、尊者、贤者、能者而任用宗室同盟，这大概是为了于内可以藩卫王室，于外可以抵御侵侮。所以地方长官有统领连帅的职责，有向中央纳贡而不出现失职的过错。到了汉代，管理部、州的必定是可以胜任卿佐的重要人才，担任郡守的都是堪比三公的台鼎大臣。因此王尊、王襄在前代非常有名，而第五伦、蔡茂则直接荣升三司。这些都为后代立下了标准，是不可超越的好典范。自从大同以后，能言之士没有不为西蜀的荒凉、空旷而担忧的，请求把王室宗亲分派到蜀中，树立贤明建立功德。可惜当时没有察觉，反而把危险看作平安，墙垣坍塌而不加防备，担任其职者又非合适人选，以致戎狄长驱直入寇掠西土，最终倾覆了益、梁、宁三州。这就是《诗经》所说的“四国无正，不用其良”。

卷九　李特雄期寿势志

【题解】

本卷记述的是成汉政权时期的史事。成汉政权是东晋十六国时期由巴氐族人李雄创建的地方政权。最初的国号是“大成”，后改国号为“汉”，史称“成汉”。

《华阳国志》所记述的成汉政权，共历六主（李特、李雄、李班、李期、李寿、李势），共计四十七年（301—347）。因《华阳国志》传世本脱去李寿汉兴二年（晋成帝咸康五年）秋至汉兴六年（晋康帝建元元年）八月间事及《李势志》全部，故今本《李特雄期寿势志》详细记述的仅为李特、李雄、李班、李期、李寿五主之事。李氏六主时期的成汉，除李雄之世一度兴盛、繁荣、安宁外，余皆处于内忧外患之中，而且上层血腥残杀，不啻为一部“相斫书”。诚如常璩所说，“三州毁旷，悠然以荒”（卷十二），“历观前世伪僭之徒，纵毒虔刘，未有如兹”（卷九）。

成汉政权时期的历史，是《华阳国志》的“当代史”，许多史事都是常璩所亲闻、亲见、亲历者，其可信度自然较后世诸书为高。惜因部分篇章亡佚，以致难窥全豹。在本卷中，常璩长篇转录龚壮规劝李寿投降晋朝的上书（“草莽臣龚壮上封事曰”），亦不隐瞒自己劝李势投降之事（“中书监王嘏、散骑常侍常璩劝势降”），所遵守的是古代史学的“实录”精神。裴松之《上〈三国志注〉表》说《三国志》“失在于略，时有所脱漏”,《李特雄期寿势志》亦难免“失在于略,时有所脱漏”。

李特字玄休,略阳临渭人也①。祖世本巴西宕渠賨民②。种党劲勇③,俗好鬼巫。汉末,张鲁居汉中,以鬼道教百姓,賨人敬信。值天下大乱,自巴西之宕渠移入汉中④。魏武定汉中,祖父虎与杜濩、朴胡、袁约、杨车、李黑等移于略阳⑤,北土复号曰“巴人”⑥。

【注释】

①略阳:郡名。西晋泰始中改广魏郡置,属秦州。治所在临渭县(今甘肃天水东北渭水北岸秦安县境)。北魏移治陇城县(后改名略阳县,今秦安东北陇城)。

②祖世:犹世代。賨(cóng):古族名。巴人之分支。賨人勇悍,秦灭巴国后,其族分布于渝水及其支流流域(即嘉陵江流域)。一说賨人即板楯蛮(见《后汉书·南蛮列传》)。

③劲勇:顽强勇敢。本书卷一《巴志》:“賨民多居水左右,天性劲勇。”《后汉书·南蛮列传》:“世号为板楯蛮夷。阆中有渝水,其人多居水左右。天性劲勇,初为汉前锋,数陷阵。”

④自巴西之宕渠移入汉中:《晋书·李特载记》:“值天下大乱,自巴西之宕渠迁于汉中杨车坂,抄掠行旅,百姓患之,号为杨车巴。”

⑤祖父虎:李虎,巴西郡宕渠(今四川渠县)人。李特祖父。

⑥巴人:当作“巴氐”。《晋书·李特载记》:“魏武帝克汉中,特祖将五百余家归之,魏武帝拜为将军,迁于略阳,北土复号之为巴氐。”

【译文】

李特字玄休,是略阳临渭人。祖上世代本来是巴西宕渠的賨人。賨人顽强勇猛,其流俗喜好鬼神巫术。汉代末年,张鲁居住在汉中,用鬼道教导百姓，賨人敬佩信服他。适逢天下大乱，李特祖上从巴西宕渠迁移到汉中。魏武帝平定汉中，李特的祖父李虎与杜濩、朴胡、袁约、杨车、李黑等移居略阳，北地之人又称他们为“巴氐”。

特父慕为东羌猎将[①]。特兄弟五人：长兄辅，字玄政；次特；特弟庠，字玄序；庠弟流，字玄通；流弟骧，字玄龙，皆锐骁有武干[②]。特长子荡[③]，字仲平，好学，有容观。少子雄，字仲儁。初，特妻罗氏妊雄[④]，梦双虹自门升天，一虹中断。罗曰：“吾二儿若有先亡，在者必大贵[⑤]。”雄少时，辛冉相当贵。有刘化者，道术士也[⑥]，言关陇民皆当南移，李氏子中，惟仲儁天姿奇异[⑦]，终为人主。乡里人多善之。与叔父庠并以烈气闻[⑧]，人多归之。

【注释】

①特父慕：李慕，巴西郡宕渠（今四川渠县）人。李特之父。曾任东羌猎将。东羌猎将，官名。西晋置，为领兵武职，属东羌校尉。

②锐骁：矫健，勇猛。

③特长子荡：指李荡。按：李特有三子：长子始，为庶妻所生；次子荡，少子雄，为正妻所生。《华阳国志》以荡为长子，因其嫡出。

④妊雄：底本缺，此据《初学记》卷二、《北堂书钞》卷一百五十一、《太平御览》卷十四引文补。

⑤在者：活下来的。

⑥道术士：即方士，专门从事星占、神仙、房中、巫医、占卜等术的人。

⑦天姿：天赋之资质，天然之材质。

⑧烈气：谓气性刚直。

【译文】

李特的父亲李慕，是东羌校尉属下的猎将。李特兄弟共五人：长兄李辅，字玄政；其次是李特；李特的弟弟李庠，字玄序；李庠的弟弟李流，字玄通；李流的弟弟李骧，字玄龙，兄弟五人，都矫健勇猛，有军事才干。李特的长子李荡，字仲平，好学，仪表可观。小儿子李雄，字仲隽。当初，李特的妻子罗氏在身怀李雄时，梦见两条彩虹从门口升天，一条彩虹中途断裂。罗氏说："我的两个儿子如果有一个先死，活下来的必定大富大贵。"李雄年少之时，太守辛冉相面说，李雄未来要大富大贵。有个叫刘化的方士，说关陇的百姓应当向南迁移，而李氏诸子中，只有李雄天姿奇异，终将成为君主。乡里人都很喜欢李雄。李雄和叔父李庠都以气性刚直而闻名，很多人都归附李雄。

既克成都，众皆饥饿，骧乃将民入郪、五城食谷、芋[①]。雄遣信奉迎范贤[②]，欲推戴之，贤不许，更劝雄自立。永兴元年冬十月，杨褒、杨珪共劝雄称王[③]，雄遂称成都王。追尊曾祖虎曰巴郡公，祖父慕陇西王，父特景王，母曰太后。追谥世父辅齐烈王[④]，仲父庠梁武王，仲父流秦文王[⑤]，兄荡广汉壮文公。以叔父骧为太傅[⑥]，庶兄始为太保[⑦]，外兄李国为太宰[⑧]，国弟离为太尉[⑨]，从弟云为司徒，璜为司空，阎式为尚书令，褒为仆射，发为侍中，珪为尚书，洪为益州刺史，徐舆镇南，王达军师，具置百官。下赦[⑩]，建元建兴[⑪]。迎范贤为丞相[⑫]。从弟置，流子也，以不陪列[⑬]，诛之。贤既至，尊为四时八节天地太师[⑭]，封西山侯[⑮]，复其部曲[⑯]，军征不预[⑰]，租税皆入贤家。贤名长生，一名延久，又名九重，一曰支[⑱]，字元[⑲]，涪陵丹兴人也[⑳]。

【注释】

①郪：县名。治所在今四川三台南九十里郪江镇。五城：底本作“王城”，误。五城，县名。三国蜀汉置，属广汉郡。治所在今四川中江县东南。

②信：使者。《晋书·李雄载记》：“（李）雄以西山范长生岩居穴处，求道养志，欲迎立为君而臣之。长生固辞。”

③杨褒（？—308）：天水略阳（今甘肃秦安）人。仕李特为将兵都尉。李雄即位，累迁左仆射、尚书令，能直谏。卒谥庄。杨珪：天水（治今甘肃通渭）人。李特部将，为参佐。与杨褒一起劝李雄称王。

④世父：大伯父。后用为伯父的通称。

⑤仲父：古称父之大弟为仲父，仲父之弟为叔父，叔父之弟为季父。本处两“仲父”，指的是中间的两个叔父。

⑥太傅：官名。辅佐国君的大臣，为三公之一，位在太师下而在太保上。周朝始设此官。相传周初与太师、太保并号“三公”。春秋战国沿置，辅导君王，执掌军政。西汉不常置。东汉不置太师、太保，上公唯太傅一人，秩万石。魏、晋沿置，位上公，在三司上，一品。两晋时常与太宰、太保并掌朝政，开府置僚属，为宰相之任。

⑦始：李始，字伯敬，巴西郡宕渠（今四川渠县）人。李雄庶兄。太保：官名。商周时即设此官，为王的辅佐，掌导王行德义。秦不置。西汉置，位次太师、太傅而居三公上。掌导天子，议朝政，无所不统而又无专职，为辅佐之官。东汉不置，魏末晋初置。南北朝时太保为三公之一，隋唐为三师之一，一品，为荣誉加官，无实权。后代多沿置。《太平御览》卷二百零六引崔鸿《十六国春秋·蜀李雄录》：“雄异母兄始，字伯敬，为太保，善抚士众，众多归之，时人为之语曰：‘欲养老，属太保。’”

⑧外兄：表兄。太宰：官名。西晋置太师、太傅、太保三上公。因避司马师讳，改太师为太宰，居上公之首。常与太傅、太保并掌朝

政,为宰相之任,一品。东晋、南朝用作赠官,多用以安置元老勋旧大臣,名义尊荣,无职掌。

⑨太尉:官名。秦始置,两汉皆置,为全国最高军事长官,与管政务的丞相、管监察的御史大夫合称三公,共同负责国务。后代多设此官,但多为加官,没有实际职权。

⑩下赦:当作“大赦”。

⑪建元建兴:底本作“建元大武”,误。建兴,十六国成(汉)李雄年号(304—306)。

⑫迎范贤为丞相:《晋书·李雄载记》:“范长生自西山乘素舆诣成都,(李)雄迎之于门,执版延坐,拜丞相,尊曰范贤。”

⑬不陪列:没有陪侍。指没有参加迎接范贤的队列。

⑭四时八节天地太师:原脱“四时八节”四字。称“四时八节天地太师”,盖取调阴阳、奉天地之意(刘琳)。

⑮西山:青城山。在今四川都江堰市西南三十里。

⑯复:免除租税徭役。

⑰预:参与,参加。

⑱一曰支:“支”字疑误,或当作“久”。

⑲字元:《十六国春秋》卷八十《范长生传》作“字元寿”。名“长生”,字“元寿”,名与字相应,可参。

⑳丹兴:县名。治所在今重庆黔江区。

【译文】

在成都被攻克之后,百姓都很饥饿,李骧于是带领百姓到郪县、五城县捡稻谷、芋头充饥。李雄派遣使者去迎请范贤,想拥戴他为首领,范贤没有答应,反而劝李雄自立为王。永兴元年冬天十月,杨褒、杨珪共同劝说李雄称王,李雄于是称成都王。李雄追尊曾祖父李虎为巴郡公,祖父李慕为陇西王,父亲李特为景王,母亲为太后。李雄追谥伯父李辅为齐烈王,仲父李庠为梁武王,仲父李流为秦文王,兄李荡为广汉壮文公。李雄任命叔父李骧为太傅，庶兄李始为太保，表兄李国为太宰，李国之弟李离为太尉，堂弟李云为司徒，李璜为司空，阎式为尚书令，李褒为仆射，李发为侍中，李珪为尚书，李洪为益州刺史，徐舆为镇南将军，王达为军师，详尽设置了百官。大赦天下，建年号为建兴。李雄迎请范贤为丞相。李雄的堂弟李置，是李流的儿子，因为没有参加迎接范贤的队列，被诛杀。范贤到来以后，被尊为四时八节天地太师，封为西山侯，并免除其部曲的租税徭役，军队征兵也不参与，租税都进入范贤之家。范贤名长生，一名延久，又名九重，一曰支，字元，是涪陵丹兴人。

光熙元年[①]，雄称皇帝，改元晏平[②]。

【注释】

①光熙元年：306年。光熙，晋惠帝年号（306）。

②晏平：十六国成（汉）李雄年号（306—310）。按：李雄国号“大成”，建都成都。后李特侄李寿自立，改元汉兴，改国号为“汉”，史称“成汉”。

【译文】

光熙元年，李雄称皇帝，改年号为晏平。

永嘉三年，罗羕、訇琦等杀李离于梓潼。时阎式去雄依离，并见杀。骧攻不克，时李云、李璜皆战死[①]。

【注释】

①按：此事可参看本书卷八《大同志》。永嘉三年，309年。永嘉，晋怀帝司马炽年号（307—312）。

【译文】

永嘉三年，罗羕、訇琦等人在梓潼杀死了李离。当时，阎式离开李雄而依附李离，也一并被杀。李骧前往攻讨，没有取胜，而李云、李璜都战死沙场。

明年，文硕杀李国[①]。以巴西、梓潼为晋[②]。平寇将军李凤在晋寿[③]。梁州先以为雄所破，不守。而谯登在涪，平西参军向奋屯汉安之宜福[④]，张罗屯平无逼雄[⑤]。雄将张宝弟全在訇琦中，雄遣宝反为奸，许以代离。宝素凶勇[⑥]，先杀人而后奔梓潼，密结心腹。会罗尚遣使慰劳琦，琦等出送其使，宝从后闭城门，琦等奔巴西。雄得梓潼，拜宝为太尉。雄自攻奋，奋走。遣骧攻登。登初将骧子寿，欲以诱骧，被攻急，救援不至，还骧寿[⑦]。

【注释】

①文硕杀李国：事亦见本书卷八《大同志》，而人名作“文石”。按：石、硕古音同（禅纽、铎部），可以通假。

②以巴西、梓潼为晋：意谓巴西、梓潼二郡复归晋。

③晋寿：县名。西晋太康元年（280）改汉寿县置，属梓潼郡。治所在今四川广元西南昭化镇（旧昭化县）。东晋太元十五年（390）为晋寿郡治。北魏为西晋寿郡治。北周废。

④汉安：县名。东汉置，属犍为郡。治所在今四川内江西二里。宜福：具体地点不详，当在今四川内江市境内沱江边。东汉建安十八年（213）属江阳郡。西晋永嘉后废。

⑤平无：山名。即彭亡山，今四川眉山彭山区东北十里仙女山。

⑥凶勇：凶暴强悍，犹言勇猛。

⑦还骧寿：将李寿归还给李骧。

【译文】

第二年，文硕杀死李国。巴西郡、梓潼郡复归晋。平寇将军李凤驻扎在晋寿。梁州先前已经被李雄攻破，不再驻守。而谯登驻扎在涪，平西参军向奋屯兵在汉安县的宜福，张罗屯兵在平无，三面夹击李雄。李雄手下大将张宝的弟弟张全在訇琦军中，李雄派遣张宝返回訇琦军中为内奸，许诺让他将来代替李离的职位。张宝素来凶暴强悍，他先杀了人，而后投奔梓潼，并秘密结交心腹。恰逢罗尚派遣使者来慰劳訇琦，訇琦等人出城送别使者，张宝从后面关闭城门，訇琦等人投奔巴西。李雄得到梓潼后，任命张宝为太尉。李雄亲自率军攻打向奋，向奋逃跑了。李雄又派遣李骧攻打谯登。谯登当初带着李骧的儿子李寿，想用他来诱降李骧，但被急攻，而救援又迟迟不到，于是把李寿归还给了李骧。

五年春，骧获登，遣李始督李凤攻巴西，杀文硕。改元玉衡[①]。是岁，雄姨弟任小受张罗募[②]，手刃雄头，雄几死。

【注释】

①玉衡：十六国成（汉）李雄年号（311—334）。据史书记载，改元玉衡的时间是永嘉五年（311）正月乙亥。《晋书·李雄载记》："（李）雄大悦，赦其境内，改元曰玉衡。"《资治通鉴》卷八十七："（正月）乙亥，成太傅骧拔涪城，获谯登。太保始拔巴西，杀文石。于是成主雄大赦，改元玉衡。"按："改元玉衡"原在"雄几死"后，据《华阳国志新校注》刘琳说改。

②姨弟：姨表弟，母之姊妹之子。

【译文】

永嘉五年春，李骧抓获了谯登，派遣李始督导李凤攻打巴西，杀死了文硕。改年号为玉衡。这一年，李雄的姨表弟任小受张罗的招募，手执利刃砍击李雄头部，李雄差点被杀死。

是后，扶风邓定、杨虎等各率流民前后数千家入蜀[①]。以凤为征北、梁州，任回镇南、南夷、宁州，李恭征东、南蛮、荆州[②]，皆大将军、校尉、刺史。雄、骧勤恤百姓于内，凤、回、恭招流民于外，称有功。氐符成、隗文既降复叛，手伤雄母，及其来也，咸释其罪，厚加待纳，皆以为将。天水陈安举陇右来降[③]，武都氐王杨茂搜奉贡称臣，杜弢自湘州使使求援，晋凉州刺史张骏遣信交好，汉嘉夷王冲归遣子入质[④]。顷之，朱提雷炤率民归降[⑤]，建宁爨量蒙险委诚[⑥]。其余附者日月而至。雄乃虚己受人，宽和政役，远至迩安，年丰谷登[⑦]。乃兴文教，立学官[⑧]。其赋民，男丁一岁谷三斛，女丁一斛五斗，疾病半之。户调绢不过数丈[⑨]，绵不过数两。事少役稀，民多富实，乃至闾门不闭，路无拾遗，狱无滞囚，刑不滥及。但为国威仪无则，官无秩禄，职署委积[⑩]，班序无别[⑪]，君子小人服章不殊[⑫]；货贿公行[⑬]，惩劝不明；行军无号令，用兵无部伍[⑭]。其战，胜不相让，败不相救，攻城破邑，动以虏获为先[⑮]。故纲纪莫称[⑯]。

【注释】

①邓定：底本作“邓芝”，误。邓定（？—349），秦州（治今甘肃天水）人。晋永嘉元年（307），与訇氐等率流民二千余家据成固（今陕西城固东），巴西太守张燕等率军围之，献金诈降使之缓兵。又密遣訇氐求救于李雄，李雄出师二万，大破燕军。随李雄军入蜀。李势时，官至镇东将军。晋安西将军桓温击降李势后，犹举兵反晋。温班师江南后，入据成都，旋立范贲为帝。永和五年（349），为晋益州刺史周抚等攻灭。

②南蛮:即南蛮校尉。官名。西晋武帝置,亦称"护南蛮校尉"。治襄阳,四品。东晋初省,后复置,改治江陵。十六国后赵、前燕、后燕亦置。掌荆州及江州少数民族事务,统兵。在东晋、南朝地位重要,多由地位较高之将军如车骑、安西、右将军等及南中郎将兼领,且多兼任荆州刺史或都督周围数州诸军事。立府,有长史、司马、参军等僚佐。

③陈安(?—323):十六国时陇城(今甘肃秦安)人。初为南阳王司马模帐下都尉。模败,归南阳王司马保,甚受宠。晋愍帝蒙尘,陈安自称秦州刺史,降刘曜。晋元帝永昌元年(322)复叛,西州氐羌悉从之,在上邽自称凉王。明帝太宁元年(323),为刘曜所攻,突围走,被杀。陈安作战勇敢,善抚士卒,陇人为歌"陇上壮士有陈安"以颂之。

④夷王冲归:"归"字原缺,此据《资治通鉴》卷八十九补。夷王,名冲归。

⑤雷炤(zhào):朱提(治今云南昭通昭阳区)人。雷逢之子。曾任平夷太守。

⑥爨(cuàn)量:建宁(治今云南曲靖)人。曾任梁水太守。委诚:投诚,归顺。

⑦登:(谷物)成熟。

⑧学官:指学校。

⑨户调:按户征调的赋税。

⑩职署委积:意谓官职和衙署重复设置,叠床架屋。职署,官职和衙署。委积,聚积,堆积。

⑪班序:按官爵或年齿排列的次序。

⑫君子:对统治者和贵族男子的通称。小人:平民百姓。指被统治者。服章:古代表示官阶身份的服饰。不殊:没有区别,一样。《左传·宣公十二年》:"君子小人,物有服章。"杜预注:"尊卑

别也。"

⑬货贿:贿赂。公行:公然行动,公然进行。

⑭部伍:军队的编制单位。

⑮虏获:俘虏其人或斩获首级,亦指俘获之物。

⑯纲纪:法度,规章制度。莫称:没有值得称道的地方。

【译文】

其后,扶风的邓定、杨虎等各自率领流民数千家,先后进入蜀地。李雄任命李凤为征北将军、梁州刺史,任回为镇南将军、南夷校尉、宁州刺史,李恭为征东将军、南蛮校尉、荆州刺史,都是大将军、校尉、刺史。李雄、李骧在内体恤百姓,李凤、李回、李恭在外招抚流民,都有功劳。氐人符成、隗文已经投降后又反叛,还亲手刺伤了李雄的母亲,等到他们再次前来归附,李雄赦免了他们的全部罪行,盛情接待收纳他们,并且都任命为将军。天水的陈安以陇右前来归降,武都的氐王杨茂搜表示愿意纳贡称臣,杜弢自湘州派使者前来求援,晋朝的凉州刺史张骏派遣使者前来交好,汉嘉夷王冲归送儿子入蜀做人质。不久,朱提的雷炤率领百姓归降,建宁的爨量跋山涉水前来投诚。其余前来归附者,每日每月都有。李雄于是虚心待人,政治清明,劳役宽和,远方的人前来归附,近处的人生活安宁,年年五谷丰登。于是兴办文教,建立学校。对百姓所征收的赋税,男丁是一年交谷三斛,女丁是一年交谷一斛五斗,患有疾病者减半。所征收的户调,绢不过是数丈,绵不过是数两。因战事和劳役稀少,百姓大多富裕殷实,以至于闾门都不用关闭,路上遗物无人拾取,监狱没有滞留的囚犯,刑罚也不滥施于无辜。只是在治理国家时,没有纲纪准则,官员没有爵秩与俸禄,而官职和衔署重复设置,且在等级上也没有区别,统治者和被统治者的服饰也没有区别;贿赂公然进行,而惩罚和劝赏也不分明;行军没有号令,军队没有编制。行军作战,取胜后将领争功互不相让,战败时将领互不援救,攻破城池都邑,动不动就先进行掳掠抢劫。因此,国家纲纪败坏,没有值得称道的地方。

李凤在北，数有战降之功。时荡子稚屯晋寿，害其功[①]。大兴元年[②]，凤以巴西叛，骧讨之，久驻梓潼不敢进。雄自至涪，骧遂斩凤，以寿代凤为梁州、知北事。

【注释】

①害：妒忌。

②大兴元年：318年。大兴，一作“太兴”，晋元帝年号（318—321）。

【译文】

李凤在北方，多次建立作战与招降的功绩。当时，李荡之子李稚屯守晋寿，妒忌李凤的功劳。大兴元年，李凤在巴西发动叛乱，李骧出兵讨伐李凤，但长时间驻扎在梓潼不敢进军。李雄亲自到了涪城，李骧于是进军斩杀了李凤，任命李寿代替李凤为梁州刺史，主管北方军事。

二年，骧伐越嶲，又分伐朱提。三年，获太守、西夷校尉李钊[①]。夏，进伐宁州，大败于螳蜋[②]，还。

【注释】

①李钊：字世康，广汉郡郪（今四川三台）人。李毅之子。参看本书卷四《南中志》注。

②螳蜋：县名。即堂狼县，治所在今云南巧家县东七十里老店子。

【译文】

大兴二年，李骧讨伐越嶲郡，又分兵讨伐朱提郡。大兴三年，抓获越嶲太守、西夷校尉李钊。夏天，进兵讨伐宁州，大败于螳蜋县，退兵而回。

初，氐王杨茂搜子难敌、坚头为刘曜所破，奔晋寿。晋寿守将李稚，荡第二子也，受其赂遗[①]，不送成都。曜既引还，稚遣难敌兄弟还武都，遂即叛稚。稚悔失计，连白雄，求伐氐。雄许之。群臣多谏，雄不从，遣稚兄琀以侍中、中领军统稚攻难敌，由白水入[②]；遣寿与稚弟玝由阴平入[③]，二道讨氐。难敌等先拒寿、玝，玝、寿不进；而琀、稚径至下辨[④]。以深入无继，大为氐所破，稚、琀皆死，死者千余人。雄深自咎责[⑤]，以谢百姓。琀，荡之元子[⑥]，有名望志尚[⑦]，雄欲传以后嗣，甚痛惜之。

【注释】

①赂遗：赠送或买通他人的财物。

②白水：即今白水江。源出今四川九寨沟县岷山东麓，至甘肃文县注入白龙江。白龙江古称羌水，白水、羌水汇流后，亦称白水，又称羌水，至今四川广元西南注入嘉陵江。汉魏晋南北朝时，白水羌、邓至羌等聚居于此。

③玝：李玝（？—347），巴西郡宕渠（今四川渠县）人。巴氐族。李雄之子。雄死，李班嗣位，玝与弟期、越皆来奔丧。玝劝班遣越还镇，并出期代己为梁州刺史。班不许。期、越竟杀班于丧次。玝奔晋。在晋，历任巴郡、襄阳、宜都太守。从桓温征西，战死于山阳。参看《晋书·李雄载记》。阴平：县名。三国魏改阴平道置，为阴平郡治，治所在今甘肃文县西北五里。东晋末废。

④下辨：县名。治所在今甘肃成县西北三十里。

⑤咎责：责备。

⑥元子：天子和诸侯的嫡长子。泛指长子。

⑦志尚：志向，理想。

【译文】

当初，氐王杨茂搜的儿子杨难敌、杨坚头被刘曜打败，投奔到晋寿。

晋寿守将李稚，是李荡的第二子，接受了他们贿赂的财物，没有将他们押送到成都。刘曜带兵回来后，李稚派遣杨难敌兄弟回到武都，兄弟俩随即背叛了李稚。李稚后悔失算，连忙告诉李雄，请求李雄讨伐氐人。李雄同意了李稚的请求。群臣多数劝阻，但李雄不听，他派遣李稚之兄李琀以侍中、中领军的身份统率李稚部队攻打杨难敌，由白水进军；又派遣李寿和李稚之弟李玝由阴平进军，兵分两路讨伐氐人。杨难敌等先抵抗李寿、李玝，李玝、李寿不能前进；而李琀、李稚直接进军到了下辨。因为深入敌军没有后援，大部队被氐人打败，李稚、李琀都战死沙场，死亡一千多人。李雄深深自责，向百姓谢罪。李琀，是李荡的嫡长子，有名望，有志向，李雄本来打算让他做继承人，为其身亡而非常痛心惋惜。

雄妻任无子，养琀弟班为子[①]，雄自有庶子十五人。群臣上立嗣[②]，雄曰："孙仲谋割有江东[③]，伯符兆基[④]，子止侯爵，《国志》耻之[⑤]。宣公舍子立弟[⑥]，君子以为知人[⑦]。吾将弥缝《国志》之耻[⑧]，以继宣公之美。"骧与司徒王达谏，以为不可，雄不从。永昌元年冬，立班为太子[⑨]。骧泣曰："乱始于是矣！"

【注释】

①班：李班（288—334），字世文，巴西郡宕渠（今四川渠县）人。巴氐族。十六国时成汉国君。李荡之子（第四子），李琀之弟。被李雄收养为子。初署平南将军，后立为太子。谦虚博纳，敬儒爱贤。雄疾，班昼夜侍侧，恪尽孝道。咸和九年（334），雄死，嗣位。政事皆委李寿等，只顾守丧礼。未几，为雄子越杀于殡宫。李期谥为戾太子，李寿谥为哀皇帝。《晋书》有传。

②立嗣：确立王位继承人。

③孙仲谋:孙权(182—252),字仲谋,吴郡富春(今浙江富阳)人。参看本书卷二《汉中志》注。

④伯符:孙策(175—200),字伯符,吴郡富春(今浙江富阳)人。孙坚长子。少居寿春,广交江淮士族。坚死,就其舅丹阳太守吴景。汉献帝兴平初,依袁术,得坚残部千余人,乞率军助吴景。袁术表为折冲校尉,渡江转斗,击破刘繇。又渡浙江,击破严白虎等,自领会稽太守。后又夺庐江郡,在江东地区建立孙氏政权。曹操表为讨逆将军,封吴侯。后遇刺卒。弟孙权称帝,追谥长沙桓王。《三国志·吴书》有传。兆基:开国,创业。

⑤《国志》耻之:《国志》,指《三国志》。陈寿《三国志·吴书·孙破虏讨逆传》:"评曰:孙坚勇挚刚毅,孤微发迹,导温戮卓,山陵杜塞,有忠壮之烈。(孙)策英气杰济,猛锐冠世,览奇取异,志陵中夏。然皆轻佻果躁,陨身致败。且割据江东,策之基兆也,而权尊崇未至,子止侯爵,于义俭矣。"

⑥宣公:宋宣公(?—前729),名力,春秋时宋国国君。宋武公子。前748年即位,在位十九年。病重将死,以父死子继、兄死弟及为天下通义,不立太子与夷,嘱立其弟和。力死,和继位,是为宋穆公(?—前720)。宋穆公立九年,病死。死前,宋穆公嘱大司马孔父嘉,必传位于宣公之子与夷(即宋殇公),并使己子冯出居郑。

⑦君子以为知人:《左传·隐公三年》:君子曰:"宋宣公可谓知人矣。立穆公,其子飨之,命以义夫。《商颂》曰:'殷受命咸宜,百禄是荷。'其是之谓乎!"

⑧弥缝:缝合,补救。

⑨立班为太子:《资治通鉴》卷九十三:太宁二年(324),"(李)雄立其兄(李)荡之子(李)班为太子"。

【译文】

李雄的妻子任氏没有生育儿子,收养李琀的弟弟李班为儿子,李雄自己有庶子十五人。群臣上书李雄请求确立王位继承人，李雄说："孙权割据江东，而孙策是创业者，但孙策的儿子只被封为侯爵，《三国志》以此为耻。宋宣公舍弃儿子而立弟弟，君子以为这是知人之举。我将补救《三国志》所说的耻辱，而继承宋宣公的美德。"李骧和司徒王达进行劝谏，认为这样不行，但李雄没有听从。永昌元年冬天，李雄立李班为太子。李骧哭着说："祸乱自此开始了！"

泰宁元年[①]，越嶲斯叟反，攻围任回及太守李谦[②]。遣其征南费黑救之。

【注释】

①泰宁元年：323年。泰宁，即"太宁"，晋明帝年号（323—325）。

②李谦：籍贯不详。曾任越嶲太守。

【译文】

泰宁元年，越嶲郡的斯叟造反，围攻任回和太守李谦。李雄派遣征南将军费黑率军营救。

咸和元年夏[①]，斯叟破。二年，谦移郡民于蜀[②]。

【注释】

①咸和元年：326年。咸和，晋成帝年号（326—334）。

②谦移郡民于蜀：《晋书·成帝纪》："（咸和）二年春正月，宁州秀才庞遗起义兵，攻李雄将任回、李谦等，雄遣其将罗恒、费黑救之。宁州刺史尹奉遣裨将姚岳、朱提太守杨术援遗，战于台登，岳等败绩，术死之。"盖移郡民于蜀即在此战之后（刘琳）。

【译文】

咸和元年夏天，斯叟被打败。咸和二年，李谦迁移越嶲郡的汉民到蜀地。

三年冬，骧死，追赠相国[1]，谥曰汉献王。寿以丧还，拜玝征北、梁州，代寿。以班行抚军将军[2]，修晋寿军屯。

【注释】

①追赠：死后赠官。

②行抚军将军：代行抚军将军职事。抚军将军，官名。三国蜀后主建兴八年（230）置，蒋琬以丞相留府长史加此。吴孙权赤乌十年（247），步协代其父步骘督西陵，亦加此。晋朝定为三品。十六国成汉、前凉、北燕亦置。掌征伐等。

【译文】

成和三年冬天，李骧去世，被追赠为相国，谥号为汉献王。李寿奔丧回到成都，李雄任命李玝为征北将军、梁州刺史，代替李寿。李雄任命李班代行抚军将军职事，修建晋寿县的军屯。

五年，拜寿都督中外诸军、大将军、中护军、西夷校尉，录尚书事，总统如骧。冬，寿率征南费黑、征东任邵伐巴东[1]，至建平[2]。监军毌丘奥退保宜都[3]。

【注释】

①巴东：郡名。东汉建安六年（201），益州牧刘璋改固陵郡置巴东郡。属益州。治鱼复县（今重庆奉节东）。

②建平：郡名。三国吴永安三年（260）置，属荆州。治所在信陵县（今湖北秭归西北）。魏灭蜀后，置建平郡都尉于巫县（今重庆巫山）。西晋咸宁元年（275）改为建平郡。太康元年（280）灭吴，

将两建平郡合并，治所在巫县。

③毌（guàn）丘奥：河东闻喜（今山西闻喜）人。时为晋巴东监军、益州刺史。

【译文】

咸和五年，李雄任命李寿为都督中外诸军、大将军、中护军、西夷校尉，负责尚书府事务，总理国事，一如李骧。冬天，李寿率领征南将军费黑、征东将军任邵讨伐巴东，攻打到了建平。监军毌丘奥退兵保据宜都。

六年春，寿还，遣任邵屯巴[①]。雄以子越为车骑[②]，住广汉。秋，寿伐阴平[③]。冬，城涪县[④]。

【注释】

①屯巴：《十六国春秋》卷七十七《李雄传》作“屯巴东”。

②越：李越（？—338），巴西郡宕渠（今四川渠县）人。李雄之子。初为车骑将军，屯江阳（今四川泸州）。成汉玉衡二十四年（334），父卒，奔丧，杀李班于殡宫，奉李期为帝，任相国，封建宁王，与李寿并录尚书事。玉恒四年（338），大都督李寿举兵攻克成都，逼期自杀。仆射任颜造反，尽杀李雄诸子。参看《晋书·李雄载记》。

③寿伐阴平：《晋书·成帝纪》：“（咸和六年）秋七月，李雄将李寿侵阴平，武都氐帅杨难敌降之。”

④城涪县：底本作“城涪陵”，据刘琳说改。

【译文】

咸和六年春天，李寿还师，派遣任邵屯守巴东。李雄任命儿子李越为车骑将军，驻扎在广汉。秋天，李寿讨伐阴平。冬天，修筑涪县城。

七年秋，寿南征宁州，以费黑为司马，与邵攀等为前军[①]，由南广入；又别遣任回子调由越嶲入。冬十月，寿、黑至朱提，朱提太守董炳固城[②]。宁州刺史尹奉遣建宁太守霍彪、大姓爨深等助炳[③]。时寿已围城，欲逆拒之[④]，黑曰："料城中食少，霍彪等虽至，赍粮不多，宜令人入城共消其谷，犹嫌其少，何缘拒之？"彪等皆入城。城久不下，寿欲急攻之。黑谏曰："南中道险，俗好反乱，宜必待其诈勇已困，但当日月制之，全军取胜[⑤]，以求有余。溷牢之物[⑥]，何足汲汲也[⑦]！"寿必欲战，果不利，乃悉以军事任黑。

【注释】

①邵攀：《晋书·李雄载记》作"卬攀"。籍贯不详。曾任建宁太守。后为叛军所杀。

②董炳：籍贯不详。曾任朱提太守。

③尹奉：南阳（治今河南南阳）人。参看本书卷四《南中志》注。霍彪（274—339）：字承嗣，南郡枝江（今湖北枝江）人。霍峻之曾孙，霍弋之孙。南中大族。东晋、成汉地方官员。曾任建宁太守、越嶲太守、兴古太守、宁州刺史、南夷校尉等。咸康五年（339），被成汉建宁太守孟彦执送于晋，卒。死葬蜀郡，后改葬朱提。1963年，其墓在云南昭通被发现，墓壁画、铭文可补正史之不足。爨深：建宁同乐（今云南陆良）人，一说兴古郡（治今云南砚山）人，一说牂柯郡（治今贵州黄平）人。南中大姓。永嘉中，为兴古太守。太宁元年（323），成汉李雄进攻宁州（今云南昆明晋宁区），奉刺史王逊命与姚岳率军拒战于堂狼（今云南巧家县）。咸和七年（332），李雄再次南下，军至朱提（今云南昭通昭阳区），太守董炳固守郡城。又奉宁州刺史尹奉命与霍彪率军助炳。八年春，与董炳、霍彪皆降于李雄。九年三月，李雄分宁州置交州，

以爨深为交州刺史。自后，大姓爨氏势力崛起。云南南宁南十余里有《兴古太守爨府君碑》，见正德《云南志》卷二十一，亦见李元阳《云南通志》卷十一。《滇略》有传。

④逆拒：迎击，抵御。

⑤全军：保全军队的实力。

⑥溷（hùn）：厕所。牢：养牲畜的圈。

⑦汲汲：心情急切貌。引申为急切追求。

【译文】

咸和七年秋天，李寿南征宁州，以费黑为司马，和邵攀等作为前军，由南广进军；又另外派遣任回的儿子任调由越嶲进军。冬天十月，李寿、费黑进军至朱提，朱提太守董炳固守城池。宁州刺史尹奉派遣建宁太守霍彪、大姓爨深等援助董炳。当时李寿已经包围了朱提城，他准备迎击前来救援的霍彪等人，费黑说："料想城中粮食很少，霍彪等人虽然到了，所带的粮食也不多，应当让救援的人进入城中，共同消耗他们的粮谷，只嫌来的人少，为什么要拒绝他们进城呢？"霍彪等人都进入了城中。朱提城久攻不下，李寿准备猛烈进攻。费黑劝阻说："南中道路艰险，而且流俗喜好叛乱，应当坚持到其勇气已经困顿的时候，我们只要待以日月，必定能制服他们，而且是保全军队、获取全胜，以求有余力攻打宁州。他们好比厕所、牲畜圈中的秽物，我们何必急切追求呢！"李寿坚持作战，果然战事不利，于是将全部军事指挥权交给了费黑。

八年春正月，炳、彪等出降，威震十三郡[①]。三月，刺史尹奉举州委质[②]，迁奉于蜀[③]。寿领宁州。南中初平，威禁甚肃[④]，后转凌掠民。秋，建宁州民毛衍、罗屯等反[⑤]，杀太守邵攀；牂柯太守谢恕举郡为晋[⑥]，寿破之。

【注释】

①十三郡:常璩所说有误,当云“十四郡”。据本书卷四《南中志》,宁州共有十四郡,即晋宁、建宁、平乐、平夷、朱提、南广、夜郎、河阳、梁水、西平、牂柯、永昌、云南、兴古。常璩以为南广郡已废,故云“十三郡”(刘琳)。

②委质:投诚,归顺。

③迁奉于蜀:李期时,以尹奉为右丞相、骠骑将军。

④威禁:法令,禁令。

⑤建宁州民:当为“建宁郡民”。

⑥谢恕:字茂理,牂牁郡毋敛(今贵州独山)人。东晋官员。参看本书卷四《南中志》注。

【译文】

咸和八年春天正月,董炳、霍彪等出城投降,此战威震宁州十三郡。三月,宁州刺史尹奉率领全州投降,李雄调尹奉到蜀地。李寿领宁州刺史。南中刚刚平定,军队法令非常严明,后来转而侵凌掠夺百姓。秋天,建宁郡民毛衍、罗屯等造反,杀死太守邵攀;牂柯太守谢恕率领全郡投降晋朝,李寿打败了他们。

九年春,分宁州置交州[①],以霍彪为宁州、建宁爨深为交州刺史。封寿建宁王。张骏使参军傅颖、治中张淳遗雄书,劝去尊号,称藩于晋[②]。雄引见,谓曰:“吾过为士大夫所推[③],然本无心于帝王也。贵州将令行河沙[④],常所希冀。进思共为晋室元功之臣[⑤],退思共为守藩之将,扫除氛埃[⑥],以康帝宇[⑦]。而晋室凌迟[⑧],德声不振,引领东望[⑨],有年月矣。会获来贶[⑩],情钧闇至[⑪],有何已已[⑫]!”颖、淳以为然,使聘相继[⑬]。巴郡尝告急,云有东军[⑭]。雄曰:“吾常虑石勒跋扈[15]，侵逼琅琊[16]，以为耿耿[17]，不图乃能举军，使人欣然。”雄之雅谈多如此类[18]。三月，寿还。

【注释】

①分宁州置交州：《资治通鉴》卷九十五：“三月，成主（李）雄分宁州置交州，以霍彪为宁州刺史，爨深为交州刺史。”胡三省注：“成分宁州之兴古、永昌、牂柯、越嶲、夜郎等郡为交州。”刘琳认为，胡说可疑。

②称藩：向大国或宗主国承认自己的附庸地位。

③过：误，错误。

④州将：魏晋南北朝时，刺史当方面之任，总兵权，通称州将。本处特指凉州刺史张骏。河沙：指凉州。凉州辖今甘肃河西走廊及兰州一带，南有黄河，北有沙漠，故称“河沙”（刘琳）。

⑤元功：大功，首功，开创之功。

⑥氛埃：污浊之气，尘埃。

⑦帝宇：帝王的殿宇。

⑧凌迟：衰退，衰败。

⑨引领：伸颈远望。多以形容期望殷切。

⑩来贶（kuàng）：指张骏的来信。贶，赠，赐。

⑪情钧闇至：意谓心情与我深深相合（刘琳）。钧，等，同。闇，同“暗”。至，深切。

⑫有何：有什么。已已：已，休止。迭用以加重语气。

⑬使聘：指古代诸侯之间或国与国之间的遣使访问。

⑭东军：指晋军。

⑮跋扈：骄横，强暴。

⑯侵逼：侵犯逼迫。琅琊：指琅琊王司马睿，即后来的晋元帝。司马睿（276—322），字景文，河内温县（今河南温县）人。司马懿曾

孙。初袭封琅邪王。惠帝元康二年(292),拜员外散骑常侍。怀帝永嘉元年(307),任平东将军、都督扬州江南诸军事、假节,镇建邺。愍帝即位,加左丞相,进丞相、大都督中外军事。刘曜破长安,愍帝死,西晋亡。建兴五年(317),司马睿即位于建康,史称东晋。时中原大乱,偏安江东。永昌元年(322),大将军王敦以讨刘隗、刁协为名,起兵于武昌,攻至石头城。王敦挟制朝政,司马睿忧忿而卒。在位六年。庙号中宗。《晋书》有传。

⑰耿耿:烦躁不安,心事重重。

⑱雅谈:高雅的言谈。

【译文】

咸和九年春天,李雄分割宁州设置交州,任命霍彪为宁州刺史、建宁人爨深为交州刺史。李雄封李寿为建宁王。张骏派参军傅颖、治中张淳送书信给李雄,劝李雄去掉尊号,称藩于晋朝。李雄召见他们,对他们说:"我被士大夫错误地推举为王,然而我本来是无意称王的。贵州刺史的政令畅行于黄河上下、大漠内外,这也是我常常希望得到的。前进则考虑共同成为晋室建功创业的大臣,后退则考虑共同成为守藩卫国的将领,扫除污浊尘埃,以使晋帝殿宇安宁。但是晋室衰败,声誉不振,我伸长脖子东望晋土,已经有好多年月了。鄙人恰好收到阁下的来信,而阁下的心情与我深深相合,如此情投意合,还有什么好说的呢?"傅颖、张淳都认为来信说得对,于是,李雄和张骏互派使节,继续来往。巴郡曾经告急,说有晋军前来。李雄说:"我常常担心石勒骄横跋扈,会侵犯逼迫琅琊王,一直为此烦躁不安,不料晋军还进军讨伐石勒,不觉让人欣然自喜。"李雄高雅的言谈,大多都像这样。三月,李寿还军。

夏六月癸亥①,雄疾病卒②,时年六十一。伪谥曰武帝③,庙称太宗。凡自立三十年④。冬十二月丙寅,葬成都,墓号安都陵也⑤。

【注释】

①六月癸亥：此指晋咸和九年(334)、成汉玉衡二十四年(334)六月二十一日。按：《晋书·李雄载记》说李雄死于咸和八年(333)，年份与此不同。又，《资治通鉴》卷九十五说李雄死于咸和八年六月丁卯(六月二十五日)，日期亦与此不同。

②雄疾病卒：《晋书·李雄载记》："咸和八年，(李)雄生疡于头，六日死，时年六十一，在位三十年。"《资治通鉴》卷九十五："成主(李)雄生疡于头。身素多金创，及病，旧痕皆脓溃，诸子皆恶而远之；独太子(李)班昼夜侍侧，不脱衣冠，亲为吮脓。(李)雄召大将军建宁王(李)寿受遗诏辅政。丁卯，(李)雄卒，太子(李)班即位。"

③伪谥：意谓"非法给予谥号"。按：在东晋王朝看来，成汉政权是非"正统"的、僭伪的政权，故其谥号为"伪谥"。常璩是在东晋时期写作《华阳国志》的，因迫不得已而如此称谓。

④三十年：当作"三十一年"。李雄即位于晋惠帝永兴元年(304)，去世于咸和九年(334)，共计在位三十一年。

⑤安都陵：大成皇帝李雄的陵墓。在今四川成都北。明正德《四川通志》卷十二、清《四川通志》卷二十九、《大清一统志》卷二百九十三均谓李雄墓"在成都县北七里"，但具体方位不详。

【译文】

夏天六月癸亥，李雄疾病发作而去世，时年六十一岁。伪谥号是武帝，庙号是太宗。李雄共计自立为王三十年。冬天十二月丙寅，李雄在成都下葬，所葬陵墓号称安都陵。

班字世文，荡第四子也。少见养于雄[①]，年十六[②]，立为太子。好学爱士。每观书传[③]，谓其师友天水文夔、陇西董融等曰："吾见周灵王太子晋、魏太子丕、吴太子孙登文章鉴识[④]，超然卓绝，未尝不有惭色，何古人之难及乎！"进止周旋[5],勤于咨问[6]。但性轻躁[7],失在田猎[8]。

【注释】

①见养:被抚养,被收养。

②年十六:或谓当作“年二十六”(任乃强)。

③书传:著作,典籍。

④周灵王:底本误作“周景王”。周灵王(?—前545),姬姓,名泄心。周简王之子。春秋时东周国国君。传生即有髭。因爱子晋早卒,哀伤而死,葬于周山(在今河南洛阳西南),一说葬于灵山(在今河南宜阳西)。太子晋:又称王子晋、王子乔。姬姓,名晋。周灵王的太子。据《国语·周语下》记载,“灵王二十二年,谷、洛斗,将毁王宫。王欲壅之,太子晋谏曰:‘不可。晋闻古之长民者,……’王卒壅之”。太子晋的谏辞长达千余字,渊博典雅,李班赞周灵王太子晋“文章鉴识”盖指此(刘琳)。魏太子丕:指曹丕(187—226),字子桓,沛国谯(今安徽亳州)人。曹丕性好文学,史书称其“天资文藻,下笔成章,博闻强识,才艺兼该”(《三国志·魏书·文帝纪》)。吴太子孙登(209—241):字子高,吴郡富春(今浙江富阳)人。孙权长子。权称吴王,立为王太子。权称帝,又立为皇太子。以诸葛恪为左辅,张休为右弼。权移都建业,孙登留镇武昌。临死时上疏一篇,颇有文采。《三国志·吴书》有传。鉴识:审察辨识的能力。

⑤进止:举止,行动。周旋:古代行礼时进退揖让的动作。

⑥咨问:咨询,请教。

⑦轻躁:轻率浮躁。

⑧田猎:打猎,狩猎。

【译文】

李班字世文,是李荡的第四子。年少时被李雄收养,十六岁时被立为太子。他勤奋好学，爱慕士人。李班每次阅读典籍时，就会对其师友天水人文夔、陇西人董融等说："我看周灵王太子晋、魏太子曹丕、吴太子孙登的文章，明察深辨，超然卓绝，未尝不面露惭色，古人何其难及啊！"李班举止得体，勤于请教。但是他的性格轻率浮躁，过失在于喜欢田猎。

甲子，袭位[①]。玝来奔丧，劝遣雄子越还江阳，而欲令期代己知北事。班以未葬，不许，遣玝还涪。冬十月癸亥，期、越杀班于临次[②]，并杀班仲兄领军都[③]，弟玝奔晋[④]。期伪谥班曰戾太子[⑤]，寿追谥曰哀皇帝[⑥]。子幽、颙为期所杀[⑦]。班兄弟五人皆兵死[⑧]，四人无后[⑨]。玝在晋历巴郡、襄阳、宜都太守，龙骧将军。永和三年[⑩]，从征西于山阳战死也[⑪]。

【注释】

①甲子，袭位：李班继位于玉衡二十四年、咸和九年（334）六月二十二日（甲子日）。

②临次：哭丧之所，即殡宫。据《晋书·李班载记》载，"咸和九年，（李）班因夜哭，（李）越杀（李）班于殡宫，时年四十七"。

③仲兄：次兄，二哥。本处实指第三兄。按：李荡有五子，分别为李琀、李稚、李都、李班、李玝。李都实为李班三哥。

④弟玝奔晋：《晋书·明帝纪》载，"（咸和九年）冬十月，李雄子（李）期弑李班而自立，（李）班弟（李）玝与其将焦哙、罗凯等并来降"。

⑤伪谥班曰戾太子：这是对汉代戾太子故事的模仿。戾太子，即刘据（前128—前91）。汉武帝长子，卫皇后之子。元狩初，立为太子。武帝末年，卫后宠衰，江充用事。充与太子及卫后有隙。征和二年（前91）巫蛊之祸起，刘据为江充所诬，举兵斩充，与丞相刘屈氂等战于长安，兵败，自经死。后武帝知其冤，族灭江充家。

宣帝即位，追谥戾。《汉书》有传。

⑥追谥曰哀皇帝：李班在位仅四个月，而谥号曰哀，可谓差强人意。《逸周书·谥法解》："恭仁短折曰哀。"孔晁注："体恭质仁，功未施也。"

⑦子幽、颙为期所杀：下文云罗演等"立班子幽"，则李幽此时未被杀。此文自杀李都以下文字，皆是总叙后事（刘琳）。

⑧兵死：死于兵刃。

⑨四人无后：李班兄弟五人，仅李玝有后，其余四人（李琀、李稚、李都、李班）无后。

⑩永和三年：347年。永和，东晋穆帝年号（345—356）。按：桓温于永和二年（346）冬十月出兵攻蜀，次年（347）春灭成汉。

⑪征西：指征西大将军桓温（312—373），字元子，谯国龙亢（今安徽怀远西北）人。桓彝之子。娶南康长公主，拜驸马都尉。都督荆州、梁州、司隶校尉等四州诸军事，除琅邪太守、安西将军，领护南蛮校尉。穆帝永和初，任荆州刺史。永和二年（346），率众伐蜀。永和三年冬（347），出兵灭成汉，晋升为征西大将军，封公。回朝，废殷浩，执朝政。永和十年（354），北伐关中，以军粮不继还。永和十二年（356），收复洛阳。屡请还都，朝廷不听。太和四年（369），率步骑五万北攻燕，初连胜，至枋头，粮道受阻，大败。太和六年（371），废晋帝司马奕为海西公，立简文帝，以大司马镇姑孰，专擅朝政。意欲受禅，未成。宁康元年（373），疾卒。《晋书》有传。山阳：在今四川成都双流区东南牧马山南。

【译文】

六月甲子，李班继位。李玝回来奔丧，劝谏李班派遣李雄之子李越返回江阳，而想让李期代替自己主管北方军事。李班因为李雄还没有下葬，不同意，而派李玝回到涪城驻防。冬天十月癸亥，李期、李越在殡宫杀死李班，并且杀了李班的二哥、领军将军李都，李班的弟弟李玝逃奔晋朝。李期伪谥李班为戾太子，李寿追谥李班为哀皇帝。李班的儿子李幽、李颙也被李期杀死。李班兄弟五人都死于兵刃，其中四人无后。李玝在晋朝历任巴郡太守、襄阳太守、宜都太守，封龙骧将军。永和三年，李玝跟从征西大将军桓温作战，在山阳战死。

期字世运[①]，雄第四子也。母冉贱，雄妻任养为子。少攻学问，有容观。雄时令诸子各募合部曲，多者才得数百人，而期独得千余人。为安东将军。雄亡，越自江阳来赴丧，兄弟怏怏[②]。既以班非雄所生，又虑玝不利己，与兄越密谋图班。太史令韩约上言[③]："宫室有阴谋兵气[④]，戒在亲戚。"班不悟。遂因夜哭，越杀班，期自立[⑤]。以越为相国，与寿并录尚书事。进寿大都督，徙封汉王，使讨玝于涪。封越建宁王，以仲兄霸为中领军、镇南[⑥]，弟保镇西、西夷校尉、汶山太守，从父始征东[⑦]，代越，皆大将军。玝走，即拜寿梁州、知北事。

【注释】

①期字世运：李期（314—338），字世运，巴西郡宕渠（今四川渠县）人。李雄第四子。十六国时成汉国君。聪慧好学，虚心招纳。初为建威将军。晋成帝咸和九年（334），兄李越杀李班，被拥立为帝。既即位，改年号为玉恒。滥杀大臣，妄杀民人，人不自安。轻诸旧臣，任用奸宦，朝政紊乱。诸兄弟为争帝位，互相攻伐。咸康四年（338），叔父李寿攻破成都，李期自杀，谥幽公。《晋书》《魏书》有传。

②怏怏：不满意、不快乐的样子。

③太史令：官名。西周、春秋时有太史之官，掌起草文书，策命诸侯

卿大夫，记载史事、天文历法，兼管国家典籍。秦、汉置太史令，秩六百石，掌天时、星历、祭祀、撰史。其后历代多沿置，但不再掌编写史书，其职事多为天文、历法。韩约：《晋书·李班载记》作“韩豹”。按：史籍或谓韩豹其时为太傅，兼领太史令。《太平御览》卷九百七十一引《广五行记》曰：“后蜀李雄玉衡十二年，扶风人韩豹为太史令。雄卒，子期立，以豹为太傅，犹领候职。”

④兵气：战争的气氛。《太平御览》卷八百七十七引《蜀李书》曰：“哀帝即位，有白气二道带天。望气者言：宫中有伏兵。果为邛都公所害也。”

⑤期自立：《晋书·李期载记》：“既杀班，欲立（李）越为主，（李）越以（李）期（李）雄妻任氏所养，又多才艺，乃让位于（李）期。”

⑥中领军：官名。汉末曹操置，与中护军皆掌禁卫军。三国时蜀亦置。西晋武帝泰始七年（271）省并北军中候。惠帝时复置，一说怀帝永嘉（307—313）中始复。东晋元帝永昌元年（322）改为北军中候，寻复。成帝时，又改为北军中候，寻又复。东晋时无营兵，总统二卫、骁骑、材官诸营禁军，不再管中护军。十六国成、前凉、后燕皆置。

⑦从父：父亲的兄弟。即伯父或叔父。始：李始，字伯起，巴西郡宕渠（今四川渠县）人。李特之子，李雄异母兄。雄继李流即位，拜太保。善抚士，众多归之。及雄卒，李始从子李期即位。迁始为征东大将军，镇江阳。始与从弟寿共谋讨期，寿不敢发，始怒；又说期讨寿，期亦不许。后寿破成都，期自杀，始亦被诛。《十六国春秋》有传。

【译文】

李期字世运，是李雄的第四子。李期的母亲冉氏地位低贱，李雄的妻子任氏将李期收养为子。李期年少时攻读学问，仪表可观。当时，李雄命令几个儿子各自招募部曲，多的才招募到数百人，而李期却独自招募到一千多人。李期被任命为安东将军。李雄去世后,李越从江阳赶回来奔丧,兄弟俩怏怏不乐。既因为李班不是李雄亲生的,又担心李玝会对自己不利,李期便与哥哥李越密谋陷害李班。太史令韩约上书李班说:"宫室中有阴谋兵气,要警戒亲戚。"李班不醒悟。于是,乘夜哭之时,李越杀死了李班,李期自立为君。李期任命李越为相国,与李寿一起总领尚书事务。李期晋封李寿为大都督,又改封为汉王,派遣他到涪城讨伐李玝。李期封李越为建宁王,任命仲兄李霸为中领军、镇南将军,弟弟李保为镇西将军、西夷校尉、汶山太守,从父李始为征东将军,代替李越,他们都是大将军。李玝逃走后,李期随即拜李寿为梁州刺史,主管北方军务。

咸康元年春正月①,立妻阎氏为后,下赦,改元玉恒②。秋,以司隶景骞为尚书令③,征南费黑为司隶,班舅罗演为仆射。罗演与汉王相天水上官澹谋袭期④,立班子幽。谋泄,杀演、澹,并诛班母罗、琀子硟、稚妻昝⑤。

【注释】

①咸康元年:335年。咸康,晋成帝年号(335—342)。

②玉恒:十六国成(汉)李期年号(335—338)。

③司隶:司隶校尉。参看本书卷一《巴志》注。景骞:籍贯不详。仕成汉,为司隶校尉、尚书令。

④汉王:指李寿。

⑤硟:音yán。昝:音zǎn。

【译文】

咸康元年春天正月,李期立妻子阎氏为皇后,大赦天下,改年号为玉恒。秋天,李期任命司隶校尉景骞为尚书令,征南将军费黑为司隶校尉,李班的舅舅罗演为尚书仆射。罗演与汉王相、天水人上官澹图谋袭击李期，以立李班之子李幽。阴谋泄露，李期杀了罗演、上官澹，并诛杀李班之母罗氏、李玲之子李砑、李稚之妻昝氏。

二年，忌从子载多才艺[①]，托他事诛之[②]，而霸、保皆暴病死[③]。于是大臣自疑，骨肉不相亲。而期志益广，忽慢父时公卿[④]，政刑失错[⑤]。

【注释】

①从子：侄子。载：李载，李期侄子。时任尚书仆射，封武陵公。

②托他事诛之：《晋书·李期载记》："（李期）乃诬其尚书仆射、武陵公李载谋反，下狱死。"

③暴病：突然发病，亦指突然发作、来势很凶的病。

④忽慢：犹轻慢。

⑤政刑：政令和刑罚。失错：差错。《晋书·李期载记》："（李）期自以谋大事既果，轻诸旧臣，……国之刑政，希复关之卿相，庆赏威刑，皆决数人而已，于是纲维紊矣。"

【译文】

咸康二年，因为忌恨侄子李载多才多艺，李期借故他事诛杀了李载，而李霸、李保都暴病而死。于是朝中大臣自相猜疑，骨肉亲戚不相亲睦。而李期的志向更加宏大，轻慢父辈之时的公卿旧臣，政令和刑罚紊乱失措。

四年夏四月，寿自涪还袭期，假以诛越、骞为言。越请散财募民格战[①]，期谓寿不自薄[②]，不许。既诛越、骞，初废期为邛都县公；五月，乃杀期及诛李始等，杀兄弟十余人。期死时年二十四，谥曰幽公[③]。

五年，徙其妻子于越嶲，势又使人就越嶲诛其子[④]。

【注释】

①散财：分发财物。

②不自薄：待自己不薄。

③谥曰幽公：底本作“谥曰幽王”，据《晋书·李斯载记》改。

④势：李势（？—361），字子仁，巴西郡宕渠（今四川渠县）人。巴氐族。十六国时成汉国君。李寿长子。初为翊军将军、汉王世子，后立为太子。建元元年（343），寿死，嗣位。骄吝荒淫，不恤国事，朝政紊乱。刑狱滥加，人怀畏惧。永和三年（347），降于桓温，被送至建康（今江苏南京），封归义侯。在位五年。升平五年（361），死于建康。《晋书》有传。

【译文】

咸康四年夏天四月，李寿从涪城还军袭击李期，借口诛杀李越、景骞。李越请求李期分发财物、招募百姓作战，李期认为李寿待自己不薄，故未同意。李寿在诛杀李越、景骞之后，最初废黜李期为邛都县公；五月，李寿杀死李期，同时诛杀李始等人，并诛杀兄弟十余人。李期死时年仅二十四岁，谥号为幽公。

咸康五年，李寿迁徙李期的妻儿到越嶲郡，李势又派人到越嶲郡诛杀了李期的儿子。

寿字武考，有干局[①]，爱尚学义[②]，志度少殊于诸子[③]，雄奇之。自代父为将，志在功名，故东征南伐，每有效事[④]。雄疾病，侍疾左右[⑤]。左右侍臣造雄顾命[⑥]，寄托于寿[⑦]。

【注释】

①干局：谓办事的才干器局。

②爱尚：喜爱崇尚。学义：犹学问，学识。

③志度：志向气度。

④效事：建功立业之事。

⑤侍疾：侍候、陪伴、护理患者。

⑥顾命：《尚书》的篇名。取临终遗命之意。后因称帝王临终前的遗诏为"顾命"。

⑦寄托：托付，委托别人照料。之所以寄托于寿，"雄盖已虑诸子越、期等不利于班，故远招于南中，寄以顾命也"（任乃强）。

【译文】

李寿字武考，有办事的才干器局，喜爱崇尚学识，志向气度自小便与其他兄弟不一样，李雄感到惊奇。李寿自从代父为将，志向便在建立功名，因此东征南伐，每每有建功立业之事。李雄患病期间，李寿侍奉在其左右。李雄临终之时，命令左右侍臣拟作遗诏，将李班托付给李寿。

期之杀班也，李始初欲附寿，图共讨期，寿不敢。始怒，说期取寿。惮李玝在北[①]，欲藉寿讨之，故不许。寿既受汉封[②]，北伐玝，告以去就利害[③]，假道[④]，故玝得由巴顺水东下吴。

【注释】

①惮：忌惮，畏惧。

②受汉封：接受汉王的封号。

③去就：离去或留下。意谓留在成汉政权，还是离开成汉政权而投靠晋朝。

④假道：借道，借路。

【译文】

在李期杀死李班之后，李始最初是想依附李寿，图谋共同讨伐李期，但李寿不敢。李始发怒，便游说李期攻打李寿。李期忌惮李玝在北方有威胁，想借助李寿讨伐李玝，因此没有同意。李寿在接受汉王的封号后，率军北伐李玝，但又偷偷告诉李玝离去或留下的利害关系，并且借道给李玝，故而李玝得以由巴郡顺水东下到了吴地。

寿虽代玝镇涪，岁终当入朝觐[①]，常自危嫌[②]，辄造汉中守将张才急书，告方外寇警[③]。咸康二年冬，北入汉中，破走司马勋[④]。寿见期、越兄弟十余人年方壮大[⑤]，而手下有强兵，惧不自全，数聘命高士巴西龚壮[⑥]。壮虽不应，恐见害，不得已，数见寿。时岷山崩，江水竭，寿缘刘向之言而恶之[⑦]，每谋壮以自安之术。壮之父及叔皆为特所杀，欲假手报仇[⑧]，未有其由[⑨]，因说："立事何如舍小从大，以危易安，开国裂土，长为诸侯，名高桓文[⑩]，勋流百代矣[⑪]。"寿从之，阴与长史略阳罗恒、巴西鲜思明共谋据成都[⑫]，为晋称藩。会养弟攸从成都病还，死道中，乃阳言越药杀之[⑬]。又诈造妹婿任调书[⑭]，言期、越当废寿，以惑群下，群下信之。乃誓文武[⑮]，许赏城中资财，得数千人，南攻成都。子势为开门内应，遂获期、越，诛其宗族十余人。兵入虏掠民家，奸淫雄公主及李氏诸妇，多所残害，数日乃定。

【注释】

①朝觐：谓臣子朝见君主。

②自危：自感处境危殆。

③方外：区域、范围之外。方位之外。本处指境外。寇警：敌军入侵的警报。

④司马勋（？—366）：字伟长，河内温县（今河南温县）人。司马遂

曾孙。晋愍帝建兴四年(316),长安陷,勋时年十余岁,为刘曜将令狐泥养为子。及壮,善骑,能左右射。成帝咸和六年(331),自关右还,自述身世,拜谒者仆射。以勇闻。迁梁州刺史。穆帝永和五年(349),石虎死,勋率众攻长安,无功而还。迁征虏将军,领西戎校尉。为政暴酷。哀帝兴宁末,举兵反,称成都王。桓温遣朱序讨之,兵败被杀。《晋书》有传。

⑤壮大:长大成人。

⑥聘命:指皇帝任用官吏的命令。龚壮:字子玮,巴西(治今四川阆中)人。父、叔均为李特流民军所害,壮积年不除丧,力弱不能复仇。及李寿戍汉中,乃说寿杀特孙李期,以雪私仇。寿袭成都,废期自立,即出壮谋。及改元汉兴,以厚礼聘壮为太师,壮固辞。上书说寿归晋,不纳。遂称聋,终身不复至成都。唯研精典籍,洁己自守,与乡人谯秀齐名。至李势时卒。著有《迈德论》等。《晋书》有传。

⑦刘向之言:《汉书·五行志下之上》:"元延三年正月丙寅,蜀郡岷山崩,廱江,江水逆流,三日乃通。刘向以为周时岐山崩,三川竭,而幽王亡。岐山者,周所兴也。汉家本起于蜀汉,今所起之地山崩川竭,星孛又及摄提、大角,从参至辰,殆必亡矣。其后三世亡嗣,王莽篡位。"

⑧假手:借他人之手来达到自己的目的。

⑨由:机缘,机会。

⑩桓文:指齐桓公、晋文公。

⑪百代:指很长的岁月。按:这是龚壮劝李寿降晋,受封为诸侯。

⑫罗恒:天水略阳(今甘肃秦安)人。李寿部将,为长史。鲜思明:或作"解思明",巴西(治今四川阆中)人。李寿时为广汉太守、司空,李势时为大将。

⑬阳言:假装。此指说谎话,用言语欺诈。药杀:用药杀死。意谓

毒死。

⑭诈造：伪造。任调：天水（治今陕西通渭西北）人。任回之子，李寿妹婿。

⑮誓：表示决心的话。本处用为动词，指发誓、立誓。

【译文】

李寿虽然代替李玝镇守涪城，而岁末应当入朝觐见，常常自感处境危殆，便伪造汉中守将张才告急书信，报告境外有敌寇警情。咸康二年冬天，李寿向北攻入汉中，司马勋败逃。李寿眼见李期、李越兄弟十多人逐渐长大成人，而且手下又有强兵，担心不能自我保全，多次下令征聘高士、巴西人龚壮。龚壮虽然不应召，但也担心被害，不得已，屡次前去拜见李寿。当时岷山崩塌，江水枯竭，因为李寿厌恶刘向所说的山崩川竭国家会灭亡的话，每每向龚壮咨询自安之术。龚壮的父亲和叔叔都是被李特杀死的，本想借他人之手来报仇，但一直没有找到机会，因此对李寿说："做事不如舍小从大，以危易安，而建立自己的封国，长久成为一方诸侯，其名声超过齐桓公、晋文公，功勋流芳百世。"李寿听从了，因此暗地里和长史略阳人罗恒、巴西人鲜思明共同谋划占据成都，称藩于晋朝。恰逢养弟李攸从成都抱病回家，死于路中，于是李寿编造谎话，说是李越毒死了李攸。李寿又伪造妹婿任调的书信，说李期、李越要废除李寿，以此迷惑群臣，群臣都相信了。于是，李寿向文武百官发誓，许诺赏赐成都城中的资财，得到数千人，向南进攻成都。李寿的儿子李势为内应，打开城门，李寿于是捕获了李期、李越，诛杀其宗族十多人。军队入城后，抢掠百姓，奸淫李雄的公主和李氏的妃嫔，多被残害，数天后才得以平定。

恒与思明及李奕、王利等劝寿称镇西将军、益州牧、成都王①，以壮为长史，告下；又劝令送期于晋。任调与司马蔡兴、侍中李艳及张烈等劝寿自立。寿亦生心②，遂背思明所陈之计，称汉皇帝③，尊父骧曰献帝，母昝氏曰太后，下赦，改元汉兴④。以恒为尚书令，思明为广汉太守，任调镇北、梁州、知北事、东羌校尉，李奕镇西、西夷校尉。更代诸郡及卿佐⑤，皆用宿人及己参佐⑥。省交州，以从子权为镇南、南夷、宁州⑦。于是成都诸李子弟无复秉兵马形势者⑧，雄时旧臣及六郡人皆斥废也⑨。

【注释】

①李奕：李寿部将，为镇西将军、西夷校尉。王利：李寿部将。

②生心：怀有异心而有所图谋。

③称汉皇帝：即改大成国号为“汉”，史称“成汉”。按：时为咸康四年（338）四月。

④汉兴：十六国成（汉）李寿年号（338—343）。按：汉兴年间所铸造的“汉兴钱”，是中国最早的年号钱。

⑤更代：替换。

⑥宿人：故人，故旧。参佐：部下，僚属。

⑦从子：侄子。权：李权，巴西郡宕渠（今四川渠县）人。李寿侄子。官镇南将军、南夷校尉、宁州刺史。

⑧形势：权势，权位。

⑨六郡：指天水、略阳、扶风、始平、武都、阴平六郡。斥废：屏斥废黜。

【译文】

罗恒和鲜思明及李奕、王利等人劝李寿自称镇西将军、益州牧、成都王，以龚壮为长史，宣告天下；又劝说李寿将李期送给晋朝。任调和司马蔡兴、侍中李艳及张烈等人劝李寿自立为王。李寿也怀有异心，于是违背鲜思明所陈述的计策，自称汉皇帝，尊称父亲李骧为献帝，尊称母亲昝氏为太后，大赦天下，改年号为汉兴。李寿任命罗恒为尚书令，鲜思明为广汉太守，任调为镇北将军、梁州刺史、知北事、东羌校尉，李奕为镇西将军、西夷校尉。李寿替换了诸郡的长官及其副官，任用的都是故旧和自己的僚属。李寿撤销了交州，任命侄子李权为镇南将军、南夷校尉、宁州刺史。于是，成都诸李的子弟不再有掌管兵马、占据权位的人，李雄时代的旧臣以及六郡人士都被屏斥废黜了。

秋七月，李奕从兄乾与大臣合谋[1]，欲废寿。寿惧，使子广与大臣盟，要为兄弟[2]。进李闳为征东、荆州[3]，移镇巴郡。

【注释】

①李奕从兄乾：即李乾，李奕堂兄。时任广汉太守。

②要：约。

③李闳：扶风（今陕西兴平）人。李恭之子，李寿属下。曾任征东将军、荆州刺史。

【译文】

秋天七月，李奕堂兄李乾与大臣合谋，想废除李寿。李寿感到恐惧，派儿子李广与大臣盟誓，约为兄弟。李寿晋升李闳为征东将军、荆州刺史，移师镇守巴郡。

八月，天连阴雨，禾稼伤损，百姓饥疫[1]。草莽臣龚壮上封事曰[2]："臣闻阴德必有阳报[3]，故于公理狱，高门待封[4]。伏惟献皇帝宽仁厚惠[5]，宥罪甚众[6]，灵德洪洽[7]，诞钟陛下[8]。陛下天性忠笃[9]，受遗建节[10]，志齐周、霍[11]，诚贯神明[12]。而志绪违理，颠覆顾命[13]，管、蔡既兴[14]，谗谀滋蔓[15]。大义灭亲，拨乱济危，上指星辰，昭告天地，歃血盟众[16]，举国称藩。天应人悦，白鱼登舟[17]，霆震助威，烈风顺义，神诚允畅，日月光明。而论者未喻[18]，权时定制[19]。淫雨氾滥[20]，垂向百日[21]，禾稼伤损，加之饥疫，百姓愁望，或者天以监示陛下[22]。又前日之举[23]，止以救祸，陛下至心，本无大图，而今久不变，天下之人，谁复分明知陛下本心者哉！且玄宫之谶难知[24]，而盟誓顾违[25]。一旦疆埸有急，内外骚动，不可不深思长久之策，永为子孙之计也。愚谓宜遵前盟誓，结援吴会[26]，以亲天子[27]，彼必崇重，封国历世。虽降阶一等[28]，永为灵德。宗庙相承，福祉无穷[29]。君臣铭勋于上[30]，生民宁息于下。通天下之高理，弘信慎之美义[31]。垂拱南面[32]，歌诗兴礼[33]。上与彭、韦争美[34]，下与齐、晋抗德[35]。岂不休哉[36]！论者或言二州人附晋必荣[37]，六郡人事之不便[38]。昔豫州入蜀，荆楚人贵[39]；公孙述时，流民康济[40]。及汉征蜀[41]，残民太半[42]；锺、邓之役[43]，放兵大掠，谁复别楚、蜀者乎！论者或不达安固之基[44]，惜其名位[45]。在昔诸侯，自有卿相、司徒、司空，宋、鲁皆然；及汉藩王，亦有丞相。今义归彼，但当崇重，岂当减削？昔刘氏郡守令长方仕州郡者[46]，国亡主易故也。今日义举[47]，主荣臣显，宁可同日而论也[48]！论者又谓臣当为法正[49]。陛下覆臣如天，养臣如地，恣臣所安；至于名荣[50]，汉、晋不处[51]，臣复何为当侔法正[52]？论者或言晋家必责质任[53]，及征兵伐胡[54]，何以应之？案晋不烦尺兵一国来附，威卷四海，广地万里，何任之责？胡之在北，亦此之忧。今平居有东、北之虞[55]，纵令征兵，但援汉川，犹差二门耳[56]。臣托附深重，忘疲病之秽，实感殊遇[57]，冀以微言，少补明时[58]。常惧殒殁[59]，不写愚心[60]，辜负恩顾[61]。谨进悾悾[62]，伏愿罪戮[63]。”寿不悦，然拘前言，秘藏之。

【注释】

①饥疫：饥饿无粮并患疫病。

②草莽臣：犹贱臣。多为自谦之词。《孟子·万章下》："孟子曰：'在国曰市井之臣，在野曰草莽之臣，皆谓庶人。'"赵岐注："民会於市，故曰市井之臣；在野居之曰草莽之臣。"上封事：古代臣下上书言事时，将奏章用皂囊缄封呈进，以防泄漏，谓之"上封事"。封事，密封的奏章。

③臣闻阴德必有阳报：《淮南子·人间训》："夫有阴德者，必有阳报；有阴行者，必有昭名。"阴德，暗中做的有德于人的事。阳报，在人世间得到的报应。与"阴报"相对。

④"故于公理狱"二句：于公，西汉东海郯县（今山东郯城）人。于定国之父。为县狱史，郡决曹，判案公正。犯法者对于公所决皆不恨。东海有孝妇，少寡无子，被太守冤杀。力争不得，托病辞去，郡中大为敬重，为之立生祠，号曰"于公祠"。事见《汉书·隽疏于薛平彭传》。理狱，审理案件。高门，指高大其门闾。比喻青云得志，光耀门庭。待封，等待册封。《汉书·于定国传》："始定国父于公，其闾门坏，父老方共治之。于公谓曰：'少高大闾门，令容驷马高盖车。我治狱多阴德，未尝有所冤，子孙必有兴者。'至定国为丞相，永为御史大夫，封侯传世云。"

⑤伏惟：亦作"伏维"。下对上的敬辞。多用于奏疏或信函。谓念及，想到。献皇帝：指李寿之父李骧。本卷上文说，李寿"尊父骧曰献帝"。

⑥宥（yòu）罪：赦免罪过。宥，宽恕，赦免。

⑦灵德：即"令德"，美德。洪洽：洪大。

⑧诞：诞生。钟：集聚，汇集。

⑨忠笃：忠厚笃实。

⑩建节：执持符节。古代使臣受命，必建节以为凭信。

⑪周、霍：周公、霍光。周公，姬姓，名旦，亦称叔旦。霍光（？—前68），字子孟，河东平阳（今山西临汾西南）人。霍去病异母弟。武帝时，为奉车都尉，甚见亲信。后元二年（前87），为大司马、大将军。昭帝年幼即位，光与桑弘羊等同受武帝遗诏辅政，封博陆侯。昭帝即位，霍光与上官桀、桑弘羊等争权有隙，后以结交燕王旦谋反罪名，杀桀等，专朝政。昭帝死，迎立昌邑王刘贺，旋废之而迎立宣帝。前后秉政二十余年。卒谥宣成侯。《汉书》有传。

⑫神明：天地间一切神灵的总称。

⑬顾命：指李雄临终遗命。

⑭管、蔡：管叔、蔡叔。管叔，姬姓，名鲜。周文王第三子，周武王弟。武王灭商，封叔鲜于管。蔡叔，姬姓，名度。周文王第五子，周武王弟。封于蔡。武王死，成王继位。成王年幼，周公旦摄政。管叔与蔡叔、武庚联合东夷作乱。周公东征，管叔与武庚同被诛。参看《尚书·金縢》《史记·管蔡世家》。本处所说管、蔡，指的是李越等人。

⑮谗谀：谗毁和阿谀。滋蔓：生长蔓延。常喻祸患的滋长扩大。

⑯歃（shà）血：古代盟会中的一种仪式。盟约宣读后，参加者用口微吸所杀牲之血，以示信守誓言的诚意。一说以指蘸血，涂于口旁，表示守信不悔。本处指的是李寿与罗恒、鲜思明等人共谋称藩于晋，并且歃血为盟。

⑰白鱼登舟：古书亦作“白鱼入舟”。《尚书大传》卷三：“八百诸侯俱至孟津，白鱼入舟。”《史记·周本纪》：“武王渡河，中流，白鱼跃入王舟中，武王俯取以祭。”裴骃集解引马融曰：“鱼者，介鳞之物，兵象也。白者，殷家之正色，言殷之兵众与周之象也。”后遂以“白鱼入舟”为殷亡周兴之兆。

⑱论者：指反对降晋的人。未喻：不明白。

⑲权时定制：意谓李寿背弃盟誓而称帝。权时，审度时势。定制，拟定制度或法式。

⑳氾濆（fàn fén）：泛滥。氾，同“汎”。

㉑垂向：接近，快要。

㉒天以监示陛下：即上天垂示灾害，以使陛下警醒。按：此即董仲舒所说“天谴”“谴告”。董仲舒《春秋繁露·必仁且智》：“凡灾异之本，尽生于国家之失，国家之失乃始萌芽，而天出灾害以谴告之；谴告之而不知变，乃见怪异以惊骇之；惊骇之尚不知畏恐，其殃咎乃至。……圣主贤君尚乐受忠臣之谏，而况受天谴也？”

㉓前日之举：指李寿讨伐李期之事。

㉔玄宫之谶：即本卷末“撰曰”所说“谯周谶”——“广汉城北有大贼，曰流曰特攻难得，岁在玄宫自相贼”。

㉕顾：反而，却。

㉖结援：结交攀援。吴会：东汉分会稽郡为吴、会稽二郡，并称吴会。后亦泛称此两郡故地为吴会。三国及西晋初，又泛指孙吴政权所辖地区为吴会。本处指东晋政权。

㉗天子：指晋成帝司马衍（321—342），字世根，河内温县（今河南温县）人。明帝之子。东晋皇帝。五岁即位，由庾太后临朝称制，王导、庾亮辅政，事决于亮。咸和二年（327），苏峻、祖约以讨亮为名，起兵反叛。明年，峻攻陷建康，逼帝迁于石头城。咸和四年（329），由陶侃、温峤联军讨平苏峻。因国库空竭，无所兴革。庙号显宗。《晋书》有传。

㉘降阶一等：指由天子降为诸侯王。降阶，降低级别，降低官位。

㉙福祉（zhǐ）：幸福，福利。

㉚铭勋：铭功。

㉛信慎：诚信谨慎。

㉜垂拱南面:形容无为而治,天下太平。垂拱,垂衣拱手,不亲理事务。多指帝王的无为而治。南面,古代以坐北朝南为尊位,故天子、诸侯见群臣,或卿大夫见僚属,皆面南而坐。因用以指居帝王或诸侯、卿大夫之位。

㉝歌诗:咏唱诗篇。

㉞彭、韦:大彭和豕韦的并称。二人国衰犹得为伯。语出《国语·郑语》:"佐制物于前代者,昆吾为夏伯矣,大彭、豕韦为商伯矣。"韦昭注:"大彭,陆终第三子,曰篯,为彭姓,封于大彭,谓之彭祖,彭城是也。豕韦,彭姓之别封于豕韦者也。殷衰,二国相继为商伯。"

㉟齐、晋:指齐国和晋国。二国为春秋时期的大国,而齐桓公、晋文公是"春秋五霸"之首。

㊱休:美,美好。

㊲二州:指梁州、益州。

㊳六郡:指天水、略阳、扶风、始平、武都、阴平六郡。因六郡流民反叛,故担心降晋不利。不便:不利。

㊴"昔豫州入蜀"二句:豫州,指刘备。刘备入蜀,所带荆楚人士如庞统、黄忠、董和、刘巴、马良兄弟、吕乂、廖立、李严、杨仪、魏延、蒋琬、费祎、董允等,后皆显贵,故曰"荆楚人贵"。

㊵"公孙述时"二句:公孙述时,荆邯、王元、田戎、延岑等外地人入蜀任职用事,故曰"流民康济"。康济,安康得利。

㊶汉:吴汉(?—44),字子颜,南阳宛(今河南南阳)人。参看本书卷三《蜀志》。

㊷太半:大半。

㊸锺、邓之役:锺、邓,锺会、邓艾。事见本书卷七《刘后主志》。

㊹安固:安定巩固。

㊺名位:官职与品位,名誉与地位。

㊻郡守令长方仕州郡:意谓刺史、郡守、县令(或县长)等始由本州、

本郡人士出任。按：蜀汉之时，国家重用荆楚等外来人士，而益州本地人士则被压制。

㊼义举：正义的举动。意指归附晋朝。

㊽宁：岂，难道。

㊾法正（176—220）：字孝直，扶风郿（今陕西眉县）人。参看本书卷五《公孙述刘二牧志》注。按：法正因不为刘璋重用，故表面上侍奉刘璋，而暗地里结好刘备。龚壮表面上忠于李寿，实则心属晋朝，故论者谓龚壮"当为法正"。

㊿名荣：美名，荣誉。

51汉、晋不处：意谓不论是在成汉还是在晋朝，都不贪图名誉。不处，不据有，不居。

52侔（móu）：等同，相等。

53质任：人质和任子。

54伐胡：指讨伐后赵石虎。

55平居：平日，平素。

56"纵令征兵"几句：意谓北面有后赵、东面有东晋，成汉有两个门户的威胁。如果称藩于晋，即使应召出兵，也只是对付后赵而已。即仅有西北门户之忧，故曰"纵令征兵，但援汉川，犹差二门耳"。纵令，纵使，即使。犹差二门，还是胜过两个门户的警戒。差，胜过（采刘琳说）。

57殊遇：特别的知遇。多指帝王的恩宠、信任。

58明时：指政治清明的时代。古时常用以称颂本朝。

59殒殁（yǔn mò）：意指死去，丧失生命。

60写：倾吐，倾诉，抒发。

61恩顾：谓尊长所给予的关心照顾。

62悾悾（kōng kōng）：诚恳貌。

63罪戮：罪诛。

【译文】

八月，天连降阴雨，禾苗庄稼受损，百姓饥荒，疫病流行。草莽之臣龚壮上呈密封的奏章，奏章说："微臣听说，阴德必有阳报，西汉时期，于公审理案件公平无私，没有冤案，故可高大其门闾，等待子孙被册封。念及献皇帝宽厚、仁爱、慈惠，赦免了很多罪行，美德洪大，集聚而诞生了陛下。陛下天性忠厚笃实，接受遗诏，执持符节，志在向周公、霍光看齐，诚心可贯通神明。然而李雄子孙违反常理，颠覆李雄临终遗命，管叔、蔡叔这样的人已经兴起，谗毁和阿谀也随之生长蔓延。陛下大义灭亲，拨乱反正，拯救危难，上指星辰，昭告天地，歃血为盟，立下誓言，举国称藩于晋。上天应和，百姓喜悦，就会出现白鱼登舟的吉兆，雷霆为之助威，烈风般顺从道义，使神灵欢畅，日月光明。而反对降晋者不明白天人之意，已而审度时势，劝说陛下背弃盟誓而称帝。近来淫雨泛滥将近百日，禾苗庄稼为此受损，加上饥荒瘟疫，百姓愁苦相望，这或许是上天垂示灾害，以使陛下警醒。再说前日讨伐李期的举动，只是为了消除灾祸，陛下内心至诚，本来没有大的图谋，如今称帝已久，而又没有改变以表明您的诚心，天下之人，谁又能明白、知晓陛下的本心呢？况且，玄宫之谶虽然难以知晓，而违背盟誓确是事实。一旦疆场出现紧急情况，内外出现骚动，这便不可不深思熟虑长久之策，为子孙作永久的考虑。愚臣以为，应该遵守以前的盟誓，结交东晋政权以亲近天子，晋成帝必定尊重陛下，分封郡国，使您历代为侯。虽然身份降低了一等，但永远都是美德。宗庙世代相承，福祉久远无穷。君臣的功勋被铭记于上，而百姓又安宁生息于下。这是贯通天下的高明道理，弘扬诚信谨慎的美妙义理啊。如此就可以做到无为而治，天下太平，咏唱诗篇，兴起礼乐。上可与大彭、豕韦争相媲美，下可与齐国、晋国抗衡功德。这难道不美好吗？反对降晋者或许会说，梁、益二州之人归附晋朝必定有荣华富贵，而陇西六郡之人侍奉晋朝则会不利。此前刘备入蜀，随从他的荆楚人士多富贵显达；公孙述据蜀之时，外地流民安康得利。等到吴汉征伐蜀国，残害百姓大半；锺会、邓艾的灭蜀战役，放纵士兵大肆掳掠，又有谁会区别楚人、蜀人呢？反对降晋者或许是担心不能安定巩固其基业，爱惜其官职与品位。此前的诸侯国，各自都有卿相、司徒、司空等，宋国、鲁国都是这样；及至汉代的藩王，也设有丞相。如今决定归附晋朝，只会得到推崇重用，难道还会减削名位吗？从前，原蜀汉的刺史、郡守、县令（或县长）等始由本州、本郡人士出任，这是因为刘氏亡国、江山易主的缘故。今日的义举，可使君主荣耀，臣子显达，难道可以同日而语吗？反对降晋者又说，微臣是法正一样的人物。陛下庇护微臣一如苍天，养育下臣一如大地，满足臣下安居乐业的愿望；至于名位与荣誉，不论是在成汉还是在晋朝，微臣都不贪图，怎么能够和卖主求荣的法正相提并论呢？反对降晋者或许会说，晋朝必定会要求有人质作为保证，还会要求出兵征伐胡人（后赵），用什么来应付呢？在微臣看来，如果晋朝不费一兵一卒，一国就前来归附，威震四海，拓地万里，何必索要人质？胡人在北，也是本国的担忧。如今，平时就有东面和北面的忧虑，纵使应召出兵，也只是援助汉川一路，还是胜过同时防守两个门户。微臣托付深重，忘记疲劳病秽，实在是感激皇上特别的知遇，希望能够以微弱的言语，稍微有补于本朝。我常担心一朝殒命，不能表达愚心，辜负了皇上的恩顾。兹谨诚恳进言，愿担罪责而被诛。"李寿不高兴，但受制于以前说过的话，便将书信秘藏起来。

九月，仆射任颜——雄妻弟也——谋反[①]，诛，并杀雄子豹等[②]。

【注释】

①任颜（？—338）：李雄妻弟。李雄皇后任氏之弟。成汉仆射。汉兴元年（338）九月，因谋反而被李寿诛杀。

②豹：李豹（？—338），巴西郡宕渠（今四川渠县）人。李雄之子。汉兴元年（338）九月，因任颜谋反而被李寿诛杀。

【译文】

九月，仆射任颜——李雄妻弟——图谋造反，被李寿诛杀，同时杀死了李雄之子李豹等人。

五年春二月，晋将伐巴郡[①]，获李闳[②]。闳，恭子也。初，寿许自牛鞞以东土断与闳[③]，执政者以为不可，乃止；复不益兵，故覆没[④]。闳弟艳以是怨，故与朝右有隙[⑤]。是时，寿疾病，恒、思明等复议奉晋计。寻巴郡破，寿以为附晋，晋当以兵威，故不能自断，遂辍计[⑥]。三月，拜李奕镇东，代闳。

【注释】

①晋将：据《资治通鉴》卷九十六，其人为参军李松。

②获李闳：《资治通鉴》卷九十六："遣参军李松攻汉巴郡、江阳。夏，四月，执汉荆州刺史李闳、巴郡太守黄植送建康。"

③土断：即以土著为断，简称"土断"。两晋、南朝时重要措施之一。指以现居地为准，将侨寓人户著之于籍。西晋时由于战乱，中原地区豪族多迁居江南，仍称原来郡籍，形成诸侨郡县。晋室东迁后，政府为明考课、定税收，以扩大赋役和兵源，先后于成帝咸和（326—334）中、咸康七年（341）、哀帝兴宁二年（364）和安帝义熙九年（413）多次实行土断。其中，后两次土断分别由大司马桓温和太傅刘裕主持，史称"庚戌土断"及"义熙土断"，一时"财阜国丰""豪强肃然"。南朝宋孝武帝大明元年（457）、宋后废帝元徽元年（473）、齐高帝建元三年（481）、梁武帝天监元年（502）和陈文帝天嘉元年（560），亦曾多次土断，但执行中巧伪甚多，或窃注黄籍，或却而复注，故成效甚微。

④覆没：覆灭，全部被消灭。

⑤朝右:位列朝班之右。指朝廷大官。

⑥辍计:放弃计划。

【译文】

咸康五年春天二月,东晋将领攻打巴郡,俘获了李闳。李闳,是李恭的儿子。当初,李寿许诺将自牛鞞以东的人户土断给李闳,但执政者认为不可行,因此没有实行;又不给李闳增加士兵,故而李闳全军覆灭。李闳的弟弟李艳因此心怀怨恨,故而与朝廷大官有了隔阂。当时,李寿身患疾病,罗恒、鲜思明等人又商议归附晋朝的计划。不久,巴郡被攻破,李寿认为归附晋朝,晋朝肯定会以军队威慑,因此不能决断,于是放弃了计划。三月,李寿封李奕为镇东将军,替代李闳。

夏,建宁太守孟彦率州人缚宁州刺史霍彪于晋[①],举建宁为晋。遣右将军李位都讨之[②]。时权在越嶲[③]。秋,又遣尚书广汉李摅为御史[④],入南中。摅祖毅,晋故宁州刺史,以向与南人有旧,故遣之。摅从兄演自越嶲上书劝寿归正返本[⑤],释帝称王[⑥]。寿怒,杀之。

【注释】

①孟彦(?—340):曾任建宁太守。在南中与霍氏家族火并。咸康六年(340),李寿征南中,孟彦与刘齐、李秋等皆战死。

②李位都:籍贯不详。曾任右将军、镇东将军。后降桓温。

③权:李权,巴西郡宕渠(今四川渠县)人。李寿侄子。

④李摅(shū):广汉郡郪(今四川三台)人。李毅之孙,李寿下属。曾任尚书。

⑤演:李演,广汉郡郪(今四川三台)人。李摅堂兄,李寿下属。劝李寿去帝号,李寿怒而杀之。归正返本:指返归于根本之源。

⑥释帝称王：放弃帝号，改称诸侯王。

【译文】

夏天，建宁太守孟彦率领州人捆绑宁州刺史霍彪投奔晋朝，将建宁归附晋朝。李寿派遣右将军李位都讨伐孟彦。当时，李权在越巂。秋天，李寿又派遣尚书、广汉人李摅为御史，进入南中。李摅的祖父是李毅，是晋朝前宁州刺史，因为一向和南中人士有旧交情，故而李寿派遣他到南中安抚百姓。李摅的从兄李演从越巂上书，劝李寿返归于根本之源，放弃帝号，改称诸侯王。李寿发怒，杀了李演。

车骑将军王韬为参军[①]

【注释】

①车骑将军王韬为参军：自此以下，《华阳国志》传世本脱去李寿汉兴二年（晋成帝咸康五年）秋至汉兴六年（晋康帝建元元年）八月间事及《李势志》全部。任乃强、刘琳尝节录《资治通鉴》卷九十六、九十七有关记载，以补《李势志》阙佚部分。有兴趣的读者，不妨参阅。

【译文】

车骑将军王韬为参军

晋康帝建元元年[①]，寿卒。势立，改元太和[②]。太史令韩皓上言[③]："荧惑守心[④]，乃宗庙不修之谴[⑤]。"势乃更命祀成始祖、太宗[⑥]，皆谓之汉。势之弟大将军广以势无子[⑦]，求为太弟[⑧]，势不许。马当、鲜思明固请许之[⑨]。势疑与广有谋，收当、思明斩之[⑩]。广自杀。思明被收，叹曰："国之不亡，以我数人在也，今其殆矣！"思明有智略[⑪]，敢谏诤[⑫]，马当素得人心，及其死，士民无不哀之。

【注释】

①建元元年：343年。建元，晋康帝年号（343—344）。

②太和：十六国成（汉）李势年号（344—346）。

③韩皓：籍贯不详。成汉官员，曾任太史令。上言：进呈言辞。

④荧惑守心：古书又作“荧惑在心”。荧惑，古指火星。因隐现不定，令人迷惑，故名。在古人心目中，“荧惑守心”指火星进入心宿之内，久留而不去。是大凶之兆，可以直接影响天子的命运和国家的统治。守，天文学术语，谓某星进入某星区久而不去。心，星官名。二十八宿之一。苍龙七宿的第五宿，有星三颗。其主星亦称商星、鹑火、大火、大辰。马王堆汉墓帛书《五星占》记载：“（火）与心星遇，则缟素麻衣，在其南、在其北，皆为死亡。”《吕氏春秋·制乐》：“宋景公之时，荧惑在心。公惧，召子韦而问焉。”

⑤谴：天谴，上天的责罚。

⑥成始祖：指李特。李雄称帝后，追尊其父李特为景皇帝，庙号始祖。太宗：指李雄。李雄的谥号是武帝，庙号是太宗。

⑦广：李广（？—345），巴西郡宕渠（今四川渠县）人。巴氐族。李势之弟。官大将军，封汉王。李势嗣位，广以势无子，求为太弟，势弗许。被贬为临邛侯。广自杀。

⑧太弟：皇帝尊其弟之称。被选为太弟，便可继承帝位。

⑨马当：籍贯不详。成汉大臣。曾任尚书令、六军都督。

⑩收：逮捕。

⑪智略：才智与谋略。

⑫谏诤：直言规劝。

【译文】

晋康帝建元元年，李寿去世。李势继位，改年号为太和。太史令韩皓进言说："火星进入心宿之内，久留而不去，这是上天对不修宗庙的责罚。"李势于是重新命令祭祀成汉的始祖李特、太宗李雄，并且都称之为汉。李势的弟弟、大将军李广因为李势没有儿子，请求成为太弟，李势不同意。马当、鲜思明再三请求李势同意。李势怀疑马当、鲜思明与李广有阴谋，逮捕了二人，斩杀了他们。李广自杀。鲜思明被逮捕之时叹息道："国家之所以没有灭亡，是因为有我等数人存在，如今国家危险了！"鲜思明有才智与谋略，敢于直言规劝，马当则一向很得人心，他们被处死，将士和百姓无不为之哀惜。

冬，李奕自晋寿举兵反。单骑突门[①]，门者射杀，众溃。势大赦境内，改年嘉宁[②]。势骄淫不恤国事，中外离心[③]。蜀土无獠[④]，至是始从山出，自巴至犍为、梓潼，布满山谷，大为民患[⑤]。加以饥馑，境内萧条。

【注释】

①单骑：一人一马，独自骑着马。突门：突破城门。

②嘉宁：十六国成（汉）李势年号（346—347）。

③中外：朝廷内外，中央和地方。

④獠：獠人（僚人）。古代岭南和西南地区一些少数民族的泛称。魏晋以来分布于今川、陕、黔、滇、桂、湘、粤等省。有蛮、夷、濮、葛、仡等僚名称，在岭南亦常与俚并称。《通典》卷一百八十七："獠盖蛮之别种，往代初出自梁、益之间，自汉中达于邛筰，川谷之间，所在皆有。"

⑤大为民患：《通典》卷一百八十七："蜀本无獠。李势时，诸獠始出巴西、渠川、广汉、阳安、资中、犍为、梓潼，布在山谷，十余万落，攻破郡县，为益州大患。自桓温破蜀之后，力不能制。又蜀人东

流，山险之地多空，獠遂夹山傍谷，与人参居。参居者颇输租赋，在深山者仍为匪人。至梁武帝，梁、益二州，岁岁伐獠，以自裨润，公私颇藉为利。后魏宣武帝正始初，梁将夏侯道迁举汉中附魏，宣武帝遣尚书邢峦为梁、益二州刺史以镇之。其后以梁、益二州控摄险远，乃立巴州，以统诸獠。”按：学者研究认为，应该是“蜀本有獠”，而非“蜀本无獠”，但这并不否认成汉时确有僚人入蜀之事（蒙默）。

【译文】

冬天，李奕从晋寿举兵谋反。李奕单枪匹马突破城门，守卫城门的人射杀了李奕，李奕的军队随之溃散。李势大赦境内，改年号为嘉宁。李势骄奢淫逸，不关心国事，因此朝廷内外离心离德。蜀地本来没有獠人，从这时始，獠人从山上迁出，从巴西到犍为、梓潼，布满山谷，成为百姓大的祸患。加上又适逢饥馑，境内萧条。

三年春二月，桓温伐蜀，军至青衣①。势大发兵，遣昝坚等将之②，自山阳趣合水③。诸将欲设伏江南以待晋兵④，昝坚不从，引兵自江北鸳鸯碕渡向犍为⑤。温自将步卒直指成都。昝坚至犍为，乃知与温异道，还自沙头津济⑥。比至，温已军于成都之十里陌⑦，坚众自溃。势悉众出，战于笮桥⑧。中书监王嘏、散骑常侍常璩劝势降⑨，乃夜开东门走。至葭萌⑩，使散骑常侍王幼送降文于温⑪。势至建康⑫，封归义侯⑬。

【注释】

①青衣：指今四川乐山市。永和三年（347）冬，桓温率军溯长江而上，沿岷江而至青衣。

②遣昝坚等将之:《晋书·李势载记》:“大司马桓温率水军伐势。温次青衣,势大发军距守,又遣李福与昝坚等数千人从山阳趣合水距温。”

③山阳:在今四川成都双流区东南牧马山南,今牧马镇境内。合水:在今四川眉山彭山区东北府河注入岷江处。

④江南:指今四川眉山彭山区江口镇以北、府河以西之牧马山区。古人以大江(今府河)为东流,故以大江之西为“江南”(刘琳)。

⑤鸳鸯碕:在今四川眉山彭山区东北江口镇西北。犍为:指犍为郡城,在今四川眉山彭山区城西北,岷江之西(刘琳)。

⑥沙头津:在今四川眉山彭山区北。为岷江津渡。济:渡河。

⑦十里陌:在今四川成都南十里。或以为,十里陌当在今成都南石羊场附近(刘琳)。

⑧笮桥:在今四川成都西南南河上。或以为,笮桥在今成都城西南百花潭东锦江上(刘琳)。

⑨中书监:官名。魏文帝黄初初置,与中书令共掌机密,典尚书奏事,权任相当宰相,晋沿置;魏晋以来,中书监及令掌草拟诏令,处理机要。

⑩葭萌:葭萌城,即今四川广元西南昭化镇。

⑪降文:投降的表文。即投降书。

⑫建康:西晋建兴初改建业(邺)为建康,为东晋、南朝都城。即今江苏南京。

⑬归义侯:官爵名。东晋置,封授被征服政权的统治者。如灭十六国成汉后,封授其国主李势。十六国后秦亦置。

【译文】

永和三年春天二月,桓温率军伐蜀,行军至青衣。李势大举发兵,派遣昝坚等人统率大军,从山阳直奔合水。诸将建议在江南设下埋伏以等待晋兵,但昝坚没有听从,他带领军队从江北的鸳鸯碕渡河向犍为进发。

桓温亲自率领步兵直接进攻成都。昝坚到犍为之后，才知道和桓温不同道，于是掉转军队，从沙头津渡河。等昝坚到成都之时，桓温已经驻军在成都的十里陌了，昝坚的军队不战而溃。李势率领士众悉数出城，与桓温交战于笮桥。中书监王嘏、散骑常侍常璩劝李势投降，李势于是半夜打开东门落荒而逃。李势到了葭萌，派遣散骑常侍王幼将投降书送给桓温。李势后来到了建康，被封为归义侯。

李氏自起事至亡，六世[①]，四十七年[②]，正僭号四十二年[③]。

【注释】

①六世：指李特、李雄、李班、李期、李寿、李势。

②四十七年：自晋惠帝永宁元年（301）李特起事，至晋穆帝永和三年（347）灭亡，共计四十七年。

③正：正式。僭（jiàn）号：冒用尊号，冒用帝王的称号。四十二年：底本作“四十三年”，误。自晋惠帝光熙元年（306）李雄称帝，至晋穆帝永和三年（347）灭亡，共计四十二年。

【译文】

李氏自从起事到灭亡，经历了六世，共计四十七年，正式僭称帝号四十二年。

蜀中亦有怪异[①]。期时有狗豕交，木冬华[②]。势时，涪陵民乐氏妇头上生角，长二寸，凡三截之。又有民马氏妇妊身而胁下生[③]，其母无恙[④]，儿亦长育[⑤]。有马生驹，一头，二身相著[⑥]，六耳，一牡一牝。又有天雨血于江南数亩许。李汉家舂米，自臼中跳出；遽敛于箕中[⑦]，又跳出；写于簟中[⑧]，又跳出。有猿居鸟巢，至城下。地仍震，又连生毛[⑨]。其天谴不能详也[10]。

【注释】

①怪异:奇怪而反常的现象。

②木冬华:树木冬季开花。

③妊身:怀孕。胁:从腋下到肋骨尽处的部分。按:古书有关于“胁下生”的记载。《世本》:“陆终娶鬼方氏之妹,谓之女陨,是生六子,孕三年,启其左胁,三人出焉;破其右胁,三人出焉。”清华简《楚居》说,穴酓之妻妣烈生丽季,即为胁下生,“丽不从行,溃自胁出”。

④无恙:无疾,无忧,平安。

⑤长育:养育, 使之长大。

⑥著:附着,相连。

⑦遽(jù):立刻,马上。箕:簸箕。

⑧写:移置。簟(diàn):竹席。按:结合后文所说“地仍震”,米自臼中、箕中、簟中跳出,应该因地震所致。

⑨地仍震,又连生毛:《华阳国志》所记录的这次地震,发生于晋康帝建元元年(343)至晋穆帝永和三年(347)。《太平御览》卷九百二十四引崔鸿《蜀录》:“蜀连有灾,天雨血,地仍震,地生毛,鹏鸪集城下。”

⑩天谴:上天的责罚。

【译文】

蜀中也有怪异现象出现。李期之时,有狗和猪交配,树木冬季开花。李势之时,涪陵居民乐氏妇人的头上生长出角,长有二寸,共有三截。又有居民马氏妇人怀了孕,从胁下生出小孩,母亲平安,儿子也长大成人。有一匹马生了两头马驹,只有一头,两个身子相连在一起,有六只耳朵,马驹是一公一母。又有天降血雨,绵延江南大约数亩之地。李汉家春米，米从臼中跳出；立刻将米收集到簸箕中，米又从簸箕中跳出；移置于竹席中，米又从竹席中跳出。有猿猴居住在鸟巢中，坠落至城下。大地接连地震，又接连长毛。像这样的天谴，不能一一详述。

撰曰：特、流乘衅险害①，雄能推亡固存②，遭皇极不建③，遇其时与！期倡为祸阶④，而寿、势终之，《诗》所谓"乱离瘼矣，爰其适归"者也⑤。长老传谯周谶曰⑥："广汉城北有大贼，曰流曰特攻难得，岁在玄宫自相贼⑦。"终如其记。先识预睹⑧，何异古人乎⑨！历观前世伪僭之徒⑩，纵毒虔刘⑪，未有如兹。每惟殷人丘墟之叹⑫，贾生《过秦》之论⑬，亡国破家，其监不远矣⑭。

【注释】

①乘衅：利用机会，钻空子。险害：凶恶残忍。此处用为动词，作恶。

②推亡固存：推倒乱亡之国，巩固已存之邦。意谓"李雄能排去危亡之祸，建成安国之局"（任乃强）。

③遭：遭逢，遇见，碰到。皇极不建：意指西晋崩溃。皇极，帝王统治天下的准则。即所谓大中至正之道。典出《尚书·洪范》："次五曰建用皇极。"孔传："皇，大。极，中也。凡立事当用大中之道。"

④期倡为祸阶："此言李斯开始篡弑，屠杀宗人，为李寿、李势惨杀同宗开端，为祸之阶，至于亡国"（任乃强）。祸阶，谓祸之所从来。阶，阶梯，喻凭借或途径。

⑤"乱离瘼（mò）矣"二句：社会动乱，百姓流离，国家病了，往何处去啊！引文出自《诗经·小雅·四月》。毛传："离，忧。瘼，病。适，之也。"郑笺："爰，曰也。今政乱，国将有忧病者矣。"

⑥谯周谶：即本卷前文所说"玄宫之谶"。

⑦岁在玄宫自相贼:《魏书·賨李雄传》作“岁在玄宫自相克”,其意盖谓成汉李氏政权内部的互相残杀。但是,李氏政权内部的互相残杀“皆非玄宫之年”,“说谶者诞妄无稽如此”(任乃强)。岁在玄宫,玄宫,北方的宫殿。《庄子·大宗师》:“颛顼得之,以处玄宫。”陆德明释文:“李云:颛顼,帝高阳氏。玄宫,北方宫也。”按照五行配对,北方对应的天干是壬癸,地支是亥子。任乃强说“‘岁在玄宫’,意指壬癸之年”,可谓得之。因此,笔者将“岁在玄宫”译作“玄宫之年”。

⑧先识:先见远识,在事情发生前就预先料到的卓越见识。预睹:预见。

⑨何异:用反问的语气表示与某物某事没有两样。

⑩伪僭(jiàn):即“僭伪”,旧指割据一方的非正统的王朝政权。

⑪纵毒:谓肆意残害。虔刘:劫掠与杀戮。《左传·成公十三年》:“芟夷我农功,虔刘我边垂。”

⑫殷人丘墟之叹:《史记·宋微子世家》:“箕子朝周,过故殷虚,感宫室毁坏,生禾黍,箕子伤之,欲哭则不可,欲泣为其近妇人,乃作《麦秀》之诗以歌咏之。其诗曰:‘麦秀渐渐兮,禾黍油油。彼狡僮兮,不与我好兮!’所谓狡童者,纣也。殷民闻之,皆为流涕。”丘墟之叹,亡国之叹。丘墟,废墟,荒地。

⑬贾生《过秦》之论:即贾谊所作《过秦论》。“过秦”是指责秦政之失。作者论述秦王朝迅速覆灭的原因,归结为“仁义不施”,失去民心,旨在作为汉兴之后接受历史教训、巩固统治的借鉴。贾生,贾谊(前200—前168),西汉洛阳(今河南洛阳)人。世称贾太傅,又称贾长沙,亦称贾生。年十八,即以文才出名。年二十余,文帝召为博士,迁太中大夫。数上疏言时弊,为大臣周勃、灌婴等所毁,贬为长沙王太傅,迁梁怀王太傅。曾多次上书,主张重农抑商,建议削弱诸侯王势力。以怀才不遇,忧郁而死。所著政

论《陈政事疏》《过秦论》等，为西汉鸿文。著有《新书》《贾长沙集》。《史记》《汉书》有传。

⑭其监不远：意同“殷鉴（监）不远”。本谓殷人子孙应以夏的灭亡为鉴戒，意谓前人失败的教训就在眼前，应该引以为戒。监，通“鉴”，儆戒，教训。《孟子·离娄上》：“暴其民甚，则身弑国亡。……《诗》云：‘殷鉴不远，在夏后之世。’此之谓也。”赵岐注：“《诗·大雅·荡》之篇也，殷之所鉴视，近在夏后之世耳。以前代善恶为明镜也，欲使周亦鉴于殷之所以亡也。”

【译文】

撰述者说：李特、李流乘乱世之机作恶，而李雄能够推倒乱亡之国、巩固已存之邦，是恰好遭逢西晋崩溃，遇上了一个好时机吧！李期首先引祸上身，而李寿、李势最终吞下苦果，这就是《诗经》所说的“社会动乱，百姓流离，国家病了，往何处去啊”！年长者口耳相传的谯周谶语说：“广汉城北出现了大贼，叫作李流、李特，确实棘手难攻。玄宫之年，他们自相残杀。”最终的结果，确实如传言所说。谯周谶语的先见远识，可谓预见结果，这与古人没有什么两样！纵观前代非法称帝、僭越礼制的人，即使肆意残害、劫掠，也没有像成汉这样的。每每回味殷人为宗庙变为废墟而发出的亡国之叹，重温贾谊《过秦论》关于秦政之失的鸿论，总能感知家破国亡，殷鉴不远啊。

卷十上　先贤士女总赞上

【题解】

诚如本书前面九卷的“题解”所说,《华阳国志》的卷一至卷四类似于“地理志”,卷五至卷九类似于“编年史”,而卷十至卷十二则类似于“人物志”。

本卷与卷十一《后贤志》相对应,故又称《先贤志》。因卷十的篇幅过长,故将其分为上、中、下三卷。而本处的“题解”,实为上、中、下三卷的“总题解”。

诚如“撰曰”所说,本卷所记述的对象是“自汉至魏”的“二州人士”(即梁州、益州的人士)。在第十卷中,常璩以地域为单元,以时间先后为顺序,记述了蜀郡、广汉郡、犍为郡、汉中郡、梓潼郡诸多士女(人士与人女)的姓名、籍贯、事迹、著述等。所论赞、所记述的重要人物和知名人士,有严遵、李弘、扬雄、林间公孺、何武、张宽、秦宓、李邈、张纲、费诗、杨王孙、李固、李燮、陈雅、尹默、李譔等人士(男性),以及司马敬、张叔纪、阳姬、杜泰姬、李文姬、张礼修、文季姜、杨敬等人女(女性)。常璩自述共计一百九十四人,而今本实存一百九十三人。

在蜀郡、广汉郡、犍为郡、汉中郡、梓潼郡士女部分,诸人传记前均有四言为句的赞语,起着提纲挈领、画龙点睛的作用。非常遗憾的是,“巴郡士女赞”及其士女五十四人的传记,已经亡佚。

常璩在“撰曰”说，对于“自汉至魏”的“二州人士”，自己因“晚生长乱，故老以没，莫所咨质，不详其事。但依《汉书》《国志》、陈君所载（指陈寿所著《益部耆旧传》）”。这是常璩的自谦之语。客观而言，本卷实有保存人物史料、历史事实之功。

含和诞气[①]，人伦资生[②]。必有贤彦[③]，为人经纪，宣德达教[④]，博化笃俗[⑤]。故太上立德，其次立功，其次立言[⑥]。品物焕炳[⑦]，彝伦攸叙也[⑧]。益、梁爰在前代，则夏勋配天[⑨]，而彭祖体地[⑩]。及至周世，韩服将命[⑪]，蔓子忠坚[⑫]。然显者犹鲜。岂国史简阙[⑬]，亦将分以秦、楚[⑭]，希预华同[⑮]？自汉兴以来，迄乎魏、晋，多士克生[⑯]，髦俊盖世[⑰]。恺元之畴[⑱]，感于帝思。于是玺书交驰于斜谷之南，束帛戋戋于梁、益之乡[⑲]。或迺龙飞紫阁，允陟璇玑；亦有盘桓利居，经纶皓素[⑳]。其耽怀道术[㉑]，服膺六艺[㉒]。弓车之招[㉓]，旃旌之命[㉔]，征名聘德。忠臣孝子，烈士贤女，高劭足以振玄风[㉕]，贞淑可以方蘋蘩者[㉖]，奕世载美[㉗]。是以四方述作，来世志士，莫不仰高轨以咨咏，宪洪猷而仪则，擅名八区，为世师表矣[㉘]。故《耆旧》之篇[㉙]，较美《史》《汉》[㉚]。而今志州部区别[㉛]，未可总而言之[㉜]。用敢撰约其善，为之述赞[㉝]，因自注解[㉞]。甄其洪伐[㉟]，寻事释义[㊱]，略可以知其前言往行矣[㊲]。

【注释】

①含和：（天地）蕴藏祥和之气。诞气：（天地）产生和美之气。

②人伦：人类。资生：赖以生长，赖以为生。《易·坤》：“至哉坤元，万物资生，乃顺承天。”孔颖达疏：“万物资生者，言万物资地而

生。”《易纬·乾坤凿度》：“坤能德厚迷远，含和万灵，资育人伦。”

③贤彦：德才俱佳的人。

④达教：明哲的教诲。

⑤笃俗：使风俗朴实。

⑥“太上立德”几句：典出《左传·襄公二十四年》：“豹闻之，太上有立德，其次有立功，其次有立言，虽久不废，此之谓不朽。”太上，最上者。立德，树立德业。立功，建树功绩，建立功劳。立言，指著书立说。

⑦品物：犹万物。焕炳：明亮。

⑧彝伦攸叙：叙讲天地人之常道。《尚书·洪范》：“惟天阴骘下民，相协厥居，我不知其彝伦攸叙。”蔡沈集传：“彝，常也；伦，理也。”彝伦，常理，常道。攸，所。叙，通“序”，秩序。

⑨夏：此指大禹，夏禹。夏代开国之主。配天：与天相比并，与天相等。

⑩彭祖：传说中的人物。姓篯，名铿。因封于彭，故称“彭祖”。传说他善养生，有导引之术，活到八百高龄。体地：与地相等。因彭祖长寿，故曰与地相等。

⑪韩服：巴国使者。曾受命出使楚国，“请与邓为好”。参看本书卷一《巴志》。将命：奉命。

⑫蔓子：又称巴蔓子。战国时巴国人。任将军。参看本书卷一《巴志》。忠坚：忠诚坚贞。

⑬简阙：疏略缺失。

⑭分以秦、楚：为秦、楚所分隔。

⑮希预华同：很少参加华夏（中原）的会盟。希，少。预，参与。同，会同，即古代诸侯朝见天子或互相聘问。

⑯多士：众多的贤士。

⑰髦（máo）俊：才智杰出之士。盖世：压倒当世，超过世人。谓才能、功绩等高出当代之上。

⑱恺元："八恺"（又称"八凯"）、"八元"的省称。传说，高辛氏有才子八人，称为"八元"；高阳氏有才子八人，称为"八恺"。此十六人之后裔，世济其美，不陨其名。舜举之于尧，皆以政教称美。见《左传·文公十八年》。《三国志·蜀书·郤正传》："济济伟彦，元凯之伦也。"后泛指贤臣、才士。畴：类。

⑲"于是玺书交驰于斜谷之南"二句：此二语又见于本书卷三《蜀志》。束帛，捆为一束的五匹帛。古代用为聘问、馈赠的礼物。戋戋（jiān jiān），堆积貌。《易·贲》："贲于丘园，束帛戋戋。"

⑳"或迺龙飞紫阁"几句：此数语又见于本书卷三《蜀志》："而西秀彦盛，或龙飞紫闼，允陟璇玑；或盘桓利居，经纶皓素。"紫阁，金碧辉煌的殿阁。多指帝居。

㉑耽怀：犹潜心。道术：道德学术。

㉒服膺：铭记在心，衷心信奉。六艺：指儒家的"六经"，即《礼》《乐》《书》《诗》《易》《春秋》。

㉓弓车之招：即以弓、车召唤、征聘贤士，又称"弓招"。弓车，延聘贤人的车子。语出《左传·昭公二十年》："弓以招士，皮冠以招虞人。"后遂以"弓招"为延聘之典。

㉔旃（zhān）旌之命：即以旃旌征召贤士，又称"旌招"。旃旌，泛指赤色旗帜。语本《孟子·万章下》："曰：'敢问招虞人何以？'曰：'以皮冠。庶人以旃，士以旂，大夫以旌。'"

㉕高劭（shào）：高尚美善。劭，美好。

㉖贞淑：贞洁贤淑。多指女子的德行之美。蘋蘩：蘋和蘩，即四叶草和白蒿。两种可供食用的水草，古代常用于祭祀。《诗经·召南》有《采蘋》和《采蘩》二诗，是赞美妇女采蘋、采蘩以供祭祀的诗。《诗序》说，"《采蘋》，大夫妻能循法度也"，"《采蘩》，夫人不失职也。夫人可以奉祭祀，则不失职矣"。后以"蘋蘩"借指能遵祭祀之仪或妇职等。

㉗奕世：累世，代代。

㉘“是以四方述作”几句：此数语，又见于本书卷三《蜀志》：“是以四方述作。有志者莫不仰其高风，范其遗则，擅名八区，为世师表矣。”述作，著述。来世，后世，后代。高轨，高尚的行为规范。咨咏，赞叹歌咏。宪，效法。洪猷（yóu），宏大的计划。仪则，法则。八区，八方，天下。

㉙《耆旧》之篇：指陈术、陈寿所撰《益部耆旧传》。

㉚较美：比美，媲美。《史》《汉》：指《史记》和《汉书》。

㉛今志：指《华阳国志》。

㉜总而言之：总括起来说。

㉝述赞：文体名。史论的一种，全篇用韵。《文选》列有“史述赞”一类，选录《汉书》《后汉书》赞四篇。按：本书卷十《先贤士女总赞》的赞语为韵文，如下文的“严平恬泊，皓然沉冥”“仲元抑抑，邦家仪形”等。

㉞注解：用文字来解释字句。按：本书卷十《先贤士女总赞》的注解，实为诸人的传略。刘知幾《史通·内篇·补注》：“常璩之《华阳士女》，文言美辞列于章句，委曲叙事存于细书。”

㉟洪伐：大功。

㊱释义：解释义理，阐明意义。

㊲前言往行：指前代圣贤的言行。《易·大畜》：“君子以多识前言往行，以畜其德。”孔颖达《〈尚书正义〉序》：“斯乃前言往行，足以垂法将来者也。”

【译文】

天地祥和，产生和美之气，人类赖以生长。其中必定有德才俱佳的人，为人类制定纲纪，宣扬德治和教化，通过广泛教化，以使风俗朴实。所以说，最上等的事是树立德业，其次是建立功劳，其次是著书立说。万物焕然明亮，常理井然有序。益州、梁州在上古之时，就有夏禹的功勋与天相等，而彭祖的长寿与地相等。到周朝之时，韩服奉命出使，蔓子忠诚坚贞。但显赫的人和事还是很少。难道是国史疏略缺失，抑或是巴、蜀为秦、楚所分隔，很少参加华夏的会盟？从汉朝建立以来，一直到魏、晋，众多贤明之士纷纷诞生，才智杰出之士高出当代之上。“八恺”“八元”一类贤才，有感于皇帝的眷顾。于是，皇帝征召士子的诏书来来往往穿梭于斜谷之南，朝廷征聘贤士的玉帛层层叠叠堆积于梁、益之乡。他们或者飞黄腾达，进入宫廷，位至宰相；或者徘徊故里，隐居不仕，修养高洁的品德与人格。他们潜心道德学术，信奉儒家六经。朝廷用弓车、旃旌等，征聘享有名望、德行高深之士。巴蜀之地的忠臣、孝子、烈士、贤女，他们的高尚美善足以振作民风、引领风尚，她们的贞洁贤淑可以当作遵守妇职的典范，世代流芳。因此，四方的撰述作品，后代的仁人志士，没有不仰慕他们高尚的行为而赞叹歌咏的，没有不效法他们宏大的谋略而以为法则的，他们的美名传遍了四面八方，成为历代效法的表率。所以，《益部耆旧传》的记载，可以媲美于《史记》《汉书》。我的《华阳国志》一书，因为区别了州部，所以不能总括起来记述。我斗胆将他们的美善约略归纳起来，为他们做了“述赞”，我自己又为其做了“注解”。甄别他们的大功，摘寻他们的事迹，阐明事功的意义，读者大略可以了解前代圣贤的言行了。

蜀都士女

严平恬泊[①]，皓然沉冥[②]。

严遵，字君平，成都人也。雅性澹泊[③]，学业加妙，专精大《易》[④]，耽于《老》《庄》。常卜筮于市，假蓍龟以教[⑤]。与人子卜，教以孝[⑥]；与人弟卜，教以悌[⑦]；与人臣卜，教以忠[⑧]。于是风移俗易，上下兹和。日阅数人[⑨]，得百钱，则闭肆下帘，授《老》《庄》。著《指归》[10]，为道书之宗。杨雄少师之，称其德[11]。杜陵李强为益州刺史[12]，谓雄曰："吾真得君平矣。"雄曰："君但可见，不能屈也。"强以为不然。至州，修礼交遵，遵见之，强服其清高而不敢屈也。叹曰："杨子云真知人也！"年九十卒[13]。雄称之曰"不慕夷即由矣"[14]，"不作苟见[15]，不治苟得[16]，久幽而不改其操，虽随、和何以加诸[17]。"

【注释】

①严平：严遵，字君平，蜀郡成都（今四川成都）人。参看本书卷三《蜀志》注。按：本书卷十《先贤士女总赞》之赞语，均以四字为句，为了整齐划一，故而本处省略了"君"字。恬泊：恬静淡泊。

②皓然：洁白貌。沉冥：谓幽居匿迹。扬雄《法言·问明》："蜀庄沉冥，蜀庄之才之珍也，不作苟见，不治苟得，久幽而不改其操。"李轨注："沉冥，犹玄寂，泯然无迹之貌。"

③雅性：素性，本性。澹泊：恬淡寡欲，不追求名利。

④专精：专一求精，擅长。大《易》：即《周易》。

⑤蓍（shī）龟：古人以蓍草与龟甲占卜凶吉，因以指占卜。按：今四川成都青羊区、郫都区都有君平街，都是为了纪念严君平而冠名。

⑥孝：尽心奉养和服从父母。

⑦悌：敬爱兄长。

⑧忠：忠诚无私，尽心竭力。

⑨日阅数人：指给多人看相。底本作"日阅人"，据《汉书·王贡两龚鲍传》补。

⑩《指归》：即《老子指归》，又称《道德指归论》或《道德真经指归》。严遵撰。原本十四卷，今所传已不全。其要旨以自然无为为宗，认为道德而生神明、太和，进而化生天地万物。主张修身之

法与道德仁义相统一,强调为国养物生民之策,实为经世治国、君人南面之术。

⑪称其德:称颂他的德行。按:扬雄称颂严遵德行的文字,见于《法言·问明》:"蜀庄沉冥,蜀庄之才之珍也,不作苟见,不治苟得,久幽而不改其操,虽随、和,何以加诸? 举兹以旃,不亦珍乎! 吾珍庄也,居难为也。不慕由即夷矣,何毚欲之有?"

⑫李强:杜陵(今陕西西安)人。曾任益州刺史。

⑬年九十卒:今四川成都郫都区新胜镇平乐村、邛崃市南君平乡都有严君平墓。

⑭夷:伯夷。墨胎氏,名允,字公信。商末人。孤竹国君长子。相传,其父遗命,欲立其弟叔齐为君。父死,叔齐让伯夷,伯夷遁去。叔齐亦不立,而相与往归西伯(周文王)。周武王伐纣,两人叩马苦谏,以为不仁。及周灭商,夷、齐耻食周粟而隐于首阳山,采薇而食,遂饿死。《史记》有传。即:靠近。本处意指学习,效法。由:许由。一作"许繇"。传说为远古时人,尧时隐士。相传,尧欲让天下于由,由遁于颍水北岸箕山之下隐居。后尧又欲召由为九州长。由不欲闻,乃洗耳于颍水之滨,以示其志行高洁。《高士传》有传。

⑮苟见:不当见而见。意即苟且相见。

⑯苟得:不当得而得。意即苟且相得。

⑰随、和:指随侯珠、和氏璧。随侯珠,传说中随侯所得的宝珠。《淮南子·览冥训》高诱注:"隋侯,汉东之国,姬姓诸侯也。隋侯见大蛇伤断,以药傅之,后蛇于江中衔大珠以报之,因曰隋侯之珠,盖明月珠也。"和氏璧,楚人卞和(又称"和氏")所得宝玉。加诸:凌驾于。

【译文】

严君平恬静淡泊,操行洁白,幽居匿迹。

严遵，字君平，是成都人。严遵本性恬淡寡欲，学业精妙，专精于《周易》，沉迷于《老子》和《庄子》。严遵常常在集市为人占卜，借用蓍草和龟甲以教化世人。严遵为世人之子占卜，就用孝道教导他；为世人之弟占卜，就用悌道教导他；为人君之臣占卜，就用忠道教导他。这样，便起到移风易俗的作用，以使上下关系和睦。严遵每天会为几个人看相，获得一百钱左右，便关门闭户，垂下帘子，教授《老子》和《庄子》。严遵著有《指归》一书，被推崇为"道书之宗"。杨雄年青之时以严遵为师，称颂严遵的德行。杜陵人李强被任命为益州刺史，对杨雄说："我真的得到严君平了。"杨雄说："阁下只能去拜见他，但不能委屈他。"李强不以为然。李强到益州之后，准备了礼物去结交严遵，严遵会见了李强，李强佩服严遵的清高，而不敢委屈他。李强叹息道："杨子云真能识人啊！"严遵享年九十而去世。杨雄评价严遵说"不羡慕伯夷，不学习许由"，"不会苟且相见，不会苟且相得，虽然长久幽居，也不会改变其节操，即使是随侯之珠、和氏之璧，也不能凌驾于严遵之上"。

仲元抑抑[①]，邦家仪形[②]。

李弘[③]，字仲元，成都人。少读五经，不为章句[④]。处陋巷，淬励金石之志[⑤]。威仪容止[⑥]，邦家师之。以德行为郡功曹，一月而去。子赘以见辱杀人[⑦]，太守曰："贤者之子必不杀人。"放之。赘自以枉[⑧]，语家人。弘遣亡命[⑨]。太守怒，让弘[⑩]。弘对曰："赘为杀人之贼，明府私弘枉法[⑪]。君子不诱而诛也。石碏杀厚[⑫]，《春秋》讥之[⑬]；孔子称父子相隐，直在其中[⑭]。弘实遣赘。"太守无以诘也[⑮]。州命从事，常以公正谏争为志[⑯]。杨子云称之曰[⑰]：李仲元为人也，"不屈其志，不累其身"[⑱]，"不夷不惠，可否之间"[⑲]；"见其貌者肃如也[⑳]，观其行者穆如也[㉑]，闻其言者愀如也"[㉒]；"非正不言，非正不行，非正不听[23]，吾先师之所畏”[24]。

【注释】

①抑抑：美好貌，轩昂貌。

②邦家：国家和家庭。仪形：典范，楷模。

③李弘：字仲元，蜀郡成都（今四川成都）人。参看本书卷三《蜀志》注。

④章句：剖章析句。经学家解说经义的一种方式。按：汉代有所谓“章句学”，所重在于辨析篇章字句，而不在阐发大义。

⑤淬励：磨砺，激励，鞭策。

⑥威仪容止：庄重的仪容举止。容止，仪容举止。

⑦见辱：被侮辱，被羞辱。

⑧枉：指太守枉法释放李赉。即下文所说“明府私弘枉法”。

⑨亡命：谓削除户籍而逃亡在外。《史记·张耳陈馀列传》：“张耳尝亡命游外黄，……是时脱身游，女家厚奉给张耳。”司马贞索隐：“晋灼曰：‘命者，名也。谓脱名籍而逃。’崔浩曰：‘亡，无也。命，名也。逃匿则削除名籍，故以逃为亡命。’”

⑩让：责备，责怪。

⑪私：徇私情。枉法：以私意歪曲、破坏法律。

⑫石碏（què）：春秋时卫国人。大夫。卫庄公庶子州吁有宠，好武。石碏进谏，庄公不听。卫桓公十六年（前719），州吁与碏子石厚谋杀桓公而自立为君。厚向碏问安定君位之法，因诱州吁及厚往陈，陈执二人，由卫使右宰醜杀州吁，使其家宰獳羊肩杀厚。时人称碏“大义灭亲”。事见《左传·隐公四年》。

⑬《春秋》讥之：《春秋》隐公四年：“九月，卫人杀州吁于濮。”《左传·隐公四年》：“君子曰：石碏，纯臣也，恶州吁而厚与焉。‘大义灭亲’，其是之谓乎！”按：《春秋》未讥石碏，《左传》亦未讥石碏。

⑭“父子相隐”二句：典出《论语·子路》：“孔子曰：‘吾党之直者异于是：父为子隐，子为父隐，直在其中矣。’”邢昺疏：“子苟有过，父为隐之，则慈也；父苟有过，子为隐之，则孝也。孝慈则忠，忠则直也，故曰直在其中矣。”

⑮无以：无从。诘：追问，责问。

⑯谏争：谏诤，直言规劝。争，通“诤”，诤谏，规劝。

⑰称：称道。按：以下引文详见《法言·渊骞》。

⑱“不屈其志”二句：不委屈志向，不连累自身。《论语·微子》：“子曰：‘不降其志，不辱其身，伯夷、叔齐与！’”

⑲“不夷不惠”二句：夷，伯夷。见本卷上文注。惠，柳下惠。指春秋鲁大夫展获，字季，又字禽，曾为士师官，食邑柳下，谥惠，故称其为展禽、柳下季、柳士师、柳下惠等。以柳下惠之名最为著称。《孟子》中多次把他与伯夷并列，誉为儒家的模范。可否，可以不可以，能不能。本处指做官（一如柳下惠）与不做官（一如伯夷）。

⑳肃如：犹肃然。恭敬整饬貌。

㉑穆如：和美貌。

㉒愀（qiǎo）如：恭谨貌。

㉓“非正不言”几句：《法言·渊骞》还有“非正不视”一语。“非正不”，实出自《论语·颜渊》：“非礼勿视，非礼勿听，非礼勿言，非礼勿动。”

㉔先师：称孔子。

【译文】

李仲元气宇轩昂，是国家和家庭的楷模。

李弘，字仲元，是成都人。李弘自小就熟读五经，不拘泥于章句之学。李弘住在简陋的巷子，以磨砺自己坚强的意志。李弘庄重的仪容举止，国人和家人都予以师法。李弘因其德行被举荐为郡功曹，但他任职一个月就离开了。他的儿子李赘因为被人侮辱而杀死对方，太守说：“贤德君子的儿子一定不会杀人。”太守于是释放了李赘。李赘自以为太守枉法释放自己，并告诉了家人。李弘安排儿子逃亡。太守发怒，责备李弘。李弘回答说：“李赘是杀人的贼人，明府徇私情而枉法释放吾子。君子不诱导别人然后又诛杀他。当年石碏杀了儿子石厚，被《春秋》讥讽；孔子说父亲和儿子相互隐瞒，正直就在其中。我李弘确实安排李赘逃亡了。”太守无从责问李弘。州里任命李弘为从事，李弘常常以公正处事、直言规劝为志向。杨子云称道李弘说：李仲元的为人，“不委屈志向，不连累自身”，“既不做伯夷，也不做柳下惠，而是介于二者之间”；“看他的外貌，恭敬整饬；观他的行为，和美肃穆；听他的说话，谦恭谨慎”；“不正义的话语不说，不正义的事情不做，不正义的言语不听，这是我们的先师孔子所敬畏的地方”。

子云玄达[①]，焕乎弘圣[②]。

杨雄[③]，字子云，成都人也。少贫好道，家无担石之储、十金之费[④]，而晏如也[⑤]。好学，不为章句。初慕司马相如绮丽之文[⑥]，多作词赋。车骑将军王音[⑦]，成帝叔舅也，召为门下史，荐待诏[⑧]。上《甘泉》《羽猎赋》[⑨]，迁侍郎、给事黄门[⑩]。雄既升秘阁，以为辞赋可尚，则贾谊升堂，相如入室[⑪]，武帝读《大人赋》[⑫]，飘飘然有凌云之志，不足以讽谏[⑬]，乃辍其业。以经莫大于《易》，故则而作《太玄》[⑭]；传莫大于《论语》，故作《法言》[⑮]；史莫善于《苍颉》[⑯]，故作《训纂》[⑰]；箴谏莫美于《虞箴》[⑱]，故作《州箴》[⑲]；赋莫弘于《离骚》[⑳]，故反屈原而广之[㉑]；典莫正于《尔雅》，故作《方言》[㉒]。初与刘歆、王莽、董贤同官[㉓]，并至三公，雄历三帝，独不易官。年七十一卒。自刘向父子、桓谭等深敬服之[24]。其玄渊源懿[25]，后世大儒张衡、崔子玉、宋仲子、王子雍皆为注解[26]。吴郡陆公纪尤善于《玄》[27]，称雄圣人。雄子神童乌[28]，七岁预雄《玄》文[29]，年九岁而卒。

【注释】

①玄达：玄奥通达。

②弘圣：大圣。古谓道德最完善、智能最超绝、通晓万物之道的人。《荀子·哀公》："孔子曰：'人有五仪：有庸人，有士，有君子，有贤人，有大圣。……所谓大圣者，知通乎大道，应变而不穷，辨乎万物之情性者也。'"

③杨雄（前53—18）：后常作"扬雄"。字子云，蜀郡成都（今四川成都）人。参看本书卷三《蜀志》注。今四川成都郫都区友爱镇三元场子云村有扬雄墓。

④家无担石之储、十金之费：谓家中贫乏，存粮与钱极少。担石，一担一石之粮。比喻微小。

⑤晏如：悠闲安适的样子。

⑥绮丽之文：形容文章辞藻华丽。

⑦王音（？—前15）：魏郡元城（今河北大名）人。汉元帝皇后王政君从弟。成帝即位，其兄王凤以帝舅秉政，威福自行。亲附大将军王凤，官御史大夫。成帝阳朔三年（前22），王凤卒，因凤荐，为大司马、车骑将军，领尚书事。鸿嘉元年（前20），封安阳侯。因以从舅辅政，威权损于王凤。辅政八年死，谥敬。

⑧待诏：指应皇帝征召随时待命，以备咨询顾问。本处的"待诏"为官名。汉代征士，其未有正官者，均待诏公车。其特异者待诏金马门，备咨询顾问。后遂以"待诏"为官名。

⑨《甘泉》:扬雄所作赋名。记汉成帝祀于甘泉宫的威仪。《羽猎赋》:扬雄所作赋名。记汉成帝出猎的威仪。

⑩给事黄门:官名。简称"黄门",亦称"黄门郎",无员数。为中朝官员,给事于黄闼(宫门)之内,侍从皇帝、顾问应对,出则陪乘。与皇帝关系密切,多以重臣、外戚子弟、公主婿为之。

⑪"贾谊升堂"二句:《法言·吾子》:"诗人之赋丽以则,辞人之赋丽以淫。如孔氏之门用赋也,则贾谊升堂、相如入室矣。"升堂,比喻学问或技艺已入门。入室,比喻学问或技艺已达到深奥的境界。古代宫室,前为堂,后为室。

⑫《大人赋》:司马相如作品。见本卷下文注。

⑬讽谏:以婉言隐语相劝谏。

⑭则:仿效,效法。《太玄》:书名。也称《扬子太玄经》,简称《太玄》《玄经》。汉扬雄撰。仿《易》而作,分八十一首,以拟六十四卦。吸收汉代哲学及天文学思想,以天、地、人三玄为本,重点阐述宇宙生成、天道人事变化规律,总括为三方、九州、二十七部、八十一首、七百二十九赞。

⑮《法言》:书名。汉扬雄撰。因文字、体例效法《论语》,故名。阐发儒家思想,以"尊经""宗圣"为指归。崇尚孔子,自比孟子,以尧舜文王之道为正道。

⑯《苍颉》:亦作《仓颉篇》《苍颉篇》。字书名。秦李斯撰。据许慎《说文解字叙》,秦并六国,为统一文字,命丞相李斯作《苍颉篇》、中车府令赵高作《爰历篇》、太史令胡母(一作"毋")敬作《博学篇》。汉代亦将三书合称《苍颉篇》或《三仓》。书久佚,有辑本。

⑰《训纂》:书名。汉扬雄撰。《汉书·艺文志》:"至元始中,征天下通小学者以百数,各令记字于庭中。扬雄取其有用者,以作《训纂篇》,顺续《苍颉》,又易《苍颉》中重复之字,凡八十九章。"已佚。

⑱箴(zhēn)谏:规戒劝谏的话。《虞箴》:古代虞人为戒田猎而作的

箴谏之辞。《左传·襄公四年》:“昔周辛甲之为大史也,命百官,官箴王阙。于《虞人之箴》曰:‘芒芒禹迹,画为九州,经启九道。民有寝庙,兽有茂草;各有攸处,德用不扰。在帝夷羿,冒于原兽,忘其国恤,而思其麀牡,武不可重,用不恢于夏家,兽臣司原,敢告仆夫。’《虞箴》如是,可不惩乎?”

⑲《州箴》:书名。汉扬雄撰。每州一篇,共十二篇。《州箴》之文,见严可均辑《全汉文》。

⑳《离骚》:或称《离骚经》《楚骚》。楚辞篇名。战国时屈原所作。屈原仕楚怀王,因谗言被疏,忧愁幽思而作《离骚》,以表明爱国心志。

㉑反屈原而广之:《汉书·扬雄传》载:“(扬雄)乃作书,往往摭《离骚》文而反之,自岷山投诸江流以吊屈原,名曰《反离骚》;又旁《离骚》作重一篇,名曰《广骚》;又旁《惜诵》以下至《怀沙》一卷,名曰《畔牢愁》。”

㉒《方言》:书名。全称《辅轩使者绝代语释别国方言》,简称《扬子方言》《别国方言》《方言》。汉扬雄撰。原为十五卷,隋以后传本作十三卷。其体例模仿《尔雅》,分类编集各地方言同义词语,一名一物皆详其地域言语之异同。晋郭璞曾为之作注,今存。

㉓刘歆(?—23):字子骏,后改名秀,字颖叔,沛县(今江苏沛县)人。刘向之子。少通《诗》《书》,善为文。著有《七略》《三统历谱》。《汉书》有传。董贤(前23—前1):字圣卿,云阳(今陕西淳化西北)人。初为太子舍人。哀帝立,拜黄门郎。以貌美柔媚得宠,为驸马都尉侍中。出则参乘,入侍左右,与帝卧起,赏赐千万,贵震朝廷。封高安侯。元寿元年(前2)为大司马、卫将军,给事禁中,领尚书事。哀帝死,为王莽以太后诏罢官,自杀。《汉书》有传。

㉔刘向父子:指刘向与刘歆。桓谭(前23?—56?):字君山,沛国相(今安徽淮北)人。好音律,善鼓琴,博学多才,遍习五经,能

文章,尤好古学。王莽时任掌乐大夫。刘玄时,拜太中大夫。光武帝征为议郎给事中。因反对谶纬神学,几遭处斩。著有赋、诔、书、奏凡二十六篇,并有《新论》二十九篇。《后汉书》有传。敬服:尊重佩服。

㉕玄渊:深渊。或指道德的深奥境地。懿:美。按:此处文字当有脱误,疑当作"其《玄》玄湛渊懿"(刘琳)。玄湛,玄远精湛。渊懿,渊深美好。汉扬雄《〈法言〉序》:"圣人聪明渊懿,继天测灵,冠乎群伦,经诸范。"

㉖张衡:疑当作"张平子"。因本处四人除张衡外,均称其字,张衡不当独称其名。张衡(78—139),字平子,南阳西鄂(今河南南阳)人。少善属文,通《五经》,贯六艺。精通天文、阴阳、历算,创制浑天仪和候风地动仪。又善文学和经学,著有《东京赋》《西京赋》《应间赋》《思玄赋》以及《周官训诂》《灵宪》等。有辑本《张河间集》。《后汉书》有传。《后汉书·张衡列传》:"(张衡)常耽好《玄经》,谓崔瑗曰:'吾观《太玄》,方知子云妙极道数,乃与五经相拟,非徒传记之属。'"崔子玉:崔瑗(约77—约142),字子玉,涿郡安平(今河北安平)人。崔骃之子。少从贾逵学,精通天文、历数、京氏《易》等,与马融、张衡等为友。曾为郡吏、汲令、济北相等。善文辞,尤长于书、记、箴、铭。书法擅章草,曾拜杜操为师,并称"崔杜"。著有《南阳文学官志》《草书埶(势)》等。《后汉书》有传。宋仲子:宋衷,或称"宋忠",字仲子,南阳章陵(今湖北枣阳)人。刘表据荆州,辟为五业从事。后归魏,为曹操所杀。著有《周易注》十卷、《太玄经注》九卷、《法言注》十三卷。王子雍:王肃(195—256),字子雍,东海郯(今山东郯城)人。王朗之子。魏文帝时任散骑黄门侍郎,累迁侍中、太常、中领军,加散骑常侍。为政敢于谏议。善贾逵、马融之学,而不好郑玄。学识渊博,遍注群经,不分今古文。所注《书》《诗》《三礼》《左传》

《论语》《太玄》，均有清人辑本。旧云王肃伪造《孔子家语》并为之作注，今人始知为冤案。《三国志·魏书》有传。

㉗陆公纪：陆绩（188—219），字公纪，吴郡吴（今江苏苏州）人。孙权时，历为郡吏、郁林太守、偏将军。博学多识，通晓星历、算术。虽军务缠身，著述不废，作《浑天图》，注《周易》，释《太玄》，皆传于世。《三国志·吴书》有传。

㉘乌：扬乌，蜀郡成都（今四川成都）人。扬雄之子。称神童，九岁而夭。《法言·问神》："育而不苗者，吾家之童乌乎！九龄而与我《玄》文。"

㉙预：参与。

【译文】

扬雄玄奥通达，像大圣般焕发光彩。

扬雄，字子云，成都人。自幼家贫，喜欢儒家之道，家中没有多余的存粮，也没有多余的金钱，但他安然处之。扬雄勤奋好学，但钻研的不是章句之学。起初，扬雄羡慕司马相如那种辞藻华丽的文章，也创作过许多词赋。车骑将军王音，是汉成帝的叔舅，招聘扬雄为门下史，并推荐扬雄为待诏。扬雄向汉成帝进献《甘泉赋》《羽猎赋》，升迁为侍郎、给事黄门。扬雄既已升迁到宫中秘阁之职，认为如果作辞赋的风气可以推崇的话，那么贾谊的赋已经入门，司马相如的赋算是炉火纯青了，但汉武帝在阅读司马相如的《大人赋》后，有飘飘然升入云霄、成为神仙的感觉，这说明赋不足以达到委婉劝谏的目的，于是就停止了辞赋的写作。扬雄以为经书没有比《易经》更重要的，故而模仿《易经》创作了《太玄》；传文没有比《论语》更重要的，故而创作了《法言》；史书没有比《苍颉》更好的，故而创作了《训纂》；箴谏没有比《虞箴》更美的，故而创作了《州箴》；辞赋没有比《离骚》更弘大的，故而反屈原之意而创作了《离骚》系列；辞典没有比《尔雅》更典雅的，故而创作了《方言》。扬雄最初和刘歆、王莽、董贤一同在朝中做官，其他人都官至"三公"，但扬雄一生经历了三个皇帝，唯独他没有得到升迁。七十一岁时，扬雄去世。从刘向刘歆父子、桓谭等人起，都尊重佩服扬雄。扬雄的《太玄》玄远精湛、渊深弘美，后世的大儒张衡、崔瑗、宋衷、王肃都为此书做过注解。吴郡人陆绩尤其精通《太玄》，称赞扬雄是“圣人”。扬雄的儿子扬乌是神童，七岁时就参与扬雄《太玄》文字的讨论，可惜只活到九岁就死了。

林生清寂[①]，莫得而名[②]。

林闾[③]，字公孺[④]，临邛人也。善古学[⑤]。古者，天子有𬨎车之使[⑥]。自汉兴以来，刘向之徒但闻其官[⑦]，不详其职，惟闾与严君平知之[⑧]，曰：“此使考八方之风雅[⑨]，通九州之异同，主海内之音韵[⑩]，使人主居高堂知天下风俗也[⑪]。”扬雄闻而师之，因此作《方言》。闾隐遁[⑫]，世莫闻也。

【注释】

①清寂：冷清寂静，冷清沉寂。

②莫得而名：无人能知其名。即下文所说“世莫闻也”。

③林闾：复姓。《元和姓纂》卷五：“林闾，嬴姓之后也。后汉蜀郡林闾翁孺，博学，善著书，见《文字志》。”

④公孺：扬雄《答刘歆书》作“翁孺”。按：西汉有以“翁孺”为字者，如汉武帝朝的绣衣御史王贺（《汉书·元后传》）。

⑤古学：研究古文经、古文字之学。

⑥𬨎（yóu）车之使：《风俗通义序》：“周、秦常以岁八月遣𬨎轩之使，求异代方言，还奏籍之，藏于秘室。”𬨎车，古代一种轻便的车。后常作使者的乘车。

⑦刘向（约前77—前6）：本名更生，字子政，西汉沛县（今江苏沛县）人。参看本书卷三《蜀志》注。

⑧惟间与严君平知之：扬雄《答刘歆书》："尝闻先代𬨎轩之使，奏籍之书，皆藏于周秦之室。及其破也，遗弃无见之者。独蜀人有严君平、临邛林间翁孺者，深好训诂，犹见𬨎轩之使所奏言。翁孺与雄外家牵连之亲，又君平过误，有以私遇少而与雄也。君平财有千言耳，翁孺梗概之法略有。"（《全汉文》卷五十二）

⑨风雅：指《诗经》中的《国风》和《大雅》《小雅》，亦用以指代《诗经》。本处指地方的民风与民俗。

⑩音韵：汉字字音中声母、韵母、声调三要素的总称。本处指各地的方言与方音。

⑪高堂：高大的厅堂，大堂。借指朝廷。

⑫隐遁：隐居避世。

【译文】

林生冷清沉寂，无人能知其名。

林闾，字公孺，是临邛人。他擅长古学。古时候，天子设有乘𬨎车采风的使者。从汉朝建立以来，刘向等人只听说过这个官职，不清楚其具体职守，只有林闾与严君平知道其事，说："这是派遣使者考察四面八方的民风与民俗，通晓九州大地的不同与相同，注重了解海内各地的方言与方音，让君主居于高堂之上而又知道天下的风俗。"扬雄听说后，便师从林闾，因此写作了《方言》。林闾隐居避世，世人没有听说过他。

汜乡忠贞，社稷是经。进贤为国①，稽考典刑②。爰莫助之，身殒朝倾③。

何武④，字君公，郫人也。初以射策甲科为郎⑤，历扬、兖州刺史，司隶校尉，京兆尹，清河、楚、沛太守，廷尉，御史大夫。成帝初具三公，拜大司空，封汜乡侯。为人忠厚公正，推贤进士⑥，在楚致两龚⑦，在沛厚两唐⑧，临司隶致平陵何并[9]，居公位进辛庆忌[10]，皆世名贤。临州郡虽无赫赫之名，及去，民思之。才虽不及丞相薛宣、翟方进[11]，而正直过之。哀帝即位，以朱博、赵玄为公卿[12]，用事，免官。谏大夫鲍子都亟言讼之[13]，丞相王嘉亦以为慨[14]。帝复征武为御史大夫，徙前将军[15]。时大司马新都侯王莽避帝外家丁、傅氏[16]，逊位，亦以列侯见征。哀帝诏博举太常，莽从武求举，武以莽奸人之雄[17]，不许。哀帝崩，王太皇太后，莽姑也，即日引莽入，收大司马董贤印绶，诏举大司马。丞相孔光等逼王氏[18]，皆举莽。武与左将军公孙禄谋曰[19]："莽四父世朝[20]，权倾人主，必危刘氏。"乃举禄，禄亦举武。太后不从，用莽为大司马。莽讽有司劾奏[21]，皆免。武就国后[22]，莽浸盛[23]，遂为宰衡、安汉公[24]。欲图篡汉，惮武与其叔红阳侯王立不从[25]。元始三年[26]，因吕宽、吴章事槛车征武[27]，武自杀。众咸冤之。莽欲厌众心[28]，谥武曰剌侯。子况嗣[29]。平帝崩，莽因居摄[30]，后僭帝位。

【注释】

①进贤：谓进荐贤能之士。

②稽考：查考，考核。典刑：同"典型"，典范。

③殒（yǔn）：死亡，丧身。倾：倾覆，倒塌。

④何武（？—3）：字君公，蜀郡郫（今四川成都郫都区）人。参看本书卷三《蜀志》注。

⑤射策甲科：底本作"对策甲科"，据《汉书·何武传》改。射策，汉代考试取士方法之一。《汉书·何武传》："（何）武诣博士受业，治《易》。以射策甲科为郎，与翟方进交志相友。"《汉书·萧望之

传》："（萧）望之以射策甲科为郎。"颜师古注："射策者，谓为难问疑义书之於策，量其大小署为甲乙之科，列而置之，不使彰显。有欲射者，随其所取得而释之，以知优劣。射之，言投射也。"甲科，古代考试科目名。汉时课士分甲乙丙三科。《汉书·儒林传序》："平帝时王莽秉政，……岁课甲科四十人为郎中，乙科二十人为太子舍人，丙科四十人补文学掌故云。"

⑥进士：荐举贤士。

⑦两龚：指龚胜、龚舍。龚胜（前68—11），字君实（宾），西汉彭城（今江苏徐州）人。少好学，通《五经》，与龚舍并著名节。初为郡吏，哀帝时，征为谏大夫。数上书批评刑罚严酷，赋敛苛重。后迁光禄大夫、诸吏给事中。因不满哀帝宠幸董贤，出为渤海太守，托病辞官。王莽秉政时，不愿为官，绝食卒。《汉书》有传。龚舍（前60—7），字君倩，西汉楚国武原（今江苏邳县西北）人。通《五经》，从薛广德学《鲁诗》，以《鲁诗》教授。以龚胜荐，征为谏大夫，累拜太山太守、光禄大夫。上书辞官不受，乃遣归乡里。《汉书》有传。

⑧两唐：指唐林、唐尊。唐林，字子高，沛郡（治今濉溪西北）人。长安许商门人。以明经慎行显名，仕王莽，为九卿，封建德侯。数上疏谏正。《汉书》有传。唐尊（？—23），字伯高，沛郡（治今濉溪西北）人。从张无故学《小夏侯尚书》，以明经慎行显名。王莽时，封平化侯。绿林军入长安，与王邑、苗䜣、王盛等共护莽于渐台，后被杀。《汉书》有传。

⑨何并：字子廉，平陵（今陕西咸阳西北）人。初为郡吏，升大司空掾，何武高其志节，举为长陵令。打击豪强，不避权贵，治迹显著，迁陇西太守，徙颍川太守。尚书令兼廷尉锺元专权用事，其弟为郡掾，赃至千金；阳翟轻侠赵季、李款横暴郡中，他至官均遣吏捕杀不贷，郡内清静。后卒于官。《汉书》有传。

⑩辛庆忌(? —前12):字子真,西汉狄道(今甘肃临洮南)人。辛武贤之子。以父任为右校丞,屯田乌孙赤谷城,有战功。元帝初,补金城长史,累迁张掖、酒泉太守。成帝初,征为光禄大夫,执金吾。后拜左将军,为国虎臣,在匈奴、西域威信很高。年老,卒于官。《汉书》有传。

⑪薛宣:字赣君,东海郯县(今山东郯城)人。少为狱史,举茂材,为宛句令。大将军王凤闻其能,荐为长安令,有治称。成帝时,历任御史中丞、临淮太守、陈留太守、御史大夫、丞相等职。成帝时,封高阳侯。精通律法,颇为公正,由是知名。晚年,以其子薛况犯罪,免为庶人。卒于故郡。《汉书》有传。翟方进(? —前7):字子威,汝南上蔡(今河南上蔡西南)人。家世微贱,为太守府小史。去而学经术,以射策甲科为郎。成帝河平中,转博士,迁朔方刺史,居官不烦苛,有威名,迁丞相司直。永始二年(前15),迁御史大夫。薛宣罢相,擢为丞相,封高陵侯。后因皇室内争,被迫自杀。谥恭。《汉书》有传。

⑫朱博(? —前5):字子元,杜陵(今陕西西安东南)人。任侠好交,为督邮书掾。成帝初为大将军幕府属,历任栎阳、云阳、平陵、长安四县令,累迁冀、并二州刺史等。建平二年(前5),封阳乡侯。同年,以结信贵戚,倾乱政治罪下狱,自杀。《汉书》有传。赵玄:字少平,东郡(治今河南濮阳)人。从郑宽中受《夏侯尚书》。哀帝时,以少府为御史大夫。后坐为奸谋,下狱。公卿:指公和卿。在汉朝,公、卿都是官级名称。公,指太师、太傅、太保、太尉、司徒、司空等国家最高一级的官员;卿,指太常、光禄勋、卫尉、太仆、廷尉、大鸿胪、宗正、大司农、少府等次于公的第二级官员。

⑬鲍子都:鲍宣(? —3),字子都,勃海高城(今河北盐山东南)人。好学明经。哀帝初,两度为谏大夫。时外戚丁、傅多贵宠,董贤得幸,遂上书切谏,并抨击时政,指出“水旱为灾”“县官重责更赋租

税”“民有七亡而无一得”，后任司隶。平帝时，王莽秉政，鲍宣被陷下狱，自杀。《汉书》有传。

⑭王嘉（？—前2）：字公仲，平陵（今陕西咸阳西北）人。以明经射策甲科为郎，后屡升迁。哀帝建平三年（前4）为丞相，封新甫侯。哀帝宠幸佞臣董贤，诏益封之。嘉封还诏书，极谏。召诣廷尉狱。系狱二十余日，不食，呕血死。追谥忠。《汉书》有传。

⑮前将军：官名。汉朝为重号将军之一，与后、左、右将军并位上卿，位次大将军及骠骑、车骑、卫将军。有兵事则典掌禁兵，戍卫京师，或任征伐。设长史、司马等僚属。平时无具体职务，一般兼任他官，常加诸吏、散骑、给事中等号，成为中朝官，宿卫皇帝左右，参与朝议。如加领尚书事衔则负责实际政务。不常置。

⑯外家丁、傅氏：指汉哀帝母亲丁氏家族、祖母傅氏家族。外家，后家，指外戚。

⑰奸人之雄：奸雄，有才智而狡诈欺世的人。

⑱孔光（前65—5）：字子夏，鲁国（治今山东曲阜）人。孔子后裔，孔霸少子。明经学，举议郎。绥和二年（前7），累擢为丞相。后以毁谮免。哀帝元寿元年（前2），复为丞相。与师丹、何武等拟定限田、限奴婢方案，遭皇室大臣阻挠，未能实行。平帝时，王莽备礼事之，恐而称疾固辞。久居大位，弟子多为博士大夫者，终无所荐举。《汉书》有传。

⑲公孙禄：字中子，颍川（治今河南禹州）人。哀帝时，为左将军、后将军，与前将军何武相善。禄与武相谋，以为外戚掌权，几危社稷，遂互相称举，后遭弹劾免职。

⑳四父世朝：底本作“五父世朝”，误。汉成帝时，汉元帝王皇后弟王凤、王音、王商、王根相继为大司马，专擅朝政。四人于王莽为伯父、叔父，故云“四父”。王莽后亦为大司马，是为“五司马”。此即《汉书·王莽传》所说“继四父而辅政”。

㉑劾奏：弹劾上奏，向皇帝检举官吏的过失或罪行。

㉒就国：到封国就职。

㉓浸：渐。

㉔宰衡：汉平帝给王莽的封号。西汉平帝元始四年（4）置。王莽因伊尹为阿衡，周公为太宰，故采此二人称号为宰衡，加于安汉公之上以自尊。宰衡位上公，在诸侯王上，掾史秩六百石。安汉公：汉平帝时王莽封号。元始元年（1）正月丙辰，王莽拜太傅，赐号安汉公，备四辅官。

㉕王立（？—3）：字子叔，魏郡元城（今河北大名东）人。汉元帝王皇后庶弟。以外戚受宠幸，成帝河平二年（前27）封红阳侯。平帝立，王莽秉政，忌惮立，迫令自杀。谥荒。事见《汉书》。

㉖元始三年：3年。元始，西汉平帝年号（1—5）。

㉗吕宽（？—3）：西汉末年人。王莽长子王宇妻兄。王宇以莽欲专朝政，隔绝平帝外家卫氏，恐日后受祸，指使吕宽夜持血洒莽第宅，诈为变怪而惊惧之。事发，王宇下狱饮药死，吕宽被诛。事见《汉书》。吴章：字伟君，平陵（治今陕西咸阳西北）人。以言语见长，为当世名儒。王莽时，为博士。徒众甚盛。后因莽长子王宇与吴章共谋，使人夜以血涂莽门，欲以惧莽，勿再隔离平帝母子，事发，被腰斩。事见《汉书》。

㉘厌众心：使众人心服。厌，饱，满足。后作“餍”。

㉙况：何况，何武之子。何武死，谥曰刺侯，况嗣为侯。莽篡位，免况为庶人。

㉚居摄：因皇帝年幼不能亲政，由大臣代居其位处理政务，谓“居摄”。按：所谓“居摄”，实即“摄政”。《汉书·食货志上》：“平帝崩，王莽居摄，遂篡位。”

【译文】

氾乡侯是忠贞之士，社稷是他经营的事业。他为国家举贤荐能，重视考核贤才的典型。他对君主爱莫能助，死后朝廷也倾覆了。

何武，字君公，是郫人。起初，何武参加射策，因名列甲科而被任命为郎，历官扬州、兖州刺史，司隶校尉，京兆尹，清河、楚地、沛郡太守，廷尉，御史大夫。汉成帝时，初次设置三公职位，何武官拜大司空，被封汜乡侯。何武为人忠厚，办事公正，荐举贤士，在楚地任职时推荐了龚胜和龚舍，在沛郡任职时厚待唐林和唐尊，担任司隶校尉时举荐平陵人何并，居三公之位时荐举辛庆忌，他们都是当时有名的贤人。何武在州郡任职时，虽然没有显赫的名声，但当他离开时，老百姓都怀念他。何武的才干虽然比不上丞相薛宣、翟方进，但在正直方面却超过他们。汉哀帝即位后，任命朱博、赵玄为公和卿，执掌了大权，何武被免官。谏大夫鲍子都急切进言为何武争辩，丞相王嘉也为此感到愤慨。汉哀帝于是又任命何武为御史大夫，后改任前将军。其时，大司马、新都侯王莽为躲避皇帝的外戚丁氏、傅氏，主动辞职，后来也被征召为列侯。汉哀帝下诏广泛推举太常人选，王莽请求何武推举自己，但何武认为王莽是奸雄，故而没有答应。汉哀帝驾崩后，王太皇太后是王莽的姑姑，当日即引王莽入宫，收缴了大司马董贤的印绶，下诏举荐大司马人选。丞相孔光等人为王氏淫威所逼，都举荐了王莽。何武与左将军公孙禄商议说："王莽的四个父辈在朝廷主政，权势压倒了皇帝，如果用王莽，必定危及刘氏的政权。"于是，何武举荐公孙禄，公孙禄也举荐何武。太后没有听从，任用王莽为大司马。王莽示意有司上奏弹劾何武与公孙禄，二人都被免了官。何武到封国就职后，王莽的权势越来越大，不久成为宰衡，被封为安汉公。王莽图谋篡夺汉朝的天下，但又害怕何武及其叔叔、红阳侯王立不服从。元始三年，王莽以吕宽、吴章之事为借口，派囚车前去拘押何武，何武自杀。众人都认为何武很冤枉。王莽想使众人心服，上奏封何武谥号为刺侯。何武之子何况继承了爵位。汉平帝驾崩后，王莽因而摄政，后来又篡夺了帝位。

叔文播教，变《风》为《雅》[①]。道洽化迁[②]，我实西鲁。

张宽[③]，字叔文，成都人也。蜀承秦后，质文刻野[④]。太守文翁遣宽诣博士东受七经[⑤]，还以教授。于是蜀学比于齐、鲁[⑥]，巴、汉亦化之[⑦]。景帝嘉之[⑧]，命天下郡国皆立文学[⑨]，由翁唱其教[⑩]，蜀为之始也。宽从武帝郊甘泉泰畤[⑪]，过桥，见一女子裸浴川中，乳长七尺，曰："知我者，帝后七车。"适得宽车。对曰："天有星主祠祀[⑫]，不齐洁[⑬]，则作女令见。"帝感寤[⑭]，以为扬州刺史。复别蛇莽之妖[⑮]。世称云"七车张"。作《春秋章句》十五万言[⑯]。

【注释】

①《风》：指《诗经》中的《国风》，为民间之诗歌。《雅》：指《诗经》中的《大雅》和《小雅》，是宫廷宴享或朝会时的乐歌。

②道洽：某种学说和教义得到普及。化迁：改变，转变。

③张宽：字叔文，蜀郡成都（今四川成都）人。参看本书卷三《蜀志》注。

④质文：语本《论语·雍也》："质胜文则野。"意谓质朴而无文。刻：刻薄。野：粗鄙，鄙俗。

⑤七经：七部儒家经典。关于七经名目，历来说法不一。东汉《一字石经》作《易》《诗》《书》《仪礼》《春秋》《公羊》《论语》。参看本书卷三《蜀志》注。

⑥蜀学：蜀郡的学校。齐、鲁：山东的别称。以其地古时为齐、鲁二国所在地而得名。常指称"齐鲁大地"。

⑦巴、汉：巴郡、广汉郡。

⑧嘉：赞美，称道、颂扬事物的美好。

⑨文学：学校，习儒之所。

⑩唱：同“倡”，倡导。

⑪郊：郊祭，祭祀天地。甘泉：宫名。一名“云阳宫”。故址在今陕西淳化西北甘泉山。本为秦宫（林光宫）。汉武帝增筑扩建，建成甘泉宫。在此朝诸侯王，飨外国客。夏日，亦作避暑之处。今宫殿台基犹存。甘泉宫遗址为全国重点文物保护单位。泰畤（zhì）：古代天子祭天神之处。

⑫祠祀：祭祀，立祠祭神或祭祖。

⑬齐洁：古书亦作“齐絜”。犹斋戒。

⑭感寤：同“感悟”，心有所感而醒悟。

⑮蛇莽之妖：莽，通“蟒”，蟒蛇。典出《搜神记》卷十九：“汉武帝时，张宽为扬州刺史。先是，有老翁二人争山地，诣州讼疆界，连年不决，宽视事，复来。宽窥二翁，形状非人，令卒持戟将入，问：‘汝何等精？’翁欲走。宽呵格之，化为二蛇。”

⑯《春秋章句》：张宽作品，已佚。按：本卷所述张宽事迹等，可与卷三《蜀志》相参照。

【译文】

张叔文传播文治教化，其功犹如变《风》为《雅》。张宽普及教化改变风俗习气，使我蜀地实际上成为西部的鲁国。

张宽，字叔文，是成都人。蜀地承秦之后，质朴而无文，刻薄而粗鄙。太守文翁派遣张宽东进到京师长安，跟随博士学习七经，回来后教授蜀地士子。因此，蜀郡的学校比肩于齐、鲁之地，巴郡、广汉郡也受到了教化。汉景帝称道蜀郡此举，命令全国各郡、国都设立学校，这是由文翁倡导的教育，而且首先在蜀地进行。张宽跟从汉武帝到甘泉宫泰畤祭祀，在过桥时，看见一个女子在河中裸浴，乳房长达七尺，她说：“知道我的人，在皇帝后面的第七辆车中。”她所说的恰好是张宽的车。张宽回答说：“天上有星宿主管祭祀，如果不斋戒，就会让长乳女出现。”汉武帝心有所感而醒悟，任命张宽为扬州刺史。张宽又能辨别蛇莽之妖。世人称他为“七车张”。张宽创作了《春秋章句》，书有十五万字。

长卿彬彬[①]，文为世矩[②]。

司马相如[③]，字长卿，成都人也。游京师，善属文[④]，著《子虚赋》而不自名[⑤]。武帝见而善之，曰：“吾独不得与此人同世[⑥]。”杨得意对曰[⑦]：“臣邑子司马相如所作也[⑧]。”召见相如。相如又作《上林赋》[⑨]，帝悦，以为郎。又上《大人赋》以风谏[⑩]，制《封禅书》[⑪]。为汉辞宗[⑫]。官至中郎将。世之作辞赋者，自杨雄之徒咸则之[⑬]。

【注释】

①彬彬：文质兼备貌，文雅、有教养的样子。

②矩：法度，法则。

③司马相如（前179—前117）：字长卿，蜀郡成都（今四川成都）人。参看本书卷三《蜀志》注。

④属文：连缀字句而成文，指撰写文章。

⑤《子虚赋》：汉赋篇名。西汉司马相如作。赋中藉虚构的子虚、乌有先生、亡是公三个人的彼此问答，大肆铺陈汉天子上林苑的壮丽，以及天子田猎的盛况，藉以讽刺帝王的骄奢；篇末对天子贪恋游猎荒废政务提出讽谏。全篇结构宏大，辞采富丽，是汉大赋的代表作。说明：《文选》将前半部分题作《子虚赋》，后半部分题作《上林赋》。自名：自通名姓。本处指自署姓名。按：因《子虚赋》没有作者署名，故汉武帝读其文而不知其人。

⑥同世：同时，同一时代。

⑦杨得意：蜀郡成都（今四川成都）人。参看本书卷三《蜀志》注。

⑧邑子：同邑的人，同乡。

⑨《上林赋》:见前注。上林,古宫苑名。秦旧苑,秦都咸阳时置。汉初荒废。至汉武帝时重新扩建,周围扩至二百余里。故址在今陕西西安西及周至、西安鄠邑区界。

⑩《大人赋》:汉赋篇名。《汉书·司马相如传下》:"(司马)相如拜为孝文园令。上既美子虚之事,相如见上好仙,因曰:'上林之事未足美也,尚有靡者。臣尝为《大人赋》,未就,请具而奏之。'相如以为列仙之儒居山泽间,形容甚臞,此非帝王之仙意也,乃遂奏《大人赋》。……相如既奏《大人赋》,天子大说,飘飘有陵云气游天地之间意。"风谏:用委婉曲折的语言规劝君主或长辈、上司。《史记·司马相如列传》:"其卒章归之于节俭,因以风谏。奏之天子,天子大说。"

⑪《封禅书》:司马相如的遗作散文。作者借此文劝汉武帝进行封禅,并在文章的末尾对天子加以讽谏。这篇文章在司马相如死后被交给汉武帝,并对汉武帝日后的多次封禅活动产生重要影响。参看《汉书·司马相如列传》。

⑫为汉辞宗:意谓司马相如是汉赋的宗师。《汉书·叙传下》:"文艳用寡,子虚乌有,寓言淫丽,托风终始,多识博物,有可观采,蔚为辞宗,赋颂之首。述《司马相如传》第二十七。"辞宗,辞赋作者中的宗师,为辞人所宗仰的人。亦泛指受人敬仰的文学家。

⑬则:仿效,效法。

【译文】

司马相如文质彬彬,所作文章是世人学习的典范。

司马相如,字长卿,是成都人。司马相如曾经游学于京师,善于撰写文章,著有《子虚赋》而不自署姓名。汉武帝读到《子虚赋》很喜欢,说:"我偏偏不能和这个人生活在同一个时代。"杨得意回答说:"这是下臣的同乡司马相如写的文章。"汉武帝召见了司马相如。司马相如又创作了《上林赋》,汉武帝很高兴,任命司马相如为郎。司马相如又上呈了

《大人赋》，以此委婉规劝汉武帝，并写了《封禅书》。司马相如是汉代辞赋的宗师。官至中郎将。后世写作辞赋的人，从扬雄以下都仿效司马相如。

王渊艳丽[①]，蔚若华圃[②]。

王褒[③]，字子渊，资中人也。以高才文藻侍宣帝[④]。初，为王襄作《乐职》《中和》颂[⑤]。宣帝时，又上《甘泉》《洞箫》赋[⑥]。帝善之，令宫人诵之[⑦]。为谏大夫，卒[⑧]。

【注释】

①王渊：即王子渊。因赞语四字为文，故省“子”字。艳丽：形容文辞华美。

②蔚：有文采，文采华丽。华圃：花圃。

③王褒：字子渊，蜀郡资中（今四川资阳）人。参看本书卷三《蜀志》注。

④文藻：文采、词藻。

⑤王襄：宣帝时，为益州刺史。参看本书卷三《蜀志》注。《乐职》《中和》：诗篇名。王褒《四子讲德论》：“浮游先生陈丘子曰：‘所谓《中和》《乐职》《宣布》之诗，益州刺史之所作也。刺史见太上圣明，股肱竭力，德泽洪茂，黎庶和睦，天人并应，屡降瑞福，故作三篇之诗，以歌咏之也。’”

⑥《洞箫》：即《洞箫赋》。赋篇名。西汉王褒作。取材受枚乘《七发》首段影响而加衍展，通篇描写乐器和音乐之美，兼及主观化和浪漫化的景色刻画，开后世咏物赋和音乐赋的先河。全篇以骚体句居多，间杂以骈偶，亦当时辞赋之独创。刘勰《文心雕龙·诠赋》：“子渊《洞箫》，穷变于声貌。”

⑦官人:妃嫔、宫女的通称。

⑧为谏大夫,卒:《汉书·王褒传》:"后方士言益州有金马、碧鸡之宝,可祭祀致也。宣帝使褒往祀焉。褒于道病死,上闵惜之。"今四川资阳市雁江区昆仑乡墨池坝村有王褒墓。《元和郡县图志》卷三十一:"王褒墓,在(资阳)县西北十五里。"《太平寰宇记》卷七十六:"王褒墓,在(资阳)县北二十里,前有石碣,高一丈,字已磨灭。"

【译文】

王子渊文辞华美,其文采犹如花圃般华丽。

王褒,字子渊,是资中人。王褒以才干高、文采好而得以侍奉汉宣帝。起初,王褒为王襄创作了《乐职颂》《中和颂》。汉宣帝之时,王褒又献上《甘泉赋》《洞箫赋》。汉宣帝认为赋作得好,下令让宫女吟诵。王褒被任命为谏大夫,死于任上。

子山翰藻[①],遗篇有序[②]。

杨终[③],字子山,成都人也。年十三,已能作《雷赋》[④],通屈原《七谏》章[⑤]。后坐太守徙边,作《孤愤》诗[⑥]。明帝时,与班固、贾逵并为校书郎[⑦],删《太史公书》为十余万言[⑧]。作《生民》诗[⑨],又上《符瑞》诗十五章[⑩],制《封禅书》[⑪],著《外传》十二卷[⑫],《章句》十五万言[⑬],皆传于世者。

【注释】

①翰藻:文采,辞藻。

②遗篇:前人遗留下来的诗文。有序:底本作"有厚序",误。有序,有条理,有次序。

③杨终(?—100):字子山,蜀郡成都(今四川成都)人。曾诣京师受业,习《春秋》。明帝时,拜校书郎。曾上书建议罢止边屯,被

章帝采纳。章帝建初四年(79),杨终建议论定《五经》,亦为章帝采纳。参与白虎观会议,论考《五经》同异。和帝时,征拜郎中,以病卒。著有《春秋外传》。《后汉书》有传。

④《雷赋》:赋篇名。东汉杨终作。《后汉书·杨终列传》李贤注引袁山松《后汉书》:"时蜀郡有雷震决曹,终上白记,以为断狱烦苛所致,太守乃令终赋雷电之意,而奇之也。"

⑤《七谏》:《楚辞》篇名。汉东方朔作,为吊屈原之辞。分《初放》《沉江》《怨世》《怨思》《自悲》《哀命》《谬谏》七章。全篇用第一人称述屈原之志。按:本处说"屈原《七谏》",误。译文从东方朔。

⑥《孤愤》:赋篇名。东汉杨终作。《后汉书·杨终列传》:"(杨)终兄(杨)凤为郡吏,太守廉范为州所考,遣凤候终,终为范游说,坐徙北地。"李贤注引《益部耆旧传》曰"终徙于北地望松县,而母于蜀物故。终自伤被罪充边,乃作《晨风》之诗以舒其愤"也。按:《晨风》与《孤愤》,当为一诗二名。

⑦贾逵(30—101):字景伯,扶风平陵(今陕西咸阳)人。有儒宗之称。曾任郎、卫士令、左中郎将、侍中等职。著有《春秋左氏传解诂》《国语解诂》等书。《后汉书》有传。校书郎:官名。东汉时,征召学士至兰台或东观宫中藏书处校勘典籍,其职为郎中者,称校书郎中(亦省称校书郎);其职为郎者,则称校书郎。三国魏始置校书郎官职,司校勘宫中所藏典籍诸事。唐以后历代因之,明以后不置。

⑧《太史公书》:即《史记》。或称《太史公记》。东汉桓、灵时代,始称《史记》。

⑨《生民》:《诗经·大雅》篇名。记叙周的始祖后稷的诞生及其经历的磨难和播种五谷的事迹。杨终所作《生民》诗,当为拟《诗经·大雅·生民》而作。

⑩《符瑞》:赋篇名。《后汉书·杨终列传》:"帝东巡狩,凤皇黄龙并

集。（杨）终赞颂嘉瑞，上述祖宗鸿业，凡十五章。奏上，诏贳还故郡。”杨终所作《符瑞》诗，即此。

⑪《封禅书》：文章名。其文未传，已佚。

⑫《外传》：即《春秋外传》。《后汉书·杨终列传》：“著《春秋外传》十二篇，改定《章句》十五万言。”

⑬《章句》：即《春秋章句》。已佚。

【译文】

杨子山富有文采，遗著井然有序。

杨终，字子山，是成都人。杨终十三岁时，就已经能写作《雷赋》，精通东方朔的《七谏》。后因在太守任上犯罪而被流放边疆，在其时创作了《孤愤》诗。汉明帝时，杨终与班固、贾逵同为校书郎，删节《太史公书》为十余万字。杨终创作了《生民》诗，又上奏《符瑞》诗十五章，还创作了《封禅书》，著有《春秋外传》十二卷，改定《春秋章句》十五万字，都流传于世。

少迁猛毅[①]，垂勋三邦[②]。

陈立[③]，字少迁，临邛人也。成帝时，牂柯有乱，大将军王凤荐立为太守，克平祸乱[④]。徙守巴郡，秩中二千石[⑤]，治有尤异。又徙天水太守，为天下最[⑥]，天子赐黄金四十斤。入为左曹、卫将军、护军都尉[⑦]。

【注释】

①猛毅：勇猛刚毅。

②垂勋：立功，垂留功勋。三邦：指牂柯、巴、天水三郡。

③陈立：字少迁，蜀郡临邛（今四川邛崃）人。参看本书卷三《蜀志》注。

④克平祸乱：事见《汉书·西南夷两粤朝鲜传》。

⑤中二千石：汉官秩名。颜师古注："汉制，秩二千石者，一岁得一千四百四十石，实不满二千石也。其云中二千石者，一岁得二千一百六十石，举成数言之，故曰中二千石。中者，满也。"一般太守只有二千石，即月俸百二十斛。

⑥最：古代考核政绩或军功时划分的等级，以上等为最。跟"殿"相对。

⑦左曹、卫将军、护军都尉：底本作"左卫护军"，刘琳认为两汉无"左卫护军"的官职，当从《汉书·西南夷传》作"左曹、卫将军、护军都尉"，即卫将军属下的护军都尉。

【译文】

陈少迁勇猛刚毅，在牂柯、巴、天水三郡建立功勋。

陈立，字少迁，是临邛人。汉成帝时，牂柯郡出现叛乱，大将军王凤举荐陈立为牂柯太守，平定了祸乱。陈立转任巴郡太守，俸禄是中二千石，政绩优异。陈立又转任天水太守，政绩考核是全国之最，天子赏赐给他四十斤黄金。陈立回朝后，担任左曹、卫将军、护军都尉。

世公赋政①，祥瑞来同②。

王阜③，字世公，成都人也。太守第五伦察举孝廉④，为重泉令⑤，有鸾鸟集于文学十余日⑥。迁益州太守，神马出滇池河，甘露降，白乌见⑦，民怀之如父母。

【注释】

①赋政：颁布政令，处理政务。赋，通"敷"，颁布，推行。

②同：聚集。

③王阜：字世公，蜀郡成都（今四川成都）人。参看本书卷三《蜀

志》注。

④第五伦：字伯鱼，京兆长陵（今陕西咸阳）人。参看本书卷三《蜀志》注。

⑤重泉：县名。秦置，属内史。治所即今陕西蒲城东南五十里重泉村。西汉属左冯翊。三国魏属冯翊郡。西晋后废。

⑥鸾鸟：传说中的神鸟、瑞鸟。文学：学校。

⑦白乌：白羽之乌，白色的乌鸦。古时以为祥瑞之物。按：本处所说神马出滇池河、甘露降、白乌见，亦见于本书卷四《南中志》。

【译文】

王世公处理政务，祥瑞齐来聚集。

王阜，字世公，是成都人。太守第五伦察举王阜为孝廉，任命其为重泉县令，有鸾鸟聚集在学校，十多天都不散去。王阜升迁为益州太守，有神马出现在滇池河中，甘露降临大地，白色乌鸦出现，老百姓怀念王阜犹如怀念父母。

猗欤文父[①]，叡发幼童。德澹会稽[②]，道崇辟雍[③]。

张霸[④]，字伯饶，谥曰文父，成都人也。年数岁，以知礼义，诸生孙林、刘固、段著等宗之，移家其宇下[⑤]。启母求就师学，母怜其稚，对曰："饶能[⑥]。"故字伯饶也。为会稽太守，拨乱兴治[⑦]，立文学[⑧]，学徒以千数，风教大行[⑨]，道路但闻诵声，百姓歌咏之。致达名士顾奉、公孙松、毕海、胡母官、万虞先、王演、李根[⑩]，皆至大位。在郡十年，以有道征拜议郎，迁侍中。遂授霸五更[⑪]，尊礼于太学[⑫]。年老卒，葬河南。

【注释】

①猗欤：亦作"猗与"。叹词。表示赞美。《诗经·周颂·潜》："猗

与漆沮，潜有多鱼。”郑玄笺：“猗与，叹美之言也。”

②澹：水波摇动的样子。本处引申为流布。

③辟雍：本处指的是太学。太学注释，见下文。

④张霸：字伯饶，蜀郡成都（今四川成都）人。幼而知孝让，乡人号“张曾子”。少通《春秋》，从樊儵受《严氏公羊春秋》。初举孝廉，后官会稽太守，累迁侍中。在会稽时，从之习经者以千数，郡界安宁。曾删定《严氏春秋》，更名《张氏学》，凡二十万言。私谥曰宪文。《后汉书》有传。

⑤诸生孙林、刘固、段著等宗之，移家其宇下：宇下，屋内，家中。按：《华阳国志》所说“诸生孙林、刘固、段著等宗之，移家其宇下”，不确切，其意当为比邻而居。《后汉书·张霸列传》：“诸生孙林、刘固、段著等慕之，各市宅其傍，以就学焉。”又，“诸生孙林、刘固、段著等宗之，移家其宇下”应系错简，原文当在“故字伯饶也”后（任乃强、刘琳）。

⑥饶能：完全能做好，完全能学好。《太平御览》卷三百八十五引《益部耆旧传》：“张霸字伯饶，蜀郡成都人也。年数岁，知礼义，乡人号为张曾子。七岁通《春秋》，复欲进余经。父母曰：‘汝小，未能也。’霸曰：‘我饶为之。’故字伯饶。”

⑦拨乱兴治：平定乱世，并着手治理。

⑧文学：（地方）学校。与“太学”相对。

⑨风教：风俗教化。

⑩顾奉：字季鸿，吴郡吴县（今江苏苏州）人。官至颍川太守。公孙松：籍贯不详。官至司隶校尉。《后汉书·张霸列传》：“永元中为会稽太守，表用郡人处士顾奉、公孙松等。奉后为颍川太守，松为司隶校尉，并有名称。”毕海、胡母官、万虞先、王演、李根：事迹不详。

⑪五更：古代乡官名。以年老致仕的官员充任，受朝廷礼遇。汉代

沿袭古制，有尊事三老五更之礼。东汉明帝时定为常制，养三老五更于辟雍，选故太傅、三公中年老德劭者一人为三老，次一人为五更（或言以卿大夫中老者为之）。《白虎通义·乡射》："王者父事三老，兄事五更者何？欲陈孝悌之德，以示天下也。"

⑫尊礼：敬重而厚待。太学：古代设于京城的最高学府。西周已有太学之名。汉武帝立五经博士，为西汉设太学之始。魏晋到明清，或设太学，或设国子监，或两者同时设立，名称不一，制度也有变化，但均为传授儒家经典的最高学府。

【译文】

赞美你啊，文父！你自幼就很聪明。你的美德在会稽流布，你的道德在太学被树为楷模。

张霸，字伯饶，谥号为文父，是成都人。张霸才几岁的时候，就已经懂得礼义，孙林、刘固、段著等儒生都跟他学习，并移居到张霸附近，与之比邻而居。张霸启告母亲，请求跟随老师学习，母亲怜惜他年龄太小，张霸回答说："我完全能学好。"因此取字为伯饶。张霸任会稽太守时，平定乱世，着手治理，设立学校，入学者达到上千人，风俗教化大行其道，在道路上只听到读书的声音，老百姓都在歌颂、赞美张霸。张霸吸引了名士顾奉、公孙松、毕海、胡母官、万虞先、王演、李根等人，他们都官至高位。张霸在会稽郡守任职十年，因道德高尚而被征拜为议郎，又升迁为侍中。于是，朝廷决定授予张霸"五更"称号，在太学受到敬重与厚待。张霸年老去世后，埋葬在河南。

少府委迟[①]，作卿作师。

赵典[②]，字仲经，成都人也。太尉戒子也[③]。与颍川李膺等并号"八俊"[④]。三为侍中[⑤]，自乐禄俸施贫。方授国师[⑥]，未拜，病卒。

【注释】

①少府：官署名，也是官名。秦汉皆置，王莽时改称共工。西汉时掌山海池泽之税，东汉时掌衣服宝货珍膳等。委迟：古书亦作“逶迤”“逶蛇”。曲折绵延貌。此处谓赵典历经高位（刘琳）。

②赵典：字仲经，蜀郡成都（今四川成都）人。参看本书卷三《蜀志》注。

③戒子：底本作“戒孙”，误。戒子，赵戒之子。

④李膺（110—169）：字元礼，颍川襄城（今河南襄城）人。出身官宦世家。桓帝时，任司隶校尉。反对宦官专权，受到太学生拥戴，被称为“天下楷模”，为名士“八俊”之一。《后汉书》有传。八俊：东汉末八名士之美称，即指李膺、荀翌、杜密、王畅、刘祐、魏朗、赵典、朱寓等八人。《后汉书·党锢列传》：“俊者，言人之英也。”桓、灵时，八人均被列为党人而遭禁锢。

⑤侍中：职官名。秦始置，两汉沿置，为正规官职外的加官之一。因侍从皇帝左右，出入宫廷，与闻朝政，逐渐变为亲信贵重之职。晋以后，曾相当于宰相。隋因避讳改称纳言，又称侍内。唐复称，为门下省长官，乃宰相之职。北宋犹存其名，南宋废。

⑥国师：太师的别称。《后汉书·赵典列传》：“公卿复表典笃学博闻，宜备国师。”李贤注引徐坚云：“国师，即太师也。”

【译文】

赵典历经高位，做了公卿与国师。

赵典，字仲经，是成都人。赵典是太尉赵戒之子。赵典与颍川人李膺等齐名，号为“八俊”。赵典三次担任侍中，喜欢把禄俸施舍给贫穷的人。朝廷准备授予赵典国师之职，但还没有正式任命，他就因病去世了。

何、杨研神[①]，贯奥入微[②]。

何英[③]，字叔俊，郫人也。杨由[④]，字哀侯，成都人也。

二子学通经纬[5]。英著《汉德春秋》十五卷。孙汶[6]，字景由，亦深学。初征，上日食，盗贼起，有效，为谒者[7]。京师旱，请雨，即澍[8]。迁犍为属国[9]。著《世务论》三十篇，卒。杨由为太守廉范文学[10]，范称能治。由言当有贼发。顷之，广柔羌反，寇杀长姚超[11]。乡人冷丰赍酒候之，值客，未内[12]，由为知其多少。又言，人当致果，其色赤黄，果有送甘橘者。大将军窦宪从太守索《云气图》[13]，由谏莫与，寻宪受诛。其明如此。著书十篇而卒[14]。

【注释】

①研神：意谓"研几入神"，与"贯奥入微"相对为文。研几，穷究精微之理。《易·系辞上》："夫易，圣人之所以极深而研几也。"韩康伯注："极未形之理则曰深，适动微之会则曰几。"入神，《易·系辞下》："精义入神，以致用也。"孔颖达疏："言圣人用精粹微妙之义，入于神化，寂然不动，乃能致其所用。"后多用以指一种技艺达到神妙之境。

②贯奥：贯通奥义。入微：深入到细微之处。常用于形容精妙或细致。

③何英：字叔俊，蜀郡郫（今四川成都郫都区）人。学问渊博。著有《汉德春秋》十五卷。参看本书卷十二《序志并士女目录》。

④杨由：字哀侯，蜀郡成都（今四川成都）人。为郡文学掾。通晓《易》占，善风云、占候，能预知兵灾，其言多验。著有《云气图》及《其平》十余篇。《后汉书》有传。

⑤经纬：经书、纬书。

⑥孙汶：即何汶，字景由，蜀郡郫（今四川成都郫都区）人。何英之孙。

⑦谒者：官名。始置于春秋、战国时，秦汉因之。掌接待引见宾客，

朝会时负责保卫，亦奉命出使。

⑧澍（shù）：降（雨）。

⑨犍为属国：东汉永初元年（107）析犍为郡南部置，治所在朱提县（今云南昭通昭阳区）。建安十九年（214）刘备定蜀，改为朱提郡。

⑩廉范：字叔度，京兆杜陵（今陕西西安）人。参看本书卷三《蜀志》注。文学：文学掾的省称。汉朝州郡、王国职司教育的学官。

⑪姚超：籍贯不详。曾任广柔县长，为寇所杀。

⑫内：同“纳”，送入。

⑬窦宪（？—92）：字伯度，扶风平陵（今陕西咸阳）人。窦融曾孙。以妹为章帝皇后，拜侍中、虎贲中郎将。和帝即位，太后临朝，宪内主机密，出宣诰命。后以罪自求击匈奴，拜车骑将军，大破北单于，登燕然山，刻石纪功而还，拜大将军，封武阳侯，权倾天下。和帝永元四年（92），帝乃收窦宪大将军印绶，更封冠军侯，遣就国，迫令自杀。《后汉书》有传。《云气图》：又名《兵云图》。术数书名，讲风云、占候。《北堂书钞》卷九十六引《益部耆旧传》：“杨由有《兵云图》。时窦宪将兵在外，太守高安遣工从由写图以进宪，由口授以成图。”

⑭著书十篇而卒：《后汉书·杨由列传》：“著书十余篇，名曰《其平》。终于家。”

【译文】

何英、杨由穷究精微之理，最终贯通奥义达到神妙之境。

何英，字叔俊，是郫人。杨由，字哀侯，是成都人。两人学问广博，精通经书与纬书。何英著有《汉德春秋》十五卷。何英之孙何汶，字景由，学问也很精深。何英当初被征召之时，天上出现日食，盗贼四起，因治理有成效，被任命为谒者。某年京师干旱，何英向天求雨，天即降雨。于是升迁何英到犍为属国任职。何英著有《世务论》三十篇，后来去世。杨由是蜀郡太守廉范的文学掾，廉范称道杨由的才能与治功。杨由曾经预言，说有贼人要造反。不久，广柔县的羌人造反，贼寇杀死了县长姚超。同乡人冷丰带着酒等候他，因杨由正在会客，未能将酒送入，但杨由却知道酒的多少。杨由又预言，说有人送水果来，水果的颜色是赤黄色的，果然就有送柑橘的。大将军窦宪向太守索要《云气图》，杨由劝太守不要给他，不久窦宪因罪被诛杀。杨由的英明就是这样。杨由著书十篇，后来去世。

司农明允[①]，国宪是维[②]。

任昉[③]，字文始，成都人也。初为叶令[④]，治奸贼七十余人。迁梁相、尚书令[⑤]，清身检下[⑥]。大将军梁冀惮之[⑦]。出为魏郡[⑧]，徙平原，岁出租税百万。冀诛，复入为尚书令、司隶校尉，迁大司农[⑨]，卒。弟恺[⑩]，徐州刺史，亦有治名[⑪]。昉父循[⑫]，字伯度，为长沙太守。得其父，时为五官[⑬]，事在精通也[⑭]。

【注释】

①司农：即大司农。见下文注。明允：清明公正。

②国宪：国家的法制或礼仪。

③任昉：字文始，蜀郡成都（今四川成都）人。任循之子。为官清正，为尚书令时，为大将军梁冀所惮。与梁冀不和，出为平原太守。梁冀伏诛后，复为尚书令，迁司隶校尉、大司农。《北堂书钞》卷第三十七引《益部耆旧传》："任昉，字文始。迁司隶校尉，闭门自守，不与豪右交通，循法正身云云，由是贵戚敛手。"

④叶：县名。战国楚置，后入秦，属南阳郡。治所在今河南叶县南二十八里旧县。西晋属南阳国。东晋属南阳郡。

⑤梁：梁国，西汉高帝五年（前202）改砀郡为梁国，都定陶（今山东

定陶西北)。文帝时,移都睢阳县(今河南商丘南)。王莽始建国初,改为梁郡。东汉建初四年(79),复为梁国。三国魏黄初中,改为梁郡。西晋复为梁国。南朝宋改为梁郡。

⑥清身:谓清廉公正,以身作则。

⑦梁冀(?—159):字伯卓,安定乌氏(今宁夏固原)人。梁商之子。两妹为顺帝、桓帝之后。顺帝时,拜大将军。及冲帝卒,冀立质帝。帝称冀为"跋扈将军"。冀乃恶而鸩帝,复立桓帝。梁冀一门三后、六贵人、七侯、二大将军,尚公主者三人,其余卿将尹校五十七人。在位二十余年,骄奢横暴,穷极满盛,大兴土木,多建苑囿,又掠良为贱,强迫人民数千为奴婢。后桓帝与中常侍单超等诛灭梁氏,冀及妻孙寿皆自杀。《后汉书》有传。

⑧魏郡:郡名。西汉高帝十二年(前195)置,治所在邺县(今河北临漳西南邺镇)。

⑨大司农:官名。在秦朝和西汉初称治粟都尉,掌钱谷货币。汉景帝后元年改称大农令,武帝太初元年又改称大司农。王莽时又改称羲和,后来又改称纳言。在东汉,大司农掌钱谷、金帛、货币及边郡诸官的钱粮调度等。三国曹魏改称司农。

⑩恺:任恺,蜀郡成都(今四川成都)人。任昉之弟。官至徐州刺史,有治绩。

⑪治名:为政有成绩而获得的好名声。

⑫循:任循,字伯度,蜀郡成都(今四川成都)人。任昉之父。官至长沙太守。

⑬五官:即五官掾。汉朝郡国属吏,地位仅次于功曹,祭祀居诸吏之首,无固定职掌,凡功曹及诸曹员吏出缺即代理其职务。

⑭精通:精诚所至,心灵感应。本书卷十二《序志并士女目录》:"(任循)少失父,后为长沙,父流离远届长沙,为郡五官,父母识知,是事在精通也。"按:本句意谓任循与其父母失联而复聚,犹

如神明相助，可谓精诚所至、心灵感应。

【译文】

任司农清明公正，维系着国家的法制礼仪。

任昉，字文始，是成都人。任昉最初担任叶县令，惩治奸贼七十多人。任昉后升迁为梁国的相国、尚书令，清廉公正，以身作则，并以此要求部属。大将军梁冀也很忌惮任昉。任昉后出任魏郡太守，又转任平原太守，每年给朝廷上缴租税上百万。梁冀被诛杀后，任昉又担任尚书令、司隶校尉，升迁为大司农，后来去世。任昉之弟任恺，任徐州刺史，也有治绩与好名声。任昉之父任循，字伯度，曾任长沙太守。任昉寻访到他的父亲之时，父亲正担任五官掾，父子之相会，可谓精诚所至、心灵感应。

翁君美秀①，牧后寤机②。

何霸③，字翁君，司空武兄也。为郡户曹④。刺史王尊将之官⑤，移诸郡不得遣迎⑥，唯霸白太守宜往⑦，太守遣霸。尊大怒。霸对曰："太守遣霸，非修敬也⑧，以去京师久，迟知朝廷起居耳⑨。"尊遽下车，持节对之。因奇霸容止，辟为别驾，举秀才，为属国、中郎将⑩。弟显⑪，颍川太守⑫。兄弟五人皆有名。

【注释】

①美秀：貌美才秀。

②牧后：指刺史。寤：理解，明白。机：事物变化之所由，事情的缘由。

③何霸：字翁君，蜀郡郫（今四川成都郫都区）人。参看本书卷四《南中志》注。

④郡户曹：郡分职诸曹之一。汉代公府"户曹主民户、祠祭、农桑"，郡府户曹亦以主民户为主，兼及狱讼、礼俗和祠祀等事。

⑤王尊:字子赣,涿郡高阳(今河北高阳东)人。参看本书卷八《大同志》注。之官:上任,前往任所。

⑥移:旧时公文的一种,与牒相类,多用于不相统属的官署间。遣迎:派人迎接。

⑦唯霸白太守宜往:底本作“太守唯霸白宜往”,此据刘琳说改。

⑧修敬:表示敬意。此处有讨好意。

⑨朝廷:此指皇帝。起居:举动,行动。本处指皇帝的有关信息。

⑩属国:即属国都尉。官名。管理属国事务的行政长官。汉武帝元狩三年(前120)置。俸比二千石,掌蛮夷降者,稍有分县,治民比郡,属官有丞、长史、主簿等。三国蜀亦置,后废。

⑪显:何显,蜀郡郫(今四川成都郫都区)人。何霸之弟。官至颍川太守。

⑫颍川:郡名。秦王政十七年(前230)置,治所在阳翟县(今河南禹州)。西汉高帝五年(前202)改为韩国。六年(前201)复为颍川郡。

【译文】

何翁君貌美才秀,刺史明白了事情的缘由。

何霸,字翁君,是司空何武的哥哥。何霸担任郡户曹。益州刺史王尊即将上任,发文给诸郡不得派人迎接,唯独何霸给太守说应该派人前往迎接,太守于是派遣何霸前往。王尊大怒。何霸对王尊说:“太守派遣我来迎接您,不是为了讨好您,是因为您离开京城太久,不知道皇帝的有关信息罢了。”王尊马上下车,手持节杖对待他。王尊惊异于何霸的容貌、举止,于是征辟他为别驾,举荐为秀才,任命为属国都尉、中郎将。何霸之弟何显,任颍川太守。他们兄弟五人,都有功名。

伯骞推贤,求善如饥。

柳宗[①],字伯骞,成都人也。初结九友共学,号“九子”。

及为州郡右职[②]，务在进贤[③]。拔致求次方、张叔辽、王仲曾、殷智孙等[④]，终至牧守。州里为谚曰："得黄金一笥[⑤]，不如为伯骞所识。"举茂才，为美阳令[⑥]。

【注释】

①柳宗：或作"柳琮"。《太平御览》卷二百六十三引《益部耆旧传》："柳琮，字伯骞。为治中，与人交结，久而益亲，其所拔进，皆世所称，致位牧守。乡里为之语曰：'得黄金一笥，不如柳伯骞所识。'"

②右职：重要的职位。如州之治中、别驾，郡之五官、督邮等。

③务在：致力于。进贤：谓进荐贤能之士。

④拔致：选拔引致。求次方、张叔辽、王仲曾、殷智孙：四人事迹不详。本书卷十二《序志并士女目录》说，四人"并蜀人，伯骞所拔，皆至牧守，失其官名"。

⑤笥（sì）：盛饭或衣物的方形竹器。

⑥美阳令：底本作"阳夏太守"，误。美阳，县名。战国秦孝公置，治所在今陕西扶风北二十里法门镇。秦属内史。西汉属右扶风。以在美水之阳得名。晋属扶风郡。

【译文】

柳伯骞喜欢推荐贤才，寻求贤德之人如饥似渴。

柳宗，字伯骞，是成都人。起初，柳宗结交九友共同学习，号称"九子"。等到他在州郡担任要职时，致力于进荐贤才。柳宗选拔引致的求次方、张叔辽、王仲曾、殷智孙等人，最终都官至州郡长官。州里流传的谚语说："得到一筐黄金，还不如被柳伯骞赏识。"柳宗后被举荐为茂才，担任美阳令。

文侯颙印[①]，极位台衡[②]。

文侯赵戒[③]，字志伯，少府典父也[④]。父定[⑤]，以游侠称。戒，顺、桓帝之世历司徒、太尉，登特进[⑥]。屡居公辅[⑦]，免忧患于无妄之世[⑧]。告归于蜀[⑨]，薨家。

【注释】

①颙卬（yóng áng）：肃敬轩昂。形容气度不凡。《诗经·大雅·卷阿》："颙颙卬卬，如圭如璋。"毛传："颙颙，温貌。卬卬，盛貌。"郑玄笺："王有贤臣，与之以礼义相切瑳，体貌则颙颙然敬顺，志气则卬卬然高朗，如玉之圭璋也。"

②极位：最高位置。指最高官位。

③赵戒：字志伯，蜀郡成都（今四川成都）人。赵典之父。参看本书卷三《蜀志》注。

④典父：底本作"典祖"，误。典，赵典，字仲经，蜀郡成都（今四川成都）人。赵戒第二子。参看本书卷三《蜀志》注。

⑤定：赵定，蜀郡成都（今四川成都）人。赵戒之父。仗义疏财，有侠士之风。

⑥特进：官名。始设于西汉末。授予列侯中有特殊地位的人，位在三公下。东汉至南北朝仅为加官，无实职。汉桓帝时，赵戒为太尉，被免，后加特进。

⑦公辅：古代三公、四辅，均为天子之佐。借指宰相一类的大臣。

⑧无妄之世：指多横祸之世。无妄，本指《易》卦"无妄"。《易·无妄》："六三，无妄之灾。或系之牛，行人之得，邑人之灾。"谓行人得牛，而邑人受诬遭灾。后称平白无故受害为"无妄之灾"，或指意外的灾祸。

⑨告归：旧时官吏告老回乡或请假回家。本处指前者。

【译文】

赵文侯肃敬轩昂，位至三公。

文侯赵戒，字志伯，是少府赵典的父亲。他的父亲赵定，以游侠著称于世。赵戒在汉顺帝、汉桓帝时期，历官司徒、太尉，加官特进。赵戒多次担任宰辅之官，在多横祸之世而免于忧患、保全自己。赵戒告老还乡回到蜀地，在家去世。

太尉颉颃[①]，志振颓纲[②]。

赵谦[③]，字彦信，戒孙也。历位卿尹[④]，初平元年为太尉。时董卓秉政[⑤]，欲迁天子长安。谦与司空荀爽固谏[⑥]，卓不听。以为车骑将军，奉大驾西幸[⑦]。封洛亭侯，拜司隶校尉。忤卓指[⑧]，免。讨白波贼有功[⑨]，封郫侯[⑩]，进司徒，免。拜尚书令、太仆。三年，薨，谥曰忠侯。

【注释】

①颉颃（xié háng）：刚直不屈貌。

②颓纲：衰败的纲纪。

③赵谦（？—192）：字彦信，蜀郡成都（今四川成都）人。参看本书卷三《蜀志》注。

④卿尹：指高级官吏。

⑤秉政：执政，掌握政权。

⑥荀爽（128—190）：字慈明，一名谞，颍川颍阴（今河南许昌）人。荀淑之子。于兄弟八人中最有才华，时称“荀氏八龙，慈明无双”。桓帝延熹九年（166），拜郎中，对策痛陈时弊，旋弃官去。后遭党锢，亡命十余年，以著述为事。献帝即位，征拜平原相，迁司空。著有《礼》《易传》《诗传》等。《后汉书》有传。

⑦大驾：古代天子的乘舆。亦为天子的代称。本处特指汉献帝。

⑧忤（wǔ）：逆，不顺从。指：意旨，旨意。

⑨白波贼：即白波军。中平五年（188），黄巾军余部郭太（一作“郭大”）等在西河白波谷（今河南孟州西南）起义，队伍发展到十余万人，曾给董卓以很大打击。后白波军杨奉归附董卓部将李傕，继又反对李傕，并招引原白波军胡才、李乐、韩暹等人，进攻李傕、郭汜，援救汉献帝。

⑩郫侯：“郫”字原缺，据《后汉书·赵谦列传》补。

【译文】

赵太尉刚直不屈，志在振作衰败的纲纪。

赵谦，字彦信，是赵戒之孙。赵谦历任卿尹高官，初平元年任太尉。当时，董卓把持朝政，打算挟持天子汉献帝迁都长安。赵谦与司空荀爽坚决劝阻，董卓不听。赵谦被任命为车骑将军，保护皇帝向西而行。被封为洛亭侯，官拜司隶校尉。赵谦不顺从董卓的意旨，被免了官。赵谦因讨伐白波贼立有战功，被封为郫侯，进官司徒，后被免官。后来，赵谦官拜尚书令、太仆。初平三年去世，谥号为忠侯。

司徒继踵[①]，僶俛权横[②]。

赵温[③]，字子柔，谦弟。以侍中同舆辇西迁[④]，封江南亭侯。兄亡，初平四年拜司空，未期[⑤]，进司徒，当世荣之。时车骑将军李傕与董承、张济等争权[⑥]，数迁移天子，温以书切责于傕[⑦]。天子闻，为寒心[⑧]。寻曹公入[⑨]，徙天子都许，政出诸侯[⑩]，礼待温[⑪]。居公位十五年。建安十三年薨。

【注释】

①继踵：接踵，前后相接。

②僶俛（mǐn miǎn）：勤勉，努力。权横：谓依恃权势专横跋扈。本处指董卓、李傕（jué）等人专横跋扈。

③赵温（137—208）：字子柔，蜀郡成都（今四川成都）人。参看本书卷一《巴志》注。

④舆辇：舆，底本作“与”，误。舆辇，多指天子所乘，亦代指皇帝。西迁：指董卓逼迫汉献帝由洛阳迁都长安。参看《三国志·魏书·董卓传》《后汉书·董卓列传》。

⑤未期（jī）：不到一周年。

⑥李傕（？—198）：字稚然，北地（治今宁夏吴忠西南）人。为董卓部校尉。献帝初平三年（192），董卓被杀，李傕等引兵陷长安，纵兵劫略。李傕为车骑将军，领司隶校尉，与郭汜、樊稠共专朝政。后献帝令段煨等讨杀之。事见《后汉书·董卓列传》等。董承（？—200）：冀州河间（今河北献县）人。参看本书卷六《刘先主志》注。张济：字元江，汝南细阳（治今安徽太和东南）人。灵帝初，得杨赐荐，为侍讲。光和中，位司空。病卒。事见《后汉书》。

⑦切责：严厉责备，严词斥责。

⑧寒心：戒惧，担心。《后汉纪》卷二十八：“（赵）温闻傕欲移乘舆黄白城，与傕书曰……（李）傕大怒，欲遣人害之。其弟应，温故吏也，谏之数日，乃止。帝闻温与傕书，问侍中常洽曰：‘傕不知臧否，温言大切，可为寒心。’”

⑨曹公：指曹操。

⑩政出诸侯：典出《论语·季氏》：“天下有道，则礼乐征伐自天子出；天下无道，则礼乐征伐自诸侯出。”本处的“诸侯”，指的是曹操。

⑪礼待：以礼相待。

【译文】

赵司徒继承了父兄的风范，在奸臣当道时仍然勤勉努力。

赵温，字子柔，是赵谦之弟。赵温以侍中身份随从皇帝西迁长安，被封为江南亭侯。在哥哥赵谦死后，赵温于初平四年官拜司空，不到一年，晋升为司徒，当世之人以其为荣。当时，车骑将军李傕与董承、张济等争夺权力，多次胁迫天子迁移，赵温写信给李傕，进行严厉谴责。天子听说此事，非常担心赵温。不久，曹操入宫主政，胁迫天子迁都许，虽然政令出自诸侯，但曹操对赵温还是以礼相待。赵温身居三公之位十五年。建安十三年去世。

犹操道柄，董、李是让[①]。

让，责也。董卓、李傕凶擅[②]，谦、温干之[③]。初，文侯与李固、胡广议立清河王蒜[④]，而冀欲立蠡吾侯[⑤]，赵戒胁而从之[⑥]，使李固枉死[⑦]。君子以为卓、傕之恶甚于梁冀，谦摩卓之牙，温弄傕之爪[⑧]，虽逼权势，以道陈训[⑨]，贤其祖远矣。

【注释】

①犹操道柄，董、李是让：继续前文“太尉颉颃，志振颓纲”与“司徒继踵，俛俛权横”，这是对赵谦、赵温的总结与评价。操，操纵，掌握，控制。道柄，犹道统。本处实指权柄。董、李，指董卓、李傕。让，责备，谴责。

②凶擅：凶恶擅权。

③干：触犯，冒犯，冲犯。

④李固（94—147）：字子坚，汉中郡南郑（今陕西汉中）人。参看本书卷二《汉中志》注。胡广（91—172）：字伯始，南郡华容（今湖北潜江）人。出身官宦世家。官至太傅，历安、顺、冲、质、桓、灵六帝。谦恭练达，处宦官外戚交互专政之时，为官如故，时谚讥为“万事不理问伯始，天下中庸有胡公”。以附和梁冀定策立桓帝，封安乐乡侯。卒谥文恭侯。《后汉书》有传。清河王蒜：刘蒜（？—147），东汉宗室。汉章帝曾孙。顺帝末，嗣清河王。冲帝卒，被征至京，将议继帝位。梁冀与太后立质帝，乃罢归国。桓帝

时，刘文、刘鲔谋共立蒜，事觉，贬为尉氏侯。徙桂阳，自杀。事见《后汉书》。

⑤蠡吾侯：即刘志（132—167），东汉皇帝。章帝曾孙，蠡吾侯刘翼子。初由梁太后临朝，梁冀秉政。延熹二年（159），与宦官单超等合谋诛冀，封单超等五人为列侯，朝政又为宦官所专擅。延熹九年（166），世家大族与太学生联合反对宦官，逮捕李膺等二百余人，是为党锢之祸。死后谥桓帝，庙号威宗。《后汉书》有传。

⑥胁而从：胁从，被迫相从。

⑦使李固枉死：李固因议立清河王刘蒜为帝，而遭权臣梁冀忌恨，后被诬陷下狱死。参看《后汉书·李杜列传》。

⑧“谦摩卓之牙”二句：赵谦敢于玩弄董卓的利牙，赵温敢于戏弄李傕的恶爪。摩、弄，此处相对为文，意为玩弄，戏弄。

⑨陈训：陈说教诲。

【译文】

还是奸臣执掌了权柄，而赵氏父子责备的就是董卓、李傕。

让，意为责备。董卓、李傕凶恶而且擅权，赵谦、赵温也敢于冲犯他们。起初，赵文侯与李固、胡广等人商议立清河王刘蒜为帝，而梁冀想立蠡吾侯刘志为帝，赵戒被胁迫而服从梁冀，使得李固被冤枉而死。君子认为，董卓、李傕的恶行超过梁冀，而赵谦敢于玩弄董卓的利牙，赵温敢于戏弄李傕的恶爪，即使被权势所逼迫，还是要用道理陈说教诲，他们的贤明高出其祖很多。

侍中授命[①]，分节亦彰[②]。

常洽[③]，字茂尼，江原人也。自荆州刺史迁京兆尹、侍中、长水校尉，以兵卫大驾西幸。傕等作难，常侍卫天子左右，为傕所杀。

【注释】

①授命：献出生命。

②分节：名分与气节。

③常洽：字茂尼，蜀郡江原（今四川崇州）人。参看本书卷三《蜀志》注。

【译文】

常侍中献出了生命，他的名分与气节也得到了彰显。

常洽，字茂尼，是江原人。常洽从荆州刺史升迁为京兆尹、侍中、长水校尉，带领军队保卫皇帝西迁长安。李傕等人作乱，常洽侍卫于天子左右，后为李傕杀死。

蛮夷猾扰[①]，倡乱南疆[②]。子恭要传[③]，丑秽于攘[④]。

杨竦[⑤]，字子恭，成都人也。元初中[⑥]，越嶲、永昌夷反，残破郡县，众十万余。刺史张乔以竦勇猛[⑦]，授从事[⑧]，任平南中。竦先以诏书告喻，不服，乃加诛。煞虏三万余人，获生口千五百人，财物四千万，降夷三十六种；举正奸浊长吏九十人[⑨]，黄绶六十人[⑩]。南中清平[⑪]。会被伤卒。乔举州吊赠[⑫]，列画东观[⑬]。

【注释】

①猾扰：叛乱侵扰。按：疑“蛮夷猾扰”当作“蛮夷猾夏”。典出《尚书·舜典》：“蛮夷猾夏，寇贼奸宄。”孔传：“猾，乱也。夏，华夏。”

②倡乱：造反，带头作乱。

③要传（zhuàn）：意谓整理行装，乘坐传车上任。要，约束，整理。传，驿站所备马车。

④丑秽于攘：即下文所说“举正奸浊长吏九十人，黄绶六十人”。丑

秽，丑恶污秽之行，丑恶污秽之事。攘，排除。

⑤杨竦（？—119）：字子恭，蜀郡成都（今四川成都）人。参看本书卷四《南中志》注。

⑥元初：汉安帝刘祜年号（114—120）。

⑦张乔：南阳（治今河南南阳）人。参看本书卷一《巴志》注。

⑧授从事：即授予杨竦便宜从事的权力。意谓可斟酌情势，不拘规制条文，不须请示，自行处理。

⑨举正：列举其罪而正之以法。奸浊长吏：即贪官污吏。按：本处所说"举正奸浊长吏九十人"，即本书卷四《南中志》所说"举劾奸贪长吏九十人"。

⑩黄绶：古代官员系官印的黄色丝带。此指小官。

⑪清平：太平。

⑫吊赠：谓吊唁并赠送财物。

⑬东观：东汉时皇家藏书楼，在洛阳南宫，也是宫中著述和修史的地方。东观壁上有功臣、烈士、学者的画像，以为表彰和学习。或以为，本处"东观"指的是益州州学（刘琳）。

【译文】

蛮夷叛乱侵扰，在南疆带头作乱。杨子恭整理行装乘坐传车上任，丑恶污秽于是排除。

杨竦，字子恭，是成都人。元初年间，越巂、永昌的夷人造反，叛乱者毁坏郡县，人数达到十余万。益州刺史张乔因为杨竦作战勇猛，授予其便宜从事的权力，以平定南中叛乱。杨竦首先以诏书晓喻各地，如果不服从，才加以诛灭。杨竦杀死叛乱者三万余人，擒获俘虏一千五百人，缴获财物四千万，招降夷人三十六个部落；纠举贪官污吏九十人，黄绶六十人，并将其正之以法。南中于是太平。杨竦因受伤去世。张乔率领全州吊唁，并赠送财物，又在益州州学绘画杨竦的图像。

伯春、孟元，匡正时君[①]。

张充字伯春[②]，李凭字孟元[③]，江原人也。充为治中从事。时刺史恃豪，每见从事，布席地坐[④]，己自安高床上[⑤]。充入阁[⑥]，不肯进。刺史寤，乃更礼从事。刺史辟公孙特、大姓犍为李威、桥稚充曹[⑦]。时有水灾，伦受刺史指[⑧]，以江中斗平[⑨]，不足表闻，凭固争之。后刺史至，与伦不平，求郡短[⑩]，劾伦不言水灾。凭对以诏书："上灾异不得由州[⑪]。"伦迁司空，辟凭掾[⑫]。

【注释】

①匡正：扶正，纠正。时君：当时或当代的君主。

②张充：字伯春，蜀郡江原（今四川崇州）人。任治中从事。

③李凭：凭，同"幾"。字孟元，蜀郡江原（今四川崇州）人。据本书卷十二《序志并士女目录》，李凭曾为"司空辟士"。

④席地：古人铺席于地以为座，后泛指坐在地上。

⑤高床：高大的坐具。

⑥入阁（gé）：进入房室。本处指进入官署。阁，古代官署的门。亦借指官署。

⑦公孙特、李威、桥稚：三人事迹不详。曹：古代分科办事的官署或部门。

⑧伦：从下文"伦迁司空"来看，"伦"指的是汉明帝时蜀郡太守第五伦。字伯鱼，京兆长陵（今陕西咸阳）人。参看本书卷三《蜀志》注。

⑨江中斗平：意谓江中水不大，故"不足表闻"，因而第五伦未上报。江，底本作"汉"，此处言蜀郡水灾，与汉中无关。斗，斗门，堤堰中泄水的闸门。

⑩短：过失。

⑪灾异：指自然灾害或某些异常的自然现象，如地震、日食等。古人认为，灾异是上天对人类的惩警。

⑫辟梵掾：征辟李梵为司空掾。司空掾，官名。公府诸曹的正长官称掾，副长官称属。司空掾即司空府正长官。

【译文】

张伯春、李孟元，能够匡正当时君主。

张充字伯春，李梵字孟元，是江原人。张充担任的是治中从事。其时，益州刺史仗恃位高望重，每次接见州部从事，让从事席地而坐，而自己则安然坐于高大椅具之上。张充进入官署，不肯进去拜见刺史。刺史醒悟，于是转而礼待从事。刺史征辟公孙特、大姓犍为人李威、桥稚到各部门任职。当时有水灾，第五伦接受刺史的旨意，认为江中水不大，不足以上表奏闻，但李梵认为应该上报，并坚持争辩。后任刺史来到蜀地，与第五伦关系不和，搜求郡守的过失，弹劾第五伦有水灾而不上报。李梵用诏书所说回答道："上报灾异，不可由州里决定。"第五伦升迁为司空，征辟李梵为司空掾。

杨罗为令，遗爱在民。

杨班[①]，字仲桓，成都人也。罗衡[②]，字仲伯，郫人也。俱师征士何幼正[③]。班为不韦、茂陵令[④]，治化浃洽[⑤]。徙西城、阆中令[⑥]，号时名宰[⑦]。衡为万年令[⑧]，路不拾遗[⑨]，人家牛马皆系道边，曰："属罗公[⑩]。"三府争辟[⑪]，拜广汉长，二县皆为立祠。

【注释】

①杨班：字仲桓，蜀郡成都（今四川成都）人。师事何苌。历任不韦、茂陵、西城、郎中令。有治绩。

②罗衡:字仲伯,蜀郡郫(今四川成都郫都区)人。师事何苌。历任万年令、广汉长。有治绩。

③征士:指不接受朝廷征聘的隐士。何幼正:何苌,字幼正,蜀郡人。隐士。幼正,底本作"初山",误。

④不韦:县名。西汉元封二年(前109)置,属益州郡。治所在今云南保山东北二十里金鸡村。茂陵:县名。西汉宣帝时改茂陵邑置,属右扶风。治所在今陕西兴平东北。西晋省入始平县。

⑤浃(jiā)洽:和谐,融洽。

⑥西城:县名。战国秦置,属汉中郡。治所在今陕西安康西北四里汉水之北。阆中:县名。战国秦惠文王于巴国别都阆中置,属巴郡。治所即今四川阆中。东汉建安六年(201)为巴西郡治。

⑦名宰:名相。按:此处实谓名县宰。县宰,县令。

⑧万年:县名。西汉高帝分栎阳县置,与栎阳县(今陕西西安临潼区北)同城而治,属内史。治所在今陕西西安东北阎良区。为汉太上皇奉陵邑。后历属左冯翊、京兆郡、冯翊郡。

⑨路不拾遗:谓东西掉在路上,人们不会捡起据为己有。形容社会风尚好。

⑩属罗公:上当有"以"字。《太平御览》卷二百六十八引《益部耆旧传》:"罗衡,字仲伯。为万年令。诛除奸党,县界肃然。民夜不闭门,系牛马于道傍曰:'以属罗公。'"

⑪三府:三公府的省称,指三公的官署,即太尉府、司徒府、司空府。

【译文】

杨班、罗衡做县令,遗留仁爱于百姓。

杨班,字仲桓,是成都人。罗衡,字仲伯,是郫人。二人都师事隐士何幼正。杨班任不韦县、茂陵县令,治理和教化和谐融洽。后转任西城县、阆中县令,号称当时著名县宰。罗衡任万年县令,老百姓路不拾遗,乡村人家的牛马都拴在道路边,说:"这是属于罗公的。"太尉、司徒、司空三府争相征辟罗衡，任命他为广汉县长，万年、广汉二县都为罗衡设立了祠堂。

小伯温恭[①]，预图息纷[②]。

陈湛，字小伯，成都人也。历数县令，民皆怀服[③]。州辟治中从事。广汉太守遣子诣州修欢交[④]，使君欲纳。湛谏不可失《羔羊》义[⑤]，使君从之。后有言州郡私交者[⑥]，考之无得，乃明也。

【注释】

①温恭：温和恭敬。

②预图：事先考虑。息纷：平息纷争。

③怀服：内心顺服。

④修欢交：义近“修好”，即建立友好关系。欢交，欢悦之交。

⑤《羔羊》：《诗经·召南》的篇名。共三章。《诗序》：“《羔羊》，《鹊巢》之功致也。召南之国，化文王之政，在位皆节俭正直，德如羔羊也。”故后用以称美士大夫操行洁白、进退有节。或亦指称美官吏安适之诗。

⑥私交：私自交接。亦指私人之间的交谊。

【译文】

陈小伯温和恭敬，凡事预先考虑从而平息纷争。

陈湛，字小伯，是成都人。陈湛先后任数县之令，老百姓都内心顺服。州里征辟他为治中从事。广汉太守派遣自己的儿子到州府，想与之建立友好关系，太守准备接纳而交往。陈湛规劝太守不要失去《羔羊》之诗的节俭正直之义，太守听从了。后来，有人说州和郡的官员私下有交往，但调查后没有结果，由此可见陈湛的高明。

孟由至孝[①]，遐叶睎风[②]。

禽坚[③]，字孟由，成都人也。父信为县吏，使越嶲，为夷所得，传卖历十一种[④]。去时，坚方妊六月。生，母更嫁。坚壮，乃知父湮没[⑤]，鬻力佣赁[⑥]，求碧珠以求父[⑦]。一至汉嘉，三出徼外[⑧]，周旋万里[⑨]，经六年四月，突瘴毒狼虎，乃至夷中得父。父相见悲感，夷徼哀之[⑩]。即将父归，迎母致养。州郡嘉其孝，召功曹，辟从事，列上东观[⑪]。太守王商追赠孝廉，令李苾为立碑铭[⑫]，迄今祠之。

【注释】

①至孝：极孝顺。

②遐叶：久远的年月。遐，远，久远。叶，世，时期。睎（xī）：仰慕。风：风范。

③禽坚：字孟由，蜀郡成都（今四川成都）人。参看本书卷三《蜀志》注。

④传卖：转卖。

⑤湮没：埋没。本处意谓失去联系，没有消息。

⑥鬻（yù）力：卖力。佣赁：谓受雇于人。

⑦以求父：《蜀中广记》卷四十一引此文作“以赎父”，于义为胜。

⑧徼（jiào）外：域外，塞外。本处指南中边界之外。

⑨周旋：盘桓，辗转，反复。

⑩夷徼：与夷人相邻的边界。

⑪列上东观：谓将禽坚事迹书写、图画于益州州学。

⑫李苾：字叔平，蜀郡广汉（今四川射洪）人。晋惠帝时任成都令，后迁犍为太守。本书卷十一《后贤志》有传。

【译文】

禽孟由极其孝顺，是后人长久仰慕的风范。

禽坚，字孟由，是成都人。禽坚的父亲禽信，是县府的官吏，受命出使越巂，被夷人抓获，先后转卖给十一个部落。禽信离开之时，禽坚母亲正怀孕六个月。禽坚出生之后，母亲便改嫁了。禽坚长大之后，才知道父亲失联的情况，于是出卖劳力，受雇于人，得到一颗碧珠，以此搜求、赎买父亲。禽坚到过汉嘉一次，到过域外三次，远近辗转万里，先后经历六年又四月，冲破瘴毒狼虎等危险，一直到达夷人地区，最终才找到父亲。父子相见时悲感交集，他们在夷人边界哀叹不已。禽坚随即带着父亲回到故里，又迎回母亲，一起供养。州郡嘉奖禽坚的孝顺，征召他为功曹，又征辟为从事，并把他的事迹书写、图画于益州州学。蜀郡太守王商追赠禽坚为孝廉，又下令李苾为禽坚树碑立传，直至今日，世人仍在祠堂祭祀禽坚。

仲呈免师[①]。

仲呈，成都人也。少受学于严季后[②]。季后为汶江尉[③]，书呼仲呈。仲呈许十月往。会夷反断道，仲呈期于往[④]。经度六七[⑤]，几死。数年，卒得至汶江，为季后陈策[⑥]，俱得免难，远近叹之。

【注释】

①仲呈（niè）：蜀郡成都（今四川成都）人。事迹仅见于此。免师：由下文“俱得免难”可知，“免师”意为“免师于难”。

②严季后：籍贯不详。仲呈之师。曾任汶江县尉。

③汶江尉：汶江县尉。汶江，县名。西汉元鼎六年（前111）置，为汶山郡治。治所在今四川茂县北三里。地节三年（前67）属蜀郡，为北部都尉治。东汉改为汶江道。

④期：约期，按期。

⑤经度：经历。

⑥陈策：陈献策谋。

【译文】

仲昱免师于难。

仲昱，是成都人。仲昱小时候求学于严季后。严季后任汶江县尉时，写信召唤仲昱前去。仲昱答应十月前往汶江。恰逢夷人反叛，截断道路，但仲昱还是按期前往。仲昱经历六七次尝试均未成功，几乎送死。几年后，仲昱终于到达汶江，为严季后进献策谋，使师徒均免于难，远近之人叹服。

叔本慕仁。

任末[①]，字叔本，繁人也[②]。与董奉德俱学京师，奉德病死，推鹿车送其丧[③]。师亡身病，赍棺赴之，道死[④]。遗令敕子载丧至师门[⑤]，叙平生之志也。

【注释】

①任末：字叔本，蜀郡繁（今四川彭州）人。少习《齐诗》，游京师，教授十余年。以经营友人董奉德丧葬知名。为郡功曹，辞以病免。后奔师丧，中道病死。《后汉书》有传。

②繁人：底本作“新繁人”，“新”字衍。《后汉书·儒林列传·任末传》：“任末，字叔本，蜀郡繁人也。”

③鹿车：古代的一种小车。

④道死：死于路上。

⑤遗令：临终前的告诫、嘱咐。丧：尸体。

【译文】

任叔本向往仁义。

任末，字叔本，是繁人。任末和董奉德都在京城洛阳学习，董奉德因病而死，任末推着鹿车将董奉德的尸体送归本乡。任末的老师去世了，任末又身患疾病，但他还是带着棺材去奔丧，不幸死于路上。任末留下遗言，让自己的儿子车载遗体，赶赴老师家门，表达自己平生的志向。

伯禽证将[①]。

朱普[②]，字伯禽，广都人也。为郡功曹。太守与刺史王冀有隙[③]，枉见劾[④]。普诣新都狱，掠笞连月[⑤]，肌肉腐臭，恶同死人，证太守无事。敕其子曰："我死，载丧诣阙[⑥]，使天子知我心。"事得清理[⑦]，普以烈闻。

【注释】

①证将：即为太守作证。证，证明。将，本处指太守。按：汉时吏民谓刺史为州将，太守为郡将（刘琳）。因刺史当方面之任，总兵领权，故通称"州将"。因郡守兼领武事，故称"郡将"。

②朱普：字伯禽，蜀郡广都（今四川成都双流区）人。事迹仅见于此。

③王冀：生平不详。事迹仅见于此。

④见劾（hé）：被弹劾。

⑤掠笞（chī）：拷打，笞击。

⑥诣阙：谓赴朝堂。

⑦清理：彻底整理或处理。清理，底本作"情理"，依刘琳说改。

【译文】

朱伯禽证明太守无罪。

朱普，字伯禽，是广都人。朱普是蜀郡功曹。蜀郡太守与益州刺史王冀关系不和，被冤枉遭弹劾下狱。朱普赶到新都监狱，被连续拷打数月之久，以致肌肉腐烂发臭，其恶臭形状一如死人，但朱普坚持证明太守无罪。朱普告诫儿子说："我死之后，载着我的遗体到朝堂，让天子知道我的忠心。"事情后来得到彻底处理，朱普以壮烈而闻名天下。

文寺代君。

李磐[①]，字文寺，严道人也[②]。为长章表主簿[③]。旄牛夷叛[④]，入攻县，表仓卒走，锋刃交至。磐倾身捍表，谓虏曰："乞煞我，活我君[⑤]。"虏乃煞之，表得免。太守嘉之，图象府庭[⑥]。

【注释】

①李磐：字文寺，蜀郡严道（今四川荥经）人。本书卷十《先贤士女总赞》有传。

②严道：县名。秦置，属蜀郡。治所在今四川荥经严道镇。《太平寰宇记》卷七十七严道县："秦始皇二十五年灭楚，徙严王之族以实于此地，故曰严道。"辖今四川雅安、名山、天全、河源等地。西晋属汉嘉郡。永嘉后废。按：考古证实，汉代严道古城位于四川荥经县城西1.5公里的古城坪，其地出土过大量珍贵文物。

③长：县长。章表：籍贯不详。曾任严道县长。

④旄牛夷：古族名。或称旄牛羌。西南少数民族之一。在今四川汉源大渡河南北。《三国志·蜀书·张嶷传》："汉嘉郡界旄牛夷种类四千余户……（张）嶷厚加赏待，遣还。旄牛由是辄不为患。"

⑤活我君：使我君活。即释放我君（严道县长）。

⑥府庭：衙门，公堂。

【译文】

李文寺代替县长受罪。

李磐，字文寺，是蜀郡严道人。李磐是严道县长章表的主簿。旄牛夷造反，攻入县城，章表仓猝逃窜，夷人兵刃交相而至。李磐挺身而出捍卫章表,对寇虏说:“请你们杀了我,放了我的主君。”寇虏于是杀了李磬,章表得以幸免。蜀郡太守表彰李磬的行为,把他的图像挂在官府衙门。

在三义敦[①],终始可称。

人生于三,事若一[②],君、父、师也。言人“靡不有初,鲜克有终”[③],普、磬可谓能终始也[④]。

【注释】

①三义:三个方面的大义。即下文所说的君、父、师。敦:诚朴宽厚,诚心诚意。

②人生于三,事若一:典出《国语·晋语一》:“民生于三,事之如一。父生之,师教之,君食之。非父不生,非食不长,非教不知。生之族也,故一事之。”

③“靡不有初”二句:典出《诗经·大雅·荡》:“天生烝民,其命匪谌。靡不有初,鲜克有终。”靡,无。鲜,少。

④终始:从开头到结局,事物发生演变的全过程。

【译文】

在君、父、师三个方面诚朴宽厚,自始至终值得称赞。

人生在三个方面应该自始至终,坚持如一,这三个方面即君王、父亲、老师。俗话说“人人无不有开头,但很少有坚持到底的”,朱普、李磬可称得上是终始如一的人。

炎光中微[①],巨、述僭乱[②]。

炎,火光也。汉以火德王[③]。自高祖至平帝十二世,国嗣三绝[④]。平帝早崩,安汉公王莽字巨君遂篡天子位,称新室皇帝[⑤]。而茂陵公孙述字子阳,为莽导江卒正,遂僭号于蜀。

【注释】

①炎光：指汉德，汉王朝。因汉朝以火德而称王，故称。中微：中道衰微。

②巨、述：指王莽、公孙述。僭（jiàn）乱：犯上作乱。

③火德：五德之一。古代以五行附会王朝的运祚，以火而王者称为“火德”。历史上，周朝、汉朝均为火德。

④国嗣三绝：因汉成帝、汉哀帝、汉平帝无子，以致出现绝嗣的情况，所以说“国嗣三绝”。国嗣，皇位继承人。

⑤新室：王莽代汉称帝，国号曰“新”，后因称其王朝为“新室”。《汉书·律历志下》：“王莽居摄，盗袭帝位，窃号曰新室。”

【译文】

汉王朝中道衰微，王莽、公孙述犯上作乱。

炎，意思是火光。汉朝以火德而称王。自汉高祖到汉平帝，经历了十二世，其中有三个皇帝没有皇位继承人。汉平帝早早过世，安汉公王莽（字巨君）于是篡夺了天子之位，自称新室皇帝。而茂陵人公孙述（字子阳），在王莽时任导江卒正，于是在蜀地僭号而称帝。

章、王刎首①。

章明②，字公孺，新繁人也。王皓③，字子离，江原人也。明为太中大夫④。莽篡位，叹曰：“不以一身事二主。”遂自煞。皓为美阳令，去莽归蜀。公孙僭号，使使聘之。皓乃自刎，以头付使者。述惭怒，诛其妻子。

【注释】

①章、王：指章明、王皓。刎首：刎颈而死。

②章明（？—9）：字公孺，蜀郡繁（今四川彭州）人。官至太中大夫。王莽即位，章明以一身不能事二主，遂自杀。新繁，当为“繁”。

③王皓：字子离，蜀郡江原（今四川崇州）人。参看本书卷三《蜀志》注。

【译文】

章明、王皓刎颈而死。

章明，字公孺，是繁人。王皓，字子离，是江原人。章明担任的是太中大夫。王莽篡位，章明叹息说："我不能以一身而事二主。"于是自杀。王皓担任美阳县令，离开王莽新朝回到蜀地。公孙述僭号称帝，派遣使者来聘请王皓。王皓于是自刎而死，让人将头交付给使者。公孙述羞惭恼怒，诛杀了王皓的妻子和儿女。

侯刚哭汉。

刚字直孟，繁人也，为郎[①]。见莽篡位，佯狂[②]，负木斗守阙号哭[③]。莽使人问之。对曰："汉祚无穷，吾宁死之，不忍事非主也。"莽追煞之。

【注释】

①郎：据《华阳国志·序志》，侯刚为尚书郎。尚书郎，官名。东汉尚书分曹办事，担任曹务的称尚书郎。初上台称守尚书郎，中岁满称尚书郎，三年称侍郎。其后，魏晋南北朝、隋皆沿置，职事不尽相同。

②佯狂：装疯，假装疯狂。

③负木斗守阙号哭：木斗，木做的酌水器。此处疑是隐喻负木主（木制作的神主，灵牌）而哭汉帝之灵的意思（刘琳）。守阙，守候于宫门。

【译文】

侯刚为汉朝而哭。

侯刚字直孟，是繁人，担任尚书郎。侯刚见王莽篡夺了汉帝之位，便假装疯狂，身背木斗，守着宫门号啕痛哭。王莽派人问他怎么回事。侯刚回答说："汉朝的国运没有穷尽，我宁愿为汉朝而死，也不愿意侍奉非正统的君主。"王莽派人追杀了侯刚。

公卿绝脰[①]，亦蹈节贯[②]。

王嘉，字公卿，江原人也。为郎[③]，去莽还蜀。公孙述先闭其妻子[④]，使人征之。嘉闻王皓死，叹曰："吾后之哉！"亦自煞[⑤]。述惭，贳其妻子[⑥]。

【注释】

①绝脰（dòu）：断颈。脰，颈项。

②蹈：实行，践行。节贯：一贯坚守的气节（刘琳）。

③为郎：据《华阳国志·序志》，王嘉为尚书郎。

④闭：关押，幽禁。

⑤"嘉闻王皓死"几句：《后汉书·独行列传》载，"（王嘉）乃对使者伏剑而死"。

⑥贳（shì）：赦免，宽恕。

【译文】

王公卿断颈而死，也要坚持自己的一贯气节。

王嘉，字公卿，是江原人。王嘉担任尚书郎，离开王莽回到蜀地。公孙述先拘押了王嘉的妻子和子女，再派人征召他出仕。王嘉听说王皓自杀而死，叹了口气说："我跟随其后！"于是，王嘉也自杀了。公孙述感到惭愧，赦免了王嘉的妻子和子女。

罗生美至[①]，思济艰难[②]。述方遂非[③]，残彼贞干[④]。

罗衍，字伯纪，成都人也。为述郎，说述尚书解文卿、郑文伯使谏述降汉，为子孙福。解、郑从之。述怒，闭二子于薄室六年[5]。二子守志不回[6]，遂幽死[7]。衍卒察孝廉，征博士。

【注释】

①美至：使美至，即力求完美。

②济：渡过。

③述：公孙述。遂非：达到胡作非为的目的，即肆意胡作非为。

④贞干：支柱，骨干。亦指能负重任、成大事的贤才。

⑤薄室：即暴室。汉官署名，属掖庭令，主织造染练等，亦为囚禁宫人的监狱。以其需暴晒，故称为“暴室”。后亦作为囚禁宫女或后妃的场所。《汉书·宣帝纪》：“既壮，为取暴室啬夫许广汉女。”颜师古注：“应劭曰：‘暴室，宫人狱也，今曰薄室。’……暴室者，掖庭主织作染练之署，故谓之暴室，取暴晒为名耳。或云薄室者，薄亦暴也。今俗语亦云薄晒。盖暴室职务既多，因为置狱主治其罪人，故往往云暴室狱耳。”

⑥守志：坚守自己的志向。不回：不改变，不屈从。

⑦幽死：囚禁而死。

【译文】

罗生力求完美，思考的是如何度过艰难。公孙述在其可以肆意胡作非为之后，便残杀栋梁之材。

罗衍，字伯纪，是成都人。罗衍是公孙述的郎官，他劝说尚书解文卿、郑文伯，让他们向公孙述进谏投降汉朝，以为子孙谋福利。解文卿、郑文伯听从了。公孙述大怒，将解文卿、郑文伯幽闭于薄室六年。但二人坚守自己的志向而不屈从，于是被囚禁而死。罗衍最终被察举为孝廉，征召为博士。

刘主割据[①]，资我英俊[②]。鸿胪渊通[③]，与道推运[④]。

何宗，字彦若，郫县人也。通经纬、天官、推步、图谶[⑤]，知刘备应汉九世之运[⑥]，赞立先主。为大鸿胪，方授公辅[⑦]，会卒。

【注释】

①刘主：指先主刘备。割据：分割占据。谓占据一方领土，成立政权。

②英俊：才智出众的人。

③渊通：渊博通达。

④与道推运：根据天道运行推算天命。

⑤经纬：经书、纬书。天官：天文，天象。推步：推算天象历法。古人谓日月转运于天，犹如人之行步，可推算而知。图谶：古代方士或儒生编造的关于帝王受命征验一类的书，多为隐语、预言。始于秦，盛于东汉。

⑥九世之运：这是谶纬的说法。《三国志·蜀书·先主传》："（何宗）等上言：'臣闻河图、洛书，五经谶、纬，孔子所甄，验应自远。谨案《洛书甄曜度》曰：赤三日德昌，九世会备，合为帝际。'"

⑦公辅：古代三公、四辅，均为天子之佐。借指宰相一类的大臣。

【译文】

刘先主割据称雄，凭借的是我们蜀郡的英俊之才。何鸿胪渊博通达，可以根据天道运行推算天命。

何宗，字彦若，是郫县人。何宗精通经纬、天官、推步、图谶，知道刘备符合汉九世之运的符录，故赞同立先主为帝。何宗被任命为大鸿胪，在他刚被授予为公辅之位时，恰好去世了。

君肃矫矫[①]，颖类倬群[②]。

何祗，字君肃，宗族人也[③]。初，犍为杨洪为太守李严功曹，去郡数年，以为蜀郡[④]，严犹在官。祗为洪门下书佐，去郡数年，以为广汉，洪犹在官。是以西土咸服诸葛亮之能揽拔秀异也[⑤]。祗徙犍为太守，卒[⑥]。

【注释】

①矫矫：卓然不群貌。

②颖类倬（zhuō）群：意同出类拔萃。倬，高大，显著。

③宗：何宗。族人：同宗族的人，同家族的人。

④以：通“已”，已经。

⑤秀异：指优异特出的人才。

⑥按：本段的事实记载与文字表述，可与本书卷三《蜀志》对读。

【译文】

何君肃卓然不群，出类拔萃。

何祗，字君肃，是何宗的族人。当初，犍为人杨洪是犍为太守李严的功曹，杨洪离开犍为郡多年，已经担任蜀郡太守，而李严还在犍为太守任上。何祗是杨洪门下的书佐，离开蜀郡多年，已经担任广汉郡太守，而杨洪还在蜀郡太守任上。因此，西部地区的人都佩服诸葛亮能够延揽、选拔优异特出的人才。何祗后转任犍为太守，死于任上。

辅汉朗捷[①]，服时之勤。

张裔[②]，字君嗣，成都人也。汝南许文休称其才“锺元常辈也”[③]。为辅汉将军，丞相长史[④]。丞相北征，居府统事，足食足兵。

【注释】

①朗捷：明快，敏捷。

②张裔（？—230）：字君嗣，蜀郡成都（今四川成都）人。参看本书卷四《南中志》注。

③许文休：许靖（？—222），字文休，汝南平舆（今河南平舆北）人。参看本书卷三《蜀志》注。锺元常：锺繇（151—230），字元常，颍川长社（今河南长葛东北）人。参看本书卷五《公孙述刘二牧志》注。

④丞相：指诸葛亮。

【译文】

张裔明朗敏捷，做事尽心尽力。

张裔，字君嗣，是成都人。汝南人许文休称赞他的才能，认为他是"锺元常一流的人物"。张裔担任辅汉将军，丞相长史。丞相诸葛亮北征之时，张裔留居丞相府统管事务，做到了粮食、兵器供应充足。

太常清密[①]，邃远钩深[②]。

杜琼[③]，字伯瑜，成都人也。师事任定祖[④]，通经纬、术艺[⑤]，为太常。沉默慎密[⑥]，称诸生之淳[⑦]。

【注释】

①清密：清静、周密。

②邃远：深远。钩深：探索深奥的意义。《易·系辞上》："探赜索隐，钩深致远。"孔颖达疏："物在深处，能钩取之；物在远方，能招致之。"

③杜琼（？—250）：字伯瑜，蜀郡成都（今四川成都）人。参看本书卷六《刘先主志》注。

④任定祖：任安（124—202），字定祖，广汉郡绵竹（今四川德阳北）人。参看本书卷三《蜀志》注。

⑤术艺：历数、方伎、卜筮之术。

⑥沉默：沉静，深沉闲静。慎密：谨慎周密。

⑦淳：敦厚，质朴，朴实。

【译文】

杜太常为人清静周密，思想深邃能探索奥义。

杜琼，字伯瑜，是成都人。杜琼师事任定祖，精通经书、纬书、历数、方伎、卜筮，担任太常之职。杜琼为人深沉闲静，谨慎周密，以敦厚、朴实而著称于诸生。

休休众彦[①]，殊涂同臻[②]。金声玉振[③]，蜀之球琳[④]。

休休，美也。众彦，言此四十三人也[⑤]。《易》曰："殊涂同归，百行齐致[⑥]。"贵于流光显称，扬名垂世[⑦]。此四十三人者，虽立行不同，俱以垂美[⑧]，如金玉之音器，为世名宝。

述蜀郡人士。

【注释】

①休休：喜乐正道。理解为美，意思亦通。《诗经·唐风·蟋蟀》："好乐无荒，良士休休。"郑玄笺："休休，乐道之心。"彦：才德出众的人。

②殊涂同臻（zhēn）：犹殊途同归、殊涂同致。通过不同的道路，达到同一个目的地。比喻采取不同的方法，得到相同的结果。涂，道路。臻，至，到达。

③金声玉振：谓以钟发声，以磬收韵，奏乐从始至终。比喻声名昭著远扬。后用以比喻才德兼备，学识渊博。语出《孟子·万章下》："孔子之谓集大成。集大成也者，金声而玉振之也。金声也者，始条理也；玉振之也者，终条理也。始条理者，智之事也；终条理者，

圣之事也。”

④球琳：球、琳皆美玉名。亦泛指美玉。本处比喻贤才。

⑤四十三人：以上所记，实仅四十二人。

⑥“殊涂同归”二句：语出《易·系辞下》：“天下何思何虑？天下同归而殊涂，一致而百虑。”孔颖达疏：“言天下万事终则同归于一，但初时殊异其涂路也。……言虑虽百种，必归于一致也；涂虽殊异，亦同归于至真也。”百行齐致，谓趋向虽然相同，却有各种考虑。常指虑虽百端，理归于一。

⑦扬名垂世：留传美名于后世。

⑧垂美：留传美名。

【译文】

喜乐正道的众多俊彦涌现，他们殊途同归。声名昭著远扬，皆为蜀地的贤才。

休休，是美的意思。众彦，说的是以上四十三人。《周易》说：“道路虽然不同，但目的地则相同；考虑虽然百端，理则归于一。”他们胜过流星的光芒，留传美名于后世。这四十三个人，虽然立身行事各自不同，但都能留传美名，犹如金玉所制造的乐器，是世上的名贵宝物。

以上记述的是蜀郡的人士。

敬司穆穆[①]，畅始玄终[②]。

敬，司马氏女，五更张伯饶妻也[③]。霸前妻有三男一女，敬司产一男。抚教五子，恩爱若一。霸卒，葬河南[④]，敬司与诸子还蜀。疾病，遗令告诸子曰：“舜葬苍梧[⑤]，二妃不从[⑥]。汝父在梁[⑦]，吾自在蜀，亦各其志，勿违吾敕也。”遂葬蜀。子光超禀母教[⑧]，为聘士也[⑨]。

【注释】

①敬司:姓司马,名敬。刘琳指出,《华阳国志》一书称妇女姓名,如为单名,每称名在前,称姓在后。如本处的敬司,以及下文的助陈。穆穆:行止端庄恭敬,仪容或言语和美。

②畅始玄终:犹言善始善终。

③五更:古代乡官名。用以安置年老致仕的官员。张伯饶:张霸,字伯饶,蜀郡成都(今四川成都)人。见本卷前文注。

④河南:郡名。汉高帝二年(前205)改河南国置,治所在洛阳县(今河南洛阳东北汉魏故城)。东汉、三国魏、西晋、北魏建都于洛阳,置河南尹。

⑤苍梧:山名。即今湖南宁远南九疑山。

⑥二妃:即娥皇、女英。尧女,舜妃。长曰娥皇,次曰女英。舜巡视南方,死于苍梧。二女追之不及,溺死湘水,出入潇湘之浦,遂为湘水之神。世传二妃将沉湘江,望苍梧而啼。泪洒竹上尽成斑,世称"斑竹",或"湘妃竹"。

⑦梁:县名。战国时周置。后入秦,属三川郡。治所在今河南汝州西四十里汝水南岸石台村。西汉属河南郡。东汉、三国魏属河南尹。

⑧光超:张光超,张霸后妻司马敬所生。本书卷十二《序志并士女目录》有名录。

⑨聘士:犹征士。指不应朝廷以礼征聘的隐士。

【译文】

司马敬言行端庄恭敬,做事善始善终。

司马敬,是司马氏之女,是五更张霸之妻。张霸的前妻生有三男一女,司马敬生有一男。司马敬抚养、教育五个子女,对他们的恩爱都是一样的。张霸死后,埋葬在河南,司马敬和几个子女回到蜀地。司马敬生病的时候立下遗嘱,告诉几个子女说:"虞舜埋葬在苍梧,两个妃子没有和他葬在一起。你们的父亲葬在梁县,我自葬在蜀地,也是各有其志,不要违背我的嘱咐。”于是，司马敬就葬在蜀地。司马敬的儿子张光超禀承母亲的教诲，一辈子都是隐士。

叔纪婉娩[①]，十媛仰风[②]。

叔纪，霸女孙也[③]，适广汉王遵[④]。至有贤训，事姑以礼[⑤]。生子商[⑥]，海内名士。广汉周干、古朴、彭勰、汉中祝龟为作颂[⑦]，曰："少则为家之孝女，长则为家之贤妇，老则为子之慈亲。终温且惠[⑧]，秉心塞渊[⑨]，宜谥曰孝明惠母。"

【注释】

①婉娩（miǎn）：柔顺貌。指妇女言语、容貌温婉柔顺的样子。

②十媛：所指当为下文所说十位女性。若理解为众多女性，亦可通。

③女孙：孙女。

④适：出嫁，嫁给。

⑤姑：丈夫的母亲，婆婆。

⑥商：王商，字文表，广汉郡郪（今四川三台）人。参看本书卷三《蜀志》注。

⑦周干、古朴、彭勰：三人均为广汉人。其姓名见本书卷十二《序志并士女目录》。祝龟：字元灵，汉中郡南郑（今陕西汉中）人。能属文。州牧刘焉辟之，授葭萌长。撰有《汉中耆旧传》，以著述终。本书卷十《先贤士女总赞》有传。

⑧终温且惠：语出《诗经·邶风·燕燕》："终温且惠，淑慎其身。"终……且……，意为既……又……。温、惠，温和仁慈。

⑨秉心塞渊：语出《诗经·鄘风·定之方中》："匪直也人，秉心塞渊。"秉心，持心。塞渊，谓笃厚诚实，见识深远。

【译文】

张叔纪温婉柔顺，是众多女性仰慕的风范。

张叔纪，是张霸的孙女，嫁给广汉人王遵。张叔纪特别贤惠，而且很有教养，她侍奉婆婆，以礼相待。张叔纪所生儿子王商，是海内的名士。广汉人周干、古朴、彭勰和汉中人祝龟为她作颂词说："小时候是家里的孝女，长大后是夫家的贤妻，年老后是子女的慈母。既温和又仁慈，而且内心诚实，见识深远，她的谥号应该是'孝明惠母'。"

公乘氏张[①]，两髦义崇[②]。

公乘会妻，广都张氏女也[③]。夫早亡，无子，姑及兄弟欲改嫁之，张誓不许，而言之不止。乃断发割耳，养会族子[④]，事姑终身。

【注释】

①公乘：复姓。本爵位名。为二十等爵的第八级。久居此爵位者，子孙以为氏。

②两髦（máo）义崇：典出《诗经·鄘风·柏舟》："泛彼柏舟，在彼中河。髧彼两髦，实维我仪。之死矢靡它。"《诗序》："《柏舟》，共姜自誓也。卫世子共伯蚤死，其妻守义，父母欲夺而嫁之，誓而弗许，故作是诗以绝之。"后因以谓丧夫或夫死矢志不嫁。两髦，古代一种儿童发式，发分垂两边至眉，谓之"两髦"。毛传："髦者，发至眉，子事父母之饰。"

③广都：县名。西汉元朔二年（前127）置，属蜀郡。治所在今四川成都双流区东中和镇。西晋移治今成都双流区东南文星镇附近。东晋永和中又移治今成都双流区，属宁蜀郡，梁、齐为郡治。

④族子：同族兄弟之子。

【译文】

公乘会的妻子张氏，守义不改嫁，为世人所尊崇。

公乘会的妻子，是广都人张氏家的女儿。张氏的丈夫早亡，自己也没有儿子，婆婆和婆家兄弟想让她改嫁，但张氏誓不答应，而婆家又劝说不止。于是张氏剪断头发，割下耳朵，张氏抚养公乘会的同族侄子，侍奉婆婆终身。

助陈抚孩，节笃分充[①]。

助陈，临邛陈氏女，犍为杨凤珪妻也。凤珪亡，养遗生子守节[②]。兄弟必欲改嫁，乃引刀割咽，几死[③]。宗族骇之，遂全其义。

【注释】

①节笃分充：意谓陈助保全了节操与名分，可谓名副其实。节笃，节操笃厚，意谓坚守节操。分充，名分充实，意谓保全名分。

②遗生子：犹遗腹子。守节：旧指寡妇守寡，不再改嫁。

③几死：底本“几死”二字在“宗族骇之”下，误。《太平御览》卷四百四十一引《益部耆旧传》：“姬闻，仰天叹息，引刀割咽，几死。于是九族惊愕，遂敬从其节。”据改。

【译文】

陈助抚养孩子，坚守节操保全了名分。

陈助，是临邛人陈氏家的女儿，是犍为人杨凤珪的妻子。杨凤珪死后，陈助抚养遗腹子，遵守妇节。杨家兄弟一定要让她改嫁，陈助于是拿刀切割咽喉，几乎死去。杨氏宗族之人惊骇不已，于是成全了她的节义。

二常茕茕[①]，颓构再隆[②]。

元常、靡常，江原人也。元常，广都令常良女，适广汉便敬宾，早亡。元常无子，养宾族子。父母欲嫁，乃祝刀誓志而死[3]。靡常，仲山女，适成都殷仲孙。家遭疫气死亡[4]，惟靡常在。十八，收葬诸丧[5]，养遗生子，立美成家[6]。

【注释】

①茕茕（qióng）：孤零貌，孤独无依的样子。

②颓构：本指颓败的房屋，此处指衰败的家庭。再隆：再次兴隆，犹如中兴。

③祝：祝告，祷告。誓志：发誓立志。任乃强认为，“祝刀誓志”句下当有脱文。

④疫气：疫病，流行性传染病。

⑤收葬：收殓埋葬。丧：尸体。

⑥成家：兴家，持家。

【译文】

常元、常靡孤独无依，终使衰败的家庭再次兴隆。

常元、常靡，是江原人。常元，是广都令常良的女儿，嫁给广汉人便敬宾，而便敬宾早亡。常元没有儿子，抚养便敬宾同族的侄子。父母想让她改嫁，常元于是拿着刀子祷告，并发下誓言，随即自杀而死。常靡，是常仲山的女儿，嫁给成都人殷仲孙。丈夫家人因感染疫病而死亡，只有常靡还活着。常靡时年十八岁，收殓埋葬了各位家人的遗体，抚养遗腹子，树立风范，兴盛家庭。

纪常哀哀[1]，精感昭融[2]。

纪常，常侍常洽女[3]，赵侯夫人也[4]。父遇害长安，其二兄皆先没，遣父门生翟登、张顺迎丧[5]。时寇贼蜂起[6]，昼夜悲哀，顺、登得将丧无恙还，时人皆以纪常精诚所感[7]。

【注释】

①哀哀：悲伤不已貌。

②昭融：谓光大发扬。语出《诗经·大雅·既醉》："昭明有融，高朗令终。"毛传："融，长。朗，明也。"

③常洽：字茂尼，蜀郡江原（今四川崇州）人。参看本书卷三《蜀志》注。

④赵侯：赵谦（？—192），字彦信，蜀郡成都（今四川成都）人。参看本卷前文注。

⑤门生：汉人称亲受业者为弟子，相传受业者为门生。后世门生与弟子无别，甚至依附名势者，也自称门生。

⑥蜂起：形容人或事物如群蜂飞舞，纷然并起。

⑦精诚：真诚，至诚。

【译文】

常纪哀伤不已，她的精诚感动了上苍。

常纪，是常侍常洽的女儿，是赵侯的夫人。常纪的父亲在长安被害，而她的两位兄长都在此前已经过世，常纪派遣父亲的门生翟登、张顺前往长安迎回遗体。当时，寇贼蜂拥而起，常纪日夜悲鸣哀泣，最终，张顺、翟登将遗体安然无恙地运送了回来，当时人都以为是常纪的精诚感动了天地。

贡罗誓志。

贡罗，郫罗倩女[①]，景奇妻也。奇早亡，无子。父愍其年壮[②]，以许同郡何诗[③]。贡罗白书誓父不还家[④]。父乃使诗白州，州告县逼遣之。罗乃诉州，刺史高而许之。

【注释】

①罗倩：倩，《太平御览》卷四百四十引《列女传》作"青"。又，《太

平御览》卷四百四十引《列女传》云罗倩女“字贡罗”，实误。

②愍（mǐn）：怜悯，哀怜。

③何诗：《太平御览》卷四百四十引《列女传》作“宰诗”。

④白书：禀告，陈述。

【译文】

罗贡发誓立志。

罗贡，是郫人罗倩的女儿，是景奇的妻子。景奇早亡，也没有儿子。父亲怜悯她正当青春年华，把她许嫁给同郡的何诗。罗贡禀告父亲，发誓不回娘家。父亲于是让何诗禀告州里，州里禀告县里，逼迫景家将罗贡遣送回娘家。罗贡于是到州里申诉，刺史赞美她的高义，并答应了她的请求。

玹何忘生[①]。

玹何，郫何氏女，成都赵宪妻也。宪早亡，无子，父母欲改嫁。何恚愤自幽[②]，乃不食，旬日而死[③]。郡县为立石表[④]。

【注释】

①忘生：舍生。

②自幽：自我幽闭，闭门不见人。

③旬日：十天。

④石表：指石碑、石柱等，用于纪念与表彰。

【译文】

何玹舍生忘死。

何玹，是郫人何氏家的女儿，是成都人赵宪的妻子。赵宪早亡，没有儿子，父母想让何玹改嫁。何玹忿恨不已，于是自我幽闭，拒绝进食，过了十天就死了。郡、县都为她立碑表彰。

昭仪殉身[①]。

昭仪，繁张氏女，广汉朱叔贤妻也[②]。贤为郡督邮[③]。建安十九年，刘主围刘璋于成都，贤坐谋外降[④]。璋以昭仪配兵将[⑤]，见逼[⑥]，昭仪自杀。三军莫不哀叹。

【注释】

①殉身：牺牲生命，为达到某种目的而献出生命。

②朱叔贤（？—214）：蜀郡广汉（今四川射洪）人。曾任郡督邮。

③郡督邮：官名。汉置，为郡太守的佐吏，掌监督诸县。因其分为五部，故又称五部督邮。

④外降：投降外人。本处指投降刘备。按《太平御览》卷四百四十一引《列女传》："贤兄弟谋逾城出，事泄伏诛。"

⑤配兵将：指发配给将士为妻。

⑥见逼：被逼迫。

【译文】

张昭仪为节义而献出生命。

张昭仪，是繁人张氏家的女儿，是广汉人朱叔贤的妻子。朱叔贤是蜀郡的督邮。建安十九年，刘先主将刘璋包围在成都，朱叔贤因为预谋投降刘备而获罪。刘璋将张昭仪发配给将士为妻，并强迫她服从，张昭仪自杀而死。三军将士无不为之哀叹。

二姚见灵[①]。

广柔长郫姚超二女姚妣、饶，未许嫁，随父在官[②]。值九种夷反[③]，杀超，获二女，欲使牧羊。二女誓不辱，乃以衣连腰自沉水中死。见梦告兄慰曰[④]："姊妹之丧当以某日至溉下。"慰寤，哀愕[⑤]，如梦日得丧。郡县图象府庭[⑥]。

【注释】

①见灵：现灵，显灵。

②在官：居住在官署。

③九种夷：即本书卷三《蜀志》所说“九种之戎”，居住于青海、川北的羌人。

④见梦：犹托梦。

⑤哀愕：悲伤而惊愕。

⑥府庭：衙门，公堂。

【译文】

姚妣、姚饶显灵。

广柔县长、郫人姚超的两个女儿姚妣、姚饶，还没有许配人家，跟随父亲居住在官署。适逢九种夷造反，杀死了姚超，俘获了他的两个女儿，打算让她们去放牧羊群。两个女儿发誓不受侮辱，于是用衣服将二人连腰拴在一起，自沉到水中而死。二人托梦给兄长姚慰说：“我们两姊妹的尸体，应当在某天到达河边洗涤衣服之处。”姚慰梦醒后悲伤惊愕，果然在梦中所说日期于河边找到二人的尸体。郡、县将二人的画像悬挂在衙门。

峨峨淑媛[①]，表图铭旌[②]。

淑，善；媛，婉娩也。言此十二女皆图象列传。

述蜀郡列女。

右《蜀郡士女赞》第一[③]。

凡五十五人[④]。四十三人士，十二人女[⑤]。

【注释】

①峨峨：美好貌，高尚貌。淑媛：美好的女子。

②铭旌：竖在灵柩前标志死者官职和姓名的旗幡。此指载入史册。

③右：即以上。因古书竖排、左行，故称上文为“右”。

④凡五十五人：今本实仅五十四人。

⑤四十三人士，十二人女：此小字为原注。下同此。人士，指的是男性。人女，指的是女性。

【译文】

高尚、美好的女子啊，把她们画入图像，载入史册。

淑，意思是善与好；媛，意思是温婉与柔顺。说的是这十二位女性，她们都被画入图像，写入列传。

以上所述的是蜀郡的列位女性。

以上是《蜀郡士女赞》第一。

共五十五人。四十三位男性，十二位女性。

巴郡士女阙[①]

【注释】

①按：各本以下均阙，脱去“《巴郡士女赞》第二”。顾广圻校语云，此下脱去“巴郡士女凡五十四人”，其中四十七位男性，七位女性。

卷十中　先贤士女总赞中

广汉士女

讲学冲邃[1]，洙泗是晞[2]。胤帝绍圣[3]，庶熙畴咨[4]。

杨宣[5]，字君纬，什邡人也。少受学于楚国王子张，天文、图纬于河内郑子侯，师杨公叔[6]，能畅鸟言[7]。长于灾异，教授弟子以百数。成帝征拜谏大夫。帝无嗣，宣上封事[8]，劝宜以定陶恭王子为太子[9]，帝从之，出宣为交州牧。太子即位，为哀帝。拜河内太守，征太仓令[10]。上言宜封周公、孔子后，帝从之，封周公后公孙相如为褒鲁侯，孔子后孔均为褒成侯[11]。又荐辽东王纲、琅琊徐吉、太原郭越、楚国龚胜等宜赞隆时雍[12]。平帝时，命持节为讲学大夫[13]，与刘歆共校书。居摄中卒[14]。门生河南李吉、广汉严象、赵翘等皆作大儒[15]。

【注释】

①讲学：即下文所说"讲学大夫"。本处指讲学大夫杨宣。冲邃：精深，深厚。

②洙泗：洙水和泗水。古时二水自今山东泗水县北合流而下，至曲

阜北，又分为二水，洙水在北，泗水在南。春秋时属鲁国地。孔子在洙泗之间聚徒讲学。后世因以“洙泗”代称孔子及儒家。睎（xī）：仰慕。

③胤帝：指劝汉成帝立太子。绍圣：指建议封周公、孔子后人（刘琳）。胤、绍，继嗣。

④庶熙：即“庶绩咸熙”，意谓各种事业都兴盛。语出《尚书·尧典》：“允釐百工，庶绩咸熙。”孔传：“绩，功。熙，广也。言众功皆广。”畴咨：语出《尚书·尧典》：“帝曰：‘畴咨若时登庸。’”孔传：“畴，谁。庸，用也。谁能咸熙庶绩，顺是事者，将登用之。”后以“畴咨”为访问、访求之意。

⑤杨宣：字君纬，广汉郡什邡（今四川什邡）人。通解鸟语，明天文图纬，善说灾异。初为太仓令，后迁谏大夫，出为交州牧，拜河内太守，征太仓令。曾上言议封周公、孔子后裔，诏从之。并推荐龚胜等四人。哀帝即位，封外戚六人为列侯，杨宣以爵土过制谏。教授生徒以百数，门生李吉、严象、赵翘等皆当时大儒。事见《汉书》。

⑥杨公叔：“公”，当作“翁”。《论衡·实知篇》：“广汉杨翁仲能听鸟兽之音。”《艺文类聚》卷九十三、《太平御览》卷八百九十七、《太平广记》卷四百三十五引“翁仲”并作“翁伟”。

⑦鸟言：犹鸟语。鸟鸣声。古人认为，能懂鸟语者为神人。

⑧封事：密封的奏章。古时臣下上书奏事，防有泄漏，用皂囊封缄，故称。

⑨定陶恭王：即刘康（？—前22），汉元帝之子。永光三年（前41）立为济阳王。永光八年（前36），徙为山阳王。又八年，徙定陶。立十九年卒，其子刘欣嗣位。此处定陶恭王子，指刘欣（前26—前1），刘康之子。因汉成帝无子，征欣入为皇太子，后即位为哀帝。《汉书》有传。定陶，国名，郡名。西汉甘露二年（前52）改济阴郡置，治所在定陶县（今山东定陶西北四里）。黄龙元年（前49）复为济阴郡。

河平四年（前25）复置定陶国，建平二年（前5）又改为济阴郡。

⑩太仓令：官名。秦朝属治粟内史。西汉初隶大农令，武帝太初元年（前104）以后隶大司农。东汉置一员，六百石。主管郡国漕谷，管理国家粮仓。

⑪“上言宜封周公、孔子后”几句：此事见《汉书·平帝纪》：“（元始元年）封周公后公孙相如为褒鲁侯，孔子后孔均为褒成侯，奉其祀。追谥孔子曰褒成宣尼公。”

⑫龚胜（前68—11）：字君实，西汉彭城（今江苏徐州）人。少好学，通《五经》，与龚舍并著名节。赞：辅助。隆：高。时雍：语出《尚书·尧典》：“百姓昭明，协和万邦，黎民于变时雍。”孔传：“时，是；雍，和也。”指天下太平的景象。

⑬讲学大夫：官名。西汉末年王莽置，掌讲授经学。《后汉书·徐防列传》：“（徐防）祖父宣，为讲学大夫，以《易》教授王莽。”

⑭居摄：王莽摄政年号。元始五年（5）十二月平帝卒，太后诏令安汉公王莽为“摄皇帝”。次年，改元居摄，凡三年（6—8）。居摄三年（8）十一月，王莽称假皇帝，改元初始。十二月，王莽建立新朝，年号始建国，以本月为正月。

⑮李吉：河南（治今河南洛阳）人。杨宣弟子。严象、赵翘：广汉郡广汉（今四川射洪）人。杨宣弟子。本书卷十二《序志并士女目录》有名录。

【译文】

讲学大夫杨宣学养深厚，仰慕儒家思想学说。杨宣劝汉成帝立太子，建议封周公、孔子后人，国家事业兴旺，朝廷遇事都向他咨询。

杨宣，字君纬，是什邡人。杨宣小时候求学于楚国王子张门下，后来向河内人郑子侯学习天文、图谶和纬书，又师事杨翁叔，能听懂鸟语。杨宣长于灾异的预言和解释，教授的弟子有上百人。汉成帝时，杨宣被征拜为谏大夫。汉成帝没有后代，杨宣上了一封密奏，劝汉成帝应当册立定陶恭王的儿子为太子，汉成帝听从了，委派杨宣出任交州牧。太子后来即位，就是汉哀帝。汉哀帝任命杨宣为河内太守，征召为太仓令。杨宣上书说，应该加封周公、孔子的后人，汉哀帝听从了，加封周公后人公孙相如为褒鲁侯，加封孔子后人孔均为褒成侯。杨宣又推荐了辽东人王纲、琅琊人徐吉、太原人郭越、楚国人龚胜等辅佐朝廷，天下太平。汉平帝时，加授杨宣持节，任命为讲学大夫，与刘歆一起校理图书。居摄年间，杨宣去世。杨宣的门生河南李吉、广汉严象、赵翘等，都是大儒。

长伯抚遐①，声畅中畿②。析虎命邦③，绰有余徽④。

郑纯，字长伯，郪人也。为益州西部都尉⑤。处地金银、琥珀、犀象、翠羽出，作此官者皆富及十世。纯独清廉，毫毛不犯，夷汉歌叹。表闻⑥，三司及京师贵重多荐美之⑦。明帝嘉之，乃改西部为永昌郡⑧，以纯为太守。在官十年卒，列画颂东观。

【注释】

①抚遐：安抚远地。

②中畿（jī）：京都管辖的地区。也泛指中原地区。

③虎：虎符。古代军中印信。铜质虎形，左、右两半，朝廷存右半，统帅持左半，作调动军队时用。

④余徽：遗留下来的美德。

⑤益州西部都尉：官名。掌地方驻军，主治安，防侵略。永平十年（67）置，永平十二年（69）废。

⑥表闻：上表申闻于上。

⑦三司：官名合称。指三公或三公的官署。汉代称太尉、司徒、司空为三公。贵重：指位高任重的大臣。

⑧永昌郡：郡名。东汉永平十二年(69)，因哀牢内属，以其地并析益州郡西部六县合置。治所在嶲唐县(今云南云龙西南七十里漕涧镇)。建初元年(76)后，治所在不韦县(今云南保山东北二十二里金鸡村)。三国蜀属庲降都督。西晋泰始七年(271)属宁州。元康九年(299)迁治永寿县(今云南耿马傣族佤族自治县境)。

【译文】

郑长伯安抚远地，他的声名在中原传播。郑纯手执符节治理地方，遗留下诸多美德。

郑纯，字长伯，是郪人。郑纯担任益州西部都尉。其所处之地出产金银、琥珀、犀角、象牙、翠羽等，在此地做官的人都富及十世。唯独郑纯为官清廉，不犯百姓毫毛，夷人、汉人歌颂赞叹他。有人上表申闻于上，三司官署和京师的位高任重者都屡次举荐和赞美他。汉明帝嘉奖郑纯，于是将益州西部都尉改为永昌郡，任命郑纯为永昌郡太守。郑纯任太守十年去世，其人其事被图画在东观。

三老泱泱[①]，实作父师[②]。

杨统[③]，字仲通，新都人也。事华里先生炎高[④]，高戒统曰："汉九世王，出图书[⑤]，与卿适应之。"建武初，天下求通《内谶》二卷者不得[⑥]。永平中，刺史张志举统方正[⑦]。司徒鲁恭辟掾[⑧]，与恭共定音律，上家法《章句》及二卷解说[⑨]。迁侍中、光禄大夫。以年老道深，养于辟雍，授几杖为三老[⑩]，卒。《内谶》二卷竟未详[⑪]。

【注释】

①三老：指国三老，多以致仕三公任之。本处特指杨统。泱泱：气

势、气魄宏大。

②父师：太子的师傅，掌国学之教。

③杨统：字仲通，广汉郡新都（今四川成都新都区）人。章帝建初中为彭城令。后位至光禄大夫，为国三老。研习天文、推步之术。每有灾异，朝廷多访之。年九十卒。参看《后汉书·杨厚列传》。

④华里先生炎高：疑即郑伯山。《后汉书·杨厚列传》："（杨）统感父遗言，服阕，辞家从犍为周循学习先法，又就同郡郑伯山受河洛书及天文推步之术。"

⑤图书：指《河图》《洛书》。

⑥天下：古时多指中国范围内的全部土地，全国。《内谶》：谶书之一。或疑即《孔子内谶》。《后汉书·郡国志五》李贤注引《巴汉志》："（阆中）有彭池大泽、名山灵台，见《孔子内谶》。"

⑦方正：古代制科之一。汉文帝时始诏举"贤良方正能直言极谏者"，多为举荐。后成为制科之一。以德行方正为取士的主要标准。

⑧鲁恭（32—112）：字仲康，扶风平陵（今陕西咸阳）人。少居太学，习《鲁诗》，为诸儒所称道。章帝集诸儒于白虎观，恭以经明召，与其议。初为新丰教授，后拜中牟令。以德化为理，不任刑罚。历官侍中、议郎、光禄勋，累迁司徒。选辟高第，至列卿郡守者数十人。性谦退，奏议依经，无所隐讳。永初六年（112）卒于家。《后汉书》有传。

⑨二卷解说：即《内谶解说》二卷。《后汉书·杨厚列传》："（杨）统作家法《章句》及《内谶》二卷解说。"

⑩几杖：凭几与手杖，古代用以孝敬老者的礼物。

⑪《内谶》二卷：当作"《内谶解说》二卷"。

【译文】

杨统气魄宏大，实际上被当作父师来礼遇。

杨统，字仲通，是新都人。杨统侍奉华里先生炎高，炎高告诫他说：

“汉家九世而王，将有《河图》《洛书》出现，你恰好与此世运相应。”建武初年，朝廷在全国征求精通《内谶》二卷的人，但没有找到。永平年间，刺史张志举荐杨统为方正。司徒鲁恭征辟杨统为掾，二人一起审定音律，杨统献上家法《章句》和《内谶》二卷解说。杨统后来升迁为侍中、光禄大夫。杨统因年龄大、道行深，被奉养于辟雍，授予凭几、手杖，成为三老，后来去世。所著《内谶》二卷，因未流传而内容不详。

平仲淑道①，殆乎庶几②。

王祐，字平仲，郪人也。少与雒高士张浮齐名，不应州郡辟命③。司隶校尉陈纪山④，名知人⑤，称祐天下高士。年四十二卒。弟获志其遗言⑥，撰《王子》五篇⑦。东观郎李胜⑧，文章士也⑨，作诔⑩，方之颜子⑪。列画学官。

【注释】

①淑：善，美。

②殆乎庶几：本意为大概差不多。语出《易・系辞下》：“子曰：‘颜氏之子，其殆庶几乎！’”后以“殆庶”借指贤德者。

③辟命：征召，任命。

④陈纪山：陈禅（？—127），字纪山，巴郡安汉（今四川南充）人。参看本书卷一《巴志》注。

⑤名知人：以善于鉴察人的品行、才能而知名。

⑥获：本书卷十二《序志并士女目录》作“濩”。

⑦《王子》五篇：此书已经亡佚。

⑧李胜：字茂通，广汉郡雒（今四川广汉）人。本卷后文有传。

⑨文章士：善于写文章的人。

⑩诔（lěi）：哀悼死者的文章。

⑪方：比拟。颜子：颜回（前521—前490），字子渊，春秋末鲁国人。孔子弟子。贫而好学，居住陋巷，箪食瓢饮，而不改其乐。以德行著称，列“孔门四科”之德行科。孔子称其“好学”而“贤哉”，“不迁怒，不贰过”“其心三月不违仁”（《论语·雍也》）。早死，孔子哭之恸。后世尊为“复圣”。

【译文】

王平仲善良乐道，是贤德之人。

王祐，字平仲，是郪人。王祐早年与雒地高士张浮齐名，但不接受州、郡的征召与任命。司隶校尉陈纪山，以善于鉴察人品、才能而知名，称赞王祐是天下的高士。王祐四十二岁时去世。王祐的弟弟王获记录王祐的遗言，撰成《王子》五篇。东观郎李胜，善于写文章，他为王祐写作诔文，将之比拟为颜回。王祐被图画在学官。

文父明洞[①]，探赜索微[②]。

杨厚[③]，字仲桓，统仲子也。道业侔父[④]，三司及公车连征辟[⑤]，拜侍中。上言西方及荆、扬、交州当兵起，人民疫蝗，洛阳大水，宫殿当灾，三府当免[⑥]，近戚谋变[⑦]，皆效验[⑧]。大将军梁冀秉权，自退。授门徒三千人。本初元年及建和中[⑨]，特征聘[⑩]，不行。年八十三卒。天子痛惜，诏谥曰文父。弟子雒昭约节宰、绵竹寇欢文仪、蜀郡何苌幼正、侯祈升伯、巴郡周舒叔布及任安、董扶等皆征聘辟举[⑪]，驰名当世。

【注释】

①明洞：洞察，观察清楚，了解透彻。

②探赜（zé）：探索奥秘。索微：研求微义。

③杨厚（72—153）：字仲桓，广汉郡新都（今四川成都新都区）人。

参看本书卷三《蜀志》注。厚,底本作"序",误。

④道业:谓善行、美德。因其可以化导他人,故称。侔(móu):齐等,相当。

⑤三司:东汉称太尉、司空、司徒为"三司"。征辟:谓征召布衣出仕。朝廷召之称"征",三公以下召之称"辟"。

⑥三府:谓太尉、司徒、司空府。

⑦近戚:犹近亲。谋变:图谋变乱。

⑧效验:效果,成效。意谓出现如所预期的效果,即应验了。

⑨本初:东汉质帝年号,仅一年(146)。建和:汉桓帝年号(147—149)。

⑩特征聘:特别征召。别于平常的乡举里选。

⑪昭约:字节宰,广汉郡雒(今四川广汉)人。本书卷十二《序志并士女目录》有名录。寇欢:字文仪,广汉郡绵竹(今四川德阳北)人。本书卷十二《序志并士女目录》有名录。何苌:字幼正,蜀郡(治今四川成都)人。侯祈:字升伯,蜀郡繁(今四川彭州)人。周舒:字叔布,巴西郡阆中(今四川阆中)人。周群之父。少从杨厚学,善占验之术,有盛名。朝廷屡征不就。任安(124—202):字定祖,广汉郡绵竹(今四川德阳北)人。参看本书卷三《蜀志》注。董扶:字茂安,广汉郡绵竹(今四川德阳北)人。参看本书卷三《蜀志》注。辟举:征召及选举。

【译文】

杨文父洞察事理,探奥研微。

杨厚,字仲桓,是杨统的二儿子。杨厚道业堪比其父,太尉、司空、司徒三司及政府公车都接连征召他,被拜为侍中。杨厚上书,说西方和荆州、扬州、交州将会有战争,老百姓遭遇瘟疫、蝗灾,洛阳将发大水,宫殿也会受灾,太尉、司徒、司空三府要免官,近亲图谋变乱,这些都应验了。大将军梁冀执掌政权,杨厚自动隐退。杨厚教授的门徒有三千人。本初元年和建和年间，朝廷特别征召杨厚，他没有应召。杨厚享年八十三而卒。天子痛惜，下诏赐谥文父。杨厚的弟子雒人昭约（字节宰）、绵竹人寇欢（字文仪）、蜀郡人何苌（字幼正）、侯祈（字升伯）、巴郡人周舒（字叔布），以及任安、董扶等人，都被征召选举，驰名于当世。

元章玄泊①，韬光匿辉②。

段翳③，字元章，新都人也。明经术，妙占未来。尝告大渡津吏曰④："某日当有诸生二人荷担问翳舍处者⑤，幸为告之。"后竟如其言。又有人从冀州来学积年⑥，自以精究翳术⑦，辞去。翳为筒作书⑧，封头与之，告曰："有急，发之。"至葭萌争津，吏挝从者头⑨。诸生发筒，筒中有书曰："到葭萌争津破头，以膏裹之。"生乃喟然知不及翳⑩，还更精学⑪。翳常隐匿，不使人知。门人皆号夫子。

【注释】

①玄泊：幽远恬淡。

②韬光、匿辉：相对为文。意为敛藏光采、光辉。比喻隐藏声名才华。辉，底本作"耀"，误。

③段翳（yì）：字元章，广汉郡新都（今四川成都新都区）人。习《易》，明风角。史称，能预知来人姓名及吉凶。后隐居匿迹，终于家。《后汉书》有传。

④尝：底本作"常"，误。吏：底本作"口"，误。《后汉书・方术列传》："（段翳）尝告守津吏曰……"

⑤舍处：房舍所在之处。即住处。

⑥积年：多年，累年。

⑦精究：精心研究，精通。

⑧作书：写信。

⑨挝（zhuā）：打，击。

⑩喟然：叹气的样子。

⑪精学：精进求学。《后汉书·方术列传》："生叹服，乃还卒业。"

【译文】

段元章幽远恬淡，敛藏光采。

段翳，字元章，是新都人。段翳通晓经学，能巧妙预测未来。段翳曾经告诉管理大渡津的官吏说："某天将会有两个学生挑着担子询问我的住处，敬请告诉他们。"后来的事情竟然如其所言。又有一人，从冀州来向段翳学习多年，自以为已经精通段翳之术，准备告辞而去。段翳做了个竹筒，将写的信装入竹筒，封了竹筒口交与此人，告诉他说："如果遇见紧急情况，就打开它。"此人到达葭萌渡口，因与人争渡，被官吏打破了头。此人打开竹筒，筒中有封书信，上面说："到葭萌争津口被人打破头，用膏药包裹头颅。"此人喟然而叹，知道自己不如段翳，回到段翳处进一步学习。段翳经常隐匿行踪，不使人知道自己。段翳的门人都称之为夫子。

稚子奕奕[①]，古之畏爱[②]。

王涣[③]，字稚子，郪人也。初为河内温令[④]，路不拾遗，卧不闭门。民歌之曰："王稚子，世未有，平徭役，百姓喜。"迁兖州刺史，部中肃清[⑤]。征拜侍御史、洛阳令。聪明惠断，公平廉正，抑强扶弱，化行不犯[⑥]，发奸擿伏[⑦]，忽若有神，京华密静[⑧]，权豪畏敬。元兴元年卒[⑨]。百姓痛哭，二县吊丧[⑩]，行人商旅，莫不祭之。贾胡左威[⑪]，遭其清理[⑫]，制服三年[⑬]。洛阳弦歌之[⑭]，为立祠。天子悼惜[⑮]，每下诏书德令[⑯]，必赐后嗣，与卓茂等为伍[⑰]。

【注释】

①奕奕:美好貌。

②畏爱:敬佩爱戴。语出《礼记·曲礼上》:“贤者狎而敬之,畏而爱之。”

③王涣(?—105):字稚子,广汉郡郪(今四川三台)人。参看本书卷三《蜀志》注。

④温:县名。春秋时晋置,治所在今河南温县西南三十里古温城(今上苑村北)。西汉属河内郡。魏晋因之。北齐废。

⑤肃清:清平,太平。

⑥化行:教化施行。

⑦发奸:揭发坏人坏事。擿(tī)伏:举发隐匿的坏人坏事。

⑧京华:京城之美称。因京城是文物、人才汇集之地,故称。密静:犹安定。

⑨元兴元年:105年。元兴,汉和帝年号(105)。按:王涣死后葬于四川成都新都区,墓前有石阙一对。右阙题“汉故先灵侍御史河内县令王君稚子阙”,左阙题“汉故兖州刺史雒阳令王君稚子阙”,皆为隶书,书法古朴雄健。

⑩二县:指王涣曾经任过县令的温县与洛阳县。吊丧:慰问丧家,祭奠死者。

⑪贾胡左威:胡商人名。事迹不详。贾胡,胡人商贾。

⑫清理:彻底整理或处理。本处意谓公正审理、裁断冤案。

⑬制服:指丧服,特指在父母丧期中穿的丧服。三年:即服丧三年。古代丧服中最重的一种。臣为君、子为父、妻为夫等要服丧三年。

⑭弦歌:依琴瑟而咏歌。按:《乐府诗集》卷三十九录有《雁门太守行》。《古今乐录》:“王僧虔《技录》云:‘《雁门太守行》歌古洛阳令一篇。’”所说“古洛阳令”,即王涣。

⑮悼惜:哀伤惋惜。多用以对死者。

⑯德令：施恩德的政令。

⑰卓茂：字子康，南阳宛（今河南南阳）人。西汉末为密县令，东汉初为太傅，著名当世。《后汉书》有传。

【译文】

王稚子美好啊，是古人所敬佩爱戴的人。

王涣，字稚子，是郪人。王涣起初担任河内郡温县县令，县内路不拾遗，夜不闭户。老百姓歌颂王涣说："王稚子，世未有，平徭役，百姓喜。"王涣后升迁为兖州刺史，州内清静太平。王涣后被征拜为侍御史、洛阳令。王涣为人聪明，办事果断，公平廉正，抑制豪强，扶助弱小，施行教化，秋毫不犯，揭发、惩治坏人坏事，忽忽有如神明相助，京城秩序安定，权贵豪强敬畏。元兴元年，王涣去世。百姓痛哭不已，温县和洛阳县百姓纷纷前来吊唁，行人与商人没有不去祭奠的。胡商左威的冤案，得到王涣审理与平反，他为王涣服丧三年。洛阳百姓作诗歌颂王涣，并为他建立祠堂。天子也为王涣哀伤惋惜，每次下达诏书与施恩政令时，必定赐予王涣后人，并将王涣与卓茂等人相提并论。

敬伯恺悌[①]，树德播惠[②]。

王堂[③]，字敬伯，郪人也。初临巴郡，进贤达士，举孝子严永、隐士黄错及张璊、陈髦[④]，民为立祠。徙任右扶风[⑤]，政教严明[⑥]。帝舅车骑将军阎显、大将军窦宪[⑦]，中常侍江京等嘱托[⑧]，辄拒之。白鹿见象[⑨]，不以为祥。徙鲁相，又徙汝南守。举陈蕃为功曹[⑩]，应嗣司隶校尉[⑪]，号知人之鉴。

【注释】

①恺悌：和乐平易，平易近人。

②树德：施行德政。播惠：传播仁惠。

③王堂：字敬伯，广汉郡郪（今四川三台）人。参看本书卷一《巴志》注。

④严永、黄错、张璊、陈髦：四人姓名见本书卷十二《序志并士女目录》。又，本书卷一《巴志》说四人“皆至大位”。

⑤右扶风：别称右辅。汉三辅之一。西汉太初元年（前104）改主爵都尉置。治长安县（今陕西西安西北）。职掌相当于郡太守，辖区相当于一郡，因地属畿辅，故不称郡。东汉移治槐里（今陕西兴平东南）。属司隶校尉部。三国魏改置扶风郡。

⑥政教：刑赏与教化。

⑦阎显（？—125）：河南荥阳（今河南荥阳东北）人。汉安帝阎皇后兄。嗣爵为北宜春侯。建光元年（121）帝亲政，显及诸弟并为显要，典禁兵。延光元年（122）封长社侯，干预朝政。与宦官江京等谮废太子刘保为济阴王。安帝卒，与太后定策迎立北乡侯刘懿为少帝。任车骑将军。寻少帝死，中黄门孙程等拥立刘保为顺帝，阎显弟兄皆被杀。事见《后汉书》。窦宪（？—92）：字伯度，扶风平陵（今陕西咸阳）人。参看本书卷十《先贤士女总赞》注。

⑧江京（？—125）：籍贯不详。以迎立安帝封都乡侯，迁中常侍，兼大长秋。后任长乐太仆。与安帝乳母王圣、外戚耿宝、阎显等结为私党，扰乱朝政，合谋废皇太子刘保为济阴王，枉杀太尉杨震。安帝死，又与阎显等定策立北乡侯刘懿为帝（即少帝）。少帝病死，宦官孙程等十九人拥立刘保为顺帝。遂被杀。事见《后汉书》。

⑨白鹿：白色的鹿。古时以为祥瑞。见象：现其形象，出现。见，同“现”。

⑩陈蕃（？—168）：字仲举，汝南平舆（今河南平舆北）人。东汉时期名臣，与窦武、刘淑合称“三君”。桓帝时任太尉，与李膺等反对宦官专权，被太学生称为“不畏强御”。灵帝时，为太傅、录尚书

事，与大将军窦武共同谋划剪除宦官，事败而死。《后汉书》有传。

⑪应嗣：籍贯不详。历任主簿、司隶校尉。

【译文】

王敬伯平易近人，施行德政，传播仁惠。

王堂，字敬伯，是郪人。王堂起初治理巴郡，举荐贤达之士，所举荐的孝子严永、隐士黄错及张璃、陈髦都官至高位，老百姓为他建立了祠堂。王堂转任右扶风，刑赏与教化严明。皇帝的舅舅车骑将军阎显、大将军窦宪以及中常侍江京等人都托他办事，都被拒绝了。白鹿出现，王堂也没有把它当作祥瑞。王堂转任鲁国国相，又转任汝南太守。王堂举荐陈蕃为功曹，举荐应嗣为司隶校尉，在当时以“知人”而著名。

叔宰济济①，以礼进退②。

冯颢③，字叔宰，郪人也。少师事杨仲桓及蜀郡张光超④，后又事东平虞叔雅⑤。初为谒者，威仪济济；为成都令，迁越巂太守，所在著称。为梁冀所不善⑥，冀风州追之⑦，隐居。作《易章句》及《刺奢说》⑧，修黄老⑨，恬然终日⑩。

【注释】

①济济：庄敬貌，有威仪的样子。

②进退：举止行动。

③冯颢：字叔宰，广汉郡郪（今四川三台）人。参看本书卷三《蜀志》注。

④杨仲桓：杨厚（72—153），字仲桓，广汉郡新都（今四川成都新都区）人。参看本书卷三《蜀志》注。张光超：蜀郡成都（今四川成都）人。参看本书卷十《先贤士女总赞》注。

⑤东平：封国名。西汉甘露二年（前52）改大河郡置，治无盐县（今

山东东平东南)。三国魏移治寿张县(今梁山东北)。西晋移治须昌县(今山东东平西北)。虞叔雅:东平(治今山东东平)人。事迹不详。

⑥梁冀(? —159):字伯卓,安定乌氏(今宁夏固原)人。参看本书卷十《先贤士女总赞》注。

⑦风:通"讽",暗示。

⑧《易章句》《刺奢说》:皆已经亡佚。

⑨修黄老:指的是修行道家清静无为的治身之术,故而下文说"恬然终日"。黄老,黄帝和老子的合称。后世道家奉以为始祖。也用以代称道家。

⑩恬然:安然自得的样子。

【译文】

冯叔宰庄敬肃穆有威仪,举止行动讲礼仪。

冯颢,字叔宰,是郪人。冯颢早年师事杨仲桓和蜀郡人张光超,后又师事东平人虞叔雅。冯颢起初担任谒者,威仪举止庄敬肃穆;后来担任成都令,升迁为越嶲太守,所在之地均以治绩而出名。冯颢不为权臣梁冀所喜,梁冀暗示州里逼迫冯颢辞职,冯颢于是退而隐居。冯颢著有《易章句》和《刺奢说》,修行黄老之术,终日安然自得。

大匠奇畅[①],妙监玄察[②]。尽言规世[③],袛以陨越[④]。

翟酺,字子超,雒人也。少事段翳,以明天官为侍中、尚书[⑤]。常见太史令孙懿[⑥],歔欷涕泣曰[⑦]:"图书有贼臣孙登[⑧],将以才智为黄门所害[⑨],君表相应之,是以凄怆[⑩]。"后为京兆尹、光禄大夫、将作大匠,上言汉四百年当有弱主闭门听政[⑪],数在三百年之间。荐故太尉庞参、故司徒李郃明通三才[⑫],忠正可以辅世。所言每指利疾[⑬],权贵诬酺及尚书令高堂芝交构[14]，免死[15]。著《援神契经说》[16]，卒家。

【注释】

①大匠：官名。“将作大匠”的省称。秦称将作少府，掌治宫室，有两丞、左右中候。景帝中元六年（前144）改称将作大匠。属官有石库、东园主章、左右前后中校七令丞。东汉沿置，俸二千石，掌修作宗庙、路寝、宫室、陵园土木工程，并种植桐梓之类于道侧。有丞一人，六百石。属官有左校令、右校令等。

②妙监玄察：意谓监察玄妙。监、察，监督视察。妙、玄，幽深微妙的境界。

③规世：规劝当世。

④陨越：比喻失职。

⑤天官：天文，天象。《后汉书·翟酺列传》：“（翟酺）尤善图纬、天文、历筭。”

⑥太史令：官名。两汉均置，西汉景帝中元六年（前144）隶太常，掌天文、历法、撰史；东汉置一员，六百石，不再撰史，专掌天时、星历，岁终奏新年历，国祭、丧、娶奏良日及时节禁忌，有瑞应、灾异则记之。孙懿：籍贯不详。曾任太史令。据《后汉书·翟酺列传》载，“（孙）懿忧惧，移病不试。由是（翟）酺对第一，拜尚书”。

⑦歔欷（xū xī）：悲泣，抽噎。涕泣：哭泣，流泪。

⑧图书：指《河图》《洛书》等纬书。

⑨黄门：官名。泛指黄门官。后汉少府属官有黄门侍郎，掌侍从左右，给事中，关通中外；小黄门，掌侍左右，受尚书奏事；黄门令，掌省中诸宦者；中黄门冗从仆射，掌中黄门冗从；中黄门，掌给事禁中等。

⑩凄怆：凄惨悲伤。按：《后汉书·翟酺列传》李贤注引《春秋保乾图》：“汉贼臣，名孙登，大形小口，长七尺九寸，巧用法，多技方，

《诗》《书》不用，贤人杜口也。”

⑪弱主：年幼庸懦的君主。按：《后汉书·翟酺列传》李贤注引《益部耆旧传》：“时诏问（翟）酺阴阳失序，水旱隔并，其设销复兴济之本。（翟）酺上奏陈图书之意曰：‘汉四百年将有弱主闭门听难之祸，数在三百年之间。斗历改宪，〔宜〕行先王至德要道，奉率时禁，抑损奢侈，宣明质朴，以延四百年之难。’帝从之。”

⑫庞参（？—136）：字仲达，河南缑氏（今河南偃师）人。举孝廉，拜左校令，坐法下狱。安帝永初二年（108），车骑将军邓骘征先零羌，庞参于狱中上书，请暂罢兵，休徭役，重农耕，蓄精锐，然后出其不意，攻其不备。邓太后纳其言，又得樊准荐，拜谒者，使督三辅诸军屯。迁汉阳太守，抑强助弱，以惠政得民。顺帝时位至太尉、录尚书事，以久病罢。《后汉书》有传。李郃：字孟节，汉中郡南郑（今陕西汉中）人。参看本书卷二《汉中志》注。明通：明白，通晓。

⑬利疾：犹利害，利益与损害。

⑭高堂芝：籍贯不详。曾任尚书令。交构：勾结。按：此即《后汉书·翟酺列传》所说“交通属托”。

⑮免死：据《后汉书·翟酺列传》，翟酺“坐减死归家”。

⑯《援神契经说》：解释纬书的著作。《后汉书·翟酺列传》：“（翟酺）著《援神》《钩命解诂》十二篇。”李贤注：“《援神契》《钩命决》，皆《孝经纬》篇名也。”按：《援神契》《钩命决》是《孝经纬》的两篇。

【译文】

将作大匠翟酺奇妙畅达，玄妙监察。翟酺尽心尽言规劝世人，只是因为有人失职。

翟酺，字子超，是雒人。翟酺早年师事段翳，因通晓天文而担任侍中、尚书。翟酺曾经见到太史令孙懿，便悲泣抽噎着说：“纬书上说有个贼臣叫孙登，将会因其才智而被黄门官陷害，阁下的外表与孙登相应，我因此为你感到悲伤。”翟酺后来担任京兆尹、光禄大夫、将作大匠，上书说：汉朝在经过四百年后，将会有年幼庸懦的君主关门听政，其运数在三百年之间。于是，翟酺推荐了前太尉庞参、前司徒李郃，因二人通晓三才之道，且为人忠诚正直，可以辅佐当世。翟酺所言，每每指明利害，权贵们诬陷翟酺与尚书令高堂芝勾结，后被免死。翟酺著有《援神契经说》，在家中去世。

司隶聪敏，奋名后叶[①]。

郭贺[②]，字乔卿，雒人也。初为太守黄幸户曹[③]。幸有事，与汉中太守李荣俱被征[④]。贺劝幸星行诣诏狱自归[⑤]，得免；荣稽留[⑥]，诏杀之。由是显名。太守蔡茂命为主簿[⑦]。茂梦坐大殿，极上得嘉禾三穗[⑧]，以问贺，对曰：“明府位当至三公。”旬月，茂迁司徒。表贺明律令，稍迁侍中、尚书仆射、司隶校尉、荆州刺史[⑨]。百姓歌之曰：“厥德仁明郭乔卿[⑩]。”明帝南巡狩[⑪]，善其治，赐三公服，去襜露冕[⑫]，使百姓见之，以彰有德。征河南尹[⑬]，卒。天子痛惜，赐钱三十万。

【注释】

①后叶：后世。

②郭贺（？—63）：字乔卿，广汉郡雒（今四川广汉）人。郭坚之孙。初为广汉户曹，后为主簿。光武帝建武中为尚书令，晓习故事，多所匡益。拜荆州刺史，有殊政，百姓称便而歌之。明帝巡狩南阳，赐以三公之服。永平四年（61）拜河南尹，卒于官。《后汉书》有传。

③黄幸：籍贯不详。曾任广汉太守。户曹：官名。地方州县官府诸曹之一。汉朝郡县始置，长官为掾或史，职掌同公府户曹。

④李荣：籍贯不详。曾任汉中太守。

⑤星行：犹言星夜急行。或谓连夜急行。诏狱：关押钦犯的牢狱。自归：自行投案，投案自首。

⑥稽留：耽搁，停留。

⑦蔡茂（前24—47）：字子礼，河内怀（今河南武陟）人。以儒学知名。西汉哀帝、平帝年间征试博士，以高等拜议郎，迁侍中。王莽居摄，以病自免，不仕新莽。光武帝建武初征拜议郎，迁广汉太守，在职清谨不懈。上书乞禁制贵戚，无所顾忌。建武二十年（44）为司徒，居官清俭。《后汉书》有传。

⑧茂梦坐大殿，极上得嘉禾三穗："大殿，极"，底本作"太极殿"，误。《后汉书·蔡茂列传》："（蔡）茂初在广汉，梦坐大殿，极上有三穗禾，茂跳取之，得其中穗，辄复失之。以问主簿郭贺，贺离席庆曰：'大殿者，官府之形象也。极而有禾，人臣之上禄也。取中穗，是中台之位也。於字禾失为秩，虽曰失之，乃所以得禄秩也。衮职有阙，君其补之。'"极，屋脊的栋梁。

⑨稍迁：意谓渐次升迁。稍，逐渐。

⑩"百姓歌之曰"两句：据《后汉书·郭贺列传》载，百姓所歌为："厥德仁明郭乔卿，忠正朝廷上下平。"仁明，仁爱明察。

⑪明帝：汉明帝刘庄（28—75）。初名阳。光武帝第四子。在位期间，省减租徭，修治汴河，民生比较安定。史载永平末，岁比丰稔，百姓殷富。后世史家将其与章帝统治时期并称为"明章之治"。死后谥为明帝，庙号显宗。《后汉书》有传。巡狩：旧称天子巡行诸国、州郡。据《后汉书·明帝纪》载，永平十年（67），汉明帝南巡狩至南阳。

⑫襜（chān）：车帷，古时马车四周的布帘。冕：古代帝王、诸侯及卿大夫所戴的礼帽。《后汉书·郭贺列传》："显宗巡狩到南阳，特见嗟叹，赐以三公之服，黼黻冕旒。敕行部去襜帷，使百姓见其容服，以章有德。"其后，"露冕"遂成为官员治政有方、皇帝恩宠有

加的典故。

⑬河南尹：官名。东汉光武帝建武十五年（39）置，为京都雒阳所在河南郡长官，设一员，二千石；有丞一员，为其副贰。主掌京都事务，春行属县，劝农桑，振乏绝；秋冬案讯囚徒，平其罪法；岁终遣吏上计；并举孝廉，典禁兵。

【译文】

郭贺聪敏，美名流传后世。

郭贺，字乔卿，是雒人。郭贺起初担任太守黄幸的户曹。黄幸因为有事，与汉中太守李荣一起被征召至京。郭贺劝黄幸连夜急行，赶往诏狱投案自首，结果黄幸得以免除死罪；而李荣因为耽搁时辰，被下诏判处死刑。郭贺因此名声显扬。太守蔡茂任命郭贺为主簿。蔡茂梦见自己坐在大殿上，在屋梁上得到有三穗的嘉禾，询问郭贺，郭贺回答说："明府当升迁至三公之位。"在一个月之间，蔡茂就升迁为司徒。蔡茂上表称赞郭贺明习律令，郭贺渐次升迁为侍中、尚书仆射、司隶校尉、荆州刺史。百姓歌颂郭贺："郭乔卿仁爱明察有美德。"汉明帝巡狩南方，赞许郭贺的治绩，赐给郭贺三公之服，并特意揭开车帷、露出冠冕，让百姓目睹郭贺的真容，以此表彰其为有德之人。郭贺后被征拜为河南尹，死于任上。天子痛惜，赏赐郭贺家人三十万钱。

镡、蔡翩翩[①]，交友惟贤。

镡显[②]，字子诵，郪人也。蔡弓[③]，字子骞，雒人也。俱携手共学，冬则侍亲，春行受业[④]。与张霸、李郃、张皓、陈禅为友[⑤]，共师司徒鲁恭[⑥]。显又与王稚子同见察孝于太守陈司空[⑦]，历豫州刺史、光禄大夫、侍中、卫尉[⑧]。弓为庐江太守，征拜议郎。而霸、郃、皓、禅皆至公卿。

【注释】

①翩翩：形容风度或文采的优美。

②镡（xín）显：字子诵，广汉郡郪（今四川三台）人。安帝时为豫州刺史，时天下饥荒，起事者众，显愍其困穷，辄擅赦之。自劾奏，有诏勿理。后任光禄大夫、侍中，官至长乐卫尉。《后汉书》有传。

③蔡弓：字子骞，广汉郡雒（今四川广汉）人。历官庐江太守，征拜议郎。

④受业：追随老师接受学业。

⑤张霸：字伯饶，蜀郡成都（今四川成都）人。参看本书卷十《先贤士女总赞》注。李郃：字孟节，汉中郡南郑（今陕西汉中）人。参看本书卷二《汉中志》注。张皓（50—132）：字叔明，犍为郡武阳（今四川眉山彭山区）人。参看本书卷三《蜀志》注。陈禅（？—127）：字纪山，巴郡安汉（今四川南充）人。参看本书卷一《巴志》注。

⑥鲁恭（32—112）：字仲康，扶风平陵（今陕西咸阳）人。参看本卷前文注。

⑦王稚子：王涣（？—105），字稚子，广汉郡郪（今四川三台）人。参看本书卷三《蜀志》注。见：被。察孝：察举孝廉。陈司空：陈宠（？—106），字昭公，沛国洨（今安徽固镇）人。参看本书卷三《蜀志》注。

⑧卫尉：长乐卫尉。官名。西汉置，为太后属官，掌长乐宫卫士守卫宫门和宫中巡逻。属官有长乐司马、长乐屯卫司马等。东汉沿置，秩二千石。

【译文】

镡显、蔡弓风度翩翩，交结朋友只选贤者。

镡显，字子诵，是郪人。蔡弓，字子骞，是雒人。二人携手共同学习，冬天在家侍奉双亲，春天外出从师学习。二人与张霸、李郃、张皓、陈禅等人是朋友，共同师事司徒鲁恭。镡显又与王稚子一起，同时被太守陈宠举荐为孝廉，历任豫州刺史、光禄大夫、侍中、卫尉。蔡弓担任庐江太守，后被征拜为议郎。而张霸、李郃、张皓、陈禅都官至公卿。

两李丽采[①]，文藻可观[②]。

李尤字伯仁[③]，李胜字茂通[④]，雒人也。侍中贾逵荐尤有相如、杨雄之才[⑤]，明帝召作东观、辟雍、德阳诸观赋铭、《怀戎颂》[⑥]，百二十铭，著《政事论》七篇，帝善之。拜谏大夫、乐安相[⑦]。后与刘珍共撰《汉记》[⑧]。孙充[⑨]，有文才。胜为东观郎，著赋、诔、论、颂数十篇[⑩]。

【注释】

①两李：指李尤、李胜。丽采：文采华丽。

②文藻：文采、词藻。

③李尤：字伯仁，广汉郡雒（今四川广汉）人。少以文章显。和帝时，拜兰台令史。安帝时迁谏议大夫，受诏与刘珍等撰《汉记》。顺帝立，迁乐安相。《后汉书》有传。

④李胜：字茂通，广汉郡雒（今四川广汉）人。有文才，为东观郎，著赋、诔、颂、论数十篇。附见于《后汉书·李尤列传》。

⑤贾逵（30—101）：字景伯，扶风平陵（今陕西咸阳）人。参看本书卷十《先贤士女总赞》注。

⑥德阳：殿名。东汉雒阳北宫的正殿。在今河南洛阳东北汉魏故城内。

⑦乐安：侯国名。东汉永元七年（95）改千乘郡置，治所在临济县（今山东高青县高城镇西二里）。本初元年（146）改为郡，移治高苑县（今山东邹平东北苑城镇）。三国魏复改乐安国。南朝宋又改为郡。

⑧刘珍（？—126）：字秋孙，一名宝，南阳蔡阳（今湖北枣阳）人。历任谒者仆射、越骑校尉，延光年间官至卫尉。邓太后诏使参与校定东观诸书，又诏作建武以来名臣传。著有《东观汉记》（合著）。《后汉书》有传。《汉记》：即《东观汉记》。书名。东汉官修本朝纪传体史书。汉明帝时开始编写，以后累朝增修，到桓灵时共修一百四十三卷，尚未最后定稿。参加撰述者先后有班固、刘珍、李尤等多人。东观为洛阳宫中殿名，即当时修史之处。

⑨充：李充，广汉郡雒（今四川广汉）人。李尤之孙。曾任尚书郎。有文才。附见于本书卷十《先贤士女总赞》的李尤传。

⑩诔：底本作“谏”，误。《后汉书·李尤列传》：“（李）尤同郡李胜，亦有文才，为东观郎，著赋、诔、颂、论数十篇。”

【译文】

李尤、李胜文采华丽，词藻可观。

李尤字伯仁，李胜字茂通，是雒人。侍中贾逵荐举李尤有司马相如、杨雄的才华，汉明帝召见令他创作东观、辟雍、德阳诸宫观的赋铭以及《怀戎颂》等一百二十铭，李尤又著有《政事论》七篇，汉明帝都认为写得好。李尤官拜谏大夫、乐安相。李尤后与刘珍共同撰写《汉记》。李尤之孙李充，有文才。李胜任东观郎，著有赋、诔、论、颂数十篇。

宪父悬车[①]。

王稚[②]，字叔起，堂幼子也。屡拒孝廉，公府十五辟[③]，公车征，及授二千石，征以太常，终不诣。年八十一卒。门人录其本行[④]，谥曰宪父。癸未[⑤]，诏书以安车聘请[⑥]，会已亡。

【注释】

①悬车：指隐居不仕。

②王稚（约122—约202）：字叔起，广汉郡郪（今四川三台）人。王

堂幼子。王堂，字敬伯，广汉郡郪（今四川三台）人。参看本书卷一《巴志》注。

③公府：官署名。三公（太尉、司徒、司空）的官署，属中央一级的机构。

④本行：指作为立身之本的德行。

⑤癸未：汉献帝建安八年（203）。按：这是下诏书之年。据此可知，王稚约去世于建安七年（202）。王稚年八十一卒，则其生年约为汉安帝延光元年（122）。

⑥安车：古代可以坐乘的小车。古车立乘，此为坐乘，故称安车。供年老的高级官员及贵妇人乘用。高官告老还乡或征召有众望的人，往往赐乘安车。安车多用一马，礼尊者则用四马。聘请：原指公府征辟，后泛指请人任职。

【译文】

王稚隐居不仕。

王稚，字叔起，是王堂的幼子。王稚多次拒绝被举荐为孝廉，公府十五次征辟，公车征召，以及授予二千石官位，征拜为太常，他始终不到任。八十一岁时去世。门人记录他一生的德行，私谥为宪父。癸未年，朝廷下达诏书，用安车聘请他出仕，恰好他已经去世了。

征君肥遁[①]。

冯信[②]，字季诚，郪人也。郡三察孝廉，州举茂才，公府十辟，公车再征，不诣。公孙述时，托目青盲[③]，侍婢奸其前，阳不觉[④]。述卒，以年老不出。

【注释】

①征君：征士的尊称。朝廷征聘而不肯受职的隐士。肥遁：语出

《易·遁》:"上九,肥遁,无不利。"孔颖达疏:"子夏传曰:'肥,饶裕也。'……上九最在外极,无应於内,心无疑顾,是遁之最优,故曰肥遁。"后因称退隐为"肥遁"。

②冯信:字季诚,广汉郡郪(今四川三台)人。参看本书卷五《公孙述刘二牧志》注。

③青盲:眼科病症名。俗称青光眼。症状为视力逐渐减退,渐至失明,但眼的外观没有异常,亦无明显不适感。

④阳:假装。《后汉书·独行列传》载,"(任)永妻淫于前,匿情无言;见子入井,忍而不救。(冯)信侍婢亦对(冯)信奸通。及闻述诛,皆盥洗更视曰:'世适平,目即清。'淫者自杀"。

【译文】

冯信隐居不仕。

冯信,字季诚,是郪人。郡里三次察举他为孝廉,州里荐举他为茂才,公府十次征辟,公车两次征召,他都不出仕。公孙述当政时,冯信以患青光眼推脱不出,侍女在他面前奸淫,冯信假装看不见。公孙述死后,冯信因年老而不出仕。

董、任循志[①],束帛戋戋[②]。

董扶字茂安[③],任安字定祖[④],绵竹人也。家居教授,弟子自远而至。扶初应贤良方正[⑤],诣京师。宰府十辟[⑥],公车三征,再举有道[⑦],为侍中。观汉将乱,求为属国[⑧],还蜀。安察孝及茂才[⑨],公府辟,公车征,皆不诣,卒布衣。弟子杜微、何宗、杜琼皆名士[⑩],至卿佐。

【注释】

①循志:遵循志向。本处意谓不为外物而改变志向。

②束帛：捆为一束的五匹帛。古代用为聘问、馈赠的礼物。戋戋(jiān)：形容堆积得很多的样子。《易·贲》："贲于丘园，束帛戋戋。"后因以"戋帛"指敦聘贤者的礼物。

③董扶：字茂安，广汉郡绵竹（今四川德阳北）人。参看本书卷三《蜀志》注。

④任安（124—202）：字定祖，广汉郡绵竹（今四川德阳北）人。参看本书卷三《蜀志》注。

⑤贤良方正：全称"举贤良方正能直言极谏科"。选举科目。常与"贤良文学"并称。始于汉文帝，汉武帝时复诏举贤良或贤良文学，遂成为一种举荐官吏后备人员的制度与科目。魏、晋、唐、宋沿用，设贤良方正科。贤良，才能、德行好。方正，正直。

⑥宰府：宰相办公之所。

⑦有道：汉代选举科目之一。即有道术之士。《后汉书·董扶列传》："（董扶）前后宰府十辟，公车三征，再举贤良方正、博士、有道，皆称疾不就。"

⑧属国：即属国都尉。官名。管理属国事务的行政长官。

⑨察孝："察举孝廉"的省称。茂才：秀才。

⑩杜微：字国辅，梓潼郡涪（今四川绵阳）人。参看本书卷七《刘后主志》注。何宗：字彦英，蜀郡郫（今四川成都郫都区）人。参看本书卷六《刘先主志》注。杜琼（？—250）：字伯瑜，蜀郡成都（今四川成都）人。参看本书卷六《刘先主志》注。

【译文】

董扶、任安遵循自己的志向，纵使敦聘礼物堆积如山。

董扶字茂安，任安字定祖，是绵竹人。董扶居家教徒授业，弟子有自远而来者。董扶起初应试贤良方正科，到了京城。相府十次征辟，公车三次征调，两次被举荐为有道，后来出任侍中。董扶看到汉家天下即将大乱，请求担任属国都尉，于是回到蜀地。任安察举孝廉、茂才，官府征辟，公车征召，他都不去，以布衣身份而终。任安弟子杜微、何宗、杜琼，都是名士，官至卿佐。

文表氾博[①]，提携士彦[②]。

王商[③]，字文表，郪人也。博学多闻。州牧刘璋辟为治中，试守蜀郡太守[④]。荆州牧刘表、大儒南阳宋仲子远慕其名[⑤]，皆与交好。许文休称商“中夏王景兴辈也”[⑥]。商劝璋揽奇拔隽，甚善匡救[⑦]。荐致名士安汉赵韪及陈实盛先、垫江龚扬、赵敏、黎景、阆中王澹、江州孟彪[⑧]，皆至州右职、郡守。又为严、李立祠[⑨]，正诸祀典[⑩]。在官十年而卒。

【注释】

①氾（fàn）博：广大，广博。

②士彦：即彦士，贤士。

③王商：字文表，广汉郡郪（今四川三台）人。参看本书卷三《蜀志》注。

④试守：正式任命前试行代理某一职务。

⑤宋仲子：宋衷，字仲子，南阳章陵（今湖北枣阳）人。参看本书卷十《先贤士女总赞》注。

⑥许文休（？—222）：许靖，字文休，汝南平舆（今河南平舆北）人。参看本书卷三《蜀志》注。中夏：指中原地区。王景兴（？—228）：王朗，字景兴，东海郯（今山东郯城）人。王肃之父。初以通经拜郎中。徐州刺史陶谦举为茂才，为谦之治中。后归曹操，拜谏议大夫，参司空军事。魏国建，累迁大理，治狱宽恕。魏文帝即位，任司空，封乐平乡侯。魏明帝时封兰陵侯，迁司徒。尝为《易》《春秋》《孝经》《周礼》作传。卒谥成侯。《三国志·魏书》

有传。

⑦匡救：匡正补救。

⑧赵韪（？—200）：巴郡安汉（今四川南充）人。参看本书卷一《巴志》注。陈实：字盛先，巴郡安汉（今四川南充）人。陈澄之孙。官至别驾从事。龚扬：巴郡垫江（今重庆合川）人。官至巴郡太守。参看本书卷一《巴志》注。赵敏：巴郡垫江（今重庆合川）人。官至巴郡太守。参看本书卷一《巴志》注。黎景：字阙，巴郡垫江（今重庆合川）人。官至日南太守。本书卷十二《序志并士女目录》有名录。王澹：巴郡阆中（今四川阆中）人。举茂才。本书卷十二《序志并士女目录》有名录。孟彪：江州（今重庆）人。举茂才。本书卷十二《序志并士女目录》有名录。

⑨严、李：指严遵、李弘。

⑩祀典：祭祀的典礼。

【译文】

王文表学识广博，乐于提携人才。

王商，字文表，是郪人。王商博学而多闻。州牧刘璋征辟他为治中，代理蜀郡太守。荆州牧刘表和大儒、南阳人宋仲子在远方仰慕他的名声，都与王商结交为好友。许文休称赞王商是“中原地区王景兴一流的人物”。王商劝说刘璋延揽、提拔优秀人才，很有利于时世的匡正与补救。王商推荐、招致的知名人士，有安汉人赵韪、陈实（字盛先），垫江人龚扬、赵敏、黎景，阆中人王澹，江州人孟彪，他们都官至州部要职、郡太守。王商又为严遵、李弘修建了祠堂，并厘正了祭祀的典礼。王商在任十年去世。

超类拔萃[①]，实惟世信。

刘宠[②]，字世信，绵竹人也。出自孤微[③]。以明《公羊春秋》，上计阙下[④]。见除成都令[⑤]，政教明肃[⑥]。时诸县多难治，乃换宠为郫令，又换郪、安汉，皆垂绩[⑦]。还在成都，迁牂柯太守。初乘一马之官，布衣疏食[⑧]，俭以为教。居郡九年，乘之而还，吏人为之立铭。王商、陈实，当世贵士[⑨]，皆与为友。

【注释】

①超类拔萃：犹言出类拔萃。形容超越寻常，杰出。类，同类。拔，超出。萃，原为草丛生的样子，引申指同类丛聚。

②刘宠：字世信，广汉郡绵竹（今四川德阳北）人。参看本书卷三《蜀志》注。

③孤微：谓低微贫贱。

④上计：汉制，每届年终，郡国遣吏至京上计簿，将境内全年户口、钱粮、盗贼、狱讼等事项，向朝廷报告，借资考绩，称为"上计"。阙下：宫阙之下。借指帝王所居的宫廷，亦借指京城。本处指的是京城。

⑤见除：被任命为。

⑥明肃：清明严格。

⑦垂绩：留下政绩。

⑧布衣疏食：穿布衣，吃粗粮。形容生活俭朴。疏，通"蔬"，泛指蔬菜。

⑨贵士：贵族高门之士。

【译文】

出类拔萃的人，实在是刘世信。

刘宠，字世信，是绵竹人。刘宠出身低微贫贱。因为通晓《公羊春秋》，被安排到京城上计。后被任命为成都令，政教清明严格。当时各县都很难治理，刘宠被调任为郫县令，又转任郪、安汉县令，都留下了政绩。

后又还任成都令,升迁为牂柯太守。当初,刘宠乘一马上任,穿的是布衣,吃的是粗粮,以俭朴教化地方。刘宠在牂柯郡任职九年,仍然乘一马而归,当地官吏、百姓为刘宠立了碑铭。王商、陈实,是当时的高门之士,都与刘宠结为好友。

节英亢烈①,仰诉鼎臣②。

段恭,字节英,雒人也③。少周流七十余郡④,求师受学,经三十年。兄事冯翊骆异孙、泰山彦之章、渤海纪叔阳⑤,遂明《天文》二卷。东平虞叔雅学绝高当世,遂游于蜀,恭以朋友礼待之。后为上计掾⑥,会有司劾太尉庞参兼举茂才、孝廉⑦。参性忠正亮直⑧,为贵戚所擯⑨,以恚发病⑩,远近称冤。恭不能耐其枉,亢疏表参忠直⑪,不当以谗佞伤毁忠正⑫。帝悟⑬,即日召西曹掾问疾⑭,寻羊酒慰劳参忠⑮。

【注释】

①亢烈:刚毅。

②鼎臣:重臣,大臣。

③雒人:本书卷十二《序志并士女目录》作"新都人"。

④周流:周游。

⑤冯翊:即"左冯翊"。郡名。别称左辅。汉三辅之一。西汉太初元年(前104)改左内史置。因在京兆尹之左(东),故称。后世通称京东之地为"左辅"。职掌相当于郡太守,辖区相当于一郡,因地属畿辅,故不称郡。治长安县(今西安西北)。辖区约当今陕西渭河以北、泾河以东的洛河中、下游地区。东汉移治高陵县(今陕西高陵西南)。属司隶校尉部。三国魏改置冯翊郡,移治临晋(今陕西大荔)。泰山:郡名。楚汉之际刘邦以博阳郡改置。

治所在博县(今山东泰安东南),后移治奉高县(今泰安东北)。因境内泰山得名。渤海:郡名。治所在临济城(今山东高青高苑)。骆异孙、彦之章、纪叔阳:三人事迹不详。

⑥上计掾:官名。也简称计掾。汉置,魏晋沿置。掌从主计吏到京师汇报本郡本国的人口、钱粮、赋税、垦田、盗贼、狱讼等。

⑦庞参(?—136):字仲达,河南缑氏(今河南偃师)人。参看本卷前文注。兼举茂才、孝廉:东汉之制,三公岁举茂才一人;而孝廉则为郡国察举。庞参时为太尉,依例可举茂才。"有司劾太尉庞参兼举茂才、孝廉",大概是弹劾庞参不当举孝廉(刘琳)。

⑧忠正:忠诚正直。亮直:诚实正直。

⑨摈:排斥,排挤。

⑩恚(huì):愤怒,怨恨。

⑪亢疏:上书直陈。

⑫谗佞(nìng):谗邪奸佞之人。

⑬帝:皇帝。本处特指汉顺帝。汉顺帝,即刘保(115—144),东汉皇帝。汉安帝长子。永宁元年(120)立为皇太子,延光三年(124)废为济阴王。安帝死后,宦官孙程等迎帝即位,年十一。封孙程等十九人为列侯。在位十九年。

⑭即日:当天,当日。西曹掾:官名。汉置,为太尉属官,掌府吏署用。问疾:探问疾病。

⑮羊酒:羊和酒。亦泛指赏赐或馈赠的物品。

【译文】

段节英为人刚毅,敢于向在上位的重臣申诉冤情。

段恭,字节英,是雒人。段恭早年周游七十多个郡,寻访老师,接受学习,如此历经三十年。段恭像对待兄长一样侍奉冯翊人骆异孙、泰山人彦之章、渤海人纪叔阳,于是通晓了《天文》二卷。东平人虞叔雅的学问称绝于当世,到蜀地游学时,段恭以朋友之礼对待他。后来,段恭担任了上计掾，恰逢有司弹劾太尉庞参兼举茂才、孝廉不当。庞参本性忠诚正直，被贵戚排挤而愤怒发病，远近之人都为他喊冤。段恭不能忍受庞参被人冤枉，于是上书，直陈庞参忠诚正直，不应当让谗邪奸佞之人诋毁忠诚正直之士。皇帝醒悟，当天即令西曹掾前往探问疾病，不久又送去羊和酒以慰劳庞参的忠诚。

士游孝淳[①]，感物悟神[②]。

姜诗[③]，字士游，雒人也。事母至孝。母欲江水及鲤鱼脍[④]，又不能独食，须邻母共之，诗常供备。子汲江溺死，秘言遣学，不使母知。于是有涌泉出于舍侧，有江水之香，朝朝出鲤鱼二头[⑤]，供二母之膳。其泉灌田六顷，施及比邻。公孙述平后，东精为贼[⑥]，掠害，不敢入诗里。时大荒饥，精致米肉与诗，诗埋之。永平三年[⑦]，察孝廉。明帝诏曰："大孝入朝，孝廉一切皆平之[⑧]。"除江阳、符长[⑨]，所居乡皆为之立祠。

【注释】

①孝淳：犹言淳孝，至孝。

②感物悟神：意即本书卷三《蜀志》所说姜诗"感物寤灵"，感动外物，唤醒神灵。

③姜诗：字士游，广汉郡雒（今四川广汉）人。参看本书卷三《蜀志》注。

④鲤鱼脍：鲤鱼肉片。

⑤朝朝：天天，每天。

⑥东精：人名。赤眉军余部首领。《后汉书·列女传》："赤眉散贼经（姜）诗里，弛兵而过。"

⑦永平三年:60年。永平,汉明帝年号(58—75)。

⑧一切:一概,一律。《后汉书·列女传》:“永平三年,察孝廉,显宗诏曰:‘大孝入朝,凡诸举者一听平之。’由是皆拜郎中。”

⑨江阳:县名。西汉置,属犍为郡。治所即今四川泸州。以县在大江(长江)之阳(水之北),故名。东汉为枝江都尉治。建安十八年(213)为江阳郡治。符:县名。西汉元鼎二年(前115)置,属犍为郡。治所即今四川合江县。东汉改为符节县。建安中属江阳郡。西晋复改符县。永嘉以后废。

【译文】

姜士游至孝,感动外物唤醒神灵。

姜诗,字士游,是雒人。姜诗侍奉母亲非常孝顺。母亲想喝江中水、吃鲤鱼片,又不能一个人独自进食,必须与邻居的母亲共同进食,姜诗经常供给齐备。姜诗的儿子到江边打水,不幸溺水身亡,她保守秘密,说儿子外出求学去了,不让自己的母亲知道。于是有一股涌泉出在屋舍边上,有与江水一样的香味,而且每天都会涌出两尾鲤鱼,供应两位母亲的膳食。这眼涌泉能灌溉六顷田地,其恩惠施及于邻居。公孙述被平定后,东精成为贼寇,掠夺残害百姓,但不敢进入姜诗的乡里。当时,正逢大饥荒,东精送米、肉给姜诗,姜诗将其埋入地下。永平三年,姜诗察举孝廉。汉明帝下诏说:“大孝之人进入朝廷,察举孝廉者一概予以评定。”姜诗被任命为江阳、符县长,姜诗所居住的地方,乡里都为他修建了祠堂。

少林阴德[①],阳报是甄[②]。

王忳[③],字少林,新都人也。游学京师,见客舍有一书生困病[④],忳隐视[⑤],奄忽便绝[⑥]。有金十斤,忳以一斤买棺木,九斤还要下葬埋之。后为大渡亭长[⑦],大马一匹来入亭中,又有绣被一领飞堕其前,人莫识者,郡县以畀忳[⑧]。后乘马到雒县，马牵忳入他舍。主人问忳所由得马，忳具说其状[⑨]，并及绣被。主人怅然曰："卿何阴德而致此？"忳说昔埋书生事。主人惊曰："是我子也，姓金名彦，卿乃葬之，不报，天彰卿德。"辟举茂才，除郿令。宿斄亭中[⑩]，数有人为鬼所杀。忳上楼，夜半有女子称冤，曰："妾，涪令妻也，当之官，宿此，枉为亭长所杀，大小二十口埋在楼下，夺取财物。"忳曰："汝何故以恒杀人？"女子曰："妾不得白日，惟依夜愬[⑪]，人眠不肯应，恚，故杀之。"初来时，言无衣，忳以衣衣之，言讫投衣而去。旦召游徼诘问[⑫]，具服[⑬]。即收同谋十余人杀之，送涪令丧还乡里。当世称之。

【注释】

①阴德：暗中做的有德于人的事。

②阳报：显明的报应。甄：昭显，表彰。

③王忳（zhūn）：字少林，广汉郡新都（今四川成都新都区）人。举茂才，除郿令。理狱有能名。《后汉书·独行列传》有传。按：王忳阴德、阳报事，出自陈寿《益部耆旧传》，《太平御览》卷四百六十五、卷四百七十九、卷五百五十四、卷七百七、卷八百一十一均有节引。

④困病：犹言病笃，病势沉重。

⑤隐视：暗中观察。

⑥奄忽：倏忽，忽然。

⑦大渡亭：地名。属新都，即今四川金堂县赵镇。亭，秦汉时，城乡都置亭。在乡，称乡亭，又称野亭，十里一亭，亭设亭长，下有亭佐、求盗等吏卒，掌治安、诉讼和捕盗贼等事。城市里也置亭，称都亭，其职与乡亭同。

⑧畀（bì）：给予，付与。

⑨具说：详说，备述。

⑩斄（tái）：古同“邰”（tái）。县名。秦置，在今陕西武功西南。秦属内史。西汉属右扶风。东汉废。

⑪愬（sù）：告发，诉说。

⑫游徼（jiào）：官名。秦置，汉朝沿置，后废。为乡官，掌巡逻禁捕奸人盗贼。诘问：盘问，质问。

⑬具服：完全服罪。《后汉书·独行列传》：“明旦召游徼诘问，具服罪。”

【译文】

王少林积有阴德，因其彰显而得到显明的报应。

王忳，字少林，是新都人。在京城游学时，看见客舍中有一位书生病势沉重，王忳暗中观察，书生倏忽之间便气绝身亡。书生有十斤黄金，王忳用其中的一斤为书生买了棺材，剩下九斤放回书生腰下，与其一起埋葬。后来王忳担任大渡亭长，有一匹高头大马进入亭中，又有一床绣花被子从天飞堕而下，落在王忳的前面，众人都不知道这是怎么回事，郡县将大马和被子给了王忳。后来，王忳乘马到了雒县，马牵着王忳进入了他人房舍。主人询问王忳得到马的来由，王忳详细说明了实际情况，并且说了绣花被子的事。主人失意地说：“阁下有何阴德，而能得到这些？”王忳便陈述了当年埋葬书生的事情。主人惊讶地说：“他是我的儿子啊，姓金，名彦，原来是阁下埋葬了他，我没有报答阁下，是上天彰显了阁下的德行。”王忳被征辟为茂才，任命为郿县令。王忳住宿在斄亭之中，亭中有多人被鬼杀死。王忳登上亭楼，夜半时分有女子喊冤道：“贱妾是涪县令的妻子，在上任的途中，我们借宿在此亭，结果被亭长杀死，大大小小二十口人都被埋在楼下，他们夺取了我们的财物。”王忳问：“你为何常常在此杀人？”女子说：“贱妾不能白天出来，只能在夜晚诉说，而这些人都睡着了不肯回应我，我怨恨，故而杀了他们。”女子初来之时说自己没有衣服，王忳把自己的衣服给她穿，女子说完话放下衣服就走了。第二天早上，王忳召集游徼盘问，都完全服罪。王忳随即收捕同谋十余人，一并将其处死，又将涪县令尸体送还乡里。王忳此举受到了当时人的称赞。

仲鱼谦冲[①]。

羊期，字仲鱼，郪人也。父为交州刺史[②]，卒官。期迎丧[③]，不敢取官舍一物。郡三察孝廉，公府辟，州别驾，皆不应。太守尹奉弃刑名[④]，行礼乐[⑤]，请为功曹。刺史必欲借期自佐[⑥]，不得已，为别驾。后为太守孙宝、蔡茂、祋讽功曹[⑦]。当欲渡津，津吏滞，停车待之三日；将宿中亭，中有县吏，引车避之。为野王令[⑧]。

【注释】

①谦冲：谦虚和顺。

②父：据本书卷十二《序志并士女目录》，羊期之父名甚。

③迎丧：把客死外乡者的灵柩或尸骨迎归家乡。

④尹奉：南阳（治今河南南阳）人。参看本书卷四《南中志》注。刑名：指法家的学说及其治术，如循名责实、慎赏明罚等。

⑤礼乐：指儒家所主政的礼乐教化。

⑥自佐：辅佐自己。

⑦孙宝：字子严，颍川鄢陵（今河南鄢陵北）人。成帝鸿嘉中，历任益州、冀州刺史，拜广汉太守。不畏权势，颇有政绩，吏民称颂。哀帝时，征为谏大夫，迁司隶校尉。因上书为郑崇申冤，被免为庶人。平帝时，起为大司农。廷臣称王莽功德，宝独非之。后免官。《汉书》有传。蔡茂（前25—47）：字子礼，河内怀（今河南武陟）

人。西汉哀帝、平帝年间,拜议郎,迁侍中。新莽时,免官不仕。光武建武初征拜议郎,迁广汉太守,在职清谨不懈。祋(duì)讽:籍贯不详。汉安帝时为广汉太守、尚书令、光禄勋。参看本书卷三《蜀志》注。按:三人任广汉太守时间相距甚远,常璩不当错谬如此。三太守姓名,或为妄人所增。

⑧野王:县名。战国韩置。后入秦,属河内郡。治所在今河南沁阳。东汉、晋、北朝曾是河内郡和怀州治所,三国魏曾为野王郡治所。

【译文】

羊仲鱼谦虚和顺。

羊期,字仲鱼,是郪人。他的父亲是交州刺史,后死于任上。羊期去迎接父亲的遗体,不敢拿官府中的一件物品。郡里三次察举他为孝廉,公府征辟,任命他为州别驾,他都没有答应。太守尹奉抛弃刑名法术,推行礼乐教化,聘请他为功曹。刺史一定要借重羊期来辅佐自己,不得已,羊期只好出任别驾。后来,太守孙宝、蔡茂、祋讽聘请羊期为功曹。有一次,羊期打算渡河,被渡口官吏阻止,停车等待了三天;将要留宿中亭时,因亭中有县吏,被要求引车回避。羊期担任过野王县令。

云卿安贫①。

朱仓,字云卿,什邡人也。受学于蜀郡张宁②,餐豆屑饮水以讽诵③。同业怜其贫④,资给米肉,终不受。著《河洛解》⑤。家贫,恒以步行。为郡功曹。每察孝廉,羞碌碌诣公府试⑥,不就⑦。州辟治中从事,以讽咏自终⑧。

【注释】

①安贫:自甘于贫穷。

②张宁:蜀郡人。处士。《太平御览》卷四百二十六、卷六百一十一、

卷八百四十一引《益部耆旧传》,朱仓"从处士张宁受《春秋》"。

③豆屑:豆粉。"屑"字底本原缺,据《太平御览》卷二百六十四引《华阳国志》补。讽诵:朗读,诵读。

④同业:同学,同窗。

⑤《河洛解》:朱仓著作。解说《河图》《洛书》。

⑥碌碌:随众附和貌,平庸无能貌。

⑦不就:不就职,谓不接受任命。

⑧讽咏:讽诵吟咏。

【译文】

朱云卿自甘于贫穷。

朱仓,字云卿,是什邡人。朱仓求学于蜀郡张宁门下,吃的是豆粉,喝的是白水,坚持诵读课业。同学可怜他贫穷,资助他米、肉,但朱仓始终不肯接受。朱仓著有《河洛解》。朱仓因为家贫,常常是步行来回。原来担任郡功曹。每次察举孝廉,朱仓都羞于跟随众人到公府去应试,也不去应聘。州里征辟他为治中从事,但朱仓还是以讽诵吟咏终其一生。

伯式玄照[①]。

折像,字伯式,雒人也。其先张江为武威太守[②],封南阳折侯,因氏焉。父国为郁林太守[③]。家赀二亿[④],故奴婢八百人,尽散以施宗族,恤赡亲旧[⑤],葬死吊丧[⑥]。事东平虞叔雅,以道教授门人[⑦],朋友自远而至。时人为谚曰:"折氏客谁?朱云卿、段节英,中有佃子赵仲平[⑧],但说天文论五经。"

【注释】

①玄照:谓微妙地鉴照(事理)。

②张江:广汉郡雒(今四川广汉)人。曾任武威太守。后被封为南

阳折侯，因此改姓折氏。本书卷十二《序志并士女目录》有名录。

③国：折国，广汉郡雒（今四川广汉）人。折像之父。曾任郁林太守。本书卷十二《序志并士女目录》有名录。

④家赀（zī）：家产，家中资产。赀，通“资”。

⑤恤赡：救济，抚恤。亲旧：犹亲故，亲戚和故交旧友。

⑥吊丧：到丧家吊唁。

⑦道：黄老之道，讲究清静无为。《后汉书·方术列传》：“（折像）能通京氏《易》，好黄老言。”

⑧赵仲平：或当即赵晏。本书卷十二《序志并士女目录》：“忠贞：魏郡太守赵晏，字平仲。安汉人也。”

【译文】

折伯式微妙鉴照事理。

折像，字伯式，是雒人。折像的祖先张江担任过武威太守，后被册封为南阳折侯，因而以折为氏。折像的父亲折国担任过郁林太守。折氏家产二亿，原有奴婢八百人，但折像散尽全部家产以施舍同宗族之人，救济亲人，抚恤故旧，为死人送葬，为丧者吊唁。折像师事东平人虞叔雅，用黄老之道教授门人，而朋友自远而来受教。当时人有谚语说：“折氏的客人是谁？是朱云卿、段节英，其中还有佃子赵仲平，他们只谈论天文，论说五经。”

孟宗当仁[①]。

杜真[②]，字孟宗，绵竹人[③]。诵书百万言。兄事翟酺。酺免后，尚书令与司隶校尉枉劾之，复征诣狱。真上章救之，受掠笞六百[④]，狱中明酺无事，京师壮之[⑤]。以汉道微[⑥]，散财施宗族，不应公府辟命。及辟，长吏候迎，每交于门，乃断发以自绝。

【注释】

①当仁：谓勇为不辞，即当仁不让。

②杜真：字孟宗，广汉郡绵竹（今四川德阳北）人。少有孝行，性慷慨，散财施宗族。习《易》《春秋》，不应辟命。事见《后汉书·翟酺列传》李贤注引《益部耆旧传》。

③绵竹人：依全书文例，“人”下当有“也”字。

④掠笞（chī）：拷打，笞击。

⑤壮：壮烈，认为壮烈。按：翟酺事，见本卷上文。

⑥汉道：汉代的道统、国祚。

【译文】

杜孟宗当仁不让。

杜真，字孟宗，是绵竹人。杜真诵读的书有上百万字。杜真以兄辈之礼事奉翟酺。翟酺被免职后，尚书令和司隶校尉捏造事实、弹劾翟酺，又将翟酺投入大狱。杜真呈上奏章营救翟酺，接受了六百大板的拷打，在狱中申明翟酺无罪，京师之人认为杜真行为壮烈。杜真见汉朝国祚衰微，便散尽家财施舍族人，自己也不接受公府的征辟和任命。等到被征辟之时，杜真每每让长吏在门口等候，自己则剪断头发，表示与官府断交。

味道好施[①]，清风迈伦[②]。

赞仲鱼以下也[③]。

【注释】

①味道：体味道的哲理，体察道理。

②清风：高洁的品格。迈伦：超过一般人。

③仲鱼：羊期，字仲鱼，广汉郡郪（今四川三台）人。本书卷十《先贤士女总赞》有传。

【译文】

体察道理，喜好施舍，品格高洁，超过常人。

这些话赞扬的是羊仲鱼以下的人。

汉儒请雨，精感庆云①。

谅辅②，字汉儒，新都人③。为郡五官掾④。时天大旱，请雨不降，辅出祷祈⑤，乃积薪祝神曰："不雨则欲自焚，为贪叨吏谢罪百姓⑥。"言终暴雨⑦。

【注释】

①庆云：五色云。古人以为喜庆、吉祥之气。

②谅辅：字汉儒，广汉郡新都（今四川成都新都区）人。仕郡为五官掾。时夏大旱，太守出祷山川，连日无应。辅乃自暴庭中，积薪将自焚，须臾降雨，世称其至诚。《后汉书·独行列传》有传。

③新都人：依全书文例，"人"下当有"也"字。

④五官掾：官名。省称"五官"。汉置，为郡国属官，掌管功曹及诸曹事，主祠祀。其监属县，有五部督邮，曹掾一人。在郡国，称五官掾；在县，称廷掾，监乡五部。春夏为劝农掾，秋冬为制度掾。

⑤祷祈：祈祷，祷告而祈求。

⑥贪叨：贪婪，贪图。

⑦言终暴雨：《后汉书·独行列传》："于是积薪柴聚茭茅以自环，构火其傍，将自焚焉。未及日中时，而天云晦合，须臾澍雨，一郡沾润。世以此称其至诚。"

【译文】

谅汉儒祈求降雨，他的精诚感动上天。

谅辅，字汉儒，是新都人。谅辅是郡里的五官掾。当时，天下大旱，众人求雨未成，谅辅亲自去祈祷，他堆积柴草，祈祝神灵说："如果不降雨，我就要自焚，替贪官污吏向百姓谢罪。”谅辅语毕，天降暴雨。

韩揆义烈[①]。

韩揆，字伯彦，绵竹人也。为令锜裒主簿[②]。值黄巾贼入界，扶裒走入草中。裒遣求隐翳处[③]，未还，裒为贼所得，见害[④]。揆殡殓葬埋讫[⑤]，诣从事贾龙求兵讨贼[⑥]。贼破，曰：“本报令君[⑦]，而苟自活，非忠。”乃自杀。

【注释】

①韩揆（kuí）：字伯彦，广汉郡绵竹（今四川德阳北）人。为县主簿。黄巾军入县界，扶县令走入草中，自隐翳处，归，令已被杀。殡葬讫。黄巾他去，揆以为本欲报令知遇恩，今被杀，不忠，乃自杀。义烈：忠义节烈。

②锜裒（qí póu）：籍贯不详。曾任绵竹令。

③隐翳（yì）：掩蔽，遮蔽。

④见害：被害。本书卷五《公孙述刘二牧志》：“中平五年（188），益州黄巾逆贼马相、赵祗等聚众绵竹，杀县令李升，募疲役之民，一二日中得数千人。”上文所说“锜裒”，或当为“李升”之误。

⑤殡殓：入殓和出殡。即为死者更衣下棺，准备埋葬。

⑥贾龙：蜀郡（治今四川成都）人。参看本书卷五《公孙述刘二牧志》注。

⑦令君：对县令的尊称。

【译文】

韩揆忠义节烈。

韩揆，字伯彦，是绵竹人。韩揆是绵竹县令锜裒的主簿。当时适逢黄巾贼攻入县界，韩揆搀扶锜裒逃入草丛之中。锜裒派遣韩揆去寻找一个可以藏身的地方，在韩揆还没有回来前，锜裒就被黄巾贼抓住杀害了。韩揆将锜裒入殓、出殡、埋葬后，前去拜见从事贾龙，请求他出兵讨伐贼人。贼人被打败后，韩揆说："我本来是为县令报仇，现在大仇已报，而我苟活着，这不是忠诚的表现。"于是，韩揆自杀了。

乔云勇震[①]。

左乔云，绵竹人也。少为左通所养为子。通坐任徒[②]，徒逃，吏欲破通膑[③]。通无壮子[④]，故为吏所侵。乔云时年十三，喟然愤怒，以锐刀杀吏，解通走。将令出追[⑤]。初闻，以为壮士[⑥]，及知是小儿，为之流涕。

【注释】

①勇震：以勇敢而震动。

②坐：因……犯罪，由……而获罪。任：担保。徒：刑徒。

③膑：古代一种剔掉膝盖骨的酷刑。

④壮子：成年的儿子。

⑤将：刺史或太守之称。刺史称"州将"，太守称"郡将"（刘琳）。

⑥壮士：体健力大者。本处所说"壮士"，还带有"成年"意。由后文"及知是小儿"，即可知此意。

【译文】

左乔云以勇敢而震动天下。

左乔云，是绵竹人。左乔云年少之时被左通领养，将他作为儿子。左通因为替刑徒担保，而刑徒逃跑了，故由此获罪，狱吏准备剔去左通的膝盖骨。左通没有成年的儿子，故而被狱吏处刑。左乔云当时十三岁，极为愤怒，用利刃杀死了狱吏，救出左通逃走。州郡下令追赶二人。世人起初听说此事，以为是成年壮士所为，当得知是小儿所为，不禁为之流涕。

杨宽证将[①]，烈播友人。

宽字叔仲，新都人也。父斌证令万世[②]，太守祋讽以忠义状闻[③]。宽为郡吏，乡人马闰章言太守五方[④]，宽与兄皆诣狱证之[⑤]，得理[⑥]。后方当迁南郡，闰复章之。宽乃发闰赃私事[⑦]，闰伏罪[⑧]。友人汝锟为张明所杀，宽怒，缚明送锟家，使自谢之也。

【注释】

①证：为……作证，证明……无罪。将：郡将，太守之称。本处指广汉太守祋讽。

②令万世：新都县令万世。县令姓万，名世。

③状闻：以奏状上闻。

④章言：上奏章弹劾。本处意为上奏章诬告。五方：人名。姓五，名方。广汉太守。

⑤兄：据本书卷十二《序志并士女目录》，杨宽之兄名混。

⑥得理：得以申理。意谓所持的理由受到支持，而得以伸张。

⑦发：揭发。赃私：贪污营私。

⑧伏罪：服罪，认罪。

【译文】

杨宽证明郡守无罪，其刚烈名声在友人中传播。

杨宽，字叔仲，是新都人。杨宽的父亲杨斌证明县令万世无罪，太守祋讽以忠义之名上奏朝廷。杨宽为郡吏时，乡人马闰上奏章诬告太守五方，杨宽与哥哥杨混都到监狱证明五方无罪，申诉得以伸张。后来，五方要升迁为南郡太守，马闰又上奏章诬告。杨宽于是揭发马闰贪污营私之事，马闰认罪伏法。友人汝锟被张明杀死，杨宽很愤怒，捆绑了张明，将其送往汝锟家里，让他亲自谢罪。

宁叔执仇[①]。

宁叔，字茂泰，广汉人[②]。与友人张昌共受业太学[③]。昌为河南大豪吕条所杀[④]，叔杀条，自拘河南狱[⑤]。顺帝义而赦之。

【注释】

①执仇：意谓抓住仇人并将其杀死。

②广汉：县名。西汉高帝六年（前201）置，属广汉郡。治所在今四川射洪南六十里柳树镇。三国蜀为东广汉郡治。西晋为广汉郡治。

③张昌：据本书卷十《先贤士女总赞》，张昌为广汉人。

④大豪：豪强。

⑤自拘：拘囚自己。按：以上所记之事，又见本书卷十《先贤士女总赞》。

【译文】

宁叔为朋友杀死仇人。

宁叔，字茂泰，是广汉人。宁叔与友人张昌一起在太学学习。张昌被河南豪强吕条杀死，宁叔杀死了吕条，自我拘囚到河南监狱自首。汉顺帝认为他有义气，赦免了他。

张复师雠[①]。

张钳，字子安，广汉人也。师事犍为谢裒[②]。裒死，负土成坟，三年[③]。裒子为人所杀。钳复其雠，自拘武阳狱。会赦，免。当世义之。

【注释】

①复师雠：为老师复仇。

②谢哀：当作“谢褒”。本书卷十二《序志并士女目录》：“学士：谢褒。南安人。”南安属犍为郡，此谢褒即谢哀。

③三年：指服丧三年。服丧三年为古代丧服中最重要的一种。臣为君、子为父、妻为夫等要服丧三年。为封建社会的基本丧制。

【译文】

张钳为老师复仇。

张钳，字子安，是广汉人。张钳师事犍为人谢哀。谢哀死后，张钳亲自背土垒成坟墓，并为老师服丧三年。谢哀的儿子被人杀死。张钳为其复仇之后，自我拘囚到武阳监狱自首。适逢大赦天下，张钳免于死罪。当时人都认为他有义气。

贾为士死，分侔虞、朱[①]。

贾栩，字元集，什邡人也。雒孟伯元为父复仇，闻栩名，往投之。雒县追伯元踪，栩叹曰：“士以义遇我，岂可倍哉[②]！杀雒县[③]，必移什邡[④]，负我君[⑤]。”乃自杀。李胜诔之[⑥]，以方虞卿、鲁之朱家[⑦]。

【注释】

①侔：相等，齐等，媲美。虞：虞卿，或作“虞庆”“吴庆”。战国时人。虞氏，名失传。游说之士。因游说赵孝成王，为赵上卿，故号虞卿。主张以赵为主，合纵抗秦。后因救魏相魏齐，弃相印与魏齐逃亡，困于梁。魏齐自尽，虞卿穷愁著书。著有《虞氏春秋》，今佚。《史记》有传。朱：朱家，秦汉之际鲁（治今山东曲阜）人。以任侠闻。所藏匿亡者，得活以百数，然不夸耀其能。刘邦称帝，追捕原项羽部将、楚地游侠季布，赖朱家通过汝阴侯滕公说服刘邦而获赦。及季布尊贵，终身不见。自关以东，莫不延颈愿交。

《史记》有传。

②倍：通“背”，背弃。

③杀雒县：有脱文，当作“杀雒县吏”。

④移：移文，古时官府文书的一种。与牒相类，多用于不相统属的官署之间。

⑤负：对不起。我君：指什邡县令。

⑥李胜：字茂通，广汉郡雒（今四川广汉）人。参看本卷前文注。

⑦方：比拟。

【译文】

贾栩为志士而死，其情可以与虞卿、朱家相媲美。

贾栩，字元集，是什邡人。雒人孟伯元为父亲复仇，听说了贾栩的名气，前来投奔他。雒县派人追踪孟伯元，贾栩感叹说：“士人因我义气而来找我，我难道可以背弃他吗？如果我杀掉雒县吏人，他们必定会移文什邡，这是对不起什邡县令。”贾栩于是自杀了。李胜为贾栩写了诔文，把贾栩比拟为虞卿、鲁国的朱家。

郭玉通术①，盖亦所修。

郭玉，字通直，新都人也。明方术②，伎妙用针③，作《经方颂说》④。官至太医丞、校尉⑤。

【注释】

①郭玉：字通直，广汉郡新都（今四川成都新都区）人。一说广汉郡雒（今四川广汉）人（《后汉书·方术列传》）。初有老父号涪翁，善以针石治病，著《针经》《诊脉法》，传弟子程高。郭玉少师事程高，传其术。和帝时，为太医丞。其医术高深，治病多有效应。玉仁爱不矜，虽贫贱下人，必尽其心力。年老卒官。著有《经方颂说》。《后汉书》《东观汉记》有传。通术：精通医术。底本作“通

直”，误。

②方术：泛指天文、医学、卜筮、堪舆等术。本处指的是医术。

③伎：技艺，本领。

④《经方颂说》：郭玉著作。已经失传。

⑥太医丞：官名。秦、西汉太医令副贰，少府、太常皆置。东汉唯少府置。三国曹魏、孙吴皆置。员二人，方丞一人，掌治疗；药丞一人，掌药剂。有的属少府，掌给宫中治病；有的属太常，掌给百官治病。校尉：官名。秦汉为统兵武官，略次于将军，高于都尉。出征时临时任命，领一校（营）兵，有司马、候等属官。按：《后汉书·方术列传》仅云郭玉为太医丞，未言其为校尉。疑“校尉”二字为衍文。

【译文】

郭玉精通医术，这大概也是他修行所致。

郭玉，字通直，是新都人。郭玉通晓方术，善用针灸，著有《经方颂说》。官至太医丞、校尉。

爰迄刘氏，司农含章[①]。爽朗翠粲[②]，观国之光[③]。

秦宓[④]，字子敕，绵竹人也。初，隐遁不应州郡之命[⑤]，丞相亮领益州牧，选为别驾、中郎将。吴使张温将反命[⑥]，亮率百官饯之。温与宓语，答问若响应声[⑦]，辞义雅美[⑧]。温大敬服，以为蜀之有宓，犹鲁有仲尼也[⑨]。迁长水校尉、司农。宓甚有通理[⑩]，弟子谯周具传其业[⑪]。

【注释】

①司农：官名。汉武帝改大农令为大司农，掌钱谷、仓储、盐铁、均输等。其后，历代沿置。含章：包含美质，内怀美质。

②爽朗:清朗通达的样子。翠粲:色彩鲜明貌。

③观国之光:指观察国情。引申为从政。典出《周易·观》:"观国之光,利用宾于王。"

④秦宓(?—226):字子敕,广汉郡绵竹(今四川德阳北)人。参看本书卷三《蜀志》注。

⑤隐遁:隐居避世。

⑥张温(193—230):字惠恕,吴郡吴(今江苏苏州)人。参看本书卷七《刘后主志》注。反命:复命。本处指返回吴国复命。

⑦响应:回声相应。比喻应答敏捷。即《三国志·蜀书·秦宓传》所说"答问如响,应声而出"。

⑧辞义:辞采和文义。雅美:典雅优美。按:秦宓与张温的问答,详见《三国志·蜀书·秦宓传》和本书卷七《刘后主志》。

⑨仲尼:孔子(前551—前479),名丘,字仲尼,鲁国陬邑(今山东曲阜东南)人。

⑩甚有通理:意谓特别通晓事理。通理,共通的道理,通达的道理。

⑪弟子谯周具传其业:《三国志·蜀书·秦宓传》:"谯允南少时数往咨访,纪录其言于《春秋然否论》。"谯周(201—270),字允南,巴西郡西充国县(今四川阆中)人。参看本书卷一《巴志》注。

【译文】

等到了刘氏夺取天下,内怀美质的秦司农才出仕。为人通达耀眼,积极从政。

秦宓,字子敕,是绵竹人。起初,秦宓隐居避世,不答应州郡的任命,到丞相诸葛亮自领益州牧时,秦宓被选拔为别驾、中郎将。吴国使者张温即将返回吴国复命,诸葛亮率领百官为其饯行。张温与秦宓的对话,一问一答好比回声相应,辞采和文义典雅优美。张温大为敬重佩服,认为蜀国之有秦宓,犹如鲁国之有孔子。秦宓后升迁为长水校尉、司农。秦宓特别通晓事理,弟子谯周全部传承了他的学问。

李、王四子[①]，并作琳琅[②]。

李朝字伟南[③]，弟邵字永南[④]，郪人也。王士字义强[⑤]，从弟甫字国山[⑥]，文表诸弟也[⑦]。先主领牧，朝为别驾。群下上先主为汉中王[⑧]，其文朝所造也[⑨]。后丞相亮府辟西曹掾。亦有文才，兄弟三人号“三龙”[⑩]。士历宕渠、犍为、益州太守。甫善言议人流[⑪]，有美称，自绵竹令为州右职[⑫]。

【注释】

①李、王四子：指李朝、李邵、王士、王甫。

②琳琅：精美的玉石。借指美好的事物。此指优秀人才。

③李朝（？—222）：字伟南，广汉郡郪（今四川三台）人。李毅祖父。汉末曾任郡功曹，举孝廉，为临邛令。入蜀为别驾从事。随刘备征吴，卒于永安（今重庆奉节）。《三国志·蜀书》有传。

④邵：李邵（？—225），字永南，广汉郡郪（今四川三台）人。李朝之弟。刘备入蜀，为州书佐部从事。刘禅建兴元年（223），诸葛亮辟为丞相府西曹掾。诸葛亮南征，留李邵为治中从事。《三国志·蜀书》有传。

⑤王士：字义强，广汉郡郪（今四川三台）人。王甫从兄。从刘备入蜀，举孝廉，为符节长，迁牙门将，出为宕渠太守，徙犍为太守。诸葛亮南征，转益州太守，将南行，为蛮夷所害。《三国志·蜀书》有传。

⑥甫：王甫（？—222），字国山，广汉郡郪（今四川三台）人。王士从弟。初仕刘璋为州书佐。刘备定蜀，为绵竹令，迁荆州议曹从事。随刘备征吴，军败秭归，遇害。《三国志·蜀书》有传。

⑦文表：王商，字文表，广汉郡郪（今四川三台）人。参看本书卷三《蜀志》注。诸弟：同宗之弟。

⑧上：上表拥戴。

⑨造：撰写。

⑩三龙：《三国志·邓张宗杨传》裴松之注引《益部耆旧杂记》："（李）朝又有一弟，早亡，各有才望，时人号之李氏三龙。"

⑪言议：议论，言论。人流：谓评论人物。

⑫右职：古人尚右，以右职为重要的职位。

【译文】

李、王四位士子，都是优秀人才。

李朝字伟南，其弟李邵字永南，是郪人。王士字义强，其从弟王甫字国山，是王文表族弟。刘先主领益州牧，任命李朝为别驾。群臣上表拥戴先主为汉中王，这篇奏表的文字就是李朝撰写的。后来，丞相诸葛亮开府，征辟李邵为西曹掾。李邵也有文才，兄弟三人号称"三龙"。王士历任宕渠、犍为、益州太守。王甫善于评论人物，有美好的声誉，从绵竹令升为州里的右职。

优游容与[①]，特进太常。

镡承[②]，字公文，郪人也。历郡守、州右职，为少府、太常。时费、姜秉政[③]，孟光、来敏皆栖迟[④]，承以和独立[⑤]，特进之也[⑥]。

【注释】

①优游：悠闲自得。容与：从容闲舒貌。

②镡承：字公文，广汉郡郪（今四川三台）人。参看本书卷七《刘后主志》注。

③费、姜：指费祎、姜维。费祎（？—253），字文伟，江夏鄳（今河南信阳）人。参看本书卷二《汉中志》注。姜维（202—264），字伯约，天水冀（今甘肃甘谷）人。参看本书卷二《汉中志》注。

④孟光：字孝裕，河南洛阳（今属河南）人。参看本书卷六《刘先主志》注。来敏：字敬达，义阳新野（今河南新野）人。参看本书卷七《刘后主志》注。栖迟：滞留。本处指久任原职而不得升迁。

⑤以和独立：意谓与人相处和谐而又能自立。独立，不依靠他人而自立。

⑥特进：官名。西汉置，凡诸侯功德优盛、朝廷敬异者赐特进，位在三公下，得自辟僚属。东汉为加官，从本官车服，无吏卒，唯食其禄赐、列其班位。三国两晋南北朝成为正式加官名号，用以安置闲退大臣。《三国志·蜀书·杜周杜许孟来尹李谯郤传》："（孟）光之指擿痛痒，多如是类，故执政重臣，心不能悦，爵位不登；每直言无所回避，为代所嫌。太常广汉镡承、光禄勋河东裴儁等，年资皆在（孟）光后，而登据上列，处（孟）光之右，盖以此也。"

【译文】

悠闲从容，镡承特进为太常。

镡承，字公文，是郪人。历任郡守、州右职，担任少府、太常。当时费祎、姜维执政，孟光、来敏都久任原职而不得升迁，而镡承因与人相处和谐而又能自立，故而特进为太常。

从事烈至，谏君刎首[①]。

王累[②]，新都人也。州牧璋从别驾张松计[③]，遣法正迎先主[④]，主簿黄权谏[⑤]，不纳。累为从事，以谏不入，乃自刎州门[⑥]，以明不可。

【注释】

①刎首：刎颈，割首。

②王累：蜀郡新都（今四川成都新都区）人。参看本书卷三《蜀志》注。

③州牧璋：刘璋（？—219）：字季玉，江夏郡竟陵（今湖北潜江）人。参看本书卷二《汉中志》注。张松（？—212）：字子乔，蜀郡（治今四川成都）人。参看本书卷五《公孙述刘二牧志》注。

④法正（176—220）：字孝直，扶风郿（今陕西眉县）人。参看本书卷五《公孙述刘二牧志》注。

⑤黄权（？—240）：字公衡，巴西郡阆中（今四川阆中）人。参看本书卷一《巴志》注。

⑥自刎州门：本书卷三《蜀志》说“王累悬颈州门”，本书卷五《公孙述刘二牧志》说“从事广汉王累倒悬于州门”，与此不同。

【译文】

王从事刚烈至极，为劝谏君主而自杀。

王累，是新都人。益州牧刘璋听从别驾张松的计谋，派遣法正去迎接先主刘备，主簿黄权劝阻，没有被刘璋采纳。王累是从事，因为刘璋不听劝谏而不入州府，于是在州门自杀，以此表明不可迎先主入蜀。

郑度进规[①]，忠谋莫受。虽云天时，抑由人咎[②]。

度[③]，绵竹人也。先主自葭萌南攻，说牧璋曰：“左将军悬军袭我[④]，野谷是资[⑤]。急驱巴西、梓潼民内涪水以南，一切烧除野谷，固垒待之[⑥]。彼请战不许，久无所资，不过百日，必当面缚[⑦]。”先主闻而恶之。璋不纳。言虽在天，亦由璋之愚。

【注释】

①进规：进谏、规劝。

②人咎：人的过失、过错。本处指人为的谋划错误。即本段下文所说“由璋之愚”。

③度：郑度，广汉郡绵竹（今四川德阳北）人。参看本书卷五《公孙

述刘二牧志》注。

④左将军：指刘备。悬军：深入敌方阵地、孤立无援的军队。

⑤野谷：田野中未及收割的稻谷。或说野菜杂粮，亦通。

⑥固垒：加固营垒。指坚守。

⑦面缚：双手反绑在背后而面向前。古代用以表示投降。

【译文】

郑度进谏和规劝刘璋，但其忠诚的谋划没有被采纳。虽然说这与天时有关，但也是人谋的过错。

郑度，是绵竹人。先主刘备从葭萌向南进攻，郑度劝说州牧刘璋："左将军刘备孤军深入而来袭击我们，军队依靠的是野谷。我们应该急速将巴西、梓潼的百姓迁移到涪水以南，烧除原地的一切野谷，并加固营垒以待敌军。如果对方请战，我们绝不迎战，长久以往，敌军没有粮草物资，他们要不了一百天，必定反绑双手前来投降。"先主刘备听说了此事，心中憎恶郑度。刘璋没有采纳郑度的建议。虽然说成败在天，但也是由刘璋的愚蠢所致。

永年负才，自丧世主[①]。

彭羕[②]，字永年，广汉人。有俊才。刘璋时，坐事为徒[③]。及先主入，自托庞统[④]，为州右职。失先主意，左迁江阳太守[⑤]，羕望[⑥]。诸葛亮以为心大志广，难可保，劝先主因事诛之。

【注释】

①世主：国君。

②彭羕（yàng）：字永年，广汉郡广汉（今四川射洪）人。参看本书卷三《蜀志》注。

③坐事：因事获罪。

④自托庞统：即把自己托付给庞统。自托，自己有所依托。

⑤左迁：降官，贬职。

⑥望：怨恨，责怪。

【译文】

彭永年仗恃才学，将自己葬送于国君。

彭羕，字永年，是广汉人。有卓越的才能。刘璋当政时，彭羕因事获罪，沦为囚徒。等到先主刘备入蜀时，彭羕托身于庞统，担任州里的右职。彭羕因不合先主心意，降官担任江阳太守，因此内心怨恨。诸葛亮认为彭羕心大志广，难保可用，劝先主找个借口杀了他。

汉南哽哽[①]，天夺其守。

李邈[②]，字汉南，邵兄也。牧璋时为牛鞞长。先主领牧，为从事。正旦命行酒[③]，得进见，让先主曰[④]："振威以将军宗室肺腑[⑤]，委以讨贼，元功未效，先寇而灭。邈以将军之取鄙州，甚为不宜也。"先主曰："知其不宜，何以不助之？"邈曰："匪不敢也，力不足耳。"有司将杀之，诸葛亮为请，得免。久之，为犍为太守、丞相参军、安汉将军。建兴六年，亮西征，马谡在前，败绩，亮将杀之。邈谏以"秦赦孟明，用霸西戎[⑥]；楚诛子玉，二世不竞"[⑦]，失亮意，还蜀。十二年[⑧]，亮卒，后主素服发哀三日[⑨]。邈上疏曰："吕禄、霍禹未必怀反叛之心[⑩]，孝宣不好为杀臣之君，直以臣惧其逼，主畏其威，故奸萌生[⑪]。亮身杖强兵，狼顾虎视[⑫]，'五大不在边'[⑬]，臣常危之。今亮殒殁[⑭]，盖宗族得全，西戎静息[⑮]，大小为庆。"后主怒，下狱诛之。

【注释】

①哽哽:形容悲痛而声气堵塞貌。

②李邈(?—约234):字汉南,广汉郡郪(今四川三台)人。李邵之兄。

③正旦:农历正月初一。行酒:依次斟酒。

④让:责备,责怪。

⑤振威:指振威将军刘璋。将军:指刘备。宗室:同宗族之人。肺腑:同“肺附”。比喻帝王的宗室近亲。按:刘备是汉景帝子中山靖王刘胜之后,刘璋是汉王朝宗室,故本处说刘璋与刘备是“宗室肺腑”。

⑥“秦赦孟明”二句:孟明,名视,字孟明,亦称百里孟明视。百里奚之子。春秋时秦国人。秦穆公三十二年(前628),与西乞术、白乙丙奉命袭郑。大败于殽(在今河南三门峡东),三人为晋所俘。后被释归,继为秦将。后再攻晋,复败,仍被穆公重用。穆公三十六年(前624),终于大败晋军。后助秦穆公称霸西戎。事见《左传》。西戎,古代西北戎族的总称。

⑦“楚诛子玉”二句:子玉(?—前632),又名成得臣。楚国贵族,若敖后裔。楚成王三十五年(前637)因伐陈有功,代子文为令尹。楚成王四十年(前632),楚伐宋,晋救宋,子玉请求和晋交战,结果大败于城濮(今山东鄄城西南,一说在今河南开封祥符区东南),惧被治罪,自杀。事见《左传》。不竞,不强,不振。

⑧十二年:底本作“十三年”,误。按:诸葛亮病逝于建兴十二年(234)。

⑨素服:本色或白色的衣服。居丧或遭遇凶事时所穿。

⑩吕禄(?—前180):单父(今山东单县)人。吕后之侄。吕后临朝称制,吕禄被任为将。吕后七年(前181),封赵王。为上将军,居北军,卫宫。吕后卒,欲为乱,为周勃、陈平等所诛。事见《史记》《汉书》。霍禹(?—前66):河东平阳(今山西临汾西南)

人。霍光之子。昭帝时为中郎将，宣帝时拜右将军。光卒，嗣博陆侯。广治宅第，走马驰逐。其母毒杀许后事泄，更为大司马，而罢其屯兵官属。其兄弟亲党逐渐调任外官，日见削黜。后坐谋反，被捕，腰斩。事见《汉书》。

⑪奸萌：奸邪的苗子，图谋作奸违法。

⑫狼顾虎视：如狼虎视物。形容威严而凶狠。

⑬五大不在边：典出《左传·昭公十一年》："臣闻五大不在边，五细不在庭。"五大，指太子、母弟、贵宠公子、公孙、累世正卿等五种人。因这五类人有权有势，居边容易反叛，最好不要派往边陲，故曰"五大不在边"。

⑭殒殁（yǔn mò）：殒没，指死亡。

⑮静息：静止，平息。

【译文】

李汉南哽咽悲泣，是上天夺了他的操守。

李邈，字汉南，是李邵的哥哥。益州牧刘璋当政时，李邈担任的是牛鞞县长。先主刘备领益州牧时，李邈担任的是从事。正月初一，君臣聚会，刘备下令依次斟酒，李邈得以进见刘备，他责备先主说："振威将军视将军为宗室近亲，委派您去讨伐贼寇，而大功尚未建立，振威将军却先于贼寇被灭。鄙人李邈认为将军之夺取益州，很不合时宜。"先主说："你既然知道不合时宜，为什么不帮助他呢？"李邈说："不是微臣不敢帮他，而是力量不足。"有官员要杀李邈，诸葛亮为之求情，才得以幸免。很久之后，李邈担任犍为太守、丞相参军、安汉将军。建兴六年，诸葛亮率军西征，马谡是前锋，结果大败，诸葛亮要处死马谡。李邈以"秦国赦免了孟明视，用之而称霸西戎；楚国诛杀子玉，致使其后二代都不能振作"来劝谏诸葛亮，因不合诸葛亮心意，回到了蜀地。建兴十二年，诸葛亮去世，后主刘禅身穿白衣哀悼三天。李邈上书说："吕禄、霍禹不一定怀有反叛之心，而汉宣帝也不是喜欢屠杀臣下的国君，只不过是臣下害怕国君的威严，国君担心臣子的威信，故而有作奸违法之图谋。诸葛亮亲率强兵，犹如狼虎视物般威严凶狠，俗话说‘五类人不要放在边陲’，微臣经常担忧此事。现在，诸葛亮去世了，刘氏宗族大概会因此得以保全，西戎的边患也将得以平息，大小臣民可以拍手称庆的。”后主大怒，将李邈投入监狱，并诛杀了他。

诜诜彦造[①]，或哲或友[②]。昭德音芳[③]，垂名厥后。

总赞此四十六人也。

述广汉人士。

【注释】

①诜诜（shēn shēn）：众多貌。彦：彦士，贤士。造：造士，学业有成的士子。

②哲：哲人，智慧卓越的人。友：交友有道的人。

③昭德：彰明、宣扬美德。音芳：声音美妙。意即口碑美好。

【译文】

数量众多的彦士与造士，他们有的是智慧卓越的哲人，有的是交往有道的友人。宣扬他们的美德，让其口碑与美名流传后世。

所赞颂的总计有这四十六人。

以上叙述的是广汉人士。

任母治内[①]，子成名贤。

任安母[②]，姚氏也。雍穆闺门[③]，早寡，立义资安[④]，遂事大儒[⑤]。安教授，每为赈恤其弟子[⑥]，以慰勉其志[⑦]，于是安之门生益盈门[⑧]。

【注释】

①治内:治家。

②任安(124—202):字定祖,广汉郡绵竹(今四川德阳北)人。参看本书卷三《蜀志》注。

③雍穆:和谐,和睦。

④立义:奉行大义。

⑤大儒:泛指学问渊博的人。本处特指杨厚。任安为杨厚弟子。杨厚(72—153),字仲桓,广汉郡新都(今四川成都新都区)人。参看本书卷三《蜀志》注。

⑥赈恤:救济抚恤。

⑦慰勉:抚慰勉励。

⑧盈门:满门,充满门庭。形容人数很多。按:成都杜琼、梓潼杜微、郪县何宗等,皆出任安门下。

【译文】

任安的母亲善于治家,儿子成为有名的贤人。

任安的母亲,是姚氏。任母以和睦治家,很早就成了寡妇,立志守节,抚育任安,使任安跟从大儒杨厚求学。任安教书授徒,任母常救济抚恤他的弟子,并勉励他们立志,因此,任安的学生更多了,充满了门庭。

庞行养姑[①],妇师之先[②]。

庞行,姜诗妻也。事姑,昼夜纺绩[③],以给供养。子汲江溺水死,秘言遣诣学。常作冬夏衣投水中,托言寄与子。诗呼妻,使为姑舂[④],应命迟,见遣[⑤]。不敢远去,游于外供给,因邻母致姑。姑敕还[⑥]。

【注释】

①庞行：广汉郡雒（今四川广汉）人。庞盛之女，姜诗之妻。《后汉书·列女传》有传。按：姜诗及其妻庞行故事，被列为“二十四孝”之一。今四川德阳旌阳区孝泉镇有姜诗祠、墓等。

②妇师：妇女的师表。

③纺绩：把丝麻等纤维纺成纱或线。古代纺指纺丝，绩指缉麻。

④舂（chōng）：舂米。

⑤见遣：被驱逐。

⑥敕：告诫，嘱咐。

【译文】

庞行奉养婆婆，是妇女的师表。

庞行，是姜诗的妻子。庞行侍奉婆婆，白天、黑夜都在纺丝、缉麻，以此供养婆婆。儿子到江边汲水溺死，庞行保守秘密，说是让儿子上学去了。庞行经常缝制冬衣和夏衣投入水中，说是寄给儿子的。姜诗呼叫妻子，让她为婆婆舂米，因应答迟了一些，就被驱逐出了家门。庞行不敢走得太远，游走在家门之外供给婆婆，即通过邻居家的母亲把物资送给婆婆。后来，婆婆把庞行叫回家了。

依依义旧[①]，抗疏邦庭[②]。诚感世主[③]，徙女辍刑[④]。

义旧，狄道长姜穆女，绵竹司马雅妻也。既许婚[⑤]，父坐事徙朔方[⑥]。雅就婚，死，雇人送其丧。寻父母死朔方[⑦]，义旧独与弟孤居十年。士大夫求，终不肯。乃上疏自讼[⑧]，求还乡里。天子愍悼[⑨]，下朔方使送。遂下诏书，定律令[⑩]：女子许嫁，不得从父母徙。

【注释】

①依依：想念，思慕。本处指思念故乡。义旧：姜嫔之字。本书卷十

二《序志并士女目录》:"姜嫔,字义旧。绵竹人也。"

②抗疏:谓向皇帝上书直言。邦庭:底本作"拜庭",误。指朝廷。

③世主:国君,皇帝。

④辍:中止,废止。

⑤许婚:女方应允男方的求亲而订立婚约。

⑥朔方:郡名。西汉元朔二年(前127)置,治所在朔方县(今内蒙古杭锦旗北什拉召一带)。东汉时移治临戎县(今内蒙古磴口县东北布隆淖乡河拐子村古城)。永和五年(140)徙治五原县(今乌拉特前旗东南)。建安二十年(215)废。

⑦寻:不久。

⑧自讼:替自己申诉。

⑨愍悼:哀悼,哀怜,怜悯。

⑩律令:法令,法律条令。

【译文】

姜义旧思念故乡,向朝廷上书直言。她的精诚感动了皇帝,命她返回故乡,并废止了刑罚。

姜义旧,是狄道县令姜穆的女儿,是绵竹人司马雅的妻子。姜义旧已经订婚了,因父亲犯法而被流放到朔方。司马雅前往朔方完婚,死于途中,雇人给姜家送去遗体。不久,父母都死于朔方,姜义旧孤独地与弟弟在朔方住了十年。士大夫来求婚,姜义旧始终不肯答应。姜义旧上疏朝廷替自己申诉,请求返回故乡。天子怜悯她,下诏让朔方郡派人送她还乡。于是,皇帝又下达诏书,颁布法令:凡是女子已经许配人家,不得跟从父母流放。

纪配断指,以章厥贞[①]。

纪配,广汉殷氏女,廖伯妻也。年十六,适伯。伯早亡,以己有美色,虑人求己,作诗三章自誓心[②],而求者犹众。父母将许，乃断指明情，养子猛终义[③]。太守薛鸿图象府庭。

【注释】

①章：彰明，表明。

②自誓心：自己发誓，表明决心。

③养子：抚养儿子。终义：终究得以守义。意谓成就了节义。

【译文】

殷纪配切断手指，以此表明自己的忠贞。

殷纪配，是广汉殷家的女儿，是廖伯的妻子。殷纪配十六岁时，嫁给了廖伯。廖伯很早就过世了，殷纪配因自己容颜美丽，担心有人来向她求婚，便作诗三章，以此发誓和表明决心，而前来求婚的人还是很多。父母打算把她许配出去，殷纪配于是切断手指表明决心，抚养儿子殷猛，最终成就了她的节义。太守薛鸿把她的图像挂在官府衙门。

彭、王、进娥，残体令诫[①]。

彭非，广汉王辅妻也。王和，新都人，便敬妻也。李进娥，郪人，冯季宰妻也。辅早亡，叔父欲改嫁，非乃诣太守五方，截发自誓。敬亦早亡，和养孤守义[②]。蜀郡何玉因媒介求之[③]，兄晓喻以“公族可凭”[④]。和恚，割其一耳。季宰亦早亡，父母欲改嫁，进娥亦剪发自誓。各养子终义。

【注释】

①残体：残害肢体。

②守义：坚守节义。按：所谓“义”，即“一女不嫁二夫”、誓不改嫁之“义”。

③何玉：蜀郡郫（今四川成都郫都区）人。由下文“公族可凭”一语

可知，何玉与何武当为同一宗族之人。媒介：媒人，说合婚姻的人。

④公族：本指诸侯或君王的同族。本处意谓何家是大族、望族。可凭：可以依靠。

【译文】

彭非、王和、李进娥，不惜残害肢体以成就诚心。

彭非，是广汉人王辅的妻子。王和，新都人，是使敬的妻子。李进娥，郪人，是冯季宰的妻子。王辅死得很早，叔父打算让彭非改嫁，彭非于是去见太守五方，并剪断自己的头发誓不改嫁。使敬也死得很早，王和抚养孤儿，坚守节义。蜀郡人何玉通过媒人向王和求婚，哥哥劝导王和，说何玉是“名门望族，可以依靠”。王和非常愤怒，割掉了自己的一只耳朵。冯季宰死得也很早，父母打算让李进娥改嫁，她也剪断自己的头发誓不改嫁。她们各自都抚养儿子，成就了节义。

正流自沉，玉洁冰清①。

正流，广汉李元女、杨文妻也。适文，有一男一女，而文没，以织履为业②。父欲改嫁，乃自沉水中，宗族救之，几死，得免。太守五方为之图象。

【注释】

①玉洁冰清：像玉和冰一样纯洁清白。比喻节操高洁。

②织履：编织鞋子。

【译文】

李正流投水自杀，像玉和冰一样纯洁清白。

李正流，是广汉人李元的女儿、杨文的妻子。李正流嫁给杨文，生有一男一女，在杨文去世后，李正流以编织鞋子维持生计。父亲打算让她改嫁，李正流于是自沉于水中，同宗族的人去救她，她几乎要被淹死了，最终得以幸免。太守五方为她画了图像。

相乌、袁福，义不存生[①]。

相乌，德阳人，袁稚妻也。十五适稚，二十稚亡，无子。父母欲改嫁之，便自杀。袁福，亦德阳人，王上妻也。有二子。上以丧亲过哀死[②]，福哀感终身。父母欲改嫁，乃自杀。

【注释】

①义：坚守节义。存生：保存、维系生命。

②过哀：过度哀伤。

【译文】

相乌、袁福，坚守节义，不惜生命。

相乌，德阳人，是袁稚的妻子。相乌十五岁时嫁给袁稚，二十岁时袁稚去世，二人没有子女。父母打算让她改嫁，相乌就自杀了。袁福，也是德阳人，是王上的妻子。生有二子。王上因为亲人丧亡，过度哀伤而死，袁福也哀愁终身。父母打算让她改嫁，袁福于是自杀。

汝氏世胄[①]，由妇谦柔[②]。

汝敦妻某[③]。敦兄弟共居，有父母时财，嫂心欲得，妻劝送与兄。敦尽让田宅、奴婢与兄，自出居[④]。后敦耕，得金一器，妻复劝送与兄，夫妻共往。嫂性吝啬[⑤]，谓欲借贷，甚不悦；及见金，踊跃[⑥]。兄感悟[⑦]，即出妻[⑧]，让财还弟；弟不受，相让积年[⑨]。后并察孝廉，世为冠族[⑩]。

【注释】

①世胄：世家子弟，贵族后裔。

②谦柔：谦虚平和。

③汝敦：蜀郡新都（今四川成都新都区）人。曾察举孝廉。本书卷十二《序志并士女目录》："孝廉：汝敦。新都人。"

④出居：迁居，移居。

⑤吝啬：小气。此指过分爱惜自己的财物，当用而不用。

⑥踊跃：欢欣鼓舞貌。

⑦感悟：受感动而醒悟。

⑧出妻：休弃妻子。

⑨积年：多年，累年。

⑩冠族：显贵的豪门世族。

【译文】

汝氏世家贵族，是因为妇人谦虚平和。

汝敦之妻是某氏。汝敦兄弟共同居住，享有父母留下的财产，但嫂嫂想独自得到财产，妻子劝汝敦将财产送给哥哥。于是，汝敦将全部田地、住宅、奴婢让给哥哥，自己搬到外面居住。后来，汝敦在耕地之时，得到一个金器，妻子又劝汝敦将金器送给哥哥，夫妻一同前去送金器。嫂嫂生性吝啬，以为是弟弟想来借贷，很不高兴；等她见到金器，立刻欢欣鼓舞。哥哥由此醒悟，随即休弃妻子，将财产还给弟弟；弟弟不肯接受，双方互相谦让好多年。后来，兄弟俩都被察举为孝廉，成为豪门世族。

思媚列媛[①]，美称惟休[②]。

总赞十一人也。

述广汉列女。

右《广汉郡士女赞》第三。

凡五十七人。四十六人士，十一人女。

【注释】

①思媚：语出《诗经·大雅·思齐》："思媚周姜，京室之妇。"毛传："媚，爱也。周姜，大姜也。京室，王室也。"郑笺："又常思爱大姜之配大王之礼，故能为京室之妇。"

②美称：美好的声誉。休：美，善。

【译文】

思爱列位名媛，其美名惟有美善。

总赞此十一人。

记述广汉列女。

以上是《广汉郡士女赞》第三。

共计五十七人。四十六位男性，十一位女性。

犍为士女

王延河平，纂禹之功[①]。

王延世[②]，字长叔，资中人也。建始五年[③]，河决东郡[④]，泛滥兖、豫四郡三十二县[⑤]，没官民屋舍四万所[⑥]。御史大夫尹忠以不忧职致河决[⑦]，自杀。汉史案图纬[⑧]，当有能循禹之功[⑨]，在犍柯之资阳[⑩]，求之正得延世。征拜河堤谒者[⑪]，治河。以竹落长四丈[⑫]，大九围，夹小船，载小石治之[⑬]。三十六日堤防成。帝嘉之，改年曰河平[⑭]，封延世关内侯，拜光禄大夫，仍赠黄金百斤[⑮]。

【注释】

①纂：继承。禹之功：指夏禹治水的功绩。《左传·昭公元年》："美哉禹功，明德远矣。微禹，吾其鱼乎！"

②王延世：字长叔，犍为郡资中（今四川资阳）人。成帝初年，黄河决口于馆陶及东郡金堤，王延世被任为河堤使者，征调民工以大竹笼盛石用两船夹载投于决口，历时三十六日，塞决成堤，因功升光禄大夫，封关内侯。后二岁，黄河决口平原郡，王延世与杨焉、许商等再次治河，六月即成。事见《汉书》。

③建始五年：前28年。建始，西汉成帝年号（前32—前28）。

④东郡：郡名。战国秦王政五年（前242）置，治所在濮阳县（今河南濮阳东南二十里高城村）。三国以后，废置无常。北魏移治滑台城（今河南滑县东南城关镇）。

⑤四郡：此指东郡、平原、济南、千乘四郡。

⑥四万所：《汉书·沟洫志》："后三岁，河果决于馆陶及东郡金堤，泛溢兖、豫，入平原、千乘、济南，凡灌四郡三十二县，水居地十五万余顷，深者三丈，坏败官亭室庐且四万所。"

⑦尹忠：籍贯不详。汉成帝时，任御史大夫。因黄河决口，引咎自杀。

⑧图纬：图谶和纬书。

⑨循：遵循，继承。

⑩犍柯：指犍为郡、牂柯郡。资阳：当作"资中"。资中，县名。因地处古资江（今沱江）中段，故名。西汉置，属犍为郡。治所即今四川资阳。南朝梁废。

⑪河堤谒者：《汉书·沟洫志》作"河堤使者"。河堤谒者，即"河堤使者"。官名。汉朝设此官，掌治理、保护河堤等事。不常置。东汉有时亦置，以三府掾属为谒者领之。按：陕西西安汉城出土有"河堤谒者"官印。

⑫竹落：亦称"竹络"，竹笼。

⑬载小石治之：本句《汉书·沟洫志》作"以竹落长四丈，大九围，盛以小石，两船夹载而下之"。

⑭河平：汉成帝年号（前28—前25）。

⑮黄金百斤:《汉书·沟洫志》:“其以延世为光禄大夫,秩中二千石,赐爵关内侯,黄金百斤。”

【译文】

王延世平定黄河水患,继承大禹治水的功绩。

王延世,字长叔,是资中人。建始五年,黄河在东郡决口,河水泛滥,淹没了兖州、豫州的四郡三十二县,冲毁官房、民宅四万间。御史大夫尹忠因为事先没有采取预防措施,以致黄河决口,于是自杀。汉朝史官察看图谶和纬书,书中说应当有能够继承大禹治水之功的人出现,其人在犍为郡、牂柯郡之间的资中县,官府依据图纬寻找,正好找到了王延世。朝廷征拜王延世为河堤谒者,任命他治理黄河。王延世用长四丈、大九围的竹笼装载石子,将其夹在小船之间,运往目的地治理河水。三十六天后,堤防筑造而成。汉成帝嘉奖王延世,改年号为河平,封王延世为关内侯,拜官光禄大夫,又赠予黄金百斤。

文伯习礼①,继武孙通②。

董钧,字文伯,资中人也。少受业于鸿胪王临③。永平初④,议天地宗庙郊祀仪礼,钧与太常定其制;又定诸侯王丧礼。历城门校尉、五官中郎将⑤,以儒学贵,称继叔孙通⑥。

【注释】

①文伯:董钧,字文伯,犍为郡资中(今四川资阳)人。参看本书卷三《蜀志》注。

②继武:谓足迹相接。比喻继续前人的事业,亦比喻事物相继而至。武,足迹。孙通:叔孙通。注见下文。

③王临(?—21):济南东平陵(今山东章丘西)人。王莽之子。平帝元始四年(4),以莽功封赏都侯。王莽居摄时,进封褒新公。

王莽始建国元年(9),立为皇太子。以久病,改为统义阳王。后谋杀王莽,事发,自杀。谥缪。事见《汉书》。

④永平:汉明帝年号(58—75)。

⑤城门校尉:官名。西汉武帝征和二年(前91)始置,秩二千石。掌京城长安诸城门警卫,领城门屯兵,属官有司马一员及十二城门候。东汉掌洛阳十一所城门,惟北宫门属卫尉。位在北军五校尉之上,多以外戚重臣领之。五官中郎将:官名。秦置。西汉隶光禄勋,主中郎,秩比二千石。东汉时,部分侍郎、郎中亦归其统率。职掌宿卫殿门,出充车骑。东汉初年或参与战事;又协助光禄勋典领郎官选举,有大臣丧事,则奉命持节策赠印绶或东园秘器。

⑥叔孙通:薛(今山东滕州南)人。秦末为博士。初从项梁、项羽,后归刘邦,任博士,号稷嗣君。刘邦称帝,叔孙通说帝征鲁诸生与弟子共立朝仪。高祖七年(前200),长乐宫成,诸侯群臣朝贺如仪,莫不震恐肃敬。拜太常。高祖九年(前198),徙太子太傅,谏止刘邦易太子。惠帝即位,复为奉常,定宗庙仪法。《史记》《汉书》有传。

【译文】

董文伯学习礼仪,继承叔孙通的事业。

董钧,字文伯,是资中人。董钧早年受业于鸿胪王临。永平初年,朝廷讨论天地、宗庙、郊祀的礼仪,董钧与太常一起制定其礼制;又制定了诸侯王的丧礼礼制。董钧历任城门校尉、五官中郎将,依靠儒学而显贵,世人说,董钧继承了叔孙通的事业。

张公执宪①,克智克聪②。极位青紫③,实作司空。

张皓④,字叔明,武阳人也。以文聪明⑤,辟大将军掾,迁尚书仆射、彭城相,进隐士闾丘迁等⑥,征拜廷尉。延光三年⑦,安帝将废太子为济阴王⑧。皓与太常桓焉、太仆来历争之[9]，安帝不许。及安帝崩，济阴得立，为顺帝[10]，以皓为司空。久之，免，复征为廷尉。清河赵腾坐谤讪当诛[11]，所引八十余人[12]。皓以圣贤明义争之[13]，咸称平当[14]。

【注释】

①执宪：司法，执行法令。

②克：能。

③青紫：本为古时公卿绶带之色，因借指高官显爵。王先谦《汉书补注》引叶梦得曰："汉丞相太尉，皆金印紫绶，御史大夫，银印青绶。此三府官之极崇者。"

④张皓（50—132）：字叔明，犍为郡武阳（今四川眉山彭山区）人。参看本书卷三《蜀志》注。

⑤以文聪明："文"下当脱一字（刘琳）。

⑥间丘迁：《三国志·蜀书·张翼传》裴松之注引《益部耆旧传》作"间丘邈"。

⑦延光三年：124年。延光，汉安帝年号（122—125）。

⑧太子：指皇太子刘保。见下文注。济阴：王国名。西汉景帝中元六年（前144），分梁国置。封梁孝王子刘不识为济阴王，都定陶县（今山东定陶西北）。建元二年（前139），国除为郡。宣帝甘露二年（前52），改置定陶国。哀帝建平二年（前5），复改济阴郡。东汉明帝永平十五年（72），又置济阴国，辖境扩大。章帝元和元年（84），国除为郡。

⑨桓焉（？—143）：字叔元，沛郡龙亢（今安徽怀远）人。桓郁之子。明经笃行，有名于时。少以父任为郎。安帝永初元年（107），授帝经书。三迁为侍中，为太子少傅。顺帝即位，拜太傅，录尚书事，复授经宫中。官至太尉。弟子传业者数百人。《后汉书》有传。来历（？—133）：字伯珍，南阳新野（今河南新野）

人。来歙之孙。嗣征羌侯爵。母为明帝之女武安公主。安帝时，累迁太仆。谏不可废太子，被免官。顺帝即位，拜车骑将军，官至大鸿胪。《后汉书》有传。

⑩顺帝：刘保（115—144），汉安帝长子，东汉皇帝。永宁元年（120）立为皇太子。延光三年（124）被诬，废为济阴王。安帝死后，宦官孙程等迎帝即位，年十一。在位期间宦官专权，朝政腐败。死后谥顺帝，庙号敬宗。《后汉书》有传。

⑪清河：郡名。西汉高帝置，治所在清阳县（今河北清河东南）。东汉桓帝时改为清河国，移治甘陵县（今山东临清东北）。三国魏复为清河郡。谤讪：毁谤讥刺。

⑫引：牵连，牵涉。

⑬明义：圣明的道义。

⑭平当：公平允当。按：以上所说赵腾牵连案，发生于东汉顺帝永建元年（126）。《后汉书·张皓列传》："及顺帝即位，拜皓司空，在事多所荐达，天下称其推士。时清河赵腾上言灾变，讥刺朝政，章下有司，收腾系考，所引党辈八十余人，皆以诽谤当伏重法。（张）皓上疏谏曰：'臣闻尧舜立敢谏之鼓，三王树诽谤之木，《春秋》采善书恶，圣主不罪刍荛。（赵）腾等虽干上犯法，所言本欲尽忠正谏。如当诛戮，天下杜口，塞谏争之源，非所以昭德示后也。'帝乃悟，减腾死罪一等，余皆司寇。"

【译文】

张皓执行法令，不但有智慧，而且够聪明。位极人臣，实际上做的是司空。

张皓，字叔明，是武阳人。因为文章写得高明，被征辟为大将军掾，升迁为尚书仆射、彭城相，举荐隐士闾丘迁等人，后征拜为廷尉。延光三年，汉安帝打算废弃太子，将之贬斥为济阴王。张皓与太常桓焉、太仆来历为太子力争，汉安帝还是不同意。等到汉安帝驾崩，济阴王得以即位，是为汉顺帝，任命张皓为司空。很久之后，汉顺帝免掉张皓的司空职务，又任命他为廷尉。清河人赵腾因为毁谤讥刺朝廷，罪当处死，受牵连的有八十多人。张皓拿圣贤所说道义据理力争，世人都称赞张皓做事公平允当。

子鸾司京①，桴鼓不鸣②。

赵旂，字子鸾，资中人也。初临甘陵、弘农郡③，甚善治民；征尚书，迁司隶校尉。时梁冀子弟放恣④，旂以法绳之，不敢为非。京师肃清⑤，桴鼓不鸣。

【注释】

①司京：掌管京师。本处指赵旂任司隶校尉，负责掌管京师治安。

②桴（fú）鼓：鼓槌与鼓。本处指警鼓。用于报警告急。

③甘陵：王国名。东汉建和二年（148）改清河国置，治所在甘陵县（今山东临清东北）。三国魏改为清河郡。弘农郡：西汉元鼎四年（前113）置，治所在弘农县（今河南灵宝北故函谷关城）。灵帝刘宏避讳改为恒农郡。西晋复为弘农郡。

④放恣：骄傲放纵，任意胡为。

⑤肃清：犹清平。多指国家、社会安定太平，法纪严明。

【译文】

赵子鸾掌管京师，治安良好，警鼓不鸣。

赵旂，字子鸾，是资中人。赵旂起初任职于甘陵国、弘农郡，很善于治理百姓；后征拜为尚书，升迁为司隶校尉。当时，梁冀家族的子弟放纵胡为，赵旂将他们绳之以法，他们再也不敢胡作非为。京师社会安定太平，警鼓不鸣。

孟文翘翘[①],丕显有成[②]。

杨涣[③],字孟文,武阳人也。以清秀博雅[④],历台郎、相[⑤],稍迁尚书、中郎、司隶校尉[⑥]。甚有嘉声美称[⑦]。

【注释】

①翘翘:出群貌。

②丕显:大显。丕,底本作"不",误。

③杨涣:字孟文,犍为郡武阳(今四川眉山彭山区)人。汉安帝时,羌人起义,破坏汉中褒斜谷通道。汉顺帝时,杨涣奏请重开石门,于褒水东南凿石通水道,以利运漑。桓帝建和二年(148),汉中太守王升琢石颂其功德,是为《石门颂》。

④博雅:谓学识渊博,品行端正。

⑤台郎:尚书郎别称。尚书郎,官名。东汉尚书分曹办事,担任曹务的称尚书郎。初上台称守尚书郎,中岁满称尚书郎,三年称侍郎。其后,魏晋南北朝、隋皆沿置,职事不尽相同。相:官名。西汉初,诸侯王自治其国,丞相统众官。景帝中五年(前145),令诸侯王不得自治其国,天子为置吏,改丞相曰相。成帝绥和元年(前8),更令相治民,职如郡太守。东汉与西汉同。

⑥尚书:官名。始于战国,或称掌书,尚即执掌之意。秦时为少府属官,掌殿内文书;汉承秦制。尚书原来职位很低,汉武帝加强皇权,尚书在皇帝左右办事,地位逐渐提高。汉成帝时设尚书五人,开始分曹办事,群臣章奏都经尚书;到东汉,尚书成为协助皇帝处理政务的官员。中郎:官名。秦、汉皆置,属郎中令(光禄勋),秩比六百石。掌守卫宫殿门户,出充车骑,参议政事。东汉分属五官、左、右中郎将三署,名义上仍职宿卫,实际上成为后备官员,无固定职掌,或给事于诸中央机构。

⑦嘉声美称:指美好的声誉。

【译文】

杨孟文超然出群，声名大显，卓有成就。

杨涣，字孟文，是武阳人。他清秀渊博，品行端正，历任台郎、相，不久升迁尚书、中郎、司隶校尉。拥有非常美好的声誉。

伯邳正直，耀祖扬声①。

杨淮②，字伯邳，涣之孙也③。初为郡守，太尉李固荐淮累世忠直④，拜尚书。太傅陈蕃表为河东⑤，入为尚书令。奏书治南阳太守曹麻、颍川太守曹腾、济南太守孙训等子弟依托形势⑥，淫纵⑦，征廷尉治罪⑧。训，梁冀妇家子也⑨，于是权贵惮之。又荐朱禹、盛精、滕延为尚书⑩，陆稠为郡守，皆名士也。桓帝即位，拜河南尹，迁司隶校尉。冀叔父梁忠为执金吾⑪，不朝正初⑫，劾奏之，朝士服其公亮⑬。徙将作大匠⑭。

【注释】

①耀祖：使祖先显耀。扬声：扬名，传播声誉。

②杨淮：底本作“准”，误。

③涣之孙：底本作“汉安县人”，误。此据刘琳说改。

④李固（94—147）：字子坚，汉中郡南郑（今陕西汉中）人。参看本书卷二《汉中志》注。累世：历代，接连几代。

⑤陈蕃（？—168）：字仲举，汝南平舆（今河南平舆北）人。见本卷前文注。河东：郡名。战国魏置，后属秦。治所在安邑县（今山西夏县西北十五里禹王城）。

⑥奏书：奏章。依托：倚傍，依靠，依仗。形势：权势，权位。引申指权贵。

⑦淫纵：邪恶放纵。

⑧廷尉：官名。亦称廷尉卿。战国秦始置，秦、西汉沿置。为诸卿之一，掌刑狱。景帝中六年（前144）改名大理，武帝建元四年（前137）复旧。秩中二千石。东汉因之。治罪：依据法律给犯罪人以应得的惩处。

⑨梁冀（？—159）：字伯卓，安定乌氏（今宁夏固原）人。参看本书卷十《先贤士女总赞》注。妇家：妻子的娘家。

⑩滕延：字伯行，北海（治今山东昌乐西）人。桓帝时为济北相。时宦官侯览、段珪之仆从宾客仗势侵民，劫掠行旅，滕延捕杀数十人，被免官。后为京兆尹，有治理名。

⑪执金吾：官名。秦和汉初称中尉，武帝太初元年（前104）更名执金吾，王莽始建国元年（9），改执金吾为奋武。东汉仍称执金吾，俸中二千石，掌宫外巡逻、擒奸讨猾，以戒非常。三国沿置，西晋罢。北魏初复置，寻罢。

⑫正初：又称"正旦"，即正月初一的群臣大会，朝贺皇帝。

⑬朝士：朝廷之士。泛称中央官员。公亮：公正诚信。

⑭将作大匠：官名。秦称将作少府，掌治宫室。景帝中六年（前144）改称将作大匠。东汉沿置，俸二千石，掌修作宗庙、路寝、宫室、陵园土木工程，并种植桐梓之类于道侧。

【译文】

杨伯邳为人正直，光宗耀祖，传播声誉。

杨淮，字伯邳，是杨涣的孙子。杨淮当初担任郡守，太尉李固举荐杨淮，说他家世世代代都是忠直之臣，因而被拜为尚书。太傅陈蕃上表推荐杨淮出任河东太守，后入朝担任尚书令。杨淮上奏章检举南阳太守曹麻、颍川太守曹腾、济南太守孙训等人的子弟依仗权势，邪恶放纵，朝廷征拜杨淮为廷尉，依法惩处诸人的子弟。孙训，是梁冀妻子娘家的人，因此权贵都害怕杨淮。杨淮又推荐朱禹、盛精、滕延为尚书，推荐陆稠为郡守，他们都是有名之士。汉桓帝即位后，任命杨淮为河南尹，后升迁为司隶校尉。梁冀的叔父梁忠担任的是执金吾，正月初一不参加群臣大会，杨淮为此弹劾了梁忠，朝廷官员都佩服杨淮办事公正诚信。后来，杨淮转任将作大匠。

翁君将命[①]，乃播其名。

杨莽，字翁君，武阳人。为功曹。刺史王尊当之州[②]，移书诸郡不得遣迎[③]。惟犍为遣莽，蜀郡遣何霸，巴郡遣严尊[④]。尊大怒。莽前对曰："使君不使奉迎[⑤]，谦也；太守承迎[⑥]，敬也；谦敬[⑦]，上下之节，不可废也。"尊乃欣然。请辟别驾，举茂才，官至扬州刺史。

【注释】

①将命：奉命。

②王尊：字子赣，涿郡高阳（今河北高阳东）人。参看本书卷八《大同志》注。

③移书：发送公文。遣迎：派人迎接。

④巴郡遣：三字原缺。

⑤奉迎：迎接。

⑥承迎：欢迎，接待。

⑦谦敬：谦逊恭敬。

【译文】

杨翁君奉命行事，于是美名传播。

杨莽，字翁君，是武阳人。杨莽是郡里的功曹。刺史王尊来益州上任时，给各郡发送公文，不准派人迎接。只有犍为郡派遣了杨莽，蜀郡派遣了何霸，巴郡派遣了严尊，前去迎接王尊。王尊见状大怒。杨莽上前回答说："使君不让迎接，这是谦逊；太守派人迎接，这是恭敬；谦逊和恭敬，是上级与下级交往的礼节，是不能废弃的。”王尊于是由怒转喜。杨莽后来被征辟为别驾，被察举为茂才，官至扬州刺史。

奉君遁世[①]。

费贻[②]，字奉君，南安人也。公孙述时，漆身为厉[③]，佯狂避世。述破，为合浦守。蜀中歌之曰：“节义至仁费奉君，不仕乱世避恶君。”修身于蜀，纪名交趾[④]，后世为大族。

【注释】

①遁世：避世隐居。

②费贻：字奉君，犍为郡南安（今四川乐山）人。参看本书卷三《蜀志》注。

③漆身：以漆涂身。厉：古同“疠”“癞”（lài），恶疮。

④交趾：底本作“亦足”，误。此从刘琳说改。交趾，古书又作“交阯”。西汉武帝所置十三刺史部之一。西汉平南越后置交趾刺史部于岭南，又在今越南北部置交趾郡。无定治。一说治苍梧郡广信县（今广西梧州）。东汉改为交州。按：合浦郡属交趾刺史部，故曰“纪名交趾”。

【译文】

费奉君避世隐居。

费贻，字奉君，是南安人。公孙述时，费贻以漆涂身，遍体恶疮，假装癫狂逃避乱世。公孙述败亡后，费贻出任合浦太守。蜀中之人歌颂费贻道：“费奉君讲究节义最有仁德，不在乱世做官以躲避邪恶之君。”费贻在蜀地修身养性，在交趾留下好名声，他的后代成为大族。

任公开明[①]。

任永[2]，字君业，僰道人也。长历数[3]。王莽时，托青盲；公孙述时，累征不诣。子溺井中死，见而不言；妻淫于前，面而不怪[4]。述平，乃曰："世适平，目即清。"妻自杀。光武征之，以年老不诣，卒。

【注释】

①开明：眼开复明。

②任永：字君业，犍为郡僰道（今四川宜宾）人。参看本书卷三《蜀志》注。

③历数：历法，数术。

④不怪：不责备。

【译文】

任永眼开复明。

任永，字君业，是僰道人。长于历法、数术。王莽篡政时，借口患青光眼而不出仕；公孙述当政时，多次征召，他都不出山。儿子溺死于井中，任永看见了却不说；妻子在他面前与别人淫乱，任永碰到并不责备。公孙述被平定后，任永才说："世界太平了，眼睛就复明了。"妻子羞愧自杀。光武帝征召任永，他以年老而不应召，后来就死了。

叔和顺终[1]。

杜抚[2]，字叔和，资中人也。少师事薛汉[3]，治五经。教授门生千人。太守王卿召为功曹，司徒辟，不诣[4]。及闻公免，必往承问[5]。东平宪王为骠骑将军[6]，辟西曹掾；后罢，为王师，在骠骑府者遣之，数年乃去[7]。数应三公征，抚侍送故公。作《诗通议说》[8]。弟子南阳冯良[9]，亦以道学征聘[10]。

【注释】

①顺终：义同“慎始慎终”或“慎终如始”，如同开始时一样。指始终要谨慎从事。顺，通“慎”，谨慎。

②杜抚：字叔和，犍为郡武阳（今四川眉山彭山区）人，一作犍为郡资中（今四川资阳）。少有高才，受业于薛汉，治五经，改定《韩诗章句》。后归乡里教授，弟子千余人。后为骠骑将军、东平王刘苍所辟，为西曹掾。章帝建初中为公车令，数月卒官。所作《诗题约义通》，学者传之，曰“杜君法”。《后汉书》和本书卷十《先贤士女总赞》有传。按：关于杜抚的籍贯，《后汉书·儒林列传》作“犍为武阳人”，本书卷十《先贤士女总赞》作“资中人”。又，《后汉书·儒林列传》：“（赵晔）到犍为资中，诣杜抚受《韩诗》，究竟其术。”准此，杜抚的籍贯当为犍为郡资中。

③薛汉：字公子，淮阳（治今河南淮阳）人。世习《韩诗》，善说灾异谶纬。光武建武初，为博士，受诏校定图谶。明帝永平中，迁千乘太守。后受楚王刘英谋反事牵连，下狱死。《后汉书》有传。

④诣：底本缺，此从刘琳说补。

⑤承问：承恤问候。

⑥东平宪王：即刘苍（？—83），东汉宗室。光武帝子。母阴后。建武十五年（39）封东平公，建武十七年（41）封东平王。少好经书。明帝即位，拜骠骑将军，位在三公之上。曾上奏谏明帝勿春猎妨农事，帝从之。后自以至亲辅政，声望日重，意不自安，乞退就国。章帝即位，刘苍受尊重恩礼，逾于前世，诸王莫与为比。朝廷每有疑政，辄遣使咨询，苍悉心以对，多被采纳。作有《光武受命中兴颂》，文辞典雅。卒谥宪王。《后汉书》有传。

⑦数年乃去：此处所说之事，见《后汉书·儒林列传》：“（杜抚）后为骠骑将军东平王苍所辟，及苍就国，掾史悉补王官属，未满岁，皆自劾归。时抚为大夫，不忍去，苍闻，赐车马财物，遣之。”

⑧《诗通议说》：杜抚著作，已佚。按：《诗通议说》当即《诗题约义通》。《后汉书·儒林列传》："（杜抚）其所作《诗题约义通》，学者传之，曰杜君法云。"

⑨冯良：字君郎，南阳（治今河南南阳）人。出身孤微，少作县吏。年三十，始为县尉从佐。耻在厮役，遂遁至犍为，从杜抚问学，十余年后还乡里。志行高洁，为乡人所称道。安帝延光二年（123），征聘，不就。《后汉书》有传。

⑩道学：此指儒家的道德学问。

【译文】

杜叔和谨慎从事，慎终如始。

杜抚，字叔和，是资中人。杜抚早年师事薛汉，研习五经。杜抚教授的门生上千人。太守王卿征召杜抚为功曹，司徒也征辟杜抚，但杜抚没有应召。等到后来听说司徒被免职，杜抚必定前往承恤问候司徒。东平宪王刘苍担任骠骑将军，征辟杜抚为西曹掾；后来，刘苍罢官就国，杜抚担任东平王之师，以前在骠骑府任职的人都被遣散，而杜抚多年后才离开刘苍。杜抚多次应三公的聘请，侍奉、欢送退职的三公。杜抚著有《诗通议说》。杜抚的弟子有南阳人冯良，也以精通儒家的道德学问而被征聘。

君桥密精[①]。

赵松，字君桥[②]，武阳人。为童子，数资问费贻[③]；及知其避世[④]，密与周旋[⑤]，终不露之也。述平，举茂才，为上党太守。

【注释】

①密精：缜密精明。

②字君桥：本书卷十二《序志并士女目录》作"字君乔"。

③资问：咨询，请教。资，通“咨”。

④避世：逃避尘世，离世隐居。

⑤周旋：应酬，交际，交往。

【译文】

赵君桥缜密精明。

赵松，字君桥，是武阳人。赵松还是童子之时，就多次向费贻请教；等到他得知费贻意在隐居避世时，便隐秘地与费贻交往，终究没有暴露费贻的行踪。公孙述被平定后，赵松被察举为茂才，担任上党太守。

英英四子[①]，利于居贞[②]。

赞费贻以下。

【注释】

①英英：奇伟，杰出。四子：指费贻、任永、杜抚、赵松四人。

②居贞：犹隐居。《易·屯》初九：“盘桓，利居贞，利建侯。”

【译文】

四人奇伟杰出，利于隐居。

赞扬费贻以下的人士。

皇汉弛纲[①]，官人失纪。文纪謇谔[②]，表明臧否[③]。

张纲[④]，字文纪，司空皓子也。在汉朝公平廉正，权宦侧目惮之[⑤]。汉安元年[⑥]，以光禄大夫持节与侍中杜乔循行州郡[⑦]，考察风俗。出宫埋车[⑧]，先奏太尉桓焉、司徒刘寿尸禄素餐[⑨]，不堪其职；出城，又奏司隶校尉赵峻、河南尹梁不疑、汝南太守梁乾等赃污浊乱[⑩]，槛车送廷尉治罪。天子以乾梁冀叔父，贬秩，免峻等。又奏鲁相寇仪，仪自杀。威风大行，郡县莫不肃惧[11]。还，冀恨之，出为广陵太守[12]。承叛乱后，怀集抚恤[13]，甚有治化[14]。在官一年卒[15]。子续，尚书。续弟方，为豫州牧。子孙数世至大官。

【注释】

①皇汉：犹大汉。称汉朝。弛纲：纲纪松弛。

②謇谔（jiǎn è）：正直敢言。

③臧否（zāng pǐ）：本指善恶或好坏。本处指褒贬。

④张纲：字文纪，犍为郡武阳（今四川眉山彭山区）人。参看本书卷三《蜀志》注。

⑤权宦：有权势的官宦。侧目：不敢正视，形容畏惧。

⑥汉安元年：142年。汉安，东汉顺帝年号（142—144）。

⑦杜乔（？—147）：字叔荣，河内林虑（今河南林州）人。初举孝廉，辟司徒杨震府。后任南郡太守、东海相，入为侍中。顺帝汉安元年（142）为光禄大夫，按察兖州，表奏泰山太守李固为政第一，举劾大将军梁冀季父及党羽赃罪。历任大司农、大鸿胪。质帝卒，与李固力主拥立年长之清河王刘蒜。桓帝立，为太尉。卒为冀所谮，死狱中。《后汉书》有传。

⑧埋车：即“埋轮”，埋车轮于地，以示坚守。意谓鞍马不出都城，首先上奏弹劾京师的权贵。东汉顺帝时，大将军梁冀专权，朝政腐败。汉安元年（142），选派张纲、杜乔等八人巡视全国，纠察吏治。余人皆受命之部，而张纲独埋其车轮于洛阳都亭，曰：“豺狼当路，安问狐狸！”遂上书弹劾梁冀，揭露其罪恶，京都为之震动。事见《后汉书·张纲列传》。后以“埋轮”为不畏权贵，直言正谏之典。

⑨桓焉（？—143）：字叔元，沛郡龙亢（今安徽怀远）人。见本卷前文注。刘寿：字伯长，长沙郡临湘（今湖南长沙）人。历官光禄

勋、司徒等。汉安元年(142),被免官。尸禄素餐:谓空食俸禄而不尽其职,无所事事。

⑩赵峻(?—145):字伯师,下邳徐(今江苏泗洪)人。以才器称。顺帝末,以司隶校尉迁太尉。冲帝即位,迁太傅,掌朝政。梁不疑:安定乌氏(今宁夏固原)人。梁冀之弟。好经书,善待士,冀暗嫉之。为光禄勋,自耻兄弟有隙,遂让位归第,闭门自守。先冀卒。梁乾:安定乌氏(今宁夏固原)人。梁冀叔父。曾任汝南太守等职。赃污浊乱:贪赃枉法。

⑪肃惧:整肃畏惧。

⑫广陵:郡名。西汉元狩二年(前121)置,治所在广陵县(今江苏扬州西北蜀冈上)。六年分置广陵国、临淮郡。东汉建武十八年(42)又改广陵国置郡。东汉末曾迁治射阳县(今江苏宝应东)。三国魏移治淮阴县(今江苏淮安淮阴区西南)。

⑬怀集:怀柔安集。

⑭治化:治理教化。按:本处所说"承叛乱后",指的是张纲平定广陵人张婴聚众起义之事。

⑮一年:底本作"十一年",误。《后汉书·张纲列传》:"(张)纲在郡一年,年四十六卒。"

【译文】

汉朝纲纪松弛,官员不守法纪。张文纪正直敢言,表明褒贬态度。

张纲,字文纪,是司空张皓的儿子。张纲在汉家朝廷做官,办事公平、廉洁、正直,权贵对他不敢正视,心存畏惧。汉安元年,张纲以光禄大夫的身份,手持符节,与侍中杜乔巡视各地州郡,考察民风民俗。张纲出了宫门,就埋车轮于地,首先上奏弹劾太尉桓焉、司徒刘寿空食俸禄而不尽其职,不能胜任其职责;出城之后,张纲又上奏弹劾司隶校尉赵峻、河南尹梁不疑、汝南太守梁乾等人贪赃枉法,这些人被装进囚车,送往廷尉处治罪。天子因为梁乾是梁冀的叔父,便将其降级处理,而罢免了赵峻等人的职务。张纲又上奏弹劾鲁相寇仪，寇仪自杀了。张纲等人的威风大行天下，各郡县无不整肃畏惧。张纲回到京城后，梁冀怀恨在心，将张纲外放为广陵太守。当时正值广陵叛乱之后，张纲怀柔抚恤，治理教化做得很好。张纲在广陵为官一年就死了。张纲之子张续，担任过尚书。张续之弟张方，担任过豫州牧。子孙好几代人都做了大官。

白虏狂僭[①]，乱离斯圮[②]。孝仲絷马[③]，社稷是死[④]。

朱遵[⑤]，字孝仲，武阳人也。公孙僭号。遵为犍为郡功曹，领军拒战于六水门[⑥]。众少不敌，乃埋车轮，绊马必死，为述所杀。光武嘉之，追赠复汉将军[⑦]。郡县为立祠[⑧]。

【注释】

①白虏：指公孙述。公孙述自以为在“五行”上应“金行”，故而服色“尚白”，并且自称“金帝”。参看本书卷五《公孙述刘二牧志》。狂僭（jiàn）：狂妄僭越。指公孙述冒用帝王称号，僭越称帝。

②乱离：政治混乱，给国家带来忧患。圮（pǐ）：毁坏，倾覆。

③絷（zhí）马：即下文所说“绊马”，用绳索拴住马脚。

④社稷是死：即为江山社稷而死。

⑤朱遵：字孝仲，蜀郡武阳（今四川眉山彭山区）人。参看本书卷三《蜀志》注。

⑥六水门：地名。在今四川成都新津区南四里邓双镇老邓公场，其旁即通济堰口。《水经·江水注》：“又东南过犍为武阳县，青衣水、沫水从西南来，合而注之。……此县藉江为大堰，开六水门，用灌郡下。”

⑦复汉将军：武官名。东汉置，掌征伐。邓晔曾任此职。

⑧立祠：修建祠堂。按：据新津县旧志，朱遵祠在今四川成都新津区。

【译文】

公孙述狂妄僭越称帝，致使政治混乱纲纪毁坏。朱孝仲用绳索拴住马脚，为江山社稷而死。

朱遵，字孝仲，是武阳人。公孙僭号称帝。朱遵是犍为郡的功曹，他率领军队在六水门与公孙述的人马交战。由于人马少不足以抵御敌人，朱遵于是掩埋车轮，绊住马脚，怀抱必死决心，结果被公孙述杀死。光武帝嘉奖朱遵，追赠他为复汉将军。郡县都为朱遵建立了祠堂。

建侯吊梁[①]，效志知己。

赵敦，字建侯，武阳人也。初为新都令，德礼宣流[②]。三司及大将军梁冀累辟，终不诣，冀辟书不绝。后冀自杀，使者监守[③]，不使人吊问[④]。敦独往，吊祭讫[⑤]，自拘有司[⑥]。天子赦之。

【注释】

①吊梁：吊唁梁冀。

②德礼：道德与礼教。语本《论语·为政》："道之以德，齐之以礼。"宣流：宣扬。

③监守：监督看守。

④吊问：吊祭死者，慰问其家属。

⑤吊祭：祭奠、吊唁。

⑥自拘：自我拘囚。本处意为自首。

【译文】

赵建侯吊唁梁冀，报效于知己。

赵敦，字建侯，是武阳人。赵敦起初担任新都县令，宣扬道德与礼教。三司及大将军梁冀多次征辟，赵敦最终都没有应召，而梁冀征辟他的聘书仍然络绎不绝。后来，梁冀自杀了，朝廷安排使者监督看守，不准人前去吊祭和慰问。赵敦独自一人前去吊唁，吊祭完毕后，自我拘囚，到有司处自首。天子赦免了赵敦。

叔通敦孝[①]，石生江汜[②]。

隗相[③]，字叔通，僰道人也。养母至孝。母食欲江中正流水，相冬夏汲之，一朝有横石生正流中。哀帝世为孝廉，平帝时为郎。

【注释】

①敦孝：诚心尽孝。

②江汜（sì）：江边。汜，水边。

③隗相：字叔通，犍为郡僰道（今四川宜宾）人。参看本书卷三《蜀志》注。

【译文】

隗叔通诚心尽孝，石头出现在江边。

隗相，字叔通，是僰道人。隗相奉养母亲极其孝顺。母亲想吃用江中心正流之水做成的饭，隗相冬天和夏天都到江心取水，一天早晨，有块石头横生在江心正流处。隗相在汉哀帝时被察举为孝廉，在平帝时被任命为郎。

吴生致养[①]，亦感灵祉[②]。

吴顺[③]，字叔和，僰道人也。事母至孝，赤乌巢其门[④]，甘露降其户。察孝廉，永昌太守。

【注释】

①致养：奉养亲老。

②灵祉（zhǐ）：神灵降赐的福祉。

③吴顺：字叔和，犍为郡僰道（今四川宜宾）人。参看本书卷三《蜀志》注。

④巢：筑巢。

【译文】

吴顺奉养母亲，也感动神灵而降福。

吴顺，字叔和，是僰道人。吴顺侍奉母亲极其孝顺，有赤乌在他的门前筑巢，有甘露降落在他家。吴顺后被察举为孝廉，担任永昌太守。

刘后初载[①]，实多良才。季休忠亮[②]，经事能治[③]。

杨洪[④]，字季休，武阳人也。先主领牧，为部蜀从事[⑤]。及征汉中，丞相亮表为蜀郡太守。先主疾病永安，召亮东行。汉嘉太守黄元反[⑥]，后主用其计，克元，封关内侯。后为忠节将军、越骑校尉[⑦]。忠清公亮[⑧]，亮甚信任之。

【注释】

①初载：初年，初期，早期阶段。

②忠亮：忠诚坚贞。

③经事：治理世务。

④杨洪（？—228）：字季休，犍为郡武阳（今四川眉山彭山区）人。参看本书卷三《蜀志》注。

⑤部蜀从事：底本作“部属从事”，误。部蜀从事，即益州刺史部下蜀郡从事。部从事，官名。汉置，又名州从事，即州刺史的从事。每郡国一人，掌督促文书，察举非法，皆州自辟除。另外，还有治

中从事(功曹从事)掌州选署及众事;簿曹从事,掌财谷薄书;兵曹从事,掌兵事。

⑥汉嘉太守黄元反:事见《三国志·蜀书·先主传》《杨洪传》和本书卷六《刘先主志》。

⑦忠节将军:底本作"中郎将",误。《三国志·蜀书·杨洪传》:"(杨)洪建兴元年赐爵关内侯,复为蜀郡太守、忠节将军,后为越骑校尉,领郡如故。"

⑧忠清:忠诚廉正。公亮:公正诚信。

【译文】

刘后主初期,实际上有很多杰出的人才。杨季休忠诚坚贞,能够治理国家事务。

杨洪,字季休,是武阳人。刘先主领益州牧时,杨洪是益州刺史部下蜀郡从事。等到刘先主征伐汉中时,丞相诸葛亮上表推荐杨洪担任蜀郡太守。刘先主在永安宫身患重病,召唤诸葛亮东行白帝城。汉嘉太守黄元反叛,后主刘禅采用杨洪的计谋,打败了黄元,封杨洪为关内侯。杨洪后来担任忠节将军、越骑校尉。杨洪忠诚、廉洁、公正、诚信,诸葛亮很信任他。

德山耽学[①],道以光时。

伍梁[②],字德山,南安人也。儒学雅尚[③],州牧诸葛亮选迎为功曹[④],迁五官中郎将。

【注释】

①耽学:谓特别好学。

②伍梁:《三国志·蜀书·杜微传》、本书卷七《刘后主志》作"五梁"。伍梁,字德山,犍为郡南安(今四川乐山)人。参看本书卷七《刘后主志》注。

③雅尚：极其崇尚。

④州牧诸葛亮选迎为功曹：底本作"州选迎牧诸葛亮为功曹"，今从刘琳说调整。《三国志·蜀书·杜微传》："建兴二年，丞相亮领益州牧，选迎皆妙简旧德，以秦宓为别驾，五梁为功曹，微为主簿。"

【译文】

伍德山特别好学，所学之道光照一时。

伍梁，字德山，是南安人。伍梁极其崇尚儒学，州牧诸葛亮选拔伍梁为功曹，后升迁为五官中郎将。

烈武作合[①]，度旷涂夷[②]。惜哉公举，帅直陵迟[③]。

费诗[④]，字公举，南安人也。先主领牧，为前部司马。群臣劝先主称尊号，诗上疏曰[⑤]："殿下以曹操父子逼主篡盗，故乃羁旅万里[⑥]，纠合士众，将以讨贼。今大敌未克而先自立，恐人心疑惑。昔高祖获子婴，犹尚推让；况未出门，便欲自立耶！"以是左迁部永昌从事。建兴三年[⑦]，从丞相亮南征。魏将李鸿来降，说魏新城太守孟达欲背魏向蜀。亮方北图[⑧]，欲招达为外援，欲与书。诗进曰："孟达小子，昔事振威不忠[⑨]，后事先帝背叛，反覆之人，何足与书也！"亮嘿然。诗终刘氏之世，官位不尽其才。君子以昭烈之弘旷[⑩]，武侯之明达[⑪]，诗吐直言，犹尚陵迟[⑫]，况庸主昏世[⑬]，率意直言而望肆效者哉[⑭]！

【注释】

①烈武："烈"指昭烈帝刘备，"武"指忠武侯诸葛亮。作合：合作共事。

②度旷：气度宽宏。涂夷：本指道路平坦，本处指仕途平坦。涂，道路。夷，平。

③帅直：坦率爽直。本处指率意直言。即下文所说“吐直言”和“率意直言”。帅，通“率”，直率。陵迟：衰微。本处指不得志。

④费诗：字公举，犍为郡南安（今四川乐山）人。参看本书卷四《南中志》注。

⑤诗上疏曰：费诗上疏，又见本书卷六《刘先主志》，且较此为详。

⑥羁旅：寄居异乡。

⑦建兴三年：225年。

⑧北图：底本作“北面”，从刘琳说改。

⑨振威：指振威将军刘璋。

⑩弘旷：谓心胸宽阔。

⑪明达：明理通达。

⑫犹尚：尚且。陵迟：一本作“凌迟”。

⑬庸主：昏庸的君主。昏世：黑暗腐败的时代。

⑭肆：尽心。效：效力。

【译文】

昭烈帝刘备与忠武侯诸葛亮合作共事，气度宽宏，仕途平坦。可惜啊费公举，因为率意直言，以致仕途衰微而不得志。

费诗，字公举，是南安人。先主自领益州牧时，任命费诗为前部司马。群臣都劝先主称帝，而费诗上疏说：“殿下因为曹操父子威逼汉主、篡位盗号，故而不惜行程万里，聚集众多将士，打算讨伐逆贼。现今，大敌尚未消灭而殿下就先自立为帝，恐怕世人内心会有疑惑。往年，汉高祖擒获了秦王子婴，都还要推让一番才称帝；更何况殿下的大军还没有出门，怎么就打算自立为帝呢？”因此费诗被左迁为部永昌从事。建兴三年，费诗跟从丞相诸葛亮南征。魏国将领李鸿前来投降，说魏国新城太守孟达打算背叛魏国，向蜀国投降。诸葛亮正准备北伐，打算招降孟达为外援，并准备写信给孟达。费诗进谏说："孟达这个小人，从前侍奉振威将军刘璋就不忠心，后来侍奉先帝，结果又背叛了，这种反复无常的小人，哪里值得给他写信！"诸葛亮沉默不语。在整个刘氏蜀汉时代，费诗的官位都没有与其才能相匹配。天下的君子，即使如昭烈帝那样心胸宽阔，如忠武侯那样明理通达，费诗也因口吐直言，仕途尚且不得志，何况遇上昏庸的君主和黑暗的时代，还能指望率意直言而又尽心效力吗？

文然简略[①]，言不诡随[②]。

杨羲[③]，字文然，武阳人也。辅汉将军张裔荐为丞相亮主簿[④]，大司马蒋琬辟东曹掾[⑤]，历二郡太守[⑥]，为射声校尉[⑦]。性简略，未曾以甘言加人[⑧]，酒后言笑多慢词[⑨]。失大将军姜维意[⑩]，为维所废。延熙四年作《季汉辅臣赞》[⑪]，在《蜀书》[⑫]。

【注释】

①简略：疏阔。

②诡随：谓不顾是非而妄随人意。

③杨羲（？—261）：即杨戏、杨义，字文然，犍为郡武阳（今四川眉山彭山区）人。

④张裔（？—230）：字君嗣，蜀郡成都（今四川成都）人。

⑤蒋琬（？—246）：字公琰，零陵湘乡（今湖南湘乡市）人。

⑥二郡：指建宁郡、梓潼郡。

⑦射声校尉：官名。西汉武帝始置，为北军八校尉之一，位次列卿，属官有丞、司马等。领待诏射声士，所掌为常备精兵，屯戍京师，兼任征伐。东汉光武帝建武七年（31）省，十五年（39）复置，

为五校尉之一，隶北军中候。掌宿卫兵，属官有司马一员。三国沿置。

⑧甘言：好听的话，甜美的语言。

⑨慢词：不恭敬的言辞。

⑩姜维（202—264）：字伯约，天水冀（今甘肃甘谷）人。参看本书卷二《汉中志》注。

⑪延熙四年：241年。《季汉辅臣赞》：杨羲作品，载《三国志·蜀书·杨戏传》。

⑫在《蜀书》：即在《三国志·蜀书》中。

【译文】

杨文然性格疏阔，说话不会妄随人意。

杨羲，字文然，是武阳人。杨羲是辅汉将军张裔推荐的，担任丞相诸葛亮的主簿，后被大司马蒋琬征辟为东曹掾，又先后担任过建宁、梓潼二郡的太守，转任射声校尉。杨羲性格疏阔，没有对人说过好听的话，而在酒后的言笑间有许多不恭敬的言辞。杨羲因不合大将军姜维的心意，被姜维免除了职务。延熙四年，杨羲创作了《季汉辅臣赞》，收录在《三国志·蜀书》中。

车骑怏怏[①]，与国安危。

张翼[②]，字伯恭，文纪曾孙也[③]。以文武才干，历征西、镇南大将军，封亭侯。延熙十八年与卫将军姜维西征[④]，大破魏雍州刺史王经于狄道[⑤]，经众死洮水者数万人。维欲进，翼谏不可，必进无功，为蛇画足[⑥]。时维屡出陇西，翼常廷争[⑦]，以为国小，不宜黩武[⑧]，不听。不得已，每怏怏从行。景耀二年迁左车骑将军[⑨]，领冀州刺史。蜀平后死[⑩]。

【注释】

①怏怏：不服气或闷闷不乐的神情。

②张翼（？—264）：字伯恭，犍为郡武阳（今四川眉山彭山区）人。参看本书卷四《南中志》注。

③文纪：张纲，字文纪，犍为郡武阳（今四川眉山彭山区）人。参看本书卷三《蜀志》注。

④延熙十八年：255年。

⑤王经（？—260）：字彦纬，冀州清河（治今山东临清）人。参看本书卷七《刘后主志》注。

⑥为蛇画足：比喻做事节外生枝，不但无益，反而害事。

⑦廷争：在朝廷上据理力争。

⑧黩（dú）武：滥用武力，好战。

⑨景耀二年：259年。

⑩蜀平后死：《三国志·蜀书·张翼传》："（景耀）六年，（张翼）与维咸在剑阁，共诣降锺会于涪。明年正月，随会至成都，为乱兵所杀。"

【译文】

车骑将军张翼闷闷不乐，担心的是国家的安危。

张翼，字伯恭，是张文纪的曾孙。张翼因为文武才干，历官征西大将军、镇南大将军，被封为亭侯。延熙十八年，张翼与卫将军姜维西征，在狄道大败魏国雍州刺史王经，王经人马死于洮水的有数万人。姜维打算继续进军，张翼进谏说不可，认为继续进军必然无功，徒然画蛇添足。当时，姜维多次出兵陇西，张翼经常在朝廷上据理力争，认为国家实力小，不应该滥用武力，但没有被采纳。张翼迫不得已，每每闷闷不乐地跟从姜维出征。景耀二年，张翼升迁为左车骑将军，兼领冀州刺史。蜀国被平定后，张翼死了。

猗猗众伟[①]，芳烈名垂[②]。方德绎勋[③]，犍之琼瑰[④]。

总赞此二十一人也。

述犍为人士。

【注释】

①猗猗（yī yī）：美盛貌。

②芳烈：功业盛美。名垂：声名流传。

③方德：犹常德。遵循正道之德。绎（yì）：连续不断。

④琼瑰：美石，美玉。本处指像美玉一样的人物。

【译文】

美盛啊，众多伟大的人士！他们的功业盛美，他们的声名流传。他们的德行方正，他们的功勋连续不断，他们是犍为郡美玉一般的人物。

总赞这二十一人。

叙述犍为郡的男性。

进杨穆穆[①]，先姑是宪[②]。

进，武阳杨氏女，大匠广汉王堂长子博妻也[③]。博后母文有母仪之德[④]，进杨则其教为行[⑤]，闺门雍穆[⑥]。牂柯太守李祎家亦假系[⑦]，每不和，叹恨徒富贵[⑧]，学问不及博家也。

【注释】

①穆穆：仪容、言语美好，行止端庄、恭敬。

②先姑：丈夫的亡母，已过世的婆婆。宪：典范，榜样。

③王堂：字敬伯，广汉郡郪（今四川三台）人。参看本书卷一《巴志》注。博：王博，广汉郡郪（今四川三台）人。王堂长子。

④母仪：指做母亲的仪范。

⑤则：仿效，效法。

⑥雍穆：和睦，融洽。

⑦李祎：东莱（治今山东莱州）人。曾任牂柯太守。假系：同“假继”，后母，继母。

⑧叹恨：叹息抱恨。

【译文】

杨进端庄恭敬，以婆婆为榜样。

杨进，是武阳杨氏家的女儿，是将作大匠、广汉人王堂长子王博的妻子。王博的后母文氏有做母亲的品德，杨进效法文氏，遵照其教导而行，家庭和睦融洽。牂柯太守李祎家也有后母，每当家中不和时，李祎叹息抱恨只有富贵，而学问赶不上王博家。

阳姬请父[①]，厥族蒙援[②]。克谐内爱，训及秀彦[③]。

姬，武阳人也。生自寒微。父坐事闭狱[④]。杨涣始为尚书郎[⑤]，告归，郡县敬重之。姬为处女，乃邀道扣涣马[⑥]，讼父罪[⑦]，言辞慷慨，涕泣摧感。涣愍之，告郡县，为出其父。因奇其才，为子文方聘之。结婚大族，二弟得仕宦，遂世为宦门[⑧]。后文方为汉中太守，以赵宣为贤[⑨]，将察孝廉，函封未定，病卒。姬秘不发，先遣孝廉上道乃发丧。宣得进用[⑩]，姬之力也。后文方兄子伯邳为司隶校尉[⑪]，时姬长子颖伯冀州刺史，仲子颎二千石[⑫]。伯邳以禀叔母教，迎在官舍，每教伯邳政治。伯邳欲举茂才，选有二人。伯邳欲用老者，嫌以其耄[⑬]；欲举五方，而其年幼，以咨叔母。劝举方。后赵宣为犍为，五方为广汉，姬尚在。故吏敬之，四时承问不绝。

【注释】

①请父：为父请命。

②厥：其，她的。蒙：蒙受。

③秀彦：犹俊彦，出众的人才。

④坐事：因事获罪。闭狱：关闭在监狱。

⑤杨涣：字孟文，犍为郡武阳（今四川眉山彭山区）人。见本卷上文注。

⑥邀道：阻道。扣涣马：拉住杨涣的马不使行进。

⑦讼父罪：为父亲罪过辩冤。

⑧宦门：做官的人家。

⑨赵宣：字子雅，汉中郡南郑（今陕西汉中）人。出自寒微，以温良博雅，太守犍为杨文方深器异之，遂察孝廉。官至犍为太守。本书卷十《先贤士女总赞》有传。

⑩进用：选拔任用。

⑪伯邳：杨淮，字伯邳，犍为郡武阳（今四川眉山彭山区）人。杨涣之孙。见本卷前文注。

⑫仲子：第二子。頍（kuǐ）：一本作“颊”。

⑬耄（mào）：年老，高龄。

【译文】

阳姬为父请命，她的家族蒙受荐举。阳姬能让家族和谐恩爱，教导延及其他俊彦。

阳姬，是武阳人。阳姬出身贫寒，家世低微。阳姬的父亲因犯罪而被关押在监狱。杨涣刚刚担任尚书郎，请假回家，郡、县都很敬重他。阳姬虽然是未出嫁的女子，仍在道路上拦住杨涣并拉住马，为父亲之罪辩冤，言辞激烈慷慨，流泪悲摧。杨涣怜悯她，告诉郡县，把她的父亲放了出来。杨涣惊奇于阳姬的才能，于是为儿子杨文方下了聘书。因为与高门大族联姻，阳姬的两个弟弟得以进入仕途，于是世世代代都是官宦人家。后来，杨文方担任汉中太守，他认为赵宣是贤才，准备将他察举为孝廉，但推荐信函已经密封还没有发出，杨文方就病死了。阳姬秘不发丧，先派遣人员携带推荐孝廉的信函上路，然后才发丧。赵宣因此得以进用，全赖阳姬之力。后来，杨文方哥哥的儿子杨伯邳担任司隶校尉，其时阳姬的长子杨颖伯担任冀州刺史，次子杨颉也是二千石官员。杨伯邳因要亲禀叔母教诲，将叔母接来住在官舍中，叔母常常教导杨伯邳如何治理国家。杨伯邳准备举荐茂才，有两个人入选。杨伯邳想用年老的那个，又嫌他年龄大；想举荐五方，但他还小，于是就咨询叔母。叔母劝杨伯邳举荐五方。后来，赵宣任犍为太守，五方任广汉太守，这时阳姬还健在。原来的属吏都敬重阳姬，一年四季问候不断。

周度割体，贞节是全[1]。

周度，僰道人也，相登妻。十九，登亡。中牟令吴厚因人求之[2]，断发以誓志；后人犹欲求之，乃割其鼻[3]。养子早亡，其妻左亦年十九，遂俱守义。世咸叹妇姑之贞专其节操也[4]。

【注释】

①贞节：封建礼教指女子不失身、不改嫁的道德行为。

②中牟：县名。战国赵置，后入秦，属三川郡。治所在今河南中牟东。西汉属河南郡。西晋属荥阳郡。

③乃割其鼻：《太平御览》卷四百四十引皇甫谧《列女传》："犍为相登妻者，周氏之女，名度。适登一年而寡，守令吴厚因人问度，度心执匪石，引刀截发。县长史复遣媒欲娉，度曰：'前已断发，谓足表心，何误复有斯言哉？'取刀欲割鼻，左右救止，表其闾。"

④贞专：坚贞专一。

【译文】

周度切割身体，保全了贞节。

周度，是僰道人，是相登的妻子。周度十九岁的时候，相登就死了。中牟县令吴厚托人向她求婚，周度剪断头发，以此表达志向；后来又有人向她求婚，周度于是割掉了自己的鼻子。周度的养子死得也很早，养子之妻左氏也年方十九岁，于是一起恪守不嫁的节义。世人都感叹婆婆、媳妇坚贞专一的节操。

敬姬沉渊①，诚烈邈然②。

曹敬姬③，南安人也，周纪之妻。十七出适④，十九纪亡，遗生子元余。服阕⑤，父母以许孙宾⑥，绐母病⑦，迎还。知之，自投水。人赴之，气已绝，一日一夜乃苏息⑧。送依纪弟居，训导元余，号为学士。年九十卒。

【注释】

①沉渊：沉没于渊。意谓沉水自尽。

②邈然：高远貌。

③曹敬姬：本书卷十二《序志并士女目录》："曹敬，字敬姬。南安人，周纪妻也。"

④出适：出嫁。

⑤服阕：守丧期满除服。

⑥孙宾：《太平御览》卷四百四十一引《益部耆旧传》作"狐宾"，盖因形近而误。

⑦绐（dài）：欺骗，哄骗。

⑧苏息：复活，苏醒。

【译文】

曹敬姬沉水自尽，确实壮烈高远。

曹敬姬，南安人，是周纪的妻子。曹敬姬十七岁出嫁，十九岁时周纪身亡，留有遗腹子周元余。守丧期满除服后，父母把她许配给孙宾，欺骗她说，母亲病了，迎接她回娘家。曹敬姬知道后，自己投水自尽。人们赶来时,她已经气绝,经过一天一夜后才苏醒过来。于是,把她送到周纪的弟弟家居住,曹敬姬教导周元余,人们称她为学士。曹敬姬享年九十而卒。

贞玦玉操[①],弥久不刊[②]。

贞玦,字琼玉,牛鞞程氏女,张惟妻也[③]。十九适惟,未期[④],惟亡。无子,养兄子悦。供养舅姑[⑤],夙夜不怠[⑥]。资中王冲欲娶玦,玦叔父肱答以女志不可夺。冲为太守李严督邮[⑦],严记县[⑧],遣孝义掾奉羔雁[⑨],宣太守命聘之。玦乃自投水,救援,不死。后太守苏高为立表,太守蜀郡□□遣仁恕掾论曰"贞玦"[⑩],太守章陵刘威又为作颂[⑪],故称述也[⑫]。

【注释】

①玉操:像美玉一样的节操。

②不刊:古代文书书于竹简,有误,即削除,谓之刊。不刊谓不容更动和改变。引申为不可磨灭。

③张惟:据本书卷十二《序志并士女目录》,张惟是犍为郡资中(今四川资阳)人。

④未期(jī):不到一周年。

⑤舅姑:称夫之父母。俗称公婆。

⑥夙夜不怠:从早到晚从不懈怠。形容非常勤奋。

⑦李严(?—234):后改名平,字正方,南阳(治今河南南阳)人。参看本书卷一《巴志》注。

⑧严记县:即太守李严向下属县下达公文。记,古时的一种公文。

⑨孝义掾:官名。三国蜀置,为郡县佐吏。汉朝郡县设立学校,置掾、史、经师等官,而蜀又增置孝义掾,掌教化,与教化史、行义掾

都是教导民众行仁孝礼义的官吏。羔雁：小羊和雁。用作征召、婚聘、晋谒的礼物。

⑩太守蜀郡：下脱人名，故以“□□”示之。仁恕掾：官名。东汉置，属河南尹，掌狱。本处指蜀郡属吏。

⑪章陵：县名。东汉建武六年（30）改舂陵侯国置，属南阳郡。治所在今湖北枣阳南三十里。三国魏黄初二年（221）改为安昌县。

⑫称述：称扬述说。

【译文】

贞玦有像美玉一样的节操，历时越久而又不可磨灭。

贞玦，字琮玉，是牛鞞县程氏家的女儿，是张惟的妻子。程贞玦十九岁时嫁给张惟，还不到一年，张惟就去世了。程贞玦没有子女，收养了哥哥的儿子张悦。程贞玦供养公公、婆婆，从早到晚从不懈怠。资中人王冲打算娶程贞玦，程贞玦叔父程肱回答说侄女守节的志向不可侵夺。王冲是太守李严的督邮，李严向下属县下达公文，派遣孝义掾带上聘礼羊和雁，宣称是太守命令的下聘之礼。程贞玦于是投水自杀，经人抢救，幸而不死。后来，太守苏高为她立了表，太守蜀郡□□派遣仁恕掾赠予谥号“贞玦”，太守、章陵人刘威又为她作了颂，因此，本书在此称扬述说。

韩姜自财[①]，后旌其冤[②]。

韩姜，僰道人，尹仲让妻也。二十，让亡。服除[③]，资中董台因从事王为表弟求姜，不许。台门生左习、王苏以为姜可夺[④]，教姜家言母病，迎还韩氏，因逼成婚。姜闻故，自杀。太守巴郡龚扬哀之[⑤]，杀习、苏以报姜死。

【注释】

①自财：自杀。财，通“裁”。

②后：君。本处特指太守龚扬。旌：表彰，表明。

③服除：守丧期满。

④姜可夺：意谓韩姜守节不改嫁的志向可以改变。夺，改变。

⑤龚扬：巴郡垫江（今重庆合川）人。官至巴郡太守。参看本书卷一《巴志》注。

【译文】

韩姜自杀，太守为她申明冤屈。

韩姜，僰道人，是尹仲让的妻子。韩姜二十岁时，尹仲让去世。韩姜守丧期满后，资中人董台通过从事王为的表弟向韩姜求婚，韩姜没有答应。董台的门生左习、王苏认为韩姜守节不改嫁的志向是可以改变的，于是教唆姜家人诈言母亲生病，迎接韩姜回到韩氏家族，趁机逼迫她成婚。韩姜知道了事情的原委，便自杀了。太守、巴郡人龚扬为韩姜而哀伤，杀了左习、王苏，以此报答韩姜。

谢姬引决[①]，同穴齐穿[②]。

姬，南安人，武阳仪成妻也。成死，以己年壮无子，将葬，乃预作殡殓具、毒药[③]。须夫棺入墓[④]，拊棺吞药而死，遂同葬。县以表郡，郡言州，州上尚书。天子咨嗟[⑤]，下诏书：每大赦，赐家帛四匹、蜀谷二石[⑥]。

【注释】

①引决：自杀。

②同穴、齐穿：皆指夫妻合葬。穿，墓穴。底本作“定”，误。

③殡殓（liàn）：入殓和出殡。

④须：等待。

⑤咨嗟（jiē）：叹息。

⑥蜀谷：当即蜀黍，亦即今高粱（刘琳）。明李时珍《本草纲目·谷二·蜀黍》："蜀黍……米性坚实，黄赤色，有二种，黏者可和糯秫酿酒作饵，不黏者可以作糕煮粥，可以济荒，可以养畜。"

【译文】

谢姬自杀，与丈夫合葬。

谢姬，南安人，是武阳人仪成的妻子。仪成死后，谢姬因自己还是壮年，并且没有孩子，在将要埋葬丈夫的时候，提前为自己准备好入殓和出殡的器具和毒药。等到丈夫的棺材入墓的那一天，谢姬拍打着棺材，吞下毒药而死，于是与丈夫同葬。县里上表郡里，郡里汇报州里，州里上报尚书。天子为之叹息，下达诏书：每遇天下大赦，赏赐她家帛四匹、蜀黍二石。

媛姜匹妇[①]，勉夫济子。授命囹圄[②]，义逾国士[③]。

赵媛姜[④]，资中人，盛道妻也。建安五年，道坐过[⑤]，夫妇闭狱。子翔方年五岁。姜谓道曰："官有常刑[⑥]，君不得已矣。妾在，复何益君门户[⑦]？君可同翔亡命，妾代君死，可得继君宗庙[⑧]。"道依违数日[⑨]，姜苦言劝之[⑩]，遂解脱[⑪]。给衣粮，使去，代为应对。度走远，乃告吏，杀之。后遇赦，父子得还。道虽仕宦当世[⑫]，痛感，终不更娶，翔亦不仕耳。

【注释】

①匹妇：古代指平民妇女。

②授命：献出生命。囹圄（líng yǔ）：监狱。

③逾：超过。国士：一国中才能最优秀的人物。

④赵媛姜：犍为郡资中（今四川资阳）人。《后汉书·列女传》："犍为盛道妻者，同郡赵氏之女也，字媛姜。"

⑤坐过：因过失而获罪。《后汉书·列女传》："建安五年，益部乱，（盛）道聚众起兵，事败，夫妻执系，当死。"

⑥常刑：一定的刑法。

⑦门户：家庭。

⑧宗庙：奉祀祖先的宫室。

⑨依违：顺从和违背，指犹豫不决。

⑩苦言：苦口相劝，逆耳之言。

⑪解脱：开脱。意谓想通了。

⑫仕宦：出仕，为官。

【译文】

赵媛姜是平民妇女，她鼓励丈夫、解救儿子。在监狱献出生命，她的节义超过国士。

赵媛姜，资中人，是盛道的妻子。建安五年，盛道因触犯法律，夫妇都被禁闭起来。儿子盛翔年方五岁。赵媛姜对盛道说："官府有一定的刑法，夫君是不得已而犯法。贱妾活着，对于你的家庭又有什么作用呢？夫君可同盛翔一起逃命，贱妾替代夫君去受死，这样可以继续盛家的香火。"盛道犹豫不决了好几天，赵媛姜苦口相劝，盛道才想通了。赵媛姜准备了衣服和粮食，让父子俩离开，自己代为应付官府。赵媛姜估计父子俩已经走远了，才告诉官吏，官吏杀了她。后来，遇到大赦，父子俩得以返家。盛道虽然当时也做了官，但因为哀痛赵媛姜，故而终生不再娶妻，而盛翔也终身不做官。

黄帛求丧[1]，沉身中流。灵精相感[2]，携夫共浮。

黄帛，僰道人，张贞妻也。贞受《易》于韩子方[3]，去家三十里，船覆，死。贞弟求丧，经月不得[4]。帛乃自往没处躬访[5]，不得，遂自投水中。大小惊睆[6]。积十四日，持夫手浮出。时人为语曰："符有先络僰道帛[7]，求其夫，天下无有其偶[8]。"县长韩子冉嘉之，召帛子，幸之，为县股肱[9]。

【注释】

①丧：尸体，遗体。

②灵精：灵魂。

③韩子方：本书卷十二《序志并士女目录》："学士：韩子方。僰道人，张贞之师。"

④经月：指太阴历月亮经历一次朔望的标准时间。即整月，一个月。

⑤躬：亲自。

⑥惊睨：惊视，惊讶地看着。

⑦先络：江阳郡符县（今四川合江）人。

⑧天下无有其偶：又见本书卷三《蜀志》："符有先络，僰道张帛求其夫，天下无有其偶者矣。"

⑨股肱（gōng）：大腿和胳膊。比喻左右辅助得力的人。

【译文】

黄帛寻找丈夫的遗体，自沉江中。灵魂感动上天，让她手拉着丈夫一起浮出水面。

黄帛，僰道人，是张贞的妻子。张贞向韩子方学习《易》，离家三十里处，船翻了，张贞被淹死。张贞的弟弟去寻找遗体，一个月都没有找到。于是，黄帛亲自前往沉没处寻找遗体，也没有找到，于是自投水中。大人和小孩都惊讶地看着她。过了十四天，黄帛握着丈夫的手浮出水面。当时人有句话说："符县有先络，僰道有黄帛，二人都为寻找丈夫遗体而自沉，天下没有第二个了。"县长韩子冉表彰她的行为，征召黄帛的儿子到官府，宠幸他，使他成为县里的骨干人才。

烈哉诸媛，节称义遒[1]。

赞此九女也。

【注释】

①称：相称，相符，相配。遒：坚固。

【译文】

伟烈啊，诸位女子！她们与其节义相配，而且道义坚固。赞美这九位女性。

述犍为列女。

右《犍为士女赞》第四。

凡三十人。二十一人士，九人女。

【译文】

叙述的是犍为的列位女性。

以上是《犍为士女赞》第四。

总共三十人。其中男性二十一人，女性九人。

卷十下　先贤士女总赞下

汉中士女

郑真岳峙[1]，确乎其清。

郑子真[2]，褒中人也。玄静守道[3]，履至德之行[4]。乃其人也[5]，教曰："忠孝爱敬，天下之至行也[6]；神中五征[7]，帝王之要道也[8]。"成帝元舅大将军王凤备礼聘之[9]，不应。家谷口[10]，世号"谷口子真"。亡，汉中为立祠。

【注释】

①岳峙：谓如高山耸立。喻人品德如高山耸立。

②郑子真：名朴，字子真，汉中郡褒中（今陕西勉县）人。参看本书卷二《汉中志》注。

③玄静：谓清静无为的思想境界。守道：坚守某种道德规范。

④至德：最美好的道德，最高的道德。

⑤其人：同道，志趣相投的人。司马迁《报任少卿书》（《文选》卷四十一）："仆诚以著此书，藏诸名山，传之其人。"李善注："其人，谓与己同志者。"

⑥至行：卓绝的品行，最好的德行。

⑦五征：古人以雨、暘、煖、寒、风五者是否适时作为吉凶的征验，称为“五征”。《尚书·洪范》：“庶征：曰雨，曰暘，曰燠，曰寒，曰风。”孔传：“雨以润物，暘以干物，燠以长物，寒以成物，风以动物。五者各以其时，所以为众验。”

⑧要道：重要的道理，切要的道理。

⑨元舅：长舅，大舅。王凤（？—前22）：字孝卿，西汉东平陵（今山东章丘西）人。参看本书卷四《南中志》注。

⑩谷口：即褒谷，亦称南谷，在今陕西汉中市西北。

【译文】

郑子真的品德如高山耸立，确实展示的是其清静无为的思想境界。

郑子真，褒中人。清静无为，坚守道德规范，践行的是最高的道德。对志趣相投的人，郑子真才教导他说：“忠孝爱敬，这是天下最好的德行；冥冥之中符合五征，这是帝王统治的重要道理。”汉成帝的大舅、大将军王凤备办了礼物去聘请郑子真，郑子真没有答应。郑子真居家在谷口，世人称之为“谷口子真”。郑子真死后，汉中为他建立了祠堂。

卫梁泥盘①，玄湛渊亭②。

卫衡，字伯梁，南郑人也。少师事隐士同郡樊志张③，以高行闻。郡九察孝廉，公府、州十辟，公车三征，不应。董扶、任安从洛还④，过见之，曰：“京师，天下之市朝也⑤，足下犹之人耳⑥。幸其在远，以虚名屡动征书；若至中国，则价尽矣。”衡笑曰：“时有险易，道有污隆⑦。若樊季齐、杨仲桓虽应征聘⑧，何益于时乎？苟无所⑨，则尼、轲栖栖⑩。是以君平、子真不屈其志⑪，岂子之徒也哉！吾何虚假之有⑫？”安、扶服之，敬其言也。

【注释】

①泥盘:盘桓于泥途之中,意谓隐居不仕。

②玄湛渊亭:形容道德与修养深远、沉静。玄,玄奥。湛,深沉。渊,深,深远,渊博。亭,通“渟”(tíng),(水)深。

③樊志张:汉中郡南郑(今陕西汉中)人。博学多通,隐居不仕。尝游陇西,破羌将军段颎请见之,其夕颎军为羌所围,因留军中。夜说颎由东南角乘虚引出,还师攻之,可全胜。颎从之,果破羌。以状表闻,有诏特征,会病终。《后汉书·方术列传》有传,事又见《后汉书·段颎列传》。樊志张,底本作“樊季齐”,误。

④董扶:字茂安,广汉郡绵竹(今四川德阳北)人。参看本书卷三《蜀志》注。任安(124—202):字定祖,广汉郡绵竹(今四川德阳北)人。参看本书卷三《蜀志》注。

⑤市朝:市场和朝廷。指人物聚集之地。

⑥犹之人:意谓犹如一般人,与一般人一样。犹,犹如。之人,此人,是人。

⑦污隆:降与升。常指世道的盛衰或政治的兴替。

⑧樊季齐:樊英,字季齐,南阳鲁阳(今河南鲁山)人。习《京氏易》,善风角、星算、《河洛》七纬等,推步灾异。受业者四方而至,世称“樊氏学”。汉安帝时,公卿举荐,皆不就。汉顺帝永建四年(129)备礼征之,拜五官中郎将,旋称病笃,诏以为光禄大夫,赐告归。著有《易章句》。《后汉书·方术列传》有传。杨仲桓:杨厚(72—153),字仲桓,广汉郡新都(今四川成都新都区)人。参看本书卷三《蜀志》注。

⑨无所:不得其所。

⑩尼、轲:指孔子(仲尼)、孟子(孟轲)。栖栖:四处奔走、忙碌不安的样子。

⑪君平、子真:指严君平、郑子真。不屈其志:不委屈自己的心志

意愿。

⑫虚假：本处特指董扶、任安所说“以虚名屡动征书”。

【译文】

卫伯梁隐居不仕，道德修养深远、沉静。

卫衡，字伯梁，是南郑人。卫衡早年师事隐士、同郡人樊志张，以品行高尚而闻名。郡里九次察举他为孝廉，公府、州里十次征辟他，公车三次征召他，他都没有答应。董扶、任安从洛阳还乡，路过南郑时去拜见卫衡，说：“京师，是天下人物聚集之地，足下与一般人也一样。足下有幸身处边远之地，因虚名而屡次惊动官府，送来聘书；如果到中原，足下就不值钱了。”卫衡笑着说：“人所处时局有险阻与平坦，道路有上升与下降。像樊季齐、杨仲桓这样的人，虽然也接受了征聘，但对时局有什么益处呢？如果不得其所，像孔子、孟子也得四处奔走、忙碌不安。因此，严君平、郑子真不委屈自己的心志意愿，难道是你们这样的人吗？我有什么虚假的呢？”任安、董扶佩服他，敬重他的言语。

邓公亢对[①]，忠枉原情[②]。

邓公，成固人也。景帝时，御史大夫晁错患诸侯强大[③]，建议减削。会吴、楚七国谋反，假言诛错[④]，故吴相袁盎谮帝杀之[⑤]。拜盎太常，使赦七国，七国遂叛。邓公为谒者，入言军事，帝问曰：“七国闻晁错死，罢兵不？”对曰：“吴王即山铸钱[⑥]，煮海为盐[⑦]，谋反积数十年。错患之，故欲削弱，为万世策[⑧]，诸侯忧之。计画始行[⑨]，身死东市[⑩]，诸侯莫惮[⑪]。内杜忠臣之口[⑫]，外为诸侯报怨，臣窃为陛下不取也。”帝叹息曰：“吾亦恨之。”武帝初，为九卿。

【注释】

①邓公:《汉书》一作“邓先”,汉中郡成固(今陕西城固)人。参看本书卷二《汉中志》注。亢:刚直。

②忠枉:忠臣被冤枉。原情:推究情由。

③晁错(前200—前154):一作“朝错”,颍川(治今河南禹州)人。习申不害、商鞅刑名之术。景帝立,任内史,迁御史大夫。景帝采纳其意见,更定法令,削诸侯枝郡。景帝前三年(前154),吴楚七国以“诛晁错”“清君侧”为名,起兵反。为袁盎所谗,被朝衣斩于市。《史记》《汉书》有传。

④假言:借口。

⑤袁盎(?—前148):姓或作“爰”。字丝,西汉楚人,后徙安陵(今陕西咸阳东北)。以数直谏,名重朝廷。素与晁错交恶。及景帝即位,错为御史大夫,使人告发袁盎接受吴王财物之事,盎获罪被废为庶人。吴楚七国之乱时,借此向景帝建议诛错以谢吴。及吴楚破,为楚相,不见用,病免家居。后因谏止立梁孝王为帝嗣,为梁王刺客所杀。《史记》《汉书》有传。谮(zèn):谗毁,诬陷。

⑥即山铸钱:开采山中铜矿以铸造钱币。《史记·吴王濞列传》:“吴有豫章郡铜山,濞则招致天下亡命者盗铸钱,煮海水为盐。”

⑦煮海为盐:烧煮海水而获得食盐。参见上注。

⑧万世:很多世代。形容时代久远。

⑨计画:计虑,谋划。古人计事必用手指画,使其事易见,故称。

⑩东市:汉时长安道东西均有市场,处决犯人都在东市,后世遂用以称刑场。

⑪惮:畏惧,害怕。

⑫杜:堵塞。

【译文】

邓公刚直对答,推究忠臣被冤枉的情由。

邓公，是成固人。汉景帝时，御史大夫晁错担心诸侯过于强大，建议削减诸侯封地。适逢吴、楚七国合谋造反，并以诛杀晁错作为借口，因此，前吴国的相国袁盎进谗言，劝说汉景帝杀了晁错。汉景帝任命袁盎为太常，让他去赦免七国，于是七国叛乱。邓公是谒者，入宫汇报军事，汉景帝问袁盎："七国听说晁错已经死了，是否退兵呢？"邓公回答说："吴王开采山中铜矿以铸造钱币，烧煮海水而获得食盐，预谋造反已经数十年了。晁错为此而担忧，故而打算削弱诸侯，以为万世平安的计策，诸侯为削藩而担忧。削藩计划刚刚推行，晁错就身死东市，诸侯也就不害怕了。如此一来，对内堵塞了忠臣的嘴，对外则为诸侯报了仇怨，微臣私下认为，陛下这样做不可取。"汉景帝叹息说："我也为此抱恨。"汉武帝初年，邓公位列九卿。

博望致远①，西南来庭②。

张骞③，成固人也。为人强力有谋④，能涉远，为武帝开西域五十三国⑤，穷河源⑥，南至绝远之国⑦。拜校尉，从讨匈奴有功，迁卫尉、博望侯⑧。于是广汉缘边之地⑨，通西南之塞，丰绝远之货，令帝无求不得，无思不服。至今方外开通，骞之功也。

【注释】

①博望：指博望侯张骞。致远：招致远处之物，使远方来归附。

②来庭：来王庭。犹来朝。谓朝觐天子。

③张骞（？—前114）：汉中郡成固（今陕西城固）人。参看本书卷二《汉中志》注。

④强力：坚忍有毅力。底本作"强大"，《史记·大宛列传》《汉书·张骞传》均说"（张）骞为人强力，宽大信人"。《汉书》颜师古注：

“强力，言坚忍于事。”据改。

⑤五十三国：《汉书·西域传》：“西域以孝武时始通，本三十六国，其后稍分至五十余。”颜师古注：“司马彪《续汉书》云至于哀、平，有五十五国也。”

⑥河源：河流的源头。古代特指黄河的源头。按：张骞并未到达黄河的源头。

⑦南至绝远之国：《史记》《汉书》都说张骞到南方“绝远之国”身毒国。《汉书·张骞传》：（张）骞曰：“臣在大夏时，见邛竹杖、蜀布，问安得此，大夏国人曰：‘吾贾人往市之身毒国。身毒国在大夏东南可数千里。’”绝远，极其遥远。

⑧博望：古人说法不一。《汉书·张骞传》颜师古注：“取其能广博瞻望。”一说为地名。按：博望当为地名，即博望县。西汉元朔六年（前123）置，属南阳郡。治所在今河南方城县西南五十六里博望镇。汉武帝封张骞为博望侯。西晋属南阳国。南朝宋永初后废。

⑨广：开拓，扩展。缘边：沿边，指边境。

【译文】

博望侯招致远处之物，西南边陲也来朝觐天子。

张骞，是成固人。为人坚忍有毅力，而且有谋略，能走远路，为汉武帝开拓了与西域的五十三个国家的交通，走到了黄河的源头，在南面到达极其遥远的国度。张骞被拜为校尉，又因随从讨伐匈奴有功，升迁为卫尉，封为博望侯。于是，拓展了汉朝沿边的地盘，开通了西南的边塞，丰富了自极远之处而来的货物，让皇帝没有什么东西求取不得，没有什么想法实现不了。直至今日，域内与域外的开通，这都是张骞的功劳。

子游师生①，谗巧所倾②。

张猛，字子游，骞孙也。师事光禄勋周堪③，以光禄大夫、给事中，侍元帝。帝当庙祭④，济渭，欲御楼船⑤。御史大夫薛广德当车免冠[⑥]，“乞颈血污车轮[⑦]，陛下不得庙祭矣”。帝色不悦[⑧]。猛进曰：“主圣则臣直。今乘船危，就桥安；圣主不乘危[⑨]，故大夫言之。”帝曰：“晓人不当如是也[⑩]？”后与周堪俱以忠正为幸臣弘恭、石显所谮毁[⑪]，乍出乍征[⑫]。堪平和[⑬]，猛卒自杀。

【注释】

①子游：张猛，字子游，汉中郡成固（今陕西城固）人。张骞之孙。有俊才。元帝时为光禄大夫，出使匈奴，返，迁给事中。后为宦官石显等所谮害，自杀。《汉书·张骞传》有附传。

②谗巧：谗邪巧佞。倾：倾轧。

③周堪（？—约前40）：字少卿，齐郡（治今山东淄博东北）人。从夏侯胜受今文《尚书》。宣帝时，参与石渠阁议论定五经，因学识优异，为太子少傅。元帝即位，为光禄大夫，与太傅萧望之并领尚书事，同心辅政。为中书令石显等所谮，免官。后又为光禄勋，左迁河东太守，后复拜为光禄大夫，领尚书事。以受制于石显，含恨而死。《汉书·儒林传》有传。

④庙祭：在太庙祭祀。

⑤楼船：有楼的大船。古代多用作战船。

⑥薛广德：字长卿，沛郡相县（今安徽濉溪西北）人。治《鲁诗》，教授楚龚胜、龚舍等人。曾参与石渠阁议，历任谏大夫、长信少府、御史大夫等职。及为三公，直言谏争，元帝心忌之。后辞官归乡里。《汉书》有传。免冠：脱帽。古人用以表示谢罪。

⑦颈血：意谓自刎而死。《汉书·薛广德传》：“（薛）广德曰：‘陛下不听臣，臣自刎，以血污车轮，陛下不得入庙矣！’”

⑧色不悦：神色不愉悦。

⑨乘危：登上或踏上危险之地，犹言冒险。

⑩晓人：谓以言语说服人。晓，晓谕，劝喻。也：同“耶”。文言疑问词，相当于“呢”或“吗”。《汉书·薛广德传》作“邪”。按：以上事，见《汉书·薛广德传》。

⑪弘恭（？—前47）：沛（治今安徽濉溪西北）人。少坐法，受腐刑，为中黄门。不久选为中尚书。宣帝时，任中书令。明习法令故事，善为请奏，因得信任。元帝即位，与石显并得宠信，曾谮杀前将军萧望之等。元帝时病卒。《汉书》有传。石显（？—前32）：字君房，济南（治今山东章丘西）人。少坐法腐刑，为中黄门。宣帝时，为中书仆射。元帝时为中书令，事无大小，由显决断，贵幸倾朝。谮害萧望之、贾捐之、京房、张猛等大臣，结党营私。成帝即位，迁长信中太仆，失势。后免官，徙归故郡，不食，途中病死。《汉书》有传。谮（zèn）毁：谗间毁谤，诽谤诬蔑。

⑫乍：忽然。出：指免职。征：指任职。

⑬平和：性情温和。

【译文】

张子游师生二人，被谗邪巧佞倾轧。

张猛，字子游，是张骞的孙子。张猛师事光禄勋周堪，担任的是光禄大夫、给事中，侍奉汉元帝。汉元帝到太庙祭祀，要渡过渭河，打算乘坐楼船前往。御史大夫薛广德挡住汉元帝的车子，脱下帽子，说：“请求用我的颈项之血玷污陛下的车轮，使陛下不能去太庙祭祀。”汉元帝神色不悦。张猛进谏说：“主上圣明，则臣下正直。现今乘船有危险，走桥上安全；圣主不冒险行事，故而御史大夫这样说。”汉元帝说：“劝喻人，不应当像这样吗？”后来，张猛与周堪都因为忠正而被皇帝宠幸的臣子弘恭、石显进谗言诽谤，忽而被免职，忽而被任职。周堪性情温和，而张猛则最终自杀。

王孙养性[①]，矫葬厉生[②]。

杨王孙[③]，成固人也。治黄老。家累千金，厚自奉养。

临终，告其子曰："我死，裸葬，以复吾真。但为布囊盛尸，入地七尺，既下，从足脱之，以身亲土。"其子不忍，见王孙友人祁侯[4]。祁侯谏之。王孙曰："厚葬无益死者也。夫俾财送死[5]，今日入，明日发，此真无异暴骸中原[6]。裹以币帛[7]，隔以棺椁，含以珠玉[8]，后腐朽乃得归土，不可，故吾欲早就真宅[9]。"祁侯无以易，卒裸葬如其言。

【注释】

①养性：即清静无为，修身养性。

②矫葬厉生：即矫正厚葬之风，以此劝勉生者。

③杨王孙：汉中郡成固（今陕西城固）人。参看本书卷二《汉中志》注。

④祁侯：底本作"祈侯"，误。祁侯，姓缯，名它。缯贺之孙。《汉书·杨王孙传》颜师古注："祁侯缯贺之孙承嗣者，名它。"

⑤俾：通"殚"，竭尽。

⑥中原：原野之中。

⑦币帛：缯帛。

⑧含以珠玉：此即古代的饭含习俗（"含"亦作"琀""唅"）。所谓"饭含"，即以珠、玉、贝、米等物纳于死者之口。《说文解字·玉部》："琀，送死口中玉也。"《周礼·天官·太宰》："大丧，赞赠玉、含玉。"刘玄注："含玉，死者口实。天子以玉。"《荀子·礼论》："始卒，沐浴、鬠体、饭唅，象生执也。"《白虎通义·崩薨》："天子饭以玉，诸侯以珠，大夫以璧，士以贝也。"珠玉，珍珠和美玉。泛指珠宝。

⑨真宅：谓人死后的真正归宿。

【译文】

杨王孙修身养性，矫正厚葬之风以劝勉生者。

杨王孙，是成固人。研习黄老之学。杨王孙家中积累有千金财产，优厚地用于自我奉养。临终前，他告诉儿子说："我死之后，实行裸葬，以恢复我的本真之性。只用布袋盛装尸体，放入七尺深的地下，放下去后，从双足之处脱掉布袋，以便身体亲近土地。"他的儿子不忍心这样做，去见杨王孙的友人祁侯。祁侯劝谏杨王孙不要裸葬。杨王孙说："厚葬，其实无益于死者。竭尽家财送别死者，今天埋入地下，明天就被盗掘，这真是无异于把尸骸暴露于原野。用缯帛包裹尸体，再用棺椁隔离，口含珍珠和美玉，在尸体腐朽后才得以回归泥土，这样做不好，所以我才打算早点回归真宅。"祁侯无法改变杨王孙的主意，最终按照杨王孙的嘱咐实行了裸葬。

司徒监使①，术畅思精。屡登上司②，七政是经③。

李郃④，字孟节，南郑人也。少明经术⑤，为郡候吏⑥。和帝遣使者二人微行至蜀⑦，宿郃候舍⑧。郃为出酒夜饮，露坐。郃问曰："君来时，宁知二使何日发来耶？"二人怪，问之，郃指星言曰："有二使星入益部⑨。"后一人为汉中太守，命为功曹，察孝，遂驰名。为尚书郎，徙左丞⑩，稍迁至尚书仆射、尚书令，拜司空，又进司徒。清公直亮⑪，当世称名。顺帝世薨。

【注释】

①监使：监察到使者的到来。

②上司：汉时对三公的称呼。

③七政：古人以日、月和金、木、水、火、土五星为七政。古人认为，宰相之辅翼天子，"以齐七政"，一如五星与月亮之辅翼太阳。

④李郃：字孟节，汉中郡南郑（今陕西汉中）人。参看本书卷二《汉

中志》注。

⑤经术：经学与数术。《后汉书·李郃列传》："（李郃）通五经，善河洛风星。"

⑥候吏：官名。又称候人，或称幕门候吏。掌迎送宾客及道路治安。《后汉书·李郃列传》："县召（李郃）署幕门候吏。"

⑦微行：旧时谓帝王或有权势者隐匿身份，易服出行或私访。

⑧候舍：接待过往官员或其他宾客的馆舍。

⑨使星：朝廷使者。《后汉书·李郃列传》："和帝继位，分遣使者，皆微服单行，各至州县，观采风谣。使者二人当到益部，投郃候舍。时夏夕露坐，郃因仰观，问曰：'二君发京师时，宁知朝廷遣二使邪？'二人默然，惊相视曰：'不闻也。'问何以知之。郃指星示云：'有二使星向益州分野，故知之耳。'"按：经此事之后，后世因称使者为"使星"。

⑩左丞：即尚书左丞。官名。东汉始置，为尚书台佐贰官，居尚书右丞上，秩四百石。总领尚书台庶务，主管吏民章奏及台内小吏。

⑪清公：清廉公正。直亮：正直诚实。

【译文】

司徒李郃监察到使者的到来，他精通数术，思想敏锐。屡次位登三公，辅翼天子治理政务。

李郃，字孟节，是南郑人。李郃很早就精通经学与数术，是郡里的候吏。汉和帝派遣两位使者微服出行来到蜀地，留宿在李郃管理的候舍。晚上，李郃拿出酒来共饮，三人露天而坐。李郃问两位使者："阁下来的时候，知不知道两位使者何时出发、何时到达？"二人感到奇怪，问李郃何以知之，李郃指着天上的星星说："有两个使星进入益州了。"后来，其中一人出任汉中太守，任命李郃为功曹，察举孝廉，于是一时驰名。李郃担任尚书郎，转任尚书左丞，不久升迁为尚书仆射、尚书令，拜官司空，又进官司徒。李郃清廉公正，正直诚实，在当时享有盛名。汉顺帝时，李郃去世。

炎精下颓，朱明不扬[①]。太尉謇谔[②]，任国救荒。濯日旸谷，将升扶桑[③]。恶直丑正[④]，汉道遂丧。

李固[⑤]，字子坚，郃子也。阳嘉三年，以对策忠亢[⑥]，拜议郎。大将军梁商[⑦]，后父也，表为从事中郎，授荆州刺史。直州部有乱，至州，先友其贤者南阳郑叔躬、宋孝节、零陵支宜雅，表荐长沙、桂阳太守赵历、栾巴[⑧]，奏免江夏、南阳、南郡太守孔畴、高赐、为昆等，州土自然安静[⑨]。徙太山太守，克宁盗贼。入为将作大匠。多致海内名士南阳樊英、江夏黄琼、广汉杨厚、会稽贺纯、光禄周举、侍中杜乔、陈留杨伦、河南尹存、东平王恽、陈国何临、清河房植等[⑩]，皆蒙征聘。转大司农。顺帝崩，太后临朝，拜太尉，与后兄大将军梁冀、太傅赵峻并录尚书事[⑪]。冲帝崩，时徐、扬有盗贼，太后欲不发丧，须召诸王至。固争不可，言“国家多难，宜立长君”。太后欲专权，乃立乐安王孙[⑫]，为质帝。质帝崩，太后复与梁冀谋所立。固与司徒南郡胡广、司空蜀郡赵戒书与冀[⑬]，引周勃、霍光立文、宣以安汉之荣[⑭]，阎、邓废立之祸[⑮]；言国统三绝[⑯]，期运厄会[⑰]，兴崩之渐，在斯一举，宜求贤王亲近，不可寝嘿也[⑱]。冀得书，召公卿列侯议所立。三公及鸿胪杜乔佥举清河王蒜[⑲]，冀然之，奏御太后。中常侍曹腾私恨蒜[⑳]，说冀明日更议。广、戒从冀，固与乔必争蒜宜立：“中兴才也，且年长识义，必有厚将军。”冀不听，策免固、乔[㉑]。岁余，取下狱。以无事，出之，京师市邑皆称千万岁。冀恶其为人所善，更奏系之[㉒]。固书与二公曰[㉓]：“吾欲扶持汉室，使之比隆文、宣，何图梁将军迷谬[㉔]，诸子曲从[㉕]，以吉物为凶，成事为败。汉家衰微，从是始矣；将军亦有不利。吾虽死，上不惭于天，下不愧于人，求义得义，死复何恨？”遂自杀。二公得书，惟自流涕[26]，士民咸哀哭之。桓帝无道，冀寻受诛，汉家遂微，政在阉宦[27]，无不思固也。

【注释】

①炎精下颓，朱明不扬：意谓汉朝国运衰颓，国势不振。炎精，指火德，或指应火运而兴的王朝。本处指汉朝。按照五行学说，汉自称以火德王，故称“炎汉”或“炎精”。朱明，太阳。本处指汉朝。

②謇谔（jiǎn è）：正直敢言。

③濯日旸（yáng）谷，将升扶桑：意谓扶持汉室，使之重振。一如浴日于旸谷，使之喷薄东升。旸谷，古书也作“汤谷”“阳谷”。古称日出之处。扶桑，古书也作“榑桑”，又称“扶木”。神话中的树名。后为太阳的代称。《山海经·海外东经》：“汤谷上有扶桑，十日所浴，在黑齿北。”郭璞注：“扶桑，木也。”《山海经·大荒东经》：“汤谷上有扶木。一日方至，一日方出，皆载于乌。”《淮南子·墬形训》：“旸谷、榑桑在东方。”

④恶直丑正：正直之人被丑恶化，意谓是非颠倒。

⑤李固（94—147）：字子坚，汉中郡南郑（今陕西汉中）人。李郃之子。参看本书卷二《汉中志》注。

⑥忠亢：忠诚而刚正。

⑦梁商（？—141）：字伯夏，安定乌氏（今宁夏固原）人。梁雍之子，梁冀之父。少为黄门侍郎。顺帝阳嘉元年（132），女立为皇后，妹为贵人。商拜执金吾。阳嘉三年（134），为大将军。商自以外戚居大位，每存谦柔，虚己进贤，时称良辅。卒谥忠侯。《后汉书》有传。

⑧栾巴：底本作“卒巳”，误。栾巴（？—168），字叔元，魏郡内黄（今河南内黄西北）人，一说蜀郡人。好读书，博涉经典。顺帝时为黄门令，迁桂阳、豫章太守，定礼兴学，多有政绩，累迁为尚书。灵帝即位，任议郎。党锢之祸起，陈蕃、窦武被诛，栾巴上书极谏，为陈、窦辩冤。帝怒，下诏切责，收付廷尉，遂自杀。《后汉书》有传。

⑨安静：安定，平静。

⑩樊英：字季齐，南阳鲁阳（今河南鲁山）人。见本卷前文注。黄琼（86—164）：字世英，江夏安陆（今湖北云梦）人。早年屡征不就，顺帝时始应征为议郎。黄琼不阿附梁冀。后拜太尉，奏劾贪污，海内称颂。官至司空。卒谥忠侯。《后汉书》有传。杨厚（72—153）：字仲桓，广汉郡新都（今四川成都新都区）人。参看本书卷三《蜀志》注。贺纯：字仲真，会稽山阴（今浙江绍兴）人。少为诸生，博习群艺。屡受征辟，皆不就。后征拜议郎，数陈灾异，上书言事，多见采纳。迁江夏太守。《后汉书·李固列传》李贤注引谢承《后汉书》有传。周举（？—149）：字宣光，汝南汝阳（今河南商水）人。周防之子。博学洽闻，为儒者所宗，有“五经纵横周宣光”之誉。阳嘉三年（134），征拜尚书，与仆射黄琼同心辅政，名重朝廷。后为侍中，奉诏巡行风俗，于是劾奏贪猾，表荐公清。后拜光禄勋。《后汉书》有传。杜乔（？—147）：字叔荣，河内林虑（今河南林州）人。参看本卷上文注。杨伦：字仲理，陈留东昏（今河南兰考）人。少拜丁鸿为师，习《古文尚书》，为郡文学掾。前后三征，皆以直谏不合去。《后汉书》有传。尹存、王恽：事迹不详。何临：字子陵，陈国（治今河南淮阳）人。为李固所荐举，仕至平原太守。有政声。《后汉书·何熙列传》有附传。房植：字伯武，清河甘陵（今山东临清）人。桓帝时为河南尹，有名当朝。同郡周福为尚书，二家宾客互相攻讦，各树朋徒，由是甘陵有南北部，

党人之议自此始。位至司空。《后汉书》有传。

⑪后兄：底本作“后弟”，实当作“后兄”（刘琳）。赵峻（？—145）：字伯师，下邳徐（今江苏泗洪）人。参看本卷上文注。

⑫乐安王孙：“孙”原脱，兹补。指的是刘缵（138—146），汉章帝玄孙，乐安王刘宠孙。汉冲帝死，梁太后与梁冀定策迎入即帝位，年八岁。梁冀以大将军专朝政，帝于朝会目冀曰：“此跋扈将军也。”冀使左右置毒于煮饼以进，帝中毒死。在位一年。谥质帝。《后汉书》有传。

⑬胡广（91—172）：字伯始，南郡华容（今湖北监利）人。参看本卷上文注。赵戒：字志伯，蜀郡成都（今四川成都）人。参看本书卷三《蜀志》注。

⑭周勃（？—前169）：泗水沛（今江苏沛县）人。秦时以织薄曲（蚕具）为生。又常为人吹箫给丧事。后以中涓（秦汉时皇帝亲近的侍从官）从刘邦起于沛，屡破秦军。从击项羽，定天下。高祖六年（前201），封绛侯。吕后死，诸吕欲危刘氏，周勃与陈平定计诛诸吕，汉室以安。文帝立，拜右丞相。周勃惧功高招祸，又不谙政事，称病辞职。陈平死，复相，旋免。卒谥武侯。《史记》《汉书》有传。霍光（？—前68）：字子孟，河东平阳（今山西临汾西南）人。参看本书卷五《公孙述刘二牧志》注。文、宣：指汉文帝、汉宣帝。

⑮阎、邓废立之祸：指邓后与阎后之废立汉帝。汉和帝死，邓后立殇帝；殇帝死，邓后立安帝。安帝死，阎后与兄阎显等谋立北乡后为帝，数月而死。宦官孙程等杀阎氏党而立济阴王为帝，是为顺帝。

⑯国统三绝：即《后汉书·李固列传》所说“国祚三绝”。李贤注：“顺帝崩，冲帝立一年崩，质帝一年崩。”

⑰期运：犹气运，气数。厄会：众灾会合。犹言厄运。

⑱寝嘿：止而不言，沉默。嘿，同“默”，沉默。

⑲佥(qiān):全,都。清河王蒜(?—147):刘蒜,东汉宗室。汉章帝曾孙。参看本卷上文注。

⑳曹腾:字季兴,沛国谯(今安徽亳州)人。宦官。安帝时为黄门从官,顺帝时为中常侍。以与太仆州辅等定策迎立桓帝,封费亭侯,迁大长秋。在宫廷三十余年,历侍四帝,以谨慎著称。养子曹嵩,为曹操父亲。魏明帝太和中,追尊高帝。《后汉书》有传。私恨:私下怀恨或结怨。

㉑策免:帝王以策书免官。

㉒系:拘系,拘囚。

㉓二公:指司徒、司空。东汉以太尉、司徒、司空为三公,而李固是太尉,故本处的"二公"指的是司徒、司空。

㉔迷谬:迷惑谬误。

㉕曲从:委曲顺从。

㉖惟自:一本作"叹息"。

㉗阉宦:宦官。

【译文】

汉朝国运衰颓,国势不振。李太尉正直敢言,担当国家重任,救济灾民,使其度过饥荒。李固扶持汉室使之重振,一如浴日于旸谷,使之喷薄东升。可惜是非颠倒,正直之人被丑恶化,汉家道统于是衰微。

李固,字子坚,是李郃的儿子。阳嘉三年,李固因对策忠诚刚正,被拜为议郎。大将军梁商,是皇后的父亲,上表推荐李固为从事中郎,授官荆州刺史。其时,正逢荆州发生动乱,李固到荆州后,首先和当地的贤人,如南阳人郑叔躬、宋孝节、零陵人支宜雅交好为朋友,又上表推荐长沙太守赵历、桂阳太守栾巴,并上奏免去江夏太守孔畴、南阳太守高赐、南郡太守为昆等,州里自然安定、平静了。李固转任太山太守,平定了境内的盗贼之患。李固后入朝担任将作大匠。他广泛延揽海内的知名人士,如南阳人樊英、江夏人黄琼、广汉人杨厚、会稽人贺纯以及光禄周举、侍中杜乔、陈留人杨伦、河南人尹存、东平人王恽、陈国人何临、清河人房植等，都蒙受推荐与征聘。李固转任大司农。汉顺帝驾崩后，太后临朝主政，拜李固为太尉，让他与皇后的哥哥、大将军梁冀以及太傅赵峻一起负责录尚书事。汉冲帝驾崩后，因当时徐州、扬州有盗贼出现，太后打算不发丧，等到召集诸王公来商议。李固争执说不可，认为“国家多灾多难，应该立年长的皇子为君王”。太后想专权，于是立乐安王孙为质帝。汉质帝驾崩后，太后又与梁冀谋划册立何人为君。李固与司徒南郡人胡广、司空蜀郡人赵戒联名写信给梁冀，信中援引周勃、霍光立汉文帝、汉宣帝以安定汉家的荣耀，阎后、邓后废立国君带来的灾祸；信中说，汉朝国统三次断绝后嗣，时运不济，众灾会合，而兴盛与崩溃的机遇，就在此一举，因此，应该征求贤明之王、亲近之人，不可保持沉默而不行动。梁冀得到书信后，召集公卿、列侯来商议立何人为帝。三公及鸿胪杜乔都推举了清河王刘蒜，梁冀也同意了，便上奏太后。中常侍曹腾私下怀恨刘蒜，便游说梁冀明天再商议。胡广、赵戒赞成梁冀的意见，而李固与杜乔据理力争，认为应该立刘蒜为帝，二人说：“刘蒜是中兴之才，而且年龄为长，又深明大义，他一定会厚待将军的。”梁冀没有听从，反而策免了李固、杜乔的职务。一年以后，又将李固收捕下狱。因为李固没有罪状，便被释放了出来，京师内外都欢呼“千万岁”。梁冀忌恨李固为世人所称道，又上奏朝廷，再次拘系了李固。李固写信给司徒、司空说：“我本想扶持汉室，使国家像文帝、宣帝时代一样兴隆，哪里想到梁将军迷惑谬误，其他臣子委曲顺从，把吉祥之物当作凶险之物，把成功之事当作失败之事。汉家的衰微，从此开始了；而梁将军也将有不利之事。我虽然死了，但我对上无愧于天，对下无愧于人，求义得义，死了又有什么可抱恨的呢?”于是就自杀了。司徒、司空得到书信，只有独自落泪，士民都为李固哀号哭泣。汉桓帝是无道之君，梁冀不久也被诛杀了，汉朝由此衰败，宦官掌握了大权，世人没有不思念李固的。

元修敦重[①]，威惠实亮[②]。

张亮则[③]，字元修，南郑人也。为牂柯太守，威著南土。永昌、越嶲夷谋欲反，畏则，换临其郡，相谏而止。号曰“卧虎”。以伐狄勋[④]，迁护羌校尉[⑤]，征拜扶风，又换临桂阳，皆平盗贼。巴郡板楯反，拜降集校尉[⑥]，镇汉中。徙梁州刺史，又为魏郡太守，所在称治。灵帝崩后，大将军袁绍表为长史，不就。丞相曹公拜度辽将军[⑦]。

【注释】

①敦重：敦厚庄重。

②威惠：犹威恩。声威和恩泽。亮：诚信，忠诚。

③张亮则：一本作“张则”。张亮则，字元修，汉中郡南郑（今陕西汉中）人。任牂牁太守时威著南疆，民受其惠。累迁梁州刺史、魏郡太守。建安中，丞相曹操拜为度辽将军。

④伐狄：底本作“戍狄”，不通。此从刘琳说改。

⑤护羌校尉：官名。西汉武帝置，持节统领羌族事务。东汉初罢。光武建武九年（33），复置。后或省或置。章帝以后遂为常制。多以边郡太守、都尉转任。除监护内附羌人各部落外，亦常将羌兵协同作战，戍卫边塞。魏、晋及北魏沿置。

⑥降集校尉：当为临时设置的职官，事罢即撤。降集，降伏并收容。降集，底本作“隆集”，误。

⑦曹公：指曹操。度辽将军：官名。西汉置。昭帝元凤三年（前78），辽东乌桓起事，以中郎将范明友为此，率骑击之，因须度辽水，故以为官号。事罢而废。东汉亦置此将，屯五原以防匈奴。明帝后变为常置。东汉末，曾分置左、右度辽将军。三国魏沿置，亦称渡辽将军。

【译文】

张元修敦厚庄重，有声威和恩泽，而且确实忠诚。

张亮则，字元修，是南郑人。在担任牂柯太守时，恩威昭著于南中。永昌、越巂的夷人预谋造反，因畏惧张亮则，准备等张亮则换任至其他郡时再行动，各部落互相劝谏而停止了计划。张亮则号称"卧虎"。因讨伐狄人有功，升迁为护羌校尉，征拜为扶风太守，又换任桂阳太守，在任期间都能平定盗贼。巴郡的板楯蛮造反，张亮则被拜为降集校尉，镇守汉中。张亮则后来转任梁州刺史，又任魏郡太守，所在之地治理得都很好。汉灵帝驾崩后，大将军袁绍上表推荐张亮则为长史，张亮则没有就任。丞相曹操拜张亮则为度辽将军。

子雅温恭，见察文方[①]。

赵宣，字子雅，南郑人也。出自寒微，以温良博雅[②]，太守犍为杨文方深器异之[③]，遂察孝廉。官至犍为太守。

【注释】

①见察：被察举。见，被。

②温良：温和善良。博雅：谓学识渊博，品行端正。

③杨文方：犍为郡武阳（今四川眉山彭山区）人。杨涣之子。官至汉中太守。妻阳姬。本卷有传。器异：犹器重，看重。

【译文】

赵子雅温和恭敬，被杨文方察举为孝廉。

赵宣，字子雅，是南郑人。赵宣出身贫寒低微之家，为人温良，学识渊博，品行端正，汉中太守、犍为人杨文方很器重他，于是察举他为孝廉。赵宣官至犍为太守。

二珪琬琰[①]，三辰悬望[②]。

赵瑶字元珪[3]，琰字稚珪。凡七兄弟，宣子也，皆以令德著闻[4]。瑶少有公望[5]，始为缑氏[6]，袁、赵二公相与书曰[7]："赵瑶在缑氏，猛虎归迹。百里均尔[8]，升平何难[9]？"迁扶风太守，徙蜀郡。司空张温谓之曰[10]："昔第五伯鱼从蜀郡为司空[11]，扫吾第以侍足下矣。"瑶曰："诺。"寻换广汉，卒。琰始为青州刺史[12]，部下清肃[13]。徙梁相，征拜尚书，不就，卒。

【注释】

①琬琰：琬圭、琰圭。泛指美玉。《尚书·顾命》："弘璧、琬琰在西序。"孔传："大璧、琬琰之圭为二重。"按：赵瑶字元珪，赵琰字稚珪。此云"二珪"，固然无误。而云"琬琰"，意谓赵瑶、赵琰二人玉洁冰清，都是美玉一样的人物。

②三辰悬望：三辰，指日、月、星。按：本处"三辰"（日、月、星），指代的是东汉"三公"（太尉、司徒、司空）。悬望，盼望，挂念。三辰悬望，意谓赵瑶、赵琰二人被三公（如司马张温）挂念。

③赵瑶：字元珪，汉中郡南郑（今陕西汉中）人。参看本书卷三《蜀志》注。

④令德：美德。著闻：著名，闻名。

⑤公望：公众中的声望。

⑥缑氏：县名。战国时周置，后入秦，属三川郡。治所在今河南偃师东南府店镇北二里。因缑氏山为名。西汉属河南郡。东汉建武元年（25）改属河南尹。西晋属河南郡。

⑦袁、赵二公：指袁汤、赵戒。袁汤，字仲河，汝南汝阳（今河南商水）人。少传家学，习《孟氏易》，为诸儒所称。桓帝初为司空，封安国亭侯。累迁司徒、太尉，以灾异策免。谥康侯。《后汉书》有传。赵戒，字志伯，蜀郡成都（今四川成都）人。参看本书卷三

《蜀志》注。

⑧百里：古时一县所辖之地约百里，因以“百里”为县的代称。

⑨升平：太平。

⑩张温（？—191）：字伯慎，南阳穰（今河南邓州）人。参看本书卷三《蜀志》注。

⑪第五伯鱼：第五伦，字伯鱼，京兆长陵（今陕西咸阳）人。参看本书卷三《蜀志》注。

⑫青州：西汉武帝置，为十三刺史部之一。东汉治所在临菑县（今山东淄博临淄北）。

⑬部下：部属，下级。清肃：清正严明。

【译文】

赵瑶、赵琰都是玉洁冰清的美玉人物，被朝中三公挂念。

赵瑶字元珪，赵琰字稚珪。共有兄弟七人，他们是赵宣的儿子，都以美德闻名于世。赵瑶很早就有声望，他起初担任缑氏县令，袁汤、赵戒二公在来往书信中说：“赵瑶在缑氏任职，猛虎都收敛了足迹。百里之县治理得都一样好，地方太平有什么困难呢？”赵瑶后升迁为扶风太守，转任蜀郡太守。司空张温对他说：“往年第五伯鱼从蜀郡太守升为司空，我已经打扫我的宅第，等待足下的到来。”赵瑶说：“好。”不久，赵瑶调任广汉太守，死于任上。赵琰起初担任青州刺史时，赵琰的下属清正严明。后转任梁相，又征拜为尚书，但他没有赴任，去世。

仲卿报友①，行义以理。

陈纲，字仲卿，成固人也。少与同郡张宗受学南阳，以母丧归。宗为安众刘元所杀②。纲免丧③，往复之④。值元醉卧，还，须醒乃杀之⑤，自拘有司。会赦，免。三府并辟⑥，举茂才，拜弘农太守。初至，有兄弟自相责引退⑦，是后无讼者。在官九年卒。天子痛惜，赐家钱四十万。

【注释】

①报友：为友报仇。

②安众：县名。西汉置，属南阳郡。治所在今河南邓州东北。东汉、三国魏不改。西晋废。

③免丧：谓守孝期满，除去丧服。

④复：复仇。

⑤须：等待，等到。

⑥三府：谓太尉、司徒、司空府。

⑦自相责：自己检讨自己的过错。引退：意谓撤诉而回家。

【译文】

陈仲卿为友报仇，依理而行大义。

陈纲，字仲卿，是成固人。陈纲早年与同郡的张宗在南阳求学，因母亲去世而返家守丧。张宗被安众人刘元杀害。陈纲守孝期满后，前往南阳为朋友复仇。正好碰上刘元醉酒卧床，陈纲便离开了，等到刘元酒醒后，陈纲才杀死刘元，然后把自己绑上到官府自首。适逢大赦天下，陈纲被免刑。太尉、司徒、司空三府一起征辟陈纲，举荐陈纲为茂才，拜官弘农太守。陈纲初至弘农，有兄弟俩对簿公堂，陈纲让他们检讨自己的过错，二人撤诉回家，此后，弘农无讼事。陈纲在任九年去世。天子为陈纲痛惜，赏赐陈纲家人四十万钱。

伯度玄镜[①]，荣辱屑已[②]。

李法[③]，字伯度，南郑人也。桓帝时为侍中、光禄大夫。数亢表宦官太盛[④]，椒房太重[⑤]；史官记事，无实录之才，虚相褒述[⑥]，必为后笑。帝怒，免为庶人，恬然以咎失为己责[⑦]。

久之，征拜汝南太守，迁司隶校尉，湛然无自得之容[8]。

【注释】

①玄镜：犹明镜。

②荣辱眉己：意谓不介意自己的荣与辱。眉，顾惜，介意。

③李法：字伯度，汉中郡南郑（今陕西汉中）人。博通群书，性刚而有节。汉和帝永元九年（97）应贤良方正对策，除博士，迁光禄大夫。上疏直谏失旨，免为庶人。在家八年，征拜谏议大夫，正言极辞，无改于旧。出为汝南太守，有政声。《后汉书》有传。

④亢表：上表直言。

⑤椒房：椒房殿。汉皇后所居的宫殿。殿内以花椒子和泥涂壁，取温暖、芬芳、多子之义。本处是后妃的代称。

⑥褒述：谓记述其功德予以表彰。

⑦恬然：安然，不在意貌。咎失：追究过失。

⑧湛然：安然貌。

【译文】

李伯度犹如明镜，不介意自己的荣与辱。

李法，字伯度，是南郑人。汉桓帝时，李法担任侍中、光禄大夫。李法多次上表直言宦官势力太盛，后妃干政太重；史官记录史事，没有如实记录的才能，只是虚假地歌功颂德，这一定会被后人耻笑。皇帝发怒了，将李法免为庶人，李法并不在意，以追究过失作为自己的责任。过了好久，李法被征拜为汝南太守，又升迁为司隶校尉，李法安然待之，没有洋洋自得的表现。

德公在林[1]，悬象垂晷[2]。既冲云清[3]，荀、张仪准[4]。

李燮[5]，字德公，太尉固子也。父死时，二兄亦死。燮为姊所遣，随父门生王成亡命徐州[6]，佣酒家。酒家知非常人，以女妻之。延熹二年，梁冀诛后，月经阳道[7]，晕五车[8]。史官上书："昔有大星升汉而西[9]，卷舌扬芒迫月[10]，荧惑犯帝座[11]，则有大臣枉诛。星在西方，太尉固应之。今晕如之，宜有赦命，录其遗嗣[12]，以除此异[13]。"于是下赦，燮得返旧。四府并辟[14]，公车征议郎。与赵元珪、颍川贾伟节、荀慈明、南阳张伯慎为友[15]。伯慎为颍川太守，与慈明交相论言[16]，伟节与焉，京师以为臧否[17]。伯慎问赵元珪曰："德公所言何？"元珪曰："无言也。"伯慎追叹曰[18]："当如德公，儿辈徒靡沸耳[19]！"慈明亦寤而心变。拜安平相。王为黄巾所没[20]，得出，天子复封之。燮以为不可，果败。迁京兆尹。时人为之语曰："李德公，父不欲立帝，子不欲立王。"

【注释】

①在林：在野，未在朝做官。

②悬象：出现天象，显示征兆。古人迷信，把某些自然现象附会人事，认为是预示人间祸福吉凶的迹象。垂晷（guǐ）：义近悬象，指上天的垂示与征兆。晷，日影。本处泛指天象。

③冲云清：犹言冲云霄，指征为议郎（刘琳）。

④荀、张：指荀慈明、张伯慎。见下文注。仪准：法度标准。

⑤李燮（134—?）：字德公，汉中郡南郑（今陕西汉中）人。李固少子。年十三，父遇害，姊文姬托父门生王成带燮至徐州，变名姓为酒家佣十余年。梁冀既诛，征拜议郎。灵帝时拜安平相，迁河南尹。时以货赂为官，燮上书切谏。在职二年卒。《后汉书》有传。

⑥王成：籍贯不详，西汉时人。宣帝时为胶东相，为政有令声。帝褒之，赐爵关内侯。事见《后汉书》。

⑦月经阳道：指月亮越位运行至太阳所经轨道。古人认为，这是灾异。阳道，古人称太阳运行的轨道为“阳道”，月亮运行的轨道为“阴道”（又称“白道”）。

⑧晕五车：意谓月亮运行到五车处形成的光圈。晕，太阳或月亮周围形成的光圈。本处指后者。五车，星名。亦称五潢，属毕宿，共有五星。

⑨大星：星宿中大而亮者。汉：天汉，银河。

⑩卷舌：星名。

⑪荧惑：古指火星。帝座：亦作“帝坐”。古星名。属天市垣。即武仙座α星。

⑫遗嗣：指死后留下的子孙。亦泛指后裔，后代。

⑬异：灾异。本处指异常的天象。

⑭四府：西汉以丞相、御史、车骑将军、前将军府为四府。东汉以太尉、司徒、司空、大将军（或太傅）府为四府。本处指后者。

⑮赵元珪：赵瑶，字元珪，汉中郡南郑（今陕西汉中）人。见本卷前文注。贾伟节：贾彪，字伟节，颍川定陵（今河南舞阳北）人。东汉名士，与荀爽齐名。初仕州郡，后举孝廉，补新息长。民贫困，生子多不养，彪严禁之。桓帝延熹九年（166），党事起，彪入洛阳说窦武等讼之，桓帝遂赦党人。后以党锢之祸被禁，卒于家。《后汉书》有传。荀慈明：荀爽（128—190），字慈明，颍川颍阴（今河南许昌）人。荀淑之子。于兄弟八人中最有才华，时称“荀氏八龙，慈明无双”。年十二能通《春秋》《论语》，耽思经书。桓帝延熹九年（166），拜郎中，对策痛陈时弊，旋弃官去。后遭党锢，以著述为事。献帝即位，征拜平原相，迁司空。与王允等欲共除董卓，会病卒。著《礼》《易传》《诗传》《尚书正经》《春秋条例》等。《后汉书》有传。张伯慎：张温（？—191），字伯慎，南阳穰（今河南邓州）人。参看本书卷三《蜀志》注。

⑯论言：论述，谈论。

⑰京师以为臧否：意谓京师人士以赵瑶等人的看法作为评判善恶得失的标准（刘琳）。臧否，褒贬，评论。

⑱追叹：谓追溯往事而感叹。

⑲徒：徒然，白白地。靡沸：比喻世事混乱之甚，如糜粥之沸于釜中。本处所说“靡沸”，与前所说“无言”相对，意谓喧嚷、吵嚷。靡，同“糜”。

⑳黄巾：东汉末年张角所领导的农民起义军，因头包黄巾而得名。

【译文】

李德公没有在朝做官，而上苍出现天象、显示征兆。李燮被征拜为议郎，荀慈明、张伯慎以他为法度标准。

李燮，字德公，是太尉李固的儿子。李燮的父亲去世之时，两个哥哥也死了。李燮接受姐姐的派遣，跟随父亲的门生王成逃命到徐州，在一个酒家做佣工。酒家知道李燮是不平常的人，把女儿嫁给了他。延熹二年，在梁冀被诛杀后，月亮越位运行至太阳所经轨道，而月亮运行到五车处时形成光圈。史官上书皇帝说：“以前有大星自银河升起而向西运行，卷舌星发出光芒而压迫月光，荧惑星侵犯帝座星，这说明有大臣被冤枉诛杀。星位在西方，太尉李固与此天象对应。现今出现的月晕与之相同，应该发布赦命，录用他们的后裔，以消除这个异常的天象。”于是，皇帝下达赦令，李燮因此得以返回故乡。丞相、御史、车骑将军、前将军四府一起征辟李燮，而公车也征拜李燮为议郎。李燮与赵元珪、颍川人贾伟节、荀慈明、南阳人张伯慎是好朋友。张伯慎担任颍川太守，与荀慈明互相来往讨论，贾伟节也参与进来，京师之人以他们的褒贬作为评论的标准。张伯慎问赵元珪：“李德公说的是什么？”赵元珪说：“他没有说什么。”张伯慎感叹说：“应当像李德公，儿辈们徒然闹嚷嚷！”荀慈明也领悟而改变自己。李燮被拜为安平相。安平王被黄巾军俘虏，在逃出之后，又被天子封为安平王。李燮认为不可行，而安平王果然败亡。李燮升迁为京兆尹。当时人评论李燮说:"李德公,父亲不愿意立帝,儿子不愿意立王。"

伯台处谏,帅言亢尽[①]。末命防萌[②],妙睹玄揆[③]。

陈雅[④],字伯台,成固人也。灵帝时为谏大夫。阉宦用事,上疏曰:"昔孝和帝与中常侍郑众谋诛大将军窦宪[⑤],由是宦官秉权。安帝幼冲[⑥],和熹太后兄大将军邓骘辅政[⑦]。太后适崩,中常侍江京等杀骘[⑧]。安帝登遐[⑨],黄门孙程又杀车骑将军阎显[⑩]。孝桓帝又与中常侍单超等共诛大将军梁冀[⑪]。陛下即祚,太傅陈蕃、大将军窦武、尚书令尹勋等欲诛宦官[⑫],绝其奸擅,尽忠王室,建万世策。机事不密,为中常侍朱瑀等所杀[⑬]。此即陛下所见。今宦官强盛,威倾人主,天下钳口[⑭],莫敢言者,海内怨望,妖孽并作,四方兵起,万姓辛苦。陛下尚可以安,柰后嗣何?"帝不省纳[⑮],出为巴郡太守,年七十五卒。临终,戒其子曰:"期运推之[⑯],天下将大乱,雄夫力争。无以货财为意。吾亡,依山薄葬[⑰]。"亡岁余,灵帝崩,大将军何进复为黄门所杀[⑱],海内果乱,终成三国也[⑲]。

【注释】

①帅:底本作"师",误。帅,同"率",直率。亢尽:刚直无所隐讳(刘琳)。

②末命:泛指临终时的遗教。防萌:谓消弭错误、祸患于萌芽状态。

③玄揆(kuí):意谓预测神奇。揆,度(duó),揣测。

④陈雅:字伯台,汉中郡成固(今陕西城固)人。参看本书卷二《汉中志》注。

⑤孝和帝：刘肇（79—105），东汉皇帝。汉章帝第四子。建初七年（82），立为皇太子。年十岁即帝位（88），窦太后临朝，窦宪等擅威权。永元四年（92），与宦官郑众定议，收窦宪大将军印绶，旋迫令自杀。永元十四年（102），封郑众为鄛乡侯，东汉宦官封侯自此始。死后谥和帝，庙号穆宗。《后汉书》有传。郑众（？—114）：字季产，南阳犨（今河南鲁山）人。宦官。为人谨敏有心计。汉章帝时，为中常侍。和帝初，窦太后秉政，外戚大将军窦宪兄弟谋不轨，乃首谋诛窦宪，以功迁大长秋，封鄛乡侯。受和帝信任，常参与议政。东汉宦官用权，自郑众始。《后汉书》有传。

⑥幼冲：谓年龄幼小。

⑦邓骘（？—121）：字昭伯，南阳新野（今河南新野）人。邓训之子。延平元年（106），迁车骑将军，仪同三司。与邓太后定策立安帝，拜大将军，专朝政。崇节俭，罢力役。鉴于外戚窦氏之倾覆，约束家人宾客，推进贤士杨震等。封上蔡侯。及太后卒，安帝亲政，被陷害，徙罗侯，不食而死。《后汉书》有传。

⑧江京：籍贯不详。

⑨登遐：谓死者升天而去。后因以"登遐"为对人死讳称。或特指帝王之死。

⑩孙程（？—132）：字稚卿，涿郡新城（今河北徐水）人。安帝时为中黄门，给事长乐宫。以首迎立顺帝，诛外戚阎氏、宦官江京等，封浮阳侯，拜骑都尉。因事免官，徙封宜城侯。阳嘉元年（132）拜奉车都尉，位特进。卒后养子寿袭封，开宦官养子袭爵之例。谥刚侯。《后汉书》有传。

⑪单超（？—160）：河南（治今河南洛阳）人。宦官。桓帝初，为中常侍。梁冀专权，帝怀不平，与单超等密谋，诏收冀及宗亲党羽悉诛之。封超新丰侯。恃宠骄纵，多行不法。后拜车骑将军，卒。事见《后汉书》。

⑫窦武（？—168）：字游平，扶风平陵（今陕西咸阳）人。窦融玄孙。少以经行著称，名显关西。以长女为桓帝皇后，封槐里侯，拜城门校尉。桓帝卒，武立灵帝，更封闻喜侯，拜大将军，辅朝政。与陈蕃等谋诛宦官曹节、王甫等，事泄自杀，被族诛。《后汉书》有传。尹勋（？—168）：字伯元，河南巩（今河南巩义）人。宗族多居贵位，勋独持清操。察孝廉，迁邯郸令，后举高第，拜尚书令。桓帝时参与诛梁冀，封都乡侯，迁汝南太守。位至大司农。灵帝初因窦武等谋诛宦官事牵连下狱，自杀。《后汉书》有传。

⑬朱瑀：东汉人。汉灵帝时宦官，任长乐宫五官史。参与曹节等矫诏诛窦武、陈蕃等，封华容侯。事见《后汉书》。

⑭钳口：闭口。

⑮省纳：省察采纳。

⑯期运：犹气运、气数。

⑰薄葬：葬具及丧礼简单、节俭。与“厚葬”相对。

⑱何进（？—189）：字遂高，南阳宛（今河南南阳）人。参看本书卷六《刘先主志》注。

⑲三国：指魏、蜀汉、吴三国。

【译文】

陈伯台处于谏官之位，直言进谏无所隐讳。临终遗言防患于未然，预测神奇。

陈雅，字伯台，是成固人。汉灵帝时担任谏大夫。当时，宦官掌权，陈雅上疏说：“以前，汉和帝与中常侍郑众谋划诛杀大将军窦宪，自此以后宦官专权。汉安帝年龄幼小，和熹太后的哥哥、大将军邓骘辅佐朝政。适逢太后驾崩，中常侍江京等杀死了邓骘。汉安帝驾崩，黄门孙程又杀死了车骑将军阎显。汉桓帝又与中常侍单超等一起诛杀了大将军梁冀。陛下登基之后，太傅陈蕃、大将军窦武、尚书令尹勋等打算诛杀宦官，杜绝他们作奸擅权，尽力效忠王室，建立万世安全之策。但是，因谋事不够机密，他们反而被中常侍朱瑀等人杀害。这些都是陛下亲眼所见的。现今，宦官势力强盛，威风压倒了国君，天下之人闭上嘴巴，没有人敢说话，海内之人心怀怨恨，而妖孽现象同时出现，四方战事不断，老百姓倍受辛苦。陛下这一代还可以安稳，而下一代又怎么办呢？”皇帝没有省察采纳，将陈雅外放为巴郡太守，陈雅七十五岁时去世。陈雅临终之时，告诫他的儿子说：“按照气数推算，天下行将大乱，有奸雄以力相争。你不要留意财产。我死之后，入藏于山而且薄葬。”陈雅去世后一年，汉灵帝驾崩，大将军何进又被黄门杀死，海内果然大乱，最终成为三国鼎立的形势。

孟度邵允①。

阎宪，字孟度，成固人也。名知人②。为绵竹令，以礼让为化③，民莫敢犯。男子杜成夜行，得遗物一囊，中有锦二十五匹，求其主还之，曰：“县有明君，何敢负其化。”童谣歌曰：“阎尹赋政④，既明且昶⑤。去苛去辟⑥，动以礼让。”迁蜀郡，吏民涕泣，送之以千数。

【注释】

①邵：通“劭”，高尚，美好。允：诚信。

②名知人：以知人而著名。意谓阎宪善于鉴察人才。

③礼让：守礼谦让。

④尹：县尹，一县的长官。赋政：分配或处理政务。

⑤昶（chǎng）：舒畅，通达。

⑥苛：苛政。指繁重的赋税、苛刻的法令。辟：法，刑。指严刑峻法。

【译文】

阎孟度高尚诚信。

阎宪，字孟度，是成固人。以善于鉴察人才而著名。阎宪在担任绵竹县令时，以守礼谦让教化百姓，老百姓都没有敢犯法的。有个叫杜成的男子在夜晚走路时，捡到别人丢失的一个袋子，袋子里面有二十五匹锦缎，于是寻找到失主，将失物归还，并说："县里有贤明的县官，怎么敢对不起他的教化呢！"当地的童谣歌颂阎宪："阎县尹主理政务，既英明又通达。去除了苛政和严刑峻法，百姓都守礼谦让。"阎宪升迁为蜀郡太守时，官吏和百姓都哭泣流泪，送别他的有上千人。

季子英玮①。

李历②，字季子，太尉固从弟也。少修文学，性行清白③，与郑康成、陈元方齐名④。弱冠⑤，拜新城令⑥。朝请都督⑦。

【注释】

①英玮：意指英才，杰出的人才。玮，美玉名。

②李历：字季子，汉中郡南郑（今陕西汉中）人。参看本书卷二《汉中志》注。

③性行：本性与行为。

④郑康成：郑玄（127—200），字康成，北海高密（今山东高密）人。参看本书卷七《刘后主志》注。陈元方：陈纪，字元方，颍川许（今河南许昌）人。参看本书卷六《刘先主志》注。

⑤弱冠：古时以男子二十岁为成人，初加冠，因体犹未壮，故称弱冠。

⑥新城：县名。又作"新成县"。战国秦置，治所在今河南伊川西南。汉属河南郡。东汉属河南尹，西晋属河南郡。

⑦朝请都督：误，当作"官至奉车都尉"（刘琳）。《后汉书·方术列传》："（李历）为新城长，政贵无为。亦好方术。时天下旱，县界特雨。官至奉车都尉。"本书卷十二《序志并士女目录》："奉车都尉李历，字季子。固从弟也。"译文从之。

【译文】

李季子是杰出的人才。

李历，字季子，是太尉李固的堂弟。李历从小就学习儒家学说，品行清白，与郑康成、陈元方齐名。李历二十岁时任新城县令。官至奉车都尉。

计君经算①。

程苞②，字元道，南郑人也。光和二年上计吏③。时巴郡板楯反，军旅数起，征伐频年④。天子患之，访问益州计曹，考以方略。苞对言："板楯忠勇，立功先汉，为帝义民。羌入汉中，辄蒙其力，东征南战，世有功劳。由不料恤⑤，以致叛乱，非有僭盗⑥，能相群杀。大兵临之，未必卒得⑦；不如但选明能太守⑧，恩信怀服⑨，自然安定矣。"天子从之，卒如其言。后在道卒。

【注释】

①计君：即计吏、上计吏。古代州郡掌簿籍并负责上计的官员。本处指的是上计吏程苞。经算：筹划谋算。

②程苞：字元道，汉中郡南郑（今陕西汉中）人。参看本书卷一《巴志》注。

③光和二年：179年。

④频年：连年，多年。

⑤料恤：照料和关心。

⑥僭盗：非分窃据。

⑦卒：同"猝"，突然。

⑧明能：精明能干。

⑨恩信：恩德信义。怀服：怀柔之使顺服。

【译文】

程计君善于筹划谋算。

程苞，字元道，是南郑人。光和二年，担任上计吏。当时，巴郡板楯造反，多次挑起战争，朝廷也多年征伐。天子为此担忧，于是访问益州计曹，询问谋略。程苞回答说："板楯人忠义勇敢，曾经立功于前汉，是忠义的皇帝子民。羌人进入汉中，朝廷依靠的还是板楯人的力量，板楯人东征南战，世代都立有功劳。因为没有照料与抚恤他们，所以才导致叛乱，他们本来没有非分的窃据之心，他们确定勇敢而能群起拼杀。纵使大军兵临其地，也未必能短时间取胜；倒不如选派精明能干的太守，以恩德信义予以怀柔，使之顺服，这样自然就安定了。"天子采纳了他的建议，果然如程苞所言。程苞后来死在路上。

元灵斐斐①。

祝龟②，字元灵，南郑人也。年十五，远学汝、颍及太学③，通博荡达④，能属文。太守张府君奇之⑤，曰："吾见海内士多矣，无如祝龟者也。"州牧刘焉辟之，不得已，行，授葭萌长⑥。撰《汉中耆旧传》⑦，以著述终。

【注释】

①斐斐：文采华美的样子。

②祝龟：字元灵，汉中郡南郑（今陕西汉中）人。参看本卷上文注。

③汝：汝南郡。郡名。西汉高帝四年（前203）置，治所在上蔡县（今河南上蔡西南）。东汉徙治平舆县（今河南平舆北）。三国魏徙治新息县（即今河南息县）。东晋移治悬瓠城（即今河南汝南）。颍：颍川郡。郡名。战国秦王政十七年（前230）置，治所在阳翟县（今河南禹州）。西汉高帝五年（前202）改为韩国。六年（前201）复为颍川郡。三国魏黄初二年（221）徙治许昌县

（今河南许昌东三十六里古城）。太学：古代设于京城的最高学府。这里指设于洛阳的太学。

④通博：通达渊博。荡达：坦荡达观。

⑤府君：汉代对郡相、太守的尊称。后仍沿用。按：本处称"张府君"，阙失太守之名。

⑥葭萌：县名。战国末秦于葭萌城置，属蜀郡。治所在今四川广元西南昭化镇。西汉属广汉郡。东汉建安二十二年（217）刘备改为汉寿县。

⑦《汉中耆旧传》：祝龟著，已佚。

【译文】

祝元灵文采华美。

祝龟，字元灵，是南郑人。十五岁时，远道求学于汝南、颍川和太学，学问通达渊博，为人坦荡达观，善写文章。太守张府君为此感到惊奇，说："我见过的海内之士很多，没有比得上祝龟的。"州牧刘焉征辟他，不得已，祝龟只好答应，被任命为葭萌县长。祝龟撰有《汉中耆旧传》，终身从事著述。

礼高殉名①。

段崇②，字礼高，南郑人也。太守河间郑廑命为主簿③。永初四年，凉州羌反，溢入汉中④，从廑屯褒中。虏东攻，廑欲战，崇谏不可，愿固垒待之⑤。廑不听，出战，败绩。崇与门下史王宗、原展及子勃、兄子伯生推锋死战⑥，众寡不敌，崇等皆死。羌遂得廑，杀之。

【注释】

①殉名：为维护名誉而死，为名捐躯。

②段崇（？—110）：字礼高，汉中郡南郑（今陕西汉中）人。参看本书卷二《汉中志》注。

③郑廑（qín）：河间（今河北献县）人。参看本书卷二《汉中志》注。

④溢：充满而流出来。本处意指羌人由凉州而进入汉中。

⑤固垒：加固营垒。指坚守。

⑥门下史：底本作“门下吏”，误。门下史，官名。郡县佐官，助掾录门下众事。位高于记室史。推锋：摧挫敌人的兵刃。推，通“摧”，谓冲锋。死战：拼死战斗。

【译文】

段礼高为名捐躯。

段崇，字礼高，是南郑人。汉中太守、河间人郑廑任命段崇为主簿。永初四年，凉州的羌人造反，进入汉中，段崇跟从郑廑屯驻褒中。羌人向东进攻，郑廑打算迎战，段崇进谏说不行，希望能坚守不出，以等待时机。郑廑没有听从，率众出战，结果大败。段崇与门下史王宗、原展以及郑廑之子郑勃、郑廑哥哥的儿子郑伯生英勇冲锋、拼死战斗，但因寡不敌众，段崇等人都战死沙场。羌人于是抓获了郑廑，并将他杀死。

伯义死节[①]。

程信[②]，字伯义，南郑人也。时为功曹，居守[③]，驰来赴难。殡殓廑丧，送还乡里讫，乃结故吏冠盖子弟二十五人，誓共报羌，各募敢死士以待时[④]。太守邓成命信为五官[⑤]。元初二年[⑥]，虏复来。信等将其同志[⑦]，率先奋讨，大破之，信被八创死[⑧]。天子咨嗟[⑨]，元初五年，下诏书赐信、崇家谷各千斛。

【注释】

①死节：为保全节操而死。

②程信（？—115）：字伯义，汉中郡南郑（今陕西汉中）人。参看本书卷二《汉中志》注。

③居守：留置守护。

④待时：等待时机。

⑤五官：即五官掾。汉朝郡国属吏，地位仅次于功曹，祭祀居诸吏之首，无固定职掌，凡功曹及诸曹员吏出缺即代理其职务。

⑥元初二年：115年。

⑦同志：指志趣相同的人，志同道合的人。

⑧创：创伤。

⑨咨嗟：叹息。

【译文】

程伯义为保全节操而死。

程信，字伯义，是南郑人。凉州羌人造反之时，程信是汉中郡的功曹，留置守护郡府，也赶来解救危难。他收殓了郑廑的尸体，并将其送回郑廑家乡后，于是结拜原先的下属、冠盖子弟二十五人，誓死一起向羌人报仇，各自招募敢死队以等待时机。太守邓成任命程信为五官掾。元初二年，羌人又来侵犯汉中。程信等人率领所招募的敢死队，首先奋起进攻，大破羌人，程信身上八处受伤，英勇战死。天子为之叹息，于元初五年下达诏书，赏赐程信、段崇家人各千斛稻谷。

四行齐致[①]，在兹六子[②]。

赞阎宪已下也。又有王宗、原展及严孳、李容、姜济、陈巳、曹廉、勾矩、刘旌九人[③]，皆以令义为郑廑所命[④]。王宗、原展与廑同死，孳、容等七人与信共并命[⑤]。诏书既赐崇、信家，又赐九子家谷各五百斛，给死事复[⑥]。

【注释】

①四行：指仁、义、礼、智四种德行。

②六子：指阎宪、李历、程苞、祝龟、段崇、程信六人。

③陈巳：据本书卷二《汉中志》，当作“陈巴”。

④令义：美好的德义。

⑤并命：共命运，同死。

⑥复：免除租税徭役。

【译文】

仁、义、礼、智四行全部具备，就是这六个人。

赞颂阎宪以下的人士。又有王宗、原展和严孳、李容、姜济、陈巳、曹廉、勾矩、刘旌九人，都是因为美好的德义而被郑廑任用。王宗、原展与郑廑一起捐躯沙场，而严孳、李容等七人与程信一起力战而死。皇帝下达诏书，既赏赐段崇、程信的家人，又赏赐王宗等九人的家属各五百斛谷，并免除死者家属的租税徭役。

元侯、赵、陈，盖亦烈士。

燕邠[①]，字元侯；赵嵩[②]，字伯高，南郑人也。陈调[③]，字元化，仲卿孙也[④]。邠为刺史郤俭从事[⑤]，使在葭萌，与从事董馥、张胤同行。俭为黄巾贼王饶、赵播等所杀，邠闻故哀恸[⑥]，说馥、胤赴难，二子不可。邠叹曰：“使君已死，用生何为！”独死之。牧刘焉嘉之[⑦]，为图象学官，诛馥等。嵩事太守苏固[⑧]，固为米贼张修所疾杀[⑨]。嵩痛之，杖剑直入修营，杀十余人，几获修，死[⑩]。陈调少尚游侠，闻固死，聚宾客百余人攻修，大破之；进攻修营，乃与战，以伤死[⑪]。

【注释】

①燕邠（？—188）：字元侯，汉中郡南郑（今陕西汉中）人。益州从事。益州刺史郤俭被黄巾军马相部下王饶、赵播杀害，燕邠听闻后，独自赴难而死。

②赵嵩：字伯高，汉中郡南郑（今陕西汉中）人。参看本书卷二《汉中志》注。

③陈调：字元化，汉中郡成固（今陕西城固）人。参看本书卷二《汉中志》注。

④仲卿：陈纲，字仲卿，汉中郡成固（今陕西城固）人。本卷前文有传。

⑤郤俭（？—188）：河南偃师（治今河南偃师）人。参看本书卷五《公孙述刘二牧志》注。

⑥哀恸（tòng）：悲痛至极。

⑦刘焉（？—194）：字君郎，江夏郡竟陵（今湖北潜江）人。参看本书卷二《汉中志》注。

⑧苏固（？—191）：扶风（今陕西兴平）人。参看本书卷二《汉中志》注。

⑨张修（？—200）：巴郡（一说汉中）人。参看本书卷二《汉中志》注。

⑩“嵩痛之”几句：以上所述赵嵩事，参看本书卷二《汉中志》。

⑪“陈调少尚游侠”几句：以上所述陈调事，参看本书卷二《汉中志》。

【译文】

燕元侯、赵嵩、陈调，大概也是烈士。

燕邠，字元侯；赵嵩，字伯高，都是南郑人。陈调，字元化，是陈仲卿的孙子。燕邠是益州刺史郤俭的从事，出使葭萌，与从事董馥、张胤同行。郤俭被黄巾军王饶、赵播等人杀死，燕邠听说后，悲痛万分，劝说董馥、张胤前往解救危难，二人认为不行。燕邠叹气道：“刺史已经战死，我还活着干什么呢？”燕邠于是单独赴死。州牧刘焉嘉奖他的行为，在学官为他画像，并诛杀董馥等人。赵嵩跟随汉中太守苏固，苏固被五斗米道张修杀死。赵嵩悲痛不已，手执宝剑直接闯入张修营帐，杀死了十多个人，几乎抓获了张修，最终战死。陈调从小就崇尚游侠，听说苏固被杀死，便聚集宾客一百多人前去进攻张修，大破张修部队；又进攻张修的营帐，并与张修部下拼死力战，因伤而死。

涣涣龙宗[①]，振振麟趾[②]。文炳彬蔚[③]，汉之表轨[④]。

总赞二十五人也。

述汉中人士。

【注释】

①涣涣：光亮的样子。龙宗：意谓贤士众多。

②振振：美盛的样子。麟趾：《诗经・周南・麟之趾》："麟之趾，振振公子。"郑玄笺："喻今公子亦信厚，与礼相应，有似於麟。"后以"麟趾"作喻，比喻有仁德、有才智的贤人，或比喻子孙昌盛。本处指前者。

③文炳：文采焕发。彬蔚：文采美盛貌。

④表轨：表仪、轨范。

【译文】

焕然美盛，贤士云集。文采焕发，汉代典范。

总赞这二十五人。

述汉中人士。

其陈术[①]，字申伯，作《耆旧传》者也[②]，失其行事[③]，历新城、魏兴、上庸三郡太守[④]。及锡光等不列也[⑤]。

【注释】

①陈术：字申伯，汉中（治今陕西汉中）人。参看本书卷二《汉中志》注。

②《耆旧传》：陈术作品。《三国志·蜀书·李譔传》："时又有汉中陈术，字申伯，亦博学多闻，著《释问》七篇、《益部耆旧传》及《志》。"

③行事：事迹。

④三郡太守：《三国志·蜀书·李譔传》："时又有汉中陈术，……位历三郡太守。"

⑤锡光：字长冲，汉中（治今陕西汉中）人。参看本书卷二《汉中志》注。

【译文】

其中还有陈术，字申伯，是《耆旧传》的作者，其事迹阙失而不详，仅知道他曾经担任新城、魏兴、上庸三郡太守。以及锡光等人，在此不罗列。

穆姜温仁[①]，化继为亲[②]。

穆姜[③]，安众令程祗妻[④]，司隶校尉李法姊也[⑤]。祗前妻有四子：兴、敦、觐、豫。穆姜生二子：淮、基。祗亡，兴等憎恶姜，姜视之愈厚。其资给六子，以长幼为差[⑥]，衣服饮食，凡百如之。久，兴等感寤[⑦]，自知失子道[⑧]，诣南郑狱受不爱亲罪。太守嘉之，复除门户[⑨]，常以二月、八月社[⑩]，致肉三十斤[⑪]，酒、米各二斛六斗。六子相化，皆作令士[⑫]：五人州郡察举；基字稚业，特隽逸[⑬]，为南郡太守。

【注释】

①温仁：温厚仁爱。

②继：指前妻之子。亲：指亲生之子。

③穆姜：李穆姜，汉中郡南郑（今陕西汉中）人。《后汉书·列女传》有传。

④程祗妻：《后汉书·列女传》作“程文矩妻”。按：文矩，或为程祗之字。

⑤李法：字伯度，汉中郡南郑（今陕西汉中）人。见本卷前文注。

⑥差：区别。

⑦感寤：受感动而醒悟。

⑧子道：为子之道，子女对父母应遵循的道德规范。

⑨复除：谓免除赋役。即《后汉书·列女传》所说“蠲除家徭”。

⑩社：祭土地神的典礼，即社祭。按：二月社即“春社”，八月社即“秋社”。

⑪肉：谓社肉，即社日祭神之牲肉。

⑫令士：才学美盛之士。即《后汉书·列女传》所说“良士”。

⑬隽逸：才智俊秀不凡、超群拔俗。

【译文】

李穆姜温厚仁爱，视继子为亲子。

李穆姜，是安众县令程祗的妻子，司隶校尉李法的姐姐。程祗前妻有四子：程兴、程敦、程觐、程豫。穆姜生有二子：程淮、程基。程祗死后，程兴等人憎恶李穆姜，而李穆姜却待他们更好。李穆姜供养六个孩子，按照年龄大小来区别，凡是衣服、饮食等百般都如此处理。久而久之，程兴等人受感动而醒悟，自知有失为子之道，便到南郑监狱主动接受“不爱亲罪”的处罚。太守嘉奖了他们，免除了李家的赋役，并常常在二月、八月社祭时，送给李家三十斤肉，酒、米各二斛六斗。六个孩子都受到感化，成为才学美盛之士：五人被州郡察举；而程基字稚业，特别超群拔俗，担任南郡太守。

泰瑛严明，世范厥训[①]。

泰瑛，南郑杨矩妻[②]，大鸿胪刘巨公女也[③]。有四男二女。矩亡，教训六子[④]，动有法矩[⑤]。长子元珍出行，醉，母十日不见之，曰："我在，汝尚如此；我亡，何以帅群弟子[⑥]？"元珍叩头谢过。次子仲珍白母请客，既至，无贤者，母怒责之。仲珍乃革行[⑦]，交友贤人，兄弟为名士。泰瑛之教，流于三世；四子才官[⑧]，隆于先人。故时人为语曰："三苗□止[⑨]，四珍复起[⑩]。"

【注释】

①世范：世人的典范。

②杨矩：或作"杨拒""杨相""杨子拒"。

③刘巨公：据本书卷十二《序志并士女目录》，刘巨公为汉中郡南郑（今陕西汉中）人。

④教训：教导训诫。

⑤法矩：法式，规矩。

⑥弟子：本处意指弟弟与妹妹。

⑦革行：谓改正错误行为。

⑧才官：有才干的官员。

⑨三苗：三个后人（汪启明、赵静）。按：本段仅云刘泰瑛纠正长子元珍、次子仲珍的行为，疑有缺文。□：缺字。或补"乱"（汪启明、赵静），可参。

⑩四珍：四个优秀的儿子。按：本处所说"四珍"是双关语，既指杨家四子（以"珍"为名），又指四个优秀的人才。

【译文】

刘泰瑛教育子女严明，她的家训是世人的典范。

刘泰瑛，是南郑人杨矩的妻子，是大鸿胪刘巨公的女儿。刘泰瑛生育有四男二女。杨矩去世后，刘泰瑛教导训诫六个子女，行为有规有矩。长子杨元珍出门时喝醉了，母亲十天不见他，说："我还活着，你尚且如此；我死之后，你拿什么来带领弟弟和妹妹？"杨元珍叩头谢罪。次子杨仲珍告诉母亲，要请朋友来做客，但所请朋友来到后，没有一个是贤人，母亲怒责杨仲珍。杨仲珍于是改正了自己的错误行为，所结交的朋友都是贤人，兄弟们都成为名士。刘泰瑛的家教，流传了三代；四个孩子都是有才干的官员，超过了杨家的祖先。因此，时人有话评价说："三个孩子的错误行为得到了纠正，四个孩子成为优秀的人才。"

杜氏之教，父母是遵。

杜泰姬，南郑人，赵宣妻也①。生七男七女，若元珪、稚珪有望②，五人皆令德③。其教男也，曰："中人情性④，可上下也，在其检耳⑤；若放而不检，则入恶也。昔西门豹佩韦以自宽⑥，宓子贱带弦以自急⑦，故能改身之恒⑧，为天下名士。"戒诸女及妇曰："吾之妊身⑨，在乎正顺⑩。及其生也，恩存于抚爱。其长之也，威仪以先后之⑪，礼貌以左右之⑫，恭敬以监临之⑬，勤恪以劝之⑭，孝顺以内之，忠信以发之。是以皆成，而无不善。汝曹庶几勿忘吾法也⑮。"后七子皆辟命察举⑯，牧州守郡⑰。而汉中太守、南郑令多与七子同岁季孝、上计⑱，无不修敬泰姬⑲，执子侄礼⑳。

【注释】

①赵宣：字子雅，汉中郡南郑（今陕西汉中）人。曾任犍为太守。参看本卷上文注。

②元珪：赵瑶，字元珪，汉中郡南郑（今陕西汉中）人。参看本书卷

三《蜀志》注。稚珪:赵琰,字稚珪,汉中郡南郑(今陕西汉中)人。本卷有传。

③令德:美德。

④中人:中等的人,常人。情性:本性,品性。

⑤检:约束。

⑥西门豹:战国初魏国人。性急,常佩韦以自诫。魏文侯时为邺(今河北临漳西南邺镇)令。到任后,革除当地"为河伯娶妇"陋习。兴建水利,开凿十二支渠,引漳河水灌田,改良土壤,发展生产。佩韦:韦,熟牛皮。韦皮性柔韧,性急者佩之以自警戒。《韩非子·观行》:"西门豹之性急,故佩韦以自缓;董安于之性缓,故佩弦以自急。"

⑦宓子贱(前521—?):宓不齐,字子贱,春秋时鲁国人。孔子弟子。尝为单父宰,鸣琴不下堂,能任人而治。孔子称之曰君子。相传著有《宓子》一书,已佚。带弦:佩带弓弦。弓弦常紧绷,故性缓者佩以自警。按:本处说"宓子贱带弦以自急",当属误记。"带弦以自急"者,实为董安于。董安于(?—前496),春秋时晋国人。赵孟家臣。晋定公十五年(前497),荀寅、范吉射将作乱攻孟。安于以告孟,劝先发难。次年(前496),梁婴父欲以先发难罪讨赵氏。安于为使赵氏免祸,自缢死。

⑧恒:常,指常性、本性。

⑨妊身:怀孕。

⑩正顺:此指胎位是不是正,生产是不是顺。

⑪先后:辅导,辅助。

⑫礼貌:或作"体貌"。左右:帮助,辅佐。

⑬监临:监督。

⑭勤恪:勤勉恭谨。

⑮汝曹:你们。庶几:表示希望的语气词,或许可以。

⑯辟命：征召，任命。

⑰牧州守郡：意谓成为州牧、郡守。

⑱同岁：汉时称同一年被荐举为孝廉者。犹科举时代的“同年”。季孝：或以为当作“秀孝”，指秀才、孝廉（刘琳）。

⑲修敬：表示敬意。

⑳执子侄礼：以子侄之礼对待杜泰姬。子侄，底本作“子孙”，误。子侄，儿子与侄子辈的统称。

【译文】

杜氏的家教，做父母的都应当遵循。

杜泰姬，南郑人，是赵宣的妻子。杜泰姬生育了七男七女，像赵元珪、赵稚珪都有声望，五个人都有美德。杜泰姬教育男儿，说：“常人的品性，既可以上又可以下，关键在于自我约束；如果放纵而不约束，便堕入恶道。从前，西门豹佩带牛皮带子以警诫自己不要急性子，宓子贱佩带弓弦以警诫自己不要慢性子，故而能够改掉自身的常性，成为天下的名士。”杜泰姬教育女儿和媳妇说：“我们女人怀孕，关键在于胎位正不正，生产顺不顺。等到孩子生下来后，对孩子的恩情就在于照顾与爱护。等到孩子长大后，用威仪来辅导他，用礼貌来帮助他，用恭敬来监督他，用勤勉恭谨来劝导他，用孝顺来培养他的内心，用忠信来塑造他的性格。因此，孩子都能顺利成人，而且没有不好的品性。希望你们不要忘记我的家法。”后来，她的七个儿子都被朝廷征召和察举，被任命为州牧、郡守。而汉中太守、南郑县令大多和她的七个儿子同一年成为秀才、察举孝廉、赴京上计，他们无不对杜泰姬表示敬意，以子侄之礼对待杜泰姬。

礼珪肃穆①，言存典韵。

礼珪，成固陈省妻也，杨元珍之女。生二男，长娶张度辽女惠英②，少娶荀氏，皆贵家豪富，从婢七八，资财自富。礼珪敕二妇曰③：“吾先姑④，母师也，常言：圣贤必劳民者，使之思善。不劳则逸，逸则不才。吾家不为贫也，所以粗食急务者[⑤]，使知苦难，备独居时[⑥]。”二妇再拜奉教。从孙奉上微慢[⑦]，珪抑绝之[⑧]，感悟革行[⑨]。遭乱流行[⑩]，宗表欲见之[⑪]，必自严饰[⑫]，从子孙侍婢，乃引见之，曰：“此先姑法也。”四时祭祀，自亲养牲酿酒，曰：“夫祭，礼之尊也。”年八十九卒。惠英亦有淑训母师之行者也[⑬]。

【注释】

①肃穆：严肃恭敬。

②张度辽：张亮则，字元修，汉中郡南郑（今陕西汉中）人。见本卷上文传、注。

③敕：告诫。

④先姑：丈夫的亡母，已过世的婆婆。

⑤粗食：粗劣的食物。急务：意谓劳作、劳动。

⑥独居：单独居住。意谓孤立无援，自力更生。

⑦微慢：略微有些怠慢。

⑧抑绝：贬抑并绝交。

⑨感悟：受触动而醒悟。革行：谓改正错误行为。

⑩遭乱：遭遇动乱。流行：移动，流动，流徙。

⑪宗表：同族远房兄弟互称宗表。本处泛指同宗族之人。

⑫严饰：严格装束。

⑬淑训：指对女子的教育。母师：母亲的典范。

【译文】

杨礼珪严肃恭敬，训导之语犹存古典韵味。

杨礼珪，是成固人陈省的妻子，杨元珍的女儿。杨礼珪生育了两个男孩，大儿子娶的是张度辽的女儿张惠英，小儿子娶的是荀氏，都出身于贵族富豪之家，随从和侍婢有七八个，资财自然富足。杨礼珪告诫两个媳妇说："我的婆婆，是母亲的典范，她常常说：圣贤之所以一定要让老百姓劳作，是想让他们一门心思向善。不劳作就会放纵，放纵就不会成才。我们家不算贫穷，之所以还要吃粗劣的食物、做体力劳动，是要让你们知道人生的苦痛和灾难，为将来独居时做准备。"两个媳妇再次下拜，接受教诲。侄孙对待长辈略微有些怠慢，杨礼珪就会贬抑他，并与之绝交，侄孙受触动而醒悟，改正了自己的错误行为。后遭遇动乱而流离失所，族人想见她，杨礼珪一定严格装束自己，在子孙侍婢伴随下，这才引见客人，杨礼珪说："这是过世的婆婆教导的家法。"一年四季的祭祀，所用的都是她亲自饲养的牲畜、亲自酿的酒，她说："祭祀，是最尊贵的礼节。"享年八十九岁而去世。张惠英也有对女子的教育，是母亲的典范。

文姬叡敏[①]，宗祀获歆[②]。

文姬，南郑赵伯英妻，太尉李固女也。父为梁冀所免，兄宪公、季公罢官归[③]。文姬叹曰："李氏灭矣！"乃与二兄议，匿弟燮[④]，随父门生王成亡命徐州。涕泣送之，谓成曰："托君以六尺之孤[⑤]，若李氏得嗣，君之名义参于程、杵矣[⑥]。"久之，遇赦，燮得还。行丧，服阕，敕之曰："先公为汉忠臣，虽死之日，犹生之年。梁冀以族[⑦]，弟幸济，岂非天乎！慎勿有一言加梁氏[⑧]，加梁氏则连主上[⑨]，是又掇祸也[⑩]。"奉行之。从成在徐州，各异处佣赁[⑪]，而私相往来。成病亡，燮四时祭之[⑫]。

【注释】

①叡（ruì）敏：聪敏。

②宗祀获歆（xīn）：谓对祖宗的祭祀香火不断。宗祀，谓对祖宗的祭

祀。歆，古指祭祀时鬼神享受祭品的香气。

③宪公、季公：指李基、李慈。李基（？—147），字宪公，汉中郡南郑（今陕西汉中）人。李固之子。与弟兹并为长史。闻固被诬策免，并弃官亡归。固遇害，诏下郡杀其二子。乃托服药死，具棺器，欲因出逃，验实，皆被杀。李慈，《后汉书·李固列传》作“李兹”，字季公，汉中郡南郑（今陕西汉中）人。李固之子。二人事见《后汉书·李固列传》。

④燮：李燮（134—？），字德公，汉中郡南郑（今陕西汉中）人。李固少子。参看本卷上文传、注。

⑤六尺之孤：指未成年的孤儿。

⑥名义：名声与道义。程、杵：指程婴、公孙杵臼。程婴，春秋时晋国人。晋大臣赵朔之友。公孙杵臼，春秋晋国太原人。赵朔门客。晋景公三年（前597），大夫屠岸贾杀赵朔，灭其族。朔客公孙杵臼与之谋，杵臼携他人婴儿冒充赵朔遗腹子，藏匿于山中，程婴告发之，令诸将杀杵臼及婴儿。程婴乃抱赵氏真孤匿养山中。后景公听韩厥言，迎归，立赵氏后，杀屠岸贾。程婴则自杀以报杵臼。参看《史记·赵世家》。

⑦以：通“已”，已经。族：族诛，被处以族诛之刑。

⑧加：施加。

⑨主上：古代臣子对君主的称呼。本处特指汉桓帝刘志。

⑩掇：拾取。

⑪佣赁：谓受雇于人。

⑫四时：指春、夏、秋、冬四季。《后汉书·李固列传》：“后王成卒，（李）燮以礼葬之，感伤旧恩，每四节为设上宾之位而祠焉。”四节，同“四时”。

【译文】

李文姬聪敏，李家香火不断。

李文姬，是南郑人赵伯英的妻子，太尉李固的女儿。李文姬的父亲被梁冀免职，哥哥李宪公、李季公也被罢官回家。李文姬叹气说："李氏将有灭门之灾！"于是，李文姬与两个哥哥商议，把弟弟李燮藏匿起来，让他跟随父亲的门生王成逃命到徐州。三人哭泣着送别李燮，对王成说："我们把这个未成年的孤儿托付给你，如果李家得以延续香火，你的名声与道义便堪比程婴、公孙杵臼。"很久后，遇到大赦，李燮得以返回故乡。在补办完丧事并服丧期满后，李文姬告诫弟弟说："先父是汉室的忠臣，虽然已经故世很久，还是如同活着一样。梁冀已经被族诛，弟弟侥幸活了下来，这难道不是天意吗？千万不要有一句话说梁氏的不是，说梁氏，就牵涉皇帝，这是又要闯祸了。"李燮听从了姐姐的话。李燮跟从王成在徐州，各自在不同的地方为人干活，而私下互相有往来。王成病故之后，李燮一年四季都祭祀王成。

陈氏二谦，或智或仁。

陈顺谦、妹惠谦[①]，成固人也。顺谦适邓令曹宁[②]，十九寡居，长育遗孤[③]，八十余卒。兄子陈规著书叹述之。惠谦适张亮则，在扶风官。下吏白，欲重禁严防以肃非[④]，元修访于惠谦[⑤]。惠谦曰："恢弘德教[⑥]，养廉免耻[⑦]，五刑三千[⑧]，盖亦多矣，又何加也？"兄子伯思学仙道[⑨]，惠谦戒之曰："君子疾没世而不称[⑩]，不患年不长也。且夫神仙愚惑[⑪]，如系风捕影[⑫]，非可得也。"伯思乃止。陈伯台称云[⑬]："女尚书之俊耳[⑭]。"

【注释】

①妹惠谦：三字底本无，刘琳据卷十二《序志并士女目录》补，可从。

②邓：县名。春秋楚置，秦昭襄王二十八年（前279）入秦，属南阳

郡。治所在今湖北襄阳襄城区西北邓城。汉为南阳郡都尉治。西晋属义阳郡。

③遗孤：死者遗留下来的孤儿。本处指遗腹子。

④重禁：严峻禁令。严防：严密防范。肃非：整肃非法行为。

⑤元修：张亮则，字元修，汉中郡南郑（今陕西汉中）人。

⑥恢弘：发扬，扩大。德教：道德教化。

⑦养廉：培养并保持廉洁的美德。免耻：不做耻辱的事情。

⑧五刑三千：典出《尚书·吕刑》："墨罚之属千，劓罚之属千，剕罚之属五百，宫罚之属三百，大辟之罚其属二百，五刑之属三千。"五刑，五种轻重不等的刑法。秦以前为墨、劓、剕（刖）、宫、大辟（杀）。秦汉时为黥、劓、斩左右趾、枭首、菹其骨肉。隋唐以后为死、流、徒、杖、笞。

⑨仙道：谓成仙之道。

⑩君子疾没世而不称：典出《论语·卫灵公》："子曰：'君子疾没世而名不称焉。'"没世，死。

⑪愚惑：愚昧而迷乱。

⑫系风捕影：拴住风，捉住影子。比喻事情虚妄无据或难以办到。

⑬陈伯台：陈雅，字伯台，汉中郡成固（今陕西城固）人。参看本书卷二《汉中志》注。

⑭女尚书：宫中女官名。东汉置，掌批阅奏章和文书。三国魏亦置，职掌略同中书。

【译文】

陈氏两姐妹，或智慧，或仁义。

姐姐陈顺谦、妹妹陈惠谦，是成固人。陈顺谦嫁给邓县令曹宁，十九岁时丧夫独居，养育遗腹子，八十多岁时去世。陈顺谦哥哥的儿子陈规为之感叹，著书记述其事。陈惠谦嫁给张亮则，他在扶风做官。手下官吏禀告说，想通过严峻禁令、严密防范来整肃非法行为，张亮则为此咨询于陈惠谦。陈惠谦说："发扬道德教化，培养廉洁的美德，不做耻辱的事情，五刑的三千条文，大概也算是多的了，还要增加什么呢？"陈惠谦哥哥的儿子陈伯思学习仙道，陈惠谦告诫他说："君子痛恨的是死了之后没有好的名声，而不担心寿命不长。更何况，神仙之说愚昧而迷乱，犹如系风捕影，是不可能办到的。"陈伯思于是停止学习仙道。陈伯台称赞陈惠谦说："你是女尚书中的俊杰。"

礼修顺姑，恩爱温润[①]。

礼修，赵嵩妻[②]，张氏女也。姑酷恶无道[③]，遇之不以礼，修终无愠色[④]。及宁父母[⑤]，父母问之，但引咎[⑥]，不道姑。卒感悟[⑦]，更慈爱之[⑧]。乡人相训曰："作妇不当如赵伯高妇乎？使恶姑知变，可谓妇师矣[⑨]。"后姑病，女来省疾[⑩]，姑却之，曰："我死，固当绝于贤妇手中。"后遭米贼[⑪]，嵩死，乃碧涂面，乱首[⑫]，怀刀，托言病[⑬]，贼不逼也。养遗生女[⑭]，依叔父立义终身者也[⑮]。

【注释】

①温润：本指玉色，后用以形容人或事物的品性温和柔润。此指感化。

②赵嵩：字伯高，汉中郡南郑（今陕西汉中）人。参看本书卷二《汉中志》注。

③无道：泛指违反常理或不近情理。

④愠（yùn）色：怨怒的神色。

⑤宁：已嫁女子回娘家探望父母。

⑥引咎：归过失于自己。

⑦感悟：受感动而醒悟。

⑧慈爱：仁慈爱人。多指上对下或父母对子女的爱怜。

⑨妇师：妇女的师表。

⑩省疾：探病。

⑪米贼：旧时对五斗米道的贬称。《三国志·魏书·张鲁传》："（张鲁）祖父陵，客蜀，学道鹄鸣山中，造作道书以惑百姓，从受道者出五斗米，故世号'米贼'。"

⑫乱首：头发散乱。

⑬托言：借口。

⑭遗生女：遗腹女，怀孕妇人于丈夫死后所生的女儿。

⑮叔父：底本作"父叔"，误。《艺文类聚》卷十八引《列女传》："叔父矜其年壮，欲更嫁之，礼修慷慨，至死为誓。"

【译文】

张礼修孝顺婆婆，用恩爱感化婆婆。

张礼修，是赵嵩的妻子，是张姓人家的女儿。婆婆残酷凶恶，不近情理，对张礼修不以礼相待，而张礼修始终没有怨怒的神色。张礼修回娘家探望父母，父母问她，她只把过失归于自己，不说婆婆的不是。婆婆最终受感动而醒悟，对张礼修慈爱待之。乡里人互相训导说："当媳妇的不应该像赵伯高媳妇那样吗？她能使凶恶的婆婆知道改变，可以说是妇女的师表。"后来婆婆生病了，女儿来探病，婆婆推辞了，说："我如果死，应当死在贤惠的媳妇手中。"后来，遇到五斗米道教徒起义，赵嵩死于战乱，于是张礼修用碧绿颜料涂抹面部，散乱头发，怀揣刀子，借口生病，而贼人没有逼迫她。张礼修抚养遗腹女，依靠叔父，终身守义而不改嫁。

树南悼夫，轻死重信[①]。

韩树南，南郑人，赵子贱妻也。子贱初为郡功曹。李固之诛[②]，诏书下郡杀固二子宪公、季公，太守知其枉，遇之甚宽。二子托服药死[③]，具棺器，欲因出逃。子贱畏法，敕更验实，就杀之。及固小子燮得还，子贱虑燮报仇，赁人刺之④。燮觉，告郡杀子贱。初，树南谏子贱，子贱不从。及临死，许共并命⑤。兄、弟、嫂、侍婢视守之⑥。经百余日，乃怠。白兄嫂："念一死万不得生，不敢复图死也。"上下以为信然。无几时⑦，于幕下自杀。

【注释】

①轻死：以死事为轻，不怕死。

②李固（94—147）：字子坚，汉中郡南郑（今陕西汉中）人。参看本书卷二《汉中志》注。

③服药：服食药物。本处指服食毒药。

④赁：雇佣。

⑤并命：共命运，同死。

⑥视守：看护，守卫。

⑦无几时：没有过多久。几时，多少时候。

【译文】

韩树南悼念丈夫，轻视生命，重视信义。

韩树南，南郑人，是赵子贱的妻子。起初，赵子贱担任郡功曹。李固被杀后，朝廷下达诏书到郡里，下令诛杀李固的两个儿子李宪公、李季公，太守知道这是冤枉，对待李宪公、李季公很宽容。李固的两个儿子借口服药自杀，并且准备了棺材，准备趁机出逃。赵子贱惧怕犯法，下令检查核实，结果就近斩杀了李固的两个儿子。等到李固的小儿子李燮返回故乡，赵子贱担心李燮会报仇，便雇佣杀手刺杀李燮。李燮觉察了，报告郡府，郡府杀了赵子贱。当初，韩树南劝谏赵子贱，但他没有听从。到赵子贱临死之时，韩树南答应与其同死。哥哥、弟弟、嫂嫂、侍婢日夜看守着她。经过一百多天的看守后，众人都倦怠了。韩树南对嫂嫂说："想到一旦死了，就万万不能复生，我不敢再想死了。”上上下下都相信了她的话。没有过多久，韩树南在帘幕下自杀了。

祈祈令姬①，如玉如金。允矣淑媛②，齐德姜、任③。

总赞此九人也。

述汉中列女。

右《汉中士女赞》第五

凡三十四人。二十五人士，九人女。

【注释】

①祈祈：同“祁祁”，众多貌，盛貌。

②淑媛：美好的女子，闲雅贞静的女子。

③齐德：谓与某人的德行齐等。姜、任：指太姜、太任。太姜，亦作“大姜”。周太王古公亶父（周文王祖父）之妃。太王曾与其一起察看土地，率领周人自邠地迁至岐山之南的周原定居。与太任、太姒共称为周室三贤母。参看《列女传》卷一。太任，亦作“大任”。商代挚国任氏之中女。周人国君季历之妃，周文王之母。品性端淑，有贤行。怀孕时修身行德，古称为能胎教者。参看《列女传》卷一。

【译文】

这么多美好的女子，她们如玉如金。她们确实是闲雅贞静的女子，她们的德行与太姜、太任齐等。

在此总赞这九人。

叙述汉中的列位女性。

以上是《汉中士女赞》第五

共计三十四人。其中男性二十五人，女性九人。

梓潼士女[①]

镇远敦壮[②]，立勋南濒[③]。

文齐[④]，字子奇，梓潼人也。孝平帝末，以城门校尉为犍为属国[⑤]，迁益州太守。造开稻田[⑥]，民咸赖之。公孙述时，据郡不服[⑦]。述拘其妻子，许以公侯，招之，不应，乃遣使由交趾贡献河北[⑧]。述平，世祖嘉之，征拜镇远将军，封成义侯，南中咸为立祠[⑨]。子忳，有令德[⑩]，为北海太守。

【注释】

①梓潼士女：或作"梓潼人士"，误。

②敦壮：结实强壮。本处意指文齐立场坚定，不为外侮与名利所动（如公孙述"拘其妻子"与"许以公侯"）。

③南濒：南部滨海之地。本处指交趾，因其濒临南海。

④文齐：字子奇，广汉郡梓潼（今四川梓潼）人。参看本书卷四《南中志》注。

⑤犍为属国：即犍为属国都尉。

⑥造开稻田：《后汉书·南蛮西南夷列传》："以广汉文齐为太守，造起陂池，开通溉灌，垦田二千余顷。"

⑦不服：不臣服，不顺服，不归附。

⑧河北：地区名。泛指今黄河以北地区。本处特指光武帝刘秀，因刘秀其时在河北。

⑨立祠：修建祠堂。《后汉书·南蛮西南夷列传》："（文齐）于道卒，诏为起祠堂，郡人立庙祀之。"

⑩令德：美德。

【译文】

镇远将军文齐立场坚定，在南部滨海之地建立功勋。

文齐，字子奇，是梓潼人。汉平帝末年，文齐由城门校尉转任犍为属国都尉，升迁为益州太守。文齐在益州开垦稻田，百姓都赖此为生。公孙述当政时，文齐据守本郡而不归附公孙述。公孙述拘捕了文齐的妻儿，许诺封文齐为公侯，以此招降文齐，文齐没有答应，而是派遣使者转道交趾北上河北，归顺于刘秀。公孙述被平定后，汉世祖嘉奖文齐，征拜他为镇远将军，封为成义侯，南中地区都为文齐修建了祠堂。文齐之子文忳，有美好的德行，被任命为北海太守。

巨游玉碎[①]，高风金振[②]。

李业[③]，字巨游，梓潼人也。少执志清白，太守刘咸慕其名，召为功曹，十命不诣[④]。咸怒，欲杀之。业径入狱，咸释之。公孙述累聘不应，述怒，遣鸿胪尹融持毒药酒逼之。业笑曰："名可成[⑤]，不可毁；身可杀，不可辱也。"遂饮药死[⑥]。述耻杀善士，赐钱百万。子翬逃匿不受。建武中，察孝廉，为遂久令[⑦]。

【注释】

①玉碎：美玉碎裂。谓为理想、正义而死。

②高风：高尚的风操。金振：即金声玉振，比喻声名远扬。

③李业：字巨游，广汉郡梓潼（今四川梓潼）人。参看本书卷五《公孙述刘二牧志》注。

④十命："十命"二字底本无，顾观光据《北堂书钞》卷七十七、《太平御览》卷二百六十四、卷四百三十八引《华阳国志》补，可从。

⑤可成："可成"二字底本无，顾观光据《太平御览》卷四百三十八引《华阳国志》补，可从。

⑥遂饮药死：《舆地碑记目》卷四《隆庆府碑记》、《全蜀艺文志》卷

五十二:"李业阙,在梓潼县西五里。《旧经》云:前汉侍御史李业葬此,遭赤眉毁,破二阙。"按:李业阙今在四川梓潼县西南长卿镇南桥村,俗名马家坝。

⑦遂久:县名。西汉元鼎六年(前111)置,属越巂郡。治所在今云南丽江玉龙纳西族自治县境。三国蜀建兴三年(225)属云南郡。南朝宋初改遂段县。

【译文】

李巨游甘愿殒身玉碎,他的高尚风操远扬四方。

李业,字巨游,是梓潼人。李业自幼即立志做清白之人,广汉太守刘咸倾慕他的美名,征召他为功曹,但十次征召,李业都不应召。刘咸发怒,想杀了他。李业径直投案入狱,刘咸释放了他。公孙述多次征聘,李业都不答应,公孙述发怒,派遣鸿胪尹融手持有毒的药酒,去逼迫李业。李业笑着说:"名声可以成就,而不可以毁坏;身躯可以被杀,而不可以侮辱。"于是饮药而死。公孙述因屠杀善士而引以为耻,赏赐李家百万钱。李业之子李翚逃匿不接受赏赐。建武年间,李翚被察举为孝廉,担任遂久县令。

文坚亟哉[①],南面怀民[②]。

景毅[③],字文坚,梓潼人也。太守丁羽察举孝廉,司徒举治剧[④],为沇阳侯相、高陵令[⑤]。立文学,以礼让化民。迁侍御史[⑥],上计吏守阙请之[⑦],三年不绝。以子顾师事少府李膺[⑧],膺诛,自免[⑨]。久之,拜武都令[⑩],迁益州太守。上事吏民涕泣送之,至沮者七百人[⑪],白水县者三百人[⑫]。值益州乱后,米斗千钱。毅至,恩化畅洽[⑬],比去,米斗八钱。鸠鸟巢其听事[⑭],孕育而去。三府表荐,征拜议郎,自免归。州牧刘焉表拜都尉。为人廉正,疾淫祠[⑮],敕子孙惟修善为祷[⑯],仁义为福。年八十一而卒。

【注释】

①亟:仁爱。本处指爱民。《方言》卷一:“亟,爱也。”

②南面:古代以坐北朝南为尊位,故帝王诸侯见群臣,或卿大夫见僚属,皆面向南而坐,因用以指居帝王或诸侯、卿大夫之位。本处指居尊位或官位。怀民:安抚人民。

③景毅:字文坚,广汉郡梓潼(今四川梓潼)人。参看本书卷四《南中志》注。

④治剧:亦称“案剧”“理剧”。汉代察举科目之一。谓能处理繁重难办的事务。按:汉代,因郡县治理的难易而有剧、平之分。后成为选用考察地方官吏的标准之一。选廉洁有能力的官吏,调往难治之地任官,以其才能胜任该地治理之事,故名。

⑤高陵:县名。战国时秦孝公置,治所在今陕西西安高陵区西南一里。秦属内史。西汉属左冯翊,左辅都尉驻此。东汉为左冯翊治。三国魏黄初元年(220)改名高陆县。北魏迁治于今西安高陵区,为冯翊郡治。

⑥迁侍御史:底本作“迁太守”,误。《太平御览》卷二六八引作“迁侍御史,吏民守阙请之”。

⑦守阙:守候于宫门。

⑧李膺(110—169):字元礼,颍川襄城(今河南襄城)人。参看本卷上文注。

⑨自免:自请免职。《后汉书·党锢列传》:“(李膺)考死,妻子徙边,门生、故吏及其父兄,并被禁锢。时侍御史蜀郡景毅子顾为膺门徒,而未有录牒,故不及于谴。毅乃慨然曰:‘本谓膺贤,遣子师之,岂可以漏夺名籍,苟安而已!’遂自表免归,时人义之。”

⑩武都:县名。战国秦置,属陇西郡。治所在今甘肃西和南仇池山

东麓。西汉为武都郡治。东汉改为武都道。东汉末氐族杨驹徙居于此。三国时复为武都县。西晋后废。

⑪沮：县名。西汉置，属武都郡。治所在今陕西略阳东黑河东侧。县以沮水为名。西晋永嘉后废。

⑫白水：县名。西汉置，属广汉郡。治所在今四川青川东北沙州镇。三国蜀属梓潼郡。东晋属晋寿郡。

⑬恩化：恩惠教化。畅洽：通达周遍。

⑭听事：厅堂。官府治事之所。

⑮淫祠：不合礼义而设置的祠庙，邪祠。

⑯祷：祈祷，祈神求福。按：本处的“修善为祷”，与下文“仁义为福”相对为文，祷之意亦为福。

【译文】

景文坚有仁爱之心，身居尊位而能安抚人民。

景毅，字文坚，是梓潼人。太守丁羽察举他为孝廉，司徒举荐他参加治剧考试，景毅相继担任沇阳侯相、高陵令。景毅设立学校，用礼让教化百姓。升迁为侍御史后，上计吏守候于宫门请求景毅回到地方，三年之中没有断绝请求。景毅让儿子景顾拜少府李膺为师，李膺被诛杀后，景毅自请免职。很久之后，景毅担任武都县令，后升迁为益州太守。离任之时，官吏和百姓哭泣着为他送行，送到沮县的有七百人，送到白水县的有三百人。时逢益州大乱之后，一斗米高达一千钱。景毅到任后，对百姓进行恩惠教化，无不通达周遍，到景毅离任之时，一斗米仅值八钱。鸠鸟在厅堂筑巢，生儿育女后才离去。三府上表推荐景毅，被征拜为议郎，但景毅辞职回到了故乡。益州牧刘焉上表推荐景毅为都尉。景毅为人廉洁正直，痛恨淫祠，他告诫子孙要以修善行为福，要以行仁义为福。享年八十一去世。

盛国好学，研赜圣真①。

杨充，字盛国，梓潼人也。少好学，求师遂业②，受古学于扶风马季长、吕叔公、南阳朱明叔、颍川白仲职③，精究七经④。其朋友则颍川荀慈明、李元礼、京兆罗叔景、汉阳孙子夏、山阳王叔茂⑤，皆海内名士。还以教授州里。常言图纬空说⑥，去事希略⑦，疑非圣，不以为教。察孝廉，为郎，卒。

【注释】

①研赜（zé）：研究精深。圣真：谓儒学的真谛。

②遂业：完成学业。

③古学：古文经学，经学中研究古文经的一个流派。马季长：马融（79—166），字季长，扶风茂陵（今陕西兴平）人。东汉著名经学家和文学家。安帝时任校书郎中，后历议郎、武都太守、南阳太守等职。精通经学和文学，曾注《周易》《尚书》《毛诗》《三礼》等。门徒多至千人，郑玄、卢植皆出其门。著有《广成颂》《西第颂》等各体文二十一篇。《后汉书》有传。吕叔公：字叔公，扶风（今陕西兴平）人。事迹不详。朱明叔：字明叔，南阳（治今河南南阳）人。事迹不详。白仲职：字仲职，颍川（治今河南禹州）人。事迹不详。

④精究：精心研究。七经：七部儒家经典。指《易》《诗》《书》《仪礼》《春秋》《公羊》《论语》。

⑤荀慈明：荀爽（128—190），字慈明，颍川颍阴（今河南许昌）人。见本卷前文注。李元礼：李膺（110—169），字元礼，颍川襄城（今河南襄城）人。参看本卷上文注。王叔茂：王畅（？—169），字叔茂，山阳高平（今山东邹城）人。王龚之子。举茂才，拜司隶校尉，坐事免官。太尉陈蕃荐之，拜南阳太守。郡中豪族奢靡相尚，王畅常布衣皮褥，以矫其弊。灵帝初位至司空。《后汉书》有传。

⑥图纬：图谶和纬书。空说：空泛无用之说。

⑦去事希略：意谓与事实不符而且文字简略。

【译文】

杨盛国喜好学习，研究儒学真谛，造诣精深。

杨充，字盛国，是梓潼人。杨充从小就喜好学习，拜求名师，完成学业，他向扶风人马季长、吕叔公、南阳人朱明叔、颍川人白仲职学习古文经学，精心研究七经。杨充的朋友有颍川人荀慈明、李元礼、京兆人罗叔景、汉阳人孙子夏、山阳人王叔茂，都是海内的名士。杨充学成后，回到乡里教授弟子。杨充经常说图谶和纬书空泛无用，与事实不符，而且文字简略，恐怕不是圣人所作，因此不教授弟子此类图书。杨充后被察举为孝廉，担任郎官，后来去世。

汉伯肄业[①]，诸生之纯。

景鸾[②]，字汉伯，梓潼人也。少与广汉郝伯宗、蜀郡任叔本、颍川李仲□、渤海孟元叔游学七州[③]，遂明经术。还，乃撰《礼略》《河洛交集》《风角杂书》《月令章句》[④]，凡五十万言[⑤]。太守□贶命为功曹[⑥]，察孝廉，举有道[⑦]，博士征，不诣。然上陈时政，言经得失。又戒子孙人纪之礼[⑧]，及遗令[⑨]，期死葬不设衣衿[⑩]，务在节俭，甚有法度[⑪]。卒终布衣。

【注释】

①肄业：修习课业。古人书所学之文字于方版谓之业，师授生曰授业，生受之于师曰受业，习之曰肄业。

②景鸾：字汉伯，广汉郡梓潼（今四川梓潼）人。少随师学经，涉七州之地。精通《齐诗》《施氏易》，兼明《河洛》图纬。州郡辟命，皆不就。后还乡著书。著有《易说》《诗解》《礼略》《月令章句》

等，凡五十余万言。《后汉书》有传。

③任叔本：任末，字叔本，蜀郡繁（今四川彭州）人。参看本卷上文注。李仲：下当脱一字，故补入□。

④风角：古代占卜之法。以五音占四方之风而定吉凶。

⑤凡五十万言：《后汉书·儒林列传》："（景鸾）能理《齐诗》《施氏易》，兼受《河》《洛》图纬，作《易说》及《诗解》，文句兼取《河》《洛》，以类相从，名为《交集》。又撰《礼内外记》，号曰《礼略》。又抄《风角杂书》，列其占验，作《兴道》一篇。及作《月令章句》。凡所著述五十余万言。"

⑥太守□贶："贶"上有脱字，即脱去太守之姓，故补入□。

⑦有道：汉代察举科目之一。始于汉安帝。道指道术，两汉时道术的内容除治道之外，还包括占卜、星相、谶纬和神仙术。东汉诏令察举贤良方正时，常连言道术。《后汉书·安帝纪》：永初元年（107），"诏公卿内外众官、郡国守相，举贤良方正、有道术之士、明政术、达古今、能直言极谏者，各一人"。后诏拜有道高第士沛国施延为侍中。《后汉书·桓荣列传》："后举孝廉、有道、方正、茂才，三公并辟，皆不应。"《后汉书·申屠蟠列传》："申屠蟠再举有道不就。"

⑧人纪：人之纲纪，指立身处世的道德规范。

⑨遗令：临终前的告诫、嘱咐。

⑩衣衿：古代指交领或衣下掩裳际处。后亦指上衣的前幅。

⑪法度：规范，规矩。

【译文】

景汉伯修习课业，是诸生中的纯粹者。

景鸾，字汉伯，是梓潼人。景鸾早年与广汉人郝伯宗、蜀郡人任叔本、颍川人李仲□、渤海人孟元叔一道游学七个州，于是精通了经学。回乡后，景鸾撰写了《礼略》《河洛交集》《风角杂书》《月令章句》等书，共计五十万字。太守□贶任命景鸾为功曹，察举他为孝廉，举荐他为有道，朝廷征召他为博士，景鸾没有答应征聘。然而，景鸾还是上疏陈述时事政治，讨论经学上的得与失。景鸾又告诫子孙，要遵守立身处世的道德规范，景鸾临终前嘱咐在死后安葬时，孝衣不做上衣的前幅，办丧事务必节俭，一切都很有规范。去世之时，景鸾还是布衣。

伯僖效志[①]。

张寿，字伯僖，涪人也。少给县丞杨放为佐。放为梁贼所得[②]，寿求之，积六年[③]，始知其生存。乃卖家盐井得三十万，市马五匹往赎放[④]。道为羌所劫掠尽。凡往三年，计道远不可得数，乃单身诣虏，涕泣自说。虏哀其屡来，遣放随还。郡召为中候[⑤]，诏书除巫尉。以身佩印，尽让所有财物与三弟。复为郡掾[⑥]。章平赋役[⑦]，岁出三百五十万[⑧]。迁功曹史[⑨]，徙五官掾[⑩]，卒。

【注释】

①效志：尽其心志，指尽心尽力寻求杨放（刘琳）。

②梁贼：不通，疑当作“凉州贼”（刘琳）。

③积：累计。

④市：买。

⑤中候：当是主管郡署守卫的官吏（刘琳）。

⑥郡掾：官名。即郡吏。汉置，为太守的下属官吏，其职不同，所掌亦异。如五官掾，掌功曹及诸曹事；其监属县，有五部督邮等。

⑦章：彰明。平：平均。

⑧岁出：国家、单位等一年财政支出的总和。

⑨功曹史：底本作“功曹吏”，误。功曹史，官名。汉朝郡县官府所属功曹之长，亦称功曹、主吏。主选署功劳、职掌吏员赏罚任免事

宜。由守、相委任，职统诸曹，在诸曹掾史中地位最高，甚至权逾郡丞、长史。

⑩五官掾：汉朝郡国属吏，地位仅次于功曹。凡功曹及诸曹员吏出缺，即代理其职务。

【译文】

张伯僖尽心尽力寻求杨放。

张寿，字伯禧，是涪人。年轻时，张寿跟随县丞杨放担任佐官。杨放被凉州贼人抓走，张寿前往寻求杨放，历经六年，方知杨放还活着。于是，张寿卖掉了家中的盐井，得到三十万钱，买了五匹马，前去赎回杨放。在路上，张寿被羌人抢劫，财物被抢掠一空。张寿在路上总共走了三年，如果计算道路，其里程数不清，结果，张寿单身一人到贼虏之处，一边哭泣，一边诉说。贼虏哀怜他多次来此，就放了杨放，让他随张寿回去。郡里征召张寿为中候，朝廷下达诏书，任命张寿为巫县县尉。因为身上佩带有印信，张寿便把所有财物让给了三个弟弟。后来，张寿又担任郡掾。张寿平均了赋税和徭役，每年支出三百五十万钱。后来，张寿升迁为功曹史，转任五官掾，之后去世。

李余残身[①]。

李余，涪人。父早世，兄夷杀人亡命，母慎当死[②]。余年十三，问人曰："兄弟相代，能免母不？"人曰："趣得一人耳[③]。"余乃诣吏乞代母死。吏以余年小，不许，余因自刎死[④]。吏以白令，令哀伤，言郡，郡上书[⑤]，出慎[⑥]。太守与令以家财葬余，图画府庭[⑦]。

【注释】

①残身：杀身，舍生。

②慎：慎氏，李余母亲的姓氏。

③趣：急奔，速往。

④刎：原缺，此据《太平御览》卷三百八十五引《华阳国志》补。

⑤郡上书：底本作“郡上尚书”，“尚”字衍。此据《太平御览》卷三百八十五引《华阳国志》删。

⑥出慎：底本原缺，此据《太平御览》卷三百八十五引《华阳国志》补。

⑦府庭：衙门，公堂。

【译文】

李余杀身救母。

李余，是涪人。李余的父亲去世得早，他的哥哥李夷杀了人，逃亡在外，母亲慎氏依法应当处死。李余时年十三岁，他问别人：“如果兄弟互相代替去死，能不能免除母亲的死罪？”别人回答说：“那得赶紧有一个人去啊！”李余于是到了官府，请求代替母亲去死。官吏因为李余年龄太小，不同意他的请求，李余于是自刎而死。官吏将此事告诉了县令，县令很哀伤，报告了郡府，郡府上书朝廷，朝廷下令释放慎氏。太守与县令出资，以个人家财埋葬了李余，并把他的图像挂在官府。

寇、王二子，行勇以仁。

寇祺，字宰朝，梓潼人也。与邑子侯蔓俱学凉州[①]。蔓后为渤海王象所杀。祺杖剑至象家，值象病，象谢曰：“君子不掩人无备[②]，安有为友报雠，煞病人也？”祺乃还。久之，复往煞象。由是察孝廉，为霸陵令、济阴相[③]。王晏，字叔博，涪人也。与广汉张昌、宁叔受业太学。昌为河南吕条所煞，晏、叔煞条。事在叔解[④]。

【注释】

①邑子：同邑的人，同乡。凉州：西汉元封五年（前106）置，为十

三州刺史部之一。东汉时治所在陇县(今甘肃张家川回族自治县)。三国魏黄初中移治姑臧县(今甘肃武威)。

②掩人无备:意谓乘人没有防备时进行袭击。掩,掩袭,袭击。备,防备。

③霸陵:县名。西汉文帝九年(前171)改芷阳县置,属京兆尹。治所在今陕西西安东新市村附近。因其地有汉文帝刘恒霸陵,故名。三国魏改名霸城县。济阴相:济阴国相。济阴,侯国名。西汉景帝中六年(前144)分梁国置,治所在定陶县(今山东定陶西北四里)。封孝王子不识为济阴王。建元二年(前139)改为济阴郡。甘露二年(前52)改置定陶国,建平二年(前5)复改济阴郡。东汉永平十五年(72)复改为国,后又改为郡。

④事在叔解:意谓以上所说王旻、宁叔杀吕条之事,在上文所记宁叔一条中。按:其事参看本卷上文。

【译文】

寇祺、王旻二人,以仁义行壮勇之事。

寇祺,字宰朝,是梓潼人。寇祺与同乡人侯蔓一起在凉州求学。侯蔓后来被渤海人王象杀死。寇祺手执宝剑到王象家里,适逢王象生病,王象请罪说:"君子不会乘人没有防备时进行袭击,哪里有为友人报仇而杀死病人的呢?"寇祺于是返身而回。隔了好久之后,寇祺又再次前往,并杀死了王象。寇祺因此被察举为孝廉,担任霸陵县令、济阴国相。王旻,字叔博,是涪人。王旻与广汉人张昌、宁叔都在太学读书。张昌被河南人吕条杀死,王旻、宁叔杀死了吕条。其事在上文所记宁叔一条中。

李助多方[①],以兹立称[②]。

助字翁君,涪人也。通名方[③],校医术[④],作《经方颂说》[⑤],名齐郭玉[⑥]。

【注释】

①方:药方。

②称:名声,名誉。

③名方:著名的药方,名家的医方。

④医术:医疗技术。按:本处实指医书。

⑤《经方颂说》:李助所著医书。按:郭玉亦著有《经方颂说》。本处说李助“作《经方颂说》”,或许有误。

⑥郭玉:字通直,广汉郡新都(今四川成都新都区)人。一说广汉郡雒(今四川广汉)人。参看本卷前注。

【译文】

李助有很多药方,并以此知名。

李助,字翁君,是涪人。李助精通名家医方,校正诸家医书,著有《经方颂说》,名声与郭玉相当。

章武之兴[①],亦迪才伦[②]。德贤好古,澹心艺文[③]。

李仁[④],字德贤,涪人也。益部多贵今文[⑤],而不崇章句[⑥]。仁知其不博,乃游学荆州,从司马德操、宋仲子受古学[⑦],以修文自终也[⑧]。

【注释】

①章武:蜀汉昭烈帝刘备年号(221—223)。

②迪:进用,任用。才伦:有才之辈,即人才。

③澹心:尽心。艺文:六艺群书之概称,即儒家群经。泛指各种典籍、图书。

④李仁:字德贤,梓潼郡涪(今四川绵阳)人。李譔之父。参看《三国志·蜀书·李譔传》。

⑤益部："益州刺史部"的简称，指益州。今文：指今文经学。汉代经学派别之一。战国以来，儒家经典多口耳相传。西汉初，始以当时通行文字（隶书）写定，称为"今文经"。汉代的今文经，《诗》有鲁、齐、韩三家，《书》有欧阳氏、大夏侯（夏侯胜）、小夏侯（夏侯建）三家，《礼》有大戴（戴德）、小戴（戴圣）、庆普三家，《易》有施氏（施雠）、孟氏（施喜）、梁丘氏（梁丘贺）、京氏（京房）四家，《春秋》有《公羊传》和《穀梁传》，《公羊》有严氏（严彭祖）、颜氏（颜安乐）二家。今文经的经师注重阐发"大义""通经致用"。西汉晚期，今文经渐与谶纬合流。东汉光武帝力倡谶纬，今文经学者的解释更加谶纬化。至东汉晚期，一些著名经学家如马融、郑玄等多兼习今、古文经，今文经与古文经遂趋于混合。

⑥章句：指章句之学，即古文经学。为汉儒所创的一种研究儒家经典的学问，所重在于解释篇章字句，而不在阐发大义。古文经学是兴于西汉末年的儒学流派，与"今文经学"相对。相传鲁恭王坏孔子宅，得古文经于壁中，民间亦传古文《易》《诗》诸经，因系先秦古文字书写，故称"古文经"。平帝时，王莽执政，立古文经于学官，自是古文经学始盛。《诗》用《毛诗》，《春秋》用《左传》，特重《周官》。释经不事微言大义而注重文字辨解训诂，探求经文本义。在识辨和解释古文过程中，逐渐形成一套训诂方法。东汉许慎、贾逵、服虔、马融、郑玄为其大师。郑玄兼采今古文遍注诸经，而以古文为主。自东汉末以迄隋唐，为经学正统。

⑦司马德操：司马徽，字德操，颍川（治今河南禹州）人。清雅善知人。刘备访世事于徽，因荐诸葛亮、庞统。时庞德公亦善品藻，称徽为水镜。参看《三国志·蜀书·诸葛亮传》等。宋仲子：宋衷，或称宋忠，字仲子，南阳章陵（今湖北枣阳）人。参看本卷前注。古学：古文经学，研究古文经、古文字之学。

⑧修文：研修经文。

【译文】

章武年间的兴盛,也是由于进用人才。李德贤喜好古学,尽心研究群经。

李仁,字德贤,是涪人。益州人多看重今文经学,而不崇尚章句之学。李仁知道这种学问不会渊博,于是游学于荆州,师从司马德操、宋仲子学习古文经学,以研修经文来度过其一生。

国辅皓然[①],形动神沉。

杜微[②],字国辅,涪人也。任安弟子[③]。先主定蜀,常称聋,阖门不出[④]。建兴二年[⑤],丞相亮领州牧,选为主簿,舆而致之[⑥]。亮引见,与书诱劝,欲使以德辅时,微固辞疾笃[⑦]。亮表拜谏大夫,从其所志。

【注释】

①皓然:高洁貌。

②杜微:字国辅,梓潼郡涪(今四川绵阳)人。参看本书卷七《刘后主志》注。

③任安(124—202):字定祖,广汉郡绵竹(今四川德阳北)人。参看本书卷三《蜀志》注。

④阖(hé)门:关闭门户。

⑤建兴二年:224年。

⑥舆:车辆。本处用为动词,指用车辆。

⑦固辞:坚决辞谢。疾笃:病势沉重。

【译文】

杜国辅人品高洁,形动而心沉静。

杜微,字国辅,是涪人。杜微是任安的弟子。先主刘备平定蜀地,杜微常常借口耳聋闭门不出。建兴二年，丞相诸葛亮代理益州牧，选任杜微为主簿，并用车辆去接他。诸葛亮接见了杜微，又用书信诱导勉励杜微，想让他用德来辅助时局，杜微以病势沉重为借口坚决辞谢。诸葛亮上表推荐杜微为谏大夫，顺从了杜微的志向。

思潜游学，休志素林[①]。

尹默[②]，字思潜，涪人也。少与李仁俱受学司马徽、宋忠等[③]，博通五经[④]。专精《左氏春秋》，自刘歆《条例》、郑众、贾逵父子、陈元、服虔注说[⑤]，略皆诵述[⑥]，希复案本[⑦]。以《左传》授后主[⑧]。后主立，拜谏议大夫、丞相军祭酒[⑨]。子宗亦为博士耳[⑩]。

【注释】

①休志素林：谓潜心于素臣之林（刘琳）。孔子据鲁史修《春秋》，汉儒称之为“素王”。左丘明作《左传》，述孔子之道，阐明《春秋》之法，后人尊之为“素臣”。晋杜预《〈春秋经传集解〉序》：“说者以为仲尼自卫反鲁，修《春秋》，立素王，丘明为素臣。”

②尹默：字思潜，梓潼郡涪（今四川绵阳）人。参看本书卷六《刘先主志》注。

③李仁、司马徽、宋忠：见本卷上文注。

④五经：五部儒家经典，即《诗》《书》《易》《礼》《春秋》。

⑤刘歆（？—23）：字子骏，后改名秀，字颖叔，沛县（今江苏沛县）人。参看本卷上文注。《条例》：指《春秋左氏传条例》。《旧唐书·经籍志》：“《春秋左氏传条例》二十卷。刘歆撰。”郑众（？—83）：字仲师，河南开封人。郑兴之子。经学家称“先郑”，以别于“后郑”郑玄。又称“郑司农”，以别于宦官郑众。从父受

《左氏春秋》,作《春秋难记条例》,兼通《易》《诗》,知名于世。明帝时为给事中,持节使匈奴,不拜,单于怒,围守闭之。众拔刀自誓,坚执不屈。章帝时为大司农,以清正称。《后汉书》有传。贾逵父子:指贾徽、贾逵。贾徽,扶风平陵(今陕西咸阳)人。贾逵之父。从刘歆受《左氏春秋》,兼习《国语》《周官》。又受古文《尚书》于涂恽,学《毛诗》于谢曼卿。作《左氏条例》二十一篇。《后汉书·贾逵列传》有附传。贾逵(30—101),字景伯,扶风平陵(今陕西咸阳)人。参看本卷上文注。陈元:字长孙,苍梧广信(今广西梧州)人。陈钦之子。少传父业,习《左氏春秋》。以父任为郎。光武帝建武初,与桓谭、杜林、郑兴俱为学者所宗。上疏请立《左氏传》博士。《后汉书》有传。服虔:字子慎,河南荥阳(今河南荥阳)人。少入太学受业。灵帝时举孝廉,后迁九江太守。通经学,善作文,著有《春秋左氏传解》等。《后汉书》有传。注说:注解和说明。

⑥诵述:诵读传述,讲述。

⑦希复案本:很少复核、查阅原书。

⑧后主:指蜀汉后主刘禅。参看本书卷二《汉中志》注。

⑨丞相军祭酒:官名。东汉建安三年(198)曹操为汉丞相时始置军师祭酒,第五品。后因避晋司马师讳但称军祭酒,或称军谋祭酒。蜀亦置。为丞相府属官,掌参谋军事。

⑩子宗:尹宗,梓潼郡涪(今四川绵阳)人。尹默之子。能传父业,博通经史,为博士。

【译文】

尹思潜游学各地,潜心于素臣之林。

尹默,字思潜,是涪人。尹默早年与李仁一起,求学于司马徽、宋忠等人,博通五经之学。尹默尤其擅长《左氏春秋》,举凡刘歆《条例》、郑众、贾逵父子、陈元、服虔等人的注解和说明,基本上都能诵读传述,很少复核、查阅原书。尹默用《左传》教授后主刘禅。后主即位后,任命尹默为谏议大夫、丞相军祭酒。尹默之子尹宗,也是博士。

钦仲朗博[①],训诂典坟[②]。

李譔,字钦仲,仁子也。少受父业[③],又讲问尹默[④],自五经、四部、百家诸子、伎艺、算计、卜数、医术、弓弩、机械之巧[⑤],皆致思焉[⑥]。为太子中庶子、右中郎将。著古文《周易》《尚书》《毛诗》《三礼》《左氏》注解、《太玄指归》[⑦],依则贾、马[⑧],异于郑玄[⑨]。与王肃初不相见[⑩],而意归多同[⑪]。

【注释】

①朗博:明朗而且博学。

②典坟:三坟、五典的并称,后转为古代典籍的通称。

③少受父业:意谓早年受业于父亲,并且接受了父亲的学问。

④讲问:讲说讨论。

⑤四部:历代说法不一。或以为,四部是“五经”以外的四种“传”,如《论语》《孝经》之类(刘琳)。伎艺:技艺,指手艺或艺术表演等。算计:计算。卜数:占卜等类术数。机械:利用力学原理构成的装置。泛指各种机器、器械。

⑥致思:谓集中心思于某一方面,用心思考。

⑦《太玄指归》:“归”字原缺,据《三国志·蜀书·李譔传》补。

⑧依则:师法。贾、马:指贾逵、马融。

⑨郑玄(127—200):字康成,北海高密(今山东高密)人。参看本书卷七《刘后主志》注。

⑩王肃(195—256):字子雍,东海郯(今山东郯城)人。参看本卷上文注。

⑪意归：意之所在。

【译文】

李钦仲明朗而且博学，为古代典籍做训诂。

李譔，字钦仲，是李仁之子。李譔早年接受了父亲的学问，又与尹默讲说讨论，自五经、四部、百家诸子、伎艺、算计、卜数、医术、弓弩、机械的巧妙之处，都用心思考。李譔任太子中庶子、右中郎将。著有古文《周易》《尚书》《毛诗》《三礼》《左氏》注解、《太玄指归》，师法贾逵、马融，而与郑玄不同。李譔与王肃没有见过面，但意见大多是相同的。

孙德果锐①，作刘干臣②。

李福③，字孙德，涪人也。先主初，为成都令。建兴元年④，迁巴西太守，后为江州都督、扬武将军⑤，入为尚书仆射，封平阳亭侯。延熙初，以前监军领大将军司马⑥。福同郡梓潼文恭仲宝，亦以才干为牧亮治中从事、丞相参军⑦。

【注释】

①果锐：果断敏锐。《三国志·蜀书·杨戏传》裴松之注引《益部耆旧杂记》："（李）福为人精识果锐，敏于从政。"

②干臣：精明强干之臣。

③李福（？—约238）：字孙德，梓潼郡涪（今四川绵阳）人。诸葛亮病笃于武功时，尝奉刘禅命谘亮以国家大计，并问亮后继之人。延熙初，蒋琬出征汉中，李福以前监军领大将军司马。《季汉辅臣赞注》有传。

④建兴元年：223年。底本作"建兴九年"，误。李福在建兴元年徙巴西太守。

⑤扬武将军：一作"扬威将军"。

⑥领大将军：四字原脱，据《季汉辅臣赞注》补。

⑦牧亮：益州牧诸葛亮。

【译文】

李孙德果断敏锐，是刘氏蜀汉的精明强干之臣。

李福，字孙德，是涪人。先主刘备初年，李福担任成都令。建兴元年，李福升迁为巴西太守，后转任江州都督、扬武将军，入朝担任尚书仆射，封平阳亭侯。延熙初年，李福以前监军身份兼领大将军司马。李福的同乡、梓潼人文恭（字仲宝），也因为有才干而担任益州牧诸葛亮的治中从事、丞相参军。

衎衎祎彦[①]，玉润兰芬。劭名表器[②]，江汉之俊。

总赞十五人也。

述梓潼人士。

【注释】

①衎衎（kàn kàn）：和乐貌。祎（yī）：美好。彦：俊彦，贤才。

②劭（shào）：美好。器：器具。本处指钟、鼎等青铜器。

【译文】

和乐美好的俊彦，像美玉一样温润，像兰花一样芬芳。他们美好的名声铸造在青铜器上，他们是江汉的才俊之士。

总赞这十五人。

以上叙述的是梓潼男性。

季姜雍穆[①]，化播二妇。王氏世兴，实由贤母。

季姜，梓潼文氏女，将作大匠广汉王敬伯夫人也[②]。少读《诗》《礼》。敬伯前夫人有子博，女纪、流二人，季姜生康、稚、芝，女始、示[③]，凡前后八子。抚育恩爱，亲继若一[④]。堂祖母性严，子孙虽见官二千石[⑤]，犹杖之，妇跪受罚。堂历五郡，祖母随之官。后以年老，不愿远乡里，姜亦常侍养左右。纪、流出适，分己侍婢给之。博好写书，姜手为作帙[⑥]。于是内门相化，动行推让。博妻犍为杨进及博子遵妇蜀郡张叔纪服姑之教[⑦]，皆有贤训，号之“三母”。堂亡，姜敕康、稚、芝妇事杨进如姑，中外则之[⑧]，皆成令德。季姜年八十一卒。四男弃官行服[⑨]，四女亦从官舍交赴，内外冠冕百有余人，当时荣之。王氏遂世兴。

【注释】

①季姜：据本书卷十二《序志并士女目录》：季姜名极，字季姜。雍穆：和睦，融洽。

②王敬伯：王堂，字敬伯，广汉郡郪（今四川三台）人。参看本书卷一《巴志》注。

③季姜生康：依上下文例，“生”后当脱“子”字。

④亲继：指亲生子女与继养子女。

⑤见官：现官。见，同“现”。

⑥帙（zhì）：书衣，包书的布套。

⑦杨进：犍为郡武阳（今四川眉山彭山区）人。杨氏女儿，将作大匠、广汉人王堂长子王博妻子。本卷有传。张叔纪：蜀郡成都（今四川成都）人。张霸孙女，王遵之妻。本卷有传。

⑧中外：家庭内外，家人和外人。本处指王氏本家及其外家。

⑨行服：谓穿孝服居丧。

【译文】

文季姜使家庭和睦、融洽，教化传播于两代妇人。王氏世代兴盛，确实是由于贤良的文季姜。

文季姜，是梓潼文氏家的女儿，将作大匠、广汉人王敬伯的夫人。文季姜自小就阅读《诗》《礼》。王敬伯的前妻生育有儿子王博和女儿王纪、王流二人，文季姜生育有儿子王康、王稚、王芝和女儿王始、王示，前后共计八个子女。文季姜抚育他们恩爱有加，亲生子女与继养子女一视同仁。王堂的祖母性格严苛，子孙即使担任了二千石官员，她还是会用棍棒打他们，而妇媳则会接受跪罚。王堂历官五郡，祖母都跟随他为官。祖母后来因为年纪大了，不愿意远离乡里，文季姜也常常侍养在祖母左右。王纪、王流出嫁，文季姜分送自己的侍婢给她们。王博喜好写书，文季姜亲手为他制作书套。因此，王家内部互相感化，行动时互相谦让。王博的妻子、犍为人杨进以及王博儿子王遵的媳妇、蜀郡人张叔纪，服从婆婆的教化，都有良好的家教，时人称之为“三母”。王堂死后，文季姜告诫王康、王稚、王芝的媳妇，要像侍奉婆婆一样侍奉杨进，王氏本家及其外家都依之而行，都成就了美德。文季姜享年八十一岁而去世。文季姜的四个儿子都放弃官职，为文季姜穿孝服居丧；文季姜的四个女儿也从官舍回来服丧，家庭内外为文季姜服丧的官绅人家共计有一百多人，时人称扬。于是，王氏世代兴盛。

杜慈专专①，父不谅只②。

慈，涪杜季女，巴郡虞显妻也。十八适显。显亡，无子，季欲改嫁与同县杨上。慈曰：“受命虞氏。虞氏早亡，妾之不幸。当生事贤姑，死就养成室③，存亡等④。但欲在终供养，亡不有恨，愿不易图。”季知不可言而夺也，乃密谋与杨逼迫之⑤，慈缢而死。

【注释】

①专专：用心专一。本处指从一而终，不改嫁。

②谅:体谅,体察。只:语气词。用于句末,表示终结或感叹。《诗经·鄘风·柏舟》:“母也天只,不谅人只!”

③死就养成室:意谓与虞氏合葬。养成,疑当作“虞氏”(刘琳),可参。室,墓穴。《诗经·唐风·葛生》:“百岁之后,归于其室。”

④等:相等。

⑤杨:底本作“强”,误。此从刘琳校改。

【译文】

杜慈用情专一,父亲却不体谅她啊。

杜慈,是涪人杜季的女儿,是巴郡人虞显的妻子。杜慈十八岁时嫁给虞显。虞显去世,没有孩子,杜季打算将女儿改嫁给同县人杨上。杜慈说:“我接受父母之命,嫁给虞氏。虞氏死得早,这是我的不幸。我活着就侍奉贤惠的婆婆,死了就和丈夫合葬,活着和死去,应该是一样的。我只希望供养婆婆至其善终,我不希望死而有憾,唯愿父亲不要改变我的志向。”杜季知道不能通过劝说而改变女儿的志向,于是与杨上密谋,准备逼迫杜慈就范,杜慈自缢而死。

敬杨雪雠[①],壮逾烈士[②]。

敬杨,涪郭孟妻,杨文之女也。始生失母。八岁,父为□盛所杀[③],无宗亲,依外祖郑。行年十七[④],适孟。孟与盛有旧,盛数往来孟家。敬杨涕泣谓孟曰:“盛凶恶。薄命为女,无男昆[⑤],恶雠未报,未尝一日忘也。虽妇人拘制[⑥],然父子恩深,恐卒狂惑[⑦],益君祸患,君宜疏之。”孟以告盛,盛不纳。汉安元年[⑧],盛至孟家,敬杨以大杖打杀盛,将自杀。孟止之,与俱逃。涪令双胜出追,闻其故而止,安慰二门。会赦得免。中平四年[⑨],涪令向遵为立图表之。

【注释】

①雪雠：同“雪仇”，洗除仇怨，报仇。

②烈士：有气节、有壮志的人。一般指的是男士。

③□盛：人名。姓某名盛。宛委山堂本《说郛》卷五十八下引《梓潼士女志》作“梁盛”，张澍《蜀典》卷二作“李盛”，均不知所本。

④行年：指将到的年龄。

⑤昆：哥哥，胞兄。

⑥拘制：拘守于礼制。

⑦狂惑：精神错乱，疯癫。

⑧汉安元年：142年。汉安，汉顺帝年号（142—144）。

⑨中平四年：187年。中平，汉灵帝年号（184—189）。

【译文】

杨敬报仇雪恨，其悲壮超过烈士。

杨敬，是涪人郭孟的妻子，杨文的女儿。杨敬刚出生时，母亲就去世了。八岁之时，杨敬的父亲被□盛杀害，她没有同宗亲属，就依靠外祖父郑氏为生。杨敬十七岁时，嫁给了郭孟。郭孟与□盛有旧交情，□盛多次来往于孟家。杨敬哭泣着对郭孟说：“□盛是凶恶之人。我命薄而为女性，家中没有兄弟，恶仇虽然没有报，但没有一日忘记。我虽然作为妇人，拘守于礼制而受到限制，但是父女之间恩重如山，我担心一朝精神错乱，会给夫君增加祸患，夫君最好还是疏远他。”郭孟把杨敬的这番话转告了□盛，但□盛没有采纳。汉安元年，□盛到了孟家，杨敬用大杖打死了□盛，并且准备自杀。郭孟阻止了杨敬，和她一起逃跑。涪县县令双胜派人追赶，但在听说事情的缘故之后就停止了追赶，并且安慰郭、□两家人。适逢天下大赦，杨敬得以免罪。中平四年，涪县县令向遵为杨敬立了画像，并且予以表彰。

惟兹三媛[①]，仁畅义理。邦有斯嫔，以驰遐纪[②]。

总赞三人。

述梓潼列女。

右《梓潼郡士女赞》第六。

凡士女十八人。十五人士，三人女。

【注释】

①三媛：指文季姜、杜慈、杨敬三位女性。

②遐纪：高龄，高寿。本处指的是久远的年代。

【译文】

文季姜、杜慈、杨敬三位女性，有仁有义，精通事理。邦域之中有这样的女性，可以流芳百代。

总赞此三人。

叙述的是梓潼的诸位女性。

以上是《梓潼郡士女赞》第六。

共计士女十八人。其中男性十五人，女性三人。

二州人士自汉及魏二百四十八人而已①。一百九十七人士，五十一人女。后贤二十人②，合二百六十八人，以示来世之君子焉。如其遗脱③，及后世可书者，愿贻后隽④。又，《春秋穀梁传》首叙曰："成帝时，议立三传博士⑤，巴郡胥君安独驳《左传》不祖圣人⑥。"后汉时，魏郡太守王牧荐尹方为三公⑦，天子诏尚书郎蜀郡张俊策之⑧。然不详其行事⑨。

【注释】

①二州：指梁州、益州。

②后贤：后世的贤人。本处特指晋朝人士。所说“后贤二十人”，见本书卷十一《后贤志》。

③遗脱：遗漏。

④贻（yí）：遗留，留待。后隽：同“后俊”，后起之秀。

⑤三传：指解释《春秋》的《左传》《公羊传》《穀梁传》。

⑥胥君安：巴郡人。汉成帝时博士，以博学儒雅著称。《左传》不祖圣人：意谓《左传》没有祖述圣人孔子所作《春秋》之意，即经学史上所谓“《左传》不传经”。祖，祖述。按：“巴郡胥君安独驳《左传》不祖圣人”，此论颇重要，惜乎不知其详。

⑦王牧、尹方：二人生平不详。

⑧张俊：蜀郡人。有才能，任尚书郎。参看本书卷三《蜀志》注。策：策问，策试。

⑨行事：事迹。

【译文】

这两个州的贤明人士，从汉代到魏朝，共计有二百四十八人。其中，男性一百九十七人，女性五十一人。加上晋朝人士二十人，合计二百六十八人，他们是可以垂范后世的君子。本书如果有遗漏，以及后世可以写入书中的人物，我愿意留待后起之秀。又，《春秋穀梁传》首叙说：“汉成帝时，讨论设立三传博士，巴郡人胥君安独自批驳《左传》没有祖述圣人孔子所作《春秋》之意。”后汉之时，魏郡太守王牧推荐尹方担任三公，天子下诏让尚书郎、蜀郡人张俊策试他。但其事迹不详。

撰曰：二州人士，自汉及魏，可谓众矣。何者？世宗多事[①]，则相如麟游[②]，伯司凤翔[③]，洛下云翳[④]，叔文龙骧[⑤]。在孝宣[⑥]，则王褒蔚炳[⑦]，《中和》作咏[⑧]，属文甘泉[⑨]，葩为世镜[⑩]。在元、成[⑪]，则君公謇謇[⑫]，心思国病，虑经刘危[⑬]，直忤王听[14]。其高者则严君味道[15]，易俗移风；仲元端委[16]，居为人宗[17]。若夫秉心塞渊[18]，与物盈冲[19]，则杨子云也[20]；名重泰山，华夏仰崇[21]，则郑子真也[22]；不屈其身，志高青云[23]，则谯玄也[24]；不耻恶君，混道推运，则杨宣也[25]。降及建武、明、章以来[26]，出者则能内贯朝揆[27]，外播五教[28]，赞和鼎味[29]，经纶治要[30]，上答太阶[31]，下允民照[32]。处者则利居槃桓[33]，皓然玄蹈[34]，天爵玩之[35]，人爵则笑[36]，悬车门肆[37]，夷、惠齐绍[38]。若斯之伦[39]，海内服其英名，洙、泗方其焕耀矣[40]。故曰：汉征八士，蜀出其四[41]。又曰：汉具四义，蜀选其二[42]。可谓不众乎？然巴郡胥君安[43]，以儒学典雅称于孝成；蜀郡张俊策问尹方[44]，不出五经常议[45]；犍为吕孟有托孤之节[46]。若兹之类，郡邑往往垂象刊铭[47]，见有苗裔[48]。璩晚生长乱，故老以没[49]，莫所咨质[50]，不详其事。但依《汉书》《国志》、陈君所载[51]，凡士女二百四十八人而已，后贤二十人，合二百六十八人，以示来世之好事者。如能详其遗脱，及有可书，愿附于左。其传志父祖子孙及有名失事失官位者不列，宁州人士亦不列。别为目录[52]，至晋元康末，凡三百九十二人也。

【注释】

①世宗：汉武帝庙号。多事：不安定。

②相如：司马相如（前179—前117），字长卿，蜀郡成都（今四川成都）人。参看本书卷三《蜀志》注。

③伯司：谯隆，字伯司，巴郡阆中（今四川阆中）人。初为上林令，以忠谏拜为侍中。尝荐落下闳于汉武帝，与邓平、唐都等创制《太初历》。麟游、凤翔：典出《淮南子·览冥训》："昔者，黄帝治天

下，……凤皇翔于庭，麒麟游于郊，青龙进驾，飞黄伏皁，诸北、儋耳之国莫不献其贡职。”

④洛下：落下闳（约前156—前87），复姓落下（或作“洛下”），名闳，字长公，巴郡阆中（今四川阆中）人。明天文，善历数，本为巴郡隐士。武帝时征为待诏太史，与司马迁、邓平、唐都等改《颛顼历》，作《太初历》。拜侍中，不受。参看《史记·历书》。云翳（yì）：谓高翔遮云。曹植《七启》：“落翳云之翔鸟，援九渊之灵龟。”

⑤叔文：张宽，字叔文，蜀郡成都（今四川成都）人。参看本书卷三《蜀志》注。龙骧（xiāng）：昂举腾跃貌。《汉书·叙传下》：“云起龙襄，化为侯王，割有齐楚，跨制淮梁。”颜师古注：“襄，举也。”

⑥孝宣：汉宣帝。

⑦王褒：字子渊，蜀郡资中（今四川资阳）人。参看本书卷三《蜀志》注。蔚炳：文采鲜明华美。

⑧《中和》作咏：王褒曾经受命作《中和颂》。

⑨甘泉：宫名。故址在今陕西淳化西北甘泉山。

⑩葩：华丽，华美。世镜：照世的镜子。言能借以照察世相，知所鉴戒。

⑪元、成：汉元帝、汉成帝。

⑫君公：何武（？—3），字君公，蜀郡郫（今四川成都郫都区）人。参看本书卷三《蜀志》注。謇謇（jiǎn jiǎn）：忠贞，正直。

⑬刘危：指刘汉王朝的安危。

⑭王听：帝王的听闻。

⑮严君：严遵，字君平，蜀郡成都（今四川成都）人。参看本书卷三《蜀志》注。味道：体味道的哲理，体察道理。

⑯仲元：李弘，字仲元，蜀郡成都（今四川成都）人。参看本书卷三《蜀志》注。端委：指朝臣所穿的端正而宽大的礼服。本处谓有威仪。

⑰人宗：众人的楷模。谓受人尊崇的人。

⑱秉心：持心。塞渊：谓笃厚诚实，见识深远。典出《诗经·鄘风·定之方中》："匪直也人，秉心塞渊。"又《诗经·邶风·燕燕》："仲氏任只，其心塞渊。"

⑲与物盈冲：意谓与世推移，顺时而为。物，外物，事物。本处指世道。盈冲，犹盈虚。盈满与虚空。语本《老子》第四十五章："大盈若冲，其用不穷。"

⑳杨子云：杨雄（前53—18），字子云，蜀郡成都（今四川成都）人。参看本书卷三《蜀志》注。

㉑仰崇：仰慕崇敬。

㉒郑子真：名朴，字子真，汉中郡褒中（今陕西勉县）人。参看本书卷二《汉中志》注。

㉓青云：指高空的云。喻远大的抱负和志向。

㉔谯玄（？—35）：字君黄，巴郡阆中（今四川阆中）人。参看本书卷一《巴志》注。

㉕杨宣：字君纬，广汉郡什邡（今四川什邡）人。参看本卷上文注。

㉖建武、明、章：指汉光武帝、汉明帝、汉章帝。

㉗出者：指出仕者，做官者。朝揆（kuí）：指朝政。

㉘五教：五常之教。指父义、母慈、兄友、弟恭、子孝五种伦理道德的教育。

㉙赞和：襄助，调和。本处指辅佐。鼎味：相传，商王武丁问傅说如何治理国家，傅说以如何调鼎中之味对答。后以"鼎味"指国政。《晋书·裴秀传》："孝友著于乡党，高声闻于远近。诚宜弼佐谟明，助和鼎味，毗赞大府，光昭盛化。"

㉚经纶：治理。治要：施政之要领。

㉛太阶：古星名。即三台。上台、中台、下台各二星，相比而斜上，如阶级然，故名。《文选·扬雄〈长杨赋〉》："是以玉衡正而太阶平

也。”李善注：“泰阶者，天之三阶也。上阶上星为天子，下星为女主；中阶上星为诸侯三公，下星为卿大夫；下阶上星为元士，下星为庶人。三阶平则阴阳和，风雨时，岁大登，民人息，天下平，是谓太平。”本处指天子。

㉜照：借鉴，榜样。

㉝处者：指隐者，未做官者。利居：宜于居家。意谓隐居不仕。槃桓：徘徊。

㉞玄蹈：志行高远。

㉟天爵：天然的爵位。指高尚的道德修养。因德高则受人尊敬，胜于有爵位，故称。

㊱人爵：爵禄，指人所授予的爵位。《孟子·告子上》：“孟子曰：有天爵者，有人爵者。仁义忠信，乐善不倦，此天爵也。公卿大夫，此人爵也。古之人，修其天爵，而人爵从之。今之人，修其天爵，以要人爵。既得人爵而弃其天爵。则惑之甚者也。”赵岐注：“天爵以德，人爵以禄。”

㊲悬车：指隐居不仕。门肆：家门与市肆。

㊳夷、惠：伯夷、柳下惠。伯夷，墨胎氏，名允，字公信。商末人。孤竹国君长子。参看本卷上文注。柳下惠，展获，字季，又字禽，食邑柳下，谥惠，故称柳下惠。参看本卷上文注。绍：继承。

㊴伦：辈，类。

㊵焕耀：光彩耀眼。

㊶汉征八士，蜀出其四：按：汉代多次征士，本处所说“汉征八士”，不详确切所指。又，所谓“蜀出其四”，亦不详确切所指。八士，相传周代八个有才能的人。《论语·微子》：“周有八士：伯达、伯适、仲突、仲忽、叔夜、叔夏、季随、季騧。”

㊷汉具四义，蜀选其二：四义，四种义行。所指不一。《管子·幼官》：“八会诸侯，令曰：立四义而毋议者，尚之于玄官，听于三

公。”尹知章注:“四义者,谓无障谷,无贮粟,无易树子,无以妾为妻。”《淮南子·兵略训》:“将者必有三隧、四义、五行、十守……所谓四义者,便国不负兵,为主不顾身,见难不畏死,决疑不辟罪。”此处不详确切所指。任乃强认为,“四义”指的是汉朝的四种用人之法——征、聘、辟、举。“蜀选其二”谓蜀士就聘辟者多,就征举者少。可备一说。

㊸胥君安:见本卷上文注。

㊹张俊:蜀郡人。参看本书卷三《蜀志》注。

㊺常议:常理,通常的道理。

㊻吕孟:犍为郡南安(治今四川乐山)人,不详其事。托孤:谓以遗孤相托。

㊼垂象:显示征兆。按:“垂象”当作“画象”,义犹本卷所说“列画学官”“图画府庭”。刊铭:刊刻于碑铭,意即树碑立传。

㊽见:同“现”,现在。苗裔:子孙后代。

㊾故老:年高而见识多的人。以:同“已”,已经。没:通“殁”,去世。

㊿咨质:问难质疑。

51《国志》:指《三国志》。陈君所载:指陈寿所著《益部耆旧传》。

52别为目录:即本书卷十二《序志并士女目录》。

【译文】

撰述者说:梁州、益州两个州的贤明人士,从汉代到曹魏,可以说是很多的。为什么会这样呢?汉武帝时,国家多事,就有司马相如犹如麒麟遨游,谯隆犹如凤凰翱翔,洛下闳高翔遮云,张宽昂举腾跃。在汉宣帝时,王褒文采华美,先创作了《中和颂》,又撰文于甘泉宫,文辞华丽,足可鉴戒。在汉元帝、汉成帝时,何武忠贞正直,一心考虑国家的利病,忧虑刘汉王朝的安危,他的直言触忤了圣听。其中的高人,还有严遵体察道理,移风易俗;李弘身着礼服,成为众人学习的楷模。持心笃厚诚实、见识深远,而与世推移、顺时而为的,则有杨雄;名望重于泰山,华夏之人仰慕崇敬的，则有郑朴；不委屈己身，志向高远如青云的，则有谯玄；不以侍奉恶君为耻，与道相混、与世推移的，则有杨宣。之后，自汉光武帝、汉明帝、汉章帝以来，出仕做官的人，在内能执掌朝政，在外能传播五常之教，襄助国政，治理施政，对上报答天子，对下成为百姓的楷模。隐居不仕的人，徘徊家居，志行高远，道德高尚，光明磊落，玩赏天爵，笑对人爵，他们或隐居家门，或隐居市肆，继承伯夷、柳下惠的风尚。像这一类的人，海内之人佩服他们的美名，其光彩耀眼堪与洙、泗媲美。因此有人说：汉朝征聘八士，蜀地就出了四个。又有人说：汉朝推崇四种义行，在蜀地就遴选了两种。难道可以说不多吗？当然，巴郡人胥君安，以儒学典雅著称于汉成帝之世；蜀郡人张俊策问尹方，所问不出五经常理；犍为人吕孟，有托孤之节义。诸如此类的人，郡县往往为他们绘画图像、树碑立传，现在他们的子孙后代还在。本人常璩生得晚，又成长于乱世，年高而识多者都已经去世了，无处问难质疑，故其事迹不详。我只是依据《汉书》《三国志》、陈寿所著《益部耆旧传》的记载，钩稽所得士女二百四十八人，后贤二十人，合计二百六十八人，以此展示给后世喜欢研究者。后世君子如能将本书遗漏之处详细叙述，并补充可以入书者，唯愿其附录于书后。那些记述了父祖、子孙以及有姓名而没有事迹、缺失官位者，本书未能载列，而宁州人士也未能载列。我另外写作了《目录》，下限直至晋朝元康末年，共计有三百九十二人。

卷十一　后贤志

【题解】

如果说《华阳国志》前十卷是常璩写作的“前代史”，本卷则是常璩写作的“当代史”。按照常璩自己的说法（详见本卷卷首“闻之”段），他之所以要写作“当代史”，所师法的是《史记》“详于秦、汉”、《汉书》“备乎哀、平”的立意与体例。

本卷专门列传、重点记述的人物，共计有二十位（文立、柳隐、司马胜之、常勖、何随、王化、陈寿、李宓、杜轸、任熙、王长文、寿良、何攀、李毅、杨邠、费立、常骞、常宽、谯登、侯馥）。常璩认为，他们是当地、当代的俊彦，“实西土之珍彦，圣晋之多士也”。常璩在专门记述这二十位人物之时，又连带记述了这二十位人物的祖、父及其兄弟、子女和同时代、同地区的相关人物，从而大大拓展了记述的范围，为后人了解这段历史和人物提供了宝贵的资料。

在为二十位人物正式立传前，常璩先列举了一份清单。这份清单的内容，包括二十位人物的官职、姓与名字，以及为他们所写的四言八字赞语（遗憾的是谯登、侯馥的赞语已经阙失）。可以说，这一份清单起着开门见山、提纲挈领的作用。

常璩有浓厚的桑梓情怀，对笔下人物往往抱之以“了解之同情”（借用陈寅恪语），或褒扬，或同情，或惋惜，或鞭挞，而又以同情与惋惜为主。

“了解之同情”的典型，以卷末“撰曰”为代表。

闻之：善志者述而不作[1]，序事者实而不华[2]。是以史迁之记[3]，详于秦、汉；班生之书[4]，备乎哀、平[5]。皆以世及事迹[6]，可得而言也。西州自奉圣晋后，俊伟倜傥之士[7]，或修德敷让[8]，行止从时；或播功立事，羽仪上京[9]，策勋王府[10]。甄名史录[11]，侔于先贤。会遇丧乱轧构[12]，华夏颠坠[13]，典籍多缺。族祖武平府君愍其若斯[14]，乃操简援翰[15]，拾其遗阙。然但言三蜀[16]，巴、汉未列[17]；又务在举善[18]，不必珍异。揆之《耆旧》[19]，竹素宜阐[20]。今更撰次损益[21]，足铭后观者凡二十人，缀之斯篇。虽行故坠没，大较举其一隅[22]。

【注释】

①善志：善于记述。《左传·昭公三十一年》：“是以《春秋》书齐豹曰‘盗’，三叛人名，以惩不义，数恶无礼，其善志也。”杜预注：“记事之善者也。”述而不作：只阐述前人成说，自己并不创新。《论语·述而》：“述而不作，信而好古。”朱熹集注：“述，传旧而已；作，则创始也。”

②序事：叙述事情。司马光《述〈国语〉》：“乃先采集列国之史，国别分之。……故其辞语繁重，序事过详，不若《春秋传》之简直精明，浑厚遒峻也。”

③史迁之记：指《史记》。按：《史记》叙事“详近略远”，故曰“详于秦、汉”。史迁，司马迁（约前145—约前87），字子长，左冯翊夏阳（今陕西韩城南）人。参看本书卷一《巴志》注。

④班生之书：指《汉书》。班生，班固（32—92），字孟坚，扶风安陵（今陕西咸阳东北）人。参看本书卷一《巴志》注。

⑤哀、平:汉哀帝、汉平帝。

⑥世及事迩:意谓时代离得近,事情发生于不久前。世,时代。及,赶上。迩,近。

⑦俊伟:卓异壮美。倜傥:卓异,不同寻常。

⑧修德敷让:诸本或脱“敷”字。按:“修德敷让”与“播功立事”相对,当有“敷”字。敷,布。

⑨羽仪:比喻居高位而有才德,被人尊重或堪称楷模。典出《周易·渐》:“鸿渐于陆,其羽可用为仪,吉。”孔颖达疏:“处高而能不以位自累,则其羽可用为物之仪表,可贵可法也。”

⑩策勋:记功勋于策书之上。《左传·桓公二年》:“凡公行,告于宗庙;反行,饮至、舍爵、策勋焉,礼也。”杜预注:“既饮置爵,则书勋劳于策,言速纪有功也。”

⑪甄:选择,选拔。史录:历史的文字记录。意指史册。

⑫轧:倾轧。构:构兵,交兵,交战。

⑬颠坠:谓倒塌、毁坏。

⑭武平府君:指常宽。字泰恭,蜀郡江原(今四川崇州)人。常璩从祖父。参看本书卷八《大同志》注。本卷下文有传。

⑮操:拿着,手持。简:简册。援:执,持。翰:长而坚硬的羽毛。借指毛笔。

⑯三蜀:地区名。蜀地三郡的合称。指蜀郡、广汉郡、犍为郡三郡。

⑰巴、汉:古巴郡、汉中地区。在今四川东部、陕西西南、湖北西北一带。

⑱举善:列举善事。

⑲揆:衡量,比较。《耆旧》:《益部耆旧传杂记》之省称。

⑳竹素:犹竹简素帛。多指史册、书籍。阐:或作“关”,误。此处指阐发,扩充。

㉑撰次:编集,编纂。损益:增减。

㉒大较:大略,大致。

【译文】

我听说:善于记述的人是阐述前人成说而自己并不创新,善于叙事的人是文字朴实而不华丽。因此,司马迁的《史记》,记述秦、汉的史事很详细;班固的《汉书》,叙述汉哀帝、汉平帝的事迹很完备。这都是因为时代离得近,事情发生于不久前,故而可以记叙得很清楚。巴蜀地区自从归奉圣明的晋朝以后,卓越优秀的巴蜀人才,有的修养德行,躬行谦让,言行举止随顺时势;有的建功立业,居高位又有才德,被满朝文武奉为楷模,功勋被记在朝廷的策书上。他们被选中记录在史书之上,可以和前代的贤人相媲美。适逢国家遇到战乱,上下倾轧,内外交兵,中原地区崩溃毁坏,典籍大多损毁残缺。本族先祖、武平府君常宽,为这样的情况而担忧,于是手持毛笔、简册,采录遗逸,补充缺漏。然而他只记述了三蜀(蜀郡、广汉郡、犍为郡),而巴地、汉中则没有记载;另外,他写作的目的是为了列举善事,珍贵而奇异之事则不一定被记录。与《益部耆旧传杂记》相比较,他所著史书还应该进一步扩充。现在我对史事重新进行编排,又对内容进行增减,将其中足以让后世之人铭记的共二十个人物,附之于后。虽然他们过去的事迹已经隐入尘烟,但其大略情况还是可以概举一端。

卫尉、散骑常侍文立广休[①]

散骑穆穆[②],诚感圣君。

【注释】

①文立(?—279):字广休,巴郡临江(今重庆忠县)人。参看本书卷一《巴志》注。本卷下文有传。

②穆穆:端庄恭敬。

【译文】

卫尉、散骑常侍文立字广休

散骑常侍端庄恭敬，他的忠诚感动圣主。

西河太守柳隐休然[①]

西河烈烈[②]，秉义居贞[③]。

【注释】

①柳隐（189—268）：字休然，蜀郡成都（今四川成都）人。参看本书卷八《大同志》注。本卷下文有传。

②烈烈：威武勇猛。

③秉义：坚持正义。居贞：遵守正道。贞，通“正”。

【译文】

西河太守柳隐字休然

西河太守威武勇猛，坚持正义遵守正道。

汉嘉太守司马胜之兴先[①]

汉嘉克让[②]，谦德之伦[③]。

【注释】

①司马胜之：字兴先，广汉郡绵竹（今四川德阳北）人。本卷下文有传。

②克让：能谦让。

③谦德：谦虚、俭约之德。

【译文】

汉嘉太守司马胜之字兴先

汉嘉太守能够谦让，是拥有谦虚俭约美德的一类人。

郫令、州主簿常勖修业[①]

郫君骞谔[②]，自固厎身[③]。

【注释】

①常勖：字修业，蜀郡江原（今四川崇州）人。本卷下文有传。

②骞谔（qiān è）：正直耿介。

③厎（dǐ）身：犹言砥节砺行。厎，同“砥”，砥砺。

【译文】

郫县令、州主簿常勖字修业

郫君正直耿介，坚持自己的操守，砥节砺行。

江阳太守何随季业[①]

江阳皎皎[②]，命世清淳[③]。

【注释】

①何随：字季业，蜀郡郫（今四川成都郫都区）人。本卷下文有传。

②皎皎：洁白，清白貌。

③命世：著称于当世。多用以称誉有治国之才者。清淳：品德高洁纯朴。

【译文】

江阳太守何随字季业

江阳太守为人光明磊落，品德高洁纯朴，著称于当世。

梓潼太守王化伯远[①]

梓潼矜矜[②]，在险能平。

【注释】

①王化：字伯远，广汉郡郪（今四川三台）人。本卷下文有传。

②矜矜：戒惧，小心谨慎。

【译文】

梓潼太守王化字伯远

梓潼太守小心谨慎，能化险为夷。

太子中庶子陈寿承祚[①]

庶子稽古[②]，迁固并声[③]。

【注释】

①陈寿（233—297）：字承祚，巴西郡安汉（今四川南充）人。参看本书卷一《巴志》注。本卷下文有传。

②庶子：官名。太子中庶子，为太子属官。秦以前就有，秦汉、三国皆沿置，掌侍从、奏事、谏议等。稽古：考察古事。

③迁固：司马迁、班固。并声：齐名，名声相当。

【译文】

太子中庶子陈寿字承祚

太子中庶子考察古事，与司马迁、班固齐名。

汉中太守李宓令伯[①]

汉中晔晔[②]，才盖群生[③]。

【注释】

①李宓：或作李密，一名虔，字令伯，犍为郡武阳（今四川眉山彭山区）人。本卷下文有传，《晋书》有传。

②晔晔（wěi yè）：光彩照人貌。《文选·左思〈吴都赋〉》："崇临海之崔嵬，饰赤乌之晔晔。"吕向注："晔晔，光盛貌。"

③盖：超过。

【译文】

汉中太守李宓字令伯

汉中太守光彩照人，才气超群。

犍为太守杜轸超宗[1]

犍为卬卬[2]，友于寔令[3]。

【注释】

①杜轸：字超宗，蜀郡成都（今四川成都）人。本卷下文有传，《晋书》有传。

②卬卬（áng áng）：高昂貌。

③友于寔令：指杜轸与其弟烈、良并有名。友于，兄弟。典出《尚书·君陈》："惟孝友于兄弟。"本指兄弟相处弥笃。后以"友于"为兄弟友爱之义，代指"兄弟"。寔，通"实"，确实。令，善，美。

【译文】

犍为太守杜轸字超宗

犍为太守义气高昂，兄弟都有美名。

给事中任熙伯远[1]

给事温恭[2]，尚德蔑荣。

【注释】

①给事中：官名。秦始置。西汉因之，为加官，无定员。所加或大夫、博士、议郎，御史大夫、三公、将军、九卿等亦有加者。加此号，常在宫禁中侍从皇帝左右，备顾问应对，为中朝要职，多以名儒国亲充任。任熙：字伯远，蜀郡成都（今四川成都）人。本卷下文有传。

②温恭：温和恭敬。

【译文】

给事中任熙字伯远

给事中温和恭敬，崇尚德行，蔑视名利。

中书郎王长文德俊[①]

中书渊识[②]，宝道韬明[③]。

【注释】

①王长文：字德俊，广汉郡郪（今四川三台）人。本卷下文和《晋书》有传。

②渊识：识见深远。

③宝道：视道如宝。此指崇尚道德。韬明：韬光养晦。

【译文】

中书郎王长文字德俊

中书郎识见深远，崇尚道德，韬光养晦。

大长秋寿良文淑[①]

长秋忠肃[②]，明允笃诚[③]。

【注释】

①寿良：字文淑，蜀郡成都（今四川成都）人。本卷下文有传。

②忠肃：忠诚恭敬。

③明允：明察公正。笃诚：厚道实诚。

【译文】

大长秋寿良字文淑

大长秋忠诚恭敬，明察公正，厚道实诚。

大司农、西城公何攀惠兴[①]

司农运筹[②]，思侔良、平[③]。

【注释】

①何攀：字惠兴，蜀郡郫（今四川成都郫都区）人。参看本书卷二《汉中志》注。本卷下文有传。

②运筹：筹划，制定策略。

③思：思虑，思谋。侔：相等，齐等。良、平：张良、陈平。张良（？—前186）：字子房，相传为城父（今河南郏县东，一说今安徽亳州）人。参看本书卷七《刘后主志》注。陈平（？—前178）：河南阳武（今河南原阳）人。参看本书卷六《刘先主志》注。

【译文】

大司农、西城公何攀字惠兴

大司农运筹谋划，思谋与张良、陈平齐等。

少府、成都威侯李毅允刚[①]

少府果壮[②]，文武是经[③]。

【注释】

①李毅（？—306）：字允刚，广汉郡郪（今四川三台）人。本卷下文和《十六国春秋》有传。

②果壮：果敢勇猛。

③文武是经：谓文事武功都很出色。

【译文】

少府、成都威侯李毅字允刚

少府果敢勇猛，能文能武。

衡阳内史杨邠岐之[①]

衡阳固节[②]，隐然不倾[③]。

【注释】

①杨邠（243—311）：字岐之，犍为郡武阳（今四川眉山彭山区）人。本卷下文有传。

②固节：固守气节。

③隐然：安然。不倾：不倾覆。本处指不投降。

【译文】

衡阳内史杨邠字岐之

衡阳内史固守气节，安然受死而不投降。

尚书、三州都费立建熙[①]

尚书准绳[②]，古之遗直[③]。

【注释】

①费立（？—312）：字建熙，犍为郡南安（今四川乐山）人。参看本书卷八《大同志》注。本卷下文有传。

②准绳：标准，准则。

③古之遗直：有古人遗风的正直的人。《左传·昭公十四年》："叔向，古之遗直也。治国制刑，不隐于亲。三数叔鱼之罪，不为末减，曰义也夫，可谓直矣。"杜预注："言叔向之直，有古人遗风。"

【译文】

尚书、梁、益、宁三州都督费立字建熙

尚书遴选人才有标准，秉持公心，有古人遗风。

湘东太守常骞季慎[①]

湘东泛爱[2]，仁以接物[3]。

【注释】

①湘东：郡名。三国吴太平二年（257）置，治所在酃县（今湖南衡阳东）。以在湘水之东而命名。常骞：字季慎，蜀郡江原（今四川崇州）人。参看本书卷三《蜀志》注。本卷下文有传。

②泛爱：博爱。《庄子·天下》："泛爱万物，天地一体也。"

③接物：谓与人交往。

【译文】

湘东太守常骞字季慎

湘东太守博爱万物，以仁义之道与人交往。

武平太守常宽泰恭[1]

武平亹亹[2]，冰清玉嶷[3]。

【注释】

①常宽：字泰恭，蜀郡江原（今四川崇州）人。常璩族祖父。参看本书卷八《大同志》注。本卷下文有传。

②亹亹（wěi wěi）：勤勉不倦貌。

③冰清玉嶷（nì）：像冰一样清纯，像玉一样高洁。比喻人品、德行高洁。嶷，高尚，杰出。

【译文】

武平太守常宽字泰恭

武平太守勤勉好学，德行高洁。

扬烈将军、梓潼内史谯登慎明[1]

阙[2]

【注释】

①谯登（？—311）：字顺明（一作慎明），巴西西充国（治今四川阆中）人。参看本书卷八《大同志》注。本卷下文有传。

②阙：指缺赞词。

【译文】

扬烈将军、梓潼内史谯登字慎明

缺赞词。

江阳太守侯馥世明[①]

阙

【注释】

①侯馥：字世明，江阳（今四川泸州）人。本卷下文有传。

【译文】

江阳太守侯馥字世明

缺赞词。

文立，字广休，巴郡临江人也。少游蜀太学，治《毛诗》《三礼》，兼通群书。州刺史费祎命为从事，入为尚书郎，复辟祎大将军东曹掾，稍迁尚书。蜀并于魏，梁州建[①]，首为别驾从事。咸熙元年[②]，举秀才，除郎中。晋武帝方欲怀纳梁、益，引致俊彦，泰始二年[③]，拜立济阴太守。武帝立太子[④]，以司徒李胤为太傅[⑤]，齐王骠骑为少傅[⑥]，选立为中庶子[⑦]。立上疏曰："伏惟皇太子春秋美茂[⑧]，盛德日新，始违幼志[⑨]，诞陟大繇[⑩]，犹朝日初晖，良宝耀璞。侍从之臣，宜简俊乂，妙选贤彦，使视观则睹礼容棣棣之则[⑪]，听纳当受嘉话骇耳之言[12]，静应道轨，动有所采，佐清初阳，缉熙天光[13]。其任至重，圣王详择，诚非粪朽能可堪任[14]。臣闻之，人臣之道，量力受命。其所不谐，得以诚闻。”帝报曰：“古人称与田苏游[15]，非旧德乎[16]？”立上：“故蜀大官及尽忠死事者子孙，虽仕郡国，或有不才，同之齐民，为剧[17]。”又上：“诸葛亮、蒋琬、费祎等子孙流徙中畿[18]，宜见叙用[19]。一则以慰巴、蜀民之心，其次倾东吴士人之望。”事皆施行。

【注释】

①梁州：三国魏景元四年（263）分益州置，治所在沔阳县（今陕西勉县东）。西晋太康三年（282）移治南郑县（今陕西汉中东）。其后屡有迁徙，先后治西城县（今陕西安康西北）、苞中县（今陕西汉中西北）、城固县（今陕西城固东）等。南朝宋元嘉十一年（434）仍还治南郑县。隋大业三年（607）废。

②咸熙元年：264年。

③泰始二年：266年。

④太子：指司马衷，后为晋惠帝。司马衷（259—306），字正度，河内温县（今河南温县）人。晋武帝之子。性痴呆。天下荒乱，百姓多饿死，他说：“何不食肉糜？”即位初，不理政事，由贾后专权。引发八王之乱，纲纪大坏，货赂公行。光熙元年（306）被东海王司马越杀死。在位十七年。《晋书》有传。

⑤李胤（？—282）：字宣伯，辽东襄平（今辽宁辽阳）人。幼孤，以孝闻。初仕魏郡上计掾。累迁御史中丞。后为河南尹，封广陆伯，迁尚书令。官至司徒。虽历职内外，而自奉甚俭，家无余财。卒谥成。《晋书》有传。按：据《晋书·武帝纪》《李憙传》《李胤传》载，任太子太傅的是李憙（字季和，上党铜鞮人），李胤是太子

少傅。

⑥齐王：指司马攸。司马攸（248—283），字大猷，小字桃符，河内温县（今河南温县）人。司马昭之子，晋武帝司马炎之弟。仕魏为散骑常侍、步兵校尉。入晋，封齐王，总统军事，抚宁内外。后迁骠骑将军；开府仪同三司。参与朝政大议。转镇军大将军，加侍中，后授太子太傅。咸宁二年（276），迁司空。后被逼而卒。谥称献王。《晋书》有传。

⑦中庶子：官名。"太子中庶子"省称，秦置，为太子侍从。东汉属太子少傅，秩六百石，职掌如侍中。

⑧春秋：年纪，岁数。美茂：犹"茂美"，美好。

⑨违：意同"弃"。幼志：幼年时的想法。《仪礼·士冠礼》："始加元服，弃尔幼志。"

⑩诞：发语词。陟：登。大繇（yóu）：大道。古代多谓治国大道。繇，通"猷"，道。

⑪礼容：礼制仪容。棣棣（dài）：雍容闲雅貌。

⑫嘉话：善言，有教益的话。骇耳：使人听后感到震惊。

⑬缉熙：光明。天光：晨光。

⑭粪朽：指粪土、腐朽之人。

⑮田苏：晋国贤人。《左传·襄公七年》："冬，十月，晋韩献子告老。公族穆子有废疾，将立之。辞曰：'《诗》曰："岂不夙夜？谓行多露。"又曰："弗躬弗亲，庶民弗信。"无忌不才，让其可乎？请立起也。与田苏游，而曰"好仁"。'"杜预注："田苏，晋贤人。苏言起好仁。"后借指贤德长者。

⑯旧德：指德高望重的老臣。

⑰"同之齐民"二句：意谓将"故蜀大官及尽忠死事者子孙"与平民一视同仁，还是显得过于严重、处置不当。言下之意，应该对他们予以优待，故下文有"宜见叙用"诸语。齐民，犹平民。为剧，或

谓“从事艰苦的劳动”(刘琳、汪启明、赵静)此说不确。剧,甚,厉害,严重。

⑱流徙:辗转迁徙。中畿:泛指中原地区。

⑲叙用:分等级进用。

【译文】

文立,字广休,是巴郡临江人。年轻时游学于蜀地的太学,研究《毛诗》《三礼》,并且通晓群书。益州刺史费祎任命他为从事,文立入朝担任尚书郎,又被征辟为费祎大将军府的东曹掾,不久升迁为尚书。蜀国并于魏国,建立了梁州,文立第一个被任命为梁州的别驾从事。咸熙元年,文立被荐举为秀才,被授官为郎中。晋武帝正打算安抚笼络梁州、益州,招纳贤俊之才,泰始二年,拜文立为济阴太守。晋武帝册立太子,任命司徒李胤为太傅,齐王骠骑将军司马攸为少傅,遴选文立为中庶子。文立上疏说:“皇太子正值青春美好年华,崇高的品德日日更新,并且开始抛弃幼年的想法,努力攀登治国大道,犹如早晨的太阳初放光芒,优良的璞玉闪耀光辉。侍从太子的臣子,应该选拔才德出众的人,精选德才俱佳的人,使太子目睹的是雍容闲雅的仪容,耳闻的是使人听后感到震惊的嘉言,安静的时候合乎规范,行动的时候有所选择,以此辅佐初升的太阳,使得晨光更有光辉。这个责任非常重大,圣明的君王要仔细选择,这确实不是腐朽之人能够承担的重任。下臣听说,做人臣的道理,就是要度量自己的能力而接受任命。如果所说有什么不对的地方,微臣愿意诚心诚意洗耳恭听。”皇帝回答说:“古人称道与贤德长者田苏交游,文立不就是这样德高望重的老臣吗?”文立上表说:“原蜀国大官和那些尽忠而死者的子孙,虽然在郡国做官,有些人并没有什么才能,但如果将他们与普通百姓一视同仁,还是显得处置不当。”文立又上疏说:“诸葛亮、蒋琬、费祎等人的子孙,辗转迁徙到中原地区,他们应该分等级进用。这样一则可以安慰巴、蜀百姓的心,其次也可以让东吴士人怀有仰慕之意。”文立所建议之事都得以实施。

十年，诏曰：“太子中庶子立忠贞清实[①]，有思理器干[②]。前在济阴，政事修明[③]；后事东宫，尽辅导之节[④]。昔光武平陇、蜀，皆收其才秀[⑤]，所以援济殊方[⑥]，伸叙幽滞也[⑦]。其以立为散骑常侍。”累辞，不许。上疏曰：“臣子之心，愿从疏以求昵[⑧]；凡在人情，贪从幽以致明。斯实物性[⑨]，贤愚所同。臣者何人，能无此怀？诚自审量[⑩]，边荒遗烬[⑪]，犬马老甚[⑫]，非左右机纳之器[⑬]。臣虽至愚[⑭]，处之何颜！”诏曰：“常伯之职[⑮]，简才而授[⑯]，何谦虚也？”

【注释】

①清实：为人清正朴实。

②思理：清晰的思路。器干：犹才干。

③修明：谓整饬昭明。

④辅导：辅佐引导。

⑤才秀：犹才俊。

⑥援济：接援救济。殊方：远方，异域。

⑦伸叙：提拔叙用。幽滞：指隐沦而未被擢用之士。

⑧昵：亲近。

⑨物性：事物的本性。按：本处实指人的本性。

⑩审量：考察衡量，估量。

⑪边荒：边远，荒远。也指边远荒凉地区。遗烬：指燃烧后剩下的灰烬。比喻残存之人。

⑫犬马：狗和马。旧时臣子对君上的自卑之称。

⑬机纳：魏、晋散骑常侍之官侍从天子，并典章奏诏令，参与机要，出纳王命，故云“机纳”（刘琳）。

⑭虽：通“唯”。语首助词。

⑮常伯：泛指帝王左右的近臣。如侍中、散骑常侍等。

⑯简才：选择贤才。

【译文】

泰始十年，皇帝下诏书说："太子中庶子文立对国家忠贞，为人朴实，有思路有才干。先前在济阴太守任上，处理政事整饬昭明；后来侍奉东宫太子，能尽到辅佐引导的职责。从前光武帝平定陇、蜀，将其才俊尽皆收罗，是为了帮助远方异域之地，提拔隐沦未被任用之人。兹任命文立为散骑常侍。"文立推辞了几次，皇帝不答应。文立上疏说："臣子的心愿，都希望从疏远求得亲近；凡是人情，都贪求从幽暗获取光明。这确实是人的本性，无论是贤者还是愚者都是一样的。微臣是什么人啊，怎么能没有这种想法呢？微臣私下考量，自己不过是边远荒凉地区的残存之人，老朽的犬马之臣，不具有在左右参与机要、出纳王命的才干。微臣愚笨至极，有何颜面担任这个职务呢！"皇帝下诏说："常伯的职位，是选择贤才而授予的，阁下何必谦虚呢？"

立自内侍①，献可替否②，多所补纳③。甄致二州人士④，铨衡平当⑤，为士彦所宗⑥。故蜀尚书犍为程琼雅有德望⑦，素与立至厚。武帝闻其名，以问立。立对曰："臣至知其人，但年垂八十⑧，禀性谦退⑨，无复当时之望，不以上闻耳。"琼闻之，曰："广休可谓不党矣⑩，故吾善夫人也⑪。"西界献马，帝问立："马何如？"对曰："乞问太仆⑫。"帝每善其恭慎⑬。迁卫尉，犹兼都职⑭。中朝服其贤雅⑮，为时名卿。连上表年老，乞求解替还桑梓，帝不听。咸宁末卒。帝缘立有怀旧性⑯，乃送葬于蜀，使者护丧事⑰，郡县修坟茔。当时荣之。

【注释】

①内侍:指内侍之官,如散骑常侍等。

②献可替否:进献可行者,废弃不可行者。谓对君主进谏,劝善规过。亦泛指议论国事兴革。献,提出,进献。替,替换,废弃。语出《左传·昭公二十年》:"君所谓可而有否焉,臣献其否以成其可。君所谓否而有可焉,臣献其可以去其否。"《后汉书·胡广传》:"君以兼览博照为德,臣以献可替否为忠。"

③补纳:补阙献纳。

④甄致:甄别招纳。二州:指梁州、益州。

⑤铨衡:考核、选拔人才。平当:公平允当。

⑥士彦:彦士,贤人,才士。宗:宗主,领袖。

⑦程琼:蜀郡犍为(今四川眉山彭山区)人。曾任蜀汉尚书。德望:德行与声望。

⑧垂:将至,快要到。

⑨禀性:犹天性。指天赋的品性资质。

⑩不党:不阿附,不偏私。

⑪夫人:此人。

⑫太仆:官名。九卿之一,为天子执御,专掌舆马畜牧之事。所以文立让皇帝问太仆。

⑬恭慎:谦恭谨慎。

⑭兼都职:盖谓文立兼职梁州、益州二州的大中正(刘琳)。按:此说实可从。都职,官名。晋州都省称,大中正别称。掌管地方选拔官吏事宜。隋时避讳,改大中正为州都,常以重臣兼任,如隋炀帝为晋王时,即曾任州都。

⑮中朝:朝廷,朝中。贤雅:贤能雅正。

⑯缘:因为。

⑰护:总理,管理。

【译文】

文立自从担任内侍之官后，进献可行者，废去不可行者，多有补阙献纳。文立又甄别招纳梁、益二州的人士，进行考核、选拔，而且公平允当，被贤人才士视为领袖。前蜀汉尚书、犍为人程琼素有品德和威望，一向与文立交往十分深厚。晋武帝听到程琼的名字，便问文立。文立回答说："微臣很了解这个人，但是他的年龄接近八十岁了，品性谦让，不再有当年的威望，故而没有向皇上汇报。"程琼听说此事后，说："文广休可谓不阿附、不偏私，所以我喜欢这个人。"西部边疆献来马，皇帝问文立："马怎么样？"文立回答说："乞请陛下询问太仆。"皇帝常常赞许文立的谦恭谨慎。文立升迁为卫尉，仍然兼任梁州、益州二州的大中正。朝中人都佩服文立的贤能雅正，文立成为当时有名的大臣。文立连年上表，陈述自己年老，乞求解除职务回故乡，皇帝没有准许。咸宁末年文立去世。皇帝因为文立有怀念故地之心，于是恩准送其归蜀地安葬，并由朝廷派遣使者总管办理丧事，地方郡县为他修建了坟墓。当时地方以此为荣。

初，安乐思公世子早没①，次子宜嗣②，而思公立所爱者③。立亟谏之，不纳。及爱子立，骄暴④，二州人士皆欲表废。立止之曰："彼自暴其一门，不及百姓，当以先公，故得尔也。"后安乐公淫乱无道⑤，何攀与上庸太守王崇、涪陵太守张寅为书谏责⑥，称"当思立言"。

凡立章奏集为十篇，诗、赋、论、颂亦数十篇。

同郡毛楚、杨宗皆有德美⑦，楚牂柯，宗武陵太守。

【注释】

①安乐思公世子：指刘禅原太子刘璿。刘璿（224—264），字文衡，延熙元年（238）立为太子。蜀亡，锺会作乱，为乱兵所杀。安乐

思公,指刘禅(207—271)。三国蜀后主。小字阿斗。蜀亡,入洛阳,封安乐公。参看本书卷二《汉中志》注。世子,古代天子、诸侯的嫡长子。

②次子:家中排行第二的儿子。本处特指刘禅次子刘瑶。蜀亡,内徙中原。

③所爱者:本处特指刘禅第六子刘恂。蜀亡,内徙中原。

④骄暴:骄横暴戾。

⑤安乐公:指的是刘恂。

⑥何攀(244—301):西晋官吏。字惠兴,蜀郡郫(今四川成都郫都区)人。参看本书卷二《汉中志》注。王崇:字幼远,广汉郡郪(今四川三台)人。王化之弟。参看本书卷七《刘后主志》注。张寅:生平事迹不详。

⑦毛楚:巴郡枳(今重庆涪陵区)人。曾任牂柯太守。见本书卷十二《序志并士女目录》。杨宗:或作"杨崇"。巴郡临江(今重庆忠县)人。曾任武陵太守。参看本书卷一《巴志》注。

【译文】

当初,安乐思公刘禅的长子刘璿早亡,次子刘瑶应该继位,但刘禅却册立了所宠爱的儿子刘恂。文立为此屡次进谏,但刘禅没有采纳。等到刘禅宠爱的儿子刘恂被册立为世子,骄横暴戾,梁、益二州人士都想上表要求废黜世子。文立劝阻大家说:"他自己只是施暴于其一姓之门,并没有伤及百姓,我们应当看在他祖先的份上,就由他这样吧。"后来安乐公刘恂淫乱而没有品行,何攀与上庸太守王崇、涪陵太守张寅写信进谏谴责他,说"应当想想文立的话"。

文立的奏章总共编集为十篇,所作诗、赋、论、颂也有几十篇。

同郡人毛楚、杨宗都有美德,毛楚任牂柯太守,杨宗任武陵太守。

柳隐[①],字休然,蜀郡成都人也。少与同郡杜祯、柳伸并知名。隐直诚笃亮[②]，交友居厚，达于从政。数从大将军姜维征伐，临事设计[③]，当敌陷阵[④]，勇略冠军[⑤]。为牙门将、巴郡太守、骑都尉，迁汉中黄金围督[⑥]。景耀六年[⑦]，魏镇西将军锺会伐蜀，入汉川，围戍多下，惟隐坚壁不动。会别将攻之[⑧]，不能克。后主既降，以手令敕隐，乃诣会。晋文帝闻而义之。咸熙元年[⑨]，内移河东，拜议郎。武帝践祚，以为西河太守。在官三年，以年老去官，乞骸还蜀[⑩]。卒于家，时年八十。长子充，连道令[⑪]。次子初，举秀才。

【注释】

①柳隐（189—268）：字休然，蜀郡成都（今四川成都）人。参看本书卷八《大同志》注。

②直诚：谓正直、真诚。笃亮：笃实坦荡。

③临事：谓遇事或处事。

④当敌：面对敌人。

⑤冠军：谓列于诸军之首。

⑥黄金围：即黄金戍，在今陕西洋县东八十五里。《水经·沔水注》："有黄金戍傍山依峭，险折七里。氐掠汉中，阻此为戍，与铁城相对。一城在山上，容百余人；一城在山下，可置百许人。言其险峻，故以金、铁制名。"

⑦景耀六年：263年。

⑧别将：配合主力军作战的部队将领。

⑨咸熙元年：264年。

⑩乞骸："乞骸骨"的简称。旧称大臣自请辞职，意谓使骸骨得以归葬乡土。

⑪连道：古县名。西汉置，属长沙国。治所在今湖南涟源东。东汉

属长沙郡。三国吴改属衡阳郡。南朝宋并入湘乡县。

【译文】

柳隐,字休然,是蜀郡成都人。早年与同郡人杜祯、柳伸都名声很大。柳隐正直真诚,笃实坦荡,结交朋友讲究仁义忠厚,擅长处理政事。柳隐多次跟从大将军姜维征伐,处事有计谋,面对敌人敢于冲锋陷阵,勇敢和谋略位列诸军之首。柳隐历任牙门将、巴郡太守、骑都尉,升迁为汉中黄金围督。景耀六年,魏国镇西将军锺会征伐蜀汉,进入汉川,所到之处,围戍多被攻克,唯独柳隐坚守壁垒、不为所动。锺会派遣别将攻打黄金围,但没有攻克。后主刘禅投降魏国后,用手令告谕柳隐投降,柳隐才去面见锺会。晋文帝听说此事后,认为柳隐很忠义。咸熙元年,柳隐内迁河东,拜官议郎。晋武帝登基后,任命柳隐为西河太守。柳隐在西河为官三年,因年老而辞职,请求归葬西蜀故土。柳隐在家中去世,时年八十岁。柳隐的长子柳充,任连道县令。柳隐的次子柳初,被荐举为秀才。

杜祯,字文然①;柳伸,字雅厚②。州牧诸葛亮辟为从事。祯,符节令、梁益二州都③。伸,度支,汉嘉、巴东太守④。祯子眕⑤,字伯重,略阳护军。大同后⑥,并举秀才。眕子弢,字景文。伸子纯,字伟叔,有名德干器,举秀才,巴郡、宜都、建平太守,西夷、长水校尉,巴东监军。

【注释】

①杜祯:字文然,蜀郡成都(今四川成都)人。见本书卷十二《序志并士女目录》。按:《晋书·杜弢传》:"杜弢字景文,蜀郡成都人也。祖植,有名蜀土,武帝时为符节令。父眕,略阳护军。"刘琳疑《华阳国志》"杜祯"有误,当为"杜植"。

②柳伸:字雅厚,蜀郡成都(今四川成都)人。见本书卷十二《序志

并士女目录》。

③州都：底本作“州都督”，“督”字衍（采刘琳说），故删。所谓“梁益二州都”，即梁、益二州的大中正。

④度支：指度支尚书。官名。掌管全国贡税租赋的统计、调支等事。

⑤眕（zhěn）：或作“珍”。按：以作“眕”为是。《尔雅·释言》：“眕，重也。”名与字（“字伯重”）同义。《晋书·杜弢传》亦作“眕”。

⑥大同：指国家统一。本处特指西晋统一天下。

【译文】

杜祯，字文然；柳伸，字雅厚。益州牧诸葛亮征辟二人担任从事。杜祯，任符节县令、梁益二州的大中正。柳伸，任度支，汉嘉、巴东太守。杜祯之子杜眕，字伯重，任略阳护军。国家统一后，他们都被举荐为秀才。杜眕之子杜弢，字景文。柳伸之子柳纯，字伟叔，有名望有才干，被举荐为秀才，任巴郡、宜都、建平太守，西夷、长水校尉，巴东监军。

司马胜之，字兴先，广汉绵竹人也。学通《毛诗》，治《三礼》。清尚虚素[①]，性澹不事荣利[②]。初为郡功曹[③]，甚善纪纲之体[④]。州辟从事，进尚书左选郎[⑤]，徙秘书郎[⑥]。时蜀国州书佐望与郡功曹参选[⑦]，而从事侔台郎[⑧]；特重察举[⑨]，虽位经朝要[⑩]，还为秀孝[⑪]，亦为郡端右[⑫]。景耀末，郡请察孝廉。大同后，梁州辟别驾从事，举秀才，历广都、新繁令，政理尤异[⑬]。以清秀征为散骑侍郎，以宗室礼之。终以疾辞去职。即家拜汉嘉太守，候迎盈门[⑭]。固让，不之官。闲居清静，谦卑自牧[⑮]，常言：“世人不务求道德，而汲汲于爵禄[⑯]。若吾者，可少以为有余荣矣[⑰]。”训化乡闾[⑱]，以恭敬为先。年六十五卒于家。子尊、贤、佐，皆有令德。

【注释】

①清尚:清正高尚。虚素:虚静淡泊。

②不事:不追求。

③郡功曹:官署名。汉朝指郡府所置功曹。也省称功曹,秩百石,总揆众务,职统诸曹,又掌群吏升迁黜免之权,在郡守自辟属吏中地位最为尊显。

④纪纲:典章法度。

⑤尚书左选郎:官名。三国时蜀置,掌选举。

⑥秘书郎:官名。东汉始置,掌东观校书。后世沿袭。

⑦州书佐:州门下吏名。两汉郡县各曹均有书佐,职掌起草和缮写文书。三国、南朝宋置此职于州。参选:官制用语。参与选拔官吏。

⑧台郎:"尚书郎"别称。尚书省所属各曹之尚书郎。各朝职事不尽相同。

⑨察举:选官制度。汉朝规定由百官向朝廷推举人才,朝廷考核后任以官职。

⑩朝要:朝廷显要。

⑪秀孝:秀才与孝廉的并称。为汉以来、隋唐以前荐举人才的两种科目。州举秀才,郡举孝廉。

⑫郡端右:郡中的高级掾属。

⑬政理:谓有卓越的政绩。尤异:封建时代对官吏的考语,指政绩突出、卓异。

⑭候迎:迎候,到某一地方等候迎接。盈门:充满门庭,形容人多。

⑮自牧:自我修养。语出《周易·谦》:"谦谦君子,卑以自牧也。"王弼注:"牧,养也。"孔颖达疏:"恒以谦卑自养其德也。"

⑯汲汲:心情急切貌。引申为急切追求。

⑰少:稍稍。余荣:此指荣誉。

⑱训化:教化,训诲。乡间:乡亲,同乡。

【译文】

司马胜之，字兴先，是广汉郡绵竹人。精通《毛诗》，研究《三礼》。节操高尚，从容淡泊；性格恬淡，不追求功名利禄。司马胜之起初任郡功曹，对典章法度很熟悉。州里征辟他为从事，晋升他为尚书左选郎，又转任秘书郎。当时蜀国州府书佐的职位品阶与郡府的功曹相当，而州府的从事则与尚书台的郎官相当；又特别重视察举，即使身为朝廷显要，还要回乡参加秀才与孝廉的荐举，而被荐举者也成为郡中的高级掾属。景耀末年，郡里请求察举司马胜之为孝廉。国家统一后，梁州征辟司马胜之任别驾从事，举荐他为秀才，历任广都、新繁县令，政绩尤其突出。司马胜之因清异秀出被征拜为散骑侍郎，而且被按照宗室的礼节对待。最终司马胜之以疾病为由辞去职务。回家后，司马胜之被拜为汉嘉太守，来迎接他的人很多。司马胜之坚决推辞，不到官府任职。司马胜之闲居在家，清静无为，谦虚自守，他经常说："世上之人不注重追求道德修养，而是急切追求官爵和俸禄。像我这样的人，可以说还稍稍有一些荣誉。"司马胜之教诲乡亲，首先要对人谦恭有礼。六十五岁时，在家中去世。儿子司马尊、司马贤、司马佐，都有美德。

常勖，字修业，蜀郡江原人也。祖父原[①]，牂柯、永昌太守。父高，庙令[②]。从父闳，汉中、广汉太守。勖少与闳子忌齐名[③]，安贫乐道[④]，志笃坟典[⑤]。治《毛诗》《尚书》，涉洽群籍，多所通览。州命辟从事，入为光禄郎中、主事[⑥]，又为尚书左选郎，郡请迎为功曹。时州将董军政[⑦]，置从事，职典刑狱[⑧]。以勖清亮[⑨]，复为督军，治讼平当[⑩]。还察孝廉，除郫令，为政简而不烦[⑪]。魏征西将军邓艾伐蜀，破诸葛瞻于绵竹，威振西土。诸县长吏或望风降下[⑫]，或委官奔走[⑬]，勖独率吏民固城拒守。后主檄令[⑭]，乃诣艾，故郫谷帛全完。

刺史袁邵嘉勖志节[15]，辟为主簿。勖善仪容翔集[16]，动为表观[17]，言论壮烈，州里重之。然交友惟贤，不交下己者[18]，泛爱之恩犹不足。邵征，还，道卒[19]。

【注释】

①原：或作“员”。

②父高，庙令：或断句作“父，高庙令”（刘琳），或断句作“父高，庙令”（任乃强、汪启明）。又，任乃强以为“庙”字系“广”之误，其说可从。广：古县名。西汉置，属齐郡。治所在今山东青州西南。

③忌：常忌，字茂通，蜀郡江原（今四川崇州）人。曾任河内县令。本书卷八《大同志》有传。

④安贫乐道：谓安于清贫，以追求圣贤之道为乐，为儒家所提倡的立身处世的态度。语本《论语·雍也》：“贤哉回也！一箪食，一瓢饮，在陋巷。人不堪其忧，回也不改其乐。”何晏集解引孔安国曰：“颜渊乐道，虽箪食在陋巷，不改其所乐也。”

⑤笃：专一。坟典：三坟、五典的并称，后转为古代典籍的通称。

⑥主事：官名。掌案牍文书并管辖吏员。

⑦董：监督管理。

⑧职典：主管。刑狱：犹刑罚。

⑨清亮：高洁坦诚。

⑩治讼：本处指审理案件。平当：公平允当。

⑪简：简约。烦：烦琐。本处指扰民。

⑫长吏：指郡县长官。望风：听到风声。降下：降服归顺。

⑬委官：弃官。

⑭檄令：命令。

⑮袁邵：东郡（治今河南濮阳）人。曹魏、西晋时任益州刺史，官至卫尉。

⑯仪容：仪表容貌。翔集：众鸟飞翔而后群集于一处。语出《论语·乡党》："色斯举矣，翔而后集。"本处指言行、举止。

⑰动为表观：比喻常勖举止有风度，其言行堪为典范。

⑱下己者：指不如自己的人。

⑲邵征：指袁邵因修城池而被征召还朝。本书卷八《大同志》："晋泰始元年（265）春，刺史袁邵以治城将被征。"本卷下文亦云，"大同后，刺史邵坐治城被征"。

【译文】

常勖，字修业，是蜀郡江原人。祖父常原，曾任牂柯、永昌太守。父亲常高，曾任广县县令。从父常闳，曾任汉中、广汉太守。常勖早年与常闳之子常忌齐名，安贫乐道，专心致志于古代典籍。常勖研究《毛诗》《尚书》，广泛涉猎群书，全面阅览书籍。州里任命常勖为从事，入朝担任光禄郎中、主事，又担任尚书左选郎，郡里请求迎聘常勖为功曹。当时州将督管军政事务，下设有从事，主管刑罚。州将因为常勖高洁坦诚，再次任命他为督军，审理案件公平允当。常勖回到地方后，被察举为孝廉，委任为郫县县令，为政简约不烦琐扰民。魏国征西将军邓艾征伐蜀国，在绵竹打败诸葛瞻，一时威震蜀国。各县的长官，有的望风而降，有的弃官逃跑，唯独常勖率领官吏和百姓固守城池、据险坚守。后来得到后主刘禅的命令，常勖才去面见邓艾，故而郫县的粮食、布帛等财物得以保全。刺史袁邵嘉奖常勖的志气节操，征辟他为主簿。常勖仪表堂堂，风度优雅，举止堪为典范，言论壮怀激烈，州里很看重他。但是常勖在结交朋友时，只与贤人来往，不与不如自己的人交往，博爱的思想还是有所不足。常勖跟随袁邵被征召还朝，在回来时，死于路上。

忌字茂通，蜀谒者、黄门侍郎[①]。丧亲，以至孝闻[②]。察孝廉为郎，使吴称职[③]。历长水参军、什邡、雒令[④]。大同后，刺史邵坐治城被征[⑤]。忌诣洛陈诉[⑥]："远国初附[⑦]，君民始结，不宜改易。”又表：“修治城池，居安思危，边将常职。”事皆中情[8]。晋文帝时为相国[9]，辟忌舍人[10]。武帝践祚，拜骑都尉，除河内令。州名为难治，忌挫折豪势，风教大兴。县有奸嫂杀兄者，群党蔽匿[11]，前令莫得，忌皆穷治[12]。入为州都[13]。方议为郡守，会卒。忌为人信道任数[14]，不从下人，故为贵势所不善。是以作诗著论，先攻己短[15]；临丧与乐[16]，欢哀俱至，为士类所称[17]。

【注释】

①黄门侍郎：官名。“给事黄门侍郎”之省称。掌侍皇帝左右。出入禁中，省尚书事。炀帝时改称门下侍郎。

②至孝：谓极尽孝道。

③称职：德才和职位相称，能胜任所担当的职务。

④长水参军：即长水校尉的参军。长水校尉为汉武帝所置八校尉之一，掌宿卫，领长水胡骑，秩二千石。三国沿置。

⑤坐：因……犯罪，由……而获罪。

⑥陈诉：陈述诉说，直陈申诉。

⑦远国：远方的属国。本处特指蜀国。初附：刚刚归附。

⑧中情：切合情理。

⑨相国：官名。即宰相、丞相。战国时赵武灵王设此官。秦汉沿置。魏晋南北朝不常置，位尊于丞相。按：景元四年(263)，司马昭(后被追尊为晋文帝)发兵灭蜀，封相国、晋公，加九锡。

⑩舍人：官名。王公贵人左右亲近之人，掌文檄之事。

⑪蔽匿：隐藏，隐瞒。

⑫穷治：彻底查办。

⑬州都：官名。“大中正”的别称。负责评定士族内部品第，职似

“中正”。

⑭“忌为人信道任数”几句：谓常忌坚持圣贤之道，顺应天数，不为流俗转移，故为当时贵族权势所不喜。信道，信奉正道。任数，顺从命运，顺应天数。

⑮攻：指责。

⑯“临丧与乐”二句：指亲临丧礼与乐事时，应悲哀时悲哀，应快乐时快乐。《论语·八佾》：“居上不宽，为礼不敬，临丧不哀，吾何以观之哉？”

⑰士类：士林，文人、士大夫的总称。

【译文】

常忌字茂通，担任蜀国的谒者、黄门侍郎。父母去世，常忌因极尽孝道而闻名。常忌被察举为孝廉，做了郎官，出使吴国很称职。先后担任长水参军、什邡县令、雒县县令。国家统一后，刺史袁邵因修治城池而获罪，被征召回朝。常忌到洛阳陈诉：“远方的属国刚刚归附，君主和百姓刚刚熟悉，不应该马上更换地方官。”又上表说：“修治城池，这是居安思危，也是守边将领的日常职责。”常忌所说之事都很切合情理。晋文帝当时做相国，征辟常忌为舍人。晋武帝登基后，委任常忌为骑都尉，后来担任河内县令。河内州以难于治理而出名，常忌挫败境内豪强，风俗教化大为振兴。县里有个人奸污了嫂子、杀害了哥哥，同伙把他隐藏起来，前任县令没能捕获罪犯，常忌把这样积压的案子都彻底查办了。常忌后入州城，担任大中正。朝廷正在讨论任命常忌为郡守，适逢其去世。常忌为人，信奉正道，顺应天数，不随便顺从并屈服他人，所以不为贵势所喜。因此常忌写诗、撰文，都先指责自我的缺点；在亲临丧礼或乐事时，做到该欢乐就欢乐，该悲哀就悲哀，为士林所称道。

忌友人广汉段宗仲亦有学行[1]，蜀时官与忌比。袁邵辟为主簿，与忌共理郡事，文帝善之。梁州辟别驾从事，举秀才。稍迁,官至云南、建宁太守[2]。

【注释】

①段宗仲:段容,字宗仲,广汉郡广汉(今四川射洪)人。曾任云南、建宁太守。见本书卷十二《序志并士女目录》。据《舆地纪胜》卷一百五十四记载,段宗仲墓在通泉县(治所在今四川射洪县东南洋溪镇)北十里,"有太康二年德政碑,碑阴题名四十六人"。学行:学问、品行。

②云南:郡、县名。西汉置云南县,治所在今云南祥云县南云南驿。南朝齐废为云南城。大理国改为云南州。三国蜀置云南郡,治所在今云南姚安县北。唐武德七年(624)置云南州,治所在勃弄县(今云南弥渡县境)。后废。

【译文】

常忌的朋友、广汉人段宗仲也有学问品行,蜀汉时,段宗仲的官阶与常忌差不多。袁邵征辟段宗仲为主簿,与常忌一起处理郡里的事务,晋文帝认为他们做得很好。梁州征辟段宗仲担任别驾从事,举荐他为秀才。段宗仲不久升迁,官至云南、建宁太守。

何随,字季业,蜀郡郫人也。汉司空武后[1]。世有名德,征聘入官。随治《韩诗》欧阳《尚书》[2],研精文纬[3],通星历[4]。郡命功曹,州辟从事,光禄郎中、主事,除安汉令。蜀亡,去官。时巴土饥荒,所在无谷,送吏行乏[5],辄取道侧民芋。随以绵系其处,使足所取直[6]。民视芋见绵,相语曰:"闻何安汉清廉,行过,从者无粮,必能尔耳。"将绵追还之,终不受。因为语曰:"安汉吏取粮,令为之偿。"察孝廉。大同后,台召[7],不诣;除河间王郎中令,不就。居贫固俭,衣弊蔬食，昼躬耕耨[8]，夕修讲讽[9]。乡族馈及礼厚皆不纳，目不视色，口不语利。著《谭言》十篇，论道德仁让。尝有屠牵猪过随门，猪索断，失之，强认溷中猪[10]。随便牵猪与之。屠人出门，寻得其所失猪[11]，谢随，还猪，遂以乞之[12]。随家养竹园，人盗其笋。随偶行见之，恐盗者觉怖，走竹中伤其手足，挈屐徐步而归[13]。其仁如此。太康中，即家拜江阳太守，民思其政。年七十一卒官。后州乡人言议平当者，皆相谓“何江阳”[14]；至于汶山夷有正直廉让者，亦号“夷中何江阳”。杜景文、何兴仁皆为作传[15]。

【注释】

①司空武：指西汉时期的大司空何武（？—3），字君公，蜀郡郫（今四川成都郫都区）人。参看本书卷三《蜀志》注。

②《韩诗》：书名。《诗》今文学派之一。指汉初燕人韩婴所传授的《诗经》。西汉初，传《诗》者有鲁、齐、韩、毛四家。“韩诗”创立者韩婴，汉文帝时为博士官，“推诗人之意”而作《内外传》数万言。西晋时，“韩诗”虽存，无传者；南宋以后，《内传》亡失，仅存《外传》。今本《韩诗外传》已非原书，有一部分已经后人修改。欧阳《尚书》：书名。汉代今文《尚书》学派之一。因欧阳氏传授，故名。西汉初，千乘（今山东高青）人欧阳生学《尚书》于伏生，世代相传，至曾孙欧阳高，高孙欧阳地余，八世孙欧阳歙，皆为博士。东汉初，欧阳《尚书》传授颇盛，父兄子弟相继为帝师，受业者多至卿相，贵显当世。东汉末，古文《尚书》大行于世，欧阳《尚书》逐渐衰微，后亡于晋永嘉之乱。

③研精：犹精研，精心研习。文纬：指经纬之书。

④星历：天文历法。

⑤送吏：指为离任长官送行的属吏。汉代长官离任，多有属吏随送。

⑥直：通“值”，价值。

⑦台：尚书台。官署名，设在宫中。名义上属少府，实际上直属皇帝，掌总理奏章、宣布诏令，参与决策，实为总理国事的中枢。

⑧耕耨：耕田除草。亦泛指耕种。

⑨讲讽：讲读讽诔。代指讲学。

⑩溷（hùn）：猪圈。

⑪寻：不久。

⑫乞：给，给予。

⑬挈（qiè）：用手提着。

⑭相谓：交谈，互相告语。

⑮杜景文：杜弢，字景文，蜀郡成都（今四川成都）人。参看本书卷八《大同志》注。何兴仁：事迹不详。

【译文】

何随，字季业，蜀郡郫人。是西汉大司空何武的后人。因世代有名望有德行，何随被征聘入官府。何随学习《韩诗》和欧阳《尚书》，精心研习经纬之书，精通天文和历法。郡里任命何随为功曹，州里征召何随为从事，担任光禄郎中、主事，任安汉县令。蜀国灭亡，何随辞去官职。当时巴地出现饥荒，何随所在的地方没有粮食，送何随的属吏走路困乏了，就挖取道路边老百姓的芋头来充饥。何随把丝绵系在被挖芋头处，使丝绵能够与所取芋头的价值相当。老百姓察看芋头时看见了丝绵，相互交谈说：“听说安汉何县令为官清廉，路过之处，随从人员没有粮食吃，一定是他才能这样做。”老百姓拿着丝绵追上何随还给他，但何随终究没有接受。百姓们于是说：“安汉的官吏挖取芋头作为粮食，安汉县令为他们来补偿。”何随被察举为孝廉。国家统一后，尚书台征召何随，他没有前往应召；又被任命为河间王的郎中令，也没有前往就职。何随安于清贫，生活节俭，穿的是破旧的衣服，吃的是粗粝的饭食，白天亲自耕种，夜晚给学生讲学。乡族人馈赠的礼物贵重了，何随都不收取，双眼不看五色，口中不言财利。何随著有《谭言》十篇，论述的是道德、仁义、谦让。曾经有个屠夫牵着猪经过何随的家门，拴猪的绳索断了，猪丢失了，屠夫强横地认为何随家猪圈中的一头猪是自己的。何随便把那头猪牵给屠夫。屠夫出门后，不久就找到了那头丢失的猪，于是向何随谢罪，并归还了猪，何随顺便把猪送给了屠夫。何随家养有一片竹园，有人偷盗竹园里的笋。何随偶然路过看见了，担心偷盗者在被发觉后受到惊吓，逃跑到竹林中伤到其手足，于是用手提着鞋子慢步回到家中。何随的仁义就是这样。太康年间，何随被任命为江阳太守，老百姓都怀念他的政绩。何随活了七十一岁，卒于太守任上。后来，州里的百姓在谈及做官公平允当时，相互间都称说“何江阳”；至于汶山夷中有为官正直、廉洁、谦让者，也称之为“夷中何江阳”。杜景文、何兴仁都为何随写过传。

长子观，字巨忠，清公淑慎①，知名州里。察孝廉，西都、南安令②，平西长史③。张昌作乱荆州④，从党西上，郡守无不望风降下，至江阳。平西将军罗尚表为安远护军⑤，讨贼，平殄⑥。除巴郡太守。朝议欲以为宁州刺史，会病卒。次子游，治中从事。

随时同郡繁令张崇，清廉推让⑦，见称当时⑧。

【注释】

①清公：清廉公正。淑慎：贤良谨慎。

②西都：县名。东汉末置，治所即今青海西宁。南安：县名。治所即今四川乐山。

③平西长史：即平西将军（罗尚）的长史。

④张昌（？—304）：西晋时流民起义首领。义阳（治今河南新野南）

人，蛮族。尝为县吏，勇力过人。晋惠帝永宁初，与御史冯该等奉命督入蜀流民还本土。太安二年（303），因荆州奉诏征兵入蜀镇压李流起义军，百姓群起反抗，于是发动流民及被征发戍役者，于江夏（今湖北安陆）举行起义。易名李辰，又改县吏丘沈姓名为刘尼，称为汉朝后裔而立之为帝，建元神凤，自为相国。旬月之间，众至三万，连克诸郡县，围宛，攻襄阳。又遣别帅石冰东破江、扬二州，遣陈贞等南下长沙、湘东、零陵诸郡，一时跨带五州。不久为南蛮校尉刘弘司马陶侃等攻败，退至下俊山（今湖南沅陵东北）。次年秋被俘死。

⑤安远护军：官名。三国魏设。掌川鄂一带少数民族事务。第六品。两晋、南朝因之。

⑥平殄：平定殄灭。

⑦张崇：事迹不详。清廉：清介廉洁。推让：推辞，逊让。

⑧见称：受人称誉，为人称道。

【译文】

何随的长子何观，字巨忠，清廉公正，贤良谨慎，在州里颇有知名度。何观被察举为孝廉，历任西都、南安县令和平西长史。张昌在荆州发动叛乱，随从党羽沿江西上，所到之处，郡守无不望风投降，张昌的人马到了江阳。平西将军罗尚上表朝廷，推荐何观为安远护军，出兵讨伐叛贼。何观平定了叛乱，消灭了叛军。后来何观被委任为巴郡太守。朝廷打算让他任宁州刺史，恰逢何观病故了。何观的次子何游，曾任治中从事。

与何随同时的同郡人、新繁县令张崇，清介廉洁，谦和逊让，在当时受人称誉。

王化，字伯远，广汉郪人也。汉将作大匠王堂后也①。祖父商②，字文表，州牧刘璋时为蜀太守，有懿德高名③，在《耆旧传》。父彭，字仲④，巴郡太守。化兄弟四人，少有令望[⑤]。化治《毛诗》《三礼》《春秋公羊传》。郡命功曹，州辟从事，光禄郎中、主事、尚书郎，除阆中令。为政清静[⑥]。察孝廉。大同后，端右[⑦]，郡察孝廉。为乐涫令[⑧]，县近边塞，值胡虏反[⑨]，化率吏民积谷坚守。虏断道重围，孤绝七年[⑩]。伺虏怠惰[⑪]，出军讨之，民得野掠[⑫]。大军至，虏退。以功封关内侯，迁朱提太守。抚和殊俗，得夷、晋心[⑬]。转任梓潼，复有称绩[⑭]。为人严重[⑮]，言论方雅[⑯]，臧否允衷[⑰]，州里服其诚亮[⑱]。年七十二卒官。

【注释】

①将作大匠：官名。两汉时，掌宫室、宗庙、陵墓之土木营建。及晋朝，有事则置，无事则省。王堂：字敬伯，广汉郡郪（今四川三台）人。参看本书卷一《巴志》注。也：衍文。

②商：王商，字文表，广汉郡郪人。参看本书卷三《蜀志》注。

③懿德：美德。高名：盛名，名声大。

④字仲："仲"下有脱文。

⑤令望：美好的名声。

⑥清静：不烦扰。多指为政清简，无为而治。

⑦端右：谓为州或郡重臣。

⑧乐涫（guàn）：县名。西汉置，属酒泉郡。治所在今甘肃酒泉东南。十六国前凉属建康郡。北魏灭北凉，降县为戍，后复为县。隋改为镇。

⑨值：正逢。胡虏：秦汉时称匈奴为胡虏，后世用为与中原敌对的北方部族之通称。

⑩孤绝：谓孤立无助。

⑪怠惰：懈怠，懒惰。

⑫野掠：谓在郊外掠夺。本处指在野外寻找食物。

⑬晋：晋人。指中国人，中原人。按：此处实指汉人。

⑭称绩：可称颂的政绩。

⑮严重：严肃稳重。

⑯方雅：雅正。

⑰允衷：公平恰当。

⑱诚亮：忠诚正直。

【译文】

王化，字伯远，广汉郡郪人。是汉朝将作大匠王堂的后人。祖父王商，字文表，在刘璋担任州牧时，被任为蜀郡太守，有美德和盛名，记载在《耆旧传》中。父亲王彭，字仲某，曾任巴郡太守。王化兄弟四人，年轻时都有美好的名声。王化学习《毛诗》《三礼》《春秋公羊传》。郡里任命他为功曹，州里征召他为从事，担任光禄郎中、主事、尚书郎，被委任为阆中县令。王化为政清简，无为而治。被察举为孝廉。国家统一后，王化任郡里的重臣，又被郡里察举为孝廉。担任乐涫县令，这个县临近边塞，适逢胡人造反，王化率领官吏和百姓储存粮食坚壁固守。胡人截断道路，把他们重重包围，导致乐涫县孤立无助七年。王化等到胡人懈怠之机，出动人马讨伐，百姓才能够在郊外寻找食物。朝廷大军来到之后，胡人就撤退了。王化因功被封为关内侯。升迁为朱提太守。他安抚团结风俗不同的远方人民，得到夷人、汉人的欢心。王化后来转任梓潼太守，又有可称颂的政绩。王化为人严肃稳重，言论雅正，奖惩公平，州里都佩服他的忠诚正直。七十二岁时，王化卒于任上。

弟振，字仲远，亦有德望①。广都令，巴东太守。叔弟岱②，字季远。恪居官次③，历广阳、作唐令④，早亡。少弟崇⑤，字幼远。学业渊博，雅性洪粹⑥。蜀时东观郎。大同后，梁州辟别驾，别举秀才，尚书郎。与寿良、李宓、陈寿、李骧、杜烈同入京洛[⑦]，为二州标俊[⑧]。五子情好未必能终[⑨]，惟崇独以宽和无所彼此[⑩]。著《蜀书》及诗、赋之属数十篇[⑪]。其书与陈寿颇不同。官至上庸、蜀郡太守。

【注释】

①德望：德行与声望。

②叔弟：堂弟。

③恪居官次：谓恭谨为官、敬慎治事。语出《左传·襄公二十三年》："敬共朝夕，恪居官次。"恪居，谓居官治事恭谨而行。官次，职守，官位。

④广阳：县名。西晋改汶江道置，属汶山郡。治所在今四川茂县北。东晋后废。作唐：县名。东汉置，属武陵郡。治所在今湖南安乡县北。

⑤少弟：最小之弟。

⑥洪粹：高雅，纯美。

⑦杜烈：字仲武，蜀郡成都（今四川成都）人。杜轸之弟。本书卷十一《后贤志》有传。

⑧标俊：指出类拔萃。标，榜样。俊，卓越。

⑨五子：指寿良、李宓、陈寿、李骧、杜烈五人。情好：交谊，友情。能终：能够善始善终。

⑩宽和：宽厚谦和。无所彼此：意谓不分彼此。形容关系密切，交情深厚。

⑪《蜀书》：王崇所著《蜀书》，已经亡佚。

【译文】

王化的弟弟王振，字仲远，也有德行与声望。曾任广都县令，巴东太守。王化的堂弟王岱，字季远。恭谨为官、敬慎治事，历任广阳、作唐县令，去世得早。王化的小弟弟王崇，字幼远。学识渊博，本性高雅、纯美。

蜀汉时任东观郎。国家统一后，梁州征辟王崇为别驾，另外举荐他为秀才，担任尚书郎。王崇与寿良、李宓、陈寿、李骧、杜烈等人一起进入京都洛阳，他们是梁、益二州出类拔萃的人物。五人的交谊未必能够善始善终，唯独王崇因为宽厚谦和能够与他们不分彼此、交情深厚。王崇著有《蜀书》以及诗、赋之类的作品几十篇。他的书与陈寿的书颇有不同。王崇官至上庸、蜀郡太守。

陈寿，字承祚，巴西安汉人也[①]。少受学于散骑常侍谯周[②]，治《尚书》《三传》，锐精《史》《汉》[③]。聪警敏识[④]，属文富艳[⑤]。初应州命，卫将军主簿，东观秘书郎，散骑、黄门侍郎。大同后，察孝廉，为本郡中正[⑥]。

【注释】

①陈寿（233—297）：字承祚，巴西郡安汉（今四川南充）人。参看本书卷一《巴志》注。

②谯侯：谯周（201—270），字允南，巴西西充国（治今四川阆中）人。参看本书卷一《巴志》注。

③锐精：特别精通熟悉。《史》《汉》：指《史记》《汉书》。

④聪警：聪明机警。敏识：敏捷博识。

⑤富艳：美盛、华丽。多形容华丽的文辞、出众的才华。

⑥中正：官名。魏晋立九品中正制，在各州郡设中正官，考察品评本地区人才，以为朝廷选任官吏的依据。《三国志·蜀书·陈寿传》："五年，予尝为本郡中正。"《晋书·陈寿传》："（陈寿）除著作郎，领本郡中正。"

【译文】

陈寿，字承祚，是巴西安汉人。早年问学于散骑常侍谯周，研究《尚书》《春秋》三传，特别熟悉《史记》《汉书》。陈寿聪明机警，敏捷博识，写文章文采华丽。陈寿最初接应州里的任命，担任卫将军主簿，东观秘书郎，散骑、黄门侍郎。国家统一后，陈寿被察举为孝廉，担任本郡中正。

益部自建武后，蜀郡郑伯邑、太尉赵彦信及汉中陈申伯、祝元灵、广汉王文表皆以博学洽闻①，作《巴蜀耆旧传》。寿以为不足经远，乃并巴、汉，撰为《益部耆旧传》十篇。散骑常侍文立表呈其传，武帝善之。再为著作郎②。吴平后，寿乃鸠合三国史③，著魏、吴、蜀三书六十五篇，号《三国志》。又著《古国志》五十篇，品藻典雅④。中书监荀勖、令张华深爱之⑤，以班固、史迁不足方也⑥。出为平阳侯相。华又表令次定诸葛亮故事，集为二十四篇。时寿良亦集⑦，故颇不同。复入为著作⑧。镇南将军杜预表为散骑侍郎⑨，诏曰："昨适用蜀人寿良具员⑩，且可以为侍御史。"上《官司论》七篇，依据典故⑪，议所因革⑫。又上《释讳》《广国论》。华表令兼中书郎⑬，而寿《魏志》有失勖意，勖不欲其处内，表为长广太守⑭。继母遗令，不附葬，以是见讥⑮。数岁，除太子中庶子。太子转徙后⑯，再兼散骑常侍。惠帝谓司空张华曰⑰："寿才宜真⑱，不足久兼也⑲。"华表欲登九卿，会受诛，忠贤排摈⑳，寿遂卒洛下㉑。位望不充其才㉒，当时冤之。

【注释】

①郑伯邑：郑廑，字伯邑，蜀郡临邛（今四川邛崃）人。曾任汉中太守。赵彦信：赵谦（？—192），字彦信，蜀郡成都（今四川成都）人。著有《耆旧传》。陈申伯：陈术，字申伯，汉中（治今陕西汉中）人。祝元灵：祝龟，字元灵，汉中郡南郑（今陕西汉中）人。

王文表：王商，字文表，广汉郡郪（今四川三台）人。博学洽闻：学问广博，见识丰富。

②著作郎：官名。魏明帝太和中始置，属中书省，掌国史修撰；其属有佐著作郎等。晋改属秘书省，后省并中书省。

③鸠合：搜集，编集。

④品藻：品评，鉴定。典雅：谓文章、言辞有典据，高雅而不浅俗。

⑤中书监：官名。魏晋南北朝为中书省长官之一。魏文帝黄初初年始置，与中书令共掌机密，典尚书奏事，权任相当宰相，晋及南朝沿置。荀勖（？—289）：字公曾，颍川颍阴（今河南许昌）人。出身世族。早慧而博学。初仕魏为曹爽掾属，历官安阳令，迁廷尉正。后依附司马昭，为从事中郎。入晋，拜中书监，加侍中，迁光禄大夫，转秘书监，整理经籍。官至尚书令。令：指中书令。官名。在汉朝为“中书谒者令”的简称，魏晋为中书省长官之一。三国魏文帝改秘书令为中书令，与中书监同掌机密、诏命、记会时事，起草文书。晋时中书监、令并第三品，秩千石。张华（232—300）：字茂先，范阳方城（今河北固安）人。魏太守张平子。初仕魏为佐著作郎，官至中书郎。司马炎代魏，官至中书令。惠帝即位，谋诛楚王玮有功，加侍中、中书监。治国有方，博学善文。著有《鹪鹩赋》《女史箴》《博物志》等。永康元年，被赵王伦所杀。《晋书》有传。

⑥班固（32—92）：字孟坚，扶风安陵（今陕西咸阳东北）人。本书卷一《巴志》注。史迁：司马迁，字子长，左冯翊夏阳（今陕西韩城南）人。参看本书卷一《巴志》注。方：等同，相当。

⑦寿良：字文淑，蜀郡成都（今四川成都）人。参看本书卷十一《后贤志》注。

⑧著作：指著作郎。

⑨杜预（222—284）：字元凯，京兆杜陵（今陕西西安北）人。参看

本书卷七《刘后主志》注。散骑侍郎：官名。三国时魏始置，员额四人，六百名，秩第五品，掌侍从左右，顾问应对、规劝得失，与侍中、黄门侍郎共平尚书奏事。蜀无，吴所置同。晋代扩大员额，有散骑侍郎，秩五品；又有通直散骑侍郎、员外散骑侍郎，品秩均未详。南北朝时属集书省（唯宋不置）。隋代复属门下省，隋炀帝时罢。

⑩具员：凑足员数。

⑪典故：典制和成例。故，故事，成例。

⑫因革：犹沿革。包括因袭与变革。

⑬中书郎：官名。汉置，属中书令。三国吴沿置，仍属中书令，掌诏令机密。魏、晋及南北朝时亦作为中书通事郎、中书侍郎的省称。

⑭"而寿《魏志》有失勖意"三句：《晋书·陈寿传》："张华将举（陈）寿为中书郎，荀勖忌（张）华而疾（陈）寿，遂讽吏部迁（陈）寿为长广太守。"长广，郡名。东汉建安初置，治所在长广县（今山东莱阳东）。不久废。西晋咸宁三年（277）复置。隋开皇初废。

⑮"继母遗令"三句：《晋书·陈寿传》："母遗言令葬洛阳，（陈）寿遵其志。又坐不以母归葬，竟被贬议。"遗令，临终前的告诫、嘱咐。附葬，合葬。见讥，被讥笑。

⑯太子：指愍怀太子司马遹（278—300）。晋惠帝长子。幼聪慧，晋武帝爱之，初封广陵王。惠帝即位，立为皇太子。后被贾后废为庶人。谥愍怀。《晋书》有传。转徙：辗转迁移。本处意谓太子被废黜。

⑰惠帝：指晋惠帝司马衷（259—306），字正度。晋武帝子。性痴呆。天下荒乱，百姓多饿死，竟曰："何不食肉糜？"即位初，由贾后专权。诸王相争，演成八王之乱，纲纪大坏，货赂公行。后被东海王司马越毒死。《晋书》有传。

⑱真：官制用语，指真除实授。汉朝官吏有真、守之分。官吏由

“守”（代理）转正曰“真”。“行”“兼”“领”某职的官员得到正式除授（任命）也称“真”。

⑲兼：官制用语。即以本官兼任、兼行或兼领其他官职。两汉常行其制，如张安世为车骑将军兼光禄勋，王莽以右将军而兼卫尉。

⑳排摈：排斥摈弃。

㉑洛下：指洛阳城。

㉒位望：官位和声望。

【译文】

益州自从建武以后，蜀郡人郑伯邑、太尉赵彦信以及汉中人陈申伯、祝元灵、广汉人王文表都以学问广博、见识丰富而闻名，著有《巴蜀耆旧传》。陈寿认为这部《巴蜀耆旧传》不能长远地流传后世，于是合并巴和汉的有关内容，撰写了《益部耆旧传》十篇。散骑常侍文立上表朝廷，进献了《益部耆旧传》，晋武帝认为写得好。陈寿再次被任命为著作郎。吴国被平定后，陈寿于是搜集三国的历史，写了魏、吴、蜀三书共计六十五篇，称《三国志》。又著有《古国志》五十篇，品评典雅。中书监荀勖、中书令张华非常喜欢陈寿，认为班固、司马迁都不足以与他相比。陈寿出任平阳侯相。张华又上表朝廷，请求让陈寿编纂《诸葛亮故事》，结集为二十四篇。当时，寿良也在编纂《诸葛亮集》，故而与陈寿所编很有些不同。陈寿又入朝担任著作郎。镇南将军杜预上表朝廷，推荐陈寿为散骑侍郎，皇帝下诏书说：“昨天刚好起用蜀人寿良，已经凑足员数。可暂且任命陈寿为侍御史。”陈寿向朝廷献上《官司论》七篇，依据的是典制和成例，议论的是因袭与变革。陈寿又向朝廷献上《释讳》《广国论》。张华上表朝廷，请求让陈寿兼任中书郎，但因陈寿的《魏志》不合荀勖的心意，荀勖不愿让陈寿在朝廷内做官，便上表朝廷推荐陈寿为长广太守。陈寿遵从继母的遗嘱，未将继母与父亲合葬，因此被讥笑。几年后，陈寿被委任为太子中庶子。太子被废黜后，陈寿再次兼任散骑常侍。晋惠帝对司空张华说：“按照陈寿的才干，应该实授官职，不适合长久兼任散骑常侍。”张华上表朝廷，打算推荐陈寿晋升为九卿，适逢张华被诛杀，忠臣贤人被排斥摈弃，陈寿也最终死于洛阳。陈寿的官位和声望，都没有充分尽其才干，当时人为他感到冤屈。

兄子符，字长信，亦有文才，继寿著作佐郎①，上廉令②。符弟莅，字叔度，梁州别驾，骠骑将军齐王辟掾，卒洛下。莅从弟阶，字达之，州主簿，察孝廉，褒中令③，永昌西部都尉④，建宁、兴古太守。皆辞章粲丽⑤，驰名当世。凡寿所述作二百余篇，符、莅、阶各数十篇。二州先达及华夏文士多为作传⑥，大较如此⑦。

【注释】

①著作佐郎：官名。三国魏明帝置，掌协助著作郎修国史和起居注等。

②上廉：县名。西晋置，属上庸郡。治所在今陕西平利县西北。取上廉水为名。

③褒中：县名。西汉置，属汉中郡。治今陕西勉县东北褒城东。

④西部都尉：官名。佐助太守分管军事，维持境内治安。

⑤辞章：诗文的总称。粲丽：指文采华丽。

⑥先达：有德行、学问的前辈。文士：知书能文之士。

⑦大较：大略，大致。

【译文】

陈寿哥哥的儿子陈符，字长信，也有文才，继陈寿之后担任著作佐郎，后任上廉县令。陈符的弟弟陈莅，字叔度，任梁州别驾，骠骑将军、齐王征辟他为掾吏，后死于洛阳。陈莅的堂弟陈阶，字达之，任州里的主簿，被察举为孝廉，后任褒中县令，永昌西部都尉，又任建宁、兴古太守。他们的文章都写得文采华丽，在当时声名远扬。陈寿所记述、创作的文章共有二百多篇，陈符、陈莅、陈阶的文章也各有数十篇。益、梁二州的先贤和中原的文人，大都为陈寿等人作有传记，大致情况如此。

时梓潼李骧叔龙亦隽逸器[①]，知名当世。举秀才，尚书郎，拜建平太守，以疾辞不就。意在州里，除广汉太守。初与寿齐望[②]，又相昵友[③]。后与寿情好携隙[④]，还相诬攻[⑤]，有识以是短之。亦有别传[⑥]。

【注释】

①李骧：字叔龙，广汉郡梓潼（今四川梓潼）人。李福之子。曾任尚书郎、广汉太守。隽逸器：才智俊秀的不凡之士。

②齐望：声望相当。

③昵友：亲密的朋友。

④情好：感情，交情。携隙：犹嫌隙。

⑤诬攻：诬陷攻讦。

⑥别传：底本作“列传”。一般记载人物的逸闻轶事，可补本传。

【译文】

当时梓潼人李骧（字叔龙）也是才智俊秀的不凡之士，在当时很知名。被举荐为秀才，担任尚书郎，拜官建平太守，因疾病而不去上任。李骧意在为州里做事，后来被任命为广汉太守。起初李骧与陈寿声望相当，又是关系亲密的朋友。后来他与陈寿的感情出现了嫌隙，还诬陷攻讦陈寿，有识之士因此认为这是李骧的污点。李骧也有别传。

李宓，字令伯，犍为武阳人也[①]。祖父光，朱提太守。父早亡，母何更行[②]，见养祖母。治《春秋左传》，博览五经，多所通涉[③]。机警辨捷[④]，辞义响起。事祖母以孝闻。其侍疾则泣涕侧息[5]，日夜不解带[6]。膳饮汤药[7]，必自口尝[8]。本郡礼命[9]，不应。州辟从事、尚书郎、大将军主簿、太子洗马[10]。奉使聘吴。吴主问蜀马多少，对曰："官用有余，民间自足。"吴主与群臣泛论道义，谓"宁为人弟"。宓曰："愿为人兄。"吴主曰："何以为兄？"宓曰："为兄供养之日长。"吴主及群臣称之。

【注释】

①李宓：或作李密，一名虔，字令伯，犍为郡武阳（今四川眉山彭山区）人。参看本卷前文注。

②更行：改嫁。《诗经·鄘风·蝃蝀》："女子有行，远父母兄弟。"郑玄笺："行，道也，妇人生而有适人之道。"后因以"更行"指改嫁。

③通涉：广泛涉猎。

④辨捷：能言善辩，才思敏捷。

⑤侧息：侧体呼吸。谓不敢大口出气，表示恐惧不安。

⑥不解带：即衣不解带。形容辛勤侍奉，致使不能脱衣安睡。

⑦膳饮：犹饮食。

⑧自口尝：旧作"目尝口"，今据《三国志》注引改。

⑨礼命：指礼聘与任命。

⑩太子洗（xiǎn）马：官名。为太子属官，太子外出，则为前驱。秦称洗马，汉或称先马。洗，亦作先。先马，即前驱。后汉置十六人，比六百石，职如谒者，掌宾赞受事。历代沿置。

【译文】

李宓，字令伯，是犍为武阳人。祖父李光，曾任朱提太守。李宓的父亲去世得早，母亲何氏改嫁了，他由祖母抚养。李宓学习《春秋左传》，博览五经，其他典籍也广泛涉猎。机智警觉，才思敏捷，长于辞采和文义。李宓侍奉祖母以孝顺闻名。祖母生病时,他辛勤侍奉,涕泪交加,不敢大口出气,白天和黑夜都衣不解带。凡是饮食、汤药,必定亲自品尝。犍为郡礼聘李宓,李宓没有答应。州里征辟李宓任从事、尚书郎、大将军主簿、太子洗马。他奉命出使吴国。吴国君主问蜀国有多少匹马,李宓回答说:"官用马匹绰绰有余,民间可以自足。"吴国君主与群臣广泛讨论道德义理,称"宁愿做弟弟"。李宓说:"宁愿做哥哥。"吴国君主问:"为什么愿意做哥哥?"李宓回答说:"当哥哥的,赡养父母的时间长。"吴国君主和群臣都称赞李宓说得好。

大同后,征西将军邓艾闻其名[①],请为主簿,及书招,欲与相见,皆不往。以祖母年老,心在色养[②],拒州郡之命。独讲学,立旌授生[③]。武帝立太子,征为洗马。诏书累下,郡县相逼。于是宓上疏曰[④]:

【注释】

①邓艾(197—264):三国魏将领。字士载,义阳棘阳(今河南南阳)人。参看本书卷二《汉中志》注。

②色养:和颜悦色地奉养。《论语·为政》:"子游问孝。子曰:'今之孝者,是谓能养。'……子夏问孝。子曰:'色难。'"朱熹集注:"色难,谓事亲之际,惟色为难也。"一说,谓承顺父母颜色。何晏集解引包咸曰:"色难,谓承顺父母颜色乃为难也。"后因称人子和颜悦色奉养父母或承顺父母颜色为"色养"。

③立旌:树立旌旗,打出招牌。

④于是宓上疏曰:今本《华阳国志》只有"宓上疏"三字,无疏文。注云"疏在本传",意谓疏文在《晋书·李密传》。《三国志·蜀书·杨戏传》裴松之注作"于是密上书曰",并全文引录疏文。由此可知,《华阳国志》原有李密疏文,故据此补充疏文。

【译文】

国家统一后，征西将军邓艾听说了李宓的名声，请他担任主簿，并且写信相招，想和他见面，但李宓都没有前往。他借口祖母年纪大了，意在和颜悦色地奉养祖母，拒绝了州里和郡里的任命。李宓独自讲学，打出招牌招收学生。晋武帝册立太子，征聘李宓为太子洗马。诏书下达了多次，郡县也来逼迫。于是李宓上疏皇帝说：

“臣以险衅①，夙遭闵凶②。生孩六月③，慈父见背④。行年四岁，舅夺母志⑤。祖母刘愍臣孤弱⑥，躬见抚养。臣少多疾病，九岁不行⑦，零丁孤苦⑧，至于成立⑨。既无伯叔，终鲜兄弟⑩，门衰祚薄⑪，晚有儿息⑫。外无期功强近之亲⑬，内无应门五尺之童⑭。茕茕孑立⑮，形影相吊⑯。而刘早婴疾病⑰，常在床蓐⑱。臣侍汤药，未曾废离⑲。逮奉圣朝⑳，沐浴清化㉑。前太守臣逵察臣孝廉㉒，后刺史臣荣举臣秀才㉓。臣以供养无主，辞不赴命。诏书特下，拜臣郎中；寻蒙国恩，除臣洗马。猥以微贱㉔，当侍东宫，非臣陨首所能上报㉕。臣具表闻㉖，辞不就职。诏书切峻㉗，责臣逋慢㉘；郡县逼迫，催臣上道㉙；州司临门㉚，急于星火㉛。臣欲奉诏奔驰㉜，则刘病日笃㉝；苟顺私情㉞，则告诉不许㉟。臣之进退，实为狼狈。伏惟圣朝以孝治天下，凡在故老㊱，犹蒙矜愍㊲，况臣孤苦，特为尤甚。且臣少仕伪朝㊳，历职郎署㊴，本图宦达㊵，不矜名节。今臣亡国贱俘㊶，至微至陋，猥蒙拔擢㊷，宠命优渥㊸，岂敢盘桓㊹，有所希冀？但以刘日薄西山㊺，气息奄奄㊻，人命危浅㊼，朝不虑夕㊽。臣无祖母，无以至今日；祖母无臣，亦无以终余年。母孙二人，更相为命，是以区区不敢废远㊾。

臣今年四十有四，祖母刘今年九十有六。是臣尽节于陛下之日长[50]，报养刘之日短也。乌鸟私情[51]，愿乞终养[52]。臣之辛苦，非徒蜀之人士及二州牧伯所见明知，皇天后土[53]，实所共鉴。愿陛下矜愍愚诚，听臣微志，庶刘侥幸，保卒余年。臣生当陨首，死当结草[54]。臣不胜犬马怖惧之情[55]！”

【注释】

①险衅：艰难祸患。

②闵凶：忧患凶丧之事。

③生孩：谓刚生下他。

④见背：（婉辞）谓父母或长辈去世。本处指父亲去世。背，离开。

⑤舅夺母志：意谓舅舅迫使母亲改嫁。

⑥孤弱：谓年幼而丧失父母。

⑦不行：不行进，不前进。本处意谓行走困难。

⑧零丁孤苦：谓无依无靠，孤独困苦。

⑨成立：成人，长大成人。

⑩鲜：少。

⑪门衰祚薄：门庭衰微，福祚浅薄。

⑫儿息：子嗣。

⑬期功：古代丧服的名称。期，服丧一年。功，按关系亲疏分大功和小功，大功服丧九月，小功服丧五月。亦用以指五服之内的宗亲。强近：谓较为亲近。

⑭应门：指守候和应接叩门的人。五尺之童：指尚未成年的儿童。古尺短，故称。

⑮茕茕孑立：形容孤苦伶仃，无依无靠。

⑯形影相吊：只有与影子相伴，相互慰问。形容无依无靠，非常孤单。

⑰婴疾病：意谓身患疾病，疾病缠绵。婴，遭受，罹患。

⑱常在床蓐：意谓常年患病在床。床蓐，床席。泛指卧具。

⑲未曾废离：意谓侍奉祖母，未曾须臾相离。废离，荒废离弃。

⑳圣朝：封建时代尊称本朝。本处特指晋朝。

㉑沐浴：蒙受，受润泽。清化：清明的教化。

㉒前太守臣逵：其人不详。

㉓后刺史臣荣：指董荣。按：本书卷八《大同志》作"刺史童策"。董荣与童策，必有一误，未知孰是。

㉔猥：谦辞，等于说"辱"。微贱：卑微，低贱。亦指卑微低贱之人。

㉕陨首：犹言肝脑涂地。

㉖表闻：上表申闻于君上。

㉗切峻：严厉，严峻。

㉘逋慢：怠慢不敬，不遵法令。

㉙上道：出发上路，启程。

㉚州司：犹州官。临门：到达家门。

㉛急于星火：比一闪而过的流星还快。形容非常急迫。星火，流星。形容急速。

㉜奔驰：车马疾行。泛指飞速前往。

㉝刘病日笃：指祖母刘氏的病情一天比一天重。笃，病重。

㉞私情：私人的情感或情谊。

㉟告诉：向上申诉。

㊱故老：元老，旧臣。

㊲矜愍：同"矜悯"，哀怜，怜悯。

㊳伪朝：指僭伪、非正统的王朝。本处特指蜀汉政权。

㊴郎署：汉唐时宿卫侍从官的公署。代称皇帝的宿卫、侍从官。

㊵宦达：官位显达，仕途亨通。

㊶贱俘：降臣对自己的谦称。

㊷拔擢:选拔提升。

㊸宠命:加恩特赐的任命。封建社会中对上司任命的敬辞。优渥:优厚。指待遇好。

㊹盘桓:徘徊,逗留。

㊺日薄西山:太阳快要落山了。比喻衰老的人或腐朽的事物临近死亡。薄,迫近。

㊻气息奄奄:呼吸微弱、快要断气的样子。奄奄,气息微弱貌。

㊼人命危浅:形容寿命不长,即将死亡。浅,时间短。

㊽朝不虑夕:谓早晨不能为晚上考虑,打算。形容形势危急或境况窘迫。

㊾区区:自称的谦辞。

㊿尽节:尽心竭力。

(51)乌鸟私情:谓乌鸦反哺的情感。比喻人子奉养长辈的孝思。

(52)终养:奉养父母,以终其天年。

(53)皇天后土:古人对天地的尊称。旧时迷信天地能主持公道,主宰万物。

(54)结草:编结茅草,报答恩德。据《左传·宣公十五年》,春秋时期,晋大夫魏武子有一个爱妾,一直没有生育。魏武子晚年生病,对儿子魏颗说:"一定要让她改嫁。"等到病重,又说:"一定要让她殉葬。"魏武子去世后,魏颗说:"病重的时候,思维就会混乱,我还是听从父亲理智清醒时的话。"就把这个妾改嫁了出去。后来魏颗与秦国交战时,魏颗看见一个老人把草打成结,绊倒了秦国的力士杜回,导致晋军将其俘获。当夜,魏颗梦见老人说:"我就是你让改嫁的那个女子的父亲,我是来报恩的。"后来"结草"就用作受恩深重,虽死犹报的典故。后来"结草"就用作受恩深重、虽死犹报的典故。

(55)犬马:旧时臣子对君上的自卑之称。怖惧:恐惧,惶恐。

【译文】

“微臣因为艰难祸患，很早就遭遇忧患凶丧。微臣刚刚出生六个月，父亲就去世了。在微臣四岁时，舅舅就迫使母亲改嫁。祖母刘氏怜悯微臣孤苦弱小，便亲自抚养微臣。微臣小时候就经常生病，九岁时还不能走路，一直到长大成人，都孤苦伶仃。微臣既没有伯伯、叔叔，又缺少兄弟，门庭衰微，福祚浅薄，很晚才有子嗣。在外面没有较为亲近的亲戚，在家里没有照应门户的僮仆。孤苦无依靠，形影相吊。而祖母刘氏早就身患疾病，常年卧病在床。微臣侍奉祖母汤药，未曾须臾相离。到晋朝建立后，微臣蒙受着清明的教化。先前有个名叫逵的太守察举微臣为孝廉，后来有个名叫董荣的刺史举荐微臣为秀才。微臣因为祖母无人供养，于是辞谢而未接受任命。朝廷又特地下达诏书，拜微臣为郎中；不久又蒙受国家恩泽，任命微臣为洗马。下臣以卑微低贱的身份，担当侍奉太子的职务，这不是微臣肝脑涂地能报答朝廷的。微臣将苦衷写入奏表，以闻于君上，请求辞谢不就职。但是诏书严厉，责备微臣怠慢不敬；郡县长官也来逼迫，催促微臣赶紧上路；州府官员上门督促，比流星还要急迫。微臣本想奉诏飞速前来效命，但祖母刘氏的病情一天比一天重；如果苟且顺从自己的私情，则向上申诉不被允许。微臣进退两难，实在狼狈。圣朝以孝治天下，凡是元老旧臣，都还蒙受怜悯，何况微臣孤苦，情形尤为严重。况且微臣早年在伪朝任职，在郎署担任过职务，本来就贪图能够官位显达，并不顾惜名节。现在微臣是低贱的亡国俘虏，十分卑微浅陋，辱没朝廷而蒙受选拔，恩宠优厚，怎么敢徘徊犹豫，而有非分的希求？只是因为刘氏日薄西山，奄奄一息，行将不久于人世，可谓朝不保夕。微臣如果没有祖母，无法活到今天；祖母没有微臣，也无法度过余年。祖孙二人，相依为命，因此臣不敢停止侍养祖母而远离她。微臣今年四十四岁，祖母刘氏今年九十六岁。这样看来，微臣尽忠节于陛下的时间长，而报答奉养刘氏的时间短。我怀揣乌鸦反哺的情感，乞求能够准许我奉养祖母以终其天年。微臣的辛酸苦楚，并非仅仅蜀地的人士以及梁、益二州的长官知晓，实际上是天地明察的。但愿陛下能怜悯微臣的愚昧诚意，听由微臣满足微小的心愿，希望刘氏能够侥幸保全她的余年。微臣活着一定肝脑涂地报效朝廷，死了也定当结草衔环报答陛下。犬马之臣，内心不胜惶恐之情！”

武帝览之，曰：“宓不空有名也！”嘉其诚款①，赐奴婢二人，下郡县供其祖母奉膳。

【注释】

①诚款：忠诚，真诚。

【译文】

晋武帝看了李宓的上疏，说：“李宓不是徒有空名的人！”嘉奖了李宓的忠诚，赏赐给他两名奴婢，并下达诏书到郡县，供给李宓赡养祖母的费用。

及祖母卒，服终①，徙尚书郎，为河内温令。敷德陈教②，政化严明。太傅钜平侯羊公薨③，无子，帝令宗子为世子嗣之④，不时赴丧。宓遣户曹赍移推毂遣之⑤。中山诸王每过温县，必责求供给，吏民患之。宓至，中山王过县⑥，征刍茭薪蒸⑦。宓笺引“高祖过沛，宾礼老幼⑧，桑梓之供，一无烦费⑨。伏惟明王孝思惟则⑩，动识先戒。本国望风，式歌且舞⑪，诛求烦碎⑫，所未闻命。”后诸王过，不敢烦温县。盗贼发河内余县，不敢近温，追贼者不敢经界⑬。陇西王司马子舒深敬友之⑭，而贵势之家惮其公直⑮。宓去官，为州大中正⑯。性方亮⑰，不曲意势位者⑱。失荀、张指⑲，左迁汉中太守⑳。诸王多以为冤。一年，去官。年六十四卒。

【注释】

①服终:终服,终丧。谓服满父母去世后的三年之丧。祖母刘氏抚养李宓长大成人,故李宓为祖母服丧三年。

②敷德陈教:即敷陈德教,推广德政。

③羊公:指羊祜(221—278),字叔子,泰山南城(今山东费县西)人。参看本书卷八《大同志》注。

④宗子:古代宗法制度称大宗的嫡长子。本处指羊祜同宗子弟。世子:太子,古代帝王和诸侯的嫡长子。因羊祜封侯,故称其继承人为世子。《晋书·羊祜传》:"(晋武)帝以(羊)祜兄子(羊)暨为嗣,(羊)暨以父没不得为人后。帝又令(羊)暨弟(羊)伊为(羊)祜后,又不奉诏。帝怒,并收免之。太康二年(281),以(羊)伊弟(羊)篇为钜平侯,奉(羊)祜嗣。"

⑤赍(jī):携带,持。移:移文,古时官府文书的一种。多用于不相统属的官署之间。推毂(gǔ):推车前进。古代帝王任命将帅时的隆重礼遇,后因以称任命将帅之礼。本处表示郑重其事。

⑥中山王:指司马耽(?—277),河内温县(今河南温县)人。晋武帝从兄弟。咸宁三年(277)被封为中山王。是年薨。

⑦刍茭:干草。牛马的饲料。薪蒸:薪柴。

⑧宾礼:谓以上宾之礼相待。

⑨烦费:烦扰而耗费。

⑩孝思惟则:孝亲之思,可为法则。语出《诗经·大雅·下武》:"永言孝思,孝思维则。"毛传:"则其先人也。"郑玄笺:"长我孝心之所思。所思者,其维则三后之所行。子孙以顺祖考为孝。"

⑪式歌且舞:意谓载歌载舞,即边唱歌边舞蹈。语出《诗经·小雅·车舝》:"虽无德与女,式歌且舞。"郑玄笺:"虽无其德,我与女用是歌舞相乐。喜之至也。"

⑫诛求:索求,强制征收。

⑬经界:土地、疆域的分界。本处用为动词,指经过温县的地界。

⑭司马子舒(?—299):司马泰,字子舒,河内温县(今河南温县)人。司马懿从子。三国魏时封阳亭侯,迁扶风太守。晋武帝即位,封陇西王,出为兖州刺史。太康初,入为散骑常侍、前将军,以疾去官。晋惠帝时,为司空,录尚书事,迁太尉,封高密王。不近声色,任真简率,虚己下士,为宗室仪表。卒谥文献。《晋书》有传。敬友:敬重友爱。

⑮贵势:指居高位、有权势的人。公直:公正耿直。

⑯大中正:官名。魏晋时期负责评定士族内部品第的官员。晋代称州中正为“大中正”,称郡中正为“小中正”。

⑰方亮:正直而诚实。

⑱曲意:委曲己意而奉承别人。

⑲失荀、张指:不合荀勖、张华的心意。荀、张,指荀勖、张华。指,古同“旨”,旨意。

⑳左迁:降官,贬职。

【译文】

等到祖母去世,李宓为祖母服丧三年期满,转任尚书郎,出任河内温县令。李宓在任上推广德教,政化严明。太傅、钜平侯羊祜去世,没有儿子,皇帝下令让羊祜同族子弟作为他的儿子,继承其爵位,随时赴丧。李宓派遣户曹携带文书、推着车子前去办理。中山诸王每次路过温县时,必定要求地方供给物品,官吏和百姓都引以为患。李宓到任后,中山王又路过温县,又征求干草、薪柴。李宓致信引述:“当年汉高祖路过沛县时,对当地老幼之人都以上宾礼相待,故乡供给物品,他们一点也不烦扰百姓。诚心希望圣明的侯王以孝思为法则,一举一动都不忘先贤的劝诫。本地封国的百姓望风而迎,载歌载舞,而侯王强制征收、繁杂琐碎,并未听到朝廷的命令。”其后,诸王路过时,再也不敢烦扰温县百姓了。盗贼骚扰河内的其余县份,但不敢靠近温县,而追赶贼寇者也不敢经过温县地界。陇西王司马子舒十分敬重李宓,和他结交了朋友,而居高位、有权势者则忌惮李宓公正耿直。李宓离任温县令之后,担任州大中正。李宓本性正直诚实,从不委曲己意奉承有权势、有地位者。因不合荀勖、张华的心意,被贬职担任汉中太守。诸王多为李宓感到冤屈。一年之后,李宓离任汉中太守。六十四岁时去世。

著《述理论》[①],论中和仁义、儒学道化之事,凡十篇。安东将军胡罴与皇甫士安深善之[②]。又与士安论夷、齐[③],及司马文中、杜超宗、郄令先、文广休等议论往返[④]。言经训诂,众人服其理趣[⑤]。释河内赵子声诔、诗、赋之属二十余篇[⑥]。寿良、李骧与陈承祚相长短[⑦],宓公议其得失而切责之[⑧]。常言:"吾独立于世,顾景为畴[⑨],而不惧者,心无彼此于人故也[⑩]。"

【注释】

①《述理论》:本有十篇,已失传。

②胡罴:字季象,九江郡寿春(今安徽寿县)人。参看本书卷八《大同志》注。皇甫士安:皇甫谧(215—282),字士安,幼名静,自号玄晏先生,安定朝那(今甘肃灵台)人。沉静寡欲,笃爱书籍,以著述为务,终老不息,时人谓之"书淫"。著有《帝王世纪》《高士传》等。《晋书》有传。

③夷、齐:指伯夷、叔齐。伯夷为孤竹君长子,叔齐为孤竹君次子。相传,其父遗命要立次子叔齐为继承人。叔齐让位伯夷,伯夷不受,叔齐也不愿即位,都逃到周国。周武王伐纣,二人叩马谏阻。及殷亡,耻食周粟,隐于首阳山,采薇而食,遂饿死。参见《史记·伯夷列传》。

④司马文中：生平不详。疑为晋宗室。杜超宗：杜轸，字超宗，蜀郡成都（今四川成都）人。参看本卷上文注。郄令先：郄正（？—278），字令先，偃师（今河南偃师）人。参看本书卷七《刘后主志》注。文广休：文立（？—279），字广休，巴郡临江（今重庆忠县）人。参看本书卷一《巴志》注。

⑤理趣：义理情趣。

⑥赵子声：赵商，字子声，河内人。经学家郑玄弟子。参看《后汉书·郑玄传》。

⑦长短：是非，优劣，高下。本处指议论是非，互相攻讦。

⑧切责：严厉责备，严词斥责。

⑨顾景：自顾其影。有自矜、自负之意。景，同“影”。畴：古同“俦”，伴侣。

⑩心无彼此：即不分彼此，平等对待。彼此，指不一致。本处有厚此薄彼之意。

【译文】

李宓著有《述理论》，论述中和仁义之道、儒学教化之事，一共有十篇。安东将军胡罴与皇甫士安都很喜欢《述理论》。李宓又与皇甫士安讨论伯夷、叔齐，和司马文中、杜轸、郄正、文立等人互相议论、反复辩难。李宓讲说经学、训诂，大家都信服其义理情趣。李宓曾为河内人赵子声的二十余篇诔、诗、赋之类作注。寿良、李骧与陈承祚互相攻讦，李宓公正地评议他们的得失，并严厉责备他们。李宓常常说：“我卓然独立于世，自顾己影与其为伴，而之所以无所忧惧，是我的内心对人一律平等对待的缘故。”

宓六子，皆英挺秀逸[①]，号曰“六龙”。长子赐，字宗硕[②]，州别驾，举秀才，汶山太守[③]。少与东海王司马元超友昵[④]，每书诗往返，雅有新声[⑤]。少子兴，字隽硕[⑥]，太傅参军。幼子盛硕⑦,宁浦太守⑧。

【注释】

①英挺:英俊挺拔。秀逸:隽秀洒脱,不同凡俗。

②宗硕:《晋书·李密传》作"宗石"。石、硕,古音同,可通用。《说文解字·页部》:"硕,头大也。从页,石声。"

③汶山:郡名。西汉元鼎六年(前111)置,治所在汶江县(今四川茂县北)。地节三年(前67)并入蜀郡。东汉建安末刘备复置,治所在绵虒县(今四川汶川西南绵虒镇)。西晋移治汶山县。

④司马元超(?—311):司马越,字元超,河内温县(今河南温县)人。高密王司马泰之子。初为骑都尉。惠帝永平初,讨杨骏有功,封五千侯,迁辅国将军,尚书右仆射,别封东海王。惠帝太安二年(303),杀长沙王司马乂。次年(304),挟惠帝攻邺征司马颖,兵败。后惠帝中毒死,传为其所害。怀帝立,仍执权柄,为丞相。怀帝永嘉三年(309),勒兵入宫,于帝侧收杀近臣等十余人,专擅威权,上下离心。永嘉五年(311),石勒来攻,率众出许昌,忧惧而卒。谥孝献。《晋书》有传。友昵:友好亲昵。

⑤新声:新颖美妙的乐音。《晋书·李密传》:"(李)赐字宗石,少能属文,尝为《玄鸟赋》,词甚美。"

⑥隽硕:《晋书·李密传》作"隽石"。《晋书·李密传》:"(李)兴之在弘府,弘立诸葛孔明、羊叔子碣,使兴俱为之文,甚有辞理。"

⑦盛硕:《晋书·李密传》无此人。

⑧宁浦:郡名。西晋太康七年(286),改合浦属国都尉置,治所在宁浦县(今广西横县西南)。辖境相当今广西横县地。

【译文】

李宓有六个儿子,都英俊挺拔、秀美洒脱,时人称之为"六龙"。长子李赐,字宗硕,任州别驾,被举荐为秀才,后任汶山太守。李赐小时候与东海王司马元超关系友好，常常书信来往、交流诗作，往往新颖美妙。小儿子李兴，字雋硕，任太傅参军。最小的儿子李盛硕，任宁浦太守。

宓同时蜀郡高玩①，字伯珍，少受学于太常杜琼②，术艺微妙③，博闻强识，清尚简素④。少与宓齐名，官位相比⑤。大同后，察孝廉，除曲阳令⑥。单车之县⑦，移檄县纲纪⑧，不使遣迎⑨。以明三才⑩，征为太史令⑪。送者亦不出界，朝廷称之。方论大用⑫，会卒。

【注释】

①高玩：字伯珍，蜀郡江原（今四川崇州）人。

②杜琼（？—250）：字伯瑜，蜀郡成都（今四川成都）人。参看本书卷六《刘先主志》注。

③术艺：历数、方伎、卜筮之术。微妙：精微深奥。

④清尚：指节操高尚。简素：简约朴素。

⑤相比：相近，差不多。

⑥曲阳：县名。西汉置。治所在今河北曲阳县西南隅。东汉改名为上曲阳县。

⑦单车：谓驾一辆车。形容轻车简从。之：到。

⑧移檄：发布文告晓示。纲纪：古代公府及州郡主簿。本处指县主簿。

⑨遣迎：派人迎接。

⑩三才：指天、地、人。

⑪太史令：官名。掌管天文、历法等。

⑫大用：重用，委以重任。

【译文】

与李宓同时的蜀郡人高玩，字伯珍，早年受学于太常杜琼，精通历数、方伎、卜筮之术，博闻强记，节操高尚，简约朴素。高玩年轻时与李宓齐名，官位也差不多。国家统一后，高玩被察举为孝廉，任曲阳县令。高玩乘坐一辆车到县上任，发布文告给县主簿等人，不让他们派人迎接。高玩因了解天地人三才之道，被征拜为太史令。为高玩送行的人也不允许跨出县界，朝廷很赞赏高玩。刚刚讨论要重用高玩，恰逢高玩去世了。

杜轸，字超宗，蜀郡成都人也。父雄，字伯休，安汉、雒令。轸少师谯周，发明高经于谯氏之门[①]。郡命为功曹。邓艾既破蜀[②]，被征。锺会进成都[③]。时太守南阳张府君不肯出官，轸进曰："征西囚执[④]，镇西在近[⑤]，必有所遣。军乱之际，交害无常，宜避正殿[⑥]。"府君即出住下舍[⑦]。会果遣参军牵弘为太守[⑧]，数百骑擐甲驰马入郡[⑨]。前驱问侯所在[⑩]，云："已出。"善之。弘复召为功曹。察孝廉，除建宁令[⑪]，徙任山阳、新城、池阳[⑫]，所在有治。入为尚书郎。每升降趋翔廊阁之下[⑬]，威容可观[⑭]，中朝伟之[⑮]。迁犍为太守，惠爱在民。还为州大中正。轸既才学兼该[⑯]，而气量倜傥[⑰]，武帝雅识之[⑱]。方用内侍，会卒，时年五十八[⑲]。

【注释】

①发明：阐述，阐发。

②邓艾（197—264）：三国魏将领。字士载，义阳棘阳（治今河南南阳）人。初为司马懿掾属，后因功任长水校尉，安西、征西、镇西将军。景元四年（263），与镇西将军锺会率兵分道伐蜀，迫使蜀后主刘禅投降。参看本书卷二《汉中志》注。

③锺会（225—264）：三国魏将领。字士季，颍川长社（今河南长葛）人。钟繇子。以智计才干为司马昭重要谋士，时人比之张良。参看本书卷七《刘后主志》注。

④征西囚执:指征西将军邓艾遭锺会诬陷,被押送回洛阳。

⑤镇西:指镇西将军锺会。

⑥正殿:前殿。代指官府。

⑦下舍:家,私宅。

⑧牵弘:三国魏、西晋官吏。安平观津(今河北武邑)人。牵招之子。魏元帝景元年间,任陇西太守。从邓艾伐蜀有功。魏元帝咸熙中,为振威护军。入晋,为扬州、凉州刺史,以果烈死于边事。参看《晋书·杜轸传》。

⑨擐(huàn)甲:穿上甲胄,铠甲。

⑩侯:当时人对太守的称呼(刘琳)。

⑪建宁:县名。三国吴置,属长沙郡。治所即今湖南株洲。西晋泰始中移治今株洲县南淦田镇西南。

⑫山阳:县名。西汉置,属河内郡。治所在今河南焦作市。以在太行山之南(阳)而得名。新城:县名。东汉改新成县置,属河南尹。治所在今河南伊川县西南。西晋属河南郡。池阳:县名。西汉惠帝四年(前191)置。治所在今陕西泾阳县西北,俗名迎冬城。因在池水之阳而得名。汉建池阳宫于此。西晋属扶风国。

⑬升降:上前与后退。此指前往。趋翔:犹趋跄。形容朝拜时快步前往。

⑭威容:指庄重的仪容。

⑮中朝:朝廷,朝中。

⑯兼该:兼备,包括各个方面。该,通"赅"。

⑰倜傥:卓异,不同寻常。

⑱雅识:高明的识见。本处意为欣赏。

⑲年五十八:《晋书·杜轸传》作"年五十一"。

【译文】

杜轸,字超宗,是蜀郡成都人。父亲杜雄,字伯休,曾任安汉、雒县县令。杜轸早年师从谯周，能够在谯氏之门中阐发高深的经义。郡府任命杜轸为功曹。在邓艾攻破蜀国之后，杜轸被征召。后来锺会进入成都。当时太守南阳人张府君不肯出来做官，杜轸劝谏说：“征西将军已经被押送，而镇西将军就在近旁，必定对你有所调遣。现在是兵荒马乱之际，交相陷害，变化不定，阁下应该避离官府。”张府君便搬出官府，居住在私宅。锺会果然派遣参军牵弘担任太守，率领数百骑兵穿着甲胄飞驰进入郡府。前导人员询问太守在哪里，回答说：“已经搬出府邸。”于是善待张府君。牵弘又征召杜轸为功曹。杜轸被察举为孝廉，担任建宁县令，又转任山阳、新城、池阳等处，所任职之地均有治绩。杜轸入朝担任尚书郎。每次前往殿下进谒时，都小步疾行，仪容庄重可观，朝中之人都很看重他。杜轸后升迁为犍为太守，对老百姓很仁爱。后回朝担任州大中正。杜轸可谓才学兼备，而且气量不同寻常，晋武帝很欣赏他。正准备提拔他为内侍大臣，适逢杜轸去世，享年五十八岁。

弟烈，字仲武。贞干敏识①，平坦和粹②，名誉侔轸③。察孝廉，历平康、牛鞞、南郑、安阳令④。王国建，首选为郎中令⑤，迁衡阳太守。兄轸丧，自上求去官，以兄子幼弱，轸丧飘飖，欲扶将灵柩葬旧坟⑥。武帝叹惜轸能用未尽，而嘉烈弟意，转拜，徙官犍为太守，又转湘东⑦。少弟良，字幼伦，亦有当世局分⑧。举秀才，茶陵、新都令⑨，王国郎中令，迁涪陵、建宁太守⑩。兄弟并兴⑪，州里以为美谭⑫。

【注释】

①贞干：忠贞干练，贤能。敏识：聪明博识。

②平坦：公平，直率。和粹：平和纯朴，纯粹。

③侔：等同，相等，比得上。

④平康：县名。三国蜀汉置，属汶山郡。治所在今四川黑水县东北。牛鞞：县名。西汉元鼎二年（前115）置，属犍为郡。治所在今四川简阳市西北。南郑：县名。战国秦置，为汉中郡治。治所在今陕西汉中市东。安阳：县名。西汉置，属汉中郡。治所在今陕西洋县北。三国魏移治今陕西石泉县东南。西晋太康元年（280）改名安康县。

⑤郎中令：《晋书·杜轸传》附杜烈传："（杜）轸弟（杜）烈，……为成都王（司马）颖郎中令。"

⑥扶将：搀扶，扶持。

⑦湘东：郡名。三国吴置，治所在酃县（今湖南衡阳东）。以在湘水之东而命名。辖境相当今湖南衡阳、攸县、茶陵、安仁、常宁等市县地。

⑧当世：用世，治世。局分：器局，器量，才分。

⑨茶陵：县名。西汉置，属长沙国。治所在今湖南茶陵东。东汉属长沙郡。三国吴属湘东郡。新都：县名。本战国时蜀国之新都。西汉置县，属广汉郡。治所在今四川成都新都区。

⑩涪陵：郡名。东汉末刘备置。治所在涪陵县（今重庆彭水）。西晋移治汉复县（今贵州沿河西北洪渡）。南朝齐复置，治所在汉平县（今重庆武隆西北）。建宁：郡名。三国蜀建兴三年（225）改益州郡置。治所在味县（今云南曲靖西北）。西晋属宁州。

⑪并兴：底本作"并典"。

⑫美谭：令人赞扬称道的好事。谭，同"谈"。

【译文】

杜轸的弟弟杜烈，字仲武。忠贞干练，聪明博识，为人公正直率，平和纯朴，名望与声誉比得上杜轸。杜烈被察举为孝廉，历任平康、牛鞞、南郑、安阳县令。成都王国建立后，杜烈首先被选为郎中令，后升迁为衡阳太守。哥哥杜轸去世时，杜烈自己主动上表朝廷，请求辞去官职，因为哥哥的儿子年幼弱小，哥哥的尸体流落在外，他打算扶持哥哥的灵柩回到故乡的旧坟安葬。晋武帝为杜軫的才能未得到充分发挥而叹惜，又嘉奖其弟杜烈的诚意，转而拜官杜烈，先转任犍为太守，又转任湘东太守。杜軫的小弟弟杜良，字幼伦，也有治世的才分。被举荐为秀才，曾任茶陵、新都县令，成都王国的郎中令，后升迁为涪陵、建宁太守。兄弟三人都事业兴盛，州里以此为美谈。

軫二子：长子毗，字长基；少子秀，字彦颖。珪璋琬琰[①]，世号“二凤”。毗举秀才，大将军辟掾，太傅参军，平东长史[②]，尚书郎，稍迁镇南军司、益州刺史[③]。秀，州主簿，早卒。

【注释】

①珪璋：玉制的礼器。古代用于朝聘、祭祀。这里比喻杰出的人才。琬琰：泛指美玉。

②长史：官名。总掌各机构中事务，统领幕僚。

③军司：官名。三国时置。即军师，掌军中刑狱法制、用兵作战之事。西晋避司马师讳，改为“军司”。晋各军皆置军司。梁武帝以羊侃为大军司。后代不复置。

【译文】

杜軫有两个儿子：大儿子杜毗，字长基；小儿子杜秀，字彦颖。兄弟二人都是美玉一样的优秀人才，世人称为“二凤”。杜毗被举荐为秀才，被大将军征辟为掾吏，后任太傅参军，平东将军长史，尚书郎等职务，不久升迁为镇南军司、益州刺史。杜秀，担任州府的主簿，去世得早。

任熙，字伯远，蜀郡成都人也，汉大司农任昉后也[①]。世有德彦[②]。父元，字秀明，犍为太守，执金吾。熙治《毛诗》《京易》[3],博通五经。事亲至孝,居丧毁瘠[4],为州乡所称。察孝廉,除南郑令,以病去官。复授南郑,不就。转梓潼令,为政清净[5]。辞疾告归,勤农力穑[6],居室致给[7]。循训闺门[8],内则可法[9]。博爱,以谦恭接物[10],开门待宾,倾怀下士[11]。客无长幼,必有供膳。清谈游讲[12],不妄失言,祗慎著闻[13]。太康中,除越嶲护军[14],非其雅好[15],不往。征给事中。熙以侍臣日月左右[16],赞晖扬光,不可苟私,终以病辞。而蜀郡令每至官,为之修谒[17],岁致羊酒[18]。即家拜朱提太守,固让不之官。好述作,诗、诔、论、难皆粲艳[19]。年六十九,卒于家。

【注释】

①任昉:字文始,蜀郡成都(今四川成都)人。参看本书卷十《先贤士女总赞》注。

②德彦:德行美好。

③《京易》:指西汉京房所著《京氏易传》三卷。

④毁瘠:因居丧过哀而导致身体极度瘦弱。

⑤清净:简明不繁。即古人所说“清静无为”。

⑥力穑:努力耕作。

⑦居室:居家过日子。致给:犹如“自给”,意谓依靠自己生产,满足自己的需要。

⑧闺门:内室的门。借指家中。

⑨内则:家庭内的规范和准则,意即家规。

⑩接物:指待人接物。

⑪倾怀:尽情吐露情怀。下士:屈身交接贤士。

⑫清谈:本指魏晋间一些士大夫崇尚虚无,不务实际,空谈哲理。后

世亦泛指不切实际的谈论。

⑬祗慎:敬慎。

⑭护军:统兵武职。职掌监护诸军及武官选拔考核。

⑮雅好:平素爱好。

⑯日月:喻指帝、后。语本《礼记·昏义》:“故天子之与后,犹日之与月”。本处偏指皇帝。

⑰修谒:进见(地位或辈分高的人)。

⑱羊酒:羊和酒。亦泛指赏赐或馈赠的物品。

⑲粲艳:指文采华丽。

【译文】

任熙,字伯远,蜀郡成都人,是汉代大司农任昉的后人。任家世代德行美好。任熙的父亲任元,字秀明,曾任犍为太守,执金吾。任熙研究《毛诗》《京易》,博通五经。侍奉亲人很孝顺,因居丧过哀而导致身体极度瘦弱,为州里和乡里的人所称道。任熙被察举为孝廉,担任南郑县令,后因病辞去官职。又被授予南郑县令,但没有赴任。转任梓潼县令,为政简明不繁。因病辞官回到故里,勤勉农事,努力耕作,居家自给自足。在家中遵循前人的家训,其家规可以被效法。任熙有博爱之心,以谦恭心态待人接物,打开大门接待宾客,敞开胸怀礼贤下士。宾客无论长幼,前来者必定有膳食款待。任熙在闲谈游讲时,不会妄自失言,以言行敬慎闻名于当地。太康年间,被任命为越巂护军,因为不是他平常向往的,故而没有到任。后来,被征拜为给事中。任熙以侍臣服侍皇帝左右,辅佐皇帝正大光明,不可苟且徇私,最终以疾病为由而辞职。蜀郡太守、县令只要上任,都会登门拜见任熙,并且每年都会赠送羊、酒等物品。朝廷又派人到他家拜任熙为朱提太守,任熙坚决推辞而不去上任。任熙喜好撰述写作,所作诗、诔、论、难都文采华丽。六十九岁时,任熙在家中去世。

子蕃，字宪祖，察孝廉，新都令、西夷司马、涪陵太守[①]。蕃子迪，字叔孤，少与巴西龚壮俱知名[②]，而学业优之，早殁。

【注释】

①西夷司马：西夷校尉属官。两晋之时，西夷校尉可立府，置长史、司马。

②龚壮：字子玮，巴西（治今四川阆中）人。参看本书卷九《李特雄期寿势志》注。

【译文】

任熙的儿子任蕃，字宪祖，被察举为孝廉，曾任新都县令、西夷司马、涪陵太守。任蕃的儿子任迪，字叔孤，年轻时与巴西人龚壮都很有名，而学业又比龚壮更好，可惜英年早逝。

熙同时犍为杨彭敬宗、弟逵训宗，各以德行称，同察孝廉。彭，比苏令[①]，甘露降其县；逵，滇池令[②]，殊俗怀其德[③]。

【注释】

①比苏：县名。西汉置，属益州郡。治所在今云南云龙。东汉属永昌郡。

②滇池：县名。西汉置，为益州郡治。治所即今云南昆明晋宁区东。《汉书·地理志上》益州郡滇池县："大泽在西，滇池泽在西北。"因湖名为县名。

③殊俗：指风俗不同的边远地区。

【译文】

任熙的同时代人，还有犍为人杨彭（字敬宗）、其弟杨逵（字训宗），各自以德行著称于世，同时被察举为孝廉。杨彭，曾任比苏县令，甘露降在这个县；杨逵，曾任滇池县令，边远之地的人都怀念他的德政。

王长文，字德俊，广汉郪人也。父颙，字伯元，犍为太守。长文天姿聪警，高畅敏识[①]，治五经，博综群籍。弱冠，州三辟书佐[②]。丁时兴衰[③]，托疾归家。大同后，郡功曹，察孝廉，不就，遂阳愚[④]。尝着绛衣绛帽，牵猪过市中乞[⑤]。人与语，伪不闻。常骑牛周旋[⑥]。郡守初至，诣门修敬[⑦]，至闾[⑧]，走出，请，终不还。刺史淮南胡罴辟从事祭酒[⑨]，卧在治。罴出板举秀才[⑩]，长文阳发狂疾[⑪]，步担走出门[⑫]。罴累遣教请还[⑬]，终不顾。还家养母，独讲学。著《无名子》十二篇[⑭]，依则《论语》。又著《通经》四篇[⑮]，亦有卦名，拟《易》《玄》[⑯]。以为《春秋》三传传经不同[⑰]，每生讼议[⑱]，乃据经摭传[⑲]，著《春秋三传》十三篇[⑳]。又撰《约礼记》，除烦举要[㉑]，凡十篇，皆行于时。

【注释】

①高畅敏识：意谓王长文学识渊博，见识高明。敏识，聪明博识。

②书佐：指州书佐。州门下吏名。两汉郡县各曹均有书佐，职主起草和缮写文书。

③丁时：适逢其时，正当其时。兴衰：兴盛和衰落。本处偏指衰落，意指蜀汉衰落时期。

④阳：古同“佯”，假装。

⑤乞：底作“讫”，误。

⑥周旋：盘桓。即今人所说“转圈子”或“遛弯儿”。

⑦修敬：表示敬意。

⑧闾：里巷的大门。

⑨胡罴：字季象，九江郡寿春（今安徽寿县）人。参看本书卷八《大

同志》注。

⑩出板：发布告示。

⑪狂疾：疯癫病。

⑫步担：徒步挑担。

⑬教：长官训示下级的一种文书（刘琳）。

⑭十二篇：底本作“十三篇”。

⑮《通经》：史书或作“《通玄经》”。《晋书·王长文传》：“（王长文）著书四卷，拟《易》，名曰《通玄经》，有《文言》《卦象》，可用卜筮，时人比之扬雄《太玄》。”

⑯拟：模仿，仿效。《玄》：指扬雄《太玄》。参看本书卷十《先贤士女总赞》注。

⑰《春秋》三传：指解释《春秋》的《左传》《公羊传》《穀梁传》。

⑱讼议：争论。

⑲摭（zhí）：选取，摘取。

⑳十三篇：底本作“十二篇”。

㉑除烦：删除繁杂。举要：举其大要，陈其主旨大略。

【译文】

王长文，字德俊，是广汉郪人。父亲王颙，字伯元，曾任犍为太守。王长文天姿聪明机警，学识渊博，见识高明，研究五经，博览群籍。二十岁时，州府三次征辟他为书佐。适逢蜀汉衰落，王长文借口有病回家。国家统一后，王长文做了郡府的功曹，被察举为孝廉，但没有去报到，于是假装愚昧。曾经身着红衣，头戴红帽，牵着一头猪经过闹市，沿街乞讨。有人跟他说话，他假装没有听到。还经常骑着牛转圈子。郡守刚刚上任时，登门拜访王长文以表示敬意。郡守到达里巷大门时，王长文就跑出家门，郡守请他，他最终没回家。刺史、淮南人胡罴征辟他为从事祭酒，王长文假装卧床治病。胡罴发布告示举荐他为秀才，王长文假装癫疯病发作，徒步挑担跑出家门。胡罴多次派人聘请他，王长文终究没回来做官。王长文回到家乡奉养母亲，独自讲学。著有《无名子》十二篇，是效法《论语》创作的。又著《通经》四篇，书中也有卦名，仿效的是《周易》《太玄》。王长文认为，《左传》《公羊传》《穀梁传》对《春秋》的解释不同，常常产生争论，于是根据《春秋》的经文摘取三传的传文，写了《春秋三传》十三篇。又撰写了《约礼记》，删除烦琐，举其主旨大略，共有十篇，在当时都很流行。

长文才鉴清妙，泛爱广纳，放荡阔达[①]，不以细宜廉介为意[②]，亦不好臧否人物[③]，故时人爱而敬之。以母欲禄养[④]，咸宁中[⑤]，领蜀郡太守[⑥]。郫有孝子罗偶，事亲至孝。二亲将亡时，病，不能食肉，终身不食肉。郡察孝廉。长文追为立表以旌之。宰府辟[⑦]，三司及抚军大将军王濬累辟[⑧]，不诣。濬薨，以故州将军，吊祭。元康初，试守江原令[⑨]。县收得盗贼，长文引见诱慰[⑩]。时适腊晦[⑪]，皆遣归家。狱先有系囚[⑫]，亦遣之，谓曰："教化不厚，使汝等如此，长吏之过也。蜡节庆祈[⑬]，归就汝上下[⑭]，善相欢乐；过节来还，当为思他理[⑮]。"群吏惶遽[⑯]，争请，不许。寻有赦令，无不感恩，所宥人辍不为恶，曰："不敢负王君。"将丧去官，民思其政。大将军梁王肜及诸府并辟[⑰]，长文曰："吾从其先命者。"遂应肜招，为从事中书郎。诸王公卿慕其名，咸与之交。贾氏之诛[⑱]，从肜有功，封关内侯，再为中书郎。愍怀太子死于许下[⑲]，博士、中书论虞祔之礼[⑳]。长文议："虞祭宜还东宫[㉑]，以继太子者为主；配食于颍川府君[㉒]。"皆施行。除洛阳令。长文见肜曰："主者不庶几[㉓]，奏长文为洛阳令。"肜笑答曰："卿乃不庶几，非主者也。"固辞不拜。闻益州乱[24]，以《通经》筮，得“老蚕缘枯桑”之卦，叹曰：“桑无叶，蚕以卒也。吾蜀人殄于是矣[25]。”拜蜀郡太守，暴疾卒[26]。时年六十四。

【注释】

①放荡：放纵，不受约束。阔达：犹豁达。气量大，性格开朗。

②细宜：小义，小事之宜（任乃强）。廉介：清廉耿介。按：廉介，或作“廉分”，意为小廉（任乃强）。《晋书·王长文传》：“太康中，蜀土荒馑，开仓振贷。长文居贫，贷多，后无以偿。郡县切责，送长文到州。刺史徐幹舍之，不谢而去。”《晋书》所记，或即王长文“不以细宜廉介为意”之一事。

③臧否人物：评论人物好坏。臧否，褒贬。

④禄养：以官俸养亲。古人认为，官俸本为养亲之资。《魏书·辛雄传》：“（辛雄）又为《禄养论》，称仲尼陈五孝，自天子至庶人无致仕之文。……以为宜听禄养，不约其年。”

⑤咸宁：275—280年。

⑥领蜀郡太守：《华阳国志》所记此事当有误。王长文以布衣之身，不可能骤升为郡太守，而《晋书·王长文传》亦不载此事。下文云王长文“元康初，试守江原令”，亦仅县令也（本注参考自刘琳）。

⑦宰府：宰相办公之所。

⑧王濬（206—285）：字士治，弘农湖县（今河南灵宝）人。参看本书卷八《大同志》注。

⑨试守：正式任命前试行代理某一职务。

⑩引见：接见。诱慰：劝导抚慰。

⑪腊晦：腊月三十。指除夕。晦，阴历每月的最后一天。

⑫系囚：在押的囚犯。

⑬蜡节：古代蜡祭会饮的节日。庆祈：或作“庆祚”“庆赏”，以作“庆祈”为佳。指庆典。

⑭上下：辈分上较高的和较低的人。意指全家上下。

⑮思他理：想其他办法（为他们开脱）。

⑯惶遽（jù）：恐惧慌张。

⑰梁王肜（róng）：指梁王司马肜。字子徽，河内温县（今河南温县）人。司马懿之子。因无甚才能，不历职。晋武帝即位，封梁王。元康时，任征西将军，督关中军事。后司马伦篡位，任其为太宰、尚书令。《晋书》有传。

⑱贾氏：指晋惠帝皇后贾氏（257—300）。名南风，平阳襄陵（今山西襄汾东北）人。大臣贾充女。惠帝即位，立为皇后。太后父杨骏辅政。永平元年（291），贾后使楚王司马玮诛骏。以汝南王司马亮为太宰辅政，又矫诏使司马玮杀汝南王司马亮。旋以“擅杀”罪杀司马玮。荒淫放恣，酷虐暴戾。擅政十年，又杀愍怀太子司马遹，遂绝众望。卒为赵王司马伦所杀。《晋书》有传。

⑲愍怀太子：指晋惠帝太子司马遹（278—300），字熙祖，河内温县人。参看本卷上文注。许下：指许（今河南许昌）。

⑳虞祔（yú fù）：指虞祭与祔祭。虞祭为葬后之祭，祔祭指在祠庙中配享、附祭。

㉑虞祭：古祭名。葬后的祭祀。

㉒配食：祔祭，配享。颍川府君：指司马懿祖父司马俊。东汉末官吏。字元异，河内温县人。博学好古，仪状魁伟，官至颍川太守。晋武帝泰始初，设七庙之制以追祭之，称颍川府君。

㉓主者：主管人。本处指主管荐举官员的人，暗指司马肜。不庶几：犹言“不贤”或“不好”。

㉔益州乱：指永康元年（300）益州刺史赵廞叛乱。

㉕殄(tiǎn):尽,绝。本处指死亡。

㉖暴疾:突然发病。

【译文】

王长文有清高美好的才干与品行,博爱众生,广纳善言,心胸豁达,但又放荡不羁,不介意小恩小义、小廉小惠,也不喜好评论人物,故而当时人喜欢而且敬重他。因为母亲需要一份俸禄来供养,咸宁年间,王长文任蜀郡太守。郫县有个孝子叫罗偶,侍奉父母十分孝顺。父母将要去世时,因为病重而不能吃肉,故而罗偶终身不再吃肉。郡府察举他为孝廉。王长文追念罗偶,为他树立了牌坊表彰他。宰府征召王长文,三司以及抚军大将军王濬也多次征召王长文,王长文都没有应召前往。王濬去世后,王长文以前州将军的身份,前往祭吊。元康初年,王长文代理江原县令。江原县捕获了盗贼,王长文接见了他们,并进行劝导抚慰。当时正逢除夕,王长文都将他们遣送回家。监狱中先前关押的囚犯,也将他们遣送回家,对他们说:“地方教化不深厚,才让你们变成这样,这是长官的过错。蜡祭会饮的庆典就要到了,你们回去见你们的一家老小,好好过一个欢乐年;过完节后再回到这儿,我会想其他办法为你们开脱。”下属官吏恐惧慌张,争相阻止,但王长文不听。不久遇到朝廷发布大赦令,这些囚犯没有不感恩王长文的,这些被宽宥的人也不再作恶,说:“不敢辜负王君!”王长文因将奔丧辞去官职,百姓都怀念他的政绩。大将军、梁王司马肜和诸府都来征召王长文,王长文说:“我跟从先来征召我的一方。”于是王长文应司马肜之召,担任从事中书郎。诸王公卿倾慕他的名望,都和他交往。贾氏被诛灭后,王长文因跟从司马肜起事有功,被封为关内侯,后又再度出任中书郎。愍怀太子在许昌去世,博士、中书讨论虞祭与祔祭之礼。王长文提议:“虞祭应该留给东宫太子,以继承太子之位者为主祭;愍怀太子应该祔祭于颍川府君。”王长文的提议都被施行了。后被任命为洛阳令。王长文进见司马肜说:“主管人不贤,奏请我长文为洛阳令。”司马肜笑着回答说:“是阁下不贤,不是主管人不贤。”王长文坚决推辞而不接受任命。王长文听说益州有叛乱，便用《通经》卜筮，得到的是“老蚕缘枯桑”卦，叹息道：“桑树没有叶子，蚕儿就要死去。我是蜀人，将死于此。”王长文被拜为蜀郡太守，突然发病而死。享年六十四岁。

长文时人蜀郡柳竺、任兴，亦博学著闻，俱为州别驾。竺在右职[①]，公亮蹇蹇[②]。刺史盛怒，欲杀人，群下请，不听。竺乃怀缚径入[③]，顿几上[④]，乃极陈其刑理[⑤]。刺史从谢还缚。皆早亡。

【注释】

①右职：高职，要职。

②公亮：公正诚信。蹇蹇(jiǎn jiǎn)：忠直，刚正不阿貌。蹇，通“謇”。

③缚：绳索，捆绑的绳子。

④顿：放置。此处有用力抛掷的意思。

⑤刑理：刑法、法律的道理。

【译文】

王长文同时代的蜀郡人柳竺、任兴，也以博学闻名于世，都担任州府别驾。柳竺身居要职，公正诚信，刚正不阿。有一次，刺史大怒，想要杀人，群下请求，他都不听从。柳竺于是怀揣一根绳子，径直进入厅堂，把绳子抛在几案上，才极力陈述刑法之理。刺史听从了，道歉，将绳子还给柳竺。柳竺和任兴都死得早。

寿良，字文淑，蜀郡成都人也。父、祖二世，犍为太守。良少与犍为张征、费缉并知名[①]。治《春秋》三传，贯通五经。澡身贞素[②]。州从事，散骑、黄门侍郎。大同[③]，郡主簿，上计吏。察孝不就。州辟主簿、治中、别驾，举才行。刺史皇甫晏贡之三司[④]，遂辟太宰[⑤]。除霸城令、始平太守[⑥]，治政著称[⑦]。从扶风转秦国内史[⑧]。文立卒后，温令李宓表武帝言："二州人士零颓[⑨]，才彦凌迟[⑩]，无复厕豫纲纪后进、慰宁遐外者[⑪]。良公朝在时[⑫]，二州之望，宜见超予[⑬]，绍继立后[⑭]。"帝征为黄门侍郎，兼二州都、给事中、梁州刺史[⑮]。迁散骑常侍、大长秋。卒，葬洛北芒山[⑯]。

【注释】

①张征、费缉：本卷下文有小传。

②澡身：洗身使洁净，引申为修持操行。谓修养身心，使之高洁。《礼记·儒行》："儒有澡身而浴德。"孔颖达疏："澡身，谓能澡洁其身不染浊也；浴德，谓沐浴于德以德自清也。"贞素：贞纯素朴。

③大同：下当脱"后"字。《华阳国志》全书所记人物事迹，凡是由蜀汉而入两晋者，均作"大同后"。

④皇甫晏（？—272）：籍贯不详。曾任益州刺史，后被部将牙门张弘等所杀。

⑤辟太宰：意谓被太宰府征召为掾属（属吏）。

⑥霸城：县名。三国魏以霸陵县改置，属京兆郡。治所在今陕西西安东北。始平：郡名。西晋置，属雍州。治所槐里（今陕西兴平东南）。辖境相当今陕西咸阳、户县以西，宝鸡、兴平二市以南，秦岭以北地。

⑦治政：意谓治理有政绩。

⑧扶风：王国名。西晋改扶风郡置，治池阳县（今陕西泾阳西北）。按：本处所说"扶风"，指的是扶风国内史。

⑨二州：指梁州、益州。零颓：零落颓败。

⑩才彦：才子贤士。凌迟：衰退，衰败。

⑪厕豫：列入，参与。豫，通"与"。纲纪：治理，管理。后进：后辈。亦指学识或资历较浅的人。按：本处所说"纲纪后进"，有提携后人的意思。慰宁：安慰抚平。遐外：蛮荒之地（的人）。

⑫公朝：或作"公斡"。古代官吏在朝廷的治事之所，借指朝廷。

⑬超予：或作"超子"，误。言破格给予高位（刘琳）。

⑭绍继：继承。立：指文立。字广休，巴郡临江（今重庆忠县）人。参看本书卷一《巴志》注。

⑮州都：官名。州大中正的别称。魏晋时实行九品中正制，依品第选任官吏。郡置中正，州置大中正，掌管地方选拔官吏事宜。

⑯北芒山：亦作北山、郏山、芒山，即邙山东段。在今河南洛阳北。东汉及北魏之王侯公卿多葬于此。

【译文】

寿良，字文淑，是蜀郡成都人。父亲、祖父两代，都曾任犍为太守。寿良年轻时与犍为人张征、费缉都是当地的知名人士。寿良研究《春秋》三传，贯通五经。修养身心，纯贞素朴。任州从事，散骑、黄门侍郎。国家统一后，任郡主簿，上计吏。被察举为孝廉，但他没有接受。州府征召寿良为主簿、治中、别驾，向上举荐他的才智和德行。刺史皇甫晏向三司推荐寿良，征召他为太宰。寿良后任霸城县令、始平太守，以治理有政绩而著名。后从扶风国内史转为秦国内史。文立去世后，温县县令李宓上表给晋武帝说："梁、益二州人才零落，才俊衰微，不再有能够参与提携后人、安抚边远地区事务的人。寿良在朝廷的时候，是梁、益二州众望所归的人物，应该破格给予提拔，继承文立的事业。"晋武帝征拜寿良为黄门侍郎，兼任二州大中正、给事中、梁州刺史。寿良后升迁为散骑常侍、大长秋。寿良去世后，埋葬在洛阳北芒山。

征字建兴，张翼子也[①]。笃志好学[②]，官至广汉太守。缉字文平，清检有治干[③]，举秀才，历城令、涪陵太守[④]，迁谯内史[⑤]。

【注释】

①张翼（？—264）：字伯恭，犍为郡武阳（今四川眉山彭山区）人。参看本书卷四《南中志》注。

②笃志：专心致志，立志不变。

③清检：清廉俭朴。检，通“俭”。治干：处理政务的干才。

④历城：县名。秦置，属济北郡。治所在今山东济南。因城南历山（今名千佛山）而得名。

⑤谯：谯国。封国名。三国魏黄初元年（220）改谯郡置，治所在谯县（今安徽亳州）。内史：此指王国内史。官名。西汉初置，各诸侯王国皆置内史，负责政务。

【译文】

张征字建兴，是张翼的儿子。张征志趣专一，爱好学问，官至广汉太守。费缉字文平，清廉俭朴，有处理政务的干才，被举荐为秀才，曾任历城县令、涪陵太守，后升迁为谯国内史。

何攀，字惠兴，蜀郡郫人，汉司空汜乡侯武弟颍川太守显后也[①]。父包，字休杨[②]，察举秀孝[③]，皆不行；除琅琊王中尉[④]，不就。攀兄弟五人皆知名。攀少夙成[⑤]，奇姿卓逸[⑥]。弱冠，郡主簿、上计吏，州辟从事。刺史皇甫晏称攀“王佐才也”[⑦]，以为主簿。泰始十年[⑧]，丧母归家。晏为牙门张弘等所害，攀操表径诣洛讼释，事得清。刺史王濬复辟主簿、别驾[⑨]。

【注释】

①武:何武(?—3),字君公,蜀郡郫(今四川成都郫都区)人。参看本书卷三《蜀志》注。显:何显,蜀郡郫人。何武之弟。曾任颍川太守。

②休杨:或作"休扬"。以作"休扬"为佳。

③秀孝:秀才与孝廉的并称。为汉以来,隋唐以前荐举人才的两种科目。州举秀才,郡举孝廉。

④中尉:统兵武官。秦汉时为武职,俸中二千石,掌京城治安、巡逻捕盗。汉武帝太初元年改称执金吾。王莽时又改中尉为军中。东汉仍称中尉。

⑤夙成:早成,早熟。

⑥卓逸:卓越超绝。

⑦王佐才:辅佐帝王创业治国的人才。

⑧泰始十年:274年。

⑨王濬(206—285):字士治,弘农湖县(今河南灵宝)人。参看本书卷八《大同志》注。

【译文】

何攀,字惠兴,蜀郡郫人,是汉朝司空、氾乡侯何武的弟弟、颍川太守何显的后人。父亲何包,字休杨,被察举为秀才、孝廉,都没有应召;被任命为琅琊王的中尉,也没有到任。何攀兄弟五人都知名于世。何攀从小就早熟,天姿奇逸,卓越超绝。二十岁时,何攀担任郡主簿、上计吏,州府又征召何攀为从事。刺史皇甫晏称赞何攀是"王佐之才",任命他为主簿。泰始十年,何攀因母丧回到家中。皇甫晏被牙门张弘等人杀害,何攀带着奏章,径直到洛阳为皇甫晏辩解,事情最终得以澄清。刺史王濬又征召何攀为主簿、别驾。

咸宁三年[①],濬被诏罢屯田兵,作船,为伐吴调。攀进曰："今见佃兵但六百人，计作船六七年，财可胜万人[②]。后者未成，前者已腐，无以辅成国意[③]。宜辄召回守休兵及诸武吏，并万余人造作，岁终可辨[④]。"濬及纲纪疑辄召万兵[⑤]，欲先上须报[⑥]。攀曰："官家虽欲伐吴[⑦]，疑者尚多，卒闻召万兵，必不见听；以佃兵作船，船不时成。当辄召，以速为机，设当见却[⑧]，功夫已成，势不得止。"濬善之。议欲入山裁船[⑨]，动数百里，艰难。攀曰："今冢墓多种松柏，当什四市取[⑩]，以速为机。"濬悦之，任攀典舟船器杖[⑪]。

【注释】

①咸宁三年：277年。

②财：通"才"，仅仅。

③辅成国意：帮助完成国家统一的意愿，意谓讨伐吴国而完成统一。

④辨：通"办"，办理，做成。

⑤纲纪：代指古代公府及州郡主簿。

⑥须：等待。报：批复。

⑦官家：对皇帝的称呼。

⑧见：被。却：拒绝，取消。

⑨裁船：为造船准备材料。裁，通"材"，木材，材料。

⑩什四：十分之四。市取：意谓按市场价格收购。

⑪典：主持，主管。器杖：武器总称。

【译文】

咸宁三年，王濬得到诏书，停止军队屯田，制造船舰，为征伐吴国做准备。何攀进谏说："现在看造船的佃兵只有六百人，估计造船六七年，才可以超过一万人。后面的船只还没有造好，前面的船只已经腐烂了，这样是无法实现国家统一意愿的。应该立刻召回轮休的士兵和各郡武吏，加起来有一万余人造船，到岁末便可完成。”王濬和各州郡主簿则怀疑能否召集一万士兵，打算先上奏朝廷，等待批复后再做决定。何攀说：“皇帝虽然打算讨伐东吴，但对此表示怀疑的人很多，突然听说要召集一万士兵，奏章必定不会被采纳；使用佃兵制造船只，船只随时可以造成。应当马上召集人员，以迅速为关键，假设计划被取消，而大功已经告成，其势便不可阻止了。”王濬认为何攀说得对。在讨论造船之事时，有人提议进山采集造船材料，来回动不动就几百里，很艰难。何攀说：“现在坟墓旁大都种植松树和柏树，应当按市场价收购其中的十分之四，关键是要快。”王濬很高兴，任命何攀主管舟船及武器制造事务。

冬，遣攀使洛。攀曰：“圣人之功可成，使人信之不可必也[①]。夫高祖之大略[②]，犹未察于韩信、娄敬[③]，因萧何、子房而后用之[④]。今建非常之功，或莫之信。羊公[⑤]，使君同盟[⑥]，国家所重，加曩日失策西陵[⑦]，思有夙驾[⑧]。宜与相闻，此一助也。”濬曰：“何但羊叔子，亦宗元亮之忧[⑨]。君至洛，官家未有举意[⑩]，便前至襄阳与羊、宗论之。”攀既至洛，拜表献策，因至荆州与刺史宗廷论，宗未许。乃见羊祜，累日共画用兵之要。攀曰：“若令青、徐循海以趣京下[⑪]，寿春、扬州直指秣陵[⑫]，兖、豫逾淮并据桑浦[⑬]，则武昌以东、会稽以西必然骇困[⑭]。荆州、平南径造夏口[⑮]，巴东诸军固守西陵，益、梁之众浮江东下，封乐乡[⑯]，要巴丘[⑰]，则武陵、零、桂、长沙、湘东从风而靡矣[⑱]。但明信赏[⑲]，首尾俱会，旌旗耀天，四面云合，乘胜席卷，传檄南极[⑳]，吴会不尽平者[㉑]，未之有也。”羊祜大悦，遂表请伐吴。寻征濬大司农，至晋寿[㉒]，诏以濬为龙骧将军，除攀郎中，参濬军事[㉓]。攀频奉使诣洛，时未婚。司空裴公奇其才㉔，以女妻之。

【注释】

①可必：谓可以预料其必然如此。

②高祖：指汉高祖刘邦。字季，沛县人。参看本书卷一《巴志》注。

③韩信（？—前196）：淮阴（治今江苏淮安市淮阴区）人。参看本书卷六《刘先主志》注。娄敬：即刘敬。西汉齐人。本姓娄。刘邦定天下，娄敬因献定都关中之策有功，赐姓刘氏，号为奉春君。后封关内侯，号建信侯。刘邦在白登之围败于匈奴后，苦于北方边患，娄敬建议用和亲政策，因出使匈奴，与之结约。后又建议迁徙六国贵族后裔及豪强大族约十余万人充实关中，以削弱旧贵族势力。《史记》《汉书》有传。

④萧何（？—前193）：沛县人。参看本书卷二《汉中志》注。子房：张良（？—前186），字子房，相传为城父（今河南郏县东）人。参看本书卷七《刘后主志》注。

⑤羊公：指羊祜（221—278）：字叔子，泰山南城（今山东费县）人。参看本书卷八《大同志》注。

⑥使君：尊称州郡长官。

⑦曩（nǎng）日：往日，以前。失策西陵：指晋泰始八年（272），吴西陵督步阐据城降晋。吴派遣陆抗围攻西陵，破晋援兵。西陵陷落，步阐被擒斩。失策，计谋失误，谋划不当。西陵，都邑名，在今湖北宜昌市西北。

⑧夙驾：早起驾车行驶。本处意谓早日行动。夙，早。

⑨宗元亮：或作“宋元亮”。名廷，字元亮，籍贯不详。

⑩举意：决定。本处意谓举兵征伐东吴的决定。

⑪趣：通“趋”，趋向，奔向。京下：即京口。古城名。在今江苏镇江。

⑫秣陵：县名。秦始皇三十七年（前210）置，治今江苏南京市江宁

区南秣陵镇。属会稽郡。东汉建安十七年(212)改名建业,移治今南京市。西晋太康元年(280)灭吴,复名秣陵县;太康三年(282)以淮水(今秦淮河)为界,北为建业县,南为秣陵县。

⑬桑浦:又称大桑浦。在今江苏南京西南。

⑭骇困:惊骇困守。意近"困兽犹斗"。

⑮荆州、平南:指荆州军、平南军。夏口:又称沔口。为夏水(汉水)入长江之口。三国吴黄武二年(223),在大江东岸今湖北武汉黄鹄山(俗称蛇山)东北筑城,因名夏口。

⑯乐乡:城戍名。在今湖北松滋县东北。

⑰要:占领。巴丘:城戍名。即今湖南岳阳市。相传孙吴所筑。

⑱零、桂:指零陵郡、桂阳郡。从风而靡:谓如风之吹草,草随风倾倒。比喻强弱悬殊,弱者不堪一击,即告瓦解。

⑲信赏:有功必赏。

⑳传檄:传布檄文。南极:南方极远之地。代指东吴。

㉑吴会:地名。本为两汉时吴、会稽二郡的合称。后虽分郡渐多,仍通称这两郡的故地为吴会。本处指三国及西晋初孙吴所辖地区。

㉒晋寿:县名。西晋太康元年(280)改汉寿县置,属梓潼郡。治所在今四川广元西南。

㉓参军事:官名。王府、公府、军府、州府的佐吏。掌参谋议。

㉔裴公:裴秀(224—271),西晋大臣、地理学家。字季彦,河东闻喜(治今山西闻喜)人。少好学,有声名。魏末迁散骑常侍、尚书仆射。司马昭时参与改革官制,议五等之爵。入晋,加光禄大夫,官至司空。作《禹贡地域图》,为后世地图绘制学奠定了基础。《晋书》有传。

【译文】

冬天,王濬遣何攀出使洛阳。何攀说:"圣人的大功是可以成就的,但要让人相信这一点,则未必办得到。当年汉高祖有远大的谋略,还尚未察觉韩信、娄敬的大才，后因有萧何、张良的荐举而重用韩信、娄敬。现今要建立不同寻常的功业，有的人是不会相信的。羊祜，是阁下可靠的同盟，是国家倚重的栋梁，加上他以前曾经兵败西陵，心里想着早点有行动与建树。因此应该让他知道此事，这也是一大助力。”王濬说：“岂止是羊叔子的事，这也是宗元亮的忧虑。你到洛阳之后，如果朝廷没有举兵征伐东吴的想法，你就前往襄阳，与羊祜、宗元亮商议此事。”何攀到达洛阳之后，便上了奏表和计策，又趁机到荆州与刺史宗廷商议，宗廷没有同意。于是何攀去拜见羊祜，二人围绕用兵的关键，共同讨论了好多天。何攀说：“如果命令青州、徐州的军队沿海奔向京口，寿春、扬州直接攻打秣陵，兖州、豫州的军队越过淮河并占据桑浦，那么武昌以东、会稽以西的地区必然惊骇困守。荆州军、平南军直接到夏口，巴东的各路军马固守西陵，益州、梁州的军队顺长江东下，封锁乐乡，占领巴丘，那么武陵、零陵、桂阳、长沙、湘东就会望风投降了。只要能明确有功必赏，船队首尾相接，大军旌旗耀天，四面人马云集会合，乘胜前进，席卷州县，传布檄文到东吴，孙吴之地不能全部平定，那是不可能的。”羊祜十分高兴，于是上表朝廷请求讨伐东吴。不久朝廷征拜王濬为大司农，王濬到达晋寿，皇帝又下诏任命王濬为龙骧将军，任命何攀为郎中，参与王濬的军事。何攀频频奉命出使到洛阳，当时他还没有结婚。司空裴秀为何攀的才能感到惊奇，把自己的女儿嫁给了何攀。

五年秋，攀使在洛。安东将军王浑表孙皓欲北上[①]，边戍警戒，朝议征却须六年。攀上疏：“策皓必不敢出[②]，宜因今戒严[③]，掩取甚易[④]。”中书令张华命宿下舍[⑤]，设诸难[⑥]，攀皆通之。又言[⑦]：“濬性在忠烈，受命必果，宜重其位号。”诏书迁濬平东将军，督二州事。吴平，封关内侯。

【注释】

①王浑（223—297）：字玄冲，太原晋阳（今山西太原）人。参看本书卷八《大同志》注。孙皓（242—284）：三国吴皇帝。吴郡富春（今浙江富阳）人。参看本书卷四《南中志》注。

②策：度量，揣度。

③因今戒严：指利用孙皓北伐的信息作为掩护，趁机起兵攻吴。因，趁机。

④掩取：乘其不意而夺取或捕捉。

⑤下舍：家，私宅。

⑥设难：谓设辞诘难。

⑦又言："言"字原缺，据上下文及文意补。

【译文】

咸宁五年秋，何攀出使到了洛阳。安东将军王浑上表朝廷，说孙皓打算北上进兵，边境加强了警戒，而朝廷商议征伐吴国，却需要等待六年。何攀上疏说："下臣估计孙皓必定不敢出兵，现在应该趁其戒严之时，乘其不意而夺取吴地，这是很容易办到的事情。"中书令张华让何攀住在自己家里，设辞诘难何攀，何攀都能一一疏通。何攀又说："王濬性情忠义刚烈，一旦接受命令便一定会办到，应该加重他的爵位与名号。"皇帝下达诏书，升迁王濬为平东将军，都督梁、益二州的事务。吴国平定后，何攀被封为关内侯。

濬入拜辅国①，攀为司马②。上《论时务》五篇。除荥阳令③，进廷尉平④。有盗开城门下关者⑤，法据大辟⑥。攀驳之曰："上关，执信之主⑦；下关，储备之物。设有开上关，何以加刑？"遂减死。多所议谳⑧。迁散骑侍郎⑨。太傅杨骏谋逆⑩，请众官。攀与侍中傅祗、侍郎王恺等往⑪。惠帝从楚王玮、殿中中郎孟观策[12]，戒严，诛骏。骏外已匆匆[13]，攀与祗逾墙得出侍天子。天子以为翊军校尉[14]，领熊渠兵[15]，一战斩骏，社稷用安。封西城公，邑万户。

【注释】

①辅国：为辅国大将军、辅国将军的省称。官名。王濬任职后，“诏依征镇给五百大车，增兵五百人为辅国营，给亲骑百人、官骑十人，置司马。”（《晋书・王濬传》）

②司马：军府高级幕僚。掌参赞军务，管理府内武职，位仅次于长史。

③荥阳：县名。秦置，属三川郡。治所在今河南郑州西北古荥镇。西汉属河南郡。三国魏正始三年（242）为荥阳郡治。

④廷尉平：官名。简称廷平，亦称廷评、廷尉评。汉时为廷尉属官。西汉宣帝地节三年（前67），初置廷尉平四人，秩六百石。或说置左、右平二员。东汉唯置左平。魏晋南北朝去“左”字，置一员。掌平决诏狱之事。

⑤关：门闩，闩门的横木。按：城门的门闩有上下两重，在上者为“上关”，在下者为“下关”。

⑥大辟：古五刑之一，谓死刑。

⑦执信之主：控制大门的关键（汪启明）。

⑧议谳（yàn）：谓议罪量刑。

⑨散骑侍郎：官名。曹魏始置，秩六百石，员额四人，五品。与散骑常侍等共平尚书奏事。掌侍从左右，献纳得失。

⑩杨骏（？—291）：字文长，弘农华阴（今陕西华阴）人。其女为晋武帝皇后，以此迁车骑将军，封临晋侯。与弟杨珧、杨济势倾天下，时称“三杨”。惠帝立，为太傅、大都督。总揽朝政，遍树亲党，为政苛碎，刚愎自用。贾后欲干预政事，遂密旨诛杨骏，夷三族。《晋书》有传。谋逆：图谋叛逆，阴谋造反。

⑪傅祗(243—311):字子庄,北地泥阳(今陕西铜川耀州)人。魏太常傅嘏之子,傅咸族弟。起家太子舍人,累迁荥阳太守。河、济泛溢,修沈莱堰以治水患。百姓感恩,表迁常侍、左军将军。惠帝即位,入为侍中。讨杨骏有功,封灵川县公。历事赵王伦、成都王颖、东海王越。怀帝立,受推崇,累迁中书监。洛阳城破,议建行台,推为盟主。以司徒、持节、大都督诸军事传檄四方,征义兵。寻以疾暴卒。《晋书》有传。王恺:西晋官吏。字君夫,东海郯县(今山东郯城)人。王肃之子,王恂之弟,司马昭妻弟。少有才力而无检行。以讨杨骏功,封山都县公。累官龙骧将军,加散骑常侍。性豪侈,尝与石崇斗富。以外戚故,肆意妄为。《晋书》有传。

⑫楚王玮:司马玮(271—291),晋宗室。字彦度,河内温县(今河南温县)人。司马炎之子。初封始平王,后徙封楚王,都督荆州诸军事。晋武帝死,入为卫将军,加侍中。助贾后诛杀辅政外戚杨骏,后为贾后以擅杀朝臣罪斩之。《晋书》有传。殿中中郎:官名。西晋置。位在殿中将军之下,负责宫殿内之宿卫。孟观:西晋官吏。字叔时,渤海东光(今河北东光)人。少好读书。惠帝时,为殿中中郎。助贾后诬诛杨骏。后迁积弩将军,封上谷郡公,拜右将军。赵王司马伦篡,不听众议而从司马伦,为安南将军、监河北军事。及司马伦败死,惠帝复位,被诛。《晋书》有传。

⑬匆匆:或作"忽忽"。

⑭翊军校尉:武官名。西晋置。地位与北军五校尉同,大驾出行时,与五校并行护驾。

⑮熊渠兵:为宫廷卫队。《晋书·职官志》:"及文王纂业,初启晋台,始置二卫,有前驱养由之弩;及设三部,有熊渠、佽飞之众。"

【译文】

王濬入朝被拜为辅国大将军,何攀被任命为司马。何攀上奏《论时务》五篇。后被任命为荥阳县令,进升廷尉平。有个盗贼打开了城门下边的一道门闩，依据法律应判处大辟之刑。何攀反驳说："上关，是控制大门的关键；下关，是备用的门闩。假设有人打开了上关，那又如何加刑呢？"于是减免了盗贼的死刑。何攀多次议罪量刑。后升迁为散骑侍郎。太傅杨骏阴谋造反，邀请了众多官员商量。何攀与侍中傅祗、侍郎王恺等人亦前往参会。晋惠帝采纳了楚王司马玮、殿中中郎孟观的计策，宣布全城戒严，准备诛杀杨骏。杨骏门外都是行色匆匆的士兵，何攀与傅祗翻墙而出，前去侍卫皇帝。皇帝任命何攀为翊军校尉，率领熊渠兵，一次激战就斩杀了杨骏，国家因此得以安定。何攀被封为西城公，食邑一万户。

策曰①："於戏②！在昔先王光济厥世，罔不开国列土、建德表功也③。故逆臣杨骏谋危社稷，构兵④，飞矢集于殿庭⑤，白刃交于宫闱⑥。攀受命奋讨，凶逆速殄，忠烈果毅，朕甚嘉焉。今以魏兴之西城为攀封国⑦，锡兹玄社⑧，苴以白茅⑨，永为晋藩辅⑩。往钦哉！敬乃有土⑪，惠康黎元⑫，无或以隳尔显烈⑬。"又赏绢万匹，攀固辞，受五千匹。又锡拜弟逢平乡侯⑭，兄子夔关内侯。迁宣城内史⑮，不就，转东羌校尉⑯。西虏寇边，遣长史杨威讨之。违攀指授⑰，失利。征还，领越骑校尉。武库灾⑱，百官皆救火，攀独以兵卫宫，复赏绢五百匹。领河南尹，迁扬州刺史，假节⑲。在职数年，德教敷宣⑳。征虏将军石崇表东南有兵气㉑，不宜用远人㉒。征拜大司农，兼三州都。自表以被疾错忘㉓，不堪铨量人物㉔，让都职于任熙、费缉，不听。迁兖州刺史，锡宝剑、赤舄㉕，固辞不之官。时帝室政衰，多害忠直，又诸王迭起，好结党徒。攀阖门治疾，不与世务。朝议欲以为公，会薨，时年五十七。天子愍悼，追赠司农印绶，谥曰桓公。遗令敕世子务行恭俭，引荀公曾、诸葛德林为模范[26]。子璋嗣。

【注释】

①策：策书。古代君主对臣下封土授爵、免官或发布其他敕令的文件。

②於戏（wū hū）：犹於乎，呜呼。感叹词。

③列土：同“裂土”，分封土地。

④构兵：交兵，交战。

⑤飞矢：飞驰的箭。

⑥白刃：锋利的刀。宫闱：宫廷。

⑦魏兴：郡名。三国魏改西城郡置，属荆州。治所在西城县（今陕西安康西北）。辖境相当今陕西石泉、湖北郧西二县间汉水流域一带。

⑧玄社：黑土，即北方的土地。古代天子用五色（青、赤、白、黑、黄）土封五方诸侯。封于东方者取青土，南方者取赤土，西方者取白土，北方者取黑土，上方者取黄土。各取其色物，裹以白茅，封以为社。

⑨白茅：植物名。多年生草本，花穗上密生白色柔毛，故名。古代常用以包裹祭品分封诸侯，象征土地所在方位之土。

⑩藩辅：藩王，诸侯。

⑪有土：指有土地之君或有封地之臣。

⑫惠康：加恩使之安乐。黎元：即黎民。

⑬隳（huī）：毁坏，崩毁。显烈：昭著的功业。

⑭锡：通“赐”，赏赐。

⑮宣城：郡名。西晋太康二年（281）置。治所在宛陵县（今安徽宣州）。辖境相当今安徽长江东南部。

⑯东羌校尉：官名。安抚护卫监领东羌军政的武散官。

⑰指授:犹指令和授意。

⑱武库:储藏兵器的仓库。

⑲假节:假以符节,暂授以符节。节代表皇帝给予的一种权力。故授官加使持节、持节或假节时,权力就比一般官员大。

⑳敷宣:传播,宣扬。

㉑石崇(249—300):小名齐奴,字季伦,渤海南皮(今河北南皮)人。石苞之子。初仕晋为修武令,迁阳城太守。以伐吴有功,封安阳乡侯,升侍中。晋惠帝元康初,出为南中郎将、荆州刺史。贪财无厌,性奢华无度,尝与贵戚王恺斗富。晋惠帝时,为争夺歌妓绿珠,被赵王司马伦所杀。《晋书》有传。兵气:战争的气氛。

㉒远人:本处意指何攀。

㉓被疾:犹被病,患病。错忘:健忘。

㉔铨量:衡量。

㉕赤舄(xì):古代天子、诸侯所穿的鞋。赤色,重底。

㉖荀公曾:指荀勖(? —289),字公曾,颍川颍阴(今河南许昌)人。参看本卷前文注。诸葛德林:诸葛铨(? —311),西晋官吏。字德林,琅琊阳都(今山东临沂)人。诸葛绪之孙,诸葛冲之子。少时知名,入选"金谷二十四友"。累迁散骑常侍、廷尉、兖州刺史。永嘉五年(311),随从太尉王衍大军护送太傅司马越丧返还封国,途中为石勒军队所害。参看《晋书·后妃传上》。

【译文】

策书说:"呜呼!以前的君王,为了光大祖上的荣耀,没有不开疆拓土、建德显功的。原逆臣杨骏图谋危害国家,发动战争,以致飞箭会于殿庭,锋利的刀刃交于宫廷。何攀接受命令奋力讨伐,迅速消灭叛臣,忠义勇猛,果敢坚毅,朕十分高兴。现在将魏兴郡的西城作为何攀的封国,将北方的土地赏赐给他,并以白茅包裹,永远作为晋朝的藩王。恭敬地去吧!敬重那里的臣子,恩待那里的百姓,不要毁坏显赫的功业。"朝廷又赏赐了一万匹绢，何攀坚决推辞，只接受了五千匹。朝廷又赏赐何攀之弟何逢平乡侯爵位，何攀哥哥的儿子何夔关内侯爵位。升迁何攀为宣城内史，但他没有赴任，又转任东羌校尉。西边的胡虏侵犯边界，何攀派遣长史杨威讨伐他们。杨威违背何攀的指令和授意，结果被打败。何攀出征回朝，担任越骑校尉。有一次，武库发生火灾，百官都忙着救火，唯独何攀带领士兵保卫皇宫，朝廷又赏赐给他五百匹绢。何攀后又担任河南尹，升为扬州刺史，并被暂时授予符节。何攀任职多年，推行道德教化，美名广为传播。征虏将军石崇上表朝廷，说东南有兵气，不应任用远方来的人。朝廷征拜何攀为大司农，兼任三州都。何攀自己上表说因为身患疾病又健忘，不能胜任衡量人物的职责，请求将三州都之职让给任熙、费缉，但是没有被批准。何攀后升为兖州刺史，朝廷赏赐给他宝剑、赤舄，但何攀坚决推辞，没有赴任。当时皇室政权衰微，忠良正直的大臣多被陷害，又加上各地的诸侯王交替兴兵作乱，官场喜好结党营私。何攀闭门治病养病，不再参与朝廷的事务。朝廷商议打算授予何攀公侯爵位，恰好何攀去世，时年五十七岁。皇帝深感悲痛，追赠何攀为司农印绶，赐谥号桓公。何攀在遗嘱中告诫大儿子，务必要践行恭敬节俭，以荀勖、诸葛铨作为榜样。何攀的儿子何璋继承了他的爵位。

李毅，字允刚，广汉郪人也。祖父朝[①]，字伟南，州别驾从事。父旦，字钦宗，光禄郎中、主事。毅少散达[②]，不治素检[③]。年二十余，乃诣郡文学受业[④]，通《诗》《礼》训诂，为学主事[⑤]。太守弘农王濬临学讲试[⑥]，问祭酒姬艳曰[⑦]："学中有可成进几百人？"艳对曰："可有百人。"濬怒曰："童冠八百[⑧]，而成者百人，教少何为？"毅对曰："如艳之言，明府之教[⑨]，盛于孔氏，不为少也。"濬奇之，命为主簿。濬尝梦得三口刀，云人以禾益之，手持不得。以问郡丞与掾吏[⑩]，莫能知。毅对曰:"吉祥也。三刀者'州'字[11];而益之'禾',持不得,'禾'旁'失'者'秩'字。明府秩当至益州[12]。"濬笑曰:"如卿言,当相以为秀才。"

【注释】

①朝:李朝(? —222),字伟南,广汉郡郪(今四川三台)人。参看本书卷十《先贤士女总赞》注。

②散达:散漫放达。

③不治:不讲究。素检:犹素俭,朴素俭约。

④郡文学:官名。汉制,郡国设学校,置学官管理其事,称郡文学或郡文学掾。

⑤主事:官名。本处实指郡学(学校)的行政人员。

⑥讲试:讲学考察。

⑦祭酒:官名。汉代有博士祭酒,为博士之首。西晋改设国子祭酒,隋唐以后称国子监祭酒,为国子监的主管官。按:本处实指郡学(学校)的主持者(相当于校长)。

⑧童冠:指青少年。语出《论语·先进》:"莫春者,春服既成,冠者五六人,童子六七人,浴乎沂,风乎舞雩,咏而归。"

⑨明府:汉魏以来对郡守、牧尹的尊称。本处指巴郡太守王濬。

⑩郡丞:官名。秦汉郡置,为郡守(太守)副职,协助郡守掌郡务。掾吏:官名。官府中属吏的通称。

⑪三刀者"州"字:"州"字,隶书作[illegible]。"刀"字,隶书作[illegible]。从字形上看,"州"字似乎是三个"刀"字。

⑫秩:官吏的职位或品级。按:《晋书·王濬传》所载与此略异,"(王)濬夜梦悬三刀于卧屋梁上,须臾又益一刀,濬惊觉,意甚恶之。主簿李毅再拜贺曰:'三刀为州字,又益一者,明府其临益州乎?'"。

【译文】

李毅，字允刚，是广汉郪县人。祖父李朝，字伟南，曾任州别驾从事。父亲李旦，字钦宗，曾任光禄郎中、主事。李毅从小就散漫放达，不讲究朴素俭约。二十多岁时，李毅才到郡文学处读书，通晓《诗》《礼》训诂，后担任郡学主事。巴郡太守、弘农人王濬来学校讲学考察，并问祭酒姬艳说："学生中可以成才的有几百人吧？"姬艳回答说："大约有一百人。"王濬发怒道："学生有八百人，而成才的仅有一百人。教育成才者如此之少，是什么原因？"李毅回答说："如果真的像姬艳所说，太守殿下所办的教育，其实强于孔子，并不算少。"王濬认为他是奇才，便任命李毅为主簿。王濬曾经梦见得到三把刀，有人又把禾苗加到上面，他用手去拿却拿不到。他问郡丞和掾吏这个梦是什么寓意，没有谁能知道。李毅回答说："这是吉祥之兆。三把刀是一个'州'字；而加上'禾'，您拿不到，'禾'旁加个'失'，这是'秩'字。太守殿下的官职应能到益州刺史。"王濬笑着说："如果真像阁下所说，我应该趁机举荐阁下为秀才。"

张弘杀益州刺史皇甫晏，诬表晏反①。毅白濬曰："皇甫侯起自诸生②，位极方州③，又当何求？且广汉与成都密迩④，而统梁州者，衿益州之领⑤，须防若今日也⑥。益州有祸，乃此郡之忧。加张弘小竖⑦，众所不与，宜时赴讨。"濬欲先上后行，毅曰："大夫出疆⑧，苟利社稷，专之为贤⑨，何况杀主贼！急，当不拘常宜⑩。"濬从之，发兵与牙门满泰等共讨弘，斩之。诏书迁濬益州刺史，复为州主簿、别驾，举秀才。

【注释】

①诬表晏反：张弘杀皇甫晏而诬告皇甫晏谋反，可参看本书卷八《大同志》。

②诸生：生员。

③位极方州：谓官位达于州郡的最高一级。方州，指州郡。

④密迩：贴近，靠近。

⑤衿（jīn）：古代衣服的交领。本处用为动词，意为系结，结住。

⑥防：防备。按：广汉郡原属益州，蜀亡后割属新建的梁州。晋朝分益州置梁州的目的之一即控制益州。广汉郡之新都县距益州的中心成都仅四十里，而新都属梁州，其意甚明（刘琳）。

⑦小竖：詈词，犹言小子。

⑧出疆：犹出境。古代指离开某一封国疆土，前往他国。

⑨"苟利社稷"二句：《春秋公羊传·庄公十九年》："聘礼，大夫受命不受辞。出竟（境）有可以安社稷、利国家者，则专之可也。"专，专断，独自决断。

⑩常宜：常规。

【译文】

张弘杀了益州刺史皇甫晏，并上表朝廷诬告皇甫晏谋反。李毅对王濬说："皇甫侯起身于生员，官位达到州郡最高一级了，又当求什么呢？况且广汉与成都离得很近，而之所以统管于梁州，是让广汉作为益州的门户，防备出现今天这样的情况。益州一旦出现祸乱，也是广汉郡的忧患。再加上张弘这个小子的所作所为，是众人不赞成的，应该立刻出兵征讨。"王濬打算先上奏朝廷，然后再征讨张弘，李毅说："大夫出境任职，只要有利于国家，独自决断也是贤德，更何况这是讨杀主人的贼人！事情紧急，应当不拘泥于常规。"王濬听从了李毅的建议，与牙门满泰等一起发兵征讨张弘，并斩杀了他。朝廷下达诏书，升迁王濬为益州刺史，李毅再度担任州主簿、别驾，被举荐为秀才。

及濬伐吴，与何攀并为参军。吴平，封关内侯，除陇西护军。以疾去官，徙繁令。迁云南太守。濬临薨，上表。后武帝思濬勋，问毅所在。徙犍为，使持节、南夷校尉[1]。

【注释】

①南夷校尉：官名。西晋置。治理南夷少数民族的将领。

【译文】

到王濬讨伐吴国时，李毅与何攀同为参军。吴国被平定后，李毅被封为关内侯，又被任命为陇西护军。李毅后来因病辞去陇西护军之职，转任繁县令。又升迁为云南太守。王濬快去世时，上表朝廷，说明李毅与何攀的功劳。后来晋武帝思念王濬的功勋，询问李毅任职的地方。让李毅转到犍为任职，加使持节的权力，任南夷校尉。

久之，建宁民毛诜、李叡与朱提民李猛共逐太守杜俊、雍约以叛，众数万。毅讨破之，斩诜、猛首。叡走依五茶夷，夷亦叛。晋朝复置宁州，以毅为刺史，加龙骧将军，封成都县侯。夷遂大反，破没郡县，攻围州城。中原乱而李雄寇蜀，救援不至，疾病，薨于穷城[1]。怀帝嘉其忠节[2]，追赠少府，谥曰威侯。毅性通博[3]，居情雅厚[4]，赈恤寒贫[5]，笃于故旧[6]，人咸爱归之。但好谈调[7]，德重犹少[8]。

【注释】

①穷城：边城，危城。按：以上所述之事，可参看本书卷四《南中志》。

②忠节：忠贞而有节操。

③通博：通达开阔。

④雅厚：纯正宽厚。

⑤赈恤：以钱物救济贫苦或受灾的人。

⑥故旧：旧交，旧友。

⑦谈调：调侃，开玩笑。本处所说“谈调”，带有轻佻意。

⑧德重：威信。本处带有稳重意。

【译文】

很久之后，建宁百姓毛诜、李叡与朱提百姓李猛一起驱逐了太守杜俊、雍约，并发动叛乱，叛乱者有数万人。李毅率兵讨伐，击败叛军，斩杀了毛诜、李猛。李叡逃跑，投靠了五茶夷，五茶夷也叛乱了。晋朝又设置宁州，任命李毅为刺史，加授龙骧将军，封为成都县侯。夷人于是大规模造反，攻破郡县，围攻州城。时逢中原大乱，而李雄又侵略蜀地，以致没有援军到来，加上李毅又身患疾病，最终在边城去世。晋怀帝嘉奖了李毅的忠节，追赠他为少府，赐予他谥号为威侯。李毅性情通达，心胸开阔，为人纯正宽厚，赈济抚恤寒贫之人，对旧交故友很真诚，大家都喜欢归附他。但李毅喜欢开玩笑，不够稳重，威信还是少了些。

从弟苾，字叔平，修身砥砺名行①，数谏毅宜矜严②。毅笑应之曰：“吾小来不治名素③，终杖旄节④，故可至九卿。卿清检履道⑤，卒不失成都令也⑥。”时毅始受南夷，而苾为历城令。果作成都，迁犍为太守，位官不及毅⑦。

【注释】

①砥砺名行：磨炼自己的名望和品行。

②矜严：矜持严肃。

③名素：名望与素养。

④旄节：镇守一方的长官所拥有的符节。

⑤清检：清廉检束。履道：躬行正道。

⑥卒：终于，终究。

⑦位官：官位，官阶。

【译文】

李毅的堂弟李苾，字叔平，注意磨炼名望和品行，多次劝谏李毅应该注意矜持严肃。李毅笑着回答他说："我从小就不注重名望与素养，但终究还是持节一方，故而可以位至九卿。阁下清廉检束，躬行正道，但最终不过一介成都县令而已。"当时李毅刚接受南夷校尉的职位，而李苾是历城县令。后来，李苾果然做了成都县令，又升迁为犍为太守，但其官位赶不上李毅。

毅子钊，世秉儒学，有格望[①]。以父任为谒者[②]，除寿林侯相，不就。为尚书外兵郎[③]。自表赴难。至牂柯，夷断道，不得进，经年。以宁州城中无谷，父疾病，未知吉凶，不食谷，惟茹草[④]，迄至奔丧。至朱提、越巂太守、西夷校尉。毅女秀，适汉嘉太守新都王载，有才智。父亡后，州文武推领州三年[⑤]。

【注释】

①有格望：意谓有声望，而且是名副其实的声望。格，有正确、精当、方正之意。

②以父任：谓以父荫而任官职。

③尚书外兵郎：官名。尚书省外兵曹长官通称，亦称外兵郎中。三国魏始置，属五兵尚书，掌管京畿外军队。西晋分设左、右外兵郎。

④茹草：吃草。

⑤州文武推领州三年：按：此即本书卷四《南中志》所说"文武以毅女秀明达有父才，遂奉领州事"。领，兼任，管理。

【译文】

李毅的儿子李钊，世代秉持儒学传统，有很高的声望。李钊以父荫而担任谒者，又被任命为寿林侯相，但他没有赴任。后来，李钊做了尚书外兵郎。自己上表朝廷，愿意远赴危难。李钊到牂柯时，夷人阻断道路，不能继续前进，在此滞留了好多年。因为宁州城中没有粮谷，父亲又身患疾病，而且不知吉凶，所以李钊就不吃粮谷，只吃草，一直坚持到奔丧之时。李钊官至朱提、越巂太守、西夷校尉。李毅的女儿李秀，嫁给汉嘉太守、新都人王载，有才能智谋。父亲去世后，宁州的文武百官推举她管理州务三年。

二州当元康中位至方州节将者①：寿良、何攀及毅。永嘉中，巴张奕希祖为荆州刺史、南蛮、长水校尉②；蜀郡张峻绍茂为监南中八郡事、西夷校尉、持节③。

【注释】

①元康：底本作“太清”，误。西晋无“太清”年号，而寿良为扬州刺史在太康末或元康中，何攀为东羌校尉、扬州刺史、兖州刺史在元康中，李毅为南夷校尉亦在元康中，故可知本处的“太清”当作“元康”（刘琳）。方州：指州郡长官。节将：持节的大将。

②张奕希祖：张奕，字希祖，巴郡南充国（今四川南部县）人。张嶷之孙。曾任梁州刺史。

③张峻绍茂：张峻，字绍茂，蜀郡成都（今四川成都）人。南中八郡：指建宁、云南、永昌、兴古、牂柯、朱提、越巂、晋宁八郡。

【译文】

梁、益二州在元康年间官位达到持节一方的州郡长官的大将：寿良、何攀和李毅。永嘉年间，巴郡人张奕（字希祖）担任荆州刺史、南蛮校尉、长水校尉；蜀郡人张峻（字绍茂）担任监南中八郡事、西夷校尉、持节。

杨邠，字岐之，犍为武阳人也。少好学志古[①]，藻励名行[②]。州辟主簿、别驾，刺史王濬举秀才，安汉、雒令、王国中尉[③]。以选为尚书郎，迁汶山太守。值夷复仇，失殊俗和[④]，徙授巴东，转广汉。永嘉初，进衡阳内史。遇流民叛乱[⑤]，攻没长沙、湘东，邠辄救助。贼众浸盛[⑥]，遂破郡城，获邠。欲以为主，邠不许。贼昼夜持守[⑦]。邠候其小怠，夜急走，比觉[⑧]，已去远。收余众，军重安[⑨]。欲投湘州刺史荀眺[⑩]，共图进取。会眺降贼，邠孤军固城。贼围之，誓死不移，遂卒城中[⑪]。时年六十九。帝为镇东大将军[⑫]，嘉其忠节死义[⑬]，遣使吊赠[⑭]。策曰："惟永嘉七年四月己未，使持节、都督扬、江、湘、交、广五州诸军事、镇东大将军琅琊王睿谨遣板命前衡阳内史杨君[⑮]：忠肃贞固[⑯]，守正不移，虽危逼[⑰]，节义可嘉。不幸殒卒孤城，甚悼之。今列上尚书，赠君淮南内史。魂而有灵，嘉兹宠荣。呜呼哀哉！"

【注释】

①志古：谓笃信古道。

②藻励：整饰与磨炼。指人砥砺名节。励，通"厉"。

③王国中尉：官名。武职。秦置，掌京城治安禁盗贼。武帝太初元年（前104）更名为执金吾。晋及南朝沿置。

④失殊俗和：边地不能和睦相处。殊俗，指风俗不同的边远地区。本处指的是汶山一带。

⑤流民叛乱：指以杜弢为首的流民起义。

⑥浸：渐渐，逐渐。

⑦持守：看守，监守。或作"执守"。

⑧比：及，等到。

⑨军：驻扎，驻军。重安：县名。东汉永建三年（128）改钟武县置，治今湖南衡阳西北。后置重安侯国。三国吴复为县，属衡阳郡。

⑩荀眺：籍贯不详。曾任湘州刺史。

⑪遂卒城中：《晋书·怀帝纪》："（永嘉五年）五月，益州流人汝班、梁州流人蹇抚作乱于湘州，虏刺史苟（荀）眺，南破零、桂诸郡，东掠武昌，安城太守郭察、邵陵太守郑融、衡阳内史滕育并遇害。"《晋书》所说"滕育"，当即《华阳国志》所说"杨攽"（参考刘琳说）。

⑫帝：指晋元帝司马睿（276—322）。参看本书卷九《李特雄期寿势志》注。在即位前，司马睿曾任安东将军、镇东大将军。

⑬死义：为义而死。谓恪守大义。

⑭吊赠：谓吊唁并赠送财物。

⑮板：本处意同"策书"。

⑯忠肃：忠诚恭敬。贞固：守持正道，坚定不移。

⑰危逼：危迫，危急。

【译文】

杨攽，字岐之，是犍为武阳人。从小就好学信道，砥砺名节。州府征召他为主簿、别驾，刺史王濬举荐他为秀才，杨攽历任安汉县令、雒县县令、王国中尉。杨攽后来被遴选为尚书郎，迁为汶山太守。这时正逢夷人起兵复仇，边地不能和睦相处，杨攽调往巴东任职，又转任广汉。永嘉初年，杨攽晋升为衡阳内史。在任上遇到流民造反，流民攻占了长沙、湘东，杨攽就发兵救援。流民队伍日渐强盛，攻破了郡城，俘获了杨攽。流民想让杨攽做队伍的首领，杨攽不答应。流民派人日夜看守着杨攽。杨攽趁看守的人略有懈怠，连夜急忙逃跑，等流民发觉之时，杨攽已经离开很远了。杨攽收拾残余部队，驻扎在重安。本打算投奔湘州刺史荀眺，共同谋划进一步的行动。恰好碰上荀眺投降了流民，杨攽便孤军固守城池。流民围攻城池，杨攽誓死不投降，最终死于城中。时年六十九岁。

晋元帝当时为镇东大将军，嘉奖杨邠忠贞守节、恪守大义，派遣使节前往吊唁。策书说："时在永嘉七年（313）四月己未日，使持节、都督扬州、江州、湘州、交州、广州五州诸军事、镇东大将军琅琊王司马睿，派遣使节，手持策书，表彰前衡阳内史杨君：忠诚恭敬，守持正道，即使危难相逼，亦誓死不移，其节义可嘉可奖。杨君不幸殒命于孤城，我甚为悲悼。现在杨君列入上尚书官位，追赠你为淮南内史。人去世后如有魂灵，也会为这一尊荣感到高兴。呜呼哀哉！"

邠同郡杨稷文曹①，泰始初为交阯太守，平九真、郁林、日南四郡②，斩吴交州刺史刘峻、大将军修则③。武帝方授交州，会孙皓遣大将薛珝、陶璜十万人攻稷④。被攻八月，救援不至，众寡不敌，遂为珝、璜所获。囚稷，欲以送皓，稷殴血死⑤。帝嘉其忠烈殒命⑥，赠交州刺史也。

【注释】

①杨稷（？—271）：字文曹，犍为（治今四川眉山彭山区）人。参看本书卷四《南中志》注。

②九真：郡名。西汉元鼎六年（前111）平南越后置，治所在胥浦（今越南清化省东山县阳舍村）。辖境相当今越南清化、河静两省及义安县东部地区。

③大将军修则：《华阳国志》本处所记有误，当作"前部督修则"。《三国志·吴书·三嗣主传》："初，毛炅与吴军战，杀前部督修则。"本书卷四《南中志》："吴交州刺史刘峻、前部督修则领军三攻稷，皆为稷所败。"

④薛珝：三国吴将领。沛郡竹邑（今安徽宿州）人。参看本书卷四《南中志》注。陶璜：三国吴及晋官吏、将领。字世英，丹杨秣陵

（今江苏南京）人。参看本书卷四《南中志》注。

⑤殴血：吐血。殴，或作“欧”。

⑥殁命：殒命，牺牲。

【译文】

杨邠同郡人杨稷（字文曹），泰始初年任交阯太守，平定九真、郁林、日南等四个郡，斩杀吴国交州刺史刘峻、大将军修则。晋武帝刚授命杨稷治理交州，恰逢孙皓派遣大将薛珝、陶璜率十万人进攻杨稷。交州城被围攻了八个月，而救援队伍不能前来，由于众寡不敌，杨稷最终被薛珝、陶璜擒获。他们把杨稷装入囚车，打算把他送交孙皓，杨稷吐血而死。晋武帝嘉奖杨稷忠烈而牺牲，追赠他为交州刺史。

费立，字建熙，犍为南安人也。父揖，字君让，巴西太守。立学义冲邃[①]，玄静沈嘿[②]。察孝廉，王国中尉。王年少，好轻行游观[③]。立常正色匡谏[④]，及上疏风喻[⑤]。辞义剀切[⑥]，合箴规之体[⑦]。出为成都令。县名难治，立莅之垂绩[⑧]。以性公亮[⑨]，入为州大中正。除巴西太守，不就，转梁、益、宁三州都督，兼尚书。值大驾西幸长安[⑩]，常与大臣居守在洛。加员外散骑常侍[⑪]，封关内侯。每准正三州人物[⑫]，品格褒贬，帅意方规[⑬]，无复疏亲，莫不畏敬；然委曲者多恨其绳墨[⑭]。数辞诸郡，意在河、泰、汝、颍[⑮]。久之，朝议欲以为荆州。永嘉六年，与子并没于胡寇[⑯]。

【注释】

①学义：犹学问，学识。冲邃：精深，深厚。

②玄静：谓清静无为的思想境界。沈嘿：同“沉默”，犹沉静。

③轻行：轻装疾行。游观：犹游览。

④正色：谓神色庄重、态度严肃。匡谏：匡正谏诤。

⑤风喻：同“风谕”，以委婉的言辞劝告开导。

⑥辞义：辞采和文义。指文章的形式和内容两方面。劘（mó）切：恳切。

⑦箴规：劝诫规谏。

⑧垂绩：留下政绩。

⑨公亮：公正诚信。

⑩大驾：皇帝出行，仪仗队之规模最大者为大驾。代指皇帝。本处特指晋惠帝。永兴元年（304）十一月，张方逼晋惠帝迁长安，太弟司马颖、豫章王司马炽从，复改元永安。光熙元年（306）六月，晋惠帝至洛阳，改元光熙。

⑪员外散骑常侍：官名。为正员之外的散骑常侍，无定员。掌侍从顾问。

⑫准正：据一定标准查对、评判。

⑬帅意：谓循其意志。本处意谓秉持公意。方规：方圆规矩，标准。

⑭委曲：邪曲不正。绳墨：木工画直线用的工具。比喻规矩、准则。

⑮河：黄河。泰：泰山。本处所说河、泰，指的是山东地区。汝：汝水。淮河支流。上游即今河南北汝河，下游为南汝河。颍：颍水。淮河支流。今颍河源出河南登封嵩山西南，东南流到周口市商水县纳沙河、贾鲁河，至安徽寿县正阳关入淮河。本处所说汝、颍，指的是河南地区。

⑯没：同“殁”，死。胡寇：本处特指前赵刘聪（匈奴族）。永嘉五年（311），刘聪攻陷晋都洛阳，俘虏晋怀帝司马炽，后又鸩杀之。

【译文】

费立，字建熙，是犍为南安人。父亲费揖，字君让，曾任巴西太守。费立学问深厚，为人淡泊而深沉。费立被察举为孝廉，任王国中尉。封王青春年少，喜好轻装疾行外出游览。费立经常态度严肃地匡正劝谏，并上疏婉言劝告。他的上疏很有文辞，内容恳切，合乎箴规的文体要求。费立出任成都县令，成都县号称难治之县，费立到任治理留下了政绩。费立因秉性公正诚信，入朝担任州大中正。后被任命为巴西太守，但他没有赴任，转任梁、益、宁三州都督，兼领尚书。时逢晋惠帝西行到了长安，费立常年与大臣们留守在洛阳。加任员外散骑常侍，被封为关内侯。费立每每在评判梁、益、宁三州人物时，都按照品格的高下进行评论，秉持公意，有其标准。因此，不论亲疏，没有不对他表示敬畏的；但是邪曲不正的人大多憎恨他坚持准则。费立多次推辞到州郡任职，想在河、泰、汝、颍一带尽职。很久之后，朝廷商议打算让他去荆州。永嘉六年，费立与儿子一起死于胡人之手。

立时，汉国吕淑字伟德①，以清彦辟别驾②，举秀才，尚书郎、秦国内史、长水校尉、员外常侍、梁州都督③。与立同没胡寇。

【注释】

①汉国：即汉中。

②清彦：犹美彦，才德出众之士。

③员外常侍：官名。“员外散骑常侍”的省称。见前注。

【译文】

与费立同时的人物，有汉国人吕淑（字伟德），他以才德出众被征召为别驾，被举荐为秀才，担任尚书郎、秦国内史、长水校尉、员外常侍、梁州都督。与费立一样，吕淑也死于胡人之手。

常骞，字季慎，蜀郡江原人也。祖父竺，字代文，南广太守、侍中。父伟，字公然，阆中令。骞治《毛诗》《三礼》，以清尚知名[①]。州辟部从事、主簿,郡请功曹。察孝廉,萍乡令[②]。以选为王国侍郎[③],出为绵竹令;国王归之[④],复入为郎中令。从王起义有功[⑤],封关内侯。迁魏郡太守,加材官将军。以晋政衰,睹中原不静,固辞去官。拜新都内史[⑥]。时蜀乱,民皆流在荆、湘,徙湘东太守,疾病,未拜,卒,年六十八。骞性泛爱,敦友宗族[⑦],当官修理,恕以抚物[⑧],好咨问[⑨],动必谦让,州乡以为仪范[⑩]。

【注释】

①清尚:清白高尚。亦谓高尚的节操。

②萍乡:县名。三国吴宝鼎二年(267)析宜春县置,属安成郡。治所在今江西萍乡市东。

③王国:底本作"国王",误。

④国王:指成都王司马颖(刘琳)。司马颖(279—306),字章度,河内温县(今河南温县)人。参看本书卷八《大同志》注。

⑤从王起义:大概指的是晋惠帝永宁元年(301),成都王司马颖响应齐王司马冏,起兵讨灭赵王司马伦事(刘琳)。

⑥新都:指新都王司马衍(321—342),字世根,河内温县(今河南温县)人。参看本书卷九《李特雄期寿势志》注。晋惠帝后期,司马衍被封为新都王。

⑦敦友:敦睦友爱。

⑧抚物:体恤部属。

⑨咨问:咨询,请教。

⑩仪范:典范,表率。

【译文】

常骞,字季慎,是蜀郡江原人。祖父常竺,字代文,曾任南广太守、侍中。父亲常伟，字公然，曾任阆中县令。常骞研究《毛诗》《三礼》，以节操高尚出名。州府征召他为部从事、主簿，郡府聘请他为功曹。常骞被察举为孝廉，任萍乡县令。被遴选为王国侍郎，后出任绵竹县令；成都王将常骞调了回来，常骞又入朝担任郎中令。跟从成都王起义有功，被封为关内侯。升迁为魏郡太守，加授材官将军。因晋朝政权衰落，常骞目睹中原动荡不安，便坚决辞去官职。后来，常骞出任新都王内史。时值蜀地动乱，老百姓都纷纷逃难，流浪到荆、湘之地，常骞转任湘东太守，而因身患疾病，还没有赴任就去世了，享年六十八岁。常骞本性博爱，爱睦宗族之人，为官治理事务，对下宽恕，体恤部属，爱向人请教，做事往往谦让，州、乡官民以他为表率。

二州清官见述者[①]，先有宜都太守犍为唐定义业、陇西太守巴西冯佡休翊[②]，而后骞云。

【注释】

①见述：被记述。

②唐定：字义业，犍为（治今四川眉山彭山区）人。曾任宜都、巴郡太守，因信奉陈瑞之道而被王濬免官。本书卷八《大同志》："益州民有奉瑞道者，见官二千石长吏巴郡太守犍为唐定等，皆免官除名。"冯佡（xiān）：字休翊，巴西（治今四川阆中）人。曾任陇西太守。佡，古同"仙"。轻举貌。

【译文】

梁、益二州被记述的清官，先前有宜都太守犍为唐定（字义业）、陇西太守巴西冯佡（字休翊），而后便有常骞。

常宽，字泰恭，骞族弟，郪令勖弟子也[①]。父廓，字敬业，以明经著称[②]，早亡。阖门广学，治《毛诗》《三礼》《春秋》《尚书》，尤耽意大《易》[3]，博涉《史》《汉》，强识多闻。而谦虚清素[4]，与俗殊务[5]。郡命功曹，及察孝廉，不就。州辟主簿、别驾，举刺史罗尚秀才[6]。为侍御史，除繁令，随民县零陵[7]。以举将丧去官[8]。湘州叛乱，乃南入交州。交州刺史陶咸表为长史[9]，固辞不之职。虽流离交城，衣敝温袍[10]，冠皮冠，乘牛往来，独鸠合经籍，研精著述。依孟阳宗、卢师矩著《典言》五篇[11]，撰《蜀后志》及《后贤传》，续陈寿《耆旧》作《梁益篇》[12]。元帝践祚[13]，嘉其德行洁白，拜武平太守[14]，民悦其政。以荣贵非志，在官三年，去职。寻梁硕作乱[15]，得免难。卒于交州。凡所著述诗、赋、论、议二十余篇。

【注释】

①勖：常勖，字修业，蜀郡江原（今四川崇州）人。本卷上文有传。

②明经：通晓经术。

③耽意：专心，专注。

④清素：清正廉洁。

⑤殊务：志趣不同。

⑥罗尚（？—303）：字敬之，一名仲，字敬真，襄阳（今湖北襄阳）人。参看本书卷八《大同志》注。

⑦随民县零陵：当时繁县百姓多流入零陵，故晋王朝在零陵郡侨置繁县，仍以常宽为繁县令。县，侨县，侨置的县邑。

⑧举将：犹举主。对被荐举者而言，荐举人为举主。本处特指荐举者罗尚。太安二年（303），李雄与李流收余众攻益州，罗尚败，委城而遁，寻卒。

⑨陶咸：《晋书·王谅传》亦作“陶咸”，而《晋书·陶璜传》作“陶

威”。丹阳秣陵（今江苏南京）人。陶璜之子。曾任苍梧太守、交州刺史。

⑩䅵（wēn）袍：以乱麻衬于其中的袍子。古为贫者所服。䅵，通“缊”。《论语·子罕》：“衣敝缊袍，与衣狐貉者立，而不耻者，其由也与？”朱熹集注：“缊，枲著也；袍，衣有著者也，盖衣之贱者。”

⑪孟阳宗、卢师矩：二人当为晋初之人（任乃强）。事迹不详。

⑫续陈寿《耆旧》作《梁益篇》：指常宽所作《续益部耆旧传》。续陈寿《益部耆旧传》而作，记梁州、益州历史人物的事迹。久佚。按：《隋书·经籍志》著录有《蜀志》一卷，自注云“东京武平太守常宽撰”。又，《隋书·经籍志》著录有《续益部耆旧传》二卷，章宗源、姚振宗《〈隋书·经籍志〉考证》亦以为此乃常宽作品。

⑬践祚：比喻皇帝登上皇位，登基。祚，通“阼”，皇帝御座前的台阶。

⑭武平：郡名。三国吴建衡三年（271）置，治所在武定县（今越南永富省永福县东南平州）。

⑮梁硕：（？—323）两晋之际交州地方官吏。初为刺史顾寿帐下督，因顾寿欲杀之，逃跑得免，遂起兵杀顾寿，迎故刺史陶璜之子陶威领州。此后相继立陶威之弟陶淑、陶淑之子陶绥为刺史，自为新昌太守专州事，境内安堵。建兴末绥卒，王敦以其不能制，遣长沙人王机为刺史，为其所败。于是梁硕自领交阯太守，又迎故吴将修则之子修湛行州事。及永昌元年（322）王敦作乱，又遣王谅为刺史，交州遂乱。以王谅到境即诱杀修湛，王谅又屡遣客刺之，梁硕因于次年五月率众围龙编（在今越南河内东），攻杀王谅。不久为陶侃部将高宝所攻，兵败被杀。

【译文】

常宽，字泰恭，是常骞同族的弟弟，郪城县令常勖弟弟的儿子。父亲常廓，字敬业，因通晓经术知名于世，死得早。常宽闭门博学，研究《毛诗》《三礼》《春秋》《尚书》等，而对《周易》的研究尤为专注，又广泛涉猎《史记》《汉书》，博闻强识。常宽为人谦虚，清正廉洁，其志趣与世俗不同。郡府任命常宽为功曹，又察举他为孝廉，但常宽没有接受。州府征召常宽为主簿、别驾，刺史罗尚举荐常宽为秀才。后来做了侍御史，担任繁县县令，后随当地百姓到了零陵郡，仍担任侨置的繁县县令。因举主罗尚的离世而辞去官职。湘州发生叛乱，常宽于是南下进入交州。交州刺史陶咸上表朝廷，推荐常宽为长史，但常宽坚决推辞不到任。即使流离失所于交州城，穿破旧的袍子，戴皮帽，乘坐牛车往来，但他还是汇集经籍，精研学问，奋笔著述。常宽依照孟阳宗、卢师矩所著《典言》五篇的体例，撰写了《蜀后志》和《后贤传》，又接续陈寿的《益部耆旧传》而作《梁益篇》。晋元帝登基后，嘉奖常宽德行高洁，任命他为武平太守，武平百姓也为其政绩而欣喜。因荣华富贵不是他的志向，常宽为官三年，便辞去官职。不久梁硕叛乱，常宽幸运地逃过灾难。死于交州。他所著述的诗、赋、论、议等共有二十多篇。

子长生，字彭祖，亦有学行。州主簿、资中令、治中从事。早亡。

【译文】

儿子常长生，字彭祖，也有学问品行。曾任州主簿、资中县令、治中从事。死得很早。

时蜀郡太守巴西黄容[①]，亦好述作，著《家训》《梁州巴纪》《姓族》《左传钞》凡数十篇。汉嘉太守蜀郡杜龚敬修亦著《蜀后志》[②]，及志赵廞、李特叛乱之事，及丧纪礼式，后生有取焉[③]。

【注释】

①黄容：巴西（治今四川阆中）人。曾任蜀郡太守。其名仅见于《华阳国志》，其生平不详。

②杜龚：蜀郡（治今四川成都）人。曾任汉嘉太守。著有《蜀后志》。其名仅见于《华阳国志》，其生平不详。

③后生：年轻人，晚辈。按：本处所说“后生”，可理解为常璩本人。

【译文】

当时蜀郡太守、巴西人黄容，也爱好著述，著有《家训》《梁州巴纪》《姓族》《左传钞》等共几十篇。汉嘉太守、蜀郡人杜龚（字敬修）也著有《蜀后志》，并记述赵廞、李特叛乱之事，以及丧纪礼仪。晚辈在写作时，曾取材于其书。

谯登[①]，字慎明，巴西西充国人，谯周孙也。伯父熙[②]，察孝廉，本部大中正、沔阳令[③]。叔父同，字彦绍，少知名，拒州郡之命，梁州刺史寿良与东羌校尉何攀[④]，贡之三司及大将军幕府，为尚书郎，除锡令[⑤]，亦有为作传者。

【注释】

①谯登（？—311）：字顺明（一作慎明），巴西西充国（治今四川阆中）人。参看本书卷八《大同志》注。

②伯父熙：底本作“仲父熙”，误。《三国志·蜀书·谯周传》：“（谯）周三子，熙、贤、同。”裴松之注：“（谯）周长子（谯）熙。”

③大中正：官名。魏晋时期，负责评定士族品第，作为朝廷选任官吏的依据。晋代称州中正为“大中正”，称郡中正为“小中正”。沔阳：县名。西汉置，属汉中郡。治所在今陕西勉县东。以在沔水之阳（北）得名。

④寿良：字文淑，蜀郡成都（今四川成都）人。参看本书卷十一《后贤志》注。何攀：字惠兴，蜀郡郫（今四川成都郫都区）人。参看本书卷二《汉中志》注。

⑤锡：县名。西汉置，属汉中郡。治所在今陕西白河东南。

【译文】

谯登，字慎明，巴西西充国人，是谯周的孙子。伯父谯熙，被察举为孝廉，曾任本州大中正、沔阳县令。叔父谯同，字彦绍，年轻时就很有名气，拒绝了州府和郡府的任命，梁州刺史寿良与东羌校尉何攀，把谯同推荐给三司以及大将军幕府，担任尚书郎，转任锡县令，也有为谯同作传的人。

登少以公亮义烈闻，郡命功曹，州辟主簿，别驾从事，领阴平太守。郡五官素大姓豪擅[①]，侵凌羌、晋，登诛之，郡中皆肃。后以李特作乱[②]，本郡没寇，父为李雄巴西太守马脱所杀[③]，乃东诣镇南刘公请兵[④]。时中原乱，守公三年，不能得兵，表拜扬烈将军、梓潼内史，使合义募[⑤]。登凡募巴、蜀流士得二千人。平西罗尚以退住巴郡，登从尚索益军讨雄，不得。乃往攻宕渠，斩脱，食其肝。巴西贼破，复诣尚求军。尚参佐多以必无利[⑥]。登愤恚[⑦]，数凌折之[⑧]，又加责于尚，尚但下之而已。会罗羕杀雄太尉李离[⑨]，举梓潼来降，登径进涪城。雄自攻登，为登所破。而尚将张罗进屯犍为之合水[⑩]；文硕杀雄太宰李国，以巴西降。罗遣军掠广汉，破雄叔父骧[⑪]，虏其妻子，募人斫雄头。贼以向困，而尚卒。参佐恨登之见矜侮[⑫]，不供其军食。益州刺史皮素至巴东[⑬]，敕平西送故遣将张顺、杨显救登。至垫江，素遇害，顺、显还。雄知登乏食，遣骧致攻。兵穷士饿，誓死不退，众亦饿死而无去者。永嘉五年[14]，为骧所生得[15]，舆登致雄。言辞慷慨，涕泣歔欷，无服降臣折情。雄乃杀之，囚其军士，皆以为奴虏，畀兵士[16]。而连阴雨百余日，雄中以登为枉，而所领无辜，怒气感天。下赦，出登军士湮没者[17]。

【注释】

①郡五官：五官掾，州郡的属官。擅：独揽。

②李特（？—303）：西晋末益州流民起义首领。字玄休，巴西郡宕渠（今四川渠县）人。参看本书卷八《大同志》注。

③李雄（274—334）：巴西郡宕渠人，后徙居略阳临渭（今甘肃秦安县）。李特第三子。参看本书卷一《巴志》注。

④镇南刘公：即镇南大将军、荆州刺史刘弘。刘弘（236—306），西晋官吏。字和季，沛国相（今安徽淮北西北）人。参看本书卷八《大同志》注。

⑤使合义募：让他募集义务兵。

⑥参佐：部下，僚属。

⑦愤恚（huì）：愤恨，怨恨。

⑧凌折：折辱。

⑨李离：巴西郡宕渠人。参看本书卷八《大同志》注。

⑩张罗：字景治，河南梁（今河南汝州）人。参看本书卷七《刘后主志》注。合水：在今四川眉山彭山区东北府河注入岷江处。

⑪骧：李骧，字玄龙，巴西郡宕渠人。李特弟。参看本书卷四《南中志》注。

⑫矜侮：矜夸，侮辱他人。按：本处偏指侮辱。

⑬皮素：字泰混，下邳（今江苏睢宁）人。参看本书卷八《大同志》注。

⑭永嘉五年：底本作“永嘉三年”，误。

⑮生得：生擒，活捉。

⑯畀（bì）：给予。

⑰湮没：淹没。按：本处意指士兵沦落为奴隶。

【译文】

谯登年轻时以公正诚信、忠义节烈而闻名，郡府任命他为功曹，州府征召他为主簿，后担任别驾从事，代理阴平太守。阴平郡的五官掾等属官，向来就被当地的大姓豪强所独揽，他们欺凌羌人、汉人，谯登诛杀了他们，郡中上下肃穆。后来因李特率流民叛乱，阴平郡被流寇占领，谯登的父亲也被李雄手下、巴西太守马脱杀死，谯登于是东下到镇南大将军刘弘处请求救兵。当时中原大乱，谯登留守在刘弘处三年，都不能获得救兵，刘弘上表朝廷，请求委任谯登为扬烈将军、梓潼内史，让他募集义务兵。谯登招募巴、蜀流民，共计有两千人。平西将军罗尚已经退守巴郡，谯登到了罗尚那里，请求增派军队讨伐李雄，但没有得到救兵。于是谯登率部进攻宕渠，斩杀了马脱，并吃了他的肝。巴西流民队伍被击破后，谯登又到罗尚处请求援军。罗尚的僚属大都认为出兵一定无利可图。谯登愤恨不已，多次折辱他们，又去责备罗尚，罗尚只是低声下气安慰而已。恰逢罗羕杀了李雄的太尉李离，以梓潼来投降，谯登便径直进入涪城。李雄亲自攻打谯登，被谯登打败了。而罗尚的部将张罗进军屯住于犍为的合水；文硕杀了李雄的太宰李国，以巴西来投降。张罗派遣军队攻掠广汉，打败了李雄的叔父李骧，掳掠了他的妻子儿女，悬赏招募人员要割取李雄的人头。流民的人马已经很困顿了，而罗尚恰好也死了。罗尚的僚属痛恨谯登曾经侮辱他们，不供应给他军粮。益州刺史皮素来到巴东，敕令平西将军府派遣前任将军张顺、杨显去救援谯登。到达垫江时，皮素遇害了，张顺、杨显便返回了。李雄知道谯登的队伍缺乏粮草，便派遣李骧发动进攻。谯登的士兵穷困饥饿，但誓死不撤退，众人宁愿饿死，也没有离开的。永嘉五年，谯登被李骧活捉，李骧把谯登装入囚车送交李雄。谯登言辞慷慨，观者哭泣叹息，而谯登没有一点投降屈服的意思。于是李雄处死了谯登，并囚禁了他的军士，把他们都作为奴隶，送给了自己的兵士。当时连日阴雨一百多天，李雄心中认为谯登是被冤枉的，而他所带领的士兵是无辜的，他们的怨怒气感动了上天。李雄下达了赦令，将沦落为奴隶的谯登的军士解救了出来。

初，尚之在成都也，与雄攻战。郫令犍为张昕钦明每摧破雄[1]，雄众惮之；而救助不能并心，为雄所杀。雄常言："罗尚将均如张昕辈，吾族早无遗矣。"时牙门左汜亦有战功[2]，尚不能益其兵谷。汜恚恨，以母丧归。尚累召不往。尚怒曰："微左汜[3]，当不灭贼乎？"遂杀之。雄闻汜死，大小相贺。

登同郡县李高亦有武干[4]。平吴时，与牙门将处前，获孙皓，封县侯。官至金城、雁门太守[5]。

【注释】

①张昕：字钦明，犍为（治今四川眉山彭山区）人。或"疑亦张翼之族"（任乃强）。时任郫县县令。后为李雄所杀。摧破：摧陷攻克。

②牙门："牙门将"的省称。牙门将，将军名号，也称牙门将军，三国时魏、蜀、吴皆置，冠服与将军同。左汜：罗尚牙门将。按：左汜"有战功"，参看本书卷八《大同志》。

③微：无，没有。

④李高：巴西西充国（治今四川阆中）人。武干：军事才干。

⑤金城：郡名。西汉始元六年（前81）置，治所在允吾县（今青海民和县南古鄯镇北古城）。辖境约当今甘肃兰州以西，青海省青海湖以东的河、湟二水流域和大通河下游地区。西晋初迁治榆中县（今甘肃兰州榆中）。

【译文】

当初，罗尚在成都时，和李雄的队伍作战。郫县县令、犍为人张昕

（字钦明）常常攻陷李雄的营垒，李雄一众人都很害怕张昕；但是救援队伍不能齐心协力，张昕最终被李雄杀死。李雄经常说："如果罗尚的将领都像张昕那样，我们这些人早就被消灭了。"当时牙门将左汜也有战功，但罗尚不能给他补给兵员和粮草。左汜心怀怨恨，借口母亲去世回到了老家。罗尚多次召唤，左汜也不归队。罗尚发怒说："没有左汜，我们就不能消灭贼寇吗？"于是处死了左汜。李雄听说左汜被处死，大小官员都互相庆贺。

谯登同郡同县的李高也有军事才干。平定吴国时，李高与牙门将冲锋在前，抓获了孙皓，被封为县侯。李高官至金城、雁门太守。

侯馥[①]，字世明，江阳人也。察孝廉，平西参军。平西罗尚薨后，巴郡乱，辟地入牂柯[②]。宁州刺史王逊领平西将军[③]，复取为参军。逊议欲迁牂柯太守谢恕为涪陵太守[④]，出屯巴郡之把口[⑤]；表馥为江阳太守，往江阳之沘源[⑥]，抚恤蛮獠，克复江阳[⑦]，清通长江[⑧]。雄征东大将军李恭已在江阳[⑨]。馥招降夷獠[⑩]，修缮舟舰，为进取调[⑪]。预白逊请军[⑫]，移恕俱出涪陵[⑬]，不能自前。恭举众攻馥，众寡不敌，为恭所破。生虏馥，送雄。雄下廷尉责，馥曰："事君有死无贰，其次破家与国[⑭]。今纵不死，又无益国，灰没其分[⑮]，守心而已，无他愿望。"雄必欲屈之，使馥同郡人张迎晓之[⑯]。馥怒骂迎曰："吾等国亡不能存[⑰]，大难不能死，低眉海内[⑱]，何面目相见也！且王宁州，治乱才也。以吾有桑梓之耻[⑲]，故远上尚书，遣吾讨贼。受命之日，实忘寝食。但裁船未辨[⑳]，请军未至，牵揣不及[㉑]，为他所先。当灭身陨碎[㉒]，以谢不及，冀上不负日月，下不愧王侯[㉓]。吾岂苟生如卿儿女之人乎[24]！”迎还白雄，雄义而赦之。时雄众寇所获犍为太守建宁魏纪[25]，汉国太守梓潼文琰[26]，巴郡太守巴西黄龛[27]，涪陵太守巴西赵弼，永昌谢俊，牂柯文猛[28]，皆区区稽颡[29]，无如馥者。数年卒。

【注释】

①侯馥：字世明，江阳（今四川泸州）人。参看本卷上文注。

②辟地：旧谓迁地以避祸患。《论语·宪问》：“贤者辟世，其次辟地。”何晏集解引马融曰：“去乱国，适治邦。”

③王逊（？—323）：西晋官吏。字邵伯，魏兴（今湖北郧西西）人。参看本书卷四《南中志》注。

④谢恕：东晋官吏。字茂理，牂柯郡毋敛（今贵州独山）人。参看本书卷四《南中志》注。

⑤把口：当即今重庆西南大渡口区之冬笋坝。中华人民共和国成立后，在此设有铜罐驿站。冬笋坝在綦江入长江处。南北朝称綦江为僰溪，冬笋坝为僰溪口。又称僰口（刘琳）。

⑥沘（bǐ）源：或作“泚源”。沘当是水名，疑即今四川泸州南的纳溪河，而沘源或在今四川叙永县附近（刘琳）。

⑦克复江阳：底本作“克复江陵”，误。当作“克复江阳”（任乃强、刘琳）。

⑧清通：清理打通。

⑨李恭：十六国成汉将领。扶风（今陕西兴平）人。初从李特率流民起义，屡败晋兵。李雄部将。

⑩夷獠：古代对西南少数民族之称。

⑪调：计划，谋划，打算。

⑫预：事先。白：告诉。

⑬移：古代官府间相互问事的一种公文。

⑭无贰：犹言无他念、无贰心，即没有其他想法。与：为。

⑮灰没：犹灰灭，如灰烬之消散泯灭。《文选·陆机〈谢平原内史表〉》："施重山岳，义足灰没。"李善注："言君之义，我身如灰之灭，不足报也。"

⑯张迎：江阳（今四川泸州）人。李雄部将。晓：明白劝导。本处意为劝降。

⑰吾等：犹我们。

⑱低眉：向下垂着眉。谦卑顺服貌。

⑲桑梓之耻：为故乡陷于动乱而感到羞愧。桑梓，桑树和梓树，借指故乡。本处指益州。

⑳未辨：未办。辨，通"办"。

㉑牵揣：牵制。

㉒灭身：丧身，毁灭自身。陨碎：犹言粉身碎骨。

㉓日月：本处指皇帝。王侯：本处指王逊。

㉔儿女：妇人，女子。

㉕魏纪：建宁（治今云南曲靖）人。曾任犍为太守。后被李雄俘虏。

㉖文琰：梓潼（治今四川梓潼）人。曾任汉国太守。后被李雄俘虏。

㉗黄龛：巴西（治今四川阆中）人。曾任巴郡太守。后被李雄俘虏。

㉘赵弼：巴西人。曾任涪陵太守。后被李雄俘虏。谢俊：永昌（治今云南保山）人。曾任涪陵太守。后被李雄俘虏。文猛：牂柯（治今贵州黄平）人。曾任涪陵太守。后被李雄俘虏。

㉙区区：匆忙，急忙。区，通"驱"。稽颡（qǐ sǎng）：古代一种跪拜礼，屈膝下拜，以额触地，表示极度的虔诚。本处表示投降。

【译文】

侯馥，字世明，是江阳人。被察举为孝廉，担任平西将军参军。平西将军罗尚去世后，巴郡陷入混乱，侯馥便避祸进入牂柯。宁州刺史王逊代理平西将军，又任命侯馥为参军。王逊打算让牂柯太守谢恕任涪陵太守，带兵驻防于巴郡的把口；又上表朝廷，推荐侯馥担任江阳太守，前往江阳的沘源，抚恤当地的蛮獠，希望能够收复江阳，打通长江水道。李雄的征东大将军李恭已经驻扎在江阳。侯馥招降了当地的夷獠，修缮了船舰，为计划夺取吴国做准备。事先告诉王逊，请求派遣援军。王逊移文地方，要求一起出兵涪陵，不能自行前进，孤军行动。李恭率领兵马攻打侯馥，侯馥寡不敌众，被李恭打败。李恭活捉了侯馥，将侯馥送交李雄。李雄让手下廷尉斥责侯馥。侯馥说："侍奉主人，宁死也没有二心。其次，为了国而不惜破家。现在纵使不死，又无益于国家，死是我的分内之事，也只是为国忠心而已，没有其他的愿望。"李雄一定要使侯馥屈服，便派遣与侯馥同郡的张迎前往劝降。侯馥怒骂张迎说："我们这些人在国家灭亡时不能保卫，在大难时不能为气节而死，在海内低垂眉目苟活，有什么颜面相见呢！更何况王逊是宁州刺史，是治理乱世的雄才。因为我为家乡陷于动乱而感到羞愧，所以他上表给朝廷尚书，请求派遣我来讨伐你们这些贼人。在我受命之日，我就废寝忘食备战。只是船只未能办好，援军没有到达，没有及时牵制你们，被他人抢了先机。我应当马革裹尸粉身碎骨，为自己没有及时行动而谢罪，希望上不辜负皇帝，下不愧对王侯。我难道会像你们这样的小人苟且偷生吗！"张迎回去后向李雄汇报，李雄因为侯馥有义气而释放了他。当时李雄一众流民所俘获的有犍为太守、建宁人魏纪，汉国太守、梓潼人文琰，巴郡太守、巴西人黄龛，涪陵太守、巴西人赵弼，永昌人谢俊，牂柯人文猛，他们都匆匆忙忙投降，没有谁比得上侯馥。几年后，侯馥去世。

撰曰：文王多士[①]，才不同用；孔门七十[②]，科不一揆[③]；百行殊涂，贵于一致[④]。若斯诸子，或挺珪璋之质[⑤]，或苞瑚琏之器[⑥]，或耽儒墨之业，或韬王佐之略[⑦]。潜则泥蟠[⑧]，跃则龙飞，挥翮扬芳[⑨]，流光遐纪[⑩]。实西土之珍彦[⑪]，圣晋之多士也。徒以生处限外[12]，服膺日浅[13]，负荷荣显[14]，未充其能[15]。假使植干华宇[16]，振条神区[17]，德行自有长短，然三赵、两李、张、何之轨[18]，其有及之者乎！谯登、侯馥忠规奋烈[19]，美志不遂[20]，哀哉！

【注释】

①多士：古指众多的贤士。典出《诗经·大雅·文王》："思皇多士，生此王国。王国克生，维周之桢。济济多士，文王以宁。"

②孔门七十：指孔子门下七十二高足。七十，举其成数。《史记·孔子世家》："孔子以诗书礼乐教，弟子盖三千焉，身通六艺者七十有二人。"

③科不一揆：意谓各人的品类不同，专长也不相同，不能以一种标准衡量。"科不一揆"中的"不一"原脱，刘琳以意增补，可从。科，品类。揆，度量，考察。《孟子·离娄下》："先圣后圣，其揆一也。"按：孔门向有"四科"之说。四科指德行、言语、政事、文学。《论语·先进》："德行：颜渊、闵子骞、冉伯牛、仲弓。言语：宰我、子贡。政事：冉有、季路。文学：子游、子夏。"常璩所说"科不一揆"，即本此。

④"百行殊涂"二句：意即"殊途同归"。百行，意指不同的道路，与"殊涂"同义。

⑤珪璋：玉制的礼器。古代用于朝聘、祭祀。

⑥苞：通"包"，怀抱。瑚琏之器：比喻人特别有才能，可以担当治国安邦大任。瑚琏，古代祭祀时盛黍稷的尊贵器皿。夏朝叫"瑚"，殷朝叫"琏"。《论语·公冶长》："子贡问曰：'赐也何如？'子曰：'女，器也。'曰：'何器也？'曰：'瑚琏也。'"

⑦韬：包容，蕴含。王佐：王者的辅佐，辅佐君王成就大业的人。

⑧潜则泥蟠：有"泥蟠不滓"之意，即盘绕在泥里而没有被污染。比

喻人不得志，但不丧失节操。泥蟠，（龙）蟠屈在泥污中。比喻处在困厄之中。扬雄《法言·问神》："龙蟠于泥，蚖其肆矣。"李轨注："圣道未彰，群愚玩矣；龙蟠未升，蚖其肆矣。"

⑨挥翮（hé）：振翅飞翔。翮，鸟的翅膀。扬芳：传播芳香。比喻传播美名。

⑩流光：谓光辉流传至远方。

⑪珍彦：难得的贤士。

⑫限外：指边地。

⑬服膺日浅：意谓接受晋朝教化的时间短。服膺，指信服，归心。

⑭负荷：背负肩担。荣显：荣华显贵。

⑮未充其能：意谓未能尽其才能。充，扩充。

⑯华宇：本处指中原地区。

⑰神区：神明的地域。本处指中原地区。

⑱三赵：赵戒、赵谦、赵温。两李：李郃、李固。张：张皓。何：何武。按：常璩举此数人为例，确实有微言大义。借用刘琳的话说，"这几句话的言外之意是晋朝未能如汉朝之重用二州人士，以致'未充其能'；若使生长内地，未必不及三赵、两李、张、何"。轨：车轮的痕迹，车辙。本处指三赵、两李、张、何诸人建立的丰功伟绩。

⑲忠规：忠心谋划。奋烈：壮烈。

⑳不遂：不成功，实现不了。

【译文】

撰述者说：周文王时人才济济，其才能不是同一种用途；孔门七十二高足，其专长也不相同；这些人走的道路各自不同，重要的是结果是相同的。像上述诸位士子，有的人手握珪璋，有为官之才；有的人怀抱瑚琏，堪当治国大任；有的人潜心于儒家、墨家的学问；有的人胸怀辅佐君王成就大业的谋略。他们身处困厄，不得志时不失节操，腾跃得志时则犹如神龙飞天，振翅飞翔传播美名，让光辉撒播至远方。他们是西部难得的贤士,是圣明晋朝的众多人才。只是因为他们出生在偏远边地,接受晋朝教化的时间很短,背负重担求取荣华显贵,未能充分发挥其才能。假使他们能够在中原成为干才,在内地发挥作用,那么他们的德行自然会得到各有长短的发挥。然而三赵(赵戒、赵谦、赵温)、两李(李郃、李固)、张皓、何武诸人建立的丰功伟绩,难道有赶得上的吗!谯登、侯馥忠心谋划,壮烈殉身,但美好的志向不能实现,悲哀啊!

五公:司空何武　司空赵戒　太尉赵谦　司徒赵温　司空张皓①

【注释】

①按:此处列举的"五公"之名,各本皆有。它们应当是后人为前文所说"三赵、两李、张、何"所加的旁批,并非《华阳国志》原文。

【译文】

五公:司空何武　司空赵戒　太尉赵谦　司徒赵温　司空张皓

卷十二　序志并士女目录

【题解】

本卷的内容，实际上是由两部分组成的，其一是《序志》，其二是《益梁宁三州先汉以来士女目录》和《益梁宁三州三国两晋以来人士目录》。

《序志》所师法的对象，明显就是《史记》的《太史公自序》。在《序志》中，常璩表述了自己写作《华阳国志》的缘由和目的，以及自己对历史和著述的看法；并以四言为句，精练概括十二卷的内容与主旨。在《序志》的"撰曰"，常璩表达的观点是"选贤与能，人远乎哉"，个中暗寓自己未受重用的牢骚。

继《序志》之后的《益梁宁三州先汉以来士女目录》和《益梁宁三州三国两晋以来人士目录》，实际上就是全书的两份"人名录"或"花名册"。在这两份"目录"中，常璩以地域为单元，以时间先后为顺序，胪列了自两汉至东晋的益、梁、宁三州的四百零一位"士女"——分为"人士"（男性）与"人女"（女性）。

对于列入"目录"中的每一位"人士"，所载录的基本元素包括官职、姓名、表字、籍贯，部分"人士"还包括其血缘关系（如某人为"某子"或"某孙"）、人际关系（如某人"与某为友"）、来源出处（如某人"见某某书"或"见某人传"）。在每一位"人士"前面，有诸如"德行""文学""政事""高尚""美秀""节士""忠亮""述作"等字眼，这是常璩对该人物的品题。

对于列入"目录"中的每一位"人女",所载录的基本元素包括丈夫姓名(作"某某妻"或"某某妇")、个人姓名(部分包括表字)、个人籍贯、血缘关系(作"某某女"),基本上没有带品题性质的字眼。

常璩在"撰曰"中交代,写作这两份"目录",所恪守的原则有二:一是突出重点,"并取秀异,表之斯篇";二是实事求是,"以副直文,为实录矣"。

序志

巴、蜀厥初开国[①],载在书籍。或因文纬[②],或见史记[③]。久远隐没,实多疏略[④]。及周之世,侯伯擅威[⑤]。虽与牧野之师[⑥],希同盟要之会[⑦]。而秦资其富,用兼天下;汉祖阶之[⑧],奄有四海[⑨]。梁、益及晋,分益为宁[⑩]。司马相如、严君平、杨子云、阳成子玄、郑伯邑、尹彭城、谯常侍、任给事等各集传记[⑪],以作《本纪》[⑫],略举其隅[⑬]。其次圣称贤,仁人志士,言为世范,行为表则者[⑭],名注史录[⑮]。而陈君承祚别为《耆旧》[⑯],始汉及魏,焕乎可观。然三州土地,不复悉载。《地理志》颇言山水[⑰],历代转久,郡县分建,地名改易。于以居然辨物知方[⑱],犹未详备。于时汉、晋方隆,官司星列[⑲],提封图簿[⑳],岁集司空[㉑];故人君学士[㉒],荫高堂[㉓],翳帷幕[㉔],足综物土,不必待《本纪》矣。

【注释】

①开国:古代指建立诸侯国。

②文纬:指经书和纬书。与下文所说"史记"有别。或以为"文纬"

指的是谶纬书（任乃强、刘琳），本注不取此说。

③史记：记载历史的书。古时史书的通称。

④疏略：粗疏简略。

⑤侯伯擅威：意谓诸侯争霸。侯伯，侯爵与伯爵。可泛指诸侯。或说“伯”与“霸”通，故谓本处特指春秋称霸者，如齐桓公、晋文公、秦穆公、楚庄王、吴王夫差、越王勾践等（任乃强）。擅威，独揽，称霸。

⑥与牧野之师：古书记载，巴蜀军队曾经参加牧野之战。《尚书·牧誓》：“王曰：‘嗟！我友邦冢君，……及庸、蜀、羌、髳、微、卢、彭、濮人。’”与（yù），参加。牧野，古代地名。殷都朝歌近郊，在今河南淇县西南。商朝末年，周武王与反殷诸侯会师，大败纣王军队于此。

⑦希同盟要之会：意谓巴、蜀很少参加诸侯之间的盟会。希，稀少，罕见。同，会合，聚集。盟要，犹盟约。

⑧阶之：以之为凭借。

⑨奄有：全部占有。多用于疆土。

⑩分益为宁：即从益州分出宁州。宁州，州名。西晋泰始七年（271）分益州置，治所在滇池县（今云南昆明晋宁区东北三十二里晋城）。太康三年（282）废入益州，立南夷校尉以护之。太安二年（303）复置。

⑪司马相如（前179—前117）：字长卿，蜀郡成都（今四川成都）人。参看本书卷三《蜀志》注。按：《华阳国志》说司马相如“作《（蜀王）本纪》”，不见他书记载，或许是因其失传过早。严君平：严遵，字君平，蜀郡成都人。参看本书卷三《蜀志》注。按：《华阳国志》说严遵“作《（蜀王）本纪》”，不见他书记载，或许是因其失传过早。杨子云：杨雄（前53—18），也作“扬雄”，字子云，蜀郡成都人。参看本书卷三《蜀志》注。按：《华阳国志》说扬雄“作

《(蜀王)本纪》",最早见于《文选·左思〈蜀都赋〉》刘逵注。惜乎过早失传,佚文见诸唐宋人之辑佚。按:今人或以为,后人所辑佚的扬雄《(蜀王)本纪》为伪作(朱希祖、徐中舒、刘琳)。阳成子玄:今人刘琳认为,阳成子玄当即西汉末的阳成子张。《太平御览》卷八百一十五引桓谭《新论》:"阳城子张名衡,蜀郡人,王翁与吾俱为讲乐祭酒。及寝疾,预买棺椁,多下锦绣,立被发冢。"阳成子张,《论衡·超奇》作"阳成子长"。《论衡·对作》:"阳成子张作《乐》,杨子云造《玄》。"阳成子玄曾补《史记》,作《乐经》,惜皆佚失。按:《华阳国志》说阳成子张"作《(蜀王)本纪》",不可考。郑伯邑:郑廑,字伯邑,蜀郡临邛(今四川邛崃)人。曾任汉中太守。本书卷十二《序志并士女目录》:"(郑廑)作《耆旧传》。"按:《华阳国志》说郑廑"作《(蜀王)本纪》",不可考。尹彭城:尹贡,夜郎人。官至彭城相。参看本书卷四《南中志》注。按:《华阳国志》说尹贡"作《(蜀王)本纪》",亦不可考。谯常侍:谯周(201—270),字允南,巴西西充国(治今四川阆中)人。参看本书卷一《巴志》注。按:《华阳国志》说谯周"作《(蜀王)本纪》",见于《三国志·蜀书·秦宓传》裴松之注。任给事:任熙,字伯远,蜀郡成都(今四川成都)人。参看本书卷十一《后贤志》注。

⑫《本纪》:中国古代纪传体史书中的帝王传记。《史记·太史公自序》:"作《五帝本纪》第一。"张守节《史记正义·五帝本纪》:"裴松之《史目》云:'天子称本纪,诸侯曰世家。'本者,系其本系,故曰本;纪者,理也,统理众事,系之年月,名之曰纪。"按:本处所说的《本纪》,特指《(蜀王)本纪》。

⑬举其隅:举一端为例。意在使人由此一端而推知其他。语出《论语·述而》:"举一隅,不以三隅反,则不复也。"

⑭表则:表率,准则。

⑮名注史录：谓姓名著录于史书。

⑯陈君承祚别为《耆旧》：谓陈寿（字承祚）所撰写的《益部耆旧传》。

⑰《地理志》：指《汉书·地理志》。颇：略微，稍稍。

⑱于以：犹是以，因此。辨物知方：意犹“辨物居方”。即辨别众物的性质、条件等因素，使之各得其所。辨物，分辨事物的种类。本处的“方”与“物”相应，指“方物”，即本地风物、土产。《周易·未济》：“君子以慎辨物居方。”孔颖达疏：“辨别众物，各居其方，使皆得安其所。”

⑲官司：普通官吏，百官。星列：如天星罗列，言密布。按：本处指各官署下列的部门。

⑳提封：通共，大凡。《汉书·地理志下》：“提封田一万万四千五百一十三万六千四百五顷。”颜师古注：“提封者，大举其封疆也。”图簿：图籍，指地图、户籍等簿册。

㉑岁：每年。司空：官名。相传少昊时所置，周为六卿之一，即冬官大司空，掌管工程。汉改御史大夫为大司空，与大司马、大司徒并列为三公，后去“大”字为司空。历代因之，明废。清时别称工部尚书为大司空，侍郎为少司空。

㉒人君：国君，君主。学士：有学问的人。也泛指读书人。

㉓荫：荫翳，遮蔽。高堂：高大的厅堂，大堂。

㉔翳：荫翳，遮蔽。

【译文】

巴、蜀开国之初的事迹，记载在书籍上。有的依靠经书和纬书而留存，有的见于史书。其事迹因年代久远而散失，而书籍所载实际上大多粗疏简略。到了周朝之时，出现诸侯争霸。巴、蜀虽然参加了牧野之战，但很少参加诸侯之间的盟会。而秦国凭借巴、蜀的富庶，兼并统一了天下；汉高祖接着凭借巴、蜀，最终占有了四海之境。梁州、益州到晋朝之时，从益州分出了宁州。司马相如、严君平、杨子云、阳成子玄、郑伯邑、尹彭城、谯常侍、任给事等人,各自采集传记资料,创作了《(蜀王)本纪》,巴、蜀史事大略可见其一端。它们依次称赞的圣贤之人和仁人志士,其言论堪为世人的典范,其行为堪作世人的表率,其姓名被著录于史书。而陈寿(字承祚)另外撰写的《益部耆旧传》,其记事始于汉代,下迄曹魏,焕然可观。但其书对梁、益、宁三州的土地,不再详细记载。《汉书·地理志》大略记载了山水,但因历经年代久远,而郡、县有分合、有新建,且地名也有改变。因此要辨别各地的风物、土产种类,使之各归其地,《汉书·地理志》的记载还是不够周详完备。到了汉、晋兴盛之日,各官署星罗棋布,大凡地图、户籍等簿册,每年都集中到司空;因而从君主到学士,虽然隐于高堂之上,蔽于帷幕之下,仍然可以综合考察各地的物产,不一定非得依靠《本纪》不可。

曩遭厄运①,函夏滔堙②。李氏据蜀③,兵连战结。三州倾坠④,生民歼尽⑤。府庭化为狐狸之窟⑥,城郭蔚为熊罴之宿⑦。宅游雉鹿,田栖虎豹。平原鲜麦黍之苗,千里蔑鸡狗之响⑧。丘城芜邑⑨,莫有名者。嗟乎三州,近为荒裔⑩。桑梓之域⑪,旷为长野。反侧惟之⑫,心若焚灼⑬。惧益遐弃⑭,城隍靡闻⑮。乃考诸旧纪、先宿所传并南裔志⑯,验以《汉书》,取其近是⑰,及自所闻,以著斯篇⑱。又略言公孙述、《蜀书》、咸熙以来丧乱之事,约取《耆旧》士女英彦⑲。又肇自开辟⑳,终乎永和三年㉑,凡十篇㉒,号曰《华阳国记》㉓。

【注释】

①曩(nǎng):以往,从前。厄运:不幸的遭遇,苦难的时运。

②函夏:华夏。扬雄《河东赋》:"遵逝虖归来,以函夏之大汉兮,彼曾何足与比功?"(《汉书·扬雄传上》)颜师古注引服虔曰:"函

夏，函诸夏也。”颜师古注：“函，包容也。彼谓尧、舜、殷、周也。函，读与含同。”后以“函夏”指全国。滔堙：谓为胡虏陷没（任乃强）。

③李氏据蜀：指巴氐族人李雄率领流民占领蜀地，创建成汉政权。

④三州：指益州、梁州、宁州。倾坠：陷落，倒塌。

⑤生民：人民。歼尽：被歼灭殆尽，死亡殆尽。

⑥府庭：衙门，公堂。

⑦熊罴：熊和罴。皆为猛兽。

⑧蔑：无，没有。

⑨丘城：空城，城池空虚。芜邑：居邑荒芜。

⑩荒裔：指边远地区。或谓即“荒服四裔”（任乃强），亦通。

⑪桑梓：桑树和梓树，借指故乡。

⑫反侧：（身体）翻来覆去，形容睡卧不安。惟：想，思考。

⑬焚灼：烧，焚烧。形容内心像火烧般愁苦。

⑭遐弃：远相离弃。

⑮城陴（pī）：亦作“城埤”，犹城堞（dié）。泛指城郭。陴，城上的矮墙。亦称“女墙”，俗称“城垛子”。靡闻：不能听到。

⑯旧纪：旧时记载巴蜀史事的文献（刘琳），即上文所说八家《本纪》（任乃强）。先宿：前代故老（刘琳）。南裔志：指南中方志，如东汉杨终《哀牢传》、西晋魏宏《南中八郡志》等（刘琳）。

⑰近是：对某种情况、某种事物作接近肯定的判断。按：本处所说“近是”，具有接近真实之意。

⑱斯篇：此篇。任乃强以为，“斯篇”特指《华阳国志》的前四卷《巴志》《汉中志》《蜀志》《南中志》。又，从“乃考”至此，交代的是本书第一卷至第四卷的材料来源，即：《汉书》，旧纪、先宿所传，南裔志，常璩自己的见闻（刘琳）。

⑲英彦：英俊之士，才智卓越的人。按：从“又略言”至此，交代的是

本书第五卷至第十一卷的材料来源，即分别来源于《汉书》《东观汉记》《三国志·蜀书》《蜀后志》《益部耆旧传》等（任乃强、刘琳）。

⑳开辟：指宇宙的开始。按照古代神话的说法，是盘古氏开天辟地。

㉑永和三年：347年。

㉒凡十篇：共计十篇。按：关于《华阳国志》的卷（篇）数，古书的记载不相统一。《隋书·经籍志》作十二卷，《旧唐书·经籍志》作三卷（笔者按："三"前当脱"十"字），《新唐书·艺文志》作十三卷，《通志》《文献通考》并作十二卷，《宋史·艺文志》或作十卷（别史类）、或作十二卷（霸史类）。从本卷下文"其序曰"看，当以十二卷为正。当然，也不排除删削、割分的可能性。

㉓《华阳国记》：《华阳国志》盖原名《华阳国记》，后改名为《华阳国志》，故《水经注》所引或作《华阳国记》，或作《华阳国志》。

【译文】

从前华夏惨遭厄运，为胡虏陷没。李雄占据蜀中，征战连年，战火不断。益州、梁州、宁州相继陷落，百姓死亡殆尽。衙堂变化成为狐狸的洞窟，城郭蔚然而为熊罴的住所。宅院中游荡着野鸡和鹿，田野上栖息着虎和豹。平原大地很少有麦黍的禾苗，沃野千里没有鸡狗的声响。空城荒邑，没有可以记述的。嗟叹益、梁、宁三州，快要成为荒僻之地。故乡一带的土地，已经成为空旷的原野。辗转反侧，思念故土，心如火焚。我害怕这里被华夏远远抛弃，原来的城郭将再也见不到了。于是，我考查以前的巴蜀史志、前代故老的传闻以及南中的方志，又与《汉书》进行验证，选取接近真实的记载，以及自己的所见所闻，写作了《巴志》《汉中志》《蜀志》《南中志》四篇。我又简略记述了公孙述据蜀、《蜀书》所载蜀事、咸熙以来的丧乱之事，并简约选取《益部耆旧传》中的士女与英彦。本书所记述的范围开始于开天辟地，终结于永和三年，全书共计十篇，名曰《华阳国记》。

夫书契有五善[①]：达道义[②]，章法式[③]，通古今，表功勋，而后旌贤能[④]。恨璩才短，少无远及，不早援翰执素[⑤]，广访博咨，流离困瘵[⑥]，方资腐帛于颠墙之下，求余光于灰尘之中，劘灭者多[⑦]。故虽有所阙，犹愈于遗忘焉。

【注释】

①书契：指文字。本处指用文字书写的典籍。按：《华阳国志》所说"书契有五善"，实则援引的是荀悦的说法。荀悦《汉纪》卷一："夫立典有五志焉，一曰达道义，二曰彰法式，三曰通古今，四曰著功勋，五曰表贤能。"

②道义：道德义理。

③法式：法度。或作"法戒"。

④旌：表彰，表扬。贤能：有德行、有才能的人。

⑤援翰：执笔。翰，长而坚硬的羽毛。借指毛笔。素：洁白的绢。代指用作写字的丝绸或纸张。

⑥瘵（zhài）：病。

⑦劘（mó）灭：磨灭，消失。

【译文】

著书有五种目的：表达道德义理，记录法规戒条，通晓古今，表彰有功之人，而后表扬贤能之士。遗憾我本人才识短浅，年少时也没有长远的眼光，没有早点执笔记录，广泛地访求、咨询，以致在流离失所、困顿衰病之时，才在行将倒塌的危墙之下，用快要腐烂的布帛，仰仗于灰尘中的余光，开始进行写作，而消失的已经很多了。所以我的记载虽然有所阙失，但还是胜过被人遗忘。

《蜀纪》言[①]："三皇乘祗车出谷口[②]。"秦宓曰[③]："今之斜谷也。”及武王伐纣,蜀亦从行[4]。《史记》:周贞王之十六年[5],秦厉公城南郑[6]。此谷道之通久矣。而说者以为蜀王因石牛始通[7],不然也。《本纪》既以炳明[8],而世俗间横有为蜀传者[9],言蜀王蚕丛之间周回三千岁[10]。又云荆人鳖灵死[11],尸化西上,后为蜀帝;周苌弘之血变成碧珠[12];杜宇之魄化为子鹃[13]。又言蜀椎髻左衽[14],未知书[15],文翁始知书学[16]。案《蜀纪》:“帝居房心[17],决事参伐[18]。”参伐则蜀分野[19],言蜀在帝议政之方。帝不议政则王气流于西[20],故周失纪纲[21],而蜀先王;七国皆王,蜀又称帝[22]。此则蚕丛自王,杜宇自帝,皆周之叔世[23],安得三千岁?且太素资始[24],有生必死;死,终物也。自古以来,未闻死者能更生当世[25];或遇有之,则为怪异,子所不言[26],况能为帝王乎?碧珠出不一处,地之相距动数千里,一人之血,岂能致此?子鹃鸟今云是嶲,或曰嶲周[27],四海有之,何必在蜀?昔唐帝万国时雍[28],虞舜光宅八表[29],大禹功济九州[30],后稷封殖天下[31]。井田之制[32],庠序之教[33],由来远矣[34]。孔子“述而不作,信而好古,窃比于我老彭[35]”,则彭祖本生蜀[36],为殷太史[37]。夫人为国史[38],作为圣则[39],仙自上世[40],见称在昔[41]。及周之末[42],服事于秦[43],首为郡县[44]。虽滨戎夷[45],亦有冠冕[46],故《蜀纪》曰“大人之乡,方大之国”也。至于汉兴,反当荒服[47],而无书学乎?《汉书》曰:“郡国之有文学[48],因文翁始。”若然[49],翁以前齐、鲁当无文学哉[50]?汉末时,汉中祝元灵性滑稽[51],用州牧刘焉谈调之末[52],与蜀士燕胥[53],聊著翰墨[54]。当时以为极欢,后人有以为惑[55]。恐此之类,必起于元灵之由也[56]。

惟智者辨其不然，幸也。

【注释】

①《蜀纪》：一般认为，本处的《蜀纪》指的是扬雄的《蜀王本纪》。

②三皇：传说中上古时代的三帝王。说法不一。一般指伏羲、神农、黄帝。祗车：车名。具体不详。谷口：斜谷口，即褒斜道之东口。在今陕西眉县西南三十里。

③秦宓（？—226）：字子敕，广汉郡绵竹（今四川德阳北）人。参看本书卷三《蜀志》注。按：秦宓语见《三国志·蜀书·秦宓传》："（秦）宓以簿击颊曰：'三皇乘祗车出谷口，今之斜谷是也。'"裴松之注引《蜀纪》曰："三皇乘祗车出谷口。未详（秦）宓所由知为斜谷也。"

④"及武王伐纣"二句：本处意谓蜀国也参加了周武王的伐纣行动。从行，随行。按：蜀之从武王伐纣，详见《尚书·牧誓》。另可参看本书卷一《巴志》："周武王伐纣，实得巴、蜀之师，著乎《尚书》。"本书卷三《蜀志》："武王伐纣，蜀与焉。"

⑤周贞王之十六年：前453年。晋国魏、韩、赵三卿灭智氏，三分其地。自此，逐渐形成三家分晋之势。卒后诸子争立，王室益衰微。周贞王，即周贞定王（？—前441），名介。战国周国君。周元王之子。在位二十八年。

⑥秦厉公：即秦厉共公（？—前443）。秦哀公玄孙，秦悼公子。南郑：县名。战国秦置，为汉中郡治。治所在今陕西汉中市东二里。

⑦说者以为蜀王因石牛始通：相传，战国秦惠文王欲伐蜀，患山道险阻，作五石牛，言皆能粪金，以欺蜀王，蜀王令五丁开道导引，秦军随而灭蜀，故以"石牛""金牛"为名。元、明以来通称南栈，又名蜀栈。参看本书卷三《蜀志》的记载。说者以为，意谓有的人认为。石牛，指石牛道。又名金牛道。自今陕西勉县西南，越七

盘岭入四川，经朝天驿至剑门关。为关中经汉中入巴蜀的主要通道。

⑧炳明：显著，清楚。

⑨横：确实。

⑩周回：环绕，回环。本处指的是时间，意为历时。三千岁：《太平御览》卷一百六十六引扬雄《蜀王本纪》："从开明已上至蚕丛，凡四千岁。"按：对于世俗所说"蜀王蚕丛之间周回三千岁"，常璩实持怀疑态度，并不相信此说（见本段后文）。

⑪鳖灵：亦作"鳖令""鳖泠"。传说中古代蜀国帝名。参看本书卷三《蜀志》注。

⑫苌弘（？—前492）：亦作"苌宏"（当与避讳有关）。人名。又称苌叔。春秋时人。传为今四川资中人。周敬王大夫。孔子曾从苌弘学乐。周敬王二十八年（前492），晋大夫范吉射、中行寅作难，苌弘参与其中，晋人因以责周王室，周敬王杀苌弘。一说为周灵王时人，善天文，明鬼神事。又传说以幸媚为周人所杀，流血成石（或言成碧玉），不见其尸。《汉书·艺文志》著录有《苌弘》十五篇，已佚。碧珠：青绿色珠玉。《庄子·外物》："人主莫不欲其臣之忠，而忠未必信，故伍员流于江，苌弘死于蜀，藏其血三年而化为碧。"晋左思《蜀都赋》："碧出苌弘之血，鸟生杜宇之魄。"

⑬杜宇：传说中的古代蜀国国王。一作杜主。相传自天而降，称望帝。好稼穑，教民务农，使蜀地大治。后死，其魂化为鸟，名杜鹃。本书卷三《蜀志》："杜宇称帝，号曰望帝。……禅位于开明，帝升西山隐焉。时适二月，子鹃鸟鸣，故蜀人悲子鹃鸟鸣也。"

⑭椎髻：发髻撮尖，其形如椎。左衽：前襟向左掩。这是古代一些少数民族的服装，异于中原一带的右衽。

⑮未知书：一般认为是蜀国没有文字。

⑯文翁始知书学：《汉书·循吏传·文翁》："景帝末，（文翁）为蜀郡

守,仁爱好教化。见蜀地辟陋有蛮夷风,文翁欲诱进之,乃选郡县小吏开敏有材者张叔等十余人亲自饬厉,遣诣京师,受业博士,或学律令。”文翁,庐江舒县(今安徽庐江西南)人。景帝末,为蜀郡守。参看本书卷三《蜀志》注。始,才。

⑰房心:二十八宿中房宿和心宿的并称。旧时以房心象征明堂。《晋书·天文志》:“房四星,为明堂,天子布政之宫也,亦四辅也。……心三星,天王正位也。中星曰明堂,天子位,为大辰,主天下之赏罚。”

⑱决事:决断事情,处理公务。参伐:参、伐皆星名。伐星属于参宿。古人谓主斩伐之事。《晋书·天文志》:“参十星,一曰参伐,一曰大辰,一曰天市,一曰铁钺,主斩刈。又为天狱,主杀伐。”

⑲分野:大地与星宿相对应的地域。古人将天上的星宿分别指配于地上的州国,使其互相对应,以便指称位置与预测吉凶。在天称分星,在地称分野。古人认为,益州(即《禹贡》梁州)的分野是参伐。

⑳王气:旧指象征帝王运数的祥瑞之气。

㉑纪纲:法度,纲纪。

㉒蜀又称帝:指杜宇称帝。即本段下文所说的“杜宇自帝”。另请参看本书卷三《蜀志》:“七国称王,杜宇称帝,号曰望帝,更名蒲卑。”

㉓叔世:犹末世。衰乱的时代。

㉔太素:古代谓最原始的物质。古人认为,在天地万物形成之前,经历了太易、太初、太始、太素诸分化演变阶段。在太素阶段,万物素质基本形成,为天地出现前的最后阶段。《列子·天瑞》:“有太易,有太初,有太始,有太素。太易者,未见气也;太初者,气之始也;太始者,形之始也;太素者,质之始也。气形质具而未相离,故曰浑沦。”资始:借以发生、开始。《周易·乾》:“大哉乾元,万物

资始，乃统天。”孔颖达疏：“以万象之物，皆资取‘乾元’，而各得始生，不失其宜，所以称‘大’也。”

㉕更生：死而复生，重新获得生命。

㉖子所不言：典出《论语·述而》：“子不语怪、力、乱、神。”后因以“子不语”指怪异的事物。子，指孔子。

㉗巂（guī）周：本为燕的别名，亦用以称子规鸟。《尔雅·释鸟》：“巂周，燕。”郭璞注：“子巂鸟，出蜀中。”

㉘唐帝：指唐尧。上古帝王名。姓伊祁（亦作“伊耆”），名放勋。帝喾之子。初封于陶，又封于唐，号陶唐氏。因为儿子丹朱不肖，传位于舜。参阅《史记·五帝本纪》。万国时雍：天下太平的景象。时雍，犹和熙。《尚书·尧典》：“平章百姓，百姓昭明。协和万邦，黎民于变时雍。”孔传：“时，是；雍，和也。”

㉙虞舜：上古帝王名。姚姓，一作妫姓，号有虞氏，名重华，史称虞舜。传说中的远古帝王。继尧之后为帝王，为五帝之一。参阅《史记·五帝本纪》。光宅八表：形容盛德善行远播四方。八表，八方之外，指极远的地方。

㉚大禹：上古帝王名。姓姒，名文命。鲧之子。鲧治水无功，大禹奉舜命继续治理洪水，最终治水成功。详见《尚书》之《舜典》《禹贡》和《史记·五帝本纪》等。功济九州：意谓大禹治水，功在九州。

㉛后稷：姓姬，名弃。周族始祖。相传，有邰氏女姜嫄踏巨人足迹，怀孕而生，以为不祥，一度被弃，因名弃。好农耕，善于稼穑。舜时封于邰，教民耕稼，号曰后稷。十五传至周武王，遂有天下。《诗经·大雅·生民》：“厥初生民，时维姜嫄。……载生载育，时维后稷。”

㉜井田之制：指井田制。以方九百亩为一里，划为九区，形如“井”字，故名。其中为公田，外八区为私田，八家均私百亩，同养公田。公事毕，然后治私事。从春秋时起，井田制日趋崩溃，逐渐被封建

生产关系所取代。《孟子·滕文公上》:“方里而井,井九百亩,其中为公田。八家皆私百亩,同养公田。公事毕,然后敢治私事。”

㉝庠序之教:古代的学校教育。《孟子·梁惠王上》:“谨庠序之教,申之以孝悌之义,颁白者不负戴于道路矣。”赵岐注:“庠序者,教化之宫也,殷曰序,周曰庠。”汉代乡校曰庠,聚校曰序。

㉞由来:自始以来,历来。

㉟“述而不作”几句:出自《论语·述而》:“述而不作,信而好古,窃比于我老彭。”述而不作,只阐述前人成说,自己并不创新。朱熹《论语集注》:“述,传旧而已;作,则创始也。”信而好古,相信并爱好古代的东西。老彭,有两说,一说是商代的贤人,一说为老聃、彭祖的并称。刘宝楠《论语正义》引郑玄曰:“老,老聃;彭,彭祖。”后泛指传说中长寿的彭祖。

㊱彭祖:传说中远古时人。姓篯,名铿。陆终氏第三子。因封于彭城,故称“彭祖”。相传尧时举用,历夏至殷末,约八百余岁。在商为守藏吏,在周为柱下史。一说,彭祖为武阳县(今四川眉山彭山区)彭亡聚人。参看刘向《列仙传》和本书卷三《蜀志》。

㊲太史:官名。西周、春秋、战国时,太史掌起草文书、策命诸侯卿大夫,记载史事,编写史书,兼管国家典籍、天文历法、祭祀诸事。按:常璩似乎以守藏史为太史。

㊳国史:国之史官,掌记国史的史官。

㊴圣则:圣人所定的法则。

㊵上世:远古时代。

㊶见称:受人称誉,为人称道。

㊷周之末:周朝末年。本处指的是东周时期的战国。

㊸服事:臣服听命。

㊹首为郡县:即首先在蜀地设置郡县。按:周慎王五年(前316),秦灭蜀,置蜀郡。

㊺滨：靠近，接近。戎夷：戎和夷。古民族名。泛指少数民族。

㊻冠冕：冠族，仕宦之家。

㊼荒服：古“五服”（侯服、甸服、绥服、要服、荒服）之一。称离京师二千到二千五百里的边远地方。亦泛指边远地区。《尚书·禹贡》：“五百里荒服。”孔传：“要服外之五百里，言荒又简略。”《史记·周本纪》：“夷蛮要服，戎翟荒服。”

㊽文学：学校。按：本处所说“郡国之有文学，因文翁始”，出自《汉书·循吏传·文翁》：“至武帝时，乃令天下郡国皆立学校官，自文翁为之始云。”又，本书卷三《蜀志》云：“蜀学比于齐、鲁。巴、汉亦立文学。孝景帝嘉之，令天下郡国皆立文学，因（文）翁倡其教，蜀为之始也。”

㊾若然：如果这样。

㊿齐、鲁：山东省的别称。以其地古时为齐、鲁二国所在地而得名。常指称“齐鲁大地”。

51祝元灵：祝龟，字元灵，汉中郡南郑（今陕西汉中）人。参看本书卷十《先贤士女总赞》注。滑稽：谓能言善辩，言辞流利。后指言语、动作或事态令人发笑。

52刘焉（？—194）：字君郎，江夏郡竟陵（今湖北潜江）人。参看本书卷二《汉中志》注。谈调：调侃，开玩笑。

53燕胥：共宴。

54翰墨：笔墨。借指文章、书画。

55后人有以为惑：意谓有的后来人会不理解祝龟的滑稽，因而感到迷惑。

56元灵：指祝龟。

【译文】

《蜀王本纪》说：“三皇乘坐祗车从谷口出去。”秦宓说：“谷口就是今天的斜谷。”到周武王讨伐商纣王时，蜀国也跟着参加了。《史记》说：周贞王十六年，秦厉公在南郑修筑城池。这说明谷道已经开通很久了。而有的人认为道路是因为蜀王迎接石牛才开通的，其实不是这样的。《本纪》已经说得很清楚了，而民间确实又有关于蜀国的传说，认为从蜀王蚕丛开始的历史历时三千年。又有人说荆人鳖灵死后，其尸体化解而顺水西上，后来成为蜀帝；周人苌弘的血变成了碧玉；杜宇的魂魄变成了杜鹃。又有人说，蜀人是椎形发髻，衣襟左掩，不懂文字，到文翁教化时才知书识字。案，《蜀王本纪》说："天子居住在房宿、心宿，在参星、伐星处理公务。"参星、伐星是蜀地的分野，说明蜀地是天子讨论政事的地方。天子不讨论政事，王气就要流散到西方，故而周朝失去纲纪，而蜀国便率先称王；到七国都称王时，蜀国便又称帝。这说明蚕丛当王，而杜宇当帝，当时都在周朝末年，历时怎么会有三千年呢？况且太素产生万物，有生必然有死；死，是万物的终结。自古以来，就没有听说过死者还能复生于当世；如果有人遇到这样的事，那一定认为是怪异之事，这是孔子所不谈论的事情，更何况还能在复生后成为帝王呢？碧玉出现的地方不止一处，而各地相距动辄数千里，一个人的血，难道能达到这种地步？子鹃鸟现在叫"是巂"，有的叫"巂周"，四海都有此鸟，为何一定在蜀地呢？从前唐尧统治万国而天下太平，虞舜统治天下而盛德远播四方，大禹治水而功在九州，后稷分封天下种植作物。井田制度，学校教育，自古以来已经很久远了。孔子说"我只阐述前人的成说而自己并不创新，我相信而且爱好古代的东西，我私下自比于老彭"，彭祖本来就出生在蜀地，担任的是殷朝的太史。彭祖本人是记述国史的史官，其言行被作为圣人的法则，其成仙在远古时代，从前就为人称道。到周朝末年，蜀地臣服听命于秦国，而秦国首先在蜀地设置郡县。蜀地虽然靠近戎和夷，但也有仕宦之家，所以《蜀王本纪》说这里是"圣人之乡，辽阔之国"。而到汉朝兴起时，蜀地反而被当作边远之地，而没有书籍学问吗？《汉书》说："郡国之所以有学校，是由于文翁的创始。"如果真是这样，在文翁以前，齐、鲁就没有学校吗？汉朝末年，汉中人祝元灵生性滑稽，能言善辩，他将与州牧刘焉调侃谈笑的细节，以及和蜀地人士的共宴欢笑，诉诸笔墨，写入文章。当时人以为其文极尽欢乐之情，但有的后来人感到迷惑。恐怕诸如此类的情况，一定是起源于祝元灵的缘故吧。只有智者能分辨出实际情况并非如此，那就很庆幸了。

综其理数①，或以为西土险固②，襟带易守③，世乱先违，道治后服④，若吴、楚然。固逋逃必萃⑤，奸雄窥觎⑥。盖帝王者统天理物⑦，必居土中⑧，德膺命运⑨，非可资能恃险⑩，以干常乱纪⑪；虽饕窃名号⑫，终于绝宗殄祀⑬。何者？天命不可以诈诡而邀⑭，神器不可以侥幸而取也⑮。是以四岳、三涂、阳城、太室九州之险⑯，而不一姓⑰；冀之北土，马之所产，古无兴国。夫恃险凭危，不阶历数，而能传国垂世，所未有也⑱。故公孙、刘氏以败于前⑲，而诸李踵之⑳，覆亡于后。天人之际，存亡之术，可以为永鉴也㉑；干运犯历㉒，破家丧国，可以为京观也㉓。今齐之《国志》㉔，贯之一揆㉕，同见不臣㉖，所以防狂狡㉗，杜奸萌㉘，以崇《春秋》贬绝之道也㉙；而显贤能，著治乱，亦以为奖劝也。

【注释】

①理数：道理，事理。

②险固：险阻坚固。

③襟带：衣襟和腰带。谓山川屏障环绕，如襟似带。比喻险要的地理形势。

④“世乱先违”二句：意即后世所谓“天下未乱蜀先乱，天下已治蜀未治”。此语最早见于明末清初人欧阳直的《蜀警录》。道治，天下太平。后服，较迟降服。

⑤逋（bū）逃：逃亡的罪人。

⑥奸雄：弄权欺世、窃取高位的人。窥觎（yú）：伺隙图谋。

⑦统天理物：统辖天下，治理万物。

⑧土中：四方的中心地区。《尚书·召诰》："王来绍上帝，自服于土中。"孔传："言王今来居洛邑，继天为治，躬自服行教化於地势正中。"（《尚书正义》卷十五）孙星衍疏："土中，谓王城，于天下为中也。"（《尚书今古文注疏》卷十八）按："盖帝王者统天理物，必居土中"，与古代中国的正统论有关。

⑨膺：担当，接受。

⑩资能：凭借才能。恃险：倚仗险要，负险。

⑪干常：干犯纲常。乱纪：败坏或违反法纪。

⑫饕（tāo）窃名号：指僭号称王称帝。饕窃，贪得而窃取。

⑬绝宗殄祀：即"绝殄宗祀"，灭绝了对祖宗的祭祀，指灭门之祸。绝，断绝。殄，断绝。

⑭诈诡：诡诈，狡诈。邀：求取，取得。

⑮神器：代表国家政权的实物，如玉玺、宝鼎之类。借指帝位、政权。

⑯四岳：中国东南西北四座大山的总称，即东岳泰山、南岳衡山、西岳华山、北岳恒山。三涂：山名。亦称崖口，又称水门。在河南嵩县西南，伊水之北。阳城：山名。俗名车岭山。在今河南登封东北，为嵩山东支。洧水发源于此。山南麓地势险要，称阳城关（今石羊关），为古战场。太室：山名。又作"大室"。在河南登封北。嵩山之东峰。古时，称嵩山为太室山。

⑰不一姓：意谓改朝换代。一姓，一个朝代。葛洪《抱朴子·外篇·君道》："四岳三涂，实不一姓；金城汤池，未若人和。守在海外，匪山河也。"

⑱"冀之北土"几句：《左传·昭公四年》："冀之北土，马之所生，无兴国焉。恃险与马，不可以为固也，从古以然。"冀，冀州。兴国，

兴盛的国家。不阶，不凭借。历数，天运，气数。传国，古谓帝王传位给子孙或让位给他人。垂世，留传于世。

⑲公孙：指公孙述。刘氏：指刘焉、刘璋。

⑳诸李：指李特、李雄等人。

㉑永鉴：长久鉴戒。

㉒干运犯历：干扰了运数。干、犯，冒犯，触犯，干扰。运、历，运数，命运。

㉓京观：古代战争中，胜者为了炫耀武功，收集敌人尸首，封土而成的高冢。"京"有"大"意，本处所说"京观"带有"大鉴戒"意。

㉔《国志》：指《三国志》。

㉕一揆：同一道理。

㉖不臣：不守臣节，不合臣道。

㉗狂狡：狂妄狡诈。

㉘奸萌：奸邪的苗子。

㉙贬绝：指贬抑至极点，也指贬低。《公羊传·昭公元年》："《春秋》不待贬绝而罪恶见者，不贬绝以见罪恶也。贬绝然后罪恶见者，贬绝以见罪恶也。"

【译文】

综合审视其事理，有人认为西南一带险阻坚固，如襟似带，易于固守，故而天下未乱而蜀地先乱，天下已治而蜀地随后才平定，像吴地、楚地一样。蜀地必定成为逃亡罪人的萃集之地，成为奸雄弄权欺世、窃取高位之所。大概是因为帝王统辖天下、治理万物，一定居于天下的中心，接受上天命运的安排，而不能凭借才能、倚仗险要，来干犯纲常、违反法纪；否则即使僭号称王称帝，终将有灭门之祸。为什么呢？因为天命是不可以用诡诈的手段获取的，国家政权是不可以用侥幸的方式取得的。因此虽然有四岳、三涂、阳城、太室这样国家的险要之地，而终究不能避免改朝换代；冀州的北面，盛产良马，但自古以来其地没有兴盛的国家。

倚仗山河的险峻，而不凭借天命，又希望能够将王位留传于后世，这是前所未有的。因此有公孙述、刘氏失败在前，而李特、李雄等人继承他们的足迹，又覆亡在后。它们所昭示的天人关系、存亡之道，可以成为永久的借鉴；冒犯天命，导致破家亡国，死者尸首可以垒成高冢了。现在以《三国志》为标准，贯通同一准则，对不守臣节的人一视同仁，目的便在于防范狂妄狡诈，杜绝奸邪之心萌生，以此尊崇《春秋》的贬抑笔法；而能凸显贤能之士，彰明如何治理乱世，也是为了奖励劝勉。

其序曰：

先王经略①，万国剖分②。厥甸巴、梁③，式象县辰④。九牧述职⑤，贡赋以均⑥。佐周毙纣⑦，相汉亡秦⑧。实繁其民，世载其俊⑨。

——述《巴志》第一。

【注释】

①经略：经营治理。

②万国剖分：意谓将天下分封为众多诸侯国。万国，万邦，天下。剖分，平分，分开。

③厥：助词，无实义。甸：甸服。为“九服”之一，指王畿外方圆五百里至千里之间的地区。《周礼·夏官·职方氏》：“方千里曰王畿，其外五百里曰侯服，又其外五百里曰甸服。”

④式：取法。象：天象。县：同“悬”。辰：星辰。按：本处所说“式象县辰”，与分野说有关。犹如本书卷一《巴志》所说“仰禀参伐”与“其分野：舆鬼、东井”。

⑤九牧：九州之长。《礼记·曲礼下》：“九州之长，入天子之国曰‘牧’。”郑玄注：“每一州之中，天子选诸侯之贤者以为之牧也。”

述职:诸侯向天子陈述职守。

⑥贡赋:或作“赋贡”。土贡和赋税。均:均匀,公平。

⑦佐周毙纣:即辅助周武王伐灭商纣王。佐,辅佐,辅助。

⑧相汉亡秦:即帮助汉朝灭亡秦朝。相,辅佐,帮助。

⑨俊:才智出众的人。

【译文】

序文说:

先王经营治理天下,分封了众多诸侯国。在巴、梁实行的是甸服,这是取法天象与星辰而设置的。九州之长向天子陈述职守,土贡和赋税都是均等的。巴人辅助周武王伐灭商纣王,帮助汉朝灭亡秦朝。历代子民在此繁衍生息,世代都有俊杰被记载。

——叙述《巴志》第一。

维天有汉,鉴亦有光①。实司群望②,表我华阳③。炎刘是应④,洪祚攸长⑤。

——述《汉中志》第二。

【注释】

①“维天有汉”二句:意谓地上的汉水对应的是天上的银河,故而犹如镜子反射天光。汉,天河,即银河。《诗经·小雅·大东》:“维天有汉,监亦有光。”毛传:“汉,天河也。”鉴,镜子。

②司:主管,职掌。望:望祭。即遥望而祭,或特称对名山大川的祭祀。《尚书·舜典》:“望于山川,遍于群神。”孔传:“九州名山、大川、五岳、四渎之属,皆一时望祭之。”

③表:标记。华阳:华山之南。古地区名。因在华山之阳而得名。相当今陕西秦岭以南及四川、云南、贵州一带。

④炎刘:指汉朝。古代术数家用“五德”之说,以金、木、水、火、土的

互相生克来解释历代王朝的交替。汉朝皇帝姓刘，自称因火德而兴起，故称“炎刘”，亦称“炎汉”。赵岐《孟子题辞》：“遭苍姬之讫录，值炎刘之未奋。”孙奭疏：“云炎刘者，汉以火德王，故号为炎刘。”

⑤洪祚：隆盛的国运。攸长：长远，久长。

【译文】

天上有天河，地上有汉水；犹如镜子反射天光，汉水也有了光明。这里主管着对名山大川的祭祀，标志就是本地处于华山之南。兴起于本地、以火德而王的汉朝，与天道相应，故而国运昌盛、流传久长。

——叙述《汉中志》第二。

井络启耀①，文昌契符②。芒芒禹迹，画为九州③。功冒普天，率土以休④。光灵遐照⑤，庆祚爽流⑥。邦家济济⑦，世德球球⑧。

——述《蜀志》第三。

【注释】

①井络：星宿名。井宿区域。晋左思《蜀都赋》：“岷山之精，上为井络。”刘逵注：“《河图括地象》曰：‘岷山之地，上为井络。帝以会昌，神以建福。’上为天井，言岷山之地，上为东井维络；岷山之精，上为天之井星也。”古书或以为井宿的分野。专指岷山。按照分野说，井络对应的是蜀地。本书卷三《蜀志》：“地称天府，原曰华阳。故其精灵则井络垂耀，江汉遵流。”

②文昌：星座名。共六星，在斗魁之前，形成半月形状。《史记·天官书》：“斗魁戴匡六星，曰文昌宫：一曰上将，二曰次将，三曰贵相，四曰司命，五曰司中，六曰司禄。”按：文昌又特指文昌宫六星

的第四星,即大熊星座中的f星。指斗魁戴匡六星之一。旧时传说主文运,故又俗称文曲星或文星。契符:符契,符合。

③"芒芒禹迹"二句:典出《左传·襄公四年》:"于虞人之箴曰:'芒芒禹迹,画为九州,经启九道。'"杜预注:"芒芒,远貌。画,分也。"芒芒,悠远,广阔貌。禹迹,相传夏禹治水,足迹遍于九州,后因称中国的疆域为"禹迹"。九州,古代分中国为九州,后以"九州"泛指天下,全中国。

④"功冒普天"二句:本处所说"普天""率土",谓整个天下、四海之内。语本《诗经·小雅·北山》:"普天之下,莫非王土;率土之滨,莫非王臣。"冒,覆盖。普天,整个天下。率土,指四海之内,指全中国。休,美好,美善。

⑤光灵:德化,恩泽。遐照:远照,普照。

⑥庆祚爽流:意谓福祚在后代流传很顺畅。庆祚,幸福,福祚。爽流,畅流。

⑦邦家:国家。济济:形容人才众多。

⑧世德球球:意谓历代人士的美德如玉磬之声传扬(刘琳)。世德,累世的功德。《诗经·大雅·下武》:"王配于京,世德作求。"郑玄笺:"以其世世积德,庶为终成其大功也。"球球,本义为兽角弯曲貌。本处指玉磬之声。

【译文】

井络之星在蜀地上空闪闪发光,文昌之星降在蜀地。远古大禹足迹遍于天下,他把中国疆域划分为九州。他的功劳覆盖整个天下,四海之内都享受着大禹治水后的福泽。恩泽普照,福祚畅流。国家人才济济,历代人士的美德如玉磬之声传扬。

——叙述《蜀志》第三。

蠢尔南域[①],在彼要荒[②]。汉武德振[③],蛮貊是攘[④]。开州列郡，幽裔来王[⑤]。柔远能迩[⑥]，实须才良[⑦]。甄德表失[⑧]，以明纪纲[⑨]。

——述《南中志》第四。

【注释】

①蠢尔：无知蠢动貌。《诗经·小雅·采芑》："蠢尔蛮荆，大邦为仇。"朱熹集传："蠢者，动而无知之貌。"南域：南部地区。本处指南中地区。

②要荒：古代"五服"之二，即要服与荒服。古称王畿外极远之地，亦泛指远方之国。《国语·周语上》："夫先王之制：邦内甸服，邦外侯服，侯、卫宾服，蛮、夷要服，戎、狄荒服。"

③汉武德振：指汉武帝派遣唐蒙、司马相如出使西南夷，在西南地区设立犍为、牂柯、越巂、沈黎、汶山、武都、益州等七郡。汉武，指汉武帝。

④蛮貊：古代称南方和北方少数民族。亦泛指四方少数民族。攘：驱除，排斥。

⑤幽裔：远僻之地。来王：指古代诸侯定期朝觐天子。《尚书·大禹谟》："无怠无荒，四夷来王。"孔传："言天子常戒慎，无怠惰荒废，则四夷归往之。"

⑥柔远能迩：怀柔远方，优抚近地。谓安抚笼络远近之人使之归附。《尚书·舜典》："柔远能迩，惇德允元。"

⑦才良：指才士贤人。

⑧甄：表彰。表：表明。

⑨纪纲：法纪，朝纲。

【译文】

无知又蠢蠢欲动的南中地区，处在那偏远的要荒之地。汉武帝威德振起，驱除蛮貊。建立州郡，远人前来归顺。怀柔远方，优抚近地，确实需要才士贤人。表彰功德，表明过失，让他们明白法纪和朝纲。

——叙述《南中志》第四。

赤德中微[①]，巨猾干篡[②]。白虏乘衅[③]，致民涂炭[④]。爰迄灵、献[⑤]，皇极不建[⑥]。牧后失图[⑦]，英雄迭进[⑧]。覆车齐轨[⑨]，蒙此艰难[⑩]。

——述《公孙述刘二牧志》第五[⑪]。

【注释】

①赤德：指汉朝的气运。谶纬家谓汉以火德王，故称"火德"或"赤德"。中微：中道衰微。

②巨猾：大奸，极奸猾的人。按：本处特指王莽。王莽（前45—23），字巨君，魏郡元城（今河北大名）人。参看本书卷一《巴志》注。干篡：干政篡位。《汉书·王莽传中》："（莽）曰：'予前在大麓，至于摄假，深惟汉氏三七之厄，赤德气尽，思索广求，所以辅刘延期之术，靡所不用。'"

③白虏：指公孙述。公孙述自以为得"金德"之瑞，故而服色"尚白"，自称"金帝""白帝"，又以"白帝城"（在今重庆奉节县城东）为都。乘衅：利用机会，趁空子。

④涂炭：烂泥和炭火。比喻极困苦的境遇。

⑤灵、献：指汉灵帝、汉献帝。

⑥皇极：帝王统治天下的准则，即所谓大中至正之道。

⑦牧后：州牧，地方长官。按：本处指刘焉、刘璋。

⑧英雄：本处指刘备等。迭进：犹连续进击。

⑨覆车齐轨：与"覆车继轨"相近，指前面的车翻倒了，后面的车继续按旧车辙行进。犹言重蹈覆辙。覆车，翻车。齐轨，循着前人的轨迹。比喻效法，看齐。本处带有贬义。

⑩蒙：蒙受，承受。

⑪公孙述：原文无“述”字，此据卷五标题补充。

【译文】

汉朝的气运中道衰微，大奸巨猾王莽干政篡位。公孙述趁机作乱，以致生灵涂炭。到汉灵帝、汉献帝时，皇室统治之道不能建立。刘焉、刘璋父子丢掉扶持汉室的图谋，而刘备等英雄连续进击蜀地。刘焉、刘璋重蹈公孙述的覆辙，蜀地蒙受艰难。

——叙述《公孙述刘二牧志》第五。

政去王室，权流三杰[①]。瓜分天壤[②]，宰割民物[③]。舍彼信顺[④]，任此智计[⑤]。大道既隐[⑥]，诡诈竞设。并以豪特[⑦]，力争当世。居正虑明，名号绝替[⑧]。身兼万乘[⑨]，籍同列国[⑩]。

——述《刘先主志》第六。

【注释】

①三杰：三位杰出的人物。指曹操、刘备、孙权。

②天壤：天地，天地之间。

③宰割：支配，分割。民物：泛指百姓、万物。按：本处说的是魏、蜀、吴三国瓜分天下民物，可谓“三国鼎立”。

④信顺：谓诚信不欺，顺应物理。即忠信顺从。

⑤智计：计谋，智谋。

⑥大道：正道，常理。指最高的治世原则，包括伦理纲常等。

⑦豪特：杰出的人。

⑧“居正虑明”二句：本处是说刘备为汉朝皇室后裔，故可谓“居正”，但汉朝的名号已经废绝。居正，谓遵循正道，循常道以处事。《公羊传·隐公三年》：“故君子大居正。宋之祸，宣公为之也。”

虑明，谋虑英明。绝替，废绝。

⑨万乘：指天子。周制，天子地方千里，能出兵车万乘，后世因称天子为“万乘”。

⑩籍：图籍，地图和户籍。常指疆土、百姓。列国：指春秋战国时的诸侯国。

【译文】

政权已经远离汉朝王室，权力流入曹操、刘备、孙权三人手中。三人瓜分天下，分割民物。抛弃了那些忠信顺从，使用的是这些智谋诡计。大道已经退隐而去，诡诈竞相大行于世。再加上杰出之人纷纷涌现，力争称雄于当世。刘备身居汉室正统，而且谋虑英明，但是汉朝的名号已经废绝。刘备后来虽然称帝，但其领土、百姓仅仅相当于春秋战国时的诸侯国。

——叙述《刘先主志》第六。

乾坤混始①，树君立王②。天工人代③，万邦是望。明不二日，地不重皇④。苟非其器⑤，穷高必亢⑥。濛濛后主⑦，弗虑弗臧⑧。负乘致寇⑨，世业以丧⑩。

——述《刘后主志》第七。

【注释】

①乾坤：天地。

②树君立王：树立君王。《晋书·阮种传》：“臣闻天生蒸庶，树君以司牧之。”

③天工人代：谓天的职司由人代替执行。语出《尚书·皋陶谟》：“无旷庶官，天工人其代之。”

④“明不二日”二句：天上不能有两个太阳，地上不能有两个君王。

明，白昼，白天。按："明"与"地"对，指的是天。重皇，两个皇帝，两个君王。语出《礼记·曾子问》："孔子曰：'天无二日，土无二王。尝、禘、郊、社，尊无二上。'"

⑤器：才能，才干。

⑥穷高必亢：意谓人君居位至于极盛必衰且有灾。穷高，极高。亢，过甚，极。语出《周易·乾》："上九：亢龙有悔。"《周易·乾·象》："亢龙有悔，盈不可久也。"

⑦濛濛：迷茫不清，昏暗不明。后主：指刘禅。

⑧弗虑弗臧：无谋略，无善行（刘琳）。

⑨负乘致寇：谓居非其位，才不称职，就会招致祸患。典出《周易·解》："六三：负且乘，致寇至，贞吝。"《象》曰："负且乘，亦可丑也。自我致戎，又谁咎也。"孔颖达疏："乘者，君子之器也。负者，小人之事也。施之于人，即在车骑之上而负于物也，故寇盗知其非己所有，于是竞欲夺之。"意思是卑贱者背着别人家的财物，又坐上大马车炫耀，就会招致强盗来抢。

⑩世业：世代相传的事业，先人的事业。

【译文】

乾坤天地，始于混沌；自其厥始，树立君王。天之职司，由人代行；天下万民，便有希望。天上不能有两个太阳，地上不能有两个君王。如果不具有才干而又居于高位，必定衰落而且有灾祸。后主昏昧不明，没有谋略善行。居非其位，才不称职，由此招致祸患，以致断送了先人的事业。

——叙述《刘后主志》第七。

阳升三九[①]，品物始亨[②]。帝纮失振[③]，任非其良[④]。赵倡祸阶[⑤]，乱是用长[⑥]。罗州播荡[⑦]，朱旌莫亢[⑧]。皮、张不造[⑨]，戎丑攸行[⑩]。哀哀黎元[⑪]，顾瞻靡望[⑫]。

——述《大同志》第八。

【注释】

①阳升三九：意指司马炎升入三公九卿之位，又代魏而为晋武帝。参看本书卷一《巴志》“晋武帝”注。阳，太阳。按照《周易》的说法，其象为君位。三九，指三公九卿。《后汉书·郎颉列传》：“陛下践祚以来，勤心庶政，而三九之位，未见其人。”李贤注：“三公九卿也。”

②品物始亨：万物始得亨通。意谓天下太平。品物，犹万物。亨，通达，亨通。《周易·坤·象》：“含弘光大，品物咸亨。”

③帝纮（hóng）：王道，帝王治国的纲纪。纮，网绳。

④任非其良：所任用的不是贤才。任良，任用贤才。《左传·昭公十四年》：“礼新叙旧，禄勋合亲，任良物官。”孔颖达疏：“任良，谓选贤而任之也。”

⑤赵：指益州刺史赵廞。字和叔，巴西郡安汉（今四川南充）人。参看本书卷八《大同志》注。祸阶：谓祸之所从来。阶，阶梯，比喻凭借或途径。

⑥是用：用是，因此。

⑦罗州：指益州刺史罗尚。字敬之，一名仲，字敬真，襄阳（今湖北襄阳）人。参看本书卷八《大同志》注。播荡：流离动荡。

⑧朱旌：朱色的旗帜。按照典制，刺史车上树立的是朱旌。亢：举。

⑨皮、张：指皮素、张罗。皮素，字泰混，下邳（今江苏睢宁）人。曾任益州刺史。参看本书卷八《大同志》注。张罗，字景治，河南梁（今河南汝州）人。罗尚部将。参看本书卷八《大同志》注。造：成就，成功。

⑩戎丑：本义为大众。旧亦为对少数民族的蔑称。本处指的是巴氐族等少数民族，即李特等人所率领的流民队伍。攸行：本处带有“大行其道”“横行霸道”的意思。

⑪哀哀：悲伤不已貌。黎元：即黎民百姓。

⑫顾瞻：回视，环视。靡望：无望，没有希望。

【译文】

司马炎升入三公九卿之位，万物始得亨通，天下因而太平。后来王道大纲颓废不振，所任用的不是贤才。赵廞首倡祸端，叛乱因此滋长。罗尚任职益州，百姓流离动荡，红色的旗帜不能高举。皮素、张罗无所成就，戎蛮横行霸道。黎民百姓悲伤不已，环顾四周却毫无希望。

——叙述《大同志》第八。

素精南飘[①]，天维弛纲[②]。薨薨特、流[③]，肆其豺狼[④]。荡、雄纂承[⑤]，歼我益、梁。牧守颠摧[⑥]，黔首辛尝[⑦]。三州毁旷[⑧]，悠然以荒[⑨]。络结王网[⑩]，民亦流亡。

——述《李特雄期寿势志》第九。

【注释】

①素精：白精，指陇西六郡流民。素，白色。按照五行学说，白色对应的方位是西方，而陇西六郡在蜀地之西，故曰“素精”。南飘：指陇西六郡流民向南迁移进入蜀地。

②天维：国家的纲纪。

③薨薨特、流：指李特、李流率领的流民队伍人马众多，而且声音嘈杂，发出众虫齐飞的嗡嗡声。薨薨，象声词。众虫齐飞声。《诗经·周南·螽斯》：“螽斯羽，薨薨兮。”郑玄笺：“薨薨，群飞声。”特、流，指李特、李流。李特（？—303），字玄休，巴西郡宕渠（今四川渠县）人。参看本书卷八《大同志》注。李流（267—303），字玄通，巴西郡宕渠人。李特之弟。参看本书卷八《大同志》注。

④豺狼：皆凶兽。比喻凶残的恶人。

⑤荡、雄：指李荡、李雄。李荡，字仲平，巴西郡宕渠人。李特长子。

参看本书卷一《巴志》注。李雄(274—334),字仲儁,巴西郡宕渠人。李特第三子。参看本书卷一《巴志》注。纂承:继承。

⑥牧守:州郡的长官。州官称牧,郡官称守。颠摧:意谓被砍头。颠,本义为头顶。引申义为头颅、脑袋。摧,折断。

⑦黔首:古代称平民,老百姓。辛尝:意谓艰辛备尝。一作"卒尝"。

⑧三州:指益州、宁州、梁州。毁旷:因被毁坏而变得空旷。

⑨悠然以荒:意谓辽阔的三州大地变得很荒凉。悠然,辽阔貌。

⑩络结王网:意谓桓温平定蜀乱,恢复了晋朝在蜀地的统治,犹如破裂的罗网又重新连接成大网。络结,联络交结。王网,王纲,天子的纲纪。

【译文】

陇西六郡流民南迁进入蜀地,国家的纲纪松弛了。李特、李流率领的流民队伍人马嘈杂,凶残如豺狼。李荡、李雄继承余绪,歼灭我们益州、梁州。州郡长官被砍了头,平民百姓备尝艰辛。益州、宁州、梁州因被毁坏而变得空旷,辽阔的三州大地变得很荒凉。桓温平定蜀乱,恢复了晋朝在蜀地的统治,而老百姓也大批流亡。

——叙述《李特雄期寿势志》第九。

华岳降精,江汉吐灵①。济济多士②,命世克生③。德为世俊,干为时贞④。略举士女,表诸贤明。世济其美,不陨其名⑤。

——述《先贤士女总赞论》第十。

【注释】

①"华岳降精"二句:"降精"与"吐灵"互文见义,意为产生精英、人才。华岳,西岳华山的别名。江汉,长江(古称江水)和汉水。

②济济多士:众多威仪堂堂才能出众的贤士。

③命世:著称于当世。多用以称誉有治国之才者。

④"德为世俊"二句:"世俊"与"时贞"互文见义,意为时代俊才、干才。贞,古同"桢",桢干。

⑤"世济其美"二句:意谓其美名世代流传。济,成,成就。陨,毁坏。诚如《史通·外篇·疑古》所说,"案《春秋传》云:高阳、高辛二氏各有才子八人,谓之元、凯。此十六族也。世济其美,不陨其名"。

【译文】

华山降下精英,江汉涌现英灵。贤士众多,应时而生,闻名于世。论德行堪为当世俊才,论才能堪为时代干才。大略列举男子与妇女,表彰他们的贤明。以使世代流传其美名,不埋没他们的姓名。

——叙述《先贤士女总赞论》第十。

皇皇大晋[①],下土是覆[②]。化赡教洽[③],诞兹彦茂[④]。峨峨俊乂[⑤],亹亹英秀[⑥]。如岳之崇[⑦],如兰之臭[⑧]。经德秉哲[⑨],绰然有裕[⑩]。

——述《后贤志》第十一。

【注释】

①皇皇:美盛,庄肃,威武貌。

②下土:大地。《诗经·小雅·小明》:"明明上天,照临下土。"覆:覆盖。本处有庇护之意。

③化赡教洽:谓教化充足而且广博。赡,充足,富裕。洽,广博。

④彦茂:俊彦,优异之士。

⑤峨峨:盛壮、盛美,卓然特立之意。俊乂(yì):才德出众的人。

⑥亹亹(wěi wěi):美好、美盛貌。英秀:才能卓越的人。

⑦崇:本处指山大而高。

⑧臭:本义为闻气味。本处意为香气。《周易·系辞上》:"同心之

言，其臭如兰。”

⑨经德：保持德行。秉哲：秉持才智。

⑩绰然有裕：形容宽裕、富足。《尚书·酒诰》：“我闻惟曰：在昔殷先哲王，迪畏天显小民，经德秉哲。”

【译文】

大晋威武，庇护大地。教化充足广博，优异之士在此诞生。俊才盛美，卓越美好。有如山岳之高耸，有如兰花之芬芳。保持德行，秉持才智，绰绰有余。

——叙述《后贤志》第十一。

博考行故[①]，总厥旧闻[②]。班序州部[③]，区别山川。宪章成败[④]，旌昭仁贤[⑤]。抑绌虚妄[⑥]，纠正谬言。显善惩恶，以杜未然[⑦]。

——述《序志》第十二。

【注释】

①博考：普遍广泛地查考，考证。行故：历代史事，往事。

②总：聚合，汇集。旧闻：指往昔的典籍和传闻。《史记·太史公自序》：“罔罗天下放失旧闻。”

③班序：依次排列。州部：指古代基层地方行政单位。

④宪章：彰显，表明。宪，通“显”。章，通“彰”。

⑤旌昭：旌表，表彰。

⑥抑绌：贬废，排斥。虚妄：荒诞无稽。

⑦杜：杜绝，阻止。未然：还没有成为事实。在（事故或灾害）未发生之前。

【译文】

广泛考证史事，汇集各种旧闻。依次排列各州各部，区分辨别山川风物。彰显历代成败,表彰仁人贤者。贬废虚妄之文,纠正荒谬之言。表彰善人惩治恶人,以杜绝于未然。

——叙述《序志》第十二。

撰曰①:驷牡骙骙②,万马龙飞③。陶然斯犹,阜会京畿④。麟获西狩⑤,鹿从东麋⑥。郁伯劳之⑦,旬不接辰⑧。尝兹珍嘉,甘心庶几⑨。中为令德⑩,一行可师⑪。璜玮倜傥⑫,贵韬光晖⑬。据冲体正,平揖宣尼⑭。道以礼乐⑮,教洽化齐⑯。木讷刚毅⑰,有威有怀⑱。锵锵宫县⑲,磬筦谐谐⑳。金奏石拊㉑,降福孔皆㉒。综括道检㉓,总览幽微㉔。选贤与能,人远乎哉㉕?

【注释】

①撰曰:有的本子脱"撰曰"二字。刘咸炘指出,本段"撰曰"是"离合姓名"的"离合诗"(《推十书·史学述林》)。杨岱欣、刘复生认为,"离合诗"隐含的是"蜀郡常璩道将撰"七字。

②驷牡骙骙(kuí kuí):典出《诗经·小雅·采薇》:"驾彼四牡,四牡骙骙。"驷牡,指驾一车的四匹牡马。骙骙,马行雄壮貌。

③龙飞:像神龙一样飞腾。古人以为,神马如龙,亦可飞腾。《周易·乾》:"飞龙在天,利见大人。"

④"陶然斯犹"二句:刘琳认为,此两句描绘的是建康人物之荟萃及其喜悦的心情,这是常璩随李势降晋到建康看到的情景。陶然,喜悦,快乐貌。犹,通"摇",指人因高兴而摇动身体。典出《礼记·檀弓下》:"人喜则斯陶,陶斯咏,咏斯犹,犹斯舞。"郑玄注:"犹当为摇,声之误也。摇,谓身动摇也。秦人犹、摇声相近。"任乃强以为,"阜会京畿"指的是四方物资荟萃之义,可备一说。

阜，盛大，众多。京畿，国都及其行政官署所辖地区。本处具体指东晋的首都建康（今江苏南京）。

⑤麟获西狩：即“西狩获麟”。相传，鲁哀公十四年（前481）在大野狩猎获麒麟。孔子作《春秋》，至此而绝笔。《春秋左传·哀公十四年》：“春，西狩获麟。”杜预注：“麟者，仁兽，圣王之嘉瑞也。时无明王，出而遇获。仲尼伤周道之不兴，感嘉瑞之无应，故因《鲁春秋》而修中兴之教，绝笔于‘获麟’之一句，所感而作，固所以为终也。”按：本处所说“麟获西狩”，指的是桓温西征灭亡李氏政权。

⑥鹿从东麋：意谓李氏政权降服于东晋王朝。鹿，指帝位、政权。《史记·淮阴侯列传》：“秦失其鹿，天下共逐之。”或谓鹿喻巴蜀，麋谓晋室（汪启明、赵静）。刘琳指出，“麋”字似误，疑当作“縻”。“鹿从东麋”与“麟获西狩”相对，与“狩”相对者应该为动词，而“縻”意为系。笔者按：刘说可从。“縻”意为系縻、羁縻，而“縻”与“麋”因形近而误。

⑦郇伯劳之：意谓四方诸侯来朝见周王，郇伯慰劳四方诸侯。本处郇伯指郇侯，郇国国君。郇，西周时文王十七子封国。姬姓。原在今山西临猗西南，后徙至今山西新绛西。《诗经·曹风·下泉》：“四国有王，郇伯劳之。”毛传：“郇伯，郇侯也。诸侯有事，二伯述职。”郑笺：“有王，谓朝聘于天子也。郇侯，文王之子，为州伯，有治诸侯之功。”

⑧旬不接辰：义不可通。刘琳疑“接辰”当作“挩衣”。《说文解字·手部》：“挩，解挩也。从手，兑声。”“旬不挩衣”，言郇伯礼贤下士之殷勤辛劳。

⑨“尝兹珍嘉”二句：说的是常璩参加晋朝招待的宴会，尝到了珍味佳肴，心满意足，庶几能为晋朝所重用，得以施展其才（刘琳）。珍嘉，珍美的佳肴。甘心，愿意。《诗经·卫风·伯兮》：“愿言思伯，甘心首疾。”郑笺：“我念思伯，心不能已，如人心嗜欲所贪口味

不能绝也，我忧思以生首疾。”庶几，或许，也许。表示希望。

⑩中：中庸。指儒家的政治、哲学思想。主张待人、处事不偏不倚，无过无不及。《论语·雍也》：“中庸之为德也，其至矣乎。”何晏集解：“庸，常也，中和可常行之道。”令德：美德。

⑪一行可师：意谓只要守中庸之道，有一种善行的人即可为师（刘琳）。一行，一种善行。

⑫瓌玮：珍贵奇异。或作“瑰玮”。俶傥：卓异不凡。或作“倜傥”。

⑬韬：隐藏，隐蔽。光晖：光明，锋芒。或作“光辉”。

⑭“据冲体正”二句：意谓据中和之德，体中正之道，则可与孔子平起平坐（参考刘琳的说法）。冲，中和。正，中正，雅正。平揖，本谓双方地位相等，各拱手而不拜。引申为平等、相平。宣尼，汉平帝元始元年（1）追谥孔子为褒成宣尼公，后因称孔子为“宣尼”。见《汉书·平帝纪》。

⑮道以礼乐：语出《论语·为政》：“道之以政，齐之以刑，民免而无耻；道之以德，齐之以礼，有耻且格。”道，同“导”，引导。

⑯洽：周遍，广博。

⑰木讷：质朴迟钝。指人质朴而不善辞令。刚毅：刚强果决。语出《论语·子路》：“子曰：刚毅、木讷，近仁。”

⑱有威有怀：意谓威德并用。有威，有威可畏。有怀，有德可怀。《国语·晋语八》：“民畏其威而怀其德，莫能勿从。”《管子·形势》：“且怀且威，则君道备矣。”

⑲锵锵（qiāng qiāng）：古书又作“将将”（qiāng qiāng）。象声词。形容金石撞击发出的洪亮清越的声音。《诗经·大雅·烝民》：“四牡彭彭，八鸾锵锵。”官县（xuán）：古代钟磬等乐器悬挂在架上，成四面形，帝王悬挂四面，象征宫室四面的墙壁，故名“宫县”。县，“悬”的古字。

⑳磬筦（qìng guǎn）：两种古乐器名。磬，古代打击乐器，形状像

曲尺,用玉、石制成,可悬挂。筦,一种类似于笛的管乐器。《诗经·周颂·执竞》:“钟鼓喤喤,磬筦将将。”谐谐:同“喈喈”(jiē jiē)。象声词。钟、铃等所发出的和谐悦耳的声音。《诗经·小雅·鼓钟》:“鼓钟喈喈,淮水湝湝。”

㉑金奏:敲击钟镈以奏乐。常用以指庙堂音乐。《周礼·春官·钟师》:“钟师掌金奏。”郑玄注:“金奏,击金以为奏乐之节。金谓钟及镈。”石拊:敲击石磬。《尚书·益稷》:“予击石拊石,百兽率舞。”孔传:“石,磬也;拊,亦击也。”

㉒孔:很。皆:普遍。《诗经·周颂·丰年》:“为酒为醴,烝畀祖妣,以洽百礼,降福孔皆。”毛传:“皆,遍也。”

㉓综括:总括,概括。

㉔总览:犹综观。幽微:隐微,深奥精微。

㉕“选贤与能”二句:意谓天子若欲选贤举能,贤人并不在远处,暗寓自己(常璩)未受重用的牢骚(刘琳)。选贤与能,选拔任用贤能的人。与,举。语出《礼记·礼运》:“大道之行也,天下为公,选贤与能,讲信修睦。”王引之《经义述闻·礼记中》:“与,当读为举。《大戴礼记·王言篇》:‘选贤举能。’是也。举、与古字通。”

【译文】

撰述者说:四匹牡马拉着车子雄赳赳奔驰,千万神马像神龙一样飞腾。四方人物内心喜悦,手舞足蹈,荟萃京师。桓温西征灭掉李氏政权,李氏政权降服于东晋王朝。郇伯慰劳朝见周王的四方诸侯,礼贤下士殷勤而辛劳。我参加招待宴会,尝到珍味佳肴,心满意足,希望能被重用,得以施展才华。只要谨守中庸之道的美德,一善之行即可为师。卓异不凡,韬光养晦。据中和之德,体中正之道,可与孔子平起平坐。以礼乐相引导,教化遍及边远之地。边地之民质朴不善言辞,性格刚强果决;朝廷有威可畏,有德可怀。宫悬四面,其声洪亮清越;磬筦相配,其声和谐悦耳。敲击钟镈石磬;广降恩福,传遍天下。把这本书的思想综合起来,把精微之处概括出来。若欲选贤举能，贤人会在远处吗？

益梁宁三州先汉以来士女目录[1]

○高尚[2]：逸民严遵[3]，字君平，成都人也。

○高尚：逸民林闾[4]，字公孺，临邛人。杨雄师之。见《方言》[5]。

○德行[6]：治中从事李弘[7]，字仲元，成都人也。

○德行：给事黄门侍郎杨雄[8]，字子云，成都人也。

△文学[9]：神童杨乌[10]，雄子也。七岁预父《玄》文[11]，九岁卒。

○文学：侍中、扬州刺史张宽[12]，字叔文，成都人。始受文翁遣东受七经[13]，还以教授者。

○文学：中郎将司马相如[14]，字长卿，成都人也。

○文学：谏议大夫王褒[15]，字子渊，资中人也。

尚书郎杨壮[16]，成都人也。见杨子《方言》[17]。

【注释】

①目录：《华阳国志》之《目录》的次序，各本不尽相同。《华阳国志新校注》一律依廖本，本注译本从之。又，凡是该《目录》所列人物，见于卷十、卷十一且有小传者，加“○”号；凡是该《目录》所列人物，附见于别人之传者，加“△”号；凡是该《目录》所列人物，既无小传亦未附见于别人之传者，不加符号。所谓“德行”“文学”“政事”“高尚”“美秀”“节士”“述作”等语，是常璩对该人物的品题。而诸如“成都人也”“见《方言》”等语，是常璩的自注之文。

②高尚：志行、节操高洁。《晋书·隐逸传·陶潜》："潜少怀高尚，博学善属文，颖脱不羁，任真自得，为乡邻之所贵。"

③逸民：古代称节行超俗、遁世隐居的人。《论语·微子》："逸民：伯夷、叔齐、虞仲、夷逸、朱张、柳下惠、少连。"何晏集解："逸民者，节行超逸也。"严遵：字君平，蜀郡成都（今四川成都）人。参看本书卷三《蜀志》注。

④林间：字公孺，蜀郡临邛（今四川邛崃）人。参看本书卷三《蜀志》注。

⑤《方言》：书名。汉杨雄（亦作"扬雄"）撰。参看本书卷十《先贤士女总赞》注。按：本处说"杨雄师之。见《方言》"，有误。其实，见于扬雄《答刘歆书》："尝闻先代辅轩之使，奏籍之书，皆藏于周秦之室。及其破也，遗弃无见之者。独蜀人有严君平、临邛林间翁孺者，深好训诂，犹见辅轩之使所奏言。翁孺与雄外家牵连之亲，又君平过误，有以私遇少而与雄也。君平财有千言耳，翁孺梗概之法略有。"（《全汉文》卷五十二）四库全书本《方言》附录有扬雄《答刘歆书》。

⑥德行：道德品行。孔门"四科"（德行、言语、政事、文学）之一。《论语·先进》："德行：颜渊、闵子骞、冉伯牛、仲弓。言语：宰我、子贡。政事：冉有、季路。文学：子游、子夏。"

⑦李弘：字仲元，蜀郡成都人。参看本书卷三《蜀志》注。

⑧杨雄（前53—18）：字子云，蜀郡成都人。参看本书卷三《蜀志》注。

⑨文学：文才。

⑩杨乌：蜀郡成都人。杨雄之子。人称神童，九岁而夭。

⑪预：参与。《玄》：指《太玄》。也称《扬子太玄经》。汉杨雄著。《法言·问神》："育而不苗者，吾家之童乌乎！九龄而与我《玄》文。"《太平御览》卷三百八十五引《刘向别传》："杨信字子乌，雄第二子，幼而明慧。雄笔《玄经》不会，子乌令作《九数》而得之。雄又疑

《易》'羝羊触藩',弥日不就。子乌曰:'大人何不云荷戟入榛?'"

⑫张宽:字叔文,蜀郡成都(今四川成都)人。参看本书卷三《蜀志》注。

⑬七经:七部儒家经典。指《易》《诗》《书》《仪礼》《春秋》《公羊》《论语》。

⑭司马相如(前179—前117):字长卿,蜀郡成都人。参看本书卷三《蜀志》注。

⑮王褒:字子渊,蜀郡资中(今四川资阳)人。参看本书卷三《蜀志》注。

⑯杨壮:《法言》作杨庄。蜀郡成都人。参看本书卷三《蜀志》注。

⑰见杨子《方言》:按:实则见于《方言》附录的扬雄《答刘歆书》:"而(扬)雄始能草文,先作《县邸铭》《玉佴颂》《阶闼铭》及《成都城四隅铭》。蜀人有杨庄者,为郎,诵之于成帝。成帝好之,以为似(司马)相如。(扬)雄遂以此得外见。"

【译文】

○高尚:逸民严遵,字君平,是成都人。

○高尚:逸民林闾,字公孺,是临邛人。杨雄以他为师。见于《方言》。

○德行:治中从事李弘,字仲元,是成都人。

○德行:给事黄门侍郎杨雄,字子云,是成都人。

△文学:神童杨乌,是杨雄的儿子。杨乌七岁时参与父亲《太玄》的创作,不幸九岁而亡。

○文学:侍中、扬州刺史张宽,字叔文,是成都人。张宽起初接受文翁的派遣,往东到京城学习七经,后回到蜀地教授。

○文学:中郎将司马相如,字长卿,是成都人。

○文学:谏议大夫王褒,字子渊,是资中人。

尚书郎杨壮,是成都人。见于杨子《方言》。

○美秀[①]:中郎将何霸[②],字翁君,郫人也。

〇执正[3]：大司空汜乡侯何武[4]，字君公，霸弟，以忠正为三公。王莽欲篡位，惮而杀之[5]。

△颍川太守何显[6]，武弟也。兄弟五人，皆在《汉书》[7]。武子况嗣武侯[8]，王莽时废。

黄门侍郎邓通[9]，蜀人。孝文帝时为侍郎，甚有宠[10]。

卓王孙[11]，临邛人。见《食货志》[12]。姑仍旧列于“执正”目下[13]。

〇政事[14]：左曹、卫将军护军都尉陈立[15]，字少迁，临邛人。历牂柯、巴郡、天水三郡太守，治为天下最[16]。

〇节士[17]：太中大夫章明[18]，字公孺，新繁人也。

〇节士：尚书郎侯刚[19]，字直孟，新繁人也。

〇节士：尚书郎王嘉[20]，字公卿，江原人也。

〇节士：美阳令王皓[21]，字子离，江原人也。

右十九人在前汉[22]。其侍郎田仪、杨德意无善事[23]，在中也。

【注释】

①美秀：美好杰出。

②何霸：字翁君，蜀郡郫（今四川成都郫都区）人。参看本书卷四《南中志》注。

③执正：主持公道。

④何武（？—3）：字君公，蜀郡郫人。参看本书卷三《蜀志》注。

⑤惮而杀之：《汉书·何武传》：“（何）武在见诬中，大理正槛车征（何）武，（何）武自杀。众人多冤（何）武者，（王）莽欲厌众意，令（何）武子（何）况嗣为侯，谥武曰剌侯。”

⑥何显:蜀郡郫人。附见于本书卷十《先贤士女总赞》何霸传。

⑦皆在《汉书》:常璩所记有误。《汉书》提到了何氏兄弟五人,但仅有何武一人之传。《汉书》卷八十六:"(何)武兄弟五人,皆为郡吏,郡县敬惮之。"

⑧武子况:何武之子何况,蜀郡郫人。《汉书·何武传》:"(王莽)令(何)武子(何)况嗣为侯,谥武曰刺侯。(王)莽篡位,免(何)况为庶人。"

⑨邓通:蜀郡南安(今四川乐山)人。参看本书卷三《蜀志》注。

⑩甚有宠:邓通之受宠,事见《汉书·佞幸传·邓通传》。又,《汉书·申屠嘉传》:"是时,太中大夫邓通方爱幸,赏赐累巨万。文帝常燕饮通家,其见宠如是。"

⑪卓王孙:蜀郡临邛(今四川邛崃)人。参看本书卷三《蜀志》注。

⑫见《食货志》:意谓卓王孙事迹见于《汉书·食货志》。按:《华阳国志》所说有误。卓王孙事迹,实见于《史记·货殖列传》。

⑬姑仍旧列于"执正"目下:此九字颇为奇特,疑为常璩自注之文。盖常璩初编此目录之时,因邓通、卓王孙不便品题,未能列于适当位置,暂且置于"执正:大司空氾乡侯何武"之后,而改稿时也只好一仍其旧,故批注此九字(刘琳)。

⑭政事:政治事务。孔门"四科"(德行、言语、政事、文学)之一。《论语·先进》:"德行:颜渊、闵子骞、冉伯牛、仲弓。言语:宰我、子贡。政事:冉有、季路。文学:子游、子夏。"

⑮陈立:字少迁,蜀郡临邛人。参看本书卷三《蜀志》注。

⑯最:古代考核政绩或军功时划分的等级,以上等为最。跟"殿"相对。

⑰节士:有节操的人。

⑱章明(?—9):字公孺,蜀郡新繁(今四川彭州)人。官至太中大夫。王莽即位,章明以一身不能事二主,遂自杀。本书卷十《先

贤士女总赞》有传。

⑲侯刚：字直孟，蜀郡新繁人。仕为郎。王莽即位，侯刚假装疯狂，肩负木斗，守着宫门号哭，言汉朝国运没有穷尽，不愿侍奉非正统的君主。遂为王莽所杀。本书卷十《先贤士女总赞》有传。

⑳王嘉：字公卿，蜀郡江原（今四川崇州）人。本书卷十《先贤士女总赞》有传。

㉑王皓：字子离，蜀郡江原人。本书卷十《先贤士女总赞》有传。

㉒前汉：即西汉。与"后汉"（东汉）相对。

㉓田仪：蜀郡成都人。王莽时为五官郎中。扬雄《答刘歆书》："田仪与雄同乡里，幼稚为邻，长艾相更，视觊动精采，似不为非者，故举至日雄之任也。不意淫迹暴于官朝，令举者怀赧而低眉，任者含声而宛舌。"杨德意：《史记·司马相如列传》和《汉书·司马相如传》作"杨得意"。蜀郡成都人。汉武帝时为狗监。因汉武帝读《子虚赋》曰"吾独不得与此人同世"，杨得意遂向汉武帝推荐《子虚赋》作者司马相如。无善事：意谓没有可记载的特别好的事迹，并非指二人不做好事。

【译文】

○美秀：中郎将何霸，字翁君，是郫人。

○执正：大司空氾乡侯何武，字君公，是何霸的弟弟，以忠诚正直而位列三公。王莽想篡位，因忌惮何武而杀了他。

△颍川太守何显，是何武的弟弟。何家兄弟五人，都名列《汉书》。何武的儿子何况继承了何武的侯爵位，在王莽时被废。

黄门侍郎邓通，是蜀人。孝文帝时为侍郎，很受宠。

卓王孙，是临邛人。其事迹见于《汉书·食货志》。姑且一仍其旧，将邓通、卓王孙列于"执正"目下。

○政事：左曹、卫将军护军都尉陈立，字少迁，是临邛人。历任牂柯、巴郡、天水三郡太守，其治绩为天下之最。

○节士：太中大夫章明，字公孺，是新繁人。

○节士：尚书郎侯刚，字直孟，是新繁人。

○节士：尚书郎王嘉，字公卿，是江原人。

○节士：美阳令王皓，字子离，是江原人。

以上十九人，其时代在西汉。其中侍郎田仪、杨德意没有特别好的事迹可以记载，故将其融合在本书卷十《先贤士女总赞》中。

○知士[1]：博士罗衍[2]，字伯纪，成都人也。

○德政[3]：益州太守王阜[4]，字世公，成都人也。

△长沙太守任循[5]，字伯度，成都人也。少失父，后为长沙，父流离远届长沙[6]，为郡五官，父母识知[7]，是事在精通也[8]。

○公亮[9]：大司农、司隶校尉任昉[10]，字文始，循子也。

△徐州刺史任恺[11]，字文悌，昉弟也。

○文学：校书郎杨终[12]，字子山，成都人也。

○文学：侍中、汉五更张霸[13]，字伯饶，谥曰文父[14]，成都人也。

聘士[15]：张楷[16]，字公超，文父子也。

△聘士：张光超[17]，公超弟也。

尚书张陵[18]，字处冲，公超子也。自陵之后，世有大官。

【注释】

①知士：才智之士。

②罗衍：字伯纪，蜀郡成都（今四川成都）人。公孙述据蜀，罗衍为其郎官。罗衍劝说尚书解文卿、郑文伯，让他们向公孙述进谏投降汉朝，为子孙谋福。文卿、文伯进谏而触公孙述大怒，二人被幽

于薄室，以忧死。罗衍后被察举为孝廉，征召为博士。本书卷十《先贤士女总赞》有传。

③德政：旧指有仁德的政治措施或政绩。

④王阜：字世公，蜀郡成都人。官至益州太守。有政绩。本书卷十《先贤士女总赞》有传。

⑤任循：字伯度，蜀郡成都人。任昉之父。官至长沙太守。附见于本书卷十《先贤士女总赞》任昉传。

⑥届：到。

⑦识知：识察，认识。

⑧精通：精诚所至，心灵感应相通。

⑨公亮：公正诚信。

⑩任昉：字文始，蜀郡成都人。本书卷十《先贤士女总赞》有传。

⑪任恺：蜀郡成都人。任昉之弟。官至徐州刺史，有治绩。附见于本书卷十《先贤士女总赞》任昉传。

⑫杨终（？—100）：字子山，蜀郡成都人。《后汉书》和本书卷十《先贤士女总赞》有传。

⑬张霸：字伯饶，蜀郡成都人。本书卷十《先贤士女总赞》有传。

⑭谥曰文父：张霸私谥曰宪文，谥曰文父。《后汉书·张霸列传》："将作大匠翟酺等与诸儒门人追录本行，谥曰宪文。"本书卷十《先贤士女总赞》："张霸，字伯饶，谥曰文父，成都人也。"

⑮聘士：犹征士。指不应朝廷以礼征聘的隐士。

⑯张楷：字公超，蜀郡成都人。张霸之子。通《严氏春秋》《古文尚书》。隐居弘农山中，学者随之，所居成市，名曰公超市。五府屡次征召，皆不就。又好道术。年七十，卒于家。《后汉书》有传。

⑰张光超：蜀郡成都人。参看本书卷十《先贤士女总赞》注。

⑱张陵：字处冲，蜀郡成都人。张公超之子，张霸之孙。汉桓帝时为尚书。元嘉中朝贺，大将军梁冀带剑入省，张陵敕羽林、虎贲夺梁

冀剑，当即劾奏，请廷尉论罪，百官为之肃然。《后汉书》有传。

【译文】

○知士：博士罗衍，字伯纪，是成都人。

○德政：益州太守王阜，字世公，是成都人。

△长沙太守任循，字伯度，是成都人。任循年轻时与父亲走失，后任长沙太守，父亲流离失所而远赴长沙，担任郡五官，因父母认出任循而得以团聚，此事是精诚所至金石为开的心灵感应。

○公亮：大司农、司隶校尉任昉，字文始，是任循的儿子。

△徐州刺史任恺，字文悌，是任昉的弟弟。

○文学：校书郎杨终，字子山，是成都人。

○文学：侍中、汉五更张霸，字伯饶，谥号是“文父”，是成都人。

聘士：张楷，字公超，是张霸的儿子。

△聘士：张光超，是张公超的弟弟。

尚书张陵，字处冲，是张公超的儿子。自从张陵之后，张家世代都有大官。

△义士[1]：赵定[2]，成都人，以延仁赴义、济穷恤乏为业[3]。

○保贵[4]：太尉、司徒、司空、特进、厨亭文侯赵戒[5]，字志伯，定子。

○文学：国师、太常赵典[6]，字仲经，戒第二子也。

○忠亮[7]：太尉、司徒、郫忠侯赵谦[8]，字彦信，戒孙也。其子孙袭厨亭侯，不显。

○道德[9]：司徒、司空赵温[10]，字子柔，谦弟。自是后世有二千石。

○义烈[11]：侍中、长水校尉常洽[12]，字茂尼，江原人也。见《赵温传》[13]。

道德：侍御史常翊，字孟元[14]，江原人。在赵太尉公《耆旧传》[15]。

○述作[16]：谒者仆射何英[17]，字叔俊，郫人也。作《汉德春秋》。

△经治[18]：犍为属国何汶[19]，字景由，英孙也。

○高士[20]：杨由[21]，字哀侯，成都人也。见《后汉方术传》[22]。

【注释】

①义士：仗义疏财、慷慨乐助的人。

②赵定：蜀郡成都（今四川成都）人。赵戒之父。仗义疏财，有侠士之风。

③延仁：意谓广施仁德，有博爱之心。赴义：犹仗义。济穷恤乏：救助贫困之人。济、恤，周济，救助。本书卷十《先贤士女总赞》："父定，以游侠称。"

④保贵：意谓保全显贵而安然存活下来。此即本书卷十《先贤士女总赞》所说"屡居公辅，免忧患于无妄之世"。

⑤赵戒：字志伯，蜀郡成都人。赵定之子。本书卷十《先贤士女总赞》有传。

⑥赵典：字仲经，蜀郡成都人。赵戒之子。本书卷十《先贤士女总赞》有传。

⑦忠亮：忠诚坚贞。

⑧赵谦：字彦信，蜀郡成都人。赵戒之孙。本书卷十《先贤士女总赞》有传。

⑨道德：此即本书卷一《巴志》所说"德操仁义"："其德操仁义、文学政干若洛下闳、任文公、冯鸿卿、庞宣孟、玄文和、赵温柔、龚升侯、杨文义等，播名立事、言行表世者，不胜次载者也。"

⑩赵温(137—208):字子柔,蜀郡成都人。赵谦之弟。本书卷十《先贤士女总赞》有传。

⑪义烈:忠义节烈。

⑫常洽:字茂尼,蜀郡江原(今四川崇州)人。本书卷十《先贤士女总赞》有传。

⑬《赵温传》:或以为当是指陈寿《益部耆旧传》的《赵温传》(刘琳)。

⑭常翊:字孟元,蜀郡江原人。曾任侍御史。

⑮赵太尉公《耆旧传》:指赵谦所撰《巴蜀耆旧传》。本书卷十一《后贤志》:"益部自建武后,蜀郡郑伯邑、太尉赵彦信及汉中陈申伯、祝元灵、广汉王文表皆以博学洽闻,作《巴蜀耆旧传》。"

⑯述作:撰写著作,记载事迹。

⑰何英:字叔俊,蜀郡郫(今四川成都郫都区)人。学问渊博。著有《汉德春秋》十五卷。

⑱经治:筹划治理。

⑲何汶:字景由,蜀郡郫人。何英之孙。附见于本书卷十《先贤士女总赞》何英传。

⑳高士:志行高洁之士。

㉑杨由:字哀侯,蜀郡成都人。参看本书卷十《先贤士女总赞》注。

㉒《后汉方术传》:指《后汉书·方术列传》。其中有杨由传。

【译文】

△义士:赵定,是成都人,以广施仁德、仗义疏财、周济穷人、救助困乏为业。

○保贵:太尉、司徒、司空、特进、厨亭文侯赵戒,字志伯,是赵定之子。

○文学:国师、太常赵典,字仲经,是赵戒的第二子。

○忠亮:太尉、司徒、郫忠侯赵谦,字彦信,是赵戒之孙。他的子孙世袭厨亭侯，但是不显达。

○道德：司徒、司空赵温，字子柔，是赵谦之弟。从此何家后世有二千石大官。

○义烈：侍中、长水校尉常洽，字茂尼，是江原人。参见陈寿《益部耆旧传》的《赵温传》。

道德：侍御史常翊，字孟元，是江原人。其人事迹记载在赵谦《巴蜀耆旧传》中。

○述作：谒者仆射何英，字叔俊，是郫人。著有《汉德春秋》。

△经治：犍为属国何汶，字景由，是何英之孙。

○高士：杨由，字哀侯，是成都人。见于《后汉书·方术列传》。

△笃爱[①]：高士侯祈[②]，字升伯，繁人，文父杨厚弟子[③]。

○笃爱：博士杨班[④]，字仲桓，成都人也，何苌弟子[⑤]。

○公府辟士罗衡[⑥]，字仲伯，郫人，亦苌弟子也。

○至孝[⑦]：孝廉禽坚[⑧]，字孟由，成都人也。

○推贤[⑨]：美阳令柳宗[⑩]，字伯骞，成都人也。

△求次方[⑪]。

△王仲曾[⑫]。

△张叔辽[⑬]。

△殷知孙[⑭]。并蜀人，伯骞所拔，皆至牧守，失其官名。

○匡正[⑮]：治中从事张充，字伯春[⑯]，江原人也。

○匡正：司空辟士李羌[⑰]，字孟元，江原人也。

【注释】

①笃爱：厚爱，深切地爱。

②侯祈：字升伯，蜀郡繁（今四川彭州）人。

③杨厚：谥曰“文父”，广汉郡新都（今四川成都新都区）人。杨博之弟。

④杨班：字仲桓，蜀郡成都（今四川成都）人。师事何苌。本书卷十《先贤士女总赞》有传。

⑤何苌，字幼正，蜀郡人。隐士。

⑥罗衡：字仲伯，蜀郡郫（今四川成都郫都区）人。师事何苌。本书卷十《先贤士女总赞》有传。

⑦至孝：极孝顺。

⑧禽坚：字孟由，蜀郡成都人。本书卷十《先贤士女总赞》有传。

⑨推贤：推荐贤人。

⑩柳宗：字伯骞，蜀郡成都人。本书卷十《先贤士女总赞》有传。

⑪求次方：其人事迹不详。附见于本书卷十《先贤士女总赞》柳宗传。

⑫王仲曾：其人事迹不详。附见于本书卷十《先贤士女总赞》柳宗传。

⑬张叔辽：其人事迹不详。附见于本书卷十《先贤士女总赞》柳宗传。

⑭殷知孙：前文为“殷智孙”。其人事迹不详。附见于本书卷十《先贤士女总赞》柳宗传。

⑮匡正：扶正，纠正。

⑯张充：字伯春，蜀郡江原（今四川崇州）人。本书卷十《先贤士女总赞》有传。

⑰司空辟士：当为官名。按：史上无此官职。李尧：字孟元，蜀郡江原人。所谓“司空辟士李尧”，当即本书卷十《先贤士女总赞》所说“伦迁司空，辟尧掾”。意谓李尧被征召为司空掾。

【译文】

△笃爱：高士侯祈，字升伯，是繁人，是文父杨厚的弟子。

○笃爱：博士杨班，字仲桓，是成都人，是何苌的弟子。

○公府辟士罗衡，字仲伯，是郫人，也是何苌的弟子。

○至孝：孝廉禽坚，字孟由，是成都人。

○推贤：美阳令柳宗，字伯骞，是成都人。

△求次方。

△王仲曾。

△张叔辽。

△殷知孙。以上四人都是蜀人，是柳伯骞所提拔的，都官至牧守，佚失其官名。

○匡正：治中从事张充，字伯春，是江原人。

○匡正：司空辟士李尧，字孟元，是江原人。

○猛略[①]：部从事杨竦[②]，字子恭，成都人也。子统为二千石[③]，失其官。

○守宪[④]：治中从事陈湛[⑤]，字子伯，成都人也。

○节士：仲呈[⑥]，成都人也。

高士：王广[⑦]，皓子也[⑧]。父为公孙述所聘，自刎[⑨]。广逃匿。述破后，郡及州命、察举，皆不往，曰："吾不能复仇，敢慕当世荣利也？"

○仁义[⑩]：志士任末[⑪]，字叔本，繁人也。

○烈士[⑫]：严道主簿李磬[⑬]，字文寺，严道人也。

○义烈[⑭]：郡功曹史朱普[⑮]，字伯禽，广都人也。

巴郡太守朱辰[⑯]，字元燕，广都人也。

述作：汉中太守郑廑[⑰]，字伯邑，临邛人也。作《耆旧传》[⑱]。

右四十人驰名后汉。尚书郎张俊[⑲]，失其行事[⑳]，不载。学士张宁[㉑]，见《朱仓传》。

【注释】

①猛略:勇猛有谋略。

②杨竦(?—119):字子恭,蜀郡成都(今四川成都)人。本书卷十《先贤士女总赞》有传。

③统:杨统,字仲通,广汉郡新都(今四川成都新都区)人。本书卷十《先贤士女总赞》有传。

④守宪:谨守法令。

⑤陈湛:字子伯,蜀郡成都人。本书卷十《先贤士女总赞》有传。

⑥仲呈(niè):蜀郡成都人。本书卷十《先贤士女总赞》有传。

⑦王广:蜀郡成都人。王皓之子。

⑧皓:王皓,字子离,蜀郡江原(今四川崇州)人。本书卷十《先贤士女总赞》有传。

⑨自刎(wěn):自杀。本书卷十《先贤士女总赞》:"(王)皓为美阳令,去(王)莽归蜀。公孙僭号,使使聘之。(王)皓乃自刎,以头付使者。(公孙)述惭怒,诛其妻子。"

⑩仁义:仁爱正义,宽惠正直。

⑪任末:字叔本,蜀郡繁(今四川彭州)人。本书卷十《先贤士女总赞》有传。

⑫烈士:有气节、有壮志的人。

⑬李磬:字文寺,蜀郡严道(今四川荥经)人。本书卷十《先贤士女总赞》有传。

⑭义烈:忠义节烈。

⑮朱普:字伯禽,蜀郡广都(今四川成都双流区)人。本书卷十《先贤士女总赞》有传。

⑯朱辰:字元燕,蜀郡广都人。事迹见本书卷三《蜀志》"广都县"条。

⑰郑廑:字伯邑,蜀郡临邛(今四川邛崃)人。曾任汉中太守。

⑱《耆旧传》:指《巴蜀耆旧传》。

⑲张俊:蜀郡人。有才能,任尚书郎。参看本书卷三《蜀志》注。

⑳行事:事迹。

㉑张宁:蜀郡人。处士。参看本书卷十《先贤士女总赞》注。

【译文】

〇猛略:部从事杨竦,字子恭,是成都人。儿子杨统为二千石大官,失其官名。

〇守宪:治中从事陈湛,字子伯,是成都人。

〇节士:仲呈,是成都人。

高士:王广,是王皓之子。父亲为公孙述所征聘,后自刎而死。王广逃匿而去。公孙述破亡后,郡及州任命、察举王广,王广都没有前往接受,他说:"我不能复仇,岂敢贪慕当世的功名利禄?"

〇仁义:志士任末,字叔本,是繁人。

〇烈士:严道主簿李磬,字文寺,是严道人。

〇义烈:郡功曹史朱普,字伯禽,是广都人。

巴郡太守朱辰,字元燕,是广都人。

述作:汉中太守郑廑,字伯邑,是临邛人。著有《耆旧传》。

以上四十人都驰名于后汉。尚书郎张俊,失其事迹,故不记载。学士张宁,见于《先贤士女总赞》的《朱仓传》。

〇大鸿胪何宗[①],字彦英,郫人也。

双柏长何双[②],字汉偶,宗子。

〇颖逸[③]:广汉、犍为太守何祗[④],字君肃,郫人也。

〇忠勤[⑤]:辅汉将军张裔[⑥],字君嗣,成都人也。

〇玄寂[⑦]:太常杜琼[⑧],字伯瑜,成都人也。

侍中常竺[⑨],字代文,江原人也。在《耆旧传》[⑩]。

安南将军张表[⑪],字伯达,成都人也。伯父肃[⑫],广汉太守。父松[13]，字子乔，州牧刘璋别驾从事。

永昌太守王伉[14]，成都人。见《蜀书》[15]。

右八人在刘氏世[16]。

【注释】

①何宗：字彦英，蜀郡郫（今四川成都郫都区）人。本书卷十《先贤士女总赞》有传。

②双柏：县名。西汉元封二年（前109）置，属益州郡。治所在今云南双柏县境。何双：字汉偶，蜀郡郫人。何宗之子。为人滑稽，有淳于髡、东方朔之风。曾为双柏长。早卒。参看杨戏《季汉辅臣赞》（载《三国志·蜀书·杨戏传》）。

③颖逸：秀丽超逸。

④何祗：字君肃，蜀郡郫人。何宗族人。本书卷十《先贤士女总赞》有传。

⑤忠勤：忠诚勤劳。

⑥张裔（？—230）：字君嗣，蜀郡成都（今四川成都）人。本书卷十《先贤士女总赞》有传。

⑦玄寂：玄虚寂静。形容守道无为。

⑧杜琼（？—250）：字伯瑜，蜀郡成都人。本书卷十《先贤士女总赞》有传。

⑨常竺：字代文，蜀郡江原（今四川崇州）人。常骞祖父。参看本书卷四《南中志》注。

⑩《耆旧传》：指陈寿《益部耆旧传》。

⑪张表：字伯达，蜀郡成都人。张松之子。参看本书卷四《南中志》注。

⑫肃：张肃，字君矫，蜀郡成都人。参看本书卷五《公孙述刘二牧志》注。

⑬松：张松（？—212），字子乔，蜀郡成都人。参看本书卷五《公孙

述刘二牧志》注。

⑭王伉：蜀郡成都人。后主建兴中为永昌郡府丞，与吕凯力拒雍闿。封亭侯，为永昌太守。

⑮见《蜀书》：即见于《三国志·蜀书·吕凯传》。

⑯刘氏世：即刘氏蜀汉时期。

【译文】

○大鸿胪何宗，字彦英，是郫人。

双柏长何双，字汉偶，是何宗之子。

○颖逸：广汉、犍为太守何祇，字君肃，是郫人。

○忠勤：辅汉将军张裔，字君嗣，是成都人。

○玄寂：太常杜琼，字伯瑜，是成都人。

侍中常竺，字代文，是江原人。事见陈寿《益部耆旧传》。

安南将军张表，字伯达，是成都人。伯父张肃，曾任广汉太守。父亲张松，字子乔，曾任州牧刘璋的别驾从事。

永昌太守王伉，是成都人。事见《三国志·蜀书》。

以上八人生活在刘氏蜀汉时期。

○五更张霸夫人司马敬[①]，成都人也。

○公乘会妇张氏[②]，广都人也。

○犍为杨凤珪妻陈助[③]，临邛人也。

○广汉便敬宾妇常元[④]，江原人，广都令常良女也。

○殷氏妇常靡[⑤]，江原人，常仲山女也。

○赵侯夫人常纪[⑥]，江原人，常常侍女[⑦]。

○景奇妻罗贡[⑧]，郫人罗倩女也。

○赵宪妻何玹[⑨]，郫人也。

○朱叔贤妻张昭仪[⑩]，繁人也。

○广柔长姚超二女姚妣、饶[11]，郫人也。

○广汉王遵妻张叔纪[12]，霸女孙也[13]。

右十二人列女[14]。

右蜀郡士女七十九人。六十七人士，十二人女[15]。

【注释】

①司马敬：蜀郡成都（今四川成都）人。司马氏之女，张霸之后妻。本书卷十《先贤士女总赞》有传。

②张氏：蜀郡广都（今四川成都双流区）人。张氏之女，公乘会之妻。本书卷十《先贤士女总赞》有传。

③陈助：蜀郡临邛（今四川邛崃）人。陈氏之女，杨凤珪之妻。本书卷十《先贤士女总赞》有传。

④常元：蜀郡江原（今四川崇州）人。常良之女，便敬宾之妻。本书卷十《先贤士女总赞》有传。

⑤常靡：蜀郡江原人。常仲山之女，殷仲孙之妻。本书卷十《先贤士女总赞》有传。

⑥赵侯：赵谦（？—192），字彦信，蜀郡成都人。常纪：蜀郡江原（今四川崇州）人。常洽之女，赵谦之妻。本书卷十《先贤士女总赞》有传。

⑦常常侍：散骑常侍常洽。

⑧罗贡：蜀郡郫（今四川成都郫都区）人。罗倩之女，景奇之妻。本书卷十《先贤士女总赞》有传。

⑨何玹：蜀郡郫人。何氏之女，赵宪之妻。本书卷十《先贤士女总赞》有传。

⑩张昭仪：蜀郡繁（今四川彭州）人。张氏之女，朱叔贤之妻。本书卷十《先贤士女总赞》有传。

⑪姚妣、饶：蜀郡郫人。姚超之女。本书卷十《先贤士女总赞》有传。

⑫张叔纪：蜀郡成都人。张霸孙女，王遵之妻。本书卷十《先贤士女总赞》有传。

⑬女孙：孙女。

⑭十二：底本作“十一”，误。

⑮“右蜀郡士女七十九人”几句：七十九，底本作“七十四”，误。六十七，底本作“六十三”，误。十二，底本作“十一”，误。

【译文】

○五更张霸夫人司马敬，是成都人。

○公乘会之妇张氏，是广都人。

○犍为杨凤珪之妻陈助，是临邛人。

○广汉便敬宾之妇常元，是江原人，是广都令常良的女儿。

○殷氏之妇常靡，是江原人，是常仲山的女儿。

○赵谦夫人常纪，是江原人，是常洽的女儿。

○景奇之妻罗贡，是郫人罗倩的女儿。

○赵宪之妻何玹，是郫人。

○朱叔贤之妻张昭仪，是繁人。

○广柔长姚超二女姚妣、姚饶，是郫人。

○广汉王遵之妻张叔纪，是张霸的孙女。

以上十二人为列女。

以上蜀郡士女七十九人。六十七位人士，十二位人女。

明略[①]：渡沔侯范目[②]，阆中人也。

文学：聘士洛下闳[③]，字长公，阆中人也。

玄始[④]：侍御史任文孙[⑤]，阆中人也。

文学：司空掾任文公[⑥]，文孙弟也[⑦]。

先生胥君安[⑧]，见《春秋传》首[⑨]。

京兆尹徐诵[⑩]，字子产，阆中人也。

忠正：侍中谯隆[⑪]，字伯司，阆中人也。

高清[⑫]：太中大夫谯玄[⑬]，字君黄，阆中人也。

洁白：尚书郎谯瑛[⑭]，玄子也，以《易》授孝明帝[⑮]。

公车令赵咩[⑯]，字孙明，阆中人也。

公府掾赵毅[⑰]，字仲都，咩子也。

公车令臧太伯[⑱]，宕渠人也，见咩传[⑲]。

俊才[⑳]：凉州刺史赵宏[㉑]，字温柔，阆中人也。

右十三人前汉。

【注释】

①明略：高明的智谋。本书卷一《巴志》："阆中人范目有恩信方略，知帝必定天下，说帝，为募发賨民，要与共定秦。"按：因本书卷十《先贤士女总赞》"巴郡士女"全文脱漏，不知以下所列巴郡士女何人有传、何人无传，故无法加○△符号。

②范目：巴郡阆中（今四川阆中）人。参看本书卷一《巴志》注。

③洛下闳：姓或作落下。字长公，巴郡阆中人。明天文，善历数。武帝时征为待诏太史，与邓平、司马迁等改《颛顼历》作《太初历》，具体负责"运算转历"。拜侍中，不受。参看《史记·历书》《汉书·律历志》。另据《法言》记载，落下闳曾参与制造浑天仪。《法言·重黎》："或问浑天。曰：落下闳营之，鲜于妄人度之，耿中丞象之，几乎，几乎！莫之能违也。"

④玄：玄妙，玄奥。之所以称为"玄始"，大概是因为任文孙"明晓天官风角秘要"，而其子任文公又"少修父术"（《后汉书·方术列传》），可谓"玄妙"秘术"始于"任文孙。

⑤任文孙：巴郡阆中人。任文公之父。《后汉书·方术列传》："（任）文孙明晓天官风角秘要（奥旨精义）。"

⑥任文公：西汉末方士。巴郡阆中人。任文孙之子。少传父业，以占术著名。屡次预言灾祸，史称多有应验。州辟从事，后为治中从事，又辟司空掾。平帝即位，称疾还家。王莽篡位，知当大乱，率家人避入山中。卒于公孙述割据巴蜀时期。《后汉书·方术列传》有传。

⑦文孙弟：当作"文孙子"。参看《后汉书·方术列传》。

⑧胥君安：巴郡人。事迹不详。

⑨《春秋传》：指《春秋穀梁传》。本书卷十《先贤士女总赞》："《春秋穀梁传》首叙曰：'成帝时，议立三传博士，巴郡胥君安独驳《左传》不祖圣人。'"

⑩徐诵：《太平御览》卷六百一十六引《华阳国志》："徐诵字子产。少读书，日不过五十字，诵千遍乃得，终成儒学。"

⑪谯隆：字伯司，巴郡阆中人。初为上林令，以忠谏拜为侍中。《艺文类聚》卷四十八、《太平御览》卷二百一十九引《华阳国志》："谯隆为上林令，武帝欲广上林苑。隆言：'尧舜至治广德，不务林苑。'帝后思其言，征为侍中。"

⑫高清：高尚纯洁。本书卷十《先贤士女总赞》："不屈其身，志高青云，则谯玄也。"

⑬谯玄（？—35）：字君黄，巴郡阆中人。参看本书卷一《巴志》注。

⑭谯瑛：巴郡阆中人。谯玄之子。曾以《易》传授汉明帝。参看本书卷一《巴志》注。

⑮孝明帝：汉明帝刘庄（28—75）。光武帝第四子。东汉皇帝。死后谥为明帝，庙号显宗。《后汉书》有传。《后汉书·谯玄列传》："（谯）瑛善说《易》，以授显宗，为北宫卫士令。"

⑯公车令：官名。为"公车司马令"的省称。属卫尉，秩六百石。主宫中巡逻。掌受吏民奏章四方贡献等。三国沿置。赵珜

(yáng):字孙明,巴郡阆中(今四川阆中)人。为公车令。王莽篡政,乃弃官而归。《太平御览》卷二百六十八引《益部耆旧传》:"赵玶,字孙明。少好游侠,行部,带剑过亭长,亭长谴之。乃叹曰:'无大志,故为竖吏所轻耳。'于是解剑挂壁曰:'玶不乘辎车、佩绂,不复带剑。'因之京师,诣大学受业,治《春秋》,变行厉操,名德遂称。除野王令,乃解剑带之官。治官清约,以身率下,烟火不举,常食干粮。"

⑰赵毅:字仲都,巴郡阆中(今四川阆中)人。赵玶之子。曾任公府掾。仅见于此。

⑱臧太伯:巴郡宕渠(今四川渠县)人。曾任公车令。

⑲见玶传:当指见于本书卷十《先贤士女总赞》"巴郡士女"的赵玶传。

⑳俊才:才智卓越。

㉑赵宏:或作赵闳。字温柔,巴郡阆中人。《初学记》卷十七引陈寿《益部耆旧传》:"赵闳,字温柔,幼时读《尚书》,默识其音句。"

【译文】

明略:渡沔侯范目,是阆中人。

文学:聘士洛下闳,字长公,是阆中人。

玄始:侍御史任文孙,是阆中人。

文学:司空掾任文公,是任文孙之子。

先生胥君安,见《春秋传》首叙。

京兆尹徐诵,字子产,是阆中人。

忠正:侍中谯隆,字伯司,是阆中人。

高清:太中大夫谯玄,字君黄,是阆中人。

洁白:尚书郎谯瑛,是谯玄之子,以《易》传授汉明帝。

公车令赵玶,字孙明,是阆中人。

公府掾赵毅,字仲都,是赵玶之子。

公车令臧太伯，是宕渠人，见赵玶传。

俊才：凉州刺史赵宏，字温柔，是阆中人。

以上十三人生活在西汉。

政事：扬州刺史严遵[①]，字王思，阆中人也。

徐州牧严羽[②]，字子翼，王思子也。

长安令王伟卿[③]，王思友，见王思传。

政事：大司农玄贺[④]，字文和，宕渠人也。

将略[⑤]：大鸿胪庞雄[⑥]，字宣孟，宕渠人也。

政事：幽州刺史冯焕[⑦]，宕渠人也。

明略：使持节、车骑将军冯绲[⑧]，字鸿卿，焕子。

降虏校尉冯允[⑨]，字公信，绲弟。

尚书郎冯遵[⑩]，字文衡，允子。

政事：司隶校尉陈禅[⑪]，字纪山，安汉人也。

汉中太守陈澄[⑫]，禅子。

别驾从事陈实[⑬]，字盛先，澄孙也，与王文表为友[⑭]。

【注释】

①严遵：字王思，巴郡阆中（今四川阆中）人。初为长安令，后迁扬州刺史。在官有政绩，以"惠爱在民"闻名。居官十八年，卒，百姓如丧考妣，自愿送其灵柩还乡，并赍钱百万，以赡养其家，严遵家属拒不接受。参看本书卷一《巴志》。

②严羽：字子翼，巴郡阆中人。严遵之子。《初学记》卷二十引陈寿《益部耆旧传》："严羽，字子翼，仕郡功曹，刺史辟为从事。郡举孝廉，曰：'大士贡名，下士贡身。赍函贡身，非高士也。'辞孝廉，取吏部，除无锡长。"

③王伟卿:籍贯不详。严遵之友。曾任长安令。

④玄贺:字文和,巴郡宕渠(今四川渠县)人。魏明帝时为乡佐,后为九江、沛郡守,以清谨著闻,所在化行。累迁大司农,为时明卿。

⑤将略:用兵的谋略。

⑥庞雄:字宣孟,巴郡宕渠人。有勇略,称名将。安帝永初(107—113)初任中郎将,与梁慬等大破南单于,位至大鸿胪。

⑦冯焕(?—122):巴郡宕渠人。安帝时为幽州刺史。为人疾忌奸恶,怨者诈作玺书谴责,冯焕欲自杀。后听其子冯绲言,上书自讼,得以洗白,而冯焕已病死于狱中。参看《后汉书·冯绲列传》。

⑧冯绲(?—168):字鸿卿,巴郡宕渠人。冯焕之子。官至车骑将军。参看本书卷一《巴志》注。

⑨冯允:底本作“冯元”,误。字公信,巴郡宕渠人。冯绲之弟。官至降虏校尉。《后汉书·冯绲列传》:“(冯)绲弟(冯)允,清白有孝行,能理《尚书》,善推步之术。拜降虏校尉,终于家。”

⑩冯遵:字文衡,巴郡宕渠人。冯允之子。官至尚书郎。冯遵事迹,仅见于此。

⑪陈禅(?—127):字纪山,巴郡安汉(今四川南充)人。参看本书卷一《巴志》注。

⑫陈澄:巴郡安汉人。陈禅之子。有清名。官至汉中太守。参看《后汉书·冯绲列传》。

⑬陈实:字盛先,巴郡安汉人。陈澄之孙。官至别驾从事。《后汉书·冯绲列传》:“(陈)禅曾孙(陈)宝(实),亦刚壮有禅风,为州别驾从事,显名州里。”按:《后汉书》作“宝”,误。

⑭王文表:名商,广汉郡郪(今四川三台)人。参看本书卷三《蜀志》注。

【译文】

政事:扬州刺史严遵,字王思,是阆中人。

徐州牧严羽，字子翼，是严遵之子。

长安令王伟卿，是严遵之友，见严遵传。

政事：大司农玄贺，字文和，是宕渠人。

将略：大鸿胪庞雄，字宣孟，是宕渠人。

政事：幽州刺史冯焕，是宕渠人。

明略：使持节、车骑将军冯绲，字鸿卿，是冯焕之子。

降虏校尉冯允，字公信，是冯绲之弟。

尚书郎冯遵，字文衡，是冯允之子。

政事：司隶校尉陈禅，字纪山，是安汉人。

汉中太守陈澄，是陈禅之子。

别驾从事陈实，字盛先，是陈澄之孙，与王文表是朋友。

思防[①]：治中从事杨仁[②]，字文义，阆中人也。

志士：荆州刺史龚调[③]，字叔侯，安汉人也。

忠贞：魏郡太守赵晏[④]，字平仲，安汉人也。

筹画[⑤]：益州太守李颙[⑥]，字德印，垫江人也。见《汉书》及《巴耆旧传》[⑦]。

汝南太守谒焕[⑧]，字阙，江州人也。见《汝南记》[⑨]。

度辽将军、桂阳太守然温[⑩]，字阙，江州人，见《巴耆旧传》。

美化[⑪]：越巂太守张翕[⑫]，字叔阳，安汉人也。

越巂太守张璃[⑬]，翕子也。太守王堂察举孝廉[⑭]。

至孝：上蔡令赵邵[⑮]，字泰伯，阆中人也。

孝子严永[⑯]。

名儒陈髦[⑰]。

隐士黄错[18]。右三人,巴郡太守王堂所进,失其官位,见堂传[19]。

【注释】

①思防:意谓专心严守宫门。

②杨仁:字文义,巴郡阆中(今四川阆中)人。习《韩诗》,举孝廉。明帝时补北宫卫士令,以宽和任贤、抑黜骄戚论时政,帝嘉之。明帝卒,马氏贵盛,争欲入宫。杨仁披甲持戟,严勒门卫,莫敢轻进。章帝立,拜什邡令。宽惠为政,重用明经者,政绩显著。后为阆中令,卒于官。《后汉书》有传。

③龚调:字叔侯,巴郡安汉(今四川南充)人。曾任持书侍御史、荆州刺史。据《后汉书·李王邓来列传》载,汉安帝延光三年(124),宦官江京、樊丰等诬告皇太子,龚调等“俱诣鸿都门证太子无过”,“龚调据法律明之,以为(太子乳母王)男、(厨监邴)吉犯罪,皇太子不当坐”。

④赵晏:字平仲,巴郡安汉人。事迹不详。

⑤筹画:谋划。

⑥李颙(yóng):字德卬,巴郡垫江(今重庆合川)人。汉灵帝时为太尉掾。益州郡蛮夷反叛,李颙建策讨伐,拜益州太守。事见《后汉书·南蛮西南夷列传》和本书卷一《巴志》《南中志》。

⑦《汉书》:误,当作《后汉书》。见上注。《巴耆旧传》:指郑廑、赵谦、王商所作《益部耆旧传》的一种。其中,尤以王商的可能性较大,因王商引荐的“名士”皆巴郡人,对巴郡情况最为熟悉(刘琳)。

⑧谒焕:巴郡江州(今重庆)人。曾任汝南太守。《后汉书·方术列传》:“太守谒焕,先为诸生,从(廖)扶学,后临郡,未到,先遣吏修门人之礼,又欲擢扶子弟,固不肯,当时人因号为北郭先生。”

⑨《汝南记》:杜预著作。已经亡佚。《初学记》卷十七、《太平御览》

卷四百一十六引文作“杜预《汝南记》曰”。

⑩然温：巴郡江州人。曾任度辽将军。后守桂阳，长于吏治，甚得民心。

⑪美化：美好的教化。

⑫张翕：巴郡安汉（今四川南充）人。任越巂太守，政化清平，甚得民心。在郡十七年，卒于官。当地长者二百余人护丧至安汉，为起坟祭祀。《太平御览》卷二百六十二引《华阳国志》：“张翕，字子阳，巴郡人。为平阴郡守，布衣蔬食，俭以化民。自乘二马之官，……夷、汉甚安其惠爱，在官十九年卒，百姓号慕，送葬者以千数。天子嗟叹，赐钱十万，为立祠堂。后太守数烦扰，夷人叛乱，翕子端方察孝廉，天子起家拜越巂太守，迎者如云。”

⑬张璊（mén）：璊，《后汉书·南蛮西南夷列传》作“湍”。巴郡安汉人。张翕之子。曾任越巂太守。《后汉书·南蛮西南夷列传》：“天子以张翕有遗爱，乃拜其子（张）湍为太守。夷人欢喜，奉迎道路。”

⑭王堂：字敬伯，广汉郡郪（今四川三台）人。本书卷十《先贤士女总赞》有传。

⑮赵邵：字泰伯，巴郡阆中（今四川阆中）人。曾任上蔡令。

⑯严永：孝子。事迹不详。据本书卷一《巴志》记载，汉安帝时，王堂任巴郡太守，“拨乱致治，进贤达士，贡孝子严永、隐士黄错、名儒陈髦、俊士张璊，皆至大位”。本书卷十《先贤士女总赞》记载，“（王堂）初临巴郡，进贤达士，举孝子严永、隐士黄错及张璊、陈髦，民为立祠”。

⑰陈髦：名儒。事迹不详。参看上注。

⑱黄错：隐士。事迹不详。参看上注。

⑲堂传：指本书卷十《先贤士女总赞》的王堂传。

【译文】

思防：治中从事杨仁，字文义，是阆中人。

志士：荆州刺史龚调，字叔侯，是安汉人。

忠贞：魏郡太守赵晏，字平仲，是安汉人。

筹画：益州太守李颙，字德印，是垫江人。见《（后）汉书》及《巴耆旧传》。

汝南太守谒焕，字阙失，是江州人。见《汝南记》。

度辽将军、桂阳太守然温，字阙失，是江州人。见《巴耆旧传》。

美化：越巂太守张翕，字叔阳，是安汉人。

越巂太守张璊，是张翕之子。太守王堂察举他为孝廉。

至孝：上蔡令赵郃，字泰伯，是阆中人。

孝子严永。

名儒陈髦。

隐士黄错。以上三人，是巴郡太守王堂所举荐的贤才，其官位佚失，见本书卷十《先贤士女总赞》的王堂传。

巴郡太守龚杨[①]，字阙，垫江人。

茂才孟彪[②]，江州人。右并王文表荐。

日南太守黎景[③]，字阙，垫江人。

茂才王澹[④]，阆中人也。见文表传。

文学掾龚荣[⑤]，垫江人。

桂阳太守李温[⑥]，宕渠人。

户曹掾赵芬[⑦]，宕渠人。

上谷太守陈宏[⑧]，安汉人。见《巴纪》[⑨]。

忠义[⑩]：宕渠主簿曲庾[⑪]，宕渠人也。

忠义：宕渠主簿冯湛[⑫]，宕渠人也。

烈士：郝伯都[⑬]，阆中人也。

右三十五人后汉[⑭]。司隶校尉程乌等失其事[⑮]，不录。

【注释】

①龚杨:《华阳国志》的《巴志》和《先贤士女总赞中》均作“龚扬”,疑此亦当作“龚扬”。巴郡垫江(今重庆合川)人。为王商所荐,官至巴郡太守。

②孟彪:江州(今重庆)人。举茂才。为王商所荐。

③黎景:巴郡垫江人。官至日南太守。

④王澹:巴郡阆中人。举茂才。

⑤龚荣:底本为“龚策”,误。巴郡垫江人。官至荆州刺史。

⑥李温:巴郡宕渠(今四川渠县)人。曾任桂阳太守。

⑦赵芬:巴郡宕渠人。曾任巴郡户曹掾。

⑧上谷:底本作“上庸”,误。陈宏:本书卷一《巴志》作“陈弘”。因不知其字,故无法判断其本名。巴郡安汉(今四川南充)人。曾任上谷太守。

⑨《巴纪》:当为谯周《三巴记》。《隋书·经籍志二》:“《三巴记》一卷。谯周撰。”《旧唐书·经籍志上》:“《三巴记》一卷。谯周撰。”

⑩忠义:忠贞义烈。

⑪曲庾(yǔ):巴郡宕渠人。曾任宕渠主簿。《舆地纪胜》卷一百六十二:“曲庾、冯湛,皆宕渠人,为县主簿,黄巾贼入县,死之。”

⑫冯湛:巴郡宕渠人。曾任宕渠主簿。参看上注。

⑬郝伯都:巴郡阆中人。《北堂书钞》卷一百三十九引《华阳国志》:“郝伯都,阆中人。为郡吏,太守每见之垂泣。伯都请白其故,太守曰:‘亡男为人所杀,汝身似之,故悲感。’伯都问其仇所在,太守曰:‘台阁,不可得也。’伯都乃交游,与甘春卿为友,共伺仇。杀之于车府而亡命。春卿为吏所得,伯都乃还首。二人争死。会赦得免。”

⑭三十五:底本作“三十九”,误。后汉:朝代名。即东汉。

⑮程乌:巴郡人。公孙述下属。后仕东汉,官至司隶校尉。有才干。

参看《后汉书·公孙述列传》。

【译文】

巴郡太守龚扬，字阙失，是垫江人。

茂才孟彪，是江州人。以上二人均为王文表所荐举。

日南太守黎景，字阙失，是垫江人。

茂才王澹，是阆中人。见文表传。

文学掾龚荣，是垫江人。

桂阳太守李温，是宕渠人。

户曹掾赵芬，是宕渠人。

上谷太守陈宏，是安汉人。见《巴纪》。

忠义：宕渠主簿曲庚，是宕渠人。

忠义：宕渠主簿冯湛，是宕渠人。

烈士：郝伯都，是阆中人。

以上三十五人都是东汉人。司隶校尉程乌等人，因事迹佚失，故未载录。

义烈：江阳太守程畿[①]，字季默，阆中人也。

程祁[②]，字公弘，畿子也。

杨汰[③]，字季儒，巴郡人。

韩俨[④]，巴西人。

黎韬[⑤]，巴西人。三人见《杨文然传》[⑥]。

壮烈[⑦]：将军严颜[⑧]，临江人。见《张飞传》[⑨]。

玄贞[⑩]：征士周舒[⑪]，字叔布，阆中人也。

文学：儒林校尉周群，字仲直[⑫]，舒子也。

博士周巨[⑬]，群子也。

雅重[⑭]：车骑将军、育阳景侯黄权[⑮]，字公衡，阆中人。

在魏仪同三司⑯。

尚书郎黄崇⑰，权子也。

勇壮：折冲将军、西陵太守甘宁⑱，字兴霸，临江人。仕吴。

【注释】

①程畿（？—222）：字季默，巴西郡阆中（今四川阆中）人。参看本书卷五《公孙述刘二牧志》注。按：程畿之字，《季汉辅臣赞注》作“字季然”。古人名、字意义相关，程畿之字以作“季默”为佳。

②程祁：字公弘，巴西郡阆中人。程畿之子。参看本书卷一《巴志》注。

③杨汰：字季儒，巴郡人。少与杨戏、程祁、张表并知名。

④韩俨：巴西人。事迹不详。

⑤黎韬：巴西人。事迹不详。

⑥《杨文然传》：指《三国志·蜀书·杨戏传》：“杨戏字文然，犍为武阳人也。少与巴西程祁公弘、巴郡杨汰季儒、蜀郡张表伯达并知名。（杨）戏每推（程）祁以为冠首，丞相（诸葛）亮深识之。……（程）祁、（杨）汰各早死。”

⑦壮烈：豪壮激越。

⑧严颜：蜀郡临江（今重庆忠县）人。参看本书卷五《公孙述刘二牧志》注。

⑨《张飞传》：指《三国志·蜀书·张飞传》。

⑩玄贞：占卜玄妙。

⑪周舒：字叔布，巴西郡阆中人。周群之父。参看本书卷一《巴志》注。

⑫周群：字仲直，巴西郡阆中人。参看本书卷一《巴志》注。

⑬周巨：巴西郡阆中人。周群之子。

⑭雅重：雅正持重。

⑮黄权（？—240）：字公衡，巴西郡阆中人。参看本书卷一《巴志》注。

⑯仪同三司：散官名。三司即三公。汉称太尉、司徒、司空为三司。谓非三公而仪制与三公相同。东汉殇帝延平元年，邓骘为车骑将军，仪同三司。“仪同三司”之名自此始。魏晋时期，授予开府位从三公之文武官。南北朝授予范围不断扩大，逐渐成为官号。《三国志·蜀书·黄权传》：“景初三年，蜀延熙二年，（黄）权迁车骑将军、仪同三司。”

⑰黄崇（？—263）：巴西郡阆中人。黄权之子。参看本书卷七《刘后主志》注。

⑱甘宁：字兴霸，巴郡临江人。参看本书卷一《巴志》注。

【译文】

义烈：江阳太守程畿，字季默，是阆中人。

程祁，字公弘，是程畿之子。

杨汰，字季儒，是巴郡人。

韩俨，是巴西人。

黎韬，是巴西人。三人见于《杨文然传》。

壮烈：将军严颜，是临江人。见于《张飞传》。

玄贞：征士周舒，字叔布，是阆中人。

文学：儒林校尉周群，字仲直，是周舒之子。

博士周巨，是周群之子。

雅重：车骑将军、育阳景侯黄权，字公衡，是阆中人。在魏任仪同三司。

尚书郎黄崇，是黄权之子。

勇壮：折冲将军、西陵太守甘宁，字兴霸，是临江人。仕宦于吴。

政事：镇南大将军、彭乡亭侯马忠①，字德信，阆中人也。

将略：镇北大将军、安汉侯王平②，字子均，宕渠人。

果壮③：左将军、宕渠侯勾扶④，字孝兴，汉昌人也。见

《王平传》[⑤]。

将略:荡寇将军、关内侯张嶷[⑥],字伯岐,南充国人也。

尚书仆射姚伷[⑦],字子绪,阆中人。见《杨羲传》《诸葛亮故事》也[⑧]。

别驾从事马勋[⑨],字盛衡,阆中人。见《季汉辅臣传》[⑩]。

尚书马齐[⑪],字承伯,阆中人。见《蜀书》。

越嶲太守龚禄[⑫],字德绪,安汉人。父谌[⑬],犍为太守,见《巴纪》。

镇军将军龚皦[⑭],字德光,禄弟也。

征士谯岍[⑮],字荣始,西充国人也,周父。

渊通[⑯]:散骑常侍、城阳亭侯谯周[⑰],字允南,岍子,在刘氏光禄大夫。

右二十三人在刘氏三国之世。

【注释】

①马忠(? —249):字德信,巴西郡阆中(今四川阆中)人。参看本书卷一《巴志》注。

②王平(? —248):字子均,巴西郡宕渠(今四川渠县)人。参看本书卷一《巴志》注。

③果壮:果敢勇猛。

④勾扶:字孝兴,巴西汉昌(今四川巴中)人。参看本书卷一《巴志》注。

⑤《王平传》:指《三国志·蜀书·王平传》。

⑥张嶷(? —254):字伯岐,巴郡南充国(治今四川南部县)人。参看本书卷一《巴志》注。

⑦姚伷(? —242):字子绪,巴西郡阆中人。参看本书卷七《刘后主

志》注。

⑧《杨羲传》：指《三国志·蜀书·杨羲传》。《诸葛亮故事》：或作“《诸葛故事》”，指陈寿所编《诸葛亮集》。陈寿《上诸葛亮集表》：“使臣定故蜀丞相诸葛亮故事。”

⑨马勋：字盛衡，巴西郡阆中人。参看本书卷一《巴志》注。

⑩《季汉辅臣传》：即陈寿《季汉辅臣传注》。

⑪马齐：字承伯，巴西郡阆中人。参看本书卷一《巴志》注。

⑫龚禄（195—225）：字德绪，巴西郡安汉（今四川南充）人。参看本书卷三《蜀志》注。

⑬谌：龚谌，巴西郡安汉人。参看本书卷五《公孙述刘二牧志》注。

⑭龚皦（jiǎo）：字德光，巴西郡安汉人。龚禄之弟。

⑮谯峅：字荣始，巴西郡西充国（治今四川阆中）人。谯周之父。

⑯渊通：渊博通达。

⑰城阳亭侯：《三国志·蜀书·谯周传》作“阳城亭侯”。《隋书·经籍志二》作“义阳亭侯”，“《古史考》二十五卷，晋义阳亭侯谯周撰”。谯周（201—270）：字允南，巴西西充国人。参看本书卷一《巴志》注。

【译文】

政事：镇南大将军、彭乡亭侯马忠，字德信，是阆中人。

将略：镇北大将军、安汉侯王平，字子均，是宕渠人。

果壮：左将军、宕渠侯勾扶，字孝兴，是汉昌人。见于《王平传》。

将略：荡寇将军、关内侯张嶷，字伯岐，是南充国人。

尚书仆射姚伷，字子绪，是阆中人。见于《杨羲传》《诸葛亮故事》。

别驾从事马勋，字盛衡，是阆中人。见于《季汉辅臣传》。

尚书马齐，字承伯，是阆中人。见于《蜀书》。

越嶲太守龚禄，字德绪，是安汉人。父亲龚谌，曾任犍为太守，见于《巴纪》。

镇军将军龚皦，字德光，是龚禄之弟。

征士谯岍，字荣始，是西充国人，谯周之父。

渊通：散骑常侍、城阳亭侯谯周，字允南，谯岍之子，在刘氏政权任光禄大夫。

以上二十三人在刘氏三国时期。

马妙祈妻义[1]，贞烈[2]。

赵蔓君妻华[3]，贞烈。

王元愦妻姬[4]，贞烈。以上皆阆中人。

赵璜妻姬[5]，节烈[6]。宕渠人。

童女赵英[7]，璜女。

赵万妻娥[8]，宕渠人。

耿秉妾行[9]，安汉人。

鲜尼母姜[10]，安汉人。

右八人列女。

右巴郡凡士女七十九人。七十一人士，八人女[11]。

【注释】

①义：人名。姓氏不详，巴西郡阆中（今四川阆中）人。马妙祈之妻。本书卷一《巴志》："永初中，广汉、汉中羌反，虐及巴郡。有马妙祈妻义、王元愦妻姬、赵蔓君妻华，夙丧夫，执共姜之节，守一醮之礼，号曰'三贞'。遭乱兵迫匿，惧见拘辱，三人同时自沉于西汉水而没死。"

②贞烈：谓刚正有志节。常用以赞美守节不辱的刚强女子。此当为常璩对马妙祈妻义的品题。按：以下三人之后的"贞烈"以及赵璜妻姬之后的"节烈"，仅见于巴郡此四人。

③赵蔓君：底本作“云君”，当误。华：人名。姓氏不详，巴西郡阆中人。赵蔓君之妻。

④姬：人名。姓氏不详，巴西郡阆中人。王元愦之妻。

⑤姬：人名。姓氏不详，巴西郡宕渠（今四川渠县）人。赵瓒之妻。《舆地纪胜》卷一百六十二引《华阳国志》：“赵姬，县吏赵瓒妻，名姬。夜，黄巾贼至，瓒入侍令。邻人呼姬曰：‘贼已至矣，可急走！’姬曰：‘妇人之义，不夜下堂，况今男女无别乎？’乃与女英自杀舍中。时英方年十三岁，郡邑叹之。”根据本书卷五《公孙述刘二牧志》的记载，此当为黄巾军马相、赵祗等人起义时发生之事。

⑥节烈：贞节刚烈。

⑦赵英：巴西郡宕渠人。赵瓒之女。为免羞辱，与母自杀舍中，年仅十三岁。

⑧娥：人名。姓氏不详，巴西郡宕渠人。赵万之妻。《太平御览》卷三百五十三引《列女传》曰：“巴赵娥者，赵万之妻。郡县遭乱，万得足疾不能行，为贼所杀。贼欲将娥，娥守丧不去。贼举矛指娥，欲以怖之。娥知贼必劫略，乃以身赴矛，贯心达背而死。”（参看《太平御览》卷四百四十一引《列女传》）

⑨行：人名。姓氏不详，巴西郡安汉（今四川南充）人。耿秉之妾。事迹不详。

⑩姜：人名。姓氏不详，巴西郡安汉人。鲜尼之母。事迹不详。

⑪七十九：底本作“七十八”，与实数不符。七十一：底本作“七十”，与实数不符。

【译文】

马妙祈之妻义，刚正有志节。

赵曼君之妻华，刚正有志节。

王元愦之妻姬，刚正有志节。以上三人都是阆中人。

赵瓒之妻姬，贞节刚烈，是宕渠人。

童女赵英，是赵璜之女。

赵万之妻娥，是宕渠人。

耿秉之妾行，是安汉人。

鲜尼之母姜，是安汉人。

以上八人是列女。

以上巴郡士女共计七十九人。其中七十一位人士，八位人女。

○道德：三老杨统[①]，字仲通，新都人也。曾祖仲续[②]，祁令；父春卿[③]，为公孙述将。

光禄大夫杨博[④]，字伯达，统长子。

○文学：侍中杨厚[⑤]，字仲桓，谥曰文父。博弟。

△高士：寇懽[⑥]，字文仪，绵竹人，厚弟子也。

△高士：昭约[⑦]，字节宰，雒人也，厚弟子。二人见厚传[⑧]。

○术艺：使持节、交州牧杨宣[⑨]，字君纬，什邡人。

△学士：严象[⑩]，广汉人。宣弟子也。

△大儒：赵翘[⑪]，广汉人。宣弟子也。

乌丸校尉郭坚[⑫]，字阙，雒人也。

○善绩[⑬]：司隶校尉郭贺[⑭]，字乔卿，坚孙[⑮]。

○光禄大夫、侍中、卫尉镡显[⑯]，字子诵，郪人。

○庐江太守蔡弓[⑰]，字子骞，雒人。

○永昌太守郑纯[⑱]，字长伯，郪人也。

【注释】

①三老：古代掌管教化的官。杨统：字仲通，广汉郡新都（今四川成都新都区）人。杨春卿之子，杨厚之父。本书卷十《先贤士女总

赞》有传。参看《后汉书·杨厚列传》。

②仲续:杨仲续,广汉郡新都人。杨统曾祖父。曾任祁县令。《后汉书·杨厚列传》注引《益部耆旧传》:"(杨)统字仲通。曾祖父(杨)仲续举河东方正,拜祁令,甚有德惠,人为立祠。乐益部风俗,因留家新都,代修儒学,以《夏侯尚书》相传。"

③春卿:杨春卿,广汉郡新都人。杨统之父。善图谶学,为公孙述将。汉兵平蜀,春卿自杀。参看《后汉书·杨厚列传》。

④杨博:字伯达,广汉郡新都人。杨统长子。

⑤杨厚(72—153):字仲桓,广汉郡新都人。杨统之子,杨博之弟。死后,乡民私谥文父。本书卷十《先贤士女总赞》和《后汉书》有传。

⑥寇慬:字文仪,广汉郡绵竹(今四川德阳北)人。杨厚弟子。附见于本书卷十《先贤士女总赞》的杨厚传。

⑦昭约:字节宰,广汉郡雒(今四川广汉)人。杨厚弟子。附见于本书卷十《先贤士女总赞》的杨厚传。

⑧厚传:指本书卷十《先贤士女总赞》的杨厚传。

⑨杨宣:字君纬,广汉郡什邡(今四川什邡)人。本书卷十《先贤士女总赞》有传。

⑩严象:广汉郡广汉(今四川射洪)人。杨宣弟子。附见于本书卷十《先贤士女总赞》的杨宣传。

⑪赵翘:广汉郡广汉人。杨宣弟子。附见于本书卷十《先贤士女总赞》的杨宣传。

⑫乌丸校尉:官名。全称护乌丸校尉。主管乌桓事务。乌丸即乌桓。郭坚:广汉郡雒人。曾任乌丸校尉。事迹不详。

⑬善绩:良好政绩。

⑭郭贺(?—63):字乔卿,广汉郡雒人。本书卷十《先贤士女总赞》有传。郭坚之孙。

⑮坚:郭坚,广汉郡雒人。郭贺祖父。《后汉书·蔡茂列传》:"(郭

贺）祖父坚，伯父游君，并修清节，不仕王莽。”

⑯镡显：字子诵，广汉郡郪（今四川三台）人。本书卷十《先贤士女总赞》有传。

⑰蔡弓：字子骞，广汉郡雒人。本书卷十《先贤士女总赞》有传。

⑱郑纯：字长伯，广汉郡郪人。本书卷十《先贤士女总赞》有传。

【译文】

○道德：教化官杨统，字仲通，是新都人。曾祖父杨仲续，曾任祁县令；父亲杨春卿，是公孙述的部将。

光禄大夫杨博，字伯达，是杨统长子。

○文学：侍中杨厚，字仲桓，谥号为“文父”。杨博之弟。

△高士：寇懽，字文仪，是绵竹人，杨厚弟子。

△高士：昭约，字节宰，是雒人，杨厚弟子。二人见杨厚传。

○术艺：使持节、交州牧杨宣，字君纬，是什邡人。

△学士：严象，是广汉人。杨宣弟子。

△大儒：赵翘，是广汉人。杨宣弟子。

乌丸校尉郭坚，字阙失，是雒人。

○善绩：司隶校尉郭贺，字乔卿，是郭坚之孙。

○光禄大夫、侍中、卫尉镡显，字子诵，是郪人。

○庐江太守蔡弓，字子骞，是雒人。

○永昌太守郑纯，字长伯，是郪人。

○文学：高士王祐[①]，字平仲，郪人也。弟灌有文才[②]，而不悉行事也[③]。

○文才：乐安相李尤[④]，字伯仁，雒人也。

△尚书郎李充[⑤]，尤孙也。

○文才：东观郎李胜[⑥]，字茂通，雒人也。见尤传[⑦]。

○公亮：将作大匠翟酺[⑧]，字子超，雒人。

○明廉[⑨]：侍御史、洛阳令王涣[⑩]，字稚子，郪人。

○司隶校尉王堂[⑪]，字敬伯，郪人。

○聘士：王稚[⑫]，字叔起，谥曰“宪文”，堂少子。

△堂长子博[⑬]。失官位。

△博子遵[⑭]。亦失官位。

○善绩：蜀郡太守王商[⑮]，字文表，遵子也。

○亢烈[⑯]：辟士段恭[⑰]，字节英，新都人也。

○隐士：夫子段翳[⑱]，字元章，新都人也。

【注释】

①王祐：字平仲，广汉郡郪（今四川三台）人。隐居不仕。本书《先贤士女总赞》有传。

②灌：王灌，广汉郡郪人。王祐之弟。有文才。

③不悉：不详，不了解。行事：事迹。

④李尤：字伯仁，广汉郡雒（今四川广汉）人。少以文章显。本书卷十《先贤士女总赞》有传。

⑤李充：广汉郡雒人。李尤之孙。曾任尚书郎。有文才。附见于本书卷十《先贤士女总赞》的李尤传。

⑥李胜：字茂通，广汉郡雒人。本书卷十《先贤士女总赞》有传。

⑦尤传：指本书卷十《先贤士女总赞》的李尤传。

⑧翟酺：字子超，广汉郡雒人。《后汉书》、本书卷十《先贤士女总赞》有传。

⑨明廉：清廉明察。

⑩王涣（？—105）：字稚子，广汉郡郪人。本书卷十《先贤士女总赞》有传。

⑪王堂：字敬伯，广汉郡郪人。本书卷十《先贤士女总赞》有传。

⑫王稚（约122—约202）：字叔起，广汉郡郪人。王堂幼子。本书卷十《先贤士女总赞》有传。

⑬博：王博，广汉郡郪人。附见于本书卷十《先贤士女总赞》的文季姜传。

⑭遵：王遵，广汉郡郪人。附见于本书卷十《先贤士女总赞》的文季姜传。

⑮王商：字文表，广汉郡郪人。王遵之子。本书卷十《先贤士女总赞》有传。

⑯亢烈：刚毅。

⑰段恭：字节英，广汉郡新都（今四川成都新都区）人。本书卷十《先贤士女总赞》有传。

⑱段翳：字元章，广汉郡新都人。本书卷十《先贤士女总赞》有传。

【译文】

○文学：高士王祐，字平仲，是郪人。弟弟王灌有文才，但事迹不详。

○文才：乐安国相李尤，字伯仁，是雒人。

△尚书郎李充，是李尤之孙。

○文才：东观郎李胜，字茂通，是雒人。见李尤传。

○公亮：将作大匠翟酺，字子超，是雒人。

○明廉：侍御史、洛阳令王涣，字稚子，是郪人。

○司隶校尉王堂，字敬伯，是郪人。

○聘士：王稚，字叔起，谥号为“宪文”，是王堂少子。

△王堂长子王博。其官位失载。

△王博之子王遵。其官位也失载。

○善绩：蜀郡太守王商，字文表，是王遵之子。

○亢烈：辟士段恭，字节英，是新都人。

○隐士：夫子段翳，字元章，是新都人。

○隐士:冯信[①],字季诚,郪人。

○越巂太守冯颢[②],字叔宰,郪人。

△武威太守、南阳折侯张江[③],雒人。

△郁林太守折国[④],江四世孙,因封国改姓折[⑤]。

○高士:折象[⑥],字伯式,国之子也。

○治中祭酒朱仓[⑦],字云卿,什邡人。

○政事:牂柯太守刘宠[⑧],字世信,绵竹人。

○孝子:江阳、符长姜诗[⑨],字士游,雒人。

○阴德[⑩]:鄗令王忳[⑪],字少林,新都人也。

△交州牧羊甚[⑫],郪人也。

○推让:野王令羊期[⑬],字仲鱼,甚子。

○文学:侍中董扶[⑭],字茂安,绵竹人,杨厚弟子也。

○文学:聘士任安[⑮],字定祖,绵竹人,亦厚弟子。

【注释】

①冯信:字季诚,广汉郡郪(今四川三台)人。本书卷十《先贤士女总赞》有传。

②冯颢:字叔宰,广汉郡郪人。本书卷十《先贤士女总赞》有传。

③张江:广汉郡雒(今四川广汉)人。附见于本书卷十《先贤士女总赞》的折像传。

④折国:广汉郡雒人。折像之父。附见于本书卷十《先贤士女总赞》的折像传。

⑤因封国改姓折:谓张氏祖上因被封为折侯而改姓折。本书卷十《先贤士女总赞》:“折像,字伯式,雒人也。其先张江为武威太守,封南阳折侯,因氏焉。”

⑥折象：本书卷十《先贤士女总赞》和《后汉书·方术列传》均作“折像”。字伯式，广汉郡雒人。折国之子。本书卷十《先贤士女总赞》有传。

⑦朱仓：字云卿，广汉郡什邡（今四川什邡）人。本书卷十《先贤士女总赞》有传。

⑧刘宠：字世信，广汉郡绵竹（今四川德阳北）人。本书卷十《先贤士女总赞》有传。

⑨姜诗：字士游，广汉郡雒人。本书卷十《先贤士女总赞》有传。

⑩阴德：暗中做的有德于人的事。

⑪王忳（zhūn）：字少林，广汉郡新都（今四川成都新都区）人。本书卷十《先贤士女总赞》有传。

⑫羊甚：广汉郡郪人。羊期之父。曾任交州刺史。附见于本书卷十《先贤士女总赞》的羊期传。

⑬羊期：字仲鱼，广汉郡郪人。本书卷十《先贤士女总赞》有传。

⑭董扶：字茂安，广汉郡绵竹人。本书卷十《先贤士女总赞》有传。

⑮聘士：征士。指不应朝廷以礼征聘的隐士。任安（124—202）：字定祖，广汉郡绵竹人。本书卷十《先贤士女总赞》有传。

【译文】

○隐士：冯信，字季诚，是郪人。

○越巂太守冯颢，字叔宰，是郪人。

△武威太守、南阳折侯张江，是雒人。

△郁林太守折国，是张江四世孙，因封国而改姓折。

○高士：折象，字伯式，是折国之子。

○治中祭酒朱仓，字云卿，是什邡人。

○政事：牂柯太守刘宠，字世信，是绵竹人。

○孝子：江阳、符长姜诗，字士游，是雒人。

○阴德：郿令王忳，字少林，是新都人。

△交州牧羊甚，是郪人。

〇推让：野王令羊期，字仲鱼，是羊甚之子。

〇文学：侍中董扶，字茂安，是绵竹人，杨厚弟子。

〇文学：征士任安，字定祖，是绵竹人，也是杨厚弟子。

〇高让[1]：义士杜真[2]，字孟宗，绵竹人。

〇精诚[3]：五官谅辅[4]，字汉儒，新都人。

〇义士：杨宽[5]，字叔仲，新都人。父斌、兄混皆有证明君事[6]，失其官位。

〇义士：张钳[7]，字子安，广汉人也。

〇烈士：贾栩[8]，字元集，什邡人也。

〇节士：宁叔[9]，字茂泰，广汉人也。

〇忠义：绵竹主簿韩揆[10]，字伯彦，绵竹人。

〇壮童[11]：左乔云[12]，绵竹人。

△孝廉[13]：汝敦[14]，新都人。

△周干[15]，广汉人。

△彭勰[16]，广汉人。

△古朴[17]，广汉人。右三人儒学文才，见《蜀志》。

〇方术：太医丞郭玉[18]，字通直，新都人。

右五十二人驰名汉世。

【注释】

①高让：本处指推让财物与官爵。即本书卷十《先贤士女总赞》所说“（杜真）散财施宗族，不应公府辟命”。

②杜真：字孟宗，广汉郡绵竹（今四川德阳北）人。本书卷十《先贤

士女总赞》有传。

③精诚：情意真挚。本处意谓谅辅的精诚感动上天，求雨而得暴雨。参看本书卷十《先贤士女总赞》的谅辅传。

④谅辅：字汉儒，广汉郡新都（今四川成都新都区）人。本书卷十《先贤士女总赞》有传。

⑤杨宽：字叔仲，广汉郡新都人。本书卷十《先贤士女总赞》有传。

⑥斌：杨斌，广汉郡新都人。杨宽之父。混：杨混，广汉郡新都人。杨宽之兄。证：为某人作证，证明某人无罪。明君：本处指县令和太守。本书卷十《先贤士女总赞》："（杨）宽字叔仲，新都人也。父（杨）斌证令万世，太守役讽以忠义状闻。（杨）宽为郡吏，乡人马闰章言太守五方，（杨）宽与兄皆诣狱证之，得理。"

⑦张钳：字子安，广汉郡广汉（今四川射洪）人。本书卷十《先贤士女总赞》有传。

⑧贾栩：字元集，广汉郡什邡（今四川什邡）人。本书卷十《先贤士女总赞》有传。

⑨宁叔：字茂泰，广汉郡广汉人。本书卷十《先贤士女总赞》有传。

⑩韩揆：字伯彦，广汉郡绵竹人。本书卷十《先贤士女总赞》有传。

⑪壮童：强壮的儿童。左乔云为左通报仇时，年仅十三岁。参看本书卷十《先贤士女总赞》。

⑫左乔云：广汉郡绵竹人。本书卷十《先贤士女总赞》有传。

⑬孝廉：古代举荐人才的科目名。孝，孝悌。廉，廉洁。据本书卷十《先贤士女总赞》载，汝敦兄弟"后并察孝廉"。

⑭汝敦：蜀郡新都（今四川成都新都区）人。本书卷十《先贤士女总赞》有传。

⑮周干：广汉郡广汉人。附见于本书卷十《先贤士女总赞》的张叔纪传。

⑯彭勰：广汉郡广汉人。附见于本书卷十《先贤士女总赞》的张叔

纪传。

⑰古朴：广汉郡广汉人。附见于本书卷十《先贤士女总赞》的张叔纪传。

⑱郭玉：字通直，广汉郡新都（今四川成都新都区）人。本书卷十《先贤士女总赞》有传。

【译文】

○高让：义士杜真，字孟宗，是绵竹人。

○精诚：五官谅辅，字汉儒，是新都人。

○义士：杨宽，字叔仲，是新都人。父亲杨斌、兄长杨混都有为县令、太守作证的壮举，其官位失载。

○义士：张钳，字子安，是广汉人。

○烈士：贾栩，字元集，是什邡人。

○节士：宁叔，字茂泰，是广汉人。

○忠义：绵竹主簿韩揆，字伯彦，是绵竹人。

○壮童：左乔云，是绵竹人。

△孝廉：汝敦，是新都人。

△周干，是广汉人。

△彭勰，是广汉人。

△古朴，是广汉人。以上三人都通晓儒学而且有写作才能，见于《蜀志》。

○方术：太医丞郭玉，字通直，是新都人。

以上五十二人驰名于汉朝。

○别驾从事李朝[1]，字伟南，郪人也。

○丞相西曹掾李邵[2]，字永南，朝弟也。

○文才：大司农秦宓[3]，字子敕，绵竹人。

○益州太守王士[4]，字义强，郪人也。

〇别驾从事王甫[⑤]，字国山，士从弟也。子祐[⑥]。

〇优游：特进、太常、关内侯镡承[⑦]，字公文，郪人。

〇才俊：江阳太守彭羕[⑧]，字永年，广汉人。

〇忠谋：从事郑度[⑨]，绵竹人也。见《刘璋传》[⑩]。

〇忠烈：从事王累[⑪]，新都人也。见《刘璋传》。

右九人在刘氏世及二牧时[⑫]。

【注释】

①李朝（？—222）：字伟南，广汉郡郪（今四川三台）人。李毅祖父。本书卷十《先贤士女总赞》有传。

②李邵（？—225）：字永南，广汉郡郪人。李朝之弟。本书卷十《先贤士女总赞》有传。

③秦宓（？—226）：字子敕，广汉郡绵竹（今四川德阳北）人。本书卷十《先贤士女总赞》有传。

④王士：字义强，广汉郡郪人。王甫从兄。本书卷十《先贤士女总赞》有传。

⑤王甫（？—222）：字国山，广汉郡郪人。王士从弟。本书卷十《先贤士女总赞》有传。

⑥祐：王祐，字平仲，广汉郡郪人。王甫之子。本书卷十《先贤士女总赞》有传。

⑦镡承：字公文，广汉郡郪人。本书卷十《先贤士女总赞》有传。

⑧彭羕：字永年，广汉郡广汉（今四川射洪）人。本书卷十《先贤士女总赞》有传。

⑨郑度：广汉郡绵竹人。本书卷十《先贤士女总赞》有传。

⑩《刘璋传》：指《三国志·蜀书·刘璋传》。

⑪王累：蜀郡新都（今四川成都新都区）人。本书卷十《先贤士女

总赞》有传。

⑫二牧：指刘焉、刘璋。因父子二人曾任益州牧。

【译文】

○别驾从事李朝，字伟南，是郪人。

○丞相西曹掾李邵，字永南，是李朝之弟。

○文才：大司农秦宓，字子敕，是绵竹人。

○益州太守王士，字义强，是郪人。

○别驾从事王甫，字国山，是王士的从弟。其子为王祐。

○优游：特进、太常、关内侯镡承，字公文，是郪人。

○才俊：江阳太守彭羕，字永年，是广汉人。

○忠谋：从事郑度，是绵竹人。见《刘璋传》。

○忠烈：从事王累，是新都人。见《刘璋传》。

以上九人生活在刘氏蜀汉及刘焉、刘璋时期。

○聘士任安母姚①，绵竹人也。

○姜诗妻庞行②，雒人也。

○姜嫔③，字义旧，绵竹人也。狄道长姜穆女，司马雅妻。

○廖伯妻殷纪配④，广汉人也。

○便敬妻王和⑤，新都人也。

○李珥⑥，字进娥，郪人。李氏女，冯季宰妻也。

○王辅妻彭非⑦，广汉人也。

○李平⑧，字正流。广汉李元女，杨文妻。

○袁稚妻相乌⑨，德阳人也。

○王上妻袁福⑩，德阳人也。

○汝敦妻⑪，失姓，不知何县人也。

右十一人列女。

右广汉郡凡士女七十二人。六十一人士，十一人女。

【注释】

①姚：姚氏，广汉郡绵竹（今四川德阳北）人。任安之母。本书卷十《先贤士女总赞》有传。

②庞行：广汉郡雒（今四川广汉）人。庞盛之女，姜诗之妻。本书卷十《先贤士女总赞》有传。

③姜嫔：字义旧，广汉郡雒人。姜穆之女，司马雅之妻。本书卷十《先贤士女总赞》有传。

④殷纪配：广汉郡广汉（今四川射洪）人。殷氏之女，廖伯之妻。本书卷十《先贤士女总赞》有传。殷，或作“阴”，误。本书卷十《先贤士女总赞》：“纪配，广汉殷氏女，廖伯妻也。”

⑤王和：广汉郡新都（今四川成都新都区）人。便敬之妻。本书卷十《先贤士女总赞》有传。

⑥李珥：字进娥，广汉郡郪（今四川三台）人。冯季宰之妻。本书卷十《先贤士女总赞》有传。

⑦彭非：广汉郡广汉人。王辅之妻。本书卷十《先贤士女总赞》有传。

⑧李平：字正流，广汉郡广汉人。李元之女，杨文之妻。本书卷十《先贤士女总赞》有传。

⑨相乌：德阳（今四川江油）人。袁稚之妻。本书卷十《先贤士女总赞》有传。

⑩袁福：德阳人。王上之妻。本书卷十《先贤士女总赞》有传。

⑪汝敦妻：姓氏不详，籍贯不详。本书卷十《先贤士女总赞》有传。

【译文】

○聘士任安之母姚氏，是绵竹人。

○姜诗之妻庞行，是雒人。

○姜嫔，字义旧，是绵竹人。狄道长姜穆之女，司马雅之妻。

〇廖伯之妻殷纪配，是广汉人。

〇便敬之妻王和，是新都人。

〇李珥，字进娥，是郪人。李氏之女，冯季宰之妻。

〇王辅之妻彭非，是广汉人。

〇李平，字正流。广汉李元之女，杨文之妻。

〇袁稚之妻相乌，是德阳人。

〇王上之妻袁福，是德阳人。

〇汝敦之妻，姓氏佚失，不知道何县人。

以上十一人是列女。

以上广汉郡士女共计七十二人。其中六十一位人士，十一位人女。

〇知术[①]：光禄大夫、关内侯王延世[②]，字长叔，资中人。

〇扬州刺史杨莽[③]，字翁君，武阳人。见《何霸传》[④]。

〇忠壮[⑤]：复汉将军朱遵[⑥]，字孝仲，武阳人也。

〇隐遁[⑦]：合浦太守费贻[⑧]，字奉君，南安人也。

〇隐知[⑨]：征士任永[⑩]，字君业，僰道人也。

〇精密[⑪]：上党太守赵松[⑫]，字君乔，武阳人也。

〇文学：城门校尉董钧[⑬]，字文伯，资中人。

〇秀颖[⑭]：司隶校尉杨涣[⑮]，字孟文，武阳人。见《犍为耆旧传》[⑯]。

△汉中太守杨文方[⑰]，涣子。文方子颖伯[⑱]，冀州刺史；仲颖[⑲]，二千石。失其行事。

〇政事：司隶校尉杨淮[⑳]，字伯邳。文方兄子，太守。太尉李固举之[㉑]。

【注释】

①知术：才智方略。

②王延世：字长叔，犍为郡资中（今四川资阳）人。本书卷十《先贤士女总赞》有传。

③杨莽：字翁君，犍为郡武阳（今四川眉山彭山区）人。本书卷十《先贤士女总赞》有传。

④《何霸传》：本书卷十《先贤士女总赞》何霸传无杨莽事，《汉书》无何霸传。今人推测，此所谓《何霸传》当指《益部耆旧传》的何霸传（刘琳）。

⑤忠壮：忠义勇武。

⑥朱遵：字孝仲，犍为郡武阳人。本书卷十《先贤士女总赞》有传。

⑦隐遁：隐居避世。本书卷十《先贤士女总赞》："公孙述时，（费贻）漆身为厉，佯狂避世。"本书卷三《蜀志》："而任君业闭户，费贻素隐。"

⑧费贻：字奉君，犍为郡南安（今四川乐山）人。本书卷十《先贤士女总赞》有传。

⑨隐知：谓隐藏其智。知，通"智"。

⑩任永：字君业，犍为郡僰道（今四川宜宾）人。本书卷十《先贤士女总赞》有传。

⑪精密：精致细密。

⑫赵松：字君乔，犍为郡武阳人。本书卷十《先贤士女总赞》有传。

⑬董钧：字文伯，犍为郡资中人。本书卷十《先贤士女总赞》有传。

⑭秀颖：优异聪颖。

⑮杨涣：字孟文，犍为郡武阳人。本书卷十《先贤士女总赞》有传。

⑯《犍为耆旧传》：书名。其书已佚，内容不详。

⑰杨文方：犍为郡武阳人。杨涣之子。曾任汉中太守。附见于本书卷十《先贤士女总赞》的阳姬传。

⑱颖伯：杨颖伯，犍为郡武阳人。杨文方之子。曾任冀州刺史。附见于本书卷十《先贤士女总赞》的阳姬传。按："颖伯"，疑当作"伯颖"，因其弟名仲颖。

⑲仲颖：犍为郡武阳人。杨文方之子，杨颖伯之弟。曾任二千石大官。附见于本书卷十《先贤士女总赞》的阳姬传。

⑳杨淮：字伯邳，犍为郡武阳人。杨文方兄之子，曾任某郡太守、司隶校尉。本书卷十《先贤士女总赞》有传。

㉑李固（94—147）：字子坚，汉中郡南郑（今陕西汉中）人。李郃之子。本书卷十《先贤士女总赞》有传。

【译文】

○知术：光禄大夫、关内侯王延世，字长叔，是资中人。

○扬州刺史杨莽，字翁君，是武阳人。见于《何霸传》。

○忠壮：复汉将军朱遵，字孝仲，是武阳人。

○隐遁：合浦太守费贻，字奉君，是南安人。

○隐知：征士任永，字君业，是僰道人。

○精密：上党太守赵松，字君乔，是武阳人。

○文学：城门校尉董钧，字文伯，是资中人。

○秀颖：司隶校尉杨涣，字孟文，是武阳人。见于《犍为耆旧传》。

△汉中太守杨文方，是杨涣之子。杨文方之子杨颖伯，曾任冀州刺史；杨仲颖，官至二千石。其事迹失载。

○政事：司隶校尉杨淮，字伯邳。杨文方兄之子，曾任太守。太尉李固举荐了杨淮。

○清秀[①]：大司空张皓[②]，字叔明，武阳人也。

○正直[③]：光禄大夫、广陵太守张纲[④]，字文纪，皓子也。郎中张植[⑤]，纲子也。

△尚书张续[⑥]，植弟也。

△豫州牧张方[7]，字公始，续弟也。

○正直：司隶校尉赵旂[8]，字子鸾，资中人也。

别驾从事王元[9]，武阳人，刺史张乔时[10]。见《杨统传》[11]。

○义士：公车令杜抚[12]，字叔和，资中人也。

○义士：新都令赵敦[13]，字建侯，武阳人也。

○孝士：尚书郎隗相[14]，字叔通，僰道人也。

吕孟[15]，南安人，不详其事。

○吴顺[16]，字叔和，僰道人也。

△学士：韩子方[17]，僰道人，张贞之师[18]。

△学士：谢褒[19]，南安人。

右二十四人在汉世。

【注释】

①清秀：清异秀出，美好不俗。

②张皓（50—132）：字叔明，犍为郡武阳（今四川眉山彭山区）人。本书卷十《先贤士女总赞》有传。

③正直：公正无私，刚直坦率。

④张纲：字文纪，犍为郡武阳人。张皓之子。本书卷十《先贤士女总赞》有传。

⑤郎中：官名。东汉尚书台置三十六郎，称郎中，秩四百石。协助诸曹尚书处理政务。张植：犍为郡武阳人。张纲之子。曾任尚书台郎中。

⑥尚书：官名。东汉尚书台分六曹，各置尚书，秩六百石，位在令、仆射下，在丞、郎上。张续：犍为郡武阳人。张植之弟。曾任尚书台尚书。附见于本书卷十《先贤士女总赞》的张纲传。

⑦张方：字公始，犍为郡武阳人。张续之弟。曾任豫州牧。附见于

本书卷十《先贤士女总赞》的张纲传。

⑧赵旂：字子鸾，犍为郡资中（今四川资阳）人。本书卷十《先贤士女总赞》有传。

⑨王元：犍为郡武阳人。曾任别驾从事。

⑩张乔：南阳（治今河南南阳）人。汉安帝时任益州刺史。当时蜀郡夷人起事，张乔破降之。汉顺帝永和三年（138）拜交阯刺史，诱日南蛮降。永和六年（141）以执金吾行车骑将军事，率兵五万屯三辅。

⑪《杨统传》：本书卷十《先贤士女总赞》的杨统传未见王元，故当为《益部耆旧传》的杨统传。

⑫杜抚：字叔和，犍为郡资中人。本书卷十《先贤士女总赞》有传。

⑬赵敦：字建侯，犍为郡武阳人。本书卷十《先贤士女总赞》有传。

⑭隗相：字叔通，犍为郡僰道（今四川宜宾）人。本书卷十《先贤士女总赞》有传。

⑮吕孟：犍为郡南安（今四川乐山）人。事迹不详。本书卷三《蜀志》："又有信士吕孟，莫纪至行也。"本书卷十《先贤士女总赞》："犍为吕孟有托孤之节。"

⑯吴顺：字叔和，犍为郡僰道人。本书卷十《先贤士女总赞》有传。

⑰韩子方：犍为郡僰道人。张贞之师。附见于本书卷十《先贤士女总赞》的黄帛传。

⑱张贞：犍为郡僰道人。授《周易》于韩子方。附见于本书卷十《先贤士女总赞》的黄帛传。

⑲谢褒：犍为郡南安人。附见于本书卷十《先贤士女总赞》的张钳传。

【译文】

○清秀：大司空张皓，字叔明，是武阳人。

○正直：光禄大夫、广陵太守张纲，字文纪，是张皓之子。

郎中张植，是张纲之子。

△尚书张续，是张植之弟。

△豫州牧张方，字公始，是张续之弟。

〇正直：司隶校尉赵旂，字子鸾，是资中人。

别驾从事王元，是武阳人，就任于张乔任益州刺史时。见于《杨统传》。

〇义士：公车令杜抚，字叔和，是资中人。

〇义士：新都令赵敦，字建侯，是武阳人。

〇孝士：尚书郎隗相，字叔通，是僰道人。

吕孟，南安人，事迹不详。

〇吴顺，字叔和，是僰道人。

△学士：韩子方，是僰道人，张贞之师。

△学士：谢褒，是南安人。

以上二十四人生活在汉朝。

〇政事：蜀郡太守、关内侯杨洪[①]，字季休，武阳人。

〇固率[②]：谏议大夫费诗[③]，字公举，南安人。

〇忠正：车骑将军、都亭侯张翼[④]，字伯恭，武阳人，纲后也。

〇文学：五官中郎将伍梁[⑤]，字德山，南安人。

〇文才：射声校尉杨羲[⑥]，字文然，武阳人。

右五人在刘氏世。从事贾龙[⑦]，不悉其事，不录。

【注释】

①杨洪（？—228）：字季休，犍为郡武阳（今四川眉山彭山区）人。本书卷十《先贤士女总赞》有传。

②固率：固执又直率。

③费诗：字公举，犍为郡南安（今四川乐山）人。本书卷十《先贤士女总赞》有传。

④张翼（？—264）：字伯恭，犍为郡武阳人。张纲后人。本书卷十《先贤士女总赞》有传。

⑤伍梁：字德山，犍为郡南安人。本书卷十《先贤士女总赞》有传。

⑥杨羲（？—261）：字文然，犍为郡武阳人。本书卷十《先贤士女总赞》有传。

⑦贾龙：蜀郡（治今四川成都）人。历官益州从事、校尉。参看本书卷五《公孙述刘二牧志》注。

【译文】

〇政事：蜀郡太守、关内侯杨洪，字季休，是武阳人。

〇固率：谏议大夫费诗，字公举，是南安人。

〇忠正：车骑将军、都亭侯张翼，字伯恭，是武阳人，张纲的后人。

〇文学：五官中郎将伍梁，字德山，是南安人。

〇文才：射声校尉杨羲，字文然，是武阳人。

以上五人生活在刘氏蜀汉时期。从事贾龙，因事迹不详，在此不录。

〇汉中太守杨文方妻阳姬[①]，武阳人也。

〇相登妻周度[②]，僰道人也。

〇曹敬[③]，字敬姬，南安人，周纪妻也。

〇程贞玦[④]，字琼玉，牛鞞人，资中张惟妻也。

〇尹仲让妻韩姜[⑤]，僰道人也。

〇仪成妻谢姬[⑥]，南安人也。

〇赵媛姜[⑦]，资中人，盛道妻也。

〇张贞妻黄帛[⑧]，僰道人也。

〇杨进[⑨]，武阳人，广汉王博妻[⑩]。

右九人列女。

右犍为郡士女凡三十八人。二十九人士,九人女。

【注释】

①阳姬:犍为郡武阳(今四川眉山彭山区)人。杨文方之妻。本书卷十《先贤士女总赞》有传。

②周度:犍为郡僰道(今四川宜宾)人。相登之妻。本书卷十《先贤士女总赞》有传。

③曹敬:字敬姬,犍为郡南安(今四川乐山)人。周纪之妻。本书卷十《先贤士女总赞》有传。

④程贞玦:字琼玉,犍为郡牛鞞(今四川简阳)人。张惟之妻。本书卷十《先贤士女总赞》有传。

⑤韩姜:犍为郡僰道人。尹仲让之妻。本书卷十《先贤士女总赞》有传。

⑥谢姬:犍为郡南安人。仪成之妻。本书卷十《先贤士女总赞》有传。

⑦赵媛姜:犍为郡资中(今四川资阳)人。盛道之妻。本书卷十《先贤士女总赞》有传。

⑧黄帛:犍为郡僰道人。张贞之妻。本书卷十《先贤士女总赞》有传。

⑨杨进:犍为郡武阳人。王博之妻。本书卷十《先贤士女总赞》有传。

⑩王博:广汉郡郪(今四川三台)人。王堂长子。附见于本书卷十《先贤士女总赞》的文季姜传。

【译文】

○汉中太守杨文方之妻阳姬,是武阳人。

○相登之妻周度,是僰道人。

○曹敬,字敬姬,是南安人,周纪之妻。

○程贞玦,字琼玉,是牛鞞人,资中张惟之妻。

○尹仲让之妻韩姜,是僰道人。

〇仪成之妻谢姬，是南安人。

〇赵媛姜，是资中人，赵盛道之妻。

〇张贞之妻黄帛，是僰道人。

〇杨进，是武阳人，广汉王博之妻。

以上九人是列女。

以上犍为郡士女共计三十八人。其中二十九位人士，九位人女。

〇忠正：城阳中尉邓先[①]，成固人也。景帝时。

〇杨王孙[②]，成固人。

〇致远[③]：卫尉、博望侯张骞[④]，成固人。武帝时。

〇爽朗[⑤]：给事中张猛[⑥]，骞孙。元帝时。

〇高尚：逸民郑子真[⑦]，褒中人。成帝时。

右五人在前汉[⑧]。

【注释】

①邓先：《汉书》一作“邓先”，一作“邓公”。汉中郡成固（今陕西城固）人。参看本书卷二《汉中志》注。

②杨王孙：汉中郡成固人。本书卷十《先贤士女总赞》有传。

③致远：到达远方。本书卷十《先贤士女总赞》：“博望致远，西南来庭。”

④张骞（？—前114）：汉中郡成固人。本书卷十《先贤士女总赞》有传。

⑤爽朗：清朗通达的样子。

⑥张猛：字子游，汉中郡成固人。张骞之孙。本书卷十《先贤士女总赞》有传。

⑦郑子真：名朴，字子真，汉中郡褒中（今陕西勉县）人。本书卷十

《先贤士女总赞》有传。

⑧按：廖本仅存“右”字，下注“阙”。据本卷前后体例，“右”下当有“五人在前汉”诸字。此从任乃强、刘琳说补。

【译文】

○忠正：城阳中尉邓先，是成固人。生活在汉景帝时。

○杨王孙，是成固人。

○致远：卫尉、博望侯张骞，是成固人。生活在汉武帝时。

○爽朗：给事中张猛，是张骞之孙。生活在汉元帝时。

○高尚：逸民郑子真，是褒中人。生活在汉成帝时。

以上五人生活在西汉。

大儒：李颉①，南郑人。

○文学：司徒李郃②，字孟节，颉子。

○执正：太尉李固③，字子坚，郃子。

○雅望④：京兆尹李燮⑤，字德公，固少子。

○奉车都尉李历⑥，字季子，固从弟也。

○善绩：司隶校尉李法⑦，字伯度，南郑人也。

○犍为太守赵宣⑧，字子雅，南郑人也。

○德望⑨：广汉太守赵瑶⑩，字元珪，宣子。

○温雅⑪：尚书赵琰⑫，字稚珪，瑶弟。

○义壮⑬：弘农太守陈纲⑭，字仲卿，成固人也。

○义烈：从事陈调⑮，字元化，纲孙。

○知思⑯：巴郡太守陈雅⑰，字伯台，成固人。

△南郡太守程基⑱，字稚业，南郑人也。

△大鸿胪刘巨公⑲，南郑人也。见《列女传》⑳。

广汉属国张泰[21],字伯强,南郑人也。

○政事:度辽将军张亮则[22],字元修,泰从弟。

○恺悌[23]:绵竹令阎宪[24],字孟度,成固人也。

【注释】

①李颉:汉中郡南郑(今陕西汉中)人。李郃之父。《后汉书·方术列传》:"李郃字孟节,汉中南郑人也。父颉,以儒学称,官至博士。"

②李郃:字孟节,汉中郡南郑人。李颉之子。参看本书卷二《汉中志》注。

③李固:字子坚,汉中郡南郑人。李郃之子。参看本书卷二《汉中志》注。

④雅望:清高的名望。

⑤李燮(134—?):字德公,汉中郡南郑人。李固少子。本书卷十《先贤士女总赞》有传。

⑥李历:字季子,汉中郡南郑人。李郃从子,李固从弟。本书卷十《先贤士女总赞》有传。

⑦李法:字伯度,汉中郡南郑人。本书卷十《先贤士女总赞》有传。

⑧赵宣:字子雅,汉中郡南郑人。本书卷十《先贤士女总赞》有传。

⑨德望:德行与声望。

⑩赵瑶:字元珪,汉中郡南郑人。赵宣之子。本书卷十《先贤士女总赞》有传。

⑪温雅:温和文雅。

⑫赵琰:字稚珪,汉中郡南郑人。赵瑶之弟。本书卷十《先贤士女总赞》有传。

⑬义壮:忠义豪壮。

⑭陈纲:字仲卿,汉中郡成固(今陕西城固)人。本书卷十《先贤士女总赞》有传。

⑮陈调:字元化,汉中郡成固人。陈纲之孙。本书卷十《先贤士女总赞》有传。

⑯知思:有智慧,有远见。

⑰陈雅:字伯台,汉中郡成固人。本书卷十《先贤士女总赞》有传。

⑱程基:字稚业,汉中郡南郑人。附见于本书卷十《先贤士女总赞》的李穆姜传。

⑲刘巨公:汉中郡南郑人。曾任大鸿胪。附见于本书卷十《先贤士女总赞》的刘泰瑛传。

⑳《列女传》:或指本书卷十《先贤士女总赞》的刘泰瑛传(刘琳)。

㉑广汉属国:指的是广汉属国都尉。属国都尉为官名。即管理属国事务的行政长官。秩比二千石。张泰:字伯强,汉中郡南郑人。事迹不详。

㉒张亮则:字元修,汉中郡南郑人。张泰从弟。本书卷十《先贤士女总赞》有传。

㉓恺悌:和乐简易。

㉔阎宪:字孟度,汉中郡成固人。本书卷十《先贤士女总赞》有传。

【译文】

大儒:李颉,是南郑人。

○文学:司徒李郃,字孟节,是李颉之子。

○执正:太尉李固,字子坚,是李郃之子。

○雅望:京兆尹李燮,字德公,是李固少子。

○奉车都尉李历,字季子,是李固从弟。

○善绩:司隶校尉李法,字伯度,是南郑人。

○犍为太守赵宣,字子雅,是南郑人。

○德望:广汉太守赵瑶,字元珪,是赵宣之子。

○温雅:尚书赵琰,字稚珪,是赵瑶之弟。

○义壮:弘农太守陈纲,字仲卿,是成固人。

○义烈：从事陈调，字元化，是陈纲之孙。

○知思：巴郡太守陈雅，字伯台，是成固人。

△南郡太守程基，字稚业，是南郑人。

△大鸿胪刘巨公，是南郑人。见于《列女传》。

广汉属国张泰，字伯强，是南郑人。

○政事：度辽将军张亮则，字元修，是张泰从弟。

○恺悌：绵竹令阎宪，字孟度，是成固人。

△隐士：樊志张[①]，南郑人。见征西将军《段颎传》[②]。

○尚志[③]：聘士卫衡[④]，字伯梁，南郑人，樊志张弟子也。

○筹画：计曹史程苞[⑤]，字元道，南郑人也。

○文才：葭萌长祝龟[⑥]，字元灵，南郑人也。

○义烈：郡主簿段崇[⑦]，字礼高，南郑人也。

○义烈：功曹程信[⑧]，字伯义，南郑人也。

△严孳[⑨]。

△李容[⑩]。

△陈巳[⑪]。

△王宗[⑫]。

△姜济[⑬]。

△曹廉[⑭]。

△勾矩[⑮]。

△刘旌[⑯]。

△原展[⑰]。

○义烈：从事燕邠[⑱]，字元侯，南郑人也。

○义烈：主簿赵嵩[⑲]，字伯高，南郑人也。

右三十四人后汉⑳。

【注释】

①樊志张:汉中郡南郑(今陕西汉中)人。附见于本书卷十《先贤士女总赞》的卫衡传。

②《段颎传》:指《后汉书·段颎列传》。

③尚志:崇尚志节。

④卫衡:字伯梁,汉中郡南郑人。樊志张弟子。本书卷十《先贤士女总赞》有传。

⑤程苞:字元道,汉中郡南郑人。本书卷十《先贤士女总赞》有传。

⑥祝龟:字元灵,汉中郡南郑人。本书卷十《先贤士女总赞》有传。

⑦段崇:字礼高,汉中郡南郑人。本书卷十《先贤士女总赞》有传。

⑧程信:字伯义,汉中郡南郑人。本书卷十《先贤士女总赞》有传。

⑨严孳:汉中郡南郑人。太汉中守郑廑属吏。附见于本书卷十《先贤士女总赞》的段崇、程信传。

⑩李容:汉中郡南郑人。太汉中守郑廑属吏。附见于本书卷十《先贤士女总赞》的段崇、程信传。

⑪陈巳:或作"陈巴",误。汉中郡南郑人。太汉中守郑廑属吏。附见于本书卷十《先贤士女总赞》的段崇、程信传。

⑫王宗:汉中郡南郑人。太汉中守郑廑属吏。附见于本书卷十《先贤士女总赞》的段崇、程信传。

⑬姜济:汉中郡南郑人。太汉中守郑廑属吏。附见于本书卷十《先贤士女总赞》的段崇、程信传。

⑭曹廉:汉中郡南郑人。太汉中守郑廑属吏。附见于本书卷十《先贤士女总赞》的段崇、程信传。

⑮勾矩:汉中郡南郑人。太汉中守郑廑属吏。附见于本书卷十《先贤士女总赞》的段崇、程信传。

⑯刘旌：汉中郡南郑人。太汉中守郑廑属吏。附见于本书卷十《先贤士女总赞》的段崇、程信传。

⑰原展：汉中郡南郑人。太汉中守郑廑属吏。附见于本书卷十《先贤士女总赞》的段崇、程信传。

⑱燕邠：字元侯，汉中郡南郑人。本书卷十《先贤士女总赞》有传。

⑲赵嵩：字伯高，汉中郡南郑人。本书卷十《先贤士女总赞》有传。

⑳三十四人：或作“三十八人”，或作“三十九人”，误。

【译文】

△隐士：樊志张，是南郑人。见征西将军《段颎传》。

○尚志：聘士卫衡，字伯梁，是南郑人，樊志张弟子。

○筹画：计曹史程苞，字元道，是南郑人。

○文才：葭萌长祝龟，字元灵，是南郑人。

○义烈：郡主簿段崇，字礼高，是南郑人。

○义烈：功曹程信，字伯义，是南郑人。

△严孳。

△李容。

△陈巳。

△王宗。

△姜济。

△曹廉。

△勾矩。

△刘旌。

△原展。

○义烈：从事燕邠，字元侯，是南郑人。

○义烈：主簿赵嵩，字伯高，是南郑人。

以上三十四人生活在东汉。

陈术[1]，字申伯。历三郡太守[2]，见《蜀书》[3]，撰《益部耆旧传》者[4]。

右一人刘氏之世。

【注释】

①陈术：字申伯，汉中（治今陕西汉中）人。参看本书卷二《汉中志》注。

②三郡太守：指新城、魏兴、上庸三郡太守。本书卷十《先贤士女总赞》："其陈术，……失其行事，历新城、魏兴、上庸三郡太守。"三郡，底本作"二郡"，误。

③《蜀书》：指《三国志·蜀书》。《三国志·蜀书·李譔传》："时又有汉中陈术，字申伯，亦博学多闻，著《释问》七篇、《益部耆旧传》及《志》。"

④《益部耆旧传》：陈术作。本书卷十《先贤士女总赞》："其陈术，字申伯，作《耆旧传》者也。"

【译文】

陈术，字申伯。历任新城、魏兴、上庸三郡太守，事见《三国志·蜀书》，撰写《益部耆旧传》的人。

以上一人生活在刘氏蜀汉时期。

〇李穆姜[1]，安众令程祗妻，李法姊也[2]，子基[3]。

〇刘泰瑛[4]，巨公女[5]，杨矩妻。

〇杜泰姬[6]，南郑人。犍为太守赵宣妻[7]。

〇杨礼珪[8]，成固杨元珍女，陈省妻。

〇李文姬[9]，太尉固女[10]，赵瑛妻。

〇陈顺谦[11]，邓令曹宁妻，陈伯台从女也[12]。兄子陈规著书称之。

○陈惠谦[13]，顺谦妹，度辽将军张亮则夫人[14]。

○张礼修[15]，南郑人，赵嵩妻[16]。

○韩树南[17]，南郑人，赵子贱妻也。

右九人列女。

右汉中郡士女凡五十人。四十一人士，九人女。

【注释】

①李穆姜：汉中郡南郑（今陕西汉中）人。程祗之妻，李法之姐姐。本书卷十《先贤士女总赞》有传。

②李法：字伯度，汉中郡南郑人。本书卷十《先贤士女总赞》有传。

③基：程基，字稚业，汉中郡南郑人。曾任南郡太守。本书卷十《先贤士女总赞》："基字稚业，特隽逸，为南郡太守。"

④刘泰瑛：汉中郡南郑人。刘巨公之女，杨矩之妻。本书卷十《先贤士女总赞》有传。

⑤巨公：刘巨公，汉中郡南郑人。曾任大鸿胪。附见于本书卷十《先贤士女总赞》的刘泰瑛传。

⑥杜泰姬：汉中郡南郑人。赵宣之妻。本书卷十《先贤士女总赞》有传。

⑦赵宣：字子雅，汉中郡南郑人。参看本书卷十《先贤士女总赞》注。

⑧杨礼珪：汉中郡成固（今陕西城固）人。杨元珍之女，陈省之妻。本书卷十《先贤士女总赞》有传。

⑨李文姬：汉中郡南郑人。李固之女，赵瑛之妻。本书卷十《先贤士女总赞》有传。

⑩固：李固，字子坚，汉中郡南郑人。李郃之子。参看本书卷二《汉中志》注。

⑪陈顺谦：汉中郡成固人。曹宁之妻。本书卷十《先贤士女总赞》有传。

⑫陈伯台：陈雅，字伯台，汉中郡成固人。本书卷十《先贤士女总赞》有传。从女：侄女。

⑬陈惠谦：汉中郡成固人。陈顺谦之妹，张亮则夫人。本书卷十《先贤士女总赞》有传。

⑭张亮则：字元修，汉中郡南郑人。本书卷十《先贤士女总赞》有传。

⑮张礼修：汉中郡南郑人。赵嵩之妻。本书卷十《先贤士女总赞》有传。

⑯赵嵩：字伯高，汉中郡南郑人。本书卷十《先贤士女总赞》有传。

⑰韩树南：汉中郡南郑人。本书卷十《先贤士女总赞》有传。

【译文】

○李穆姜，是安众令程祗之妻，李法之姐姐，儿子名程基。

○刘泰瑛，是刘巨公之女，杨矩之妻。

○杜泰姬，是南郑人，犍为太守赵宣之妻。

○杨礼珪，是成固杨元珍之女，陈省之妻。

○李文姬，是太尉固之女，赵瑛之妻。

○陈顺谦，是邓令曹宁之妻，陈伯台的侄女。兄子陈规著书称赞她。

○陈惠谦，是顺谦之妹，度辽将军张亮则的夫人。

○张礼修，是南郑人，赵嵩之妻。

○韩树南，是南郑人，赵子贱之妻。

以上九人是列女。

以上汉中郡士女共计五十人。其中四十一位人士，九位人女。

○忠义：镇远将军、成义侯文齐[①]，字子奇，梓潼人也。平帝用为益州太守，遂不服王莽、公孙述，光武嘉之。

△北海太守文忳[②]，齐子也。

○节士:李业[3],字巨游,梓潼人也。

△遂久令李翚[4],业子。

○政事:益州太守景毅[5],字文坚,梓潼人也。

○有道景鸾[6],字汉伯,梓潼人也。

○文学:孝廉杨充[7],字盛国,梓潼人也。

○壮烈:济阴相寇祺[8],字宰朝,梓潼人也。

○壮烈:童人李余[9],涪人也。

○义士:功曹张寿[10],字伯僖,涪人也。

○义士:王晏[11],字叔博,涪人也。

○方士[12]:李助[13],字翁君,涪人也。

右十二人汉世。

【注释】

①文齐:字子奇,广汉郡梓潼(今四川梓潼)人。本书卷十《先贤士女总赞》有传。事见《后汉书·南蛮西南夷列传》。

②文忳:广汉郡梓潼人。文齐之子。曾任北海太守。附见于本书卷十《先贤士女总赞》的文齐传。

③李业:字巨游,广汉郡梓潼人。本书卷十《先贤士女总赞》有传。

④李翚:广汉郡梓潼人。李业之子。附见于本书卷十《先贤士女总赞》的李业传。

⑤景毅:字文坚,广汉郡梓潼人。本书卷十《先贤士女总赞》有传。

⑥景鸾:字汉伯,广汉郡梓潼人。本书卷十《先贤士女总赞》有传。

⑦杨充:字盛国,广汉郡梓潼人。本书卷十《先贤士女总赞》有传。

⑧寇祺:字宰朝,广汉郡梓潼人。本书卷十《先贤士女总赞》有传。

⑨李余:梓潼郡涪(今四川绵阳)人。本书卷十《先贤士女总赞》有传。

⑩张寿:字伯僖,梓潼郡涪人。本书卷十《先贤士女总赞》有传。

⑪王旻：字叔博，梓潼郡涪人。本书卷十《先贤士女总赞》有传。

⑫方士：方术之士。泛指从事医、卜、星、相类职业的人。本处指长于医术之士。

⑬李助：字翁君，梓潼郡涪人。本书卷十《先贤士女总赞》有传。

【译文】

○忠义：镇远将军、成义侯文齐，字子奇，是梓潼人。汉平帝任命他为益州太守，于是不服从王莽、公孙述，汉光武帝嘉奖了他。

△北海太守文忳，是文齐之子。

○节士：李业，字巨游，是梓潼人。

△遂久令李翚，是李业之子。

○政事：益州太守景毅，字文坚，是梓潼人。

○有道景鸾，字汉伯，是梓潼人。

○文学：孝廉杨充，字盛国，是梓潼人。

○壮烈：济阴相寇祺，字宰朝，是梓潼人。

○壮烈：童人李余，是涪人。

○义士：功曹张寿，字伯僖，是涪人。

○义士：王旻，字叔博，是涪人。

○方士：李助，字翁君，是涪人。

以上十二人生活在汉朝时期。

○尚玄[①]：谏议大夫杜微[②]，字国辅，涪人也。

○李仁[③]，字德贤，涪人也。

○太子仆射李譔[④]，字钦仲，仁子。

○太子家令尹默[⑤]，字思潜，涪人也。

△丞相参军文恭[⑥]，字仲宝，梓潼人也。

○果锐[⑦]：前监军、大将军司马李福[⑧]，字孙德，涪人也。

见《诸葛故事》《蜀书》[⑨]。

右六人刘氏世。

【注释】

①尚玄:本处指崇尚道家清静无为的学说。

②杜微:字国辅,梓潼郡涪(今四川绵阳)人。本书卷十《先贤士女总赞》有传。

③李仁:字德贤,梓潼郡涪人。李譔之父。本书卷十《先贤士女总赞》有传。

④李譔:字钦仲,梓潼郡涪人。李仁之子。本书卷十《先贤士女总赞》有传。

⑤尹默:字思潜,梓潼郡涪人。本书卷十《先贤士女总赞》有传。

⑥文恭:字仲宝,梓潼郡梓潼(今四川梓潼)人。附见于本书卷十《先贤士女总赞》的李福传。

⑦果锐:果断敏锐。

⑧李福(?—约238):字孙德,梓潼郡涪人。本书卷十《先贤士女总赞》有传。

⑨《诸葛故事》:指陈寿所编《诸葛亮集》。陈寿《上诸葛亮集表》:"使臣定故蜀丞相诸葛亮故事。"《蜀书》:指《三国志·蜀书》。

【译文】

○尚玄:谏议大夫杜微,字国辅,是涪人。

○李仁,字德贤,是涪人。

○太子仆射李譔,字钦仲,是李仁之子。

○太子家令尹默,字思潜,是涪人。

△丞相参军文恭,字仲宝,是梓潼人。

○果锐:前监军、大将军司马李福,字孙德,是涪人。事见《诸葛故事》《蜀书》。

以上六人生活在刘氏蜀汉时期。

〇文极[①],字季姜,梓潼人,将作大匠王堂夫人也[②]。

〇巴郡虞显妻杜慈[③],涪杜季女也。

〇郭孟妻杨敬[④],涪杨文女也。

右列女三人。

右梓潼郡士女二十一人。十八人士,三人女。

【注释】

①文极:字季姜,梓潼郡梓潼(今四川梓潼)人。

②王堂:字敬伯,广汉郡郪(今四川三台)人。本书卷十《先贤士女总赞》有传。

③杜慈:梓潼郡涪(今四川绵阳)人。杜季之女,虞显之妻。本书卷十《先贤士女总赞》有传。

④杨敬:梓潼郡涪人。杨文之女,郭孟之妻。本书卷十《先贤士女总赞》有传。

【译文】

〇文极,字季姜,是梓潼人,将作大匠王堂的夫人。

〇巴郡虞显之妻杜慈,是涪人杜季之女。

〇郭孟之妻杨敬,是涪人杨文之女。

以上列女三人。

以上梓潼郡士女二十一人。其中十八位人士,三位人女。

修慎[①]:少府、太常、关内侯王谋[②],字元泰,汉嘉人也。

云南太守张休[③]。

右二人汉嘉人士,在刘氏世。

【注释】

①修慎：谓注重修养，处世谨慎。

②王谋：字元泰，汉嘉郡汉嘉（治今四川芦山）人。《季汉辅臣赞注》有传。参看本书卷六《刘先主志》注。

③张休：汉嘉郡汉嘉人。曾任云南太守。

【译文】

修慎：少府、太常、关内侯王谋，字元泰，是汉嘉人。

云南太守张休。

以上二人是汉嘉人士，生活在刘氏蜀汉时期。

文学：荆州刺史尹珍[①]，字道真，毋敛人也。

巴郡太守傅宝[②]，字纪图，平夷人也。

忠义：冠军将军、宁州刺史谢恕[③]，字茂理，毋敛人也。

右三人牂柯人士。

【注释】

①尹珍：字道真，牂柯郡毋敛（今贵州独山）人。参看《后汉书·南蛮西南夷列传》和本书卷四《南中志》。

②傅宝：字纪图，牂柯郡平夷（今贵州毕节）人。

③谢恕：字茂理，牂柯郡毋敛人。参看本书卷四《南中志》注。

【译文】

文学：荆州刺史尹珍，字道真，是毋敛人。

巴郡太守傅宝，字纪图，是平夷人。

忠义：冠军将军、宁州刺史谢恕，字茂理，是毋敛人。

以上三人是牂柯人士。

忠义：大将军、朝侯祭酒锡光[1]，字长冲，西城人也。

右一人西城人士。

【注释】

①锡光：字长冲，汉中郡西城（治今陕西安康）人。参看本书卷二《汉中志》注。

【译文】

忠义：大将军、朝侯祭酒锡光，字长冲，是西城人。

以上一人是西城人士。

忠义：云南太守、阳迁亭侯吕凯[1]，字季平，不韦人也。

右一人永昌人士。

【注释】

①吕凯：字季平，永昌郡不韦（今云南保山）人。参看本书卷四《南中志》注。

【译文】

忠义：云南太守、阳迁亭侯吕凯，字季平，是不韦人。

以上一人是永昌人士。

义正[1]：安汉将军、建宁太守李恢[2]，字德昂，〔俞元人也[3]。〕

领军爨习[4]。

御史中丞孟获[5]。

右三人建宁人士。

【注释】

①义正：犹正义、道义。

②李恢（？—231）：字德昂，建宁郡俞元（今云南澄江）人。参看本书卷四《南中志》注。

③俞元人也：四字原缺，兹据《三国志·蜀书·李恢传》补。

④爨（cuàn）习：三国蜀建宁（治今云南曲靖）人。李恢之姑夫。参看本书卷四《南中志》注。

⑤孟获：三国蜀建宁人。当地豪强。参看本书卷四《南中志》注。

【译文】

义正：安汉将军、建宁太守李恢，字德昂，是俞元人。

领军爨习。

御史中丞孟获。

以上三人是建宁人士。

辅汉将军孟琰[①]，字休明。

右一人朱提人士。

【注释】

①孟琰：字休明，朱提（治今云南昭通）人。孟获族人。后归顺蜀汉，官至辅汉将军。

【译文】

辅汉将军孟琰，字休明。

以上一人是朱提人士。

先泥和女络[①]，符人也[②]。

右一人列女，江阳人[③]。

【注释】

①先泥和：本书卷三《蜀志》作“先尼和”。其女先络为寻找父亲尸体，自沉于河。

②符：县名。西汉元鼎二年（前115）置，属犍为郡。治所即今四川合江县。东汉改为符节县。建安中属江阳郡。西晋复改符县。永嘉以后废。

③江阳：郡名。东汉建安十八年（213）改枝江都尉置，属益州。治所在江阳县（今四川泸州）。

【译文】

先泥和之女先络，是符县人。

以上一人是列女，是江阳郡人。

大凡三州十三郡[①]，自汉兴至三国之终，士女载传记者三百五十人[②]。二百九十七人士，五十三人女。

【注释】

①大凡：总计，共计。三州：指益州、宁州、梁州。

②传记：记载人物事迹的文字。三百五十人：底本作“三百四十人”，与后文所说人士、人女总数不合，误。

【译文】

自从汉朝兴起到三国终结，三州十三郡共计被载入传记的士女有三百五十人。其中二百九十七位男性，五十三位女性。

公七人

大将二十二人

侯二十人

卿佐十四人

侍中七人

尚书五人

司隶校尉六人

州刺史十三人

郡守四十八人

国师三人

光禄大夫四人

尚书郎十二人

中书郎、将、御史六人

公车令、谏议、太中十一人[①]

公府辟士八人

高士一人

聘士七人

征士四人

节士四人

列女四十七人[②]

【注释】

①谏议:即谏议大夫。参看本书卷一《巴志》注。太中:即太中大夫。参看本书卷四《南中志》注。

②以上分类人数,共计249人,与目录总数相差甚远。此表疑为后人所添(刘琳)。

【译文】

公七人。

大将二十二人。

侯二十人。

卿佐十四人。

侍中七人。

尚书五人。

司隶校尉六人。

州刺史十三人。

郡守四十八人。

国师三人。

光禄大夫四人。

尚书郎十二人。

中书郎、将、御史六人。

公车令、谏议、太中十一人。

公府辟士八人。

高士一人。

聘士七人。

征士四人。

节士四人。

列女四十七人。

益梁宁三州三国两晋以来人士目录

○明略[①]：大司农、西城公何攀[②]，字惠兴，郫人。

○清秀：大长秋寿良[③]，字文淑，成都人也。

○果烈[④]：西河太守柳隐[⑤]，字休然，成都人也。

△梁、益二州都督杜祯[⑥]，字文然，成都人也。

△度支、巴东太守柳伸[⑦]，字雅厚，成都人也。

〇德行：江阳太守何随[⑧]，字季业，郫人。

〇令德[⑨]：犍为太守杜轸[⑩]，字超宗，成都人也。

△犍为太守杜烈[⑪]，字仲武，轸弟。

△建宁太守杜良[⑫]，字幼伦，轸少弟。

△益州刺史杜毗[⑬]，字长基，轸子。

【注释】

①明略：高明的智谋。

②何攀（244—301）：字惠兴，蜀郡郫（今四川成都郫都区）人。本书卷十一《后贤志》有传。

③寿良：字文淑，蜀郡成都（今四川成都）人。本书卷十一《后贤志》有传。

④果烈：果敢刚毅。

⑤柳隐（189—268）：字休然，蜀郡成都人。本书卷十一《后贤志》有传。

⑥杜祯：字文然，蜀郡成都人。附见于本书卷十一《后贤志》的柳隐传。

⑦柳伸：字雅厚，蜀郡成都人。附见于本书卷十一《后贤志》的柳隐传。

⑧何随：字季业，蜀郡郫人。本书卷十一《后贤志》有传。

⑨令德：美好的德行。

⑩杜轸：字超宗，蜀郡成都人。杜雄之子。本书卷十一《后贤志》有传。

⑪杜烈：字仲武，蜀郡成都人。杜轸之弟。附见于本书卷十一《后贤志》的杜轸传。

⑫杜良：字幼伦，蜀郡成都人。杜轸之小弟。附见于本书卷十一《后贤志》的杜轸传。

⑬杜毗：字长基，蜀郡成都人。杜轸之子。附见于本书卷十一《后

贤志》的杜轸传。

【译文】

○明略：大司农、西城公何攀，字惠兴，是郫人。

○清秀：大长秋寿良，字文淑，是成都人。

○果烈：西河太守柳隐，字休然，是成都人。

△梁、益二州都督杜祯，字文然，是成都人。

△度支、巴东太守柳伸，字雅厚，是成都人。

○德行：江阳太守何随，字季业，是郫人。

○令德：犍为太守杜轸，字超宗，是成都人。

△犍为太守杜烈，字仲武，是杜轸之弟。

△建宁太守杜良，字幼伦，是杜轸小弟。

△益州刺史杜毗，字长基，是杜轸之子。

○德行：给事中任熙[①]，字伯远，成都人也。

△涪陵太守任蕃[②]，字宪祖，熙子。

○义正：郫令常勖[③]，字修业，江原人也。

△州都常忌[④]，字茂通，勖从弟也。

△令才[⑤]：太史令高玩[⑥]，字伯珍，江原人也。

○闳才[⑦]：湘东太守常骞[⑧]，字季慎，江原人也。

○述作：武平太守常宽[⑨]，字泰恭，骞从弟也。

△使持节、西夷校尉张峻[⑩]，字绍茂，成都人也。

征西将军、西夷校尉、益州刺史王异[⑪]，字彦明，成都人也。

勇略：雍州刺史、南中郎将、重安开国侯李阳[⑫]，字叔文，郫人。

征虏将军、广汉、梓潼太守杨谦[13],字令志,成都人也。

右二十一人蜀郡人,在晋世。

【注释】

①任熙:字伯远,蜀郡成都(今四川成都)人。本书卷十一《后贤志》有传。

②任蕃:字宪祖,蜀郡成都人。任熙之子。附见于本书卷十一《后贤志》的任熙传。

③常勖:字修业,蜀郡江原(今四川崇州)人。本书卷十一《后贤志》有传。

④常忌:字茂通,蜀郡江原人。常闳之子,常勖从弟。附见于本书卷十一《后贤志》的常勖传。

⑤令才:出众的才华。

⑥高玩:字伯珍,蜀郡江原人。附见于本书卷十一《后贤志》的李宓传。

⑦闳才:大才。闳,通"宏"。

⑧常骞:字季慎,蜀郡江原人。本书卷十一《后贤志》有传。

⑨常宽:字泰恭,蜀郡江原人。常骞从弟。常璩从祖父。著有《蜀后志》《后贤传》《梁益篇》。本书卷十一《后贤志》有传。

⑩张峻:字绍茂,蜀郡成都人。附见于本书卷十一《后贤志》的李毅传。

⑪王异:字彦明,蜀郡成都人。事见本书卷八《大同志》。

⑫重安:县名。东汉永建三年(128)改钟武县置,属衡阳郡。治所在今湖南衡阳西北。后置侯国。三国吴复为县。李阳:字叔文,蜀郡郫(今四川成都郫都区)人。曾任雍州刺史、南中郎将,封开国侯。

⑬杨谦:字令志,蜀郡成都人。曾任征虏将军、广汉太守、梓潼太守。

【译文】

〇德行:给事中任熙,字伯远,是成都人。

△涪陵太守任蕃，字宪祖，是任熙之子。

○义正：郫令常勖，字修业，是江原人。

△州都常忌，字茂通，是常勖从弟。

△令才：太史令高玩，字伯珍，是江原人。

○闳才：湘东太守常骞，字季慎，是江原人。

○述作：武平太守常宽，字泰恭，是常骞从弟。

△使持节、西夷校尉张峻，字绍茂，是成都人。

平西将军、西夷校尉、益州刺史王异，字彦明，是成都人。

勇略：雍州刺史、南中郎将、重安开国侯李阳，字叔文，是郫人。

征虏将军、广汉、梓潼太守杨谦，字令志，是成都人。

以上二十一人是蜀郡人，生活在晋朝时期。

○强济[1]：少府、成都威侯李毅[2]，字允刚，郪人。

△西夷校尉李钊[3]，字世康，毅子。

○仁让[4]：汉嘉太守司马胜之[5]，字兴先，绵竹人。

○德义[6]：梓潼太守王化[7]，字伯远，郪人，文表孙[8]。

△巴东太守王振[9]，字仲远，化弟也。

△作唐令王岱[10]，字季远，振弟也。

△述作：蜀郡太守王崇[11]，字幼远，岱弟也。

○素隐[12]：中书郎王长文[13]，字德俊，郪人也。

△建宁太守段容[14]，字宗仲，广汉人也。

右九人广汉人，在晋世。

【注释】

①强济：精明干练。

②李毅（？—306）：字允刚，广汉郡郪（今四川三台）人。本书卷十

一《后贤志》有传。

③李钊：字世康，广汉郡郪人。李毅之子。附见于本书卷十一《后贤志》的李毅传。

④仁让：仁爱谦让。本书卷十一《后贤志》说司马胜之“闲居清静，谦卑自牧”。

⑤司马胜之：字兴先，广汉郡绵竹（今四川德阳北）人。本书卷十一《后贤志》有传。

⑥德义：道德信义。

⑦王化：字伯远，广汉郡郪人。王商之孙。本书卷十一《后贤志》有传。

⑧文表：王商，字文表，广汉郡郪人。本书卷十《先贤士女总赞》有传。

⑨王振：字仲远，广汉郡郪人。王化之弟。曾任广都县令、巴东太守。附见于本书卷十一《后贤志》的王化传。

⑩王岱：字季远，广汉郡郪人。王振之弟。曾任广阳、作唐县令。附见于本书卷十一《后贤志》的王化传。

⑪王崇：字幼远，广汉郡郪人。王岱之弟。附见于本书卷十一《后贤志》的王化传。

⑫素隐：指隐居不仕。

⑬王长文：字德俊，广汉郡郪人。本书卷十一《后贤志》有传。

⑭段容：字宗仲，广汉郡广汉（今四川射洪）人。附见于本书卷十一《后贤志》的常勖传。

【译文】

○强济：少府、成都威侯李毅，字允刚，是郪人。

△西夷校尉李钊，字世康，是李毅之子。

○仁让：汉嘉太守司马胜之，字兴先，是绵竹人。

○德义：梓潼太守王化，字伯远，是郪人，王商之孙。

△巴东太守王振，字仲远，是王化之弟。

△作唐县令王岱，字季远，是王振之弟。

△述作：蜀郡太守王崇，字幼远，是王岱之弟。

○素隐：中书郎王长文，字德俊，是郪人。

△建宁太守段容，字宗仲，是广汉人。

以上九人是广汉人，生活在晋朝时期。

○汉中太守李宓[①]，字令伯，武阳人也。

△汶山太守李赐[②]，字宗硕，宓子也。

△太傅参军李兴[③]，字隽硕，赐弟也。

△广汉太守张征[④]，字建兴，翼子也[⑤]。

△谯国内史费缉[⑥]，字文平，南安人。二子见《寿良传》[⑦]。

○执义[⑧]：衡阳内史杨邠[⑨]，字岐之，武阳人。

○清正[⑩]：尚书费立[⑪]，字建熙，南安人。

右七人犍为人士，在晋世。

【注释】

①李宓：或作李密，一名虔，字令伯，犍为郡武阳（今四川眉山彭山区）人。本书卷十一《后贤志》有传。

②李赐：字宗硕，犍为郡武阳人。李宓之子。附见于本书卷十一《后贤志》的李宓传。

③李兴：字隽硕，犍为郡武阳人。李赐之弟。附见于本书卷十一《后贤志》的李宓传。

④张征：字建兴，犍为郡武阳人。附见于本书卷十一《后贤志》的寿良传。

⑤翼：张翼（？—264），字伯恭，犍为郡武阳人。本书卷十《先贤士女总赞》有传。

⑥费缉：字文平，犍为郡南安（今四川乐山）人。附见于本书卷十一《后贤志》的寿良传。

⑦二子：指张征、费缉。《寿良传》：指本书卷十一《后贤志》的寿良传。

⑧执义：坚持合理的该做的事。

⑨杨邠（243—311）：字岐之，犍为郡武阳人。本书卷十一《后贤志》有传。

⑩清正：廉洁公正，清白正直。

⑪费立（？—312）：字建熙，犍为郡南安人。本书卷十一《后贤志》有传。

【译文】

○汉中太守李宓，字令伯，是武阳人。

△汶山太守李赐，字宗硕，是李宓之子。

△太傅参军李兴，字隽硕，是李赐之弟。

△广汉太守张征，字建兴，是张翼之子。

△谯国内史费缉，字文平，是南安人。张征、费缉二人见《寿良传》。

○执义：衡阳内史杨邠，字岐之，是武阳人。

○清正：尚书费立，字建熙，是南安人。

以上七人是犍为人士，生活在晋朝时期。

○卫尉文立[①]，字广休，临江人也。

△武陵太守杨宗[②]，临江人也。

△牂柯太守毛楚[③]，枳人。

右三人巴郡人，在晋世。

【注释】

①文立（？—279）：字广休，巴郡临江（今重庆忠县）人。本书卷十一《后贤志》有传。

②杨宗：巴郡临江人。附见于本书卷十一《后贤志》的文立传。

③毛楚：巴郡枳（今重庆涪陵）人。附见于本书卷十一《后贤志》的文立传。

【译文】

○卫尉文立，字广休，是临江人。

△武陵太守杨宗，是临江人。

△牂柯太守毛楚，是枳人。

以上三人是巴郡人，生活在晋朝时期。

○述作：太子中庶子陈寿[①]，字承祚，安汉人。

△骠骑府掾陈莅[②]，字叔度，寿兄子。

△上廉令陈符[③]，字长信，寿兄子。

△建宁太守陈阶[④]，字达之，莅从弟。

正直：汉中太守阎缵[⑤]，字续伯，安汉人。

△卓略[⑥]：长水校尉、荆州刺史张奕[⑦]，字希祖，南充国人。

△令德：锡令谯同[⑧]，字彦绍，周子[⑨]。见周传[⑩]。

○义烈：扬烈将军、梓潼内史谯登[⑪]，字顺明，周孙。

右八人巴西人士，在晋世。

【注释】

①陈寿（233—297）：字承祚，巴西郡安汉（今四川南充）人。本书卷十一《后贤志》有传。

②陈莅：字叔度，巴西郡安汉人。任梁州别驾，骠骑将军、齐王辟为掾，后客死洛阳。附见于本书卷十一《后贤志》的陈寿传。

③陈符：字长信，巴西郡安汉人。继陈寿之后担任著作佐郎，后任上廉县令。附见于本书卷十一《后贤志》的陈寿传。

④陈阶：字达之，巴西郡安汉人。任州主簿，褒中县令、永昌西部都尉，又任建宁、兴古太守。附见于本书卷十一《后贤志》的陈寿传。

⑤阎缵：字续伯，巴西郡安汉人。少时交结英豪，博览典籍。为太傅杨骏舍人，转安复令。杨骏被诛，阎缵弃官葬杨骏。河间王司马颙引为西戎校尉司马，有功，封平乐乡侯。愍怀太子被废，上书为之申冤。皇太孙立，屡次上书直言。官至汉中太守。卒年五十九。《晋书》有传。

⑥卓略：高明的谋略。

⑦张奕：字希祖，巴郡南充国（今四川南部县）。永嘉中（307—313），任荆州刺史、南蛮校尉、长水校尉。附见于本书卷十一《后贤志》的李毅传。

⑧谯同：字彦绍，巴西西充国（治今四川阆中）人。

⑨周：谯周（201—270），字允南，巴西西充国人。《三国志·蜀书》有传。

⑩周传：指《三国志·蜀书·谯周传》。

⑪谯登（？—311）：字顺明（一作慎明），巴西西充国人。谯周之孙。本书卷十一《后贤志》有传。

【译文】

○述作：太子中庶子陈寿，字承祚，是安汉人。

△骠骑府掾陈莅，字叔度，是陈寿兄之子。

△上廉县令陈符，字长信，是陈寿兄之子。

△建宁太守陈阶，字达之，是陈莅从弟。

正直：汉中太守阎缵，字续伯，是安汉人。

△卓略：长水校尉、荆州刺史张奕，字希祖，是南充国人。

△令德：锡令谯同，字彦绍，是谯周之子。见《三国志·谯周传》。

○义烈：扬烈将军、梓潼内史谯登，字顺明，是谯周之孙。

以上八人是巴西人士，生活在晋朝时期。

△清重[①]:长水校尉吕淑[②],字伟德。

右一人,汉中人。

【注释】

①清重:清高庄重。按:“清重”似有误,疑当作“清彦”。本书卷十一《后贤志》:“(费)立时,汉国吕淑以清彦辟别驾,举秀才。”

②吕淑:字伟德,汉中(治今陕西汉中)人。曾任尚书郎、秦国内史、长水校尉、员外常侍、梁州都督。后死于胡人之手。附见于本书卷十一《后贤志》的费立传。

【译文】

△清重:长水校尉吕淑,字伟德。

以上一人,是汉中人。

△广汉太守李骧[①],字叔龙,福子[②]。

右一人,梓潼人。

【注释】

①李骧:字叔龙,梓潼郡涪(今四川绵阳)人。李福之子。曾任广汉太守。附见于本书卷十一《后贤志》的陈寿传。

②福:李福(?—约238),字孙德,梓潼郡涪人。参看本书卷一《巴志》注。

【译文】

△广汉太守李骧,字叔龙,是李福之子。

以上一人,是梓潼人。

忠义:江阳太守侯馥[①],字世明。

右一人,江阳人。

三州后贤五十一人，并前贤四百一人[②]。

【注释】

①侯馥：字世明，江阳（今四川泸州）人。本书卷十一《后贤志》有传。

②四百一：底本作“三百九十一”。盖常璩在写作《华阳国志》时，所列人物前后有增删，而未遑改易数字。此据实数改。

【译文】

忠义：江阳太守侯馥，字世明。

以上一人，是江阳人。

三州后贤五十一人，并前贤四百一人。

撰曰：凡此人士[①]，或见《汉书》，或载《耆旧》[②]，或见郡记[③]，或在《三国书》[④]，并取秀异[⑤]，表之斯篇。其洪伐弘显者，并附载者，齐之[⑥]；其但见名字而不详其行故[⑦]，或以有传无珍善[⑧]，阙之。以副直文[⑨]，为实录矣[⑩]。

【注释】

①凡此：所有这些。

②《耆旧》：指陈术、陈寿、常宽等人所撰写的数种《益部耆旧传》。

③郡记：指《三巴记》《汉中记》等地方志。郡记，底本作“郡纪”，误。

④《三国书》：指陈寿所撰《三国志》。

⑤秀异：指优异特出的人才。

⑥洪：大。伐：功绩。齐：本处指编次。其意一如司马迁《史记·太史公自序》所说“整齐百家杂语”。

⑦行故：即生平事迹。

⑧以：通“已”，已经。珍善：珍美之物。本处指珍奇美好的事迹。

⑨副：符合。直文：犹直辞，据实陈述的言辞。

⑩实录：符合实际的记载，据实的记载。班固评价《史记》：“其文直，其事核，不虚美，不隐恶，故谓之实录。”（《汉书·司马迁传》“赞曰”）。

【译文】

撰述者说：所有这些人士，有的见于《汉书》，有的载于《耆旧》，有的见于郡记，有的记录在《三国志》，我一并选取其中的优异特出者，在这一篇中予以表彰。其中有大功绩、大声名者，以及附载于他人之后者，我一并选取，编次成文；其中只见名字而不详事迹者，或者已有传记而无美好事迹者，阙而不录。如此而为，目的在于符合“直文”，可以称之为“实录”。

附录一

吕大防《华阳国志序》

先王之制，自二十五家之间，书其恭敏任恤，等而上之，或月书其学行，或岁考其道德，故民之贤能邪恶，其吏无不与知之者焉。汉魏以还，井地废而王政缺[①]，然犹时有所考察旌劝，而州都中正之职尚修于郡国，乡闾士女之行多见于史官。隋唐急事缓政，此制遂废而不举。潜德隐行，非野史纪述，则悉无见于时。民日益敖[②]，俗日益卑，此有志之士所为叹息也。

晋常璩作《华阳国志》，于地方人物[③]，丁宁反复，如恐有遗。虽蛮髦之民，井臼之妇，苟有可纪，皆著于书。自云得之陈寿所为《耆旧传》。按寿尝为郡中正，故能著述若此之详。自先汉至晋初逾四百岁，士女可书者四百人，亦可谓众矣。复自晋初至于周显德，仅七百岁，而史所纪者无几人。忠魂义骨与尘埃野马同没于丘原者，盖亦多矣，岂不重

① 缺：一作“阙”。
② 敖：一作“漓”。
③ 地方：一作“一方”。

可叹惜哉！此书虽繁富，不及承祚之精微，然议论忠笃，乐道人之善。蜀记之可观，未有过于此者。镂行诸世[①]，庶有益于风教云。

宋元丰戊午秋日[②]，吕大防微仲撰。

——选自《全蜀艺文志》卷三十

①诸：一作“于”。

②戊午：一作“戊申”，误。元丰戊午，即元丰元年（1078）。

李垕《重刊华阳国志序》

古者封建五等，诸侯国皆有史以记事。后世罢封建为郡县[①]，然亦必有图志以具述。盖以疆域既殊，风俗各异，山川有险要厄塞之当备，郡邑有废置割盭之不常[②]。至于一士之行，一民之善，皆有不可没者，顾非笔之于书则不能也。《周官》职方氏掌天下之地图，辨其邦国都鄙、夷蛮闽貊、五戎六狄之人民，与其财用之数目[③]，至于九谷之所宜，六畜之所产，亦未尝不占毕而纪其详。况夫环数千里之墬[④]，分城置邑，殆逾数十，中间时异事变，往往裂为偏方霸国，其理乱得失，盖有系天下大数，安可使放绝而无闻乎！此晋常璩《华阳国志》之作，所以有补于史家者流也。

予尝考其书，部分区别，各有条理。其指归有三焉：首述巴、蜀、汉中、南中之风土；次列公孙述、刘二牧，蜀二主之

① 郡县：一作“县”。
② 盭：一作“隶”。
③ 数目：一作“数要”。
④ 墬：一作“墜”，误。

兴废，及晋太康之混一，以迄于特、雄、寿、势之僭窃；继之以两汉以来先后贤人、梁益宁三州士女总赞，《序志》终焉。就其三者之间，于一方人物，尤致深意。虽侏离之氓，贱俚之妇，苟有可取，在所不弃。此尤足以弘宣风教，使善恶知所惩劝，岂但屑屑于山川物产以资广见异闻而已乎！

本朝元丰间，吕汲公守成都，尝刊是书，以广其传。而载祀荒忽，刓缺愈多，观者莫晓所谓，予每患此久矣。假守临邛，官居有暇，盖尝博访善本，以证其误，而莫之或得。因摭两汉史、陈寿《蜀书》《益部耆旧传》，互相参订，以决所从[①]。凡一事而先后失序、本末舛逆者，则考而正之；一意而词旨重复、句读错杂者，则刊而去之；设或字误而文理明白者，则因而全之。其他旁搜远取、求通文义者，又非一端。凡此皆有明验，可信不诬者；若其无所考据，则亦不敢臆决，姑阙之以俟能者焉。较以旧本之讹谬，大略十得五六矣。锓木既具，辄叙所以，冠于篇首。好古博雅与我同志者，愿无以夏五、郭公之义而律之。

嘉泰甲子季夏朔，眉丹棱李坙叔廑甫谨序。

——选自《全蜀艺文志》卷三十

① 所从：一作“所疑”。

附录三

题襟馆本廖寅序

唐已前方志存者甚少，惟《三辅黄图》及晋常璩《华阳国志》最古。《三辅黄图》为宋人增乱。《华阳国志》明刻本俱缺卷十之上中两卷，近时始有补完本，而皆舛误不可读。予家益土，念搜讨古迹，莫先于此《志》。求善本不得。前十余年，由中州叶令擢守京江，唐刺史仲冕告予，谓阳湖孙观察星衍有季氏振宜家所录宋嘉泰四年李𡌴刻本。拟即借刊。后以右迁观察至豫章，未遂其愿。及再来江淮，司转运之事，官阁余暇，披阅此书，因借数本合校之，又参以书传所引旧文，订定讹错。按李𡌴序称："凡一事而先后失序、本末舛逆者，则考而正之。一意而词旨重复、句读错杂者，则刊而去之。设或字误而文理明白，则因而全之。"是其本已经𡌴删改。故《蜀志》汶山郡与越嶲郡误连，而少汶山属县及汉嘉郡。《士女赞》少巴郡第二。又《三国志》注引此书有李宓《陈情表》，而今本无之。此类悉加补正。或附按语，以谂学者。虽元丰间吕汲公大防所刻本不可得见，无以全复常氏旧观，其视𡌴本，则固有过之无不及矣。元和顾茂才广圻，是正诸书，最称审密，竭半岁之力，为予督工开雕，故能精致古雅，不减宋元佳刻。孙观察雅好流传古书，又见近世修志者空无故实，慨古地理书多放佚，尝欲刊行旧本以备一方掌故，先校刊《三辅黄图》《长安志》于关中；又刊《建康志》于江左；每惜浙中未将乾道、咸淳临安两志付梓；又因修志松江，先刊杨潜《云闲志》。今此书成于晋、魏之间，古字古义，尤足证佐经史，后有修滇蜀方志者，据以为典则，诚艺林之盛事也。其书称“华阳”者，晋代梁、益、宁三州，故《禹贡》梁州之域，为今四川省及云南，并陕西、汉中迤南之境。按《禹贡》“华阳黑水惟梁州”，《注疏》以华为华岳。恐此华在迤东，阳为荆州，非梁州。《秦本纪》武公元年：“伐彭戏氏，至于华山下，居平阳封宫。”《正义》曰：“封宫，在岐州平阳城内也”。则此华山在岐州之北，其南正值梁、益，与太华不同。黑水，据《括地志》云：“源出梁州成固县西北太山”，亦与三危之黑水殊异。说经者误以此为滇池之黑水；又谓泸水，皆误。然常氏书以此为名，而未记载、辨析。惟《蜀志》云：“五岳则华山表其阳。”特用补其义云。

嘉庆十九年，岁在甲戌清明节，前两淮都转盐运司使、邻水廖寅序。

附录四

四库全书总目提要

△《华阳国志》十二卷、《附录》一卷（浙江汪启淑家藏本）

晋常璩撰。璩字道将，江原人。李势时官至散骑常侍。《晋书》载劝势降桓温者即璩，盖亦谯周之流也。《隋书·经籍志》霸史类中，载璩撰《汉之书》十卷，《华阳国志》十二卷。《汉之书》，《唐志》尚著录，今已久佚。惟《华阳国志》存，卷数与《隋志》《旧唐志》相合。盖犹旧本。《新唐志》作十三卷，疑传写误也。其书所述，始于开辟，终于永和三年。首为《巴志》，次《汉中志》，次《蜀志》，次《南中志》，次《公孙刘二牧志》，次《刘先主志》，次《刘后主志》，次《大同志》。大同者，纪汉、晋平蜀以后之事也。次《李特雄期寿势志》。次《先贤士女总赞论》，次《后贤志》，次《序志》，次《三州士女目录》。宋元丰中，吕大防尝刻于成都，大防自为之序。又有嘉泰甲子李𡈼序，称吕刻刓阙，观者莫晓，所谓尝博访善本以证其误，而莫之或得。因摭《两汉史》、陈寿《蜀书》《益部耆旧传》，互相参订，以决所疑。凡一事而前后失序、本末舛迕者，则考正之；一意而词旨重复、句读错杂者，则刊而去之。又第九卷末有垩附记，称“李势志传写脱漏”，续成以补其阙。则是书又于残阙之余，李垩为之补缀窜易，非尽璩之旧矣。垩刻本世亦不传，今所传者惟影写本。又有何镗《汉魏丛书》，吴琯《古今逸史》及明何宇度所刊三本。镗、琯之本，多张佳胤所补江原常氏《士女志》一卷，而佚去《蜀中士女》以下至《犍为士女》共二卷。盖垩本第十卷分上中下，镗等仅刻其下卷也。又惟《后贤志》中二十人有赞，其余并阙。垩本则蜀郡、广汉、犍为、汉中、梓潼士女一百九十四人各有赞。宇度本亦同。盖明人刻书，好以意为刊削。新本既行，旧本渐泯，原书既不可睹。宇度之本从垩本录出，此二卷偶存，亦天幸也。惟垩本以序志置于末，而宇度本弁于简端。考垩序，称首述巴中、南中之风土；次列公孙述、刘二牧、蜀二主之兴废，及晋太康之混一，以迄于特、雄、寿、势之僭窃；以西汉以来先后贤人，梁、益、宁三州士女总赞，序志终焉。则序志本在后，宇度不知古例，始误移之。又《总赞》相续成文，垩序亦与序志并称，互别为一篇，而垩本亦割冠各传之首，殊不可解。殆如毛公之移《诗序》、李鼎祚之分《序卦传》乎？今姑从垩本录之，而附著其改窜之非如右。其张佳胤所续常氏士女十九人，亦并从何镗、吴琯二本录入，以补璩之遗焉。

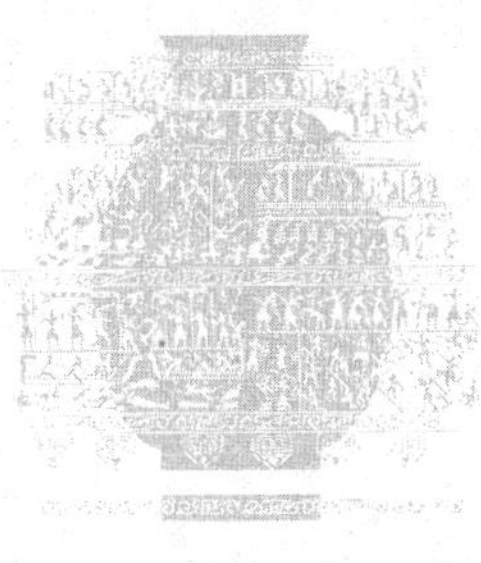

中华经典名著
全本全注全译丛书
（已出书目）

周易
尚书
诗经
周礼
仪礼
礼记
左传
春秋公羊传
春秋穀梁传
孝经・忠经
论语・大学・中庸
尔雅
孟子
春秋繁露
说文解字
释名
国语
晏子春秋
穆天子传
战国策
史记
吴越春秋
越绝书
华阳国志
水经注
洛阳伽蓝记
大唐西域记
史通
贞观政要
东京梦华录
唐才子传
廉吏传
徐霞客游记
读通鉴论
宋论
文史通义

老子
道德经
鹖冠子
黄帝四经·关尹子·尸子
孙子兵法
墨子
管子
孔子家语
吴子·司马法
商君书
慎子·太白阴经
列子
鬼谷子
庄子
公孙龙子(外三种)
荀子
六韬
吕氏春秋
韩非子
山海经
黄帝内经
素书
新书
淮南子
九章算术(附海岛算经)
新序
说苑
列仙传
盐铁论
法言
方言
潜夫论
政论·昌言
风俗通义
申鉴·中论
太平经
伤寒论
周易参同契
人物志
博物志
抱朴子内篇
抱朴子外篇
西京杂记
神仙传
搜神记
拾遗记
世说新语
弘明集
齐民要术
刘子
颜氏家训
中说

帝范·臣轨·庭训格言
坛经
大慈恩寺三藏法师传
茶经·续茶经
玄怪录·续玄怪录
酉阳杂俎
化书·无能子
梦溪笔谈
北山酒经(外二种)
容斋随笔
近思录
传习录
焚书
菜根谭
增广贤文
呻吟语
了凡四训
龙文鞭影
长物志
天工开物
溪山琴况·琴声十六法
温疫论
明夷待访录·破邪论
陶庵梦忆
西湖梦寻
笠翁对韵
声律启蒙
老老恒言
随园食单
阅微草堂笔记
格言联璧
曾国藩家书
曾国藩家训
劝学篇
楚辞
文心雕龙
文选
玉台新咏
词品
闲情偶寄
古文观止
聊斋志异
唐宋八大家文钞
浮生六记
三字经·百家姓·千字文·弟子规·千家诗
经史百家杂钞